中共惠州大亚湾经济技术开发区委政法委

大亚湾区法学会

委 托 项 目

"大亚湾自治规范调查"

成　　果

当代中国的自治规范

——以广东省惠州大亚湾经济技术开发区为对象

主　编　高其才

副主编　张　华　池建华

著　者　张雪林　岳东冉

　　　　唐　瑶　马立晔

　　　　王　牧　李明道

中国政法大学出版社

2024·北京

图书在版编目（ＣＩＰ）数据

当代中国的自治规范：以广东省惠州大亚湾经济技术开发区为对象/高其才主编.—北京：中国政法大学出版社，2024.4
ISBN 978-7-5764-1452-3

Ⅰ.①当… Ⅱ.①高… Ⅲ.①地方自治－研究－惠州　Ⅳ.①D676.53

中国国家版本馆CIP数据核字(2024)第082520号

出 版 者	中国政法大学出版社
地　　址	北京市海淀区西土城路25号
邮寄地址	北京 100088 信箱 8034 分箱　邮编 100088
网　　址	http://www.cuplpress.com (网络实名：中国政法大学出版社)
电　　话	010-58908586(编辑部) 58908334(邮购部)
编辑邮箱	zhengfadch@126.com
承　　印	固安华明印业有限公司
开　　本	650mm×980mm　1/16
印　　张	54.75
字　　数	900 千字
版　　次	2024 年 4 月第 1 版
印　　次	2024 年 4 月第 1 次印刷
定　　价	230.00 元

总　序

　　习惯法是人类长期社会生活中自然形成的一种行为规范，它源于各民族生存发展的需要，对于人类法制文明意义甚大。哲人亚里士多德说过，积习所成的不成文法比成文法实际上还更有权威，所涉及的事情也更为重要。毋庸多言，在传统人类社会，习惯法内容涵盖甚广，各民族缔造了灿烂的习惯法文化。而制定法的出现只是一种渐进的成就，道德与法律的分离更是后起。

　　在古希腊文中，"ethos"（居留习性）和"nomos"（风俗律法）均有风俗之义。nomos乃诸神所定，且是ethos的准绳，不可随意更改。"ethos"（习俗）本来含义是"居留""住所"，"ethos"（习俗）就是人行为的某种"居留"和人在其中活动的"场景"（秩序），这种风俗习惯的沿袭产生伦理德行，"ethos"（习俗）也就演化为"ethikee"（伦理）。nomos本来仅指习俗，雅典民主政治兴起，nomos涵义才扩及人定的法律。而自然（physis）与习俗（nomos）的比较，则是西方法哲学的永恒主题。

　　法律不是，起码不主要是国家制定法。直到中世纪，西方思想家仍然认为，法律本质上是传统和习惯，而不是不断进行的立法创新，而国家制定法实在是对习惯法的扰动，不可轻易为之。

　　习惯法会成为问题，源于人类社会的现代性转折以及法律现代性的相应兴起。这个历史进程肇始于西方，法脱离了古典自然法界定良善政治秩序的作用，成为保障市民社会财产权与维持市场经济均衡运转的实证法（positive law），而国家仅等同于市民社会之伦理环节。尤其是现代民族国家的兴起，它需要并且创生出了国家法（制定法）、固守主权者命令的实证法学、现代教育体制、学科分类体系及科层制分工等这一整套架构来维系民族国家的运转。而这都表明现代社会的运转必须依赖法实证主义。

目光转移到中国，在古代汉语中，习惯是指在长时期里逐渐养成的、一时不容易改变的行为、倾向、积久养成的生活方式或社会风尚，现在泛指一地的风俗、社会习俗、道德传统等。中国语境中的习惯含有"长期""习俗"等语意。习惯法以习惯为核心，以风尚为基础，与伦理密切相关。

传统的礼乐文明就是乡土中国的风习自发演进而来，进而由切实的情理生发出高蹈的义理。在中国法律传统的天理—国法—人情架构中，人情风习有其应有的位置。天理、国法与人情的圆融无碍是传统中国历代法典正当性所在，也是传统中国社会普通民众信奉的法意识。如何在具体问题中，妥帖地调适情理法、礼与俗，正是中国法传统思索与实践的核心问题。

而传统法律在近代的大变动引发了社会的大断裂、大冲突。百年来中国法律现代化动作多、成效少，法律始终没有契合中国人民的生活。中国法律文明花果飘零，失却了制度和理论支撑的传统中国文明作为一种习俗残留下来。为了让人们信奉这套舶来的法制，服从至上的国家（阶级）意志，民主、法治、人权之类的言说驳斥这种习俗，新生活运动、普法运动之类的全民运动力图改造这种习俗。只是时至今日，依然摆脱不了"法律自法律，社会自社会"（瞿同祖语）的尴尬。因为法律不是自动运行的机器，作为一套社会控制的行为规则体系，它需要相应的制度支撑。

现实的逻辑是，作为生活之子的习惯法的生命力异常旺盛。在当今中国社会时空条件下的法律实践当中，习惯法作为独立于国家制定法之外，依靠某种社会权威的、具有一定程度强制性和习惯性的行为规范，实际上成了解决当代现实问题的鲜活创造，显示了它与法律移植背景下国家制定法不同的命运。因为当代中国习惯法作为一种活的法律秩序与其所处社会的相互契合，有其独立的存在意义和独特的功能价值。

因此无论我们对中国的法治现代化持何种立场，都必须认真对待习惯法。习惯法为国家制定法之母，一方面要充分认识到习惯法在秩序建构、纠纷解决、社会共识达成过程中的积极意义，充分发挥其作用；另一方面，在国家制定法中心的前提下，必须妥善处理与现行制定法有冲突的习惯法中的非良性因素，促使习惯法与制定法在现代化互动进程中逐渐融合，解决不同地区、不同民族之间的习惯法冲突问题，并使国家制定法更具有效力基础。这是国家法中心主义的习惯法研究必须解决的重要问题之一。

从更广泛的角度认识，习惯法是中国固有法文化的重要内容，体现了中华民族的内在精神。习惯法是一种社会现象、一种社会规范，更是一种社会文化，是中国人的意识形态所创造的精神财富。作为中国文化的一个组成部分，习惯法是中国人生活的反映、实践的记录、历史的沉积、现实的表达，是中国人对生存方式、法生活的需要和愿望的表达，是中国人认识自然、思考自己、理解社会的结晶。习惯法是民族特质的体现，也是传统传承的主要方式。

我们认为，习惯法研究应以现代中国法治建设为中心，习惯法的描述与解释并重，域内习惯法与域外习惯法研究并举，当代习惯法研究与习惯法的历史研究共存，处理好乡土习惯法与城市习惯法、传统习惯法与现代习惯法、地方习惯法与全球习惯法之间的关系。以中国社会现代发展和法律现代性为主轴，一切以揭示习惯法背后特有族群的法律文化、法律意识为鹄的，进而阐发习惯法的内生性及其当代适应性。

本习惯法论丛以当代中国习惯法为研究对象，重点探讨 1949 年以来现实有效的当代中国社会的习惯法，旨在全面总结我国学界学者和实务专家的当代中国习惯法调查和研究成果，交流当代中国习惯法研究的心得，思考当代中国习惯法研究的推进，进一步提高当代中国习惯法研究的学术水准。

当代中国习惯法研究需要重视学术积累，进行长期调查，持续专门研究，不断拓宽研究领域。只有具有寂静的心态、宽广的视野、专注的立场、踏实的学风，当代中国习惯法的研究成果才可能越来越有学术影响力，在中国社会的理性发展中发挥积极的功能。

高其才
2010 年 7 月 2 日

目 录

第一篇　基层群众性自治组织自治规范

第三篇　行业自治规范

第一章

导　言

一

我国宪法、法律、行政法规和政府部门规章对村规民约、居民公约、行业规章、社会组织章程等自治规范进行了规定。如《宪法》[1]（1954 年、1975 年、1978 年、1979 年修正、1980 年修正、1982 年、1988 年修正、1993 年修正、1999 年修正、2004 年修正、2018 年修正）第 24 条第 1 款规定："国家通过普及理想教育、道德教育、文化教育、纪律和法制教育，通过在城乡不同范围的群众中制定和执行各种守则、公约，加强社会主义精神文明的建设。"《民法典》（2021 年）第 10 条规定："处理民事纠纷，应当依照法律；法律没有规定的，可以适用习惯，但是不得违背公序良俗。"第 264 条规定："农村集体经济组织或者村民委员会、村民小组应当依照法律、行政法规以及章程、村规民约向本集体成员公布集体财产的状况。集体成员有权查阅、复制相关资料。"第 558 条规定："债权债务终止后，当事人应当遵循诚信等原则，根据交易习惯履行通知、协助、保密、旧物回收等义务。"第 278 条规定，由业主共同决定制定和修改业主大会议事规则、制定和修改管理规约。《村民委员会组织法》（1987 年、1998 年修订、2010 年修订、2018 年修正）第 27 条第 1 款规定，

---

〔1〕　本书涉及我国法律法规，直接使用简称，省去"中华人民共和国"字样，全书统一，后不赘述。

"村民会议可以制定和修改村民自治章程、村规民约"。《城市居民委员会组织法》（1989 年、2018 年修正）第 15 条第 1 款规定居民公约由居民会议讨论制定。《消防法》（1998 年、2008 年修订、2019 年修正、2021 年修正）第 32 条规定："乡镇人民政府、城市街道办事处应当指导、支持和帮助村民委员会、居民委员会开展群众性的消防工作。村民委员会、居民委员会应当确定消防安全管理人，组织制定防火安全公约，进行防火安全检查。"《反食品浪费法》（2021 年）第 20 条第 1 款规定，机关、人民团体、社会组织、企业事业单位和基层群众性自治组织应当将厉行节约、反对浪费作为群众性精神文明创建活动内容，纳入相关创建测评体系和各地市民公约、村规民约、行业规范等。《森林法》（1984 年、1998 年修正、2009 年修正、2019 年修订）第 33 条要求地方各级人民政府应当"督促相关组织订立护林公约"。林业部《森林和野生动物类型自然保护区管理办法》（1985 年）第 15 条要求，自然保护区管理机构会同所在和毗邻的县、乡人民政府及有关单位，组成自然保护区联合保护委员会，制定保护公约，共同做好保护管理工作。国家市场监督管理总局《互联网广告管理办法》（2023 年）第 5 条提出，广告行业组织依照法律、法规、部门规章和章程的规定，制定行业规范、自律公约和团体标准，加强行业自律，引导会员主动践行社会主义核心价值观、依法从事互联网广告活动，推动诚信建设，促进行业健康发展。国家互联网信息办公室、工业和信息化部、公安部《互联网信息服务深度合成管理规定》（2022 年）第 8 条要求，深度合成服务提供者应当制定和公开管理规则、平台公约，完善服务协议，依法依约履行管理责任，以显著方式提示深度合成服务技术支持者和使用者承担信息安全义务。应急管理部《高层民用建筑消防安全管理规定》（2021 年）第 9 条提出，高层住宅建筑的业主、使用人应当履行遵守住宅小区防火安全公约和管理规约约定的消防安全事项等消防安全义务。教育部《未成年人学校保护规定》（2021 年）第 16 条规定，学校应当尊重学生的参与权和表达权，指导、支持学生参与学校章程、校规校纪、班级公约的制定，处理与学生权益相关的事务时，应当以适当方式听取学生意见。教育部《普通高等学校学生管理规定》（2005 年、2017 年修订）第 48 条规定，学校应当建立健全学生住宿管理制度；学生应当遵守学校关于学生住宿管理的规定；鼓励和支持学生通过制订公约，实施自我管理。农业部《兽药经营质量管理规范》（2010 年、2017 年修订）第 32 条要求，兽药经营企业应当向购买者提供技术咨询服务，在经营场所明示服务公约和质量承诺，指导购买者科学、安全、合理使用兽药。国家旅游局《旅行社条例实施细则》（2009 年、2016 年修改）第 48 条规定，在旅游行程中，旅行社及其委派的导游人员、领队人员应当提示旅游者遵守文明旅游公约和礼仪。商务部、国家发展和改革委员会《餐饮业经营管理办法（试行）》（2014 年）第 5 条规定："餐饮行业协会应当按照有关法律、法规和规章的规定，发挥行业自律、引导、服务作用，促进餐饮业行业标准的推广实施，指导企业做好节能减排、资源节约和综合利用工作。餐饮行业协会应通过制定行业公约等方式引导餐饮经营者节约资源、反对浪费。"这些法律规定了守则、公约、习惯、交易习惯、业主大会议事规则、管理规约、村民自治章程、村规民约、居民公约、防火安全公约、市民公约、行业规范、护林公约、保护公约、行业规范、自律公约、团体标准、管理规则、平台公约、学校章程、校规校纪、班级公约、服务公约、文明旅游公约和礼仪、行业公约等各种形式的自治规范。

　　我国许多地方性法规和地方政府规章也对自治规范进行了规定。如《陕西省大数据条例》（2022 年）第 37 条规定："市场主体不得根据交易相对人的偏好、交易习惯等特征，利用数据分析对交易条件相同的交易相对人实施不合理的差别待遇等违法行为。市场主体有下列情形之一的除外：（一）根据交易相对人的实际需求，且符合正当的交易习惯和行业惯例，实行不同交易条件的……"《新疆维吾尔自治区标准化条例》（2023 年）第 32 条规定："在产业政策制定、行政管理、政府采购、社会治理、认证认可、招标投标等工作中，鼓励将团体标准、企业标准作为技术参考。鼓励社会团体通过自律公约等方式，推动团体标准的实施。"《甘肃省建设工程造价管理条例》（2007 年、2010 年修正、2023 年修订）第 6 条要求，工程造价行业协会应当加强行业自律，完善会员自律公约和职业道德准则，加强会员行为约束和管理，发挥行业指导、服务和协调作用，并接受住房和城乡建设主管部门的监督指导。《四川省社会信用条例》（2023年）第45条提出，鼓励市场主体在社会和经济活动中根据信用主体的信用状况，依据行业自律公约和行业协会、商会章程对守信主体采取重点推荐、提升会员级别等措施。广东省《惠州市野外用火管理条例》（2023年）第5条第2款要求，村民委员会、居民委员会应当组织制定防火安全公约，进行野外用火安全检查。甘肃省《甘南藏族自治州合作城区面山绿化条例》（2023年）第4条第4款提出，鼓励村（居）民委员会将面山区域绿化保护内容纳入村规民约、居民公约。陕西省《渭南市养犬管理条例》（2023年）第26条提出，居民委员会、村民委员会、业主大会可以根据相关公约或者规约，划定本居住区禁止犬只进入的公共区域。浙江省《龙港市社区治理条例》（2023年）第14条规定："龙港市应当加强社区文化建设，将社会主义核心价值观融入居民公约和家庭家教家风建设，提高居民道德水准和文明素养，推动移风易俗，强化道德教化作用，促进家庭和美、邻里和睦、社区和谐。"江苏省人民政府《江苏省〈森林防火条例〉实施办法》（1991年、1997年修正、2022年修订、2023年）第6条第1款提出，村民（居民）委员会根据森林防火实际需要，组织村民（居民）会议将森林防火有关要求纳入村规民约（居民公约），并协助做好森林火灾应急处置工作。广东省潮州市人民政府《潮州市农贸市场管理办法》（2023年）第7条第1款规定："鼓励支持市场开办者和入场经营者依法成立行业协会，建立行业公约，推进行业自律，促进行业规范发展。"广西壮族自治区柳州市人民政府《柳州市文明行为促进办法》（2022年）第16条规定，鼓励村（居）民委员会、行业协会等自治组织根据实际情况，将有关文明行为规范纳入村规民约、居民公约、行业协会章程，推动有关基层组织和行业的文明行为促进工作。这些法规、规章规定了交易习惯、行业惯例、自律公约、职业道德准则、行业自律公约、行业协会章程、商会章程、防火安全公约、村规民约、居民公约、公约、规约等自治规范。

　　我国的不少规范性文件也非常重视自治规范。如2014年10月出台的中共中央《关于全面推进依法治国若干重大问题的决定》提出，"增强全民法治观念，推进法治社会建设""提高社会治理法治化水平……发挥市民公约、乡规民约、行业规章、团体章程等社会规范在社会治理中的积极作用"。2017 年 6 月出台的中共中央、国务院《关于加强和完善城乡社区治理的意见》提出，"充分发挥自治章程、村规民约、居民公约在城乡社区治理中的积极作用，弘扬公序良俗，促进法治、德治、自治有机融合"。最高人民法院 2018 年 2 月发布的《关于认真学习贯彻〈中共中央、国务院关于实施乡村振兴战略的意见〉的通知》提出，"重视乡规民约、善良民俗习惯的积极作用，运用社会矛盾纠纷多元化解机制，依托自治、法治、德治相结合的乡村治理体系"。中共中央 2020 年 12 月印发的《法治社会建设实施纲要（2020-2025 年）》提出，要"充分发挥社会规范在协调社会关系、约束社会行为、维护社会秩序等方面的积极作用。加强居民公约、村规民约、行业规章、社会组织章程等社会规范建设，推动社会成员自我约束、自我管理、自我规范"。《国民经济和社会发展第十四个五年规划和 2035 年远景目标纲要》（2021 年 3 月 11 日第十三届全国人民代表大会第四次会议批准）提出，完善市民公约、乡规民约、学生守则、团体章程等社会规范，建立惩戒失德行为机制。这些规范性文件涉及市民公约、乡规民约、行业规章、团体章程、自治章程、村规民约、居民公约、善良民俗习惯、社会组织章程、学生守则等多种类型的自治规范。[1]

二

　　"自"为"自己"，"治"为"治理"，"自治"为"民族、团

---

　　〔1〕　需要指出的是我国《宪法》第 116 条规定，民族自治地方的人民代表大会有权依照当地民族的政治、经济和文化的特点，制定自治条例和单行条例。第 31 条规定，国家在必要时得设立特别行政区；在特别行政区内实行的制度按具体情况由全国人民代表大会以法律规定。从最广义的角度认识，民族自治地方的自治条例和单行条例可理解为民族自治地方的自治规范，特别行政区内的制度可理解为特别行政区的自治规范。不过，学术界讨论自治规范时一般不作如此理解，因此本书在探讨自治规范时也不涉及这两方面内容。

体、地区等除受所隶属的国家政府或上级单位领导外，对自己的事务行使一定的权力"。[1]自治规范是自治组织或社会团体根据其性质和宗旨，由全体成员或多数成员商议、通过而形成的，调整自治过程中的社会关系的，具有一定强制力的行为规范的总和。同时，自治规范也包括社会成员在长期的生产、生活实践中自然形成的，即俗成的规范。[2]我们应当从广义上理解自治规范。

自治规范出自各种自治组织、社会团体、社会权威，由社会创制，规范一定社会组织、一定社会区域的全体成员的行为，为他们所普遍遵守。自治规范主要维护公共事务和公益事业，维持社会秩序。通常理解，自治规范为社会规范之一种。

自治规范为基层群众性自治组织、社会团体在自我管理、自我教育、自我服务过程中形成的行为规范，旨在调整自治组织、社会团体的民主选举、民主决策、民主管理、民主监督等过程中的社会关系。自治规范为一种自我调整、自我约束的自主性规范。

自治规范为特定自治组织、社会团体成员共同意志的体现，体现了民间的智慧，反映了民众的能动性，其目的主要是维护这些特定群体的共同利益。它是在这些群体成员长期共同生产生活中反复重复的行为模式基础上产生出来的，其内容与最多数人的意志利益导向一致，满足全体成员的共同需求。自治规范反映了民间社会的生活样态，具有某种鲜活性。自治规范为一种内生性的规范。

自治规范既有自然形成即俗成的，也有特定自治组织、社会团体成员议定即约定的；它可以是不成文的，也可以是成文的，绝不能认为自治规范一定表现为不成文形式；自治规范主要依靠口头、行为进行传播、承继，由特定自治组织、社会团体的强制力保障其施行。自治规范是一种具有特殊强制力的规范。

---

〔1〕 中国社会科学院语言研究所词典编辑室编：《现代汉语词典》（第5版），商务印书馆2005年版，第1805、1757、1810页。

〔2〕 自治规范从某种角度可以理解为非国家法意义上的习惯法。习惯法可分为国家法意义上的习惯法和非国家法意义上的习惯法。非国家法意义上的习惯法，是指独立于国家制定法之外，依据某种社会权威和社会组织，具有一定的强制性的行为规范的总和。参见高其才：《中国习惯法论》（第3版），社会科学文献出版社2018年版，第3页。

自治规范在调整社会关系、分配社会利益、满足民众需要、维护社会秩序、传承社会文化、促进社会发展等方面具有十分重要的作用。在我国的基层治理中，自治规范在凝聚组织、团结成员、整合资源、达成共识、实现目标等方面发挥着积极的功能，体现了广泛的社会、经济、政治、文化等意义。

三

近年来，广东省惠州市大亚湾经济技术开发区基于涉港、涉深、临海的地方特色，从实际出发，针对本地特点，以问题为导向，尊重民众的创新精神，顺应经济社会发展要求，大胆探索，把良法善治的要求贯穿到基层治理的全过程和各方面，不断总结和运用自治规范，充分调动社会组织和社会团体的积极性，发挥自治规范在基层治理中的积极作用，不断提升治理法治化、规范化水平，取得了和美之治的治理效果，[1]值得全面总结和大力推广。

惠州市大亚湾经济技术开发区（以下简称"大亚湾区"）于1993年5月经国务院批准成立，辖澳头、西区、霞涌3个街道办事处，29个行政村、35个社区。陆地面积293平方公里，占惠州市的2.58%；海域面积（含海岛）1319平方公里，占惠州市的29.19%；海岸线63.1公里，占惠州市的22.42%。常住人口44.7万人、户籍人口17.27万人。2022年，实现地区生产总值915.8亿元，增长7.4%；规模以上工业增加值739.3亿元，增长12.4%；税收总额（不含海关代征税）318.4亿元，增长4.9%，剔除留抵退税后完成376.5亿元，增长19.9%；一般公共预算收入（可比口径）70.9亿元，下降0.9%。大亚湾区石化区被列为全国重点发展的石化产业基地，是广东省唯一列入的石化产业基地，位列"中国化工园区30强"第一，2017年获评国家第一批绿色制造体系建设示范绿色园

---

〔1〕 大亚湾区的"和美之治"主要通过"和美网格"呈现。"和美网格"的出发点与着力点为"六和、六美"，即说话和气、待人和善、邻里和睦、团队和衷、买卖和谐、矛盾和解；卫生洁美、环境优美、身体健美、德行善美、奋斗俊美、文化尚美。参见章宁旦：《"回归社区"让问题在家门口解决》，载《法治日报》2022年12月8日。

区、国家循环化改造重点支持园区。[1]当前,大亚湾区着力建设世界级绿色石化产业高地和打造国内一流开发区,聚焦高质量建设世界级绿色石化产业高地、全力打造国际一流营商环境和全力打造区域科技创新中心"三张工作清单",[2]高质量建设世界级绿色石化产业高地和国内一流开发区,为广东省在全面建设社会主义现代化国家新征程中走在全国前列、创造新的辉煌,为惠州市加快打造广东省高质量发展新增长极和建设更加幸福国内一流城市做出大亚湾担当和大亚湾作为。[3]

20世纪末以来,随着石油化工等大工业、大项目的进驻,大亚湾区成为产业发展的重要载体、科技创新的重要平台、对外开放的重要门户,经济社会迅速发展,出现了翻天覆地的变化,乡村迅速走向城市化。在这个过程中,大亚湾区的不少乡村人口随着征地而整村搬迁,成为无地可种的特殊农民;工业化所带来的人口流入的不断增加,使外来人口管理成了基层治理的突出领域;滨海旅游、养老呈现的候鸟式人口变化,给基层治理提出了新的挑战;临深圳市,香港同胞多,也使大亚湾区的基层治理具有新的特点。大亚湾区乡村、社区的基层治理大多在快速城市化的过程中产生了适应性变迁,形成了多种形态,但同时也出现了一定的问题。为了应对乡村快速走向城市化这一现实,针对大亚湾区位于改革开放的前沿地带、经济活动频繁、多元思想交汇、社会结构复杂、社会治理难度大的特点,大亚湾区区委和区管委会、各街道和村居委、村民小组等组织以及社会组织、社会团体面对问题敢于面对、面对挑战敢于迎接,让法治理念融入基层社会治理实践,强化自治规范在促进经济发展、调整社会关系、维护民众利益、化解社会矛盾中的作用,

---

[1]《惠州大亚湾(国家级)经济技术开发区简介》,载 http://www.dayawan.gov.cn/bdgk/kfqjj/content/post_ 4948393.html,访问日期:2023年9月25日。

[2]《大亚湾区委书记、区管委会主任郭武飘:聚焦"三张工作清单"落实"两个战略定位"》,载 http://www.dayawan.gov.cn/gzdt/zrwy/content/post_ 4855955.html,访问日期:2022年12月28日。

[3]《惠州大亚湾(国家级)经济技术开发区简介》,载 http://www.dayawan.gov.cn/bdgk/kfqjj/content/post_ 4948393.html,访问日期:2023年9月25日。

以自觉或自发的方式，或承继或弘扬或创制而形成了丰富的自治规范。[1] 近年来，大亚湾区积极运用自治规范调整社会关系、保障民众生活、维护社会秩序、提升基层治理法治化水平，在粤港澳大湾区高质量发展中走出了大亚湾特色，开创了和美之治的基层治理新局面。以大亚湾区为对象，对乡村城市化、现代化变迁中的自治规范进行全面调查，全景展现基层治理中自治规范的现状，系统总结自治规范的内容，重点分析自治规范的作用，这对于进一步发挥自治规范的积极作用、进一步提升社会的自治水准、推进基层治理体系和基层治理水平现代化具有积极意义，对全面了解法治建设进程中自治规范的内容、深刻认识社会变迁中自治规范的治理作用、丰富人们对当代中国自治规范的认识、增进人们对当今中国习惯法的了解、增加人们对当代法文化和中国法文明的理解、推进法治国家和法治社会建设、促进人们对中国法治建设方略途径的理解并进一步拓展法学学术研究领域、提升本土法学研究水准具有重要的意义。

---

〔1〕 目前学界尚未见对大亚湾区自治规范进行专门的调查和研究，仅有少量地方志、纪实文学、报告文学、诗歌作品、人文地理作品中提及大亚湾区的风俗习惯时涉及自治规范。如大亚湾区原属惠阳，惠阳市地方志编纂委员会编撰的惠阳地方志——《惠阳县志》（广东人民出版社 2003 年版）对惠阳地区的风俗和宗教情况进行了总体概述，其中霞涌杨包真人庙的午夜敲钟习惯等涉及大亚湾的自治规范。参见惠阳市地方志编纂委员会编：《惠阳县志》，广东人民出版社 2003 年版，第 166～168、1461～1473 页。广东省惠州市地方志办公室编著的地方志《惠州乡镇》简要提及了大亚湾区霞涌街道的"三月朝拜日"和八月十五中秋节的朝拜会、拜寺会等传统风俗盛会。参见广东省惠州市地方志办公室主编：《惠州乡镇》，新华出版社 1995 年版，第 132 页。中共惠州市委宣传部等单位主编的《印象惠州》从文化的角度简要展现了流传 200 余年的大亚湾渔家婚俗习惯。参见中共惠州市委宣传部等编：《印象惠州》，广东人民出版社 2012 年版，第 72 页。陈幼荣主编的诗词集《大亚湾风韵》以诗歌的形式提及了东升渔家婚俗、朱氏家训、拜观音习俗、礼佛习俗、休渔以及金秋开渔习俗等大亚湾当地民风民俗。参见陈幼荣主编：《大亚湾风韵》，中国言实出版社 2017 年版，第 1、3、13、27、33、76、290、291 页。林慧文所著的《惠州古城的传统风俗》从历史文化的角度描写了惠州古城传统的过年习俗、人生礼俗和祭拜求神风俗，这些传统风俗与大亚湾的自治规范存在一定的关联度和相似性。参见林慧文：《惠州古城的传统风俗》，广东人民出版社 1993 年版，第 1～208 页。余汶真的文学随笔《叙说大亚湾》提及了有关杨包真人的"讨鱼""护航""教训""打赌""逐夷"等民间传说，这些民间传说叙说了杨包庙会习俗的由来。参见余汶真：《叙说大亚湾》，花城出版社 2005 年版，第 36～43 页。

四

为接受课题委托，2023年1月2日至6日，我们到大亚湾区与有关领导就课题的目的、任务等进行了交流；到区司法局、区办公室法制科交流了相关情况，到大亚湾区人民法院、塘尾村墩顶村民小组、龙山小学等单位进行前期调查。

接受中共惠州大亚湾区区委政法委、大亚湾区法学会的课题委托后，在中共大亚湾区区委政法委、大亚湾区法学会的安排和协助下，我们课题组于2023年2月、5月、7月到大亚湾区进行实地调查。

2023年2月8日至21日，我们课题组到大亚湾区进行调查。我们在大亚湾区民政局召开了行业协会和行业自治规范的座谈会，参加了大亚湾区司法局组织的大亚湾区村（居）委法制副主任座谈会。我们到大亚湾区房地产协会、大亚湾区物业管理协会、大亚湾区个体私营企业协会、澳头街道妈庙村、澳头街道南边灶村、西区街道老畲村、霞涌街道霞新村、澳头街道东升村、西区街道樟浦村、西区街道永盛社区、澳头街道沙田社区、西区街道德惠社区、西区街道坊下社区、西区街道新联社区、西区街道东联社区、西区街道老畲村三大屋村民小组、西区街道塘尾村海隆村民小组、惠州天然气发电有限公司、惠州深能港务有限公司、敏华家具制造（惠州）有限公司、龙山小学、惠州市大亚湾区外语实验学校、惠州市大亚湾区公民伙伴社会发展服务中心、塘尾永祜公益协会、星河半岛业主委员会、杨包庙理事会等单位进行了调查。我们旁听了2022年度老畲村党组织绩效考核民主评议会议、塘尾村村民代表大会、龙山小学2022—2023学年度第二学期科组工作研讨会。我们实地观察了塘尾朱氏的祭祖和拜山、坊下协天宫农历二月初二伯公（土地爷）诞辰祭祀、敏华家具制造（惠州）有限公司315芝华士头等舱品质升舱节等。

2023年5月15日至20日，我们课题组到大亚湾区人民法院、大亚湾区人民检察院、惠州天然气发电有限公司、大亚湾区环境水务集团有限公司、霞涌街道综治中心、龙山小学、霞涌街道新村村、霞涌街道晓联村、澳头街道岩前村、西区街道新寮村、西区街道塘尾村、西区街道东联社区、西区街道新联社区、西区街道坽下社区、澳头街道南边灶村岩背村民小组等单位进行调查。我们参加了区政法信访办组织召开的"大亚湾村规民约调研和试点"工作座谈会。我们还与大亚湾区区委、大亚湾区委政法信访办公室领导，广东省律师协会领导等交流了村规民约修订工作问题。我们观察了霞涌街道霞新村杨包庙会、观看了迎亲和送嫁仪式。

　　2023 年 7 月 8 日至 18 日，我们课题组到大亚湾区委政法信访办公室、大亚湾区人民法院、大亚湾区妇联、大亚湾区法学会、西区街道办、澳头街道办、霞涌街道办、大亚湾区物业管理协会、惠州市大亚湾区公民伙伴社会发展服务中心、三菱化学化工原料（惠州）有限公司、广东宝晟（大亚湾）律师事务所、霞涌街道新村村、霞涌街道晓联村和晓联村径东村民小组、澳头街道沙田社区、澳头街道岩前村、西区街道老畲村和老畲村三大屋村民小组等单位进行调查。我们参加了大亚湾区委政法信访办公室组织的自治规范修订完善工作座谈会，在广东宝晟（大亚湾）律师事务所、惠州市大亚湾区公民伙伴社会发展服务中心、澳头街道岩前村等单位召开了座谈会。我们访问了大亚湾区委政法信访办公室领导和司法组负责人、大亚湾区人民法院领导和立案庭负责人等。我们在大亚湾区委政法信访办公室法制组、大亚湾区人民法院查阅了相关档案。我们观察了霞涌街道新村村民宿经营情况等。

　　通过座谈、访谈、观察和查阅资料等，我们对大亚湾区的自治规范有了较全面的了解，对大亚湾区的自治规范有了一些具体感受。通过调查，我们课题组与大亚湾区的不少单位、个人建立了联系，在实地调查后进一步交流，并获得了一些资料。

五

　　本书主要通过个案形式全面总结大亚湾区的自治规范，尽力对大亚湾区社会的自治规范进行深描，以呈现大亚湾区自治规范的基本事实。

根据实地调查，我们将大亚湾区的自治规范分为基层群众性自治组织规范、社会团体规范、行业自治规范、社会组织自治规范、非正式组织自治规范五类。

基层群众性自治组织规范包括村民委员会、居民委员会等制订的村民自治章程、村规民约、居民公约、经济联合社章程、村（居）民委员会和村民小组相关制度。我们以大亚湾区为对象，总体性探讨和美治理中的村规民约；以妈庙村为对象，讨论大亚湾区古村的村民自治章程和村规民约；以霞涌街道晓联村"美丽家园"积分制为对象，探讨乡村自治视角下积分制的运用；以林志娟案[1]为对象，探讨出嫁女财产权益的村民会议决议与国家机关处理；以王红兰案为对象，讨论农村出嫁女集体经济分配权益之争；以大亚湾区为对象，整体性探讨和美治理中的居民公约；探讨了以社区治理实际问题为导向的《永盛社区居民公约》；讨论了保障监督职能履行的《永盛社区居务监督委员会工作职责》；探讨了规范集体资产经营和管理的《沙田经济联合社章程》；以新联社区为对象，讨论移民社区集体经济组织成员资格规范的制订与修改；以西区街道为对象，探讨了政府统一指导下的村规居约修订。

社会团体规范包括人民团体规范（我国有参加全国政协会议的中华全国总工会、中国共产主义青年团、中华全国妇女联合会、中国科学技术协会、中华全国归国华侨联合会、中华全国台湾同胞联谊会、中华全国青年联合会、中华全国工商业联合会八个人民团体）、社会团体规范（我国有免于登记的社会团体14个，包括中国文学艺术界联合会、中国作家协会、中华全国新闻工作者协会、中国人民对外友好协会、中国人民外交学会、中国国际贸易促进委员会、中国残疾人联合会、宋庆龄基金会、中国法学会、中国红十字会、中国职工思想政治工作研究会、欧美同学会、黄埔军校同学会、中华职业教育社）。根据大亚湾区的实际情况，我们探讨作为人民团体的大亚湾区妇女联合会的工作议事制度；讨论作为群众团体、学

---

[1] 按照学术惯例，本书中的一些人名、地名进行了化名处理，特此说明。

术团体的大亚湾区法学会的规范，以大亚湾区法学会为对象，讨论法学会双重属性的理解与思考。

行业自治规范为工商业组织和团体的规范。我们探讨促进行业发展的《惠州大亚湾区房地产协会章程》；以大亚湾区物业管理行业协会为对象，讨论作为行业自治重要规范的《自律公约》；探讨保障大亚湾区个体私营企业协会运行的工作制度；讨论为发展而自订的石化工业区业主委员会规范。

社会组织自治规范包括企业、学校、社会工作服务机构、宗族、庙宇等的规范。我国将社会组织分为三类，即社会团体、民办非企业单位和基金会。社会团体是由公民或企事业单位自愿组成、按章程开展活动的社会组织，包括行业性、学术性、专业性和联合性社团。民办非企业单位是由企业事业单位、社会团体和其他社会力量以及公民个人利用非国有资产举办的、从事社会服务活动的社会组织，分为教育、卫生、科技、文化、劳动、民政、体育、中介服务和法律服务九类。基金会是利用捐赠财产从事公益事业的社会组织，包括公募基金会和非公募基金会。我们以惠州深能港务有限公司为对象，探讨保障自主经营的国有企业内部管理制度；以惠州天然气发电有限公司为对象，讨论企业合规体系的建立；以惠州大亚湾区环境水务集团有限公司为对象，讨论企业合规管理"三张清单"的延伸与运用：企业"清单式"决策机制的实践；以惠州天然气发电有限公司为对象，探讨以人为本的企业员工招聘调配管理制度；以敏华控股公司为对象，讨论民营企业的门岗管理制度；以大亚湾区龙山小学为对象，探讨义务教育阶段公立学校的管理制度；以大亚湾区公民伙伴社会服务发展中心为对象，讨论作为社会工作服务机构基本规范的章程；以星河半岛小区为对象，探讨自我服务的业主大会和业主委员会规范；以塘尾朱氏宗族为对象，讨论当今乡村松散型宗族的组织和行为规范；以塘尾朱氏为对象，探讨慎终追远的当代宗族祭祖规范；以霞新村杨包庙理事会为对象，讨论当今渔村的原始信仰机构组织与行为规范这一结合型自治规范。

非正式组织自治规范为社会内生规范，包括民间自发形成的习惯法等规范，如民间生活中的民事习惯法、茶叙规范、拼车规范等。

我们以塘尾村海隆村民小组为对象，探讨村民日常生活中的民事习惯规范这一传统延续型自治规范；以东升村为对象，讨论当代渔村传承的传统婚姻成立规范；以坑下社区为对象，探讨搬迁村的村庙祭神活动规范；以娘婶姊妹汇聚为对象，讨论日常生活中老人互聊共食茶叙的规范这一内生式自治规范；以微信社群拼车群为对象，探讨自发形成的无偿拼车规范这一互助型自治规范。

本书系统梳理大亚湾区自治规范的内容，对大亚湾区和美治理中的自治规范进行全面总结，客观展现基层治理中的自治规范运行的真实状况，为进一步修订、完善自治规范提供可靠资料，为基层治理中有效传承和利用自治规范，为大亚湾区的和美网格基层治理模式提供本土社会规范资源和社会基础。

第一篇　基层群众性自治组织自治规范

• • •

第二章

和美治理中的村规民约

——以大亚湾区为对象

引 言

2014 年 10 月出台的中共中央《关于全面推进依法治国若干重大问题的决定》提出，"增强全民法治观念，推进法治社会建设""提高社会治理法治化水平……发挥市民公约、乡规民约、行业规章、团体章程等社会规范在社会治理中的积极作用"。2018 年修订的《中国共产党农村基层组织工作条例》第 20 条第 1 款规定："党的农村基层组织应当健全党组织领导的自治、法治、德治相结合的乡村治理体系。深化村民自治实践，制定完善村规民约"。中共中央、国务院 2018 年 1 月印发的《关于实施乡村振兴战略的意见》提出"坚持自治为基"，充分发挥自治章程、村规民约、居民公约在城乡社区治理中的积极作用。中共中央、国务院 2019 年 1 月印发的《关于坚持农业农村优先发展做好"三农"工作的若干意见》指出"指导农村普遍制定或修订村规民约"。中共中央办公厅、国务院办公厅 2019 年 6 月印发的《关于加强和改进乡村治理的指导意见》提出，"加强村规民约建设，强化党组织领导和把关，实现村规民约行政村全覆盖"。中央全面依法治国委员会 2020 年印发的《关于加强法治乡村建设的意见》指出，"完善群众参与基层社会治理的制度化渠道，健全充满活力的群众自治制度，引导村民在村党组织的领导下依法制定和完善村民自治章程、村规民约等自治制度"。中共中央 2020 年 12 月印发的《法治社会建设实施纲要（2020-2025 年）》提出，"充分发挥社会规范在协调社会关系、约束社会行为、维护社会秩序等方面的积极作用。加强居民公约、村规民约、行业规章、社会组织章程等社会规范建设，推动社会成员自我约束、自我管理、自我规范"。农业农村部 2021 年 4 月印发的《关于全面推进农业农村法治建设的意见》指出，"坚持以法治保障乡村治理，充分发挥法律法规、村规民约和农村集体经济组织、农民专业合作社章程等的规范指导作用"。民政部、国家发改委 2021 年 5 月印发的《"十四五"民政事业发展规划》提出，"推动城乡社区全部制定居民自治章程、村民自治章程和居民公约、村规民约，并在社区治理中有效发挥作用"。自 2021 年 6 月 1 日起施行的《乡村振兴促进法》第 30 条规定，"各级人民政府应当采取措施……发挥村规民约积极作用"。这说明，村规民约在我国乡村社会治理中的积极作用已经被高度重视，在基层治理体系和治理能力现代化建设进程中需要充分发挥村规民约的积极作用。

作为乡村民众通过民主方式议定和修改并共同遵守的社会规范，村规民约是乡村自治的重要规范形式，也是基层民主政治发展的重要成果。村规民约生长于乡村，在村民日常生活逻辑中形成、生长，具有内生性，在办理公共事务和公益事业、维护社会治安、调解民间纠纷、保障村民利益等方面有不可或缺的作用，且在乡村治理中有独立发挥作用的空间。[1]与此同时，村规民约也是根据国家法律、在国家法律指导下制定和实施的，在一定程度上与国家法律调整乡村秩序的目标是一致的，从某种角度可以将其认识为体现社意、村意和国意的一种合意。[2]

广义上的村规民约既有村民会议根据《村民委员会组织法》第 27 条第 1 款"村民会议可以制定和修改村民自治章程、村规民约"所制定和修改的村民自治章程和村规民约，也有村社会组织制定和修改的规约，还包含若干村民议定的某种规约。[3]其中，村民自治

---

〔1〕 参见陈寒非、高其才：《乡规民约在乡村治理中的积极作用实证研究》，载《清华法学》2018 年第 1 期。

〔2〕 参见高其才：《导言》，载高其才主编：《当代中国村规民约》，中国政法大学出版社 2021 年版，第 2 页。

〔3〕 参见高其才：《导言》，载高其才主编：《当代中国村规民约》，中国政法大学出版社 2021 年版，第 2 页。

章程是全体村民通过村民会议等形式进行商讨，以维护村里的公共秩序为目的，共同制定的有关村民自治的综合性规定，其内容主要包括村民的权利与义务、村民组织的产生及权限范围等村务民主管理方面的内容，也包括乡村经济、文化、治安等方面的内容。[1]村民自治章程是村民自治的直接依据，是村民自治的内部宪法性文件。[2]本书所指村规民约主要是本书研究团队在大亚湾区民政局调查收集到的大亚湾区辖区各村的村规民约，是狭义上的村规民约，并不包含村民自治章程和村社会组织制定和修改的其他规约，而是特指村民根据宪法、相关法律法规和村民自治章程共同商议制定的，需要全体村民自觉遵守的全面性的行为规范。

广东省惠州市大亚湾经济技术开发区（即大亚湾区）辖澳头、西区、霞涌3个街道办事处，29个行政村、28个社区。大亚湾区结合实际，因地制宜，"跳出治理谋治理"，清晰治理目标，重构治理体系，找准治理抓手。按照中央、省、市决策部署，对标对表共性工作指引，树立全域"一盘棋"意识，通过强化综合网格治理+和美共建，试点先行，以点带面，构建"和美网格"治理，初步形成"五治融合"（政治、法治、德治、自治、智治）、"引美入治"（美治）的和美治理新格局，社会治理精准化、精细化、智能化逐步提升。[3]在"和美治理"的构建中，大亚湾区高度重视村规民约在乡村社会治理中的作用，印发了《大亚湾区村规民约和居民公约修订工作实施方案》等文件，积极推动制定和修订村规民约，认真保障村规民约的实施，形成了一批富有特色的村规民约。

我们在大亚湾区民政局调查收集到了来自大亚湾区辖澳头、西区、霞涌3个街道共29个乡村的29份村规民约文本。在这29份村规民约文本中，澳头街道《东升村村规民约》《飞帆村村规民约》

〔1〕　参见龚艳：《当前村民自治章程制定中的问题及完善对策——基于T市X区21个村的调研》，载《社会科学家》2021年第3期。

〔2〕　参见梁开银：《论村民自治章程的法律地位、内容及效力——兼论村民自治的法律制度生态》，载《社会科学家》2010年第1期。

〔3〕　大亚湾区区委政法委《"和美网格"营造美好生活——惠州市大亚湾经济技术开发区推进市域社会治理现代化试点实践的调研报告》，定稿时间：2022年6月19日；提供时间：2022年7月11日。

《黄鱼涌村村规民约》《金门塘村村规民约》《妈庙村村民委员会村规民约》《南边灶村村规民约》《荃湾村村规民约》《三门村村规民约》《小桂村村民委员会村规民约》《岩前村村规民约》《衙前村村规民约》、西区街道《老畲村村委会村规民约》《东联村村规民约》《荷茶村村规民约》《上田村村规民约》《上杨村村规民约》《塘布村村规民约》《塘尾村村规民约》《新寮村村委会村规民约》《樟浦村村规民约》以及霞涌街道《新村村村民委员会村规民约》共 21 份文本附有生效时间并已生效，另外澳头街道《大涌村村规民约》、西区街道《横畲村村规民约草案（审议稿）》《新畲村村规民约（三字歌版）》以及霞涌街道《上角村村民委员会村规民约》《晓联村村民委员会村规民约》《霞新村村规民约》《霞涌村村民委员会村规民约》《义联村村民委员会村规民约》共 8 份文本未附有生效时间。

以生效的 21 份村规民约为对象，本章在分析这些村规民约文本的基础上，从制定、修改、内容、施行等方面进行梳理和总结，以较为系统地呈现大亚湾区和美治理中的村规民约。

一、村规民约的制定与修订

2018 年 12 月修正施行的《村民委员会组织法》对村规民约的制定和修订进行了规定，其第 27 条第 1 款规定："村民会议可以制定和修改村民自治章程、村规民约，并报乡、民族乡、镇的人民政府备案。"中央全面依法治国委员会 2020 年印发的《关于加强法治乡村建设的意见》提出，"引导村民在村党组织的领导下依法制定和完善村民自治章程、村规民约等自治制度……落实和完善村规民约草案审核和备案制度，健全合法有效的村规民约落实执行机制，充分发挥村规民约在乡村治理中的作用"。中共中央、国务院 2021 年 4 月印发的《关于加强基层治理体系和治理能力现代化建设的意见》指出，"乡镇（街道）指导村（社区）依法制定村规民约、居民公约，健全备案和履行机制，确保符合法律法规和公序良俗"。中央全面依法治国委员会 2022 年印发的《关于进一步加强市县法治建设的意见》指出，"乡镇（街道）指导村（社区）进一步规范村规民约、居民公约"。2018 年 12 月，民政部等七部门联合出台了《关于做好村规民约和居民公约工作的指导意见》（本章以下简称《指导意见》），提出了"加强对村规民约和居民公约工作的指导规范，到2020年全国所有村、社区普遍制定或修订形成务实管用的村规民约、居民公约"的总体要求。2019年6月，广东省民政厅等七部门联合印发了《关于做好村规民约和居民公约工作行动方案》（本章以下简称《行动方案》），部署了广东省全面修订村规民约和居民公约的工作。2019年10月，大亚湾区民政局等七部门根据上述文件和其他相关文件，联合印发了《大亚湾区村规民约和居民公约修订工作实施方案》（本章以下简称《实施方案》），布置了大亚湾区村规民约修订工作的几项主要任务，并列有实施和保障方案。基于上述法律条款和规范性文件内容，结合我们收集到的村规民约文本和其他相关材料，本章从大亚湾区村规民约制定与修订的主体、程序、时间和宗旨四方面进行梳理。

　　大亚湾区村规民约制定与修订的主体主要是各村村民代表会议。《村民委员会组织法》第27条第1款规定的"村民会议可以制定和修改村民自治章程、村规民约，并报乡、民族乡、镇的人民政府备案"授权了村民会议制定和修改村规民约。《指导意见》《行动方案》与《实施方案》对村规民约应经村民会议表决有相应的要求，即"提交村（居）民代表会议审议讨论，根据讨论意见修订完善后提交会议表决通过"。澳头街道《衙前村村规民约》、西区街道《荷茶村村规民约》《上田村村规民约》等在附则中说明"本村规民约自村民代表会议通过之日起施行"，西区街道《东联村村规民约》、霞涌街道《新村村村民委员会村规民约》也表明该村规民约经由村民代表大会讨论通过。[1]但也有例外，例如澳头街道《岩前村村规民约》表明"本公约于2019年11月8日由岩前村全体村组干部、村民代表、党员大会议修订通过"，其修订主体范围更大。[2]

　　根据《实施方案》可知，大亚湾区村规民约制定和修订的程序

---

　　〔1〕　参见《衙前村村规民约》（2019年12月16日）；《荷茶村村规民约》（2019年12月5日）；《上田村村规民约》（2019年12月1日）；《东联村村规民约》（2020年10月29日）；《新村村村民委员会村规民约》（2020年8月19日）。

　　〔2〕　参见《岩前村村规民约》（2019年11月8日）。

主要是由村"两委"征求群众意见并组织协商，根据意见拟定草案，随后提请街道党工委、办事处审核把关，再提交村民代表会议审议讨论和表决通过，最后报街道党工委、办事处备案公布。而征求意见和组织协商的渠道有村务公开栏、微信工作群等，还有将草案提交由村"两委"班子、各村民小组长、党员代表、村民代表、村务监督委员会、驻村第一书记参加的"村党群联席会议"讨论，或是直接将经村"两委"讨论修改后的二稿提交村民代表会议征求意见的；关于拟定草案的程序，也有地方不由村"两委"草拟，而由村民代表会议民主推选产生村规民约起草班子；关于审议讨论和表决通过的程序，有地方表明由村规民约起草小组向村民进行起草说明并逐条解释后，再交付村民表决，且说明了如果表决不能通过，起草小组要再次征求村民意见，修改后再行表决。[1] 由此可知，大亚湾区确立了较为完整的由村民会议在党组织领导下制定和修改村规民约的程序以及村规民约草案审核和备案制度。

大亚湾区村规民约制定的时间大多集中于 2019 年 11 月至 2020 年 1 月期间，较早的是制定于 2017 年 6 月 15 日的澳头街道《飞帆村村规民约》，较晚的是制定于 2020 年 6 月 15 日的澳头街道《金门塘村村规民约》和制定于 2020 年 8 月 19 日的霞涌街道《新村村村民委员会村规民约》。根据我们获取的材料，大亚湾区大部分村规民约自制定后还未进行过修订，我们发现西区街道老畲村于 2023 年 1 月 12 日对其村规民约进行了修订，这次修订主要按照区民政局和街道的要求，补充增加了计划生育、河长制、森林防火等内容。

需要注意的是，大亚湾区的一些村针对村规民约施行中的突出问题，及时对村规民约进行了相应修订。例如，西区街道老畲村此前的村规民约中存在限制、剥夺"外嫁女"的权益的内容，导致该村"外嫁女"纠纷案件常见多发。大亚湾区人民法院工作人员掌握相关情况后，曾与老畲村村委会共同学习了《惠州市辖区内农村集体经济组织成员资格确认及相关待遇行政争议处理意见》等文件，

---

〔1〕 参见《优秀村规民约（居民公约）推荐表（大涌村）》《优秀村规民约（居民公约）推荐表（妈庙村）》。

对"外嫁女"是否具有农村集体组织成员资格、享受相关待遇等规定进行了学习和探讨。[1]在 2023 年 1 月 12 日通过的西区街道《老畬村村委会村规民约》中就已未见到限制、剥夺"外嫁女"的权益的内容。

在制定与修订的宗旨方面，考察大亚湾区村规民约，可发现在序言和正文总则部分的宗旨表述各有不同，但大体有"推进民主法制""保障自治""强化党的领导地位""维护社会治安和社会秩序""促进经济发展""营造和谐环境""树立良好村风"等几种。此外，根据《实施方案》可知，大亚湾区村规民约的制定和修改有"五个坚持"的要求，分别是"坚持党的领导""坚持合法合规""坚持发扬民主""坚持价值引领"和"坚持问题导向"。值得一提的是，西区街道除诗歌形式外的 6 份村规民约中，其制定宗旨都包含"促进经济发展"一项，而澳头街道有 7 份村规民约的制定宗旨包含"强化村党组织领导核心地位"，这说明了两个街道所辖村在制定和修订村规民约时可能存在不同的侧重点。"和美治理"是精细化、精准化的治理，和美治理中的村规民约应当是坚持因地制宜原则，以问题为导向的，所以不同地区在制定和修订村规民约时侧重点也应有所不同。

二、村规民约的形式

我们所收集到的大亚湾区村规民约都是以文本呈现的成文规范性文件，从内容上看都是全面性而非专门性的，从时间效力来看都是长期有效而非临时性有效的，从范围效力来看都是对全村有效而非对特定村民组或小集体有效的，从结构来看都包含名称、正文、审议主体和日期四部分，但大亚湾区村规民约在相同的结构下也有不同的表现形式。

大亚湾区村规民约名称大体相同，通常为"村名+村规民约"，如《飞帆村村规民约》，未见到"公约""合约""规范"等名称。

---

〔1〕　参见卢慧：《下沉村居实地走，大亚湾法院力促矛盾纠纷家里解》，载 https://baijiahao. baidu. com/s? id=1750488278877572509&wfr=spider&for=pc，访问时间：2023 年 4 月 4 日。

但也有例外，即"村委会名＋村规民约"形式，如《新村村村民委员会村规民约》《妈庙村村民委员会村规民约》和《小桂村村民委员会村规民约》。[1]大亚湾区村规民约的审议主体多为各村委会，如"澳头街道小桂村村民委员会"，[2]但也有例外，如西区街道《樟浦村村规民约》审议主体为村党支委。

大亚湾区各村村规民约正文形式不一，有结构式、条款式，也有三字语、顺口溜，各村根据本村群众生产生活情况分别采取了适合本村的形式，既能保证内容全面完整，也能便于村民掌握和遵守。其中，采用结构式的居多，采用条款式的较少。21份村规民约中有澳头街道飞帆村、南边灶村、荃湾村、三门村、小桂村、衙前村和西区街道的老畲村、东联村、荷茶村、上田村、上杨村共11份村规民约采用结构式；澳头街道东升村、黄鱼涌村、岩前村和西区街道的塘布村以及霞涌街道的新村村共5份村规民约采用条款式；西区街道新寮村、樟浦村共2份村规民约采用三字语式；澳头街道金门塘村和妈庙村共2份村规民约采用顺口溜式；西区街道塘尾村则是唯一采用"要……不要……"的对比式表达的村规民约。

正文的结构形式上，采用结构式的村规民约根据内容划分章节，但是划分标准不一，章节标题所包含内容范围有大有小。11份结构式村规民约中有4份村规民约都划分为8方面，而章节划分最少的是澳头街道《飞帆村村规民约》，分为4方面；最多的是则《妈庙村村民委员会村规民约》，共分为13个方面；此外，采用三字语式的《樟浦村村规民约》也划分了5个方面内容。采用条款式的村规民约则多采用十余条的设置，其中最多的是澳头街道《黄鱼涌村村规民约》，共有21条。所有采用结构式和条款式的16份村规民约都有前言部分，而澳头街道南边灶村和西区街道上田村的村规民约则除前言外还包含"总则"部分，澳头街道《荃湾村村规民约》还包含"结束语"部分。

---

〔1〕 但从《新村村村民委员会村规民约》（2020年8月19日）、《妈庙村村民委员会村规民约》（2019年12月13日）、《小桂村村民委员会村规民约》（2019年12月28日）的正文看，这三份村规民约的内容主要是村民的行为规范，而不是村委会成员的行为规范。

〔2〕《小桂村村民委员会村规民约》（2019年12月28日）。

三、村规民约的内容

《村民委员会组织法》第 2 条第 2 款规定了村民委员会的职责，即"办理本村的公共事务和公益事业，调解民间纠纷，协助维护社会治安，向人民政府反映村民的意见、要求和提出建议"，村民委员会主要依据村民自治章程和村规民约实现其职责。因此，村规民约应主要包含公共事务、公益事业、民间纠纷和社会治安四个大类的内容。大亚湾区村规民约围绕这四大类内容有多样化的内容结构划分，在 13 份有内容划分的村规民约中存在很多高频分类，社会治安出现了 10 次，村风民俗出现了 8 次，邻里关系或婚姻家庭出现了 8 次，安全生产或消防、水电安全等出现了 8 次，环境卫生或生态保护出现了 7 次，土地管理出现了 4 次，违规处罚或奖惩措施出现了 4 次。这些高频分类正是大亚湾区村规民约内容的代表性内容，本章即在参考这 7 项代表性分类的基础上对大亚湾区村规民约的内容分别进行梳理，其中违规处罚或奖惩措施主要涉及村规民约的施行，因此在本章第五部分中加以讨论。除此之外，由于本次所收集到的生效村规民约中虽少有单独将爱国守法划分为一部分内容，但几乎都包含此方面内容，故本章在高频分类基础上增加爱国守法这一内容分类进行梳理。

（一）爱国守法

在本章依据的 21 份村规民约中，无论是结构式、条款式还是三字语等形式，都包含爱国护党、爱集体和守法的内容，且都处于正文内容的较前位置，这体现了"和美治理"中"五治融合"的追求。如澳头街道《东升村村规民约》第 1 条至第 4 条分别包含了热爱祖国、遵纪守法、团结友爱、关心集体四个方面，《南边灶村村规民约》第 2 条则直接引用了 24 字社会主义核心价值观内容，西区街道《新寮村村委会村规民约》中用三字语"爱祖国、护集体、守家园、跟党走、旗帜明"表述了这部分内容。[1]值得一提的是，澳头

---

〔1〕　参见《东升村村规民约》（2020 年 1 月 13 日）、《南边灶村村规民约》（2020 年 1 月 15 日）、《新寮村村委会村规民约》（2019 年 12 月 20 日）。

街道《荃湾村村规民约》对此内容有十分细致明确的规定，即"不利用微信、微博等网络平台或以其他方式，散布传播违背党的理论和路线方针政策的意见；不得妄议中央大政方针，或发表丑化党和国家形象的言论；不得制造和传播各类谣言，迷信信息和参加迷信活动"。[1]

（二）社会治安

大亚湾区村规民约对社会治安十分看重，包含以多种形式强调维护社会治安的各个方面内容。其中，以禁止性条款居多，如《塘布村村规民约》第2条规定了"爱护公共财物，不得损坏水利、饮水设备、道路交通、供电、通讯、生产等公共设施。节约用水用电，严禁偷水偷电，发现违规人和事，要积极制止并及时向村委会报告"。[2]也包含倡导式条款，如《三门村村规民约》中"积极参加各项有益身心健康的文体活动，禁止参与黄、赌、毒等违法行为，做个遵纪守法的好村民"。[3]有对邪教和诈骗问题进行强调的，如《南边灶村村规民约》第15条规定："不参加邪教和非法宗教组织的活动。不利用迷信活动造谣惑众、骗财骗物。不得捏造虚假的事实欺骗群众，引发恐慌；不得诽谤他人、污辱他人人格。"[4]也对禁毒有着重强调的，如《小桂村村民委员会村规民约》强调了"严禁赌博、严禁吸毒、贩卖毒品等，严禁私自种罂粟"。[5]

社会治安的稳定是"和美治理"中"和谐之治"的关键，所以大亚湾区的"和美治理"目标呼唤一种更为主动的预防式社会治理。大亚湾区的村规民约有不少条文在主动地预防村民破坏治安，如《飞帆村村规民约》第一章第2条规定："村民之间应团结友爱，和睦相处，不打架斗殴，不酗酒滋事，严禁侮辱、诽谤他人，严禁造谣惑众、拨弄是非。"第3条规定："自觉维护社会秩序和公共安全，

---

〔1〕《荃湾村村规民约》（2019年12月4日）。

〔2〕《塘布村村规民约》（2019年12月4日）。

〔3〕《三门村村规民约》（2019年11月15日）。

〔4〕《南边灶村村规民约》（2020年1月15日）。

〔5〕《小桂村村民委员会村规民约》（2019年12月28日）。

不扰乱公共秩序，不阻碍公务人员执行公务。"[1]《三门村村规民约》第六章第 1 条也号召村民主动维护社会治安 "弘扬正气，扫除邪气，敢于同坏人坏事及不良现象的行为作斗争，见义勇为，不包庇坏人，不陷害好人，学习先进"。村规民约在维护社会治安方面的内容正是实现网格化 "和美治理" 的关键一环。

（三）村风民俗

大亚湾区有的村规民约对重男轻女这一当地最突出的遗风陋俗问题作出了特别规定。如《南边灶村村规民约》第 13 条规定："实行男女平等，保护妇女在社会和家庭生活中的合法权益。丈夫不得以妻子无现金收入、只生女孩等种种理由打骂和虐待妻子。任何人不得剥夺已婚女子的合法继承权。丧偶女子有继承遗产和携带未成年子女再婚的权利。家庭生活中不得歧视女孩子。"[2]《塘布村村规民约》第 12 条与《上杨村村规民约》第六章第 5 条有相同规定，即 "父母应尽抚养、教育未成年子女的义务，禁止歧视、虐待、遗弃女婴，破除生男才能传宗接代的陋习"。《塘布村村规民约》第 7 条也规定了 "要男女平等，优生优育；不要性别歧视，违反国策"。[3] 但是，这些规定仅是保障妇女的平等权益，并未见到对妇女的特殊保护条款。

此外，还有反对宗派活动的规定，如《三门村村规民约》第七章第 4 条规定了 "建立正常的人际关系，不搞宗派活动，反对家族主义"。[4]

（四）家庭邻里

大亚湾区村规民约对家庭和邻里关系较为重视，有从不同家庭角色出发进行倡导的，如《樟浦村村规民约》中的三字语 "做父母、心宜宽、疼儿女、敬祖先""做儿女、孝为先、重践行、敬在

---

〔1〕《飞帆村村规民约》（2017 年 6 月 15 日）。

〔2〕《南边灶村村规民约》（2020 年 1 月 15 日）。

〔3〕《塘布村村规民约》（2019 年 12 月 4 日）、《塘尾村村规民约》（2020 年 1 月 12 日）、《上杨村村规民约》（2020 年 1 月 15 日）。

〔4〕《三门村村规民约》（2019 年 11 月 15 日）。

前""夫妻间、信为先、既互谅、又互勉"。〔1〕也有倡导文明相处的，如《荃湾村村规民约》中倡导"邻里和睦，互相尊重，团结友爱，礼貌待人，讲文明语言，行文明之礼，养成文明习惯"。〔2〕

村规民约在解决家庭邻里的民间纠纷中有不可替代的重要作用，村规民约更多依靠社会强制力调停和解决民间纠纷，这符合大亚湾区"和美治理"中"和谐之治"之内涵。例如《上田村村规民约》第18条说明了村民间纠纷处理的完整"三级程序"，在其中村民小组组长和村委会都发挥着重要作用，"邻里间发生纠纷，能自行调解的自行调解，不能自行调解的，先由村民小组组长进行调解，双方当事人不服村民小组组长调解的，再由村民委员会进行调解，无法调解的，通过法律途径解决。任何人不得仗势欺人，不听劝阻制造纠纷，造成人身或财产损害的，将依法承担相应的法律责任"。〔3〕《上杨村村规民约》也对纠纷解决的程序进行了说明，"邻里纠纷，应本着团结友爱的原则平等协商解决，协商不成的可申请村调委会调解，也可依法向人民法院起诉，树立依法维权意识，不得以牙还牙，以暴制暴"。〔4〕

（五）公共安全

"安全"是大亚湾区村规民约中出现频率非常高的关键词，这表明了村民在商定村规民约时对于安全的较高重视程度。其中以水电安全居多，如《飞帆村村规民约》规定了"严禁在将易燃易爆物品堆放户内、寨内""严禁乱拉乱接电线"，〔5〕也有交通安全方面的倡导，如《妈庙村村民委员会村规民约》中的"三无车辆你莫坐，一经出事悔不过"。〔6〕

近年来，随着大亚湾区经济高速发展和临深辐射效应，大亚湾区流动人口、出租屋呈逐年大幅上升趋势，截至2021年末，面积不到

---

〔1〕《樟浦村村规民约》（2020年7月2日）。
〔2〕《荃湾村村规民约》（2019年12月4日）。
〔3〕《上田村村规民约》（2019年12月1日）。
〔4〕《上杨村村规民约》（2020年1月15日）。
〔5〕《飞帆村村规民约》（2017年6月15日）。
〔6〕《妈庙村村民委员会村规民约》（2019年12月13日）。

300 平方公里的大亚湾区常住人口只有 44 万人，但外来人口超 45 万人。[1] 由于数量太多，外来人口所带来的公共安全方面的隐患成为让很多乡村头疼的问题，而通过考察可看出外来人口的管理是大亚湾区村规民约一个较为特色性的内容，治理好外来人口，化解公共安全隐患也是大亚湾区实现"和美治理"的关键。如《衙前村村规民约》第二章第 9 条规定："外来人员在我村居住（暂住）须遵纪守法，遵守本村村规民约，居住时应先向村委会申报登记。"[2] 而《上田村村规民约》第六章则专章对外来人口管理进行了规定，不仅对外来人口实行规模控制和行业限制，还规定了村民不得将房屋出租给无合法有效身份证明或者无固定住所的人员、制作贩卖假冒伪劣商品的人员、收捡废品的人员、非法经营食品加工人员、存放易燃易爆腐蚀物品的人员等多种从事危害社会秩序或者公共安全生活的人员。同时，《上田村村规民约》对向外来人口出租住房的村民房东课以了安全监督责任，它规定房主出租房屋必须签订治安责任保证书。[3]

此外，值得一提的是，大亚湾区有几个村庄的村民以渔民为主，驾驶、停靠渔船也涉及公共安全，由此形成了具有渔村特色的公共事务管理类规定。如《东升村村规民约》第 11 条规定："安全驾驶船舶，正确执行驾驶操作规程，严禁酒后驾船，不开'英雄船''赌气船'。要求船舶停泊要在规定的码头和锚地规范停泊。"第 12 条规定："在台风等险情来临前，所有船舶前往避风港或安全水域避风，并密切注意气象灾害发展动向，船主必须加固船舶缆绳，防止船舶走锚、搁浅和碰撞，确保台风期间本村村民人身财产安全。"

（六）生态环境

"和美之治"的另一内涵应为"美丽之治"，乡村环境卫生水平关系村民生活质量，村容村貌也关系乡村的可持续发展。大亚湾区村规民约中有很多改善村容村貌、促进美丽乡村建设的内容。如《东联村村规民约》第四章第 8 条规定了"经营商户必须对自身产生

---

〔1〕《444 387 人! 大亚湾区第七次全国人口普查结果出炉!》，载 http://www. dayawan. gov. cn/gzdt/zwyw/content/post_ 4312221. html，访问日期：2023 年 3 月 28 日。

〔2〕《衙前村村规民约》（2019 年 12 月 16 日）。

〔3〕《上田村村规民约》（2019 年 12 月 1 日）。

的废气废水净化后才能排放，商户排放废水若造成管道堵塞的，由商户负责疏通或修复管道，费用自理"；《塘尾村村规民约》第 8 条规定了"要门前三包，美化庭院；不要蚊蝇漫飞；陋习滥行"；《东升村村规民约》第 5 条规定了"积极开展文明卫生村镇建设，搞好公共环境卫生，加强村容村貌整治，保证住宅周边环境的干净卫生，严禁随地乱倒乱堆垃圾、建房修屋余下的建筑垃圾及时清理，彻底改善环境卫生脏、乱、差的现象，改善本村的人居环境，建设美丽村居"。[1]

同时，大亚湾区村规民约对资源利用的保护重视程度也较高。保护利用土地资源、水资源、矿产资源等自然资源对一个地区的可持续发展具有重要意义。有的地方用简单明了的语言表达守护资源的重要性，如《樟浦村村规民约》写道"人之居、大自然、蓝地球、我家园；一滴水、可成河、防滴漏、都有责；长明灯、空待机、耗能源、生废气"；[2]也有的地方保护资源力度较大，且发动村民相互监督，如荷茶村建立了较为完善的有奖举报机制，不仅在保密前提下奖励举报人，还规定由责任人担负支出，即"对违法捕鱼、秸秆焚烧、使用违禁农药、乱砍滥伐、毁林开垦等行为举报并查实的，可获取相应奖励，并为举报人保密。奖励资金由责任人承担"。[3]

除此之外，针对乡村环境维护中面临的突出问题，大亚湾区村规民约也有特别规定。如西区街道东联村对车辆管理进行了专章规定，划定了私人停车位和公共停车位的界限，且规定了违规后果，"住宅房屋后面的停车位原则上归本栋屋主管理和使用，其他车位则属村集体公共停车位，任何单位和个人不得私占强霸村集体公共停车位""违者本村治安管理人员有权对违停车辆上锁或拖车，因锁车或拖车造成车辆毁损或产生费用的，由违停人员负责"。该村规民约中也有直接对公共问题源主体施加义务的，如第三章第 6 条规定：

---

[1]《东联村村规民约》（2020 年 10 月 29 日）、《塘尾村村规民约》（2020 年 1 月 20 日）。

[2]《樟浦村村规民约》（2020 年 7 月 2 日）。

[3]《荷茶村村规民约》（2019 年 12 月 5 日）。

"禁止噪音扰民，休息期间不要大声喧哗，商户销售经营不得高音播放音响。"[1]

（七）土地管理

针对大亚湾区自建房数量众多的情况，不少村规民约有涉及土地管理方面的内容。如《老奋村村委会村规民约》特别强调："依法使用宅基地，尊重历史状况。建房必须经上级国土规划单位批准，取得完善用地手续方可进行，不得乱搭乱建，乱占国有、集体土地。"《新寮村村委会村规民约》也用说理的形式教导村民勿占道建房："城中村、待改造、道路窄、自建房、勿占道。"还有地方针对自建房施工和图纸不同的问题进行了专门规定。如《三门村村规民约》规定："村民维修住宅，须向本村民小组报告，扩建、加建、重建，须向本村民小组申请，小组通过后上交村委会审核，经审核后，依法到有关部门办理相关手续，取得相关有效证件后方可施工。施工时须按批准的位置、面积、高度、设计造型进行，凡不按批准的建设设计图纸施工、变动布局、增加高度、改变建筑物的，一律按违章建筑处理。"

（八）其他

除前述 7 个方面内容外，大亚湾区村规民约中还有许多其他方面的内容，大多是结合当地环境、产业特色、传统文化或是特别问题制定的。其中，有根据当地特色古村村情，将发展特色旅游的内容写入村规民约的。如《妈庙村村民委员会村规民约》约定："古村风光无限好、旅游名片要珍惜、诚信友善讲规矩、展示景区新气象。"[2]有沿海村落村规民约包含海域使用方面内容的，如澳头街道《三门村村规民约》规定了"实现海域资源的可持续开发利用，提高海域使用的经济、社会效益"。[3]也有针对"僵尸车"问题作出特别规定的，如西区街道《东联村村规民约》规定了"长期停放在村集体公共停车位的僵尸车辆（停放在集体公共车位或路道、行

---

[1]《东联村村规民约》（2020 年 10 月 29 日）。

[2]《妈庙村村民委员会村规民约》（2019 年 12 月 13 日）。

[3]《三门村村规民约》（2019 年 11 月 15 日）。

人道、绿化带上 15 日以上不移动、不挪窝的车辆，将视为僵尸车），村委会有权强制拖车，由此造成的损失一概由违停人员负责"。[1] 此外，还有服兵役的相关内容，如《上杨村村规民约》提倡"符合服兵役条件的村民，除应征服现役以外，都应积极参加民兵组织或服预备役"。[2]

四、村规民约的施行

中央农办、农业农村部、中央组织部等 2019 年印发的《关于进一步推进移风易俗建设文明乡风的指导意见》提出"支持依据村规民约采取约束性措施"。中央全面依法治国委员会 2020 年印发的《关于加强法治乡村建设的意见》提出"健全合法有效的村规民约落实执行机制，充分发挥村规民约在乡村治理中的作用"。中共中央、国务院 2023 年 1 月印发的《关于做好 2023 年全面推进乡村振兴重点工作的意见》指出"强化村规民约约束作用，党员、干部带头示范"。2012 年修订的《广东省实施〈中华人民共和国村民委员会组织法〉办法》指出村民委员会的主要职责包括"遵守村民自治章程和村规民约"。2014 年修订的《广东省村务公开条例》表明村务公开事项包括"本村制定的村民自治章程、议事规则、村规民约"。上述文件说明，村民公约应被公示和宣传，村委会和其他党员、干部都要带头示范遵守和落实村规民约，只有村规民约的约束作用得到发挥，并有健全的落实执行机制，村规民约才能起到其应有的积极作用。

广东省、惠州市和大亚湾区都十分重视村规民约的施行保障，《行动方案》与《实施方案》中主要任务之一就是"加强村规民约、居民公约监督落实"。具体措施上，首先是将督促检查村规民约纳入街道领导干部工作重点内容，纳入村"两委"班子目标责任考核内容；其次是要求村委会每年向村民会议或村民代表会议报告村规民约的执行落实情况，并让村"两委"成员、人民调解员、村妇联执

---

[1]《东联村村规民约》（2020 年 10 月 29 日）。

[2]《上杨村村规民约》（2020 年 1 月 15 日）。

委和德高望重、办事公道的群众代表共同参与监督；最后是健全完善奖惩机制，对违反村规民约的情形，使违反者受到教育、改正错误。

　　在村规民约的施行主体方面，共有 6 份村规民约规定了执行村规民约的主体，其中 5 份规定由村委会负责执行，如澳头街道《东升村村规民约》规定了"本村村规民约由村民委员会负责执行，村民代表大会负责监督"。另一份则规定了不同于村委会的村规民约专门性执行主体"执约小组"，即西区街道《荷茶村村规民约》所规定的"由村民代表大会选举三名公道正派的村民成立执约小组，对违反村规民约的情况调查核实，提出处理意见，村委会负责实施处理并报村党总支部备案"。此外，《三门村村规民约》还在精神文明建设方面提出了"组织一支专职清卫队伍，清理垃圾、打扫公共卫生"。

　　在村规民约的效力范围方面，共有 10 份村规民约作出了相关规定，其中 2 份采用属地原则，规定村规民约适用于本村范围内的一切人，如《小桂村村民委员会村规民约》规定"本村村规民约适用于在本村全体村民和居住在本村的其他人员"。[1]《东升村村规民约》还强调了该村规民约对游客也具有效力，即"凡外来人员进入我村观光旅游的，也必须服从本村管理，尽到应尽义务和遵守本村村规民约"。[2]而澳头街道《三门村村规民约》和西区街道《老畲村村委会村规民约》2 份采用属人原则的村规民约均规定了"本规约具有村与村民、村民与村民之间的契约性质，对全体村民均有相同的约束力。全体村民都应当自觉遵守执行，任何人不得以在外经商、务工为由拒绝执行"，[3]这一规定将在该村地域之外经商、务工的该村村民也纳入了该村村规民约约束范围内。此外，《岩前村村规民约》《南边灶村村规民约》《衙前村村规民约》《东联村村规民约》《荷茶村村规民约》《上田村村规民约》共 6 份村规民约则以属人主

---

　　〔1〕《小桂村村民委员会村规民约》（2019 年 12 月 28 日）。
　　〔2〕《东升村村规民约》（2020 年 1 月 13 日）。
　　〔3〕参见《三门村村规民约》（2019 年 11 月 15 日）、《老畲村村委会村规民约》（2023 年 1 月 12 日）。

义为基础，以属地主义为补充。如《上田村村规民约》规定"本村村民应当自觉遵守本村村规民约""居住在本村的外来人员，参照遵守本村规民约"。[1]《荷茶村村规民约》还对其中的"村民"进行了概念性规定，即"全体村民、辖区工厂、企业、外来人员（下统称村民）均须遵守执行"，[2]这一表述说明该村规民约条款中所有关于"村民"的规定都包含上述人员。例如，由三名村民组成的"执约小组"中，也可有外来人员作为成员。

为保障村规民约的实施，大亚湾区很多村规民约都包含了实施保障的条款和相应的奖惩措施，即肯定式后果和否定式后果。肯定式后果主要是村规民约对人们行为的保护、许可或奖励，否定式后果主要是因人们不按照行为规范的要求行为而对人们行为的制裁、不予保护、停止、要求恢复、补偿等。[3]为激发村民的积极性，《衙前村村规民约》规定，"凡是在辖区内有见义勇为或提供破案线索的人员，本村根据情况给予奖励，奖金200元至1000元不等，并对其个人信息予以保密"。[4]还有设置专门性教育奖励的，如《小桂村村民委员会村规民约》规定，"本村户籍村民考上大专奖励2000元，考上本科奖励5000元，考上清华、北大的奖励50 000元"。[5]

为保障村规民约的效力，有不少地方的村规民约包含违反行为所带来的否定性后果，也列明了相应的处罚。如《三门村村规民约》规定，"禁止未经批准在村内主要道路两侧、公共场所堆放垃圾占用道路、妨碍交通，违者将通报批评"。[6]还有地方创设性地对违反村规民约规定了连带责任，如《东联村村规民约》规定，"房屋出租户主有责任管理和监督好租住人员必须遵守本村村规民约及其他相关管理制度，租住人员违反本村村规民约的，房屋出租户主必须支

〔1〕《上田村村规民约》（2019年12月1日）。

〔2〕《荷茶村村规民约》（2019年12月5日）。

〔3〕高其才：《法理学》（第4版），清华大学出版社2021年版，第145~146页。

〔4〕《衙前村村规民约》（2019年12月16日）。

〔5〕《新寮村村委会村规民约》（2019年12月20日）、《东联村村规民约》（2020年10月29日）、《小桂村村民委员会村规民约》（2019年12月28日）。

〔6〕《三门村村规民约》（2019年11月15日）。

持、配合、协助本村委会对违规人员作出处理"。[1]值得一提的是，西区街道荷茶村不仅规定了村"两委"对违反者本人的处罚，即"对违反上述社会治安条款者，如若是党员的，村党总支将根据违反情节轻重给予相应处罚。触犯法律法规的，报送司法机关处理。尚未触犯刑律和治安处罚条例的，由村委会批评教育，责令改正"。还将上级部门对村委的经济处罚转移至违反者承担，规定"违反本村规民约，情节严重的报请有关部门处理。由于村民的这些行为造成上级部门对村委的经济处罚、经济损失，应由产生行为的村民承担"，进一步加重了村民的违约责任。

从新闻可知，大亚湾区在保障村规民约的实施方面做了不少努力。例如，在带头遵守村规民约方面，澳头街道妈庙村为推动村规民约更好地实施，采取"党建+村规民约"的形式，定期组织党员干部加入村庄道路清洁，积极落实倡导环境卫生的村规民约。在村规民约的宣传动员上，妈庙村通过党员干部上门走访、入户调查、面对面交谈等形式讲清村规民约对环境整治的目的和意义，并充分利用微信群、LED屏、掌上村委、宣传海报等宣传媒介宣传村规民约。[2]大亚湾区民政局工作人员曾到澳头、霞涌等街道检查村规民约制度牌上墙和相关台账工作情况。[3]霞涌街道晓联村在将移风易俗的内容纳入村规民约后，经过两年多来村干部宣传、解释、教育和推动实施，据报道"村民家里不必要的喜宴渐渐少了，大操大办的现象也得到了有效遏制"。[4]

---

[1]《东联村村规民约》（2020年10月29日）。

[2]《大亚湾区优秀村规民约之"红色力量"约出文明好生态》，载 http://www.dayawan.gov.cn/hzdywmzj/gkmlpt/content/4/4480/mpost_4480890.html#4289，访问时间：2023年4月4日。

[3]《区民政局到霞涌街道检查村规民约上墙情况》，载 http://www.dayawan.gov.cn/gzdt/bmdt/content/post_4367046.html，访问日期：2023年4月4日；《区民政局到澳头飞帆、前进村了解村规民约制定情况》，载 http://www.dayawan.gov.cn/gzdt/bmdt/content/post_4066911.html，访问时间：2023年4月4日。

[4]《大亚湾霞涌晓联村：按章办事省心又省钱》，载 http://www.dayawan.gov.cn/gkmlpt/content/4/4746/post_4746128.html#4021，访问时间：2023年4月4日。

五、村规民约的特点

总体而言，大亚湾区的村规民约具有国家法的具体化、有一定的地方特色、存在内容虚化倾向、缺少实施保障等特点。

（一）具体化国家法

考察大亚湾区村规民约不难发现，所有村规民约都规定、吸纳了国家法的诸多内容，其中大量条款是对国家法的重述，不过这种重述通常是具有地方性、具体性的重述。由于国家法具有抽象性的特点，大亚湾区村规民约很多条款结合当地村情、民情，用更为通俗易懂的形式精确地告知村民该做什么、不该做什么，因此容易被村民所接受，具有具体化国家法的特点。如《新寮村村委会村规民约》中有"宅基地、属集体、办证件、规划量、国土批"的内容，[1]这就是对《土地管理法》等国家法律关于宅基地的性质、使用权等规定进行阐述和解释，以便村民更好地理解国家法律。

同时，村规民约也有根据当地民情对国家法律进行个别性强调的，如《塘尾村村规民约》中有"要男女平等，优生优育；不要性别歧视，违反国策"的内容。[2]但也有在国家法律基础上对其限制性规定的范围进行扩张的，如《荷荼村村规民约》规定"严禁使用违禁农药。严禁使用国家明令禁止使用或限制使用的农药，自觉回收农药瓶，不乱扔农药瓶（袋）、肥料袋"，对使用国家限制使用的农药同样予以禁止，在不与国家法律相抵触的前提下，根据本村具体情况增加了限制性规定。大亚湾区的村规民约在不违反国家法的前提下，根据村庄的实际情况，在村域范围内对国家法律法规进行了具体化。

（二）富有地方特色

大亚湾区的村规民约是富有地方特色的，其发源于村内，作用于村民，与地域风俗、村民习惯、传统规则和地方性社会问题均紧密相连。大亚湾区村规民约紧密结合村域实际，带有村域特色，例

---

[1]《新寮村村委会村规民约》（2019年12月20日）。
[2]《塘尾村村规民约》（2020年1月12日）。

如澳头街道东升村等制定了包含渔业工作规范、渔船防风安全等体现渔村的内容，富有渔村特色。村规民约中的地方特色内容不仅可以保留地域性风俗、习惯，同时还能增加村民对村规民约的"归属感"，提升村民遵守村规民约的热情和执行力。

此外，大亚湾区村规民约还有不少着眼于解决乡村治理中的实际问题的内容，如外来人口管理的内容大篇幅出现在大亚湾区村规民约中，说明村规民约在当地所面临的外来人口带来的包括公共安全隐患等一系列乡村治理问题中被寄予发挥重要作用的希望。

同样，大亚湾区村规民约针对男女不平等观念、外嫁女利益受侵害等问题作出了专门规定，说明大亚湾区村规民约不仅能够继承地方特色，还有助于改善违法、落后的村风民俗。

（三）存在内容虚化倾向

应该看到，一些村规民约存在内容空泛、过于原则以及可执行性缺失的问题。例如，《樟浦村村规民约》中"村风正、民风淳、环境美、心情舒""农村稳、社会安、国昌盛、民富强"〔1〕等口号性内容就过于空洞，无法作为村民的行为规范。《塘布村村规民约》中"搞好环境卫生，改变社容社貌，自觉维护公共卫生设施"的表述，虽然属于行为规范，却过于原则，缺少可执行性。如此以往，将会导致这部分规范成为挂在墙上的摆设，没有任何实效，因为几乎没有村民会关注其实施。

（四）缺少实施保障

大亚湾区村规民约内容大多较为完备，但对违规行为的惩戒措施等实施保障方面内容依然较为欠缺。几乎所有采用三字语、顺口溜形式的村规民约都没有约束性措施，而其余大部分结构式和条款式村规民约则只是规定了"公开通报""批评教育"等较轻的否定性后果。这会造成违规成本下降，村规民约难以得到遵守的情形。但也有进行责任细化或提升违规成本的，如《荷茶村村规民约》规定了"屡犯的，取消享受或暂缓享受村里的各项福利待遇"。〔2〕《东联

---

〔1〕《樟浦村村规民约》（2020年7月2日）。

〔2〕《荷茶村村规民约》（2019年12月5日）。

村村规民约》则规定了"非本村村民但有房产在本村的业主（含该业主房产出租外来租住人员）违反本村村规民约的，村委会可视情节轻重，对业主采取教育、警告、责令限期整改、停办其在本村委会办理的一切业务、报请水电部门对该业主房产停水停电、报送司法机关等处理"。[1]实施保障内容的完善将会让村规民约成为"有牙齿的老虎"，村民的遵守程度也将有所提高。

结　语

"和美治理"中的村规民约，应当不仅具有规范性的一面，更应具有契约性的一面。目前大亚湾区村规民约虽然有具体化国家法、富有地方特色的优点，但仍存在刻板置入国家法、内容虚化倾向、缺少地方传统文化、无法保障实施等问题。而之所以存在这些问题，其根本在于村民自治没有得到充分的保障。如果充分尊重村民的民主权利，尊重村民在制定和修订村规民约中的主体地位，保障村民的参与权、提议权、建议权、表决权、监督权，让村规民约最大限度地体现多数村民的意愿，使村规民约真正成为《××村村民公约》而不是《××村村委会村规民约》，那么这时的村规民约就能真正成为村民们的行为规范。

在充分保障自治权的基础上制定的村规民约，能够体现该地域厚重的历史底蕴，凝聚村民们的乡土情感，也就能够传承具有地方特色的乡土文化，使村规民约成为为村民带来自豪感的属于自己的行为规范。此时，村规民约的产生对规范村民行为、调整村民的关系就能起到重要作用，成为村民不会轻易违背的一种权威性的秩序规范，因为这种秩序规范是建立在传统乡村社会以血缘性社区、关系和人情为基础的特殊信任之上的。

---

〔1〕《东联村村规民约》（2020年10月29日）。

第三章
大亚湾区古村的村民自治章程
—— 以妈庙村为对象

引 言

　　村民自治章程是村民会议根据国家法律、法规和政策，结合本村的实际情况，制定通过的实行村民自治的综合性规范，也可以说是村民自治中层次最高、结构最完整的一种村规民约，被形象地称为村民自治的"小宪法"。我国《宪法》第 24 条第 1 款规定："国家通过普及理想教育、道德教育、文化教育、纪律和法制教育，通过在城乡不同范围的群众中制定和执行各种守则、公约，加强社会主义精神文明的建设。"村民自治中的"村民自治章程"，就是宪法这一规定中"各种守则、公约"的具体形式。我国《村民委员会组织法》第 27 条第 1 款、第 2 款也规定："村民会议可以制定和修改村民自治章程、村规民约，并报乡、民族乡、镇的人民政府备案。村民自治章程、村规民约以及村民会议或者村民代表会议的决定不得与宪法、法律、法规和国家的政策相抵触，不得有侵犯村民的人身权利、民主权利和合法财产权利的内容。"《广东省实施〈村民委员会组织法〉办法》第 24 条规定，村民会议行使的职权第一项为"制定和修改本村村民自治章程、村规民约，并报镇（乡）人民政府备案审查"。

　　为加强基层民主政治建设，落实村民自治权利，大亚湾区的各村民委员会重视按照《村民委员会组织法》和《广东省实施〈村民委员会组织法〉办法》的规定制定和修改村民自治章程。如澳头街道妈庙村就将村民自治章程视为全体村民的行为规范，积极制定和修改村民自治章程。

妈庙村位于大亚湾区中心区域，毗邻淡澳河、虎头山公园及红树林景区。该村辖区总面积 8.3 平方公里，下辖一村、二村、三村、四村、沙井、洗马湖、何屋、陈屋、虎爪、上围、下围 11 个村民小组。全村共有常住人口 13 979 人，其中户籍人口 3645 人（925 户），外来人口约 10 334 人。妈庙村党总支成立于 2016 年，下设党支部 3 个。妈庙村村"两委"班子 7 人，其中支委班子 7 人，村委班子 7 人，实现书记、主任一肩挑和村"两委"班子 100% 交叉任职目标。同时配备法制副主任 1 名、公共服务平台工作人员 1 名及计生专干 3 名。[1] 妈庙村始建于 1644 年。该村古建筑遗存较多，文化底蕴深厚，有着"古建筑博物馆"的美誉。村内有较多的古石屋、客家围屋、碉楼、宗祠，现有存卢楼、竹林堂、英满楼、四和堂等 30 多栋古建筑、李氏宗祠、苏氏宗祠等 5 座宗祠以及北帝庙、天后宫等人文景观。[2] 妈庙村既是拥有众多古建筑的古村落，也是被高楼围绕的城中村，是粤港澳大湾区较为典型的城中古村。

我们先后于 2022 年 7 月 15 日、2023 年 2 月 14 日来到妈庙村，就村民自治章程的制定和修改进行专题调查。本章主要根据村民自治章程文本，讨论村民自治章程的制定和修改，分析村民自治章程的内容，探讨村民自治章程的实施，从村民自治章程角度思考村民自治，以进一步推进乡村基层的自我管理、民主管理，进一步推进和美乡村建设。

一、村民自治章程的制定和修改

根据《村民委员会组织法》和《广东省实施〈村民委员会组织法〉办法》的规定，妈庙村村民委员会组织召开了村民会议制定和修改村民自治章程。

就我们调查所见，妈庙村 1999 年 7 月就制定了村民自治章程。

---

[1]《妈庙村基本情况》，妈庙村村民委员会 2023 年 2 月 14 日提供；《妈庙村简介》，妈庙村村民委员会 2023 年 2 月 14 日提供。

[2]《广东省自然村落历史人文普查表》，妈庙村村民委员会 2023 年 2 月 14 日提供。

1999 年 7 月 15 日，妈庙村村民会议审议通过了《妈庙村村民自治章程》。[1]该章程为妈庙村档案室保存的该村最早的村民自治章程。

妈庙村村民自治章程的制定，通常是在大亚湾区民政局和街道办指导下，村民委员会根据本村的实际情况，针对需要解决的实际问题和村民群众普遍关心的事项以及与本村发展和建设密切相关的问题，通过调查研究，广泛征求意见，提出村民自治章程需要规定的内容。在此基础上，村民委员会根据村民意见，拟定出村民自治章程草稿，再发给村民征求意见。之后，妈庙村召开村党群联席会议，村"两委"班子成员、各村民小组组长、党员代表、村民代表、村务监督委员会成员等就村民自治章程草稿发表意见，提出建议。在较为成熟时，村民自治章程草稿提交村民大会审议通过。在审议讨论过程中，要根据村民的讨论意见，做进一步的修改完善，然后交付表决，以到会人数的过半数通过。村民自治章程通过后，妈庙村以张贴公布和印发各家各户等形式公布。妈庙村村民会议于 1999 年 7 月 15 日审议通过的《妈庙村村民自治章程》就专门印刷成内页共 19 页的小册子发给各村民小组和村民，以利了解和遵行。

村民自治章程和村规民约制定之后，在保持其相对稳定的同时，还需要根据实际情况，适时修订、完善。就我们现在所见，妈庙村的村民自治章程至少在 1997 年 7 月以后进行过两次修订。第一次修订的具体时间不详，我们是在村档案室保存的 1999 年 7 月 15 日版《妈庙村村民自治章程》上发现的修改痕迹。经过这次修订，1997 年 7 月 15 日版共 8 章 84 条修改为 7 章 79 条，其中主要修改为删除了第五章"教育与办学管理"共 6 条、删除了第二章"村民组织"第四节"村民"第 19 条中的"（六）凡男到女家落户的村民与本村村民同等待遇"。同时第二章"村民组织"第五节"村干部"部分增加了第 23 条"认真贯彻中央八项规定和六不准精神，端正党员、村干部工作作风"。另外的修改为将第 16 条中的 13 个村民小组改为 11 个村民小组，这是由村民小组减少所致。还将第 31 条"村委会设立会计 1 人、出纳 1 人、村小组由村委会担任联队会计、设村小组

---

〔1〕《妈庙村村民自治章程》，妈庙村村民委员会 2023 年 2 月 14 日提供。

财务 1 人"改为"村委会设立报账员 1 人、村小组由村委会街道办财办设定联队会计、设村小组报账员 1 人",将第 32 条"财务人员职责"第 1 款会计部分删除,其余几款中会计部分删除,"出纳"和"财务人员"改为"报账员",这是为了与村财街道管相一致。

村民自治章程第二次修订时间为 2017 年 7 月 5 日,修改后的村民自治章程共 8 章 61 条。主要的变化包括将"经济管理"章分为"土地管理"与"财务管理制度"两章,删除劳务管理部分;"护林防火管理"章改为"安全生产与防火管理","社会秩序"章删除相邻关系部分。具体条款的变化包括村民权利由 5 项变为 3 项,内容进行了整合;村干部的要求方面由 10 项简化为 6 项;增加了"集体建设工程造价须报办事处经建办审核;凡工程造价 20 万元以上,货物采购、工程设计、勘查等价值 10 万元以上,须进行招标"等内容。这些修订是根据妈庙村发展的实际情况和街道办事处等政府要求进行的。2017 年 7 月 5 日版《妈庙村村民自治章程》应该是现行有效的妈庙村村民自治章程。

从目前情况看,妈庙村村民自治章程中的计划生育等内容也需要根据国家法律的变化进行一定的修改。

妈庙村村民自治章程的制定和修改程序上符合国家法律法规的要求,内容方面主要根据地方政府的要求和村组的实际情况确定,体现了一定的民主性和地方性。

二、村民自治章程的内容

作为综合性的村规,妈庙村村民自治章程的内容较为全面,涉及村民组织、土地管理、财务管理制度、安全生产与防火管理、社会秩序、社会保障等方面,涵盖村组组织、村民权利义务、涉及村民利益的重大事项、社会秩序、精神文明建设等内容。

(一)村民组织

妈庙村村民自治章程对村民会议和村民代表会议、村民委员会、村民小组、村民和村委会成员等进行了规定。

(1)村民会议和村民代表会议。妈庙村村民自治章程规定村民会议由本村 18 周岁以上的村民组成。村民会议由村民委员会召集,有 1/10 以上的村民或者 1/3 以上的村民代表提议，则应当召集村民会议。召集村民会议应当提前十天通知村民。召开村民会议，应当有本村 18 周岁以上村民的过半数，或者本村 2/3 以上户的代表参加，村民会议所作的决定应当经到会人员的过半数通过。法律、法规对召开村民会议及作出决定另有规定的，依照其规定。召开村民会议，根据需要可以邀请驻本村的企业、事业单位和群众组织派代表列席。

村民会议行使下列职权：①制定和修改本章程、村规民约，并报镇（乡）人民政府备案审查；②依法选举、罢免和补选村民委员会成员，审议决定村民委员会成员的辞职请求；③听取、审查和批准村民委员会的工作报告、财务收支计划和执行情况报告，审议决定本村建设规划、经济和社会发展规划及年度计划；④审议决定本村集体经济项目的立项、承包方案，决定从村集体经济所得收益的使用；⑤审议决定本村公益事业的兴办和筹资筹劳方案及建设承包方案；⑥审议决定集体所有土地的征收征用以及各项补偿费的使用和宅基地的分配方案；⑦决定聘用或者辞退本村财会人员和其他村务管理人员，决定本村聘用人员和享受补贴人员的报酬标准；⑧审议村民委员会主要负责人任期经济责任审计报告，听取村务监督委员会工作报告，评议村民委员会成员的工作；⑨撤销或者变更村民代表会议、村民委员会、村民小组会议不适当的决议、决定；⑩审议决定村民会议认为应当由其决定的涉及村民利益的其他事项。法律对讨论决定村集体经济组织财产和成员权益的事项另有规定的，依照其规定。

妈庙村村民自治章程规定本村设立村民代表会议。村民代表会议具体讨论村民会议授权的事项。村民代表会议由村民委员会成员和村民代表组成，村民代表应当占村民代表会议组成人员的 4/5 以上，妇女村民代表应当占村民代表会议组成人员的 1/3 以上。村民代表由村民按每 5 户至 15 户推选一人。

村民代表应具有一定的政治觉悟和议事能力，作风正派，办事公道；热爱集体，关心邻里，在群众中有一定的声望和信用。村民代表每届任期 3 年，可连选连任。村民代表应当向村民负责，接受村民监督。

村民代表会议每季召开一次，有 1/5 以上代表提议，则应当召集村民代表会议。

村民代表会议有 2/3 以上的组成人员参加方可召开，所作决定应当经到会村民代表过半数同意。

村民代表会议的职权包括下列几方面：①讨论决定本村年度社会经济发展规划、工农业生产计划和村庄建设的规划；②听取审议村民委员会的年度工作报告和财务收支情况的报告；③讨论落实本村人口和计划生育工作；④讨论决定救灾款、物的发放；⑤讨论通过村务管理中各项制度的建立和修订；⑥讨论决定村新办企业的开办、发展、经理聘用及其他主要工作人员的聘用；⑦讨论决定集体公益事项的办理；⑧讨论决定各项集体收益的收支与使用；⑨讨论决定村民委员会成员辞职请求及其他涉及全体村民利益的重大事项。

此外，妈庙村村民自治章程还规定建立村民代表联系村民制度。村民代表按照居住邻近，便于听取收集村民意见的原则，确定每一代表联系 5 户至 15 户村民，村民代表应对联系对象登记造册。村民代表应经常向联系的村民宣传有关法律、政策和会议精神，协助村委会开展工作；听取村民的意见和建议，并在村民代表会上反映所联系村民的意愿。

（2）村民委员会。村民委员会是依法设立的村民自我管理、自我教育、自我服务的群众自治组织。村民委员会的职责为：①召集村民会议、村民代表会议，执行村民会议、村民代表会议决议，向村民会议、村民代表会议负责并报告工作；②完成区、街道办事处传达的工作任务；③维护村民的合法权益，教育和引导村民履行村民义务；④管理好本村集体财产，教育村民合理利用自然资源，保护和完善生态环境；⑤办理本村公共事务和公益事业，调解民事纠纷，维护社会治安，向上级政府反映村民的要求、意见和建议；⑥做好优抚、优待、救灾救济、五保供养和社会养老保险等社会保障工作；⑦开展移风易俗，落实殡葬改革，树立社会主义新风尚；⑧带领群众开展多种形式的文化娱乐活动，提高村民思想道德素质和科学文化水平。

妈庙村村民自治章程规定的村民委员会的工作制度包括：①学习制度：每月集中学习一天，不断提高思想水平和政策水平；②会议制度：村民委员会每半月召开一次办公会议，半年召开一次汇报会，年终召开一次总结会，根据工作需要完成临时会议；③建立任期目标、年度目标和分工负责制度，并定期进行总结检查；④建立村务公开制度：对本村主要公共事务、村干部的分工、财务收支，集体提留使用、计划生育指标的落实等村民关心的重大问题进行张榜公布。

村民委员会分设经济管理、人民调解、治安保卫、公共事业和计划生育委员会，各委员会主任由村委会干部分工兼任。

（3）村民小组。妈庙村村民自治章程规定妈庙村划分为11个村民小组，每个村民小组设组长1人，副组长2人。村民小组是在村民委员会领导下，开展群众性自治组织活动的基层组织，是村委会联系村民的桥梁和纽带。

村民小组组长的职责为：①宣传和贯彻党的路线、方针、政策和国家的法律、法规。②负责召集本村民小组会议和组织开展村小组的各项活动。③接受村委会的领导，教育组织本组村民完成村民委员会交办的各项任务。协助村委会调解民事纠纷，搞好计划生育及维护好社会治安。④按村民委员会布置的任务和要求，带领本小组村民搞好各项工作，对村务进行监督。⑤执行村民会议、村民代表会议的各项决定。

（4）村民。妈庙村村民自治章程规定村民享有以下权利：①依法享有一切集体成员权利；②依法享有选举权和被选举权，有参加村民会议讨论集体决定重大问题的权利；③参加村务活动，对村务提出合理化的意见和建议。村民有以下义务：①遵守法律、法规；②遵守村民自治章程和村规民约，执行村民委员会，村民代表会议的决议、决定；③团结互助、尊老爱幼，维护集体利益，维护村内社会安宁；④自觉开展移风易俗活动，做文明、守法、诚信的村民。

（5）村委会成员。妈庙村村民自治章程规定村民委员会成员是村民的公仆，村委会成员应做好本职工作，为村民服务。村民委员会成员实行岗位分工和协作制度，做到人人有事干，事事有人管。

村委会成员的思想、工作应符合以下要求：①认真贯彻执行党的路线、方针、政策；②认真学习，不断提高政治水平和工作能力，管理好集体事务；③尊重村民的意见，实事求是，讲究工作方法；④廉洁奉公，爱护集体财物，不挥霍集体钱财；⑤坚持原则，自觉接受群众监督，在各项工作中以身作则，起模范带头作用；⑥自觉接受村党支部和澳头街道办事处党工委的领导和监督。

同时，妈庙村村民自治章程规定妈庙村建立健全村民评议村干部制度。对优秀的干部给予表彰和奖励；对不称职的干部要进行处理。

（二）土地管理

土地问题事关村民的切身利益，特别是集体所有的土地被征用后政府回拨地更为村民所关注。回拨地是指政府征用土地后，按照一定比例划拨给被征地农村集体组织发展集体经济的建设用地。

妈庙村村民自治章程规定政府回拨地归村民集体所有，由村委会、村小组统一管理。村委会要利用好回拨地，为村集体经济增加效益，依法管理好回拨地。

（三）财务管理制度

妈庙村村民自治章程规定妈庙村财务管理严格执行《会计法》和上级有关财务管理规定。村委会设报账员1名，负责报账等工作。财务人员职责及财务收支审批权限等按照上级有关财务管理规定执行。

做好农村集体"三资"管理，农村集体资产源（5万元以上）需要公布至公共资源交易平台。

妈庙村集体建设工程造价须报办事处经建办审核。凡工程造价20万元以上，货物采购、工程设计、勘查等价值10万元以上，须进行招标。投资50万元以下的招标，先召开村民会议或户代表会议（股东代表会议）拟定招标方案，再由村民小组（董事会）组织招标，并按照规定时间开标。开标会除竞投者及村组干部、部分户代表参加外，还要请办事处纪委、司法所、经建办的人员现场监督。开标结果应当场公布。投资50万元以上的招标，应委托区以上招标代理机构进行。

小额的工程项目，由村民小组成员、理财小组人员和村民代表讨论（股份合作经济社由董事会、监事成员和股东代表会议），讨论决定之后方可实施。

妈庙村的财务受上级主管部门领导与审计，每月张榜公布一次财务收支情况。

妈庙村建立村委会主要成员离任审计制度，审计主要内容是各项资金的收入、支出情况，债权、债务情况等。审计结果作为考核和使用干部的重要依据存入个人档案，同时，结合村民自治工作，适时公布，对审计发现的有关问题，将给予适时纠正，并依法处理。

（四）安全生产与防火管理

妈庙村村民自治章程规定安全生产坚决执行"安全第一，预防为主"的方针；在安全与生产发生矛盾时，坚持安全第一的原则。安全工作要事前做好科学预测与分析，强化预防措施，保证生产安全。必须坚持"谁主管、谁负责、管生产必须管安全、安全生产人人有责"的原则。

防火救火人人有责，全体村民要自觉执行上级的有关规定，切实做好防火工作，杜绝火灾的发生。因火灾造成他人伤亡或由此造成财产损失的引发火灾者要受到有关部门的处理。

（五）社会秩序

在社会治安方面，妈庙村村民自治章程强调每个村民都必须学法、知法、守法，自觉地维护法律的权威，敢于同一切违法犯罪行为作斗争。严禁偷盗、敲诈、哄抢公家和个人的财物，严禁聚众赌博。自觉维护社会公共安全，不扰乱公共秩序，不阻碍公务人员执行公务。爱护公共财产，不得损坏交通、道路等公共设施。对违反社会治安管理规定者，情节严重但尚未触犯刑律的，由村民委员会的治保委员会给予批评教育或经济赔偿处理，并限期改正。流动人口进入本村范围内临时居住的，必须遵守村民委员会社会治安管理制度，按有关规定办理手续。

在村风民俗方面，妈庙村村民自治章程提倡社会主义精神文明，移风易俗，反对封建迷信及其他不文明行为，树立良好的社会风尚。搞好公共卫生，保持村容村貌整洁，美化环境；不准在房前屋后乱搭建灶头等。

在婚姻家庭方面，妈庙村村民自治章程规定村民要遵循婚姻自主，一夫一妻，男女平等，尊老爱幼，建立团结和睦的家庭。对家庭中无劳动能力的人，应尽赡养义务者要尽赡养义务。父母或继父母要承担未成年或无生活能力的子女的扶养教育，不准虐待残疾儿、继子女或收养子女。对父母的遗产，男女有平等的继承权。

在计划生育方面，妈庙村村民自治章程重申计划生育是我国的一项基本国策。村民要执行《广东省计划生育条例》，自觉遵守计划生育和接受计划生育的管理。符合《婚姻法》《广东省计划生育条例》并持有生育证的夫妻，允许生育子女；生育二孩后夫妇应自主选择计划生育避孕节育措施，预防和减少非意愿妊娠。不得刁难计划生育工作人员，不准在计划生育中弄虚作假。凡在本村的村民，如果违反计划生育政策，按有关法律、法规和政府规章处理。

（六）社会保障

妈庙村村民自治章程规定妈庙村发生自然灾害要及时向上级报告，协助有关部门做好抗灾复产工作。上级发给本村的物资或款项应根据受灾程度准时发放到灾民手中，同时积极组织生产自救。符合特困户的，给予必要的救济，救济款从村集体提留的公益金中解决。村委会每年在春节、"七一""八一"等节日，对本村困难户，80岁以上的老人，烈、军属家庭等进行慰问，解决其实际困难。对本村持有伤残证人员，根据其本人的伤残程度，经村委会研究适当减免其义务或进行其他方面的照顾。

妈庙村村民自治章程规定本村村民有分配权的纯女户，其中一个女儿（含独生子女户的女儿）可以入赘，其丈夫及子女与村民同等享受。

同时，妈庙村村民自治章程规定有本村集体经济组织成员资格的人，考取本科及以上学历，凭身份证、户口本、录取通知书，村委会给予奖励3000元。

此外，妈庙村村民自治章程规定村民自治章程条款如同国家法律法规有抵触的，按国家法律、法规执行。妈庙村村民自治章程由村民委员会负责解释，自村民会议通过之日起执行。

三、村民自治章程的实施

妈庙村村民自治章程制定和修订并生效后，妈庙村党组织和村委会重视村民自治章程的施行，根据村民自治章程逐步议定和不断完善村规民约，并遵循村民自治章程的规定开展各项村民自治工作。

按照村民自治章程的内容，妈庙村议定了《妈庙村村民委员会村规民约》《村委会主任岗位职责》《村委会副主任职责》《书记岗位职责》《副书记岗位职责》《党支部组织委员职责》《纪律检查员职责》《村委会文书职责》《班子联席会议制度和党群联席会议制度》《"三会一课"（党员大会、支委会、党小组会、党课）制度》《村务监督委员会工作制度》《村务监督委员会工作职责》《妈庙村内部控制制度》《妈庙村村委会、村民小组农村集体资金管理办法》《妈庙村集体资金的管理办法》《妈庙村财经管理制度补充规定》《妈庙村深化农村集体产权制度改革实施方案》《妈庙村农村集体资产清产核资工作方案》《妈庙村会计管理制度》《报账员职责》《村民卫生保洁公约》《妈庙村卫生管理制度》《妈庙村环卫保洁质量标准》《妈庙村全面推行河长制工作方案》《妈庙村关工委工作制度》《妈庙村关工委工作职责》《村委会社会治安管理职责》《妈庙管理区治安综合治理措施》《治安队员守则》《妈庙村治安联防队队员执勤巡逻制度》《妈庙村治安联防队应急管理和值班制度》《妈庙村治安联防队工作职责》《治安联防队、护树队值班制度》《治安联防队、护树队巡防制度》《老年人协会章程》《妈庙村家长学校工作制度》《妈庙村新时代文明实践站管理制度》《关于对暂归人员的管理规定》《妈庙村村委会计划生育村民自治章程》《妈庙村村民委员会计划生育村规民约》《计划生育村民自治制度》《妈庙村计划生育经常性工作的十项制度》《澳头街道党校妈庙村分校工作制度》以及《垃圾分类告示》等村规民约，使妈庙村的各项村民自治事务有章可循、有规可依，进一步加强了村委会和村民小组的制度化、规范化建设，增强了村民的自我管理、自我教育、自我服务能力。

妈庙村根据村民自治章程坚持以人为本，牢固树立为民服务，突出为民做好事、办实事的工作作风，依法依规进行民主选举、民主决策、民主管理、民主监督，积极地开展村民自治各项工作，充分利用网格化和四级联户进行村级治理，做好安全生产工作，持续优化人居环境，调解群众矛盾纠纷，抓好民生保障工作，全力推进了妈庙村的高质量发展。妈庙村先后被评为"第六批广东省家庭文明建设示范点""广东省卫生村""惠州市固本强基工程市级示范点""大亚湾区基层党建工作示范点""大亚湾开发区先进基层党组织"等。

结　语

根据《村民委员会组织法》的要求，妈庙村将村民自治章程视为全体村民的行为规范，重视村民自治章程的制定和修订，依照村民自治章程通过村民会议和村民代表会议民主决定本村村民委员会的选举和涉及村民利益的重大事项的活动，进行民主选举、民主决策、民主管理、民主监督，全面实行村民自治，取得了积极的成效。

不过，妈庙村的村民自治章程也存在村民参与不广、不深问题，村民自治章程受政府的影响比较大，呈现某种"官约""官治"色彩。妈庙村需要更加充分地发扬民主，体现村民的主体地位，集中全体村民的智慧和力量，真正反映全体村民的共同利益和愿望，制定出具体切实可行、科学合理的村民自治章程。

妈庙村的村民自治章程也需要考虑本村的自然历史状况、风俗习惯、经济社会发展特点和村民的利益诉求等方面的因素，从实际出发，有针对性地制定和修订，使村民自治章程能够适应新的发展阶段的要求，进一步满足村民的自我管理、自我教育、自我服务愿望，使村民自治真正落到实处，使妈庙村产业兴旺、生态宜居、乡风文明、治理有效、生活富裕，建设充满活力、和谐有序的大湾区古村。

第四章

大亚湾区古村的村规民约

——以妈庙村为对象

引　言

村规民约是村民自治的重要制度资源，是基层治理中的一种主要自治规范。《宪法》第 24 条第 1 款规定："国家通过普及理想教育、道德教育、文化教育、纪律和法制教育，通过在城乡不同范围的群众中制定和执行各种守则、公约，加强社会主义精神文明的建设。"《乡村振兴促进法》第 30 条提出，"发挥村规民约积极作用，普及科学知识，推进移风易俗，破除大操大办、铺张浪费等陈规陋习，提倡孝老爱亲、勤俭节约、诚实守信，促进男女平等，创建文明村镇、文明家庭，培育文明乡风、良好家风、淳朴民风，建设文明乡村"。《村民委员会组织法》第 10 条规定："村民委员会及其成员应当遵守宪法、法律、法规和国家的政策，遵守并组织实施村民自治章程、村规民约，执行村民会议、村民代表会议的决定、决议，办事公道，廉洁奉公，热心为村民服务，接受村民监督。"第 27 条第 1 款规定："村民会议可以制定和修改村民自治章程、村规民约，并报乡、民族乡、镇的人民政府备案。"中共中央 2020 年 12 月印发的《法治社会建设实施纲要（2020-2025 年）》提出，"加强居民公约、村规民约、行业规章、社会组织章程等社会规范建设，推动社会成员自我约束、自我管理、自我规范"。民政部、中央组织部、中央政法委等七部门 2018 年 12 月发布的《关于做好村规民约和居民公约工作的指导意见》（民发〔2018〕144 号）指出，"村规民约、居民公约是村（居）民进行自我管理、自我服务、自我教育、自我监督的行为规范，是引导基层群众践行社会主义核心价值观的有效途径，是健全和创新党组织领导下自治、法治、德治相结合的现代基层社会治理机制的重要形式"。在扎实推进乡村发展、乡村建设、乡村治理和实施乡村振兴战略的过程中，重视村规民约的积极作用符合国家法律法规和政策导向。

大亚湾区澳头街道妈庙村是一个被商住楼包围的有着 370 余年历史的古村。妈庙村古建筑遗存较多，村内有较多的古石屋、客家围屋、碉楼、宗祠，文化底蕴深厚，为粤港澳大湾区富有特色的古村。在进行自我管理、自我教育、自我服务的过程中，妈庙村注重发挥村规民约的积极作用，通过制定和实施村规民约来维护村庄秩序、改善村庄环境、分配集体收益、提升村民文明程度。妈庙村的村规民约类型较为多元，既包括妈庙村村民委员会、村民代表会议等制定的自治章程、村规民约等，也包括村民小组制定和遵守的村民小组组规民约。妈庙村通过村规民约的古村治理实践取得了较好的效果，该村制定的《妈庙村村民委员会村规民约》为大亚湾区优秀村规民约并被大亚湾区民政局推荐参评"广东百篇优秀村规民约（居民公约）"称号。[1]

妈庙村的村规民约为大亚湾区基层自治规范的组成部分，是村民自治的制度安排。对妈庙村的村规民约进行田野调查和总结，对于我们充分认识村规民约在村民自治中的积极价值、提升村民自治的效果、不断推进基层治理体系和治理能力现代化、打造共建共治共享的社会治理格局具有重要的价值。

为了深入了解妈庙村村规民约的具体内容和在村民自治中实际发挥的作用，我们先后于 2022 年 7 月 15 日、2023 年 2 月 14 日来到妈庙村，就妈庙村村规民约及其运行状况进行专门调查。我们参观了妈庙村古建筑和古村风貌，访谈了妈庙村村"两委"（党总支、村委会）干部、村民，查阅了与妈庙村村规民约有关的历史档案，收

---

〔1〕《大亚湾区优秀村规民约之"红色力量"约出文明好生态》，载 http://www.dayawan.gov.cn/hzdywmzj/gkmlpt/content/4/4480/post_ 4480890. html # 4289，访问日期：2023 年 4 月 8 日。

集了与妈庙村村规民约相关的电子材料，对妈庙村村规民约及其在村民自治中的作用有了初步的了解和感受。

一、村规民约的制订和完善

妈庙村村规民约主要由妈庙村村委会、村民小组等治理主体主持制订，历经多次修改而成。下文分析的妈庙村村规民约既包括《村民委员会组织法》规定的由村民会议制定的村规民约、自治章程，也包括由村民委员会主持制定的其他村级制度规范，还包括村民小组制订的村规民约，不包括不成文的习惯规范。根据制订主体之不同，可将妈庙村村规民约的制订和完善工作分为村委会级村规民约的制订和完善以及村民小组村规民约的制订和完善两个方面。

（一）村委会级村规民约的制订和完善

妈庙村村委会级的村规民约主要是在妈庙村村委会的主持下由妈庙村村民（代表）会议议定或直接由妈庙村村委会制订。在创制村规民约的过程中，妈庙村村委会基于妈庙村古貌古风犹存的特点和城中村实际，不断制定完善环境保护、文明建设、治安保障、老人慰问等方面的村规民约，进行文明村庄建设，维护村内良善秩序，改善村庄人居环境。

妈庙村现行村规民约的形成经历了长期变迁。早在 1992 年，妈庙村村委会的前身"妈庙管理区"就结合当时古村变迁形势制定了《妈庙管理区有关"股份分配权"的若干规定》，就辖区内各类人员的股权分配问题进行了具体规定。[1] 1993 年 12 月 15 日，妈庙管理区制定了《妈庙管理区各村委会财务管理规定》，就下辖各村委会（现为村民小组）的财务机构人员、会计核算制度、财务收支管理、工资福利、民主理财和监督等进行了规定。[2] 这些早期制度规范是妈庙村现行村规民约的历史形态和重要制度渊源。

1999 年 7 月 15 日，妈庙村村民会议审议通过了《妈庙村村民自

---

〔1〕　参见《妈庙管理区有关"股份分配权"的若干规定》，妈庙村村民委员会 2023 年 2 月 14 日提供。

〔2〕　《妈庙管理区各村委会财务管理规定》，妈庙村村民委员会 2023 年 2 月 14 日提供。

治章程》。[1]该章程为妈庙村档案室保存的该村最早的村民自治章程。在妈庙村村民自治章程等综合性村规民约的基础上，妈庙村制定了一系列具体的专门性村规民约。[2]

2000年6月25日，妈庙村村委会将该村已制定的专门性村规民约编印成册。这些专门性村规民约由妈庙村村"两委"班子多次讨论拟定，由妈庙村村民代表会议审议通过，具体包括《村民委员会选举制度》《村民代表选举制度》《村民小组选举制度》《村民代表会议制度》《村务公开制度》《财务管理制度》《村"两委会"干部廉政制度》《村"两委会"工作制度》《计划生育管理制度》《社会治安管理制度》《村"两委会"任期目标责任制》《经济

妈庙村档案室保存的早期村规民约
（2023年2月14日摄）

福利分配制度》。[3]此后，在《村民委员会组织法》的框架下，妈庙村的村规民约随着时代的变迁，在种类上不断扩充、在数量上不断增加、在结构上不断完善、在内容上日渐完善，逐渐形成了蔚为可观的村规民约规范体系。

2017年7月10日，妈庙村的综合性村规民约《妈庙村村民委员会村规民约》经村民代表会议审议通过，妈庙村的村规民约体系日渐完善。以下为2017年版的村规民约：

---

〔1〕《妈庙村村民自治章程》，妈庙村村民委员会2023年2月14日提供。

〔2〕《妈庙村村民自治制度汇编》（2000年6月25日），妈庙村村民委员会2023年2月14日提供。

〔3〕《妈庙村村民自治制度汇编》（2000年6月25日），妈庙村村民委员会2023年2月14日提供。

妈庙村村民委员会村规民约

（2017年7月10日经村民代表会议审议通过）

为推进村庄法治，树立良好的村风、民风，建设文明卫生新农村，经村民代表会议讨论通过，制定本村规民约，村民应在日常行为中信守。

一、学法、守法，依法维权、依法办事；

二、崇文尚德，热心教育；

三、文明礼让、睦邻友好、守望相助；

四、爱护家园，维护本村交通秩序，保护供电、供水、通讯、排污等公共设施安全；

五、做到村容村貌卫生整洁，门前三包，房前屋后无垃圾及污物，不向河道倾倒垃圾；

六、实行计划生育，提倡一对夫妇生育两个子女。

七、服从村建规划，不违规建设、不损害四邻利益；

八、树立安全意识，防火、防盗、防事故；

九、勤劳创业、文明经营、惠及客商；

十、尊老爱幼，仁爱传家，言传身教，做子女模范；

十一、开展文明健康的文娱活动，不看淫秽书刊、录像等，不参与赌博、吸毒，不做伤风败俗的事；

十二、热心公益、宣扬妈庙村美德。

妈庙村村民委员会

2017年7月5日[1]

2019年12月13日，在2017年版村规民约的基础上，新版《妈庙村村民委员会村规民约》由妈庙村村委会正式公布并产生效力。2019年版村规民约是妈庙村现行有效的村规民约。2019年版的妈庙村村规民约的议定过程较为规范，经历了拟定草案、征集意见、开会研讨、形成定稿、入户表决等环节。例如，为了增强村规民约的

---

[1]《妈庙村村民委员会村规民约》，妈庙村村民委员会2023年2月14日提供。

可读性，帮助村民增加对村规民约的了解，2019 年末，妈庙村村"两委"根据以往的村规民约版本，在区级部门和街道办指导下，结合上级文件关于乡村振兴、弘扬新时代文明乡风的有关精神，拟定了《妈庙村村民委员会村规民约》草案并通过村务组务公开栏、微信工作群等渠道向村民征集意见建议。在征求意见、反复修改的基础上形成了《妈庙村村民委员会村规民约》讨论稿。之后，在村党群联席会议上，妈庙村村"两委"班子成员、各村民小组组长、党员代表、村民代表、村务监督委员会成员、驻村第一书记就《妈庙村村民委员会村规民约》进行讨论、表决，形成定稿。最后，由全部 11 个村小组的户代表签名确认并提交澳头街道办审核。

多年来，妈庙村之所以热衷于不断创制、更新村规民约，既是为了落实上级党政机关的通知要求，也是为了适应大湾区古村的现代发展，推进村民自治事业。具体而言：

一方面，通过创制完善村规民约，落实上级通知要求。在制订和完善村规民约的过程中，党政机关的命令和意志发挥着极为重要的作用。例如，2019 年惠州市民政局、市委组织部、政法委等 7 个市直部门联合印发了《关于做好村规民约和居民公约修订工作方案的通知》（惠民发〔2019〕79 号）。在此基础上，大亚湾区管委会、澳头街道办等积极贯彻落实，推动辖区内村规民约的修订工作。大亚湾区澳头街道办在 2019 年 9 月 30 日成立了澳头街道修订完善村规民约和居民公约工作专班，统筹推进下辖的 17 个村居村规民约（居民公约）修订工作。妈庙村之所以要在 2019 年修订村规民约，正是为了响应上级党政机关的要求。而且在制订完善村规民约的过程中，党政机关事先划定的程序也发挥着重要的作用。例如，为制定妈庙村财务制度，妈庙村根据上级"四议两公开"工作法的要求依次走过了提议、商议、审议、决议等议事程序：2022 年 2 月 11 日召开了党支部会议（7 人），提议制定《妈庙村会计管理制度》和《妈庙村内部控制制度》；2022 年 2 月 15 日召开了"两委"会（7 人），商议制定《妈庙村会计管理制度》和《妈庙村内部控制制度》；2022 年 2 月 21 日召开党员大会（62 人），审议了《妈庙村会计管理制度》和《妈庙村内部控制制度》；2022 年 2 月 25 日召开了村民代表会议（37 人），就《妈庙村会计管理制度》和《妈庙村内部控制制度》进行了表决；2022 年 2 月 25 日在公示栏公开了村民代表会议的决议；2022 年 3 月 3 日公开了初步实施结果。[1]通过严格按照程序要求开展村规民约的制订修改工作，妈庙村完成了上级党政机关的考核任务，同时也提升了村规民约的代表性，增强了村规民约的可接受性、可适用性与现实影响力。

另一方面，通过创制和不断完善村规民约，满足古村的发展需求，适应现代社会变迁。例如，《妈庙村村民自治章程》第 7 章第56 条规定对年满 80 岁的村民进行慰问。在这一规定的基础上，结合由城中村拆迁、城中村地价租金上升等原因导致的集体经济收入增长的实际情况，2020 年 11 月 26 日，妈庙村党总支作出了《关于对辖区内有集体经济组织成员资格年满 60 周岁村民年终慰问的提议》，将慰问标准从 80 岁调整至 60 岁。2020 年 11 月 30 日村"两委"会议、2020 年 12 月 3 日村党员大会、2020 年 12 月 6 日村民代表会议分别进行了商议、审议和决议，形成了关于对"对辖区内年满 60 周岁具有集体经济组织成员资格的村民进行慰问"这一新的村规民约条文。以下为《关于对辖区内有集体经济组织成员资格年满 60 周岁村民年终慰问的提议》：

为进一步弘扬尊老敬老助老的中华传统美德，给辖区内老人送上关怀和慰问。妈庙村党总支提议：鉴于妈庙村集体经济收入相对固定，对妈庙村辖区年满 60 周岁有集体经济组织成员资格（福利分配权）的村民进行 2020 年度年终慰问，并每人发放 300 元慰问金。经征求党员、村民代表及村民意见，支部研究讨论，拟定年终对辖区内年满 60 周岁具有集体经济组织成员资格的村民进行慰问并发放300 元慰问金。[2]

总体而言，多年来通过不断制订和完善村规民约，妈庙村一方

---

〔1〕《2022 年度妈庙村"四议两公开"工作法运用情况报告表》，妈庙村村民委员会 2022 年 7 月 15 日提供；《制定财务制度》，妈庙村村民委员会 2022 年 7 月 15 日提供。
〔2〕《村党组织提议记录（三）》，妈庙村村民委员会 2023 年 2 月 14 日提供。

面为村民自治和古村的现代变迁提供了制度支撑，在制度建构层面推进了古村的自治事业；另一方面落实了党政机关的通知命令，为自治和官治的融合提供了制度载体。

（二）村民小组级村规民约的制订和完善

妈庙村村民小组级村规民约主要由该村下辖的 11 个村民小组自主创制。21 世纪初以来，在大亚湾区大规模开发建设的背景下，作为城中古村的妈庙村也随之发生了重要变化。随着大亚湾区的开发建设，妈庙村的不少土地被征收，由于征地拆迁、回拨地转让、厂房出租带来了大量的收益。由于妈庙村集体土地实际由各村民小组掌握，这些收益最终主要由各村民实际取得。特别是，通过转让拆迁回拨地、在闲置回拨地兴建厂房出租等方式，妈庙村下辖的 11 个村民小组积累了颇为可观的土地收益。为了分配好集体资产、解决好福利分配过程中的外嫁女纠纷，妈庙村各村民小组积极以村民小组会议的形式议定了资产分配村规民约，为村民小组级的自治事业提供了制度支撑。

在议定和完善村民小组村规民约的过程中，个体化的村民扮演着重要作用。具体而言，由于拆迁款、回拨地收益的分配直接关涉村民个人金钱利益，妈庙村的村民通常会十分注重分配规范的创制过程，主动地发挥作用，争取自身利益的最大化。例如，2008 年 1月，妈庙村二村村民小组召开村民小组扩大会议，就部分村民是否享有村民小组福利分配权进行讨论。会议纪要指出，村民本身拥有自主的决定权，"对我村的分配问题：正副村长不能以职务之便，感情用事，自行决定或暗示及诱导村民签名"。[1]个体化村民的积极参与增强了村规民约的代表性。

为了使得村规民约能够适应时代变迁，妈庙村各村民小组会通过不定期修改村规民约或设置规律性更新周期的方式，保证村规民约的时代适应性，使其能够跟上时代变迁。例如，洗马湖村民小组通过设置规律性更新周期的方式，保证了村规民约的适应性。妈庙

---

[1] 正副村长即村民小组正副组长。参见《会议纪要》（2008 年 1 月 22 日），妈庙村档案室，档案目录号 G9.1，案卷号 034，妈庙村村民委员会 2023 年 2 月 14 日提供。

村党总支部书记、村委会主任李伟忠介绍了洗马湖村规民约的基本情况：

　　就像洗马湖，它的是五年一变。就是说，今年这一期五年期开始了，你明年出生了，你就没得分红。一定要等到五年期满，你进来后才能分红。那些在五年之中死亡的那种，他可以分到五年彻底一期的时候。彻底一期一过，就把名字去掉，名字没去掉之前还有分红。[1]

　　总体而言，通过创制和完善村规民约，妈庙村村委会、妈庙村各村民小组推动形成了一套调整对象广泛、内容结构完善、规范体系健全、效力层次清晰的村规民约规范体系，为妈庙村村委会级的村民自治和村民小组级的村民自治提供了精细化的制度安排，为官治传统和自治传统的对接提供了制度平台和规范渠道。

二、村规民约的内容

　　根据制定主体和适用范围的不同，妈庙村村规民约可分为村委会级村规民约和村民小组级村规民约两种类型。其中，妈庙村村委会级的村规民约在妈庙村村委会的主持下由妈庙村村民（代表）会议议定或直接由妈庙村村委会创制而生，主要调整妈庙村范围内的各项村民自治事项；妈庙村各村民小组的村规民约由各村民小组通过村民小组会议的形式制订，主要调整各村民小组范围内的福利分配等问题。

（一）村委会级的村规民约

　　妈庙村村委会主持制订或直接制订的村规民约主要有《妈庙村村民自治章程》《妈庙村村民委员会村规民约》《妈庙村会计管理制度》《妈庙村内部控制制度》《妈庙村村委会、村民小组农村集体资金管理办法》《妈庙村集体资金的管理办法》《妈庙村财经管理制度补充规定》《妈庙村深化农村集体产权制度改革实施方案》《村民卫

---

〔1〕　妈庙村李伟忠访谈录，2023 年 2 月 14 日。

生保洁公约》《妈庙村卫生管理制度》《妈庙村环卫保洁质量标准》《妈庙村全面推行河长制工作方案》《妈庙村关工委工作制度》《妈庙村关工委工作职责》《妈庙村农村集体资产清产核资工作方案》《村委会社会治安管理职责》《妈庙管理区治安综合治理措施》《治安队员守则》《妈庙村治安联防队队员执勤巡逻制度》《妈庙村治安联防队应急管理和值班制度》《妈庙村治安联防队工作职责》《治安联防队、护树队值班制度》《治安联防队、护树队巡防制度》《老年人协会章程》《妈庙村家长学校工作制度》《妈庙村新时代文明实践站管理制度》《关于对暂归人员的管理规定》《妈庙村委会计划生育村民自治章程》《妈庙村村民委员会计划生育村规民约》《计划生育村民自治制度》《妈庙村计划生育经常性工作的十项制度》《澳头街道党校妈庙村分校工作制度》以及《垃圾分类告示》等。

根据村规民约调整对象的不同，这些村规民约可分为综合性村规民约和专门性村规民约两类。其中《妈庙村村民自治章程》《妈庙村村民委员会村规民约》为综合性村规民约，其他村规民约为就专门事项进行规定的专门性村规民约。具体而言：

1. 综合性村规民约

在妈庙村已制定的村规民约中，《妈庙村村民自治章程》《妈庙村村民委员会村规民约》为综合性村规民约。其中，2017 年 7 月 5 日经村民会议审议修订通过的《妈庙村村民自治章程》内容最为全面，对妈庙村治理的各个方面都进行了原则性的规定。《妈庙村村民自治章程》由总则、村民组织、土地管理、财务管理制度、安全生产与防火管理、社会秩序、社会保障、附则八章组成。其中第七章"社会保障"具有较为明显的妈庙特色，该章基于妈庙村集体收入较多（厂房出租、水库水费收入等）的实际状况，就运用村集体提留公益金救济特困户、节日慰问、困难户慰问、老人慰问、纯女户入赘、考上本科奖励3000 元等社保与福利事宜进行了特别规定。第七章有关困难户慰问、老人慰问、考上本科奖励等规定在一定程度上是对尊老爱幼、崇文重教、好读尚学、济寒赈贫等传统美德的传承，是妈庙村传承利用古风古训工作的制度化呈现。以下为自治章程第七章摘录：

第七章　社会保障

第五十四条　本村发生自然灾害要及时向上级报告，协助有关部门做好抗灾复产工作。上级发给本村的物资或款项应根据受灾程度及时发放到灾民手中，同时积极组织生产自救。

第五十五条　符合特困户的，给予必要的救济，救济款从村集体提留的公益金中解决。

第五十六条　村委会每年春节、"七一""八一"等节日，对本村困难户，八十岁以上的老人，烈、军属家庭等进行慰问，解决其实际困难。

第五十七条　对本村持有伤残证人员，根据其本人的伤残程度，经村委会研究适当减、免其义务或其他方面的照顾。

第五十八条　本村村民有分配权的纯女户，其中一个女儿（含独生子女户的女儿）可以入赘，其丈夫及子女与村民同等享受。

第五十八条　有本村集体经济组织成员资格的人，考取本科及以上学历，凭身份证、户口本、录取通知书，村委会给予奖励3000元。[1]

《妈庙村村民委员会村规民约》是大亚湾区的优秀村规民约。该村规民约曾被大亚湾区民政局推荐参评"广东百篇优秀村规民约（居民公约）"。对仗工整、内容简洁、朗朗上口的《妈庙村村民委员会村规民约》制订于2019年12月，是妈庙村在2017年旧版村规民约基础上制订的新版村规民约。相比于旧版村规民约，新版村规民约内容更为全面、可读性更强、群众认可度更高，其中有关邻里关系、村风民俗、旅游发展等方面的规定更为深入地契合与彰显了妈庙村的古村精神、古村传统与古村风貌，有益于妈庙村更好地培育乡风文明。以下为2019年版《妈庙村村民委员会村规民约》全文：

---

[1]《妈庙村村民自治章程》，妈庙村村民委员会2022年7月15日提供。

妈庙村村民委员会村规民约

为了保障本村村民依法实行自治，坚持以习近平新时代中国特色社会主义思想为指导，强化村党组织领导核心地位，确保村党组织全面领导隶属本村的各类组织和各项工作，促进社会主义民主与法治建设，落实乡村振兴战略部署，根据国家法律法规和政策的有关规定，制定本章程。

一、遵纪守法

学法守法会用法　违法乱纪要处罚　党纪国法挺在前　制度你我不要犯

寻衅滋事不应当　遏制赌博和酗酒　不信邪教不传谣　禁止黄毒要坚决

经销禁品做不得　走私贩私要严惩

二、邻里关系

街坊邻里常相敬　远亲不如近相邻　背人之话不可说　讲究文明讲道德

三、环境卫生

门前卫生要三包　堤院路边勤打扫　脏水污水不乱倒　家禽养殖进圈里

四、民生保障

合作医疗是保障　社保政策老有靠　两费缴纳自觉交　生病养老无需愁

五、村风民俗

红白大事应节约　铺张浪费要不得　核心价值牢记心　共同践行守诚信

六、消防安全

水电燃气隐患多　安全之弦紧绷着　谨防泄露防灾祸　防患未然保安乐

七、婚姻家庭

婚姻家庭要自由　男女平等须树立　严管子女正家风　以身作则育后人

八、计划生育

婚前孕前去体检　二孩政策已兑现　生男生女心不偏　减少残疾理应当

九、交通安全

三无车辆你莫坐　一经出事悔不过　交通安全常铭记　醉酒驾驶会刑拘

十、尊老爱幼

自家孩子要爱护　供读九年是义务　老来艰难记心间　孝敬老人莫耽搁

十一、乡村建设

村支两委带好头　村民共治出成绩　重大建设要配合　共同受益积德多

十二、设施维护

公益设施要爱惜　损毁公物法不许　公共事务齐关心　一事一议来管理

十三、旅游发展

古村风光无限好　旅游名片要珍惜　诚信友善讲规矩　展示景区新气象

妈庙村村民委员会

2019 年 12 月 13 日〔1〕

2. 专门性村规民约

除综合性村规民约，妈庙村还根据城中古村的自我治理需要创制了一系列专门性村规民约。这些专门性村规民约主要涉及集体资产、财务会计、卫生环境、治安保卫、古风传承、古建筑保护、计划生育等事项。

例如，为了维护好古村风貌，优化和改善村内人居环境，妈庙村村委会主持制定了《村民卫生保洁公约》《妈庙村卫生管理制度》《妈庙村村环卫保洁质量标准》《妈庙村全面推行河长制工作方案》、

---

〔1〕《妈庙村村规民约审议表决会》，妈庙村村民委员会 2022 年 7 月 15 日提供。

门前"三包"责任制度、垃圾分类告示等环保类村规民约,为古村建筑保护、古村环境卫生状况改善、古村环境改善奠定了制度基础。妈庙村干部苏驻存提道:"除了综合性的村规民约,还有'门前三包'这样的专门性村规民约,我们签责任书了,每一户都签了。"[1]

以下为妈庙村的《村民卫生保洁公约》:

村民卫生保洁公约

为优化农村人居环境,改善村容村貌,营造整洁、优美、和谐的社会环境,规范村民文明卫生行为,提高村民的生活质量和文明卫生素质,加快富裕、文明、和谐的社会主义新农村建设,特制订本村民卫生公约。

一、牢固树立社会主义荣辱观,坚持以讲卫生为荣,不讲卫生为耻。

二、要养成文明言行,不讲污言秽语,不损害他人权益,不破坏公共公设施。

三、要遵守公共秩序,不乱停乱行,不乱贴乱画,不乱搭乱摆。

四、要爱护环境卫生,经常做好家庭环境卫生保洁,不乱吐乱扔,不随地便溺,不乱排乱倒。

五、村民要保持房前屋后无杂草,门前整洁、无乱堆乱放,畜禽圈舍、厕所安排得当,粪便垃圾入池,门前用具摆放整齐,车辆停放有序,墙体无乱写乱画,乱钉乱挂。

六、尊重和配合村保洁员,做好卫生工作,生活垃圾统一放到指定垃圾收集点。

七、实行包干制,保持各自责任区内干净整洁、环境优美,由村干部与村民代表2名组成的卫生监督组将不定期地对各村小组的卫生状况及清洁工的工作进行检查。

八、村民应树立大局意识,权利与义务兼顾,带头弘扬正气,敢于同一切不讲卫生、破坏环境的行为作斗争。

---

[1] 妈庙村苏驻存访谈录,2022年7月15日。

九、本村民卫生公约由全体村民代表大会讨论通过。

十、本村民卫生公约属村规民约，解释权属于村村民管理委员会。

十一、本村民卫生公约自村民代表大会通过之日实行。

2015 年 1 月 28 日〔1〕

此外，妈庙村目前还在制订有关分红的村规民约，不断推动建立健全村一级的村民福利分配制度。妈庙村党总支部书记、村委会主任李伟忠介绍了这一工作的进展情况：

我们打算定分红的规定，但是村里面还没搞好。初稿现在还没有，我们还在让他们律师把材料搞出来。因为我们合作了碧桂园，以后要分红的。我们是这样想的，因为我们村有 11 个村小组。每一个村小组分红都不一样。有的外嫁出去的有，有的外嫁出去的没有；有的老人过世了都有。所以我们妈庙村要拿出一个方案，划出一条线给他们村小组。所以我们就想以每一个村小组为一个股东，打算叫他们自己去分配。到个人比较麻烦，因为我们村有几千人，我们要开个大会很困难。但是让每个村小组当一个股东，开会就很方便。（如果）人多了就啥都干不了了。〔2〕

妈庙村村一级的村规民约内容较为全面，是妈庙古村进行自我治理的总体性制度规范。其中，《妈庙村村民自治章程》中有关困难户慰问、老人慰问、考上本科奖励的规定，《妈庙村村民委员会村规民约》中有关邻里关系、村风民俗、旅游发展的规定以及专门性的环保类村规民约，为妈庙村传承尊老爱幼、济寒赈贫、崇文重教、好读尚学等古风传统以及保护古建筑完整、维护村容村貌、提升人居环境奠定了制度基础、提供了规范依据。

（二）村民小组级村规民约

相比于村委会级的村规民约，妈庙村 11 个村民小组的村规民约

---

〔1〕《村民卫生保洁公约》，妈庙村村民委员会 2023 年 2 月 14 日提供。

〔2〕妈庙村李伟忠访谈录，2022 年 7 月 15 日。

更具有专门性与针对性。妈庙村各村民小组所遵循的村规民约主要为村民小组资产管理、福利分配村规民约。曾任妈庙村村"两委"干部（已退休）的李樊栋提道："他们每个村民小组都有制定村规民约的。"[1]妈庙村村委会干部苏驻存提到，各村民小组的村规民约的内容主要是"有关集体经济成员的规定"。[2]李伟忠提到，各个村民小组的福利分配村规民约各不相同，"村里面没有出台统一的标准，每个村根据经济状况自己决定。每个村（村民小组）都不一样，每个村的标准不一样。好像三村的补四万块钱每个人"，[3]"有的外嫁出去的有，有的外嫁出去的没有"。[4]妈庙村各村民小组的村规民约各具特点。譬如，妈庙村二村村民小组于 1992 年 11 月 14 日分配了征收回拨地出让款。本次分配所遵循的分配条件（村规民约）如下：

分配条件：

1. 按照人头，有分配权的不分男女老少，不管是否分有责任田，只要户籍在二村的原籍村民分全份，即 3 万元/份；

2. 有田地分，但户口不在本村的村民分半份，即 1.5 万元；

3. 外出人员、外嫁女、移居香港的村民一次性分半份，即 1.5 万元。[5]

妈庙村各村民小组的村规民约之所以会形成，是因为在分配集体资产的过程中，妈庙村的各村民小组都面临着大量的外嫁女福利分配纠纷。为了解决这些纠纷，妈庙村各村民小组通过召开村民小组会议的形式将传统习惯与现实需求相结合，制定出了在村民小组范围内适用的村规民约。这些村规民约是历史与现实相结合的产物。

---

〔1〕 妈庙村李樊栋访谈录，2022 年 7 月 15 日。

〔2〕 妈庙村苏驻存访谈录，2022 年 7 月 15 日。

〔3〕 妈庙村李伟忠访谈录，2022 年 7 月 15 日。

〔4〕 妈庙村李伟忠访谈录，2023 年 2 月 14 日。

〔5〕《关于妈庙二村村民苏秀兴、吴志伟的分配问题调查核实小组的调查情况》（2012 年 11 月 13 日），妈庙村档案室，目录号 G9.1，案卷号 034，妈庙村村民委员会 2022 年 7 月 15 日提供。

具体而言，妈庙村各村民小组在早期阶段曾以村民自治的形式将历史上的习惯上升为村规民约。所谓历史上的习惯也即"外嫁女嫁出去了就什么都没有了。这边的风俗都是这样"，[1]但在现实的执行过程中，"后来有的嫁到城镇的、嫁给工作人员的，很多就没有迁走"，[2]不少外嫁女认为自身权益受到损害，有关外嫁女福利分配纠纷的问题日益增多。为了解决好分配问题，妈庙村的多数村民小组修改完善了村规民约，给予外嫁女一次性补偿，形成了类似于村民小组的村规民约。李樊栋介绍了各村民小组制订外嫁女分配标准相关村规民约的基本情况：

> 村小组首先进行一个评估，因为它们属于借款（村民小组资金不足，需要向村委会和街道办借款）。评估之后有的村小组给2万元，有的3万元，有的4万元。上围、下围两个村民小组是2万元。洗马湖大概3万元、4万元。这是对当时对它们村小组一个的评估，评估要补偿多少。这个补偿标准是按照村里面的回拨地的标准评估出来的。[3]

妈庙村各村民小组基于自身实际情况制订的以集体资产分配标准为主要内容的村规民约在妈庙村分配福利、解决外嫁女权益分配纠纷的过程中发挥着十分重要的作用，是维护妈庙村各村民小组福利分配秩序的制度框架。

总体而言，妈庙村的两级村规民约均为妈庙村民开展自治实践的规范基础。其中，妈庙村一级的村规民约主要为妈庙古村传承优良传统、维护村容村貌、改善人居环境提供了制度依据和制度参考，妈庙村各村民小组的村规民约主要为村民小组管理集体资产、分配福利收益、解决外嫁女纠纷等工作提供了具体标准。

三、村规民约的实施

根据村规民约类型的不同，妈庙村村规民约的实施可分为包括

---

[1]　妈庙村李伟忠访谈录，2022年7月15日。
[2]　妈庙村李樊栋访谈录，2022年7月15日。
[3]　妈庙村李樊栋访谈录，2022年7月15日。

村委会级村规民约的实施以及村民小组级村规民约的实施两个方面。其中，村委会级村规民约的实施工作主要由妈庙村村委会具体负责或在妈庙村村委会的主导下由其他村级组织具体负责；村民小组级村规民约的实施具体由各村民小组自行负责。通过将静态规范运用于动态的自治实践，妈庙村的村规民约得以产生活化的效力。

（一）村委会级村规民约的实施

在村民自治实践中，妈庙村注重根据综合性村规民约和专门性村规民约的具体规定，开展整治村庄环境、美化村容村貌、慰问妈庙老人、奖励优秀学子、分配集体资产、解决矛盾纠纷等自我管理、自我教育、自我服务实践，将自治规范转化为自治成效。例如，为了鼓励和动员本村妇女参与保护妈庙古物、弘扬妈庙古村落客家文化，妈庙村妇联在村委会的支持下根据村规民约组建了妈庙村巾帼志愿服务队，由其在妈庙村党建公园和妈庙村古村落进行导赏讲解。2021年妈庙村巾帼志愿服务队接待参观的单位和党支部共8个，共240人次，文旅活动6场，共192人次，[1]传播了古村文化及良好家风家训，推动了村规民约中有关古村保护、文化传承等相关规范的实施。

在村规民约的实施过程中，为了营造良好的人居环境，维护良好的村容村貌，根据《村民卫生保洁公约》《妈庙村卫生管理制度》《妈庙村村民委员会村规民约》等村规民约的要求，妈庙村村"两委"积极召开村"两委"会议，讨论、动员、部署卫生保洁、沟渠清理、溪河清理、房前屋后乱堆乱放的杂物与积存垃圾清理等工作，对人居环境进行了全面整治。例如，2019年11月27日，妈庙村村"两委"班子联席会议的主要内容之一是"布置人居环境综合整治工作"，会议要求"各驻队干部带领村小组干部、党员、保洁员清理好村巷道、杂草杂物、积存垃圾、房前屋后、道路障碍、公厕。（治理）生活污水及水土污染排放问题，拆除乱搭乱建"。[2]从妈庙村村规民约和村"两委"决议的具体执行情况来看，妈庙村在人居环

---

〔1〕《2021年妈庙村妇联工作总结》，妈庙村村民委员会2023年2月14日提供。

〔2〕《村（社区）班子联席会议记录》，妈庙村村民委员会2022年7月15日提供。

境整治方面取得了较好成绩。例如，2014年，妈庙村新建10间垃圾屋，1间大垃圾收集池；[1]2019年，妈庙村聘请的日常卫生保洁人员达到25名；[2]2022年，清运垃圾874处共328车次，清理各类垃圾2361吨，动用人员1031人次和机械257台次。[3]此外妈庙村要求党员每月最少1次志愿活动，定期组织动员党员干部加入村庄道路清洁工作，提升了村庄整洁程度。

为了提升村规民约实施效果，潜移默化地教育引导村民遵规守约，妈庙村采取了制度上墙、上门宣传、评比表彰、责任倒挂等相关工作举措，推动自治规范落地落实、生根生效。具体而言：

第一，制度上墙，提升村规民约曝光度。妈庙村注重利用古建筑多的优势，将村规民约、弟子规、家风家训等绘制在几十米长的墙上，从而推动形成古风古色的文化长廊，涵养文明乡风。例如，2018年2月至5月，妈庙村妇女发展助力计划项目，社工在征得村委会同意和支持后，在村子新修建的大树底公园四周墙壁绘制含有客家家风家训、邻里和谐的墙绘，营造良好的古村落文化氛围。[4]而且妈庙村村委会还在村内的显眼位置树立告示牌，写明村规民约的内容，提升村民对村规民约的知晓度。

第二，上门宣传，营造遵规守约氛围。妈庙村党总支部要求党员干部通过入户调查、上门走访、面对面交谈等形式为村民讲清人居环境整治的目的意义以及相关村规民约的内容。同时，妈庙村注重主动利用LED屏、微信群、宣传海报、掌上村委等宣传媒介进行宣传动员，营造遵规守约的良好氛围。[5]

第三，评比表彰，塑造遵规守约典范。妈庙村根据村规民约的规定，深入开展了"最美家庭"评比、"金婚好夫妇"评比、"好婆

〔1〕《2014年年终工作总结》，妈庙村村民委员会2022年7月15日提供。

〔2〕《妈庙村2019年上半年工作总结》，妈庙村村民委员会2022年7月15日提供。

〔3〕《妈庙村2022年工作总结和2023年工作计划》，妈庙村村民委员会2023年2月14日提供。

〔4〕姚亚超的《家风家训墙上绘 房前屋后绿意浓》，妈庙村村民委员会2023年2月14日提供。

〔5〕《妈庙村"党建+村规民约"引领文明和谐新风尚》（2021年2月26日），妈庙村村民委员会2022年7月15日提供。

婆"评比、"好媳妇"评比、"好母亲"评比、卫生综合评比、"卫生户星级牌"张贴等工作，塑造根据村规民约精神行事做事的典范，增加先进典型的曝光度，使无形的村规民约产生看得见、摸得着的价值。例如，2021年，妈庙村按照"知晓分类、投放正确、养成习惯、庭院清洁"的标准，在一村、二村、三村、四村等村民小组分三批评选出垃圾分类示范户共100户，并通过入户表彰、探访、复评、颁发奖励、挂牌等形式，多途径、多方面做好垃圾分类和庭院美化宣传等工作。[1]除了在村内进行评选表彰，妈庙村村委会还积极参加上级评选表彰，为村民村规民约的实施争取更多有利资源。例如，2016年6月，在妈庙村村委会的支持下妈庙村妇联申报的"品侨乡古村韵味，传客家民俗文化"——妈庙村妇女发展助力计划项目成功入选广东基层妇联社会工作创新示范点，获得省妇联及李嘉诚基金会共同资助12万元。

第四，责任挂钩，保障村规民约落实。妈庙村将村规民约执行情况与党员发展、干部培养相挂钩，在开展人居环境整治、"门前三包"等工作中，将执行村规民约情况与入党积极分子培养、后备干部培养挂钩，明确提出，凡是违反村规民约的村民一律不得将其作为入党积极分子和村级后备干部。

总体而言，由于妈庙村村委会级的村规民约主要为缺少罚则的倡导性规范，且"村里面平时没什么大事儿，村民很单纯"，[2]严重违反村规民约的情况较少，因而妈庙村村一级的村规民约实施主要表现为按照村规民约开展宣传教育、正向激励等活动，较少出现按照村规民约处罚村民的情况。例如，为了涵育文明乡风、培育良好家风、滋养淳朴民风，妈庙村村委会开展了道德讲堂学习活动、诵读《了凡四训》活动、最美家庭建设三小时工作坊活动；[3]为了

---

〔1〕《2021年妈庙村妇联工作总结》，妈庙村村民委员会2022年7月15日提供；《妈庙村垃圾分类示范户名单》（2021年8月9日），妈庙村村民委员会2023年2月14日提供。

〔2〕妈庙村李伟忠访谈录，2022年7月15日。

〔3〕《妈庙村"党建+村规民约"引领文明和谐新风尚》（2021年2月26日），妈庙村村民委员会2022年7月15日提供。

传承崇文重教、好读尚学的优良古风，妈庙村每年都会根据村规民约的规定对高考优秀者进行奖励，其中 2014 年妈庙村村委会根据村规民约的规定给一名考上本科的学生发放了 3000 元的奖金。[1]妈庙村的这些自我治理活动主要是一种根据村规民约开展的正向引导活动，而非反向约束活动。

（二）村民小组级村规民约的实施

妈庙村各村民小组村规民约的实施以集体资产分配为主要内容。在根据村规民约分配集体收益的过程中，外嫁女问题颇具特色。具体而言，在 2010 年之前，妈庙村的多数村民小组按照长期形成的习惯并不给外嫁女分配福利，而且不少村民小组还以村民自治的形式通过开会讨论将这一习惯上升为村规民约并将之付诸实施。曾任妈庙村村"两委"班子成员的李樊栋介绍道：

> 以前村小组没有给外嫁女分配的，以前我们这个地方，很多嫁出去的，不管户口有没有迁出去，都不给分配的。有个别村小组是给分配的，但是大部分村小组是没有给外嫁女分配的。[2]

在实施村规民约的过程中，妈庙村的多数村民小组不给外嫁女分配福利的做法引发了不少外嫁女的不满。为了争取权益，这些外嫁女积极地进行诉讼、上访等活动，由此形成了外嫁女上访的热潮。李樊栋回顾了当时外嫁女的上访热潮：

> 当时他们很多上访，在召开重大会议的时候，国家里面也好，省里面也好，市里面也好，越级上访的很多。当时很多上访的，有些到广州上访，有些到北京上访。现在（2022 年）这些都平息了，现在基本上没什么上访了。[3]

面对外嫁女纠纷多、上访多、诉讼多等村规民约实施难题，澳头街道办曾于 2008 年 1 月 31 日下发《关于村组福利分配相关事项

---

[1] 《2014 年年终工作总结》，妈庙村村民委员会 2022 年 7 月 15 日提供。
[2] 妈庙村李樊栋访谈录，2022 年 7 月 15 日。
[3] 妈庙村李樊栋访谈录，2022 年 7 月 15 日。

的紧急通知》（澳办发〔2008〕12号），要求"各村民小组按照《村民议事规则》表决村民的福利分配的问题时，必须在符合国家政策、法律、法规和相关福利分配原则的前提下进行，所表决的结果必须符合国家的政策、法律、法规和相关福利分配原则，应做到男女平等、公平、公正、合理、合法，如表决结果不符合上述要求的，将视为无效表决"。在对分配原则作出要求的基础上，澳头街道办还就村规民约的备案审查工作提出了要求，根据通知要求"各村委会换届选举后所制订的村规民约……必须首先通过办事处审查方可实施"。[1]

在相关通知的基础上，结合村规民约的实施情况，澳头街道办根据外嫁女、离婚后户口未迁出妇女的申请作出了多份《行政处理决定书》，确认了外嫁女、离婚后户口未迁出妇女的村民资格与集体福利分配权益。以下事例一即为其中之一：

事例一

经本街道办查实，申请人奉潮美是澳头妈庙沙井村人，1979年，农村实行土地联产承包责任制时分有责任田，2007年7月与桥东社区居民林大宏结婚，无生育子女。2008年，其丈夫因心脏病发去世，其丧偶后于2008年8月返回娘家居住生活，至今未再婚，结婚后户口一直未迁移，仍保留在妈庙沙井村，其作为妈庙沙井村民应该享受该村集体福利分配。《妇女权益保障法》第56条第1款规定，"不得以妇女未婚、结婚、离婚、丧偶，户无男性等为由，侵害妇女在农村集体经济组织中的各项权益"；《广东省实施〈中华人民共和国妇女权益保障法〉办法》第23条规定："村民代表会议或者村民大会决议、村规民约和股份制章程中涉及土地承包经营、集体经营组织收益分配、股权分配、土地征收或者征用补偿费使用，以及宅基地使用等方面的规定，应当坚持男女平等原则，不得以妇女未婚、结婚、离婚、丧偶等为由，侵害其合法权益。"第24条第1款规定：

---

〔1〕《关于村组福利分配相关事项的紧急通知》（2008年1月31日），妈庙村档案室，目录号G9.1，案卷号027，妈庙村村民委员会2022年7月15日提供。

"农村集体经济组织成员中的妇女，结婚后户口仍在原农村集体经济组织所在地，或者离婚、丧偶后户口仍在男方家所在地，并履行集体经济组织章程义务的，在土地承包经营、集体经济组织收益分配、股权分配、土地征收或者征用补偿费使用以及宅基地使用等方面，享有与本农村集体经济组织其他成员平等的权益。"据此，本街道办认为：被申请人（妈庙村沙井村民小组）仅因申请人的婚姻关系变化而取消其在该村民小组的集体福利分配权利，违反了上述法律规定；根据《村民委员会组织法》第27条第2款"村民自治章程、村规民约以及村民会议或者村民代表会议的决定不得与宪法、法律、法规和国家的政策相抵触，不得有侵犯村民的人身权利、民主权利和合法财产权利的内容"的规定，被申请人主张的村民小组户代表会议决议（也即不给外嫁女分配资格）应予以纠正。综上所述，本街道办作出以下处理决定：一、确认申请人奉潮美具有惠州大亚湾区澳头街道妈庙村沙井村民小组的集体经济组织成员身份。二、被申请人应自收到本决定之日起依法恢复申请人的村集体经济福利分配权利，并按惠湾委发［2010］24号、惠湾［2010］84号、惠湾［2010］85号文件的相关规定执行，给予申请人村集体福利分配。[1]

在国家法律法规保护妇女权益、澳头街道办等上级部门发布通知要求做到男女平等、外嫁女上访压力日渐增加，以及村规民约实施难度大等多重因素的影响下，妈庙村的不少村民小组选择通过调解的方式与外嫁女达成一次性补偿协议。例如，在苏荷花与一村村民小组的纠纷中，苏荷花"曾多次提出要求享受甲方村小组福利分配的诉求"，但"经甲方户代表会议决议，一致认为乙方属于外嫁女身份，根据乡约民俗，其不能享受甲方村集体福利分配权利，不能参与甲方福利分配"。后经过妈庙村村委会人民调解委员会调解，双方达成协议，由一村村民小组一次性给予苏荷花补偿款3万元人民

---

〔1〕《行政处理决定书》（澳办行决［2010］2号）（2010年12月20日），妈庙村档案室，目录号G9.1，案卷号032，妈庙村村民委员会2022年7月15日提供。

币，苏荷花承诺放弃其他诉求。以下为事例二为调解书原文：

事例二

人民调解协议书

[2010] 惠湾澳妈民调字第 009 号

当事人：

甲方：澳头街道办事处妈庙村村委会一村村民小组

负责人：苏银祈，男，身份证号码：442521×××××××××13

乙方：苏荷花，女，身份证号码：442521×××××××××48

纠纷简要情况：

乙方是甲方村民，因对甲方的村民福利权益分配有异议，经多次协调后仍未能达成一致，故双方于 2010 年 5 月 12 日来到本调委会，要求就此纠纷予以调解。经向双方了解核实，乙方是甲方村民，1979 年在该村分有责任田，与外村人结婚，户籍一直在该村，现在博罗生活。经甲方户代表会议决议，一致认为乙方属于外嫁女身份，根据乡约民俗，其不能享受甲方村集体福利分配权利，不能参与甲方福利分配。之后乙方曾多次提出要求享受甲方村小组福利分配的诉求，但至今仍未解决。故甲、乙双方于 2010 年 5 月 12 日自愿来本调委会进行调解。甲、乙双方对以上事实均确认且无异议。

据此，本调委会于 2010 年 5 月 12 日依法受理了甲、乙双方的调解申请，并依法进行了调解。

经调解，甲、乙双方自愿达成以下协议：

一、乙方要求甲方给付一次性的村福利补偿款 3 万元人民币整，并主动承诺在收到该款后，自愿放弃甲方村小组今后的一切福利分配权利，不再参与该村集体的一切福利分红和分配。

二、甲方经该村户代表会议决议后，同意一次性给予乙方村福利补偿款叁万元人民币整，但要求乙方信守上述承诺。

三、付款方式：甲方在本协议生效之日起 5 个工作日内付总款的 20% 即人民币陆仟元整给乙方，剩余款项在 8 个月内付清给乙方，乙方对此表示同意。

四：本协议生效后甲、乙方不得擅自解除或变更协议条款，如有异议可协商解决，如协商不成可通过诉讼途径解决。

五、本人民调解协议由甲、乙双方签名盖章，惠州大亚湾区澳头街道妈庙村村委会人民调解委员会盖章后生效。

六、本协议书一式 4 份，甲、乙双方各执 1 份，调委会、澳头街道办各存档 1 份，具有同等法律效力。

（以下空白）

甲方　惠州大亚湾区澳头街道　　　乙方　苏荷花（手写）

妈庙村一村村民小组（盖章）

惠州大亚湾区澳头街道办妈庙村村委会人民调解委员会

调解员：徐锦花　曾梵贝

二〇一〇年五月十二日〔1〕

2010 年之后，为了提升村规民约的实施效果，缓解村民小组的乡规民约与国家法冲突问题，妈庙村多数村民小组陆续与外嫁女签订了一次性补偿协议，外嫁女在领取一次性补偿后承诺不再起诉、上访。

妈庙村的各村民小组通过签订一次性补偿协议的方式解决外嫁女纠纷的做法在结果上改变了不给外嫁女分配福利的传统村规民约，实际上形成了通过一次性补偿的方式解决外嫁女纠纷这一新的村规民约，实现了村规民约的转型与嬗变，使得村规民约能够继续产生实际效力，继续得到施行。以下事例三为妈庙村三村村民小组根据新村规民约给予外嫁女李娲佳（李伟忠女儿）一次性补偿的案例：

---

〔1〕《人民调解协议书》（2010 年 5 月 20 日），妈庙村档案室，目录号 G2.1，案卷号 019，妈庙村村民委员会 2022 年 7 月 15 日提供。

事例三

我女儿也是外嫁，不过她户口没迁。她老公是黑龙江大庆那里的。她老公是深圳集体户口，挂在单位那里。我女儿户口没迁，从结婚那天有分红，以后就没有分红了。村里面补回给你 5 万元，就是说退股，一次性退了给你 5 万元钱。以后有什么分红，就没有你了。你也不可能再回来申请宅基地的。虽然户口在这里，但是户口迁不出去的，她能迁到哪里？她迁不出去啊。我女儿 1995 年出生的，去年（2022 年）结婚的，前年（2021 年）12 月拿的结婚证。[1]

妈庙村各村民小组福利分配村规民约的变迁直接源于村规民约的实施困难，在根本上源于大亚湾区的开发与建设。在大亚湾区大规模开发与建设的背景下，妈庙古村的土地被征收、村民小组的收入大幅增加，为了解决好分配问题，妈庙村的村民小组通过双重制度化的方式将传统习惯上升为村规民约，村民小组的村规民约得以初步形成。但这一村规民约的实施效果不佳，效力时常受到挑战，顺利施行难度较大。为了化解福利分配纠纷、解决外嫁女上访问题，保证村规民约的实际效力，妈庙村的村民小组又在实践中根据国家法律法规政策修正了村规民约，推动形成了新的村规民约，使得村规民约能够继续产生实际效力。

总体而言，妈庙村村委会级的村规民约施行主要表现为古村治理主体宣传村规民约以及运用村规民约维护村庄秩序、改善人居环境、保护古村建筑、弘扬古村文化、完善社会保障，进行古村的自我治理；妈庙村各村民小组村规民约的施行主要表现为村民小组运用村规民约分配集体福利、解决外嫁女纠纷以及基于实施情况推动村规民约的双重制度化与修改完善。其中，村委会级村规民约的施行以古风传承保护为底色，总体过程较为平缓；村民小组级村规民约的施行过程以古村变迁为背景，充满博弈与波澜。二者共同构成了妈庙村村规民约施行的实践样态。

---

[1] 妈庙村李伟忠访谈录，2023 年 2 月 14 日。

四、村规民约的作用

妈庙村的村规民约是妈庙村全体村民进行自我治理的制度安排，是村民自治的制度之维。在妈庙村的自治实践中，村规民约有着保障村庄秩序、改善人居环境、促进文化传承、保障福利分配等多重作用。妈庙村村规民约的作用主要表现为以下几个方面：

第一，为秩序维持提供了规范基础。秩序维持是村规民约的基础性价值。通过民主议定村规民约，妈庙村的全体村民得以为自身提供处理邻里关系、环境卫生、民生保障、村风民俗、消防安全、婚姻家庭、计划生育、交通安全、尊老爱幼、乡村建设、设施维护、旅游发展以及矛盾纠纷等问题的组织规范与行为规范，在制度维度建构良法善治秩序。在此基础上，通过自觉遵守与严格适用这些村规民约，妈庙村的治理共同体共同维持了村内的生活秩序、生产秩序、分配秩序，保障了村庄的有序运转，形成了总体上和谐有序的局面。例如，李伟忠提道，"村规民约你说没作用那是假的，村民有什么打打闹闹的，你可以拿那些村规民约去套，来给他们调和"[1]，村规民约在秩序维护方面有着不可或缺的作用。

第二，为人居环境改善提供了行动标准。作为城中村，在工业化、城市化快速推进以及外来人口大量涌入的背景下，妈庙村村内溪水环绕、绿树掩映，人居环境并未因客观形势的急速变迁而变得混乱。这离不开村规民约的支撑。通过在综合性的自治章程、综合性的村规民约中写入有关安全生产与防火管理、环境卫生、消防安全、乡村建设、设施维护的内容以及制定完善《村民卫生保洁公约》《妈庙村卫生管理制度》《妈庙村环卫保洁质量标准》等人居环境治理村规民约，妈庙村为村落人居环境的改善工作提供了规范依据与操作规程。在这些村规民约的指引和保障下，妈庙村组织开展了卫生保洁、沟渠清理、溪河清理、房前屋后乱堆乱放杂物与积存垃圾清理、乱搭乱建拆除、乱排乱放治理、星级卫生户评选、党员干部定期参与村庄道路清洁等一系列工作和实践，有效提升了古村的整

---

〔1〕　妈庙村李伟忠访谈录，2023 年 2 月 14 日。

洁程度与美观程度，营造了良好的人居环境，改善了村民在村内居住的感受。

第三，为优秀传统的传承提供了制度依据。作为典型的古村落，在现代文明快速涌入的背景下，有着三百余年的妈庙村依然保持着古村落的古朴、宁静，村内古风犹存。妈庙村之所以能够保持其古风特质，离不开村规民约的支撑。近年来，通过组建巾帼志愿服务队进行古村导赏讲解活动以及根据村规民约开展困难户慰问活动、老人慰问活动、考学奖励活动、道德讲堂学习活动、诵读《了凡四训》活动、最美家庭建设三小时工作坊活动等带有文化传承性质的活动，妈庙村较为有效地实现了尊老爱幼、崇文重教、好读尚学、济寒赈贫、立命改过、积善谦德等传统美德与传统文化的传承与发扬。

第四，为福利分配提供了规范标准。妈庙村的村民小组基于古村部分土地征收以及村落变迁的实际情况，通过召开村民小组会议、村民小组扩大会议的方式将传统习惯上升为村规民约并因时因地完善村规民约，在结果上促进了传统习惯的双重制度化，为妈庙村各村民小组有序分配征收款、厂房租赁收益、回拨地转让收益等福利收益提供了制度支撑与分配依据。通过自觉遵守和严格适用福利分配村规民约，妈庙村各村民小组保障了福利分配活动的公开、公正进行，促进了福利分配工作的有序进行。

第五，为完成官治任务提供了具体成果。妈庙村的村规民约承载了官治和民治双重任务，其作用与价值不仅在于满足村民的自我管理、自我教育、自我服务之需要，还在于承接官治任务、实现官治期待，帮助村治主体获得官方的肯定和认可，为村庄的长远发展争取更多资源。具体而言，多年来妈庙村村规民约的陆续诞生和完善在结果上提供了看得见的工作成果，为妈庙村村"两委"完成党政机关有关创制村规民约、完善村规民约的行政命令和工作任务提供了可视化成绩，使得妈庙村能够赢得自上而下的肯定性评价，为村民自治的有序开展争取了更多资源和积极环境。

总体而言，妈庙村的村规民约为该村全体村民保持村内秩序的和谐稳定、改善村庄的人居环境、促进优秀传统文化的传承发扬、提供福利分配的标准、解决福利分配的问题、完成党政机关任务提供了制度依据和规则基础，提升了城中古村的文化传统传承、历史建筑保护和现代化变迁的效果，取得了一定的积极成效。在加强和改善乡村治理的过程中，妈庙村的村规民约值得重点关注和深入分析。

结　语

妈庙村的村规民约兼具传承性与变迁性，契合了大湾区古村的发展变迁需要。一方面，基于历史传统与现实情况而制订和完善的村规民约，保障着妈庙村古建筑保护与文化传承事业，具有传承性的特点；另一方面，妈庙村村民小组的村规民约诞生于大亚湾区大开发、大建设的时代背景，是社会发展和外部因素变迁诱生的产物，具有变迁性的特点。

妈庙村的村规民约结构完整、覆盖面广、内容全面，但也存在着特色不够突出、优势未能充分发挥等问题，需要对之进行进一步完善，在根本上提升妈庙村自治实践的内生活力。

虽然妈庙村的村规民约带有一定的古色底蕴，但是妈庙村目前尚未制定专门保护古建筑、传承古文化、利用古环境的村规民约，妈庙村古香古色的特征未能充分展现出来，古建筑、古文化、古环境的积极价值未能充分发挥。为了更加有效地发掘历史感、塑造乡愁感、传承历史遗产，妈庙村村委会、妈庙村的各村民小组等治理主体可在既有经验的基础上，及时制订有关古建筑保护、古文化传承、古环境利用的村规民约，打造古香古色的妈庙古村，探索发展特色旅游、特色民宿等，将妈庙村的古香优势转化为经济优势，促进妈庙村的可持续发展。

此外，澳头街道办、大亚湾区管委会相关部门可根据上层设计与基层探索有机结合的原则，进一步总结妈庙村村规民约的积极作用，对之进行概括提升，形成可复制、可借鉴的模范性村规民约，将升级后的妈庙村村规民约作为先进典型进行推广，形成良法善治的示范效应。

第五章
乡村自治视角下积分制的运用
——以霞涌街道晓联村"美丽家园"积分制为对象

引　言

　　2018 年 6 月 15 日，中共中央、国务院《关于打赢脱贫攻坚战三年行动的指导意见》正式公布，明确提出开展扶贫扶志行动，推广以表现换积分、以积分换物品的"爱心公益超市"等自助式帮扶做法。2020 年 7 月 27 日，中央农村工作领导小组办公室、农业农村部印发《关于在乡村治理中推广运用积分制有关工作的通知》，要求进一步创新乡村治理方式，在乡村治理中推广运用积分制。2022 年 5月，中共中央办公厅、国务院办公厅印发了《乡村建设行动实施方案》，要求深入推进农村精神文明建设，推广进行积分制、数字化等典型做法。

　　在乡村治理中，运用积分制是在农村基层党组织的领导下，以民主程序为基础，将乡村治理的各项事务转化为可量化的指标，通过村规民约的形式，对村民的日常行为进行评价，并根据评价结果给予相应的精神鼓励或物质奖励，从而形成一套有效的激励约束机制。这种村规民约能够帮助激发村民的积极性，引导他们更好地参与乡村治理，提升乡村发展的质量和效益。

　　近年来，积分制被广泛运用于乡村治理的各个领域。在乡村发展方面，积分制促进了农村产业的创新和升级。通过设立积分制项目，鼓励村民参与农产品加工、乡村旅游、农村电商等新兴产业，推动乡村经济的多元化和创新性发展。村民通过参与这些项目，不仅可以提升自身收入，也为乡村经济提供了新的增长点，促进了乡村的可持续发展。在乡村居住环境治理方面，积分制也发挥着重要作用。通过设立环境保护积分制项目，鼓励村民参与水土保持、生态修复、垃圾分类等环境治理工作，推进美丽乡村的建设。在社会服务方面，积分制创新了乡村社会组织和公共服务体系。通过设置社区服务积分制项目，鼓励村民参与志愿服务、文化传承、健康管理等社会服务活动。村民通过参与这些项目，不仅提升了乡村的凝聚力和自治能力，也改善了村民的生活品质，推动了乡村社会的全面发展。

　　积分制在乡村治理的各个领域的应用日益广泛，为乡村的发展和治理提供了有力支持。不仅激发了村民的积极性和主动性，还促进了乡村产业创新、环境治理、社会服务和文化传承等方面的进步。积分制在乡村治理中发挥了重要的推动作用，为乡村振兴战略的实施和乡村的自治提供了新的思路，有助于进一步推进乡村治理的可持续发展。

　　2022 年 4 月，大亚湾区霞涌街道积极实践积分制治理模式，选取晓联村、上角村开展"美丽家园"积分制创建活动。这是积分制在村居环境治理方面的典型运用，充分调动了广大村民参与"美丽宜居"村（社区）创建的积极性和主动性，对于不断提升村容村貌、加快推进乡村文明建设具有重要意义。[1]晓联村作为霞涌街道"美丽家园"积分制创建活动的试点单位之一，在积分制实践过程中制定了较为详细的实施方案，在贯彻街道相关要求的基础上，也丰富了村规民约的内涵和外延，为"美丽家园"积分制创建活动的进一步推广提供了"晓联村经验"。

　　我们于 2022 年 7 月 13 日下午到晓联村进行了调查，对于"美丽家园"积分制创建活动在实施过程中的效果、所遇到的问题以及未来的发展方向进行了较为详细的了解。截至 2023 年 5 月，晓联村为期一年的试点已经顺利结束，一年的实践经验既展现了积分制在村居环境建设方面的重要作用，也暴露了一些存在的问题。通过对

---

　　[1]《文明实践 | 小小积分"兑"出美丽家园》，载 https://mp.weixin.qq.com/s/RrrcYFK_ qdKpE5tyMJBX7Q，访问日期：2023 年 8 月 1 日。

晓联村积分制实践经验的分析，可以从多个角度了解积分制在乡村治理中的应用，为其他地区的积分制实施提供借鉴和启示，以进一步发挥村规民约的作用、推动乡村治理的发展，并更全面地认识大亚湾区的自治规范。

一、乡村治理积分制运用的原因

积分制符合村民的利益要求，通过激发村民参与热情和提供切实奖励，鼓励村民积极参与乡村自治共治。同时，积分制能够为村干部的日常工作提供有力支持，促进他们更好地履行职责和推动乡村发展。积分制的实施使得村民和村干部之间建立了更紧密的联系和互动，形成了良性互动的局面，推动了乡村自治的有效实施和发展。

（一）符合村民的利益要求

传统乡土社会较为封闭和稳定，积分制在一定程度上符合村民朴素的公平价值观和对公平正义的追求。村民普遍追求公平正义，希望在资源分配和决策制定过程中得到公正对待。传统的乡村治理模式存在信息不对称和权力集中的问题，容易导致不公平现象的出现。而积分制通过客观、公正的评估标准和机制，使村民的贡献和努力得到公平认可，提高了资源分配的公平性，符合村民对公平正义的追求。

乡村治理积分制也为村民提供了更多参与和发声的机会。积分制通过设立参与奖励机制，鼓励村民积极参与乡村建设、公共事务和决策，增加了村民的参与度和归属感。村民在获得积分的过程中，能够和村委会形成较多良性的互动，及时表达自己的需求和意见，更加积极地参与到乡村的治理中。村民通过参与积分制项目，可以获得相应的积分和奖励。这种奖励机制激发了村民的积极性和主动性，在乡村发展、社区建设等方面积极贡献自己的力量。积分制通过奖励村民的贡献和努力，增强了他们参与乡村治理的动力，进一步推动了乡村的发展和进步。

晓联村积分制推进过程中，活动工作领导小组在推行过程中认为积分制在村里推行是比较好的，大家都是亲戚，会更加好面子，积分制推行都是靠伦理支撑起来的。尽管在积分制刚实施的时候，村民并不是完全认同，但是通过奖品激励村民，大家都会进行比较。[1]积分制的推行符合村民的利益要求，既满足了村民对于伦理道德方面的追求，也提供了一定的物质奖励。

（二）助力村干部的日常工作

乡村治理积分制作为一种评估和激励机制，为村干部提供了一种有效的工具来管理和激励村民参与乡村建设。传统的治理模式中，村干部往往难以有效地统筹和调动村民的积极性和资源，而积分制通过设立明确的评估和奖励机制，能够激励和引导村民在各个方面参与乡村建设，提高了村干部的管理能力和效果。积分制正是把纷繁复杂的村级事务标准化、具象化，并将村民利益紧密地联系在一起，让治理工作可量化、有抓手，因而大大调动了村民参与村级事务的积极性，啃下治理"硬骨头"。

乡村治理积分制的实施提高了治理的透明度和公正性。村干部的工作和决策过程通过积分制体现出来，使村民能够清晰了解村干部的工作情况和贡献。这种透明性增加了村民对村干部的信任，防止了腐败和不公正行为的发生。同时，积分制能够客观公正地评估村干部的工作质量，不受主观因素的影响，增加了治理的公平性和公正性。通过有效的治理和推动乡村发展，村干部能够塑造良好的形象，提升乡村的知名度和影响力。积分制对于村干部而言，是一种能够根据实际表现来评估和认可的机制，能够激发他们更加努力工作，取得更好的成绩，进而带动村级整体的发展。

晓联村在日常工作开展中，村居环境建设和实现美丽乡村都是重要的工作目标。"美丽家园"积分制试点活动虽然2023年5月就结束了，但是6月检查的时候还是很干净的，整体上卫生情况改变了好多。其实在积分制实施第一季度之后就慢慢转变了，门前屋后开始逐渐注意卫生。[2]这就助力了村干部的日常工作，提升了村干部的动力和责任感，促进了与村民的沟通和协作，强化了管理和监

---

〔1〕　晓联村"美丽家园"积分制活动评定小组成员温文聪访谈录，2023年7月13日。
〔2〕　晓联村"美丽家园"积分制活动评定小组成员温文聪访谈录，2023年7月13日。

督，同时增加了工作的透明度和公正性。这些方面的影响和帮助将使村干部更加积极、高效地推动美丽家园建设，促使乡村更加美丽、宜居。

（三）推动乡村自治的发展

传统的治理模式往往缺乏明确的奖惩机制和激励手段，难以调动和激发乡村干部和村民的积极性和创造力。而积分制通过设立明确的评估标准和奖励措施，强调绩效和实绩，在一定程度上可以提高乡村治理的效能和质量。乡村治理积分制通过设立透明的评估和激励机制，村民可以直观地看到村级工作的进展和成效。这样一来，不仅能够引导村干部更加认真负责地履行职责，也能够激发村民的积极性和参与意愿。

乡村治理积分制可以为乡村治理部门提供更科学和规范的评估指标和运作机制。传统的乡村治理往往缺乏量化的评估和指标体系，容易导致主观性和不确定性。而积分制通过设立明确的评估指标和数据收集，使得评估和决策更加客观和科学，为乡村治理提供更为有效的参考和依据。积分制也可以鼓励乡村探索创新的治理方法和模式，促进村级产业升级和农村产业结构调整，为乡村发展注入新的活力和动力。

"美丽家园"积分制对乡村自治起到了促进作用，它提升了居民的参与度和自治意识，加强了村委会和村民之间的共治，增加了治理的透明度。这一村规民约的效果显而易见。如果以前来过晓联村，还是可以感觉到现在变化很大。过年和过节时变得很漂亮，环境卫生污水的变化都很大。照片收集起来，对比之后发现现在的环境会更好，这个制度开展之后对农村的环境影响还是很大的。主要是不单单依靠村干部，村民自己具有一定的主动性。[1]

二、乡村治理积分制的内容

晓联村积分制的内容包括指导思想、基本原则和工作目标等。

---

[1] 晓联村党总支部委员、村委会委员、"美丽家园"积分制工作领导小组成员张维和访谈录，2023年7月13日。

指导思想是以习近平新时代中国特色社会主义思想为指导中心，以村民自治为基础，推动乡村积分制的实施。基本原则坚持公平公正，积分过程、积分奖励全公开，确保评定工作的权威性、专业性和公正性。工作目标通过评估和奖励机制，推动乡村自治共治的发展。通过明确这些内容，晓联村积分制能够为乡村发展提供明确的方向和指引，为乡村的可持续发展提供有力支持。

（一）指导思想

习近平新时代中国特色社会主义思想强调了农业农村优先发展的重要性，提出了通过乡村振兴实现农业农村现代化的总体目标。晓联村积分制作为乡村治理的一种手段和方式，以习近平新时代中国特色社会主义思想为指导。深入贯彻落实习近平总书记关于实施乡村振兴战略的重要讲话精神。通过开展"美丽家园"积分制活动，充分调动广大村民参与"美丽宜居"村创建的积极性、主动性，凝聚力量纵深推进农村人居环境整治，不断激发乡村振兴内生动力，建设生态宜居美丽乡村。[1]

晓联村积分制将人民群众的利益放在首位，将广大农民和村民作为乡村治理的主体，注重发挥人民群众的积极性和创造力，张扬人民主体地位，推动乡村振兴战略落地生根。积分制应该强调生态环境保护和可持续发展的理念。通过激励机制，鼓励村民参与生态环境恢复和乡村生态建设，推动乡村的绿色发展，建设生态宜居美丽乡村。在推行积分制过程中，要统筹兼顾各方利益，注重平衡发展和公平公正。避免过度竞争和利益分配不公，重视社会公平和农村区域协调发展，推动乡村振兴取得全面、协调、可持续发展。

（二）基本原则

晓联村积分制坚持党建引领，充分发挥党组织的战斗堡垒和党员先锋模范带头作用。坚持以人为本，引导广大村民积极参与"美丽家园"积分制活动。坚持正面引导，营造人人参与积分活动的浓厚氛围。坚持公平公正，积分过程、积分奖励全公开。[2]

〔1〕《霞涌街道晓联村开展"美丽家园"积分制活动工作方案》。
〔2〕《霞涌街道晓联村开展"美丽家园"积分制活动工作方案》。

晓联村积分制的运行应遵循公正公平的原则，确保评估和奖励的公正性。积分的获取和分配应基于客观的标准和评估，避免偏袒和主观评价，给予每个参与者公平的机会和待遇。积分制的管理和运行应具备透明度和可信度。确保积分制度的规则、流程和标准对参与者公开透明，使他们能够了解如何获得积分和奖励。同时，建立有效的监督和监测机制，确保运行的公正和可靠性。激励和鼓励村民积极参与乡村治理活动和决策。通过设立合理的奖励机制，激发村民的主动性和参与意愿，促进村民积极贡献和参与乡村治理。

（三）工作目标

晓联村积分制的工作目标是通过评估和奖励机制，推动乡村治理的全面发展，提升乡村的经济、环境、社会、文化等各个方面的发展水平，实现乡村振兴战略目标。按照实施计划，晓联村从 2022 年 2 月起，通过开展"美丽家园"积分制活动，形成户户出力、人人参与，同心同德共建美好家园的生动局面。

通过积分制的引导，促使晓联村干部和村民主动参与乡村治理，提升他们的治理能力和意识，从而加强村级组织的自我管理和服务能力，不断改善村民的生活条件，提升村庄的卫生状况、改善道路交通、加强环境保护等，营造宜居、美丽的乡村环境。积分制奖励机制的设置调动了村民参与乡村的共治，促进了社会管理和社会治理的良性发展，加强了村民的自我组织和自治能力。

三、乡村治理积分制的实施

晓联村通过成立积分制工作领导小组和监督小组、确立积分主体和积分内容、明确积分评定人员、制定积分评定办法和流程、给予积分成果奖励和激励、做好保障措施等具体实施积分制。晓联村在具体实施积分制方面采取的多项举措，为乡村自治的发展提供了坚实的基础和有效的支持。

（一）成立积分制工作领导小组和监督小组

晓联村的领导小组负责统筹领导整个"积分制"活动工作，对在开展积分制过程中遇到的问题进行解决处理，对不完善事宜进行完善补充。晓联村的积分制工作领导小组设组长 1 人，由党总支部书记、村委会主任温勇强担任，负责积分制落实中整体方向的把握。设置副组长2人，由党总支部副书记谭冬梅和村委会副主任张维担任，负责制度的具体落实。设置成员4人，均为党总支部委员、村委会委员。[1]

监督小组在领导小组的基础上增加和减少了一定的成员。组长由驻村领导何春晓担任，党总支部书记、村委会主任温永强任副组长，成员由驻村干部、党总支部副书记、村务监督委员会主任和党员代表组成。监督小组在组成成员上多元化，既有来自外部的监督，也有内部的监督，有利于更好发挥积分制的作用，推进工作的开展。[2]

（二）确立积分主体和积分内容

晓联村积分制的积分主体为本村村民，以家庭为单位积分，所得积分统一录入积分汇总表。在本村居住或就业满一年的外来家庭户，经村民代表会议同意后可参与积分。

一是通过党员家庭带头先行及党员联系群众的方式，发动广大群众积极参与到"积分制"活动中来；二是注重发挥妇女半边天的作用，每名妇联执委带动若干家庭，组织妇女率先行动起来；三是通过广播设备、线上工作群、掌上村务、上门宣传等方式，宣传"积分制"评比、奖励办法。

在宣传阶段，村里通过大喇叭宣传，村小组宣传，掌上村务和微信群宣传。村民们听了宣传会主动清理垃圾，整体是比较积极的。村干部下队的时候也会经常讲，入户的时候也会讲。大部分村民是会听的，很多老人家聚在一起，大家可以互相传播。特别是老人家，换一包纸巾都开心。看别人大包小包地换，自己也想换，所以越来越多的人会认同这个事情，大家都会相互传播。[3]

霞涌街道"美丽家园"积分制评分标准一共有9项，积分内容包括门前屋后是否有乱搭乱建、生活用具和生产用具的摆放、垃

〔1〕《霞涌街道晓联村开展"美丽家园"积分制活动工作方案》。

〔2〕《霞涌街道晓联村"美丽家园"积分制活动监督小组成员名单》。

〔3〕晓联村党总支部副书记谭冬梅访谈录，2023年7月13日。

圾收集处理、庭院绿化、家禽圈养和污水处理等具体内容。活动每月一评，总分 30 分，当月积分达到 19 分的计入兑换物资积分，一积分抵一元，村民可凭兑换券到村委会指定的商超兑换相应的物资。

表 5-1　霞涌街道晓联村"美丽家园"积分制活动评分标准和细则

评分标准	评分细则	分数
拆除与整体乡村风貌不符的违章建筑，保持门前屋后、屋顶无乱搭乱建的铁皮棚等，无未拆除的危旧房、废弃猪牛栏及露天茅房等	发现一处未达标扣 1 分，扣完为止	3 分
庭院及周边干净整洁，无杂草杂物，周边没有积存垃圾，裸露垃圾，没有垃圾乱扔乱放、污水乱排乱倒现象	发现一处未达标扣 0.5 分，扣完为止	4 分
生活用具、生产工具、建筑材料、废弃物、柴草等堆放整齐，没有散乱堆放现象	发现一处未达标扣 0.5 分，扣完为止	4 分
外墙美观，没有非法违规商业广告、招牌、乱涂乱画和乱拉管线、乱挂物品等	发现一处未达标扣 1 分，扣完为止	4 分
庭院及周边种有花木、蔬果、盆栽等植物或植有草皮、地衣等	按绿化效果给予相应分值	2 分
房前屋后沟渠、池塘水质干净，污水和雨水接入不同管网，没有垃圾和漂浮物，不存在乱排乱倒、污水横流现象等	发现一处未达标扣 1 分，扣完为止	4 分
自觉清理私自占用村庄内公共用地和农用地、耕地等涉及违章搭建、违法用地的各种形式构（建）筑物	发现一处未达标扣 1 分，扣完为止	3 分
人畜分离，鸡、鸭、鹅等畜禽圈养，畜禽圈养点整齐美观，及时清理、科学利用畜禽粪便，没有发出臭味或其他难闻气味，无粪便直排入明沟、河流现象	发现一处未达标扣 1 分，扣完为止	3 分
房前屋后没有乱拉、乱挂、乱接网线、电视线、挂衣绳等	发现一处未达标扣 0.5 分，扣完为止	3 分

（三）明确积分评定人员

晓联村成立了3个积分评定小组，每组由1名村"两委"干部、1名村民小组组长、1名驻村干部、1名党员代表、1名村民代表组成。每组指定1名村"两委"干部负责跟进，做好积分登记、档案管理等工作。成立积分监督小组，组长由驻村领导担任，副组长由村党总支部书记担任，成员包括驻村办干部、村党总支部副书记、村务监督委员会主任、党员代表。

积分评定人员的确立推行独立性和公正性原则，确保评定人员不受个人或其他利益的影响，独立、客观地进行评估。晓联村的评分过程中会有回避制度的交叉制度，同时有街道办人员的监督。[1]这就确保了评定结果的准确性和公正性。通过这些措施，可以明确确定积分评定人员，保障评定工作的权威性、专业性和公正性，提高乡村积分制的可信度和可持续性。

（四）制定积分评定办法和流程

晓联村的积分评定小组采取不定期、不打招呼等形式，实行每月一评，对照评分标准和细则，逐家逐户逐项打分。每项的得分汇总后就是该家庭当月的积分。村委会通过线上工作群、掌上村务和村务公开栏等形式每月定期公布所有家庭的积分结果，并接受村民监督。对积分有异议的，可先向积分评定小组提出复核要求，复核后仍有异议的，可向积分监督小组提起申诉，积分监督小组调查核实后做出相应处理。村委会以家庭为单位建立积分专项工作档案，并做好整理、归档。

晓联村的范围比较大。有很多耕地、老房子和小菜园，为实施"美丽家园"积分制提供了条件。[2]积分的评定每个月1次，不定时，也不打招呼，基本上为期3天左右。村民们达不到19分的就会去和他们讲，让他们在空闲的时候赶紧清理卫生，大部分村民还是会听的，会及时改正。[3]推进过程中也有一些异议，有时候家里晒

---

〔1〕 晓联村"美丽家园"积分制活动评定小组成员温文聪访谈录，2023年7月13日。
〔2〕 晓联村"美丽家园"积分制活动评定小组成员温文聪访谈录，2023年7月13日。
〔3〕 晓联村党总支部委员、村委会委员、"美丽家园"积分制工作领导小组成员张维和访谈录，2023年7月13日。

一些稻谷和花生，我们扣分的时候现场就有意见，觉得不服气，但还是要耐心解释，慢慢村民就可以接受了。[1]

每一次的评选都会制作评分表，评一次就给村民发一次，但是兑换券是一个季度领一次。一般去商店把券给他们，老人家们来村委会这里较远。村民们拿到券想买什么都可以，券就是钱，可以找钱，但是不能直接换钱，必须买东西，有些是券不够就补钱。现在虽然试点已经结束，但是村民们会经常问什么时候开始，尤其是老人家和妇女。[2]

（五）给予积分成果奖励和激励

按照《霞涌街道晓联村开展"美丽家园"积分制活动工作方案》，积分制兑换奖励的总体原则为家庭所得积分可以逐月累加，积分兑换使用后进行相应扣减，并做好登记。家庭所获积分当年不清零、不作废。强化积分结果运用，按照立足需要、统筹兼顾、功酬相当原则，以精神激励为主，物质奖励为辅。

精神奖励层面，授予"美丽家园"荣誉流动牌匾。按照"美丽宜居"创建评选办法，对达到授牌标准的家庭，授予"美丽家园"荣誉流动牌匾。对本村当月积分在前20%以内的家庭，以及上月积分在倒数10%以内但当月进入前30%以内的家庭列入红榜，并张榜公示。同时，村委会通过广播、微信群通报表扬。对本村当月积分在倒数10%以内的农户，村"两委"干部、驻村干部要在本月上旬进行回访，指导该家庭开展房前屋后环境整治，帮助其由后进变先进。对本村年度总积分在前10%以内的，在符合评选条件的前提下，这些家庭及家庭成员可优先被推荐为"文明家庭""道德模范""惠州好人"、村"两委"储备干部、入党积极分子等。

物质奖励层面，家庭当月积分得分达到19分以上的，计入兑换物资积分。由村委会按照1积分抵1元的标准，给予发放兑换券。该家庭可到村委会指定的商超使用兑换券兑换相应的生产、生活

---

[1] 晓联村党总支部副书记、"美丽家园"积分制工作领导小组副组长谭冬梅访谈录，2023年7月13日。

[2] 晓联村"美丽家园"积分制活动评定小组成员温文聪访谈录，2023年7月13日。

物资。

结合每户一年的积分情况，年终在全村评选出 20 名积极参与活动、总积分靠前的家庭，给予通报表彰，授予当年度"美丽家园"荣誉牌匾，并给予每户 200 积分奖励，其事迹上报街道办选送新闻单位进行宣传报道。

晓联村充分利用"美丽家园积分制"的方式调动村民的积极性，让广大村民自觉做好门前三包工作，积极参与村里的人居环境整治、民风建设和志愿服务。用自己的文明实际行动赚取积分，按照积分制达到 19 分便可以按一分一元的方式兑换生活用品。[1] 奖品的兑换一般是日用品，日常的商品都是有的，兑换比较多的是纸巾、酱油这些日用品。[2]

（六）做好保障措施

在乡村治理积分制实施过程中，为了确保评定工作的公正、客观和可靠性，需要做好相应的保障措施。通过强有力的保障措施，可以有效确保乡村治理积分制的评定工作的质量和公正性，保障评定客观和可控，增强评定结果的权威性和可信度。同时，保障措施也为参与对象提供了应有的保护和提出异议的途径，确保评定工作的公平程序和合法性。

晓联村高度重视、全力推动积分制。各村民小组都积极推动，把积分活动开展作为一项重要工作来抓，积极配合村委会做好宣传发动、积分登记、表彰公示、兑现奖励等工作。整合资源，强化保障。通过整合现有资源，特别是注重发动乡贤、企业捐款捐物等方式，多方筹措资金、物资，确保有充足的经费支持积分活动正常开展。加强宣传，树立典型。对积分活动开展的好经验、好做法，涌现出的好典型、好事迹，要大力宣传报道，树立先进典型，充分发挥先进典型示范带动作用，营造人人参与积分活动，共建共治共享美好家园的浓厚氛围。强化指导，注重监督。成立积分活动指导小组，及时为村民小组、村民答疑解惑，指导各村民小组有条不紊地

---

〔1〕　参见《霞涌街道晓联村开展"美丽家园"积分制活动工作方案》。

〔2〕　晓联村"美丽家园"积分制活动评定小组成员温文聪访谈录，2023 年 7 月 13 日。

开展积分活动。成立积分监督小组，对不公平不公正的现象，及时制止、纠正。

四、乡村治理积分制的实践价值

晓联村积分制在实践中产生了激发乡村治理的内生动力、形成乡村自治的有效抓手、推动乡村发展的可持续性等积极作用。通过积分制，村民们被激发出积极参与乡村事务的热情。积极参与公共事务和社区建设，使得乡村治理更加民主、参与性更强，为乡村发展提供了坚实的基础。

（一）激发乡村治理的内生动力

积分制为晓联村村民提供了实现自我发展和实现价值的机会。通过参与乡村治理并获得积分奖励，村民能够增强自我认同感和荣誉感。这种激励机制鼓励村民投入更多的精力和资源来支持乡村发展和治理，从而提升农村整体的素质和活力。

乡村积分制通过建立公平公正的评估机制，一定程度上激发了村民之间的比拼和竞争意识。在积分制下，村民的行为和表现都将被量化和评估，这使得他们愿意提升自身的能力和技术，争取更高的积分和奖励。这种竞争激励了居民之间的积极性和主动性，促使他们主动参与乡村事务，让治理活动更加生动和富有活力。

此外，乡村积分制还通过提供更多的参与和决策机会，让居民对乡村事务有更大的发言权和决策权。积分制鼓励居民积极参与决策过程，成为决策的主体，推动乡村治理向着民主化、自治化的方向发展。居民的积极参与和主动管理不仅能够提供宝贵的经验和智慧，同时也增加了治理的合法性和可行性。

乡村积分制治理在激发乡村治理的内生动力方面发挥了重要作用。它通过激励居民的参与和竞争意识，提升了村民对乡村事务的责任感和认同感，促使他们更加积极地参与乡村治理。这种内生动力的释放，将为晓联村发展和治理提供持续不断的动力，推动乡村振兴战略的顺利实施。

（二）形成乡村自治的有效抓手

积分制一定程度上赋予了晓联村村民参与决策的权利，这为乡村治理积分工作的开展提供了有力的保障。通过积分制的运行，村民在乡村治理中有了更多的发言权和参与决策权，能够通过积极参与各类乡村活动，提供建设性建议，进而对乡村事务和政策进行共同决策，促进乡村治理的民主化和自治化。这就进一步增强了村民对乡村事务的责任感和归属感。积分制的奖励机制使得村民的贡献和努力得到了认可和回馈，从而增强了他们对乡村发展和治理的关注和参与度。村民意识到自己的行为对整个乡村的影响和贡献，进而提高了对乡村事务的责任感，积极参与到乡村自治中去。

　　积分制在乡村自治中可以激发晓联村村民的参与热情。通过设立积分制，参与者的付出和贡献能够被及时记录和认可，从而激励更多人参与乡村事务的决策和管理。积分制为参与者提供了积极参与的动力，增强了自治的参与意愿。在积分制推进的过程中，就渐渐形成了合作与共赢的乡村自治模式。参与者在共同努力中互相支持、协作，实现共同目标，从而提升整个乡村的发展水平。

（三）推动乡村发展的可持续性

　　晓联村的积分制通过激励参与、优化资源配置和建立自治机制等方面，促进了乡村的整体发展。积分制鼓励和引导参与者更加积极地参与乡村事务，推动社区能量的充分发挥；通过奖励机制优化资源配置，促进可持续经济发展。同时，建立起公正透明、民主决策的自治机制，形成了合作共建、自治共治的局面，确保乡村发展的长期稳定和可持续性。村民通过积极参与乡村活动、乡村建设等方式，更加团结，形成了强大的凝聚力，这种强大的凝聚力和自治能力有助于乡村发展的可持续性，将推动乡村振兴战略的顺利实施。

　　参与者在乡村积分制中通过贡献和参与获得奖励和回报，激发了参与的热情，形成了一个长期积极参与的动力机制。这种积极参与促进了村民与乡村的共同发展，推动了经济、社会和环境的可持续发展。通过不断奖励和激励，乡村积分制在持续推动乡村发展的过程中形成了一种良性循环，为乡村提供了稳定的人力资源和社会资本，从而增强了乡村发展的可持续性。

五、乡村治理积分制的思考

总结晓联村的积分制，我们发现参与的公共性基础、积分的标准性确立、奖励的实质性兑现具有关键地位。参与的公共性基础是晓联村积分制成功的重要保障，这种公共性基础的存在有效促进了村民之间的互动和合作，形成了共建共治的良好局面。积分的标准性确立对积分制的运行至关重要，确保评定过程的公正和透明，为参与者提供了明确的行为指南。奖励的实质性兑现是积分制所取得成效的重要体现，使得积分制在激发活力、推动发展方面发挥着积极的促进作用。

（一）参与的公共性基础

乡村积分制治理是为了促进乡村的发展和提高治理水平，实现全体村民的共同利益。在这个过程中，各方利益相关者需要认同并愿意为共同的目标而努力。只有通过共同努力，才能形成积分制的公共性基础，使所有参与者都能从中受益。

一方面，评分标准和流程要公开和透明。乡村积分制治理需要公开和透明的信息共享机制，确保评估和激励的公正性。所有参与者应该了解积分制的运作方式、评价标准和奖励规则，以便他们知道如何参与其中，并按照规定来行动。公开和透明的治理过程，能够增加参与者之间的信任和合作，构建公共性基础。

另一方面，要具有参与和代表性。乡村积分制治理要惠及所有村民，因此，需要确保广泛的参与和代表性。这意味着任何村民都应该有平等的参与机会，他们的声音和意见应该得到尊重和重视。只有在广泛参与和具有代表性的基础上，才能形成公共性基础，并确保乡村积分制治理的代表性和民主性。

除构建村民的公共性基础之外，乡村积分制治理需要得到社会的普遍支持和认可。这包括各级政府的支持、社会组织的参与以及相应支持和保障。社会支持能够提供相应的资源，推动积分制的顺利实施，并为其长期发展提供保障。一定的公共性基础才能实现乡村积分制治理。这需要共同利益、公开透明、参与代表性和社会支持等因素的共同作用，以确保治理的公共性和民主性。

（二）积分的标准性确立

确立积分制的标准性是建立一个公正、透明和可操作的积分制的关键要素。它不仅能够确保评定的公平，还可以为参与者提供明确的方向和衡量标准。标准的确立应根据实际情况和乡村特点进行灵活调整，考虑到不同地区的差异和需要，要确保标准的针对性和可适应性。定期评估和修订标准，遵循科学方法和反馈机制，不断提高乡村积分制的有效性和适应性。

乡村积分制的目标和任务是确立标准的基础。要考虑到乡村自治共治的具体目标，如促进农村经济发展、改善基础设施、提升环境质量等。积分标准应围绕这些目标制定，评估参与者对目标的贡献度。明确各个参与者（如村干部、村民、志愿者等）的角色和责任，确定他们在乡村自治共治中所承担的任务和工作内容。根据不同的职能和贡献，制定针对性的积分标准。为了确保标准的客观性和可操作性，需要将标准转化为明确的量化指标。这些指标可以包括工作时长、任务完成情况、工作质量等，可以定期评估和比较，以便进行合理的积分计算。标准应该公正平衡，能够公平评估不同参与者的贡献，避免过分偏重某些指标或特定群体。乡村积分制的标准应具有可持续性，能够推动长期乡村发展。要考虑标准的合理性和可操作性，避免过于苛刻或模糊的标准，保证参与者能够长期有效地参与和贡献。

（三）奖励的实质性兑现

实质性的奖励兑现是乡村积分制的重要组成部分，能够激励参与、贡献，促进乡村发展，增强参与者认同感，建立可持续机制以及确保公平与公正。晓联村的实践经验说明了实质性奖励的重要性，物资是最直接的，在晓联村主要是老人家很喜欢这种方式，每次换的时候商店会进货很多，大家都要。[1]这种兑现方式能够使乡村积分制更加有效和可行，推动乡村自治共治的实施和发展。

奖励实质性兑现的方式可以多种多样，核心就是能够给村民带来实实在在的收益，从而激发村民进一步参与积分制相关的活动。

---

〔1〕 晓联村党总支部副书记谭冬梅访谈录，2023 年 7 月 13 日。

第一种是资金奖励。可以通过给予现金奖励来兑现乡村积分制获得的奖励。这可以是一定的奖金、补贴或津贴，作为对参与者贡献的经济回报。资金奖励可以作为激励手段，鼓励参与者更加积极地参与乡村自治共治。第二种是社会福利和服务。获得积分制奖励的参与者可以享受一系列社会福利和服务，如优先享受基础设施改善、公共服务设施的优先使用权、教育培训机会等。第三种是实体资源。支持、参与乡村积分制并获得奖励的村民或社区可以获得实体资源的支持，例如农业生产资料、技术指导和装备等。这为他们提供了实质性的支持和资源，促进了农业经济发展和乡村生活改善。

这些方式的实质性兑现可以根据乡村的实际情况和需要进行选择和适用。重要的是确保奖励能够真正带来实质性的收益和回报，推动参与者的积极性和参与度，促进乡村自治的可持续发展。

结　语

晓联村为期一年的"美丽家园"积分制试点工作已经结束，制度后续的安排还需霞涌街道作出进一步的决策。一年的时间中，晓联村的村居环境得到了明显的改善，这在一方面反映了积分制这一制度强大的生命力，另一方面也体现了村民对于美丽乡村建设的热情和信心。乡村治理中积分制的运用激发了村民参与乡村事务的热情，更加密切了村委会与村民之间的联系、村民与村民之间的联系，发挥了村规民约的作用，提升了乡村自治的水平。自治的实现不仅需要村规民约、制度的支持，也需要更强的公共性基础和更广的制度共识。

积分制的运用远不止村居环境这一个方面，未来可以进一步探讨积分制在乡村发展各个领域中的具体实践和效果，为乡村变革和可持续发展提供更多有益的启示，更好地发挥村规民约的作用。

第六章

出嫁女财产权益的村民会议决议与国家机关处理

——以"林志娟案"为对象

引　言

"出嫁女"又称"外嫁女",通常指出嫁到本村以外其他地方的妇女。狭义的"出嫁女"主要指与村外人结婚但户口仍留在本村或户口迁出后又迁回本村的妇女;广义的"出嫁女"还包括嫁入本村且户口也迁入本村的内嫁女、离婚或丧偶的出嫁女、入赘女婿以及上述人员的子女等。[1]"出嫁女"一词并非法律术语,该俗称较早出现于我国广东地区。自 20 世纪 90 年代起,市场经济的迅速发展和城市化的快速扩张使得以我国广东省等东南沿海地区为代表的大量农村土地被征用。村民们的经济来源逐渐从耕地劳动所得转变为征地补偿、股份分红。在巨大经济利益的驱使下,由征收补偿款、集体收益分配等引起的纠纷也越来越多,其中以出嫁女的财产权益纠纷最为典型。

在出嫁女纠纷中,一方面村集体常以"嫁出去的女,泼出去的水"为由否认出嫁女的农村集体经济组织成员资格,并通过村规民约、章程、村民代表大会决议等村民自治规范限制或剥夺出嫁女的土地承包经营权、征地补偿分配权、集体经济收益分配权等财产权益。另一方面,国家相关法律、法规及政策又强调农村集体经济组织成员中的妇女享有与男子平等的各项财产权益,任何组织和个人

---

〔1〕　参见孙海龙、龚德家、李斌:《城市化背景下农村"外嫁女"权益纠纷及其解决机制的思考》,载《法律适用》2004 年第 3 期,第 26~30 页。

不得以妇女婚姻状况变化为由侵害其合法权益。然而，由于种种原因，目前出嫁女财产权益纠纷的处理方式不一、解决效果有异。一些出嫁女、村委会、村民小组和国家机关都被卷入主张村规民约有效的村民自治与强调性别平等的国家法治间相互博弈的漩涡中，对社会和谐稳定产生了一些负面影响。

大亚湾区地处广东省惠州市南部，毗邻深圳坪山区。由于其区位优势明显，拥有良好的投资营商环境和城市依托，进入 21 世纪后，随着大亚湾区经济的快速发展和城市化进程的不断加快，该区出嫁女问题也日益凸显并不断激化。大亚湾区人民法院统计数据显示，仅在 2011 年一年内，以"侵害农村集体经济组织成员权益"为案由的民事一审案件便多达 592 件，其中大多数为出嫁女财产权益纠纷。[1]

2023 年 5 月、7 月 9 日至 7 月 17 日，我们在大亚湾区进行实地调研的过程中了解到一起发生在大亚湾区澳头街道办卜辖的岩前村新村中的出嫁女财产权益纠纷。案件当事人林志娟自 2012 年起为取得岩前村新村股份合作经济社（以下简称"新村股份合作社"）成员资格并享受集体权益分配，[2]在村民会议通过决议后十余年间先后通过行政确认、行政复议、行政诉讼、民事诉讼、信访等多种途径寻求救济，使得该案颇具典型性。本章以"林志娟案"为对象，通过诉讼文书和访谈实录，较为全面地展示该案历经村民会议决议、行政处理、司法裁判、信访的整个解决过程，并在梳理案件的过程中，初步呈现出嫁女财产权益纠纷中村民自治规范与国家法律间相互矛盾的复杂关系。

一、出嫁女性的诉求

林志娟所在的岩前村是一个典型的传统村落。岩前村下辖五个村民小组和一个居民小组，村内常住人口有 9000 余人，外地常住人

---

〔1〕 统计数据为我们在 2023 年 7 月 11 日于大亚湾区人民法院调研时收集到的结果。

〔2〕 遵循学术惯例，本章中的部分地名、人名进行了化名处理，特此说明。此外，由于调查时该案并未完全结束，本章对该案的梳理分析也仅以目前了解到的事实情况为限。

口约 6700 人，本地户籍人口为 2390 人，共有 497 户户籍家庭，其中以刘、朱、林、陈、赖姓氏家庭最多。[1]

林志娟于 1966 年出生于大亚湾区澳头街道办岩前村新村村民小组（以下简称"新村村小组"），并曾在新村村小组分有责任田。1988 年，林志娟与大亚湾区澳头街道办桥西居委会居民谭胜利结婚，婚后户口一直保留在新村村小组，也没有参与其丈夫所在集体经济组织的任何利益分配。2003 年，岩前村因中海壳牌石化项目建设需要集体搬迁，林志娟代表其家人与大亚湾区管委会动迁办公室签订了《惠州市中海壳牌石化项目（二期）拆迁补偿安置协议书》，落户于大亚湾区澳头街道岩前村村委会岩前村新村新升街 59 巷 108 号。

2001 年至 2003 年间，岩前村配合中海壳牌项目集体搬迁，政府对新村村小组的全部土地进行征收，对全部村民进行了拆迁补偿和统一区域安置，并给予了新村村小组一定的财产补偿。在这些财产的分配中，林志娟与村小组产生了不同看法，有自己的利益诉求。

经济利益是出嫁女财产权益纠纷产生的主要原因，经济利益的可得性和平等性是出嫁女期待得到的结果。[2] 林志娟认为，根据《宪法》《妇女权益保障法》《农村土地承包法》等法律、法规明确规定的男女平等的原则，自己作为农村集体经济组织成员，享有与其他成员相同的获得土地征收补偿款及相应分红、享受村集体福利及其他利益的权利。林志娟的诉求颇具代表性，主要包括：请求确认其集体经济组织成员身份并享有该集体经济组织成员同等待遇，要求新村股份合作社向其发放股权证并向其支付相应的福利分配款。林志娟的上述诉求贯穿于村民会议决议其作为户口在本村的外嫁女不能享受村股份制股权分配后申请行政处理、司法诉讼、信访的整个过程。在此期间，林志娟还作为其三位子女的代理人，请求确认其子女的集体经济组织成员资格，主张新村股份合作社向三位子女

---

〔1〕 岩前村基本情况由妈庙村村民委员会于 2023 年 2 月 14 日提供。
〔2〕 杨择郡等编著：《外嫁女法律问题研究》，湖北人民出版社 2011 年版，第 100 页。

发放股权证并支付集体经济利益分配款。[1]

二、村民会议的决议

受"嫁出去的女儿,泼出去的水"等传统思想、女子出嫁后"从夫居"的传统习俗、男性父权制的财产继承制度的影响,我国农村地区普遍排斥出嫁女再参与娘家村的经济利益分配。站在村民的角度,自古就没有出嫁的女儿回来分娘家财产的道理,更无法接受出嫁女与外人所生的外姓子女也要分红。这种男尊女卑、重男轻女的传统思想在受宗族观念影响颇深的广东地区更为根深蒂固。

在这种观念支配下,按照《村民委员会组织法》的相关规定,在对集体搬迁后的财产补偿进行分配过程中,2005 年 1 月 3 日,新村村小组作出《公开议事方案》,就外务人员和外嫁女一次性补助事宜形成决议,并由包括当时新村村小组组长林文德在内的 7 人签名同意,其中规定:

> 外嫁女户口在本村每人一次性补助,子女及女婿不补,外嫁女每人一次补助 5000 元。[2]

2005 年 12 月 19 日,岩前村村委会召开了村"两委"干部、村小组干部会议,就实行股份制股权分配有关内容达成如下几项决议:

一、户口在本村的外嫁女不能享受村股份制股权分配,根据各村的实际情况,给予一次性补贴。

二、原籍外出人员(包括国家工作人员,企事业单位人员)不能享受股份制股权分配,只能以户为单位(男性),根据本村实际,

---

〔1〕 2021 年 4 月 2 日,大亚湾区人民法院受理了林志娟三位子女谭月媚、谭月婷、谭月伦与新村股份合作经济社侵害集体经济组织成员权益纠纷一案,并于 2021 年 12 月 10 日裁定驳回原告的起诉。原告不服提起上诉,惠州市中级人民法院于 2002 年 5 月 26 日裁定撤销大亚湾区人民法院作出的民事裁定书,指令大亚湾区人民法院审理该案。大亚湾区人民法院于 2023 年 2 月 20 日作出民事判决书,判令新村股份合作经济社向三原告发放股权证并发放 2007 年 1 月 1 日至 2022 年 6 月 30 日期间的集体经济收益分配款 636 129 元。

〔2〕 参见新村村小组《公开议事方案》,2005 年 1 月 3 日。

给予一次性补贴 5000 元~8000 元。

三、凡参加责任田分配的人员（按各小组公布名单为准）一次性补贴 5000 元。

四、搬迁后（即 2003 年 12 月 1 日后）至未实行股份制前死亡的人员不能享受股份制股权分配，只能一次性补偿抚恤金 2400 元。[1]

2006 年 1 月，新村村小组制作了《一次性补助览表》，列明了包括林志娟在内的 13 名户主姓名、外嫁女补助金额和签名三个栏目。林志娟的丈夫谭胜利代其在该表的签名栏中签名，并领取了 5000 元补助款。

2006 年底至 2007 年初，新村村小组进行股份制改造，组建成立了惠州大亚湾区澳头街新村股份合作经济社，将全部财产等分为 1720 股，每 10 股界定为 93 000 元，并按每人 10 股的标准分配给 172 位成员，而林志娟等出嫁女被排除在外。2007 年 1 月 1 日，新村股份合作社制定并通过了《大亚湾区澳头办事处岩前村新村村小组股份合作企业股份制章程》（本章以下简称《章程》），对新村村小组股份合作企业中的股东权利义务、股份确认、股份管理、收益分配等内容作了详细规定，其中第 23 条明确规定：

户口在本村的外嫁女，不能享受村股权股份分配，给予一次性补贴 5000 元人民币。[2]

在与岩前村村委会成员进行访谈交流的过程中，现任岩前村党总支部书记、村委主任林源川指出，在 2006 年末、2007 年初实行股份制之后对原籍的出嫁女一次性解决效果较好，之后的四五年时间里也基本很平静。但是在 2010 年，大亚湾区出嫁女权益保障工作领导小组办公室编制了一本《大亚湾区落实农村出嫁女合法权益宣传

---

〔1〕　参见《岩前村村委会实行股份制股权分配有关问题会议纪要》，2005 年 12 月 19 日。

〔2〕　参见《大亚湾区澳头办事处岩前村村委会新村村民小组股份合作企业股份制章程》，2007 年 1 月 1 日经股东代表大会通过。

手册》（本章以下简称《出嫁女权益手册》），其中包括《关于进一步落实和保障农村出嫁女集体经济分配权益的实施意见（试行）》《大亚湾区农村集体经济组织成员资格界定办法（试行）》《大亚湾区农村股份合作经济组织股东资格界定和股份配置若干规定（试行）》等内容，明确指出要切实维护好大亚湾区农村出嫁女的合法权益。包括林志娟在内的出嫁女们以该《出嫁女权益手册》为依据，向新村股份合作社主张参与村集体经济利益分配。2011 年，新村股份合作社与该村多名出嫁女就利益分配产生的纠纷向澳头街道岩前村人民调解委员会申请调解，部分外嫁女与新村村民小组签订了《人民调解协议书》，主要内容包括：

经调解，自愿达成如下协议：

一、甲方同意一次性给予乙方贰万元补偿，乙方领取补偿款后，今后不得再要求参与甲方集体经济权益分配。

二、乙方同意一次性领取甲方给予的补偿款贰万元。并承诺在领取补偿款后，今后不再要求参与甲方集体经济权益分配，也不再以此为由进行上访、闹访、缠访等行为。

三、甲方应在本协议签订之日起 15 天内付清补偿款给乙方。[1]

随后，双方向大亚湾区人民法院申请确认了人民调解协议的效力。然而，以林志娟为代表的几位出嫁女并没有接受 2 万元的一次性补偿，也拒绝签署一次性补偿协议。2012 年 10 月 31 日，澳头街道办事处副主任何晓华在澳头街道信访办会议室主持召开了岩前村出嫁女权益保障研判会，决定由岩前村村委会对已签订补偿协议的出嫁女作出《承诺书》。

承 诺 书

为妥善保障岩前村出嫁女权益问题，根据上级有关要求，岩前

---

[1] 参见新村村民小组与新村出嫁女林新梅签订的《人民调解协议书》，2011 年 7 月 7 日。

村承诺对已签订协议补偿的出嫁女，如果未签订协议补偿的出嫁女分配超出一次性补偿金额 2 万元后仍继续分配的，已签订协议与未签订协议的出嫁女享有同等待遇。

岩前村村民委员会
2012 年 10 月 31 日〔1〕

从新村股份合作社的角度来看，无论是在法理上还是情理上，林志娟等出嫁女否认村小组之前的一次性买断行为并一再要求分配集体利益都是不能接受的。从法律上来看，新村村小组在制作《一次性补助览表》前已经召开了各种会议，对给予出嫁女一次性补助的具体内容作出了明确规定，并公布了相关人员名单。同时，无论是《公开议事方案》《一次性补助览表》还是《章程》，都是经过召开会议，明确规定内容产生的，符合《村民委员会组织法》第 24 条、第 27 条相关规定，属于村民自治的范畴，依法应当具有效力。新村股份合作社认为，既然林志娟丈夫已代其在《一次性补助览表》上签名并领取了 5000 元补助，便可视为其愿意领取一次性补助而放弃继续享受集体经济组织成员待遇利益。从情理上来看，出嫁女仅凭其户籍就能在本村同其他人一样分割祖宗留下的财产，是不公平不合理的，更不用说出嫁女与村外人所生的外姓子女也想要分一杯羹。新村村小组组长林邵辉认为：

现在你（出嫁女）单凭一个户籍，你这里好你的户籍在这里，你老公那边发展好你又迁过去。法院的判决打破了传承，把好的东西打破了。现在法院的判决，出嫁女的子孙户籍在这里都可以享受了。从情理、传统来说，林志娟你起码姓林，但你子女完全没道理。而且我们这边男的一起扫墓拜祖坟的时候（他们）又不一起。村民觉得这是很难接受的。〔2〕

在林志娟不断通过诉讼、信访维权的过程中，新村股份合作社

---

〔1〕　大亚湾区澳头街道综治信访维稳中心 2012 年 10 月 31 日《会议纪要》。

〔2〕　林邵辉访谈录，2023 年 7 月 13 日。

也一直坚持其立场，与林志娟展开长期的博弈。针对林志娟提出的要求新村股份合作社向其发放股权证并同意其与三子女参与新村集体利益分配的诉求，新村村小组于 2021 年 1 月 22 日下午召开了岩前新村村民户代表会议，共有 44 户代表参加投票表决。表决结果显示，44 票全票否决向林志娟发放股权证；就是否同意林志娟、谭月媚、谭月婷、谭月伦四人每人按 80% 享受村集体利益分配，1 票同意，43 票不同意；就是否同意谭月媚、谭月婷、谭月伦三人每人按 100% 享受村集体利益分配，1 票同意，43 票不同意。最终，协调方案均未能表决通过，林志娟的诉求未能得到村民的支持。同时，我们在与岩前村村委会成员的访谈中了解到，在这次村民代表会议中，1 票同意票是林源川书记投出的。林书记表示：

> 她（林志娟）老说我引导村民反对她，我当时明确投给她 1 票，我明确引导了，但是别人不认可啊。[1]

新村村小组组长林邵辉也指出：

> （当时）在现场开会表决，她的亲哥哥弟弟，有 10 票，最终只投了 1 票同意给她，就是书记给投的，其他人都不给她，亲兄弟都不给。16 个出嫁女如果她哥哥弟弟都投票那也早都通过了！[2]

新村村小组村民认为村民会议决议为村民自治规范的一种表现形式，体现了村民的意志。村小组强调按照《村民委员会组织法》通过村民会议对户口在本村的外嫁女不能享受村股份制股权分配而仅给予一次性补偿是村民自治的内容，具有效力。

三、政府的行政处理

广东省委办公厅 2006 年 12 月 13 日印发的粤委办〔2006〕142 号中共广东省委办公厅、广东省政府办公厅转发省委农办、省妇联、

---

〔1〕 林源川访谈录，2023 年 7 月 13 日。
〔2〕 林源川访谈录，2023 年 7 月 13 日。

省信访局《关于切实维护农村妇女土地承包和集体收益分配权益的意见》的通知明确指出，对因土地承包和集体收益分配而引发的争议，应按照相关法律、法规和政策处理，对基层政府处理决定不服的，可以提请行政复议；对行政复议结果不服或政府不予处理的行为，提起行政诉讼的，法院应当依法受理。自 2007 年起，广东省部分地方经过多年实践和探索总结出"先行政处理，后行政诉讼"的解决途径，形成后来被广泛推行的"广东模式"，即当事人应先向乡（镇）人民政府或街道办事处提出申请确认成员资格，对乡（镇）人民政府或街道办事处的处理决定不服或逾期不作出处理的，当事人有权向上一级人民政府申请复议，亦可直接向人民法院提起行政诉讼。在这种行政前置的处理模式下，林志娟的维权之路也从政府的行政处理开始。

2012 年 5 月 18 日，林志娟向澳头街道办提出申请，请求确认其具有岩前村新村集体经济组织成员资格。澳头街道办在受理其申请后经调查核实了解了林志娟的基本情况，根据《妇女权益保障法》《广东省实施〈中华人民共和国妇女权益保障法〉办法》以及《广东省农村集体经济组织管理规定》的相关规定，于 2012 年 6 月 25 日作出了《行政处理决定书》，主要内容包括：

一、确认申请人林志娟具有被申请人惠州大亚湾区澳头街道新村股份合作经济社集体经济组织成员身份，自本决定作出之日起享有被申请人惠州大亚湾区澳头街道新村股份合作经济社集体经济组织成员同等待遇，并应参加被申请人惠州大亚湾区澳头街道新村股份合作经济社集体经济利益分配。

二、被申请人惠州大亚湾区澳头街道新村股份合作经济社应自收到本决定之日起 60 天内就申请人林志娟享有的股权权益作出决定并发给该集体经济组织股权证，日后若该集体经济组织的章程中关于股权权益分配有调整的，则按调整后的规定执行。[1]

---

[1]　澳办行决［2012］20 号《行政处理决定书》，2012 年 6 月 25 日。

新村股份合作社不服澳头街道办作出的《行政处理决定书》，于2012年8月24日向大亚湾区管委会提出行政复议。2012年9月7日，区管委会作出《行政复议决定书》，维持了澳头街道办作出的决定。在法定期限内，各方当事人均未对此提起行政诉讼，该《行政处理决定书》已经生效。然而，此后新村股份合作社对该生效决定却一直不予执行。2014年4月23日，林志娟再次向澳头街道办申请其根据2012年《行政处理决定书》作出有标的的行政处理决定书。6月20日，澳头街道办作出《行政处理决定书》，决定：

一、被申请人惠州大亚湾区澳头街道新村股份合作经济社应自收到本决定之日起15天内发给申请人林志娟依法享有澳头街道新村股份合作经济社股权证，日后若该集体经济组织的章程中关于股权权益分配有调整的，则按调整后的规定执行。

二、被申请人惠州大亚湾区澳头街道新村股份合作经济社应自收到本决定书之日起15日内支付申请人林志娟依法享有的自2012年6月25日至2014年4月23日的集体经济组织利益分配2.1万元。[1]

新村股份合作社不服该行政决定，拒绝执行并向区管委会提起行政复议，复议维持。区管委会认为：

作出确认村民分配本集体经济组织具体数额经济利益法律文书前提条件是确认该村民村集体经济组织成员资格法律文书已生效……《行政处理决定书》（澳办行决〔2012〕20号）已依法生效。第三人具有申请人集体经济组织成员资格被已生效的行政行为确定的前提下，被申请人于2014年6月28日作出确认第三人分配申请人集体经济组织具体数额经济利益的《行政处理决定书》（澳办行决〔2014〕15号）依法应予以维持。[2]

---

[1] 澳办行决〔2014〕15号《行政处理决定书》，2014年6月20日。
[2] 惠湾行复〔2014〕17号《行政复议决定书》，2014年11月21日。

林志娟通过向街道办申请行政处理，确认了自己集体经济组织成员资格，其要求新村股份合作社向其发放股权证并支付利益分配2.1万元的请求也得到了街道办的支持。但对于新村股份合作社而言，街道办作出《行政处理决定书》属于严重的以行政手段干预村民自治的行为。随着政府的介入，出嫁女与村小组的矛盾进一步升级。对此，岩前村党支部书记林源川就指出：

政府管得太细，我们自己的钱，我们有村规民约，你说我们重大事项没有公示那（是我们）不对，但是我们一家人坐在一起（表决），她（林志娟）的父母都不给，你政府说要给她，这不就是让我们家里吵架嘛！[1]

除对政府干预太多表示反对外，在调查的过程中我们还了解到，村小组成员普遍认为目前政府在作行政处理决定时不够慎重，往往不去仔细调查了解情况就直接认定出嫁女具有成员资格，导致后续法院判决对村小组不利。根据 2008 年 3 月 26 日中共惠州市委办公室、惠州市人民政府办公室发布的《关于切实维护农村妇女财产权益的通知》中的相关规定，对农村妇女集体经济组织成员身份的界定标准以"户籍+义务"为主。2010 年 11 月 19 日发布的《关于进一步落实和保障农村出嫁女集体经济分配权益的实施意见（试行）》（惠湾委发〔2010〕24 号）也提出了"户籍前提"原则、"权利义务一致"原则，并明确规定：

（一）符合以下条件之一的出嫁女，具有农村集体经济组织成员资格，享有本集体经济组织的集体经济分配权利：

1. 本村妇女结婚后户籍未迁出且继续履行法律法规和组织章程规定的各项义务的；

2. 农村妇女离婚、丧偶后户籍保留在本村并履行法律法规和组织章程规定的各项义务的。

---

[1]　林源川访谈录，2023 年 7 月 13 日。

从以林志娟为代表的该区出嫁女纠纷情况来看，目前确定的"户籍+义务"的成员资格确认标准现实中较难得到村民们的认可。在与大亚湾区霞涌街道办邱启文主任的访谈中我们了解到，目前行政机关对出嫁女成员资格予以确认的程序大致包括"接收材料初步审查—受理—调查—作出决定"这几个步骤，其中调查主要包括对当事人做笔录的调查、到派出所调查户籍以及到村小组调查申请人义务的履行情况。邱主任指出：

> 义务我们在举证会有说明，哪些是义务，（这个）现在是争议最大的，目前没有明确，但是这个不明确举证不了。最大的问题是申请人有没有在村里居住生活，生产生活是不是在村里。主要是户籍还有父母是不是村集体成员，责任田的分配，但是义务用不上，意义不大。[1]

中共中央、国务院《关于稳步推进农村集体产权制度改革的意见》（中发［2016］37号）指出，在确认农村集体经济组织成员身份时应依据有关法律法规，按照尊重历史、兼顾现实、程序规范、群众认可的原则，统筹考虑户籍关系、农村土地承包关系、对集体积累的贡献等因素，协调平衡各方利益，解决成员边界不清的问题。然而，目前与农村集体经济组织成员资格确认相关的规定大多仅予以原则性指引，在实务中难以落地实施。在林志娟案中，街道办对出嫁女成员资格的确认行为无论是在确认标准上还是确认程序上都颇具争议性。政府的行政处理不仅未能化解矛盾，反而让问题变得更为复杂，将纠纷推向了法院。

四、法院的司法判决

2007年底，广东省高级人民法院转发《中共广东省委办公厅、广东省人民政府办公厅转发〈省委农办、省妇联、省信访局关于切实维护农村妇女土地承包和集体收益分配权的意见〉的通知》（粤

---

[1] 霞涌街道邱启文主任访谈记录，2023年7月17日。

高法〔2007〕303号），其中明确规定：由于农村妇女未实际取得土地承包经营权和集体收益分配权引发的纠纷涉及农村村民自治和农村集体经济组织成员资格认定等问题，并非单纯平等民事主体之间的权利义务关系，民事诉讼难以解决，因此应当遵循"先政府处理，后行政诉讼"的解决途径。大亚湾区人民法院在处理出嫁女纠纷时也基本遵循了"政府处理—行政复议—行政诉讼"三步走的"广东模式"。同时，根据最高人民法院《关于审理涉及农村土地承包纠纷案件适用法律问题的解释》第24条的规定，法院也依法受理"征地补偿安置方案确定时已经具有本集体经济组织成员资格的人，请求支付相应份额的"民事诉讼案件。林志娟案在法院的司法判决过程中分别经历了行政诉讼和民事诉讼，其中行政诉讼经过了一审和二审，民事诉讼经过了一审、二审以及再审申请被驳回。在此期间，林志娟还就要求发放股权证单独提起过民事诉讼，也曾作为三位子女的代理人提起民事诉讼，且至今依然在不断申请再审。经历了村民决议和行政处理后发展到诉讼阶段的林志娟案，由于涉及的当事人更广、提出的诉求更多、主张的事实理由更复杂而变得愈发棘手。

（一）行政诉讼

2014年底，在区管委会作出复议维持的决定后，新村股份合作社向大亚湾区人民法院提起行政诉讼，请求法院撤销澳头街道办于2014年作出的《行政处理决定书》。原告新村股份合作社认为，第三人林志娟已领取一次性补偿款，因此街道办于2012年作出的决定属于认定事实错误、决定错误；此外，街道办2014年作出的《行政处理决定书》并无法律依据，是对第三人进行特殊照顾，而这会摧毁原告股份制的工作成果，引起村民矛盾，造成社会不稳定。对此，澳头街道办辩称，其2014年作出的《行政处理决定书》是在2012年《行政处理决定书》生效的前提下经过调查核实作出的，具有事实依据；并且，该有标的的决定和一次性分配解决不冲突，其效力问题有争议有待法院确认。而林志娟作为第三人也再次强调了其户籍自出生起一直在新村村小组的事实，并指出自己上交了公粮履行了相应的义务，应当承认其成员资格并分配相应集体收益。

大亚湾区人民法院根据《村民委员会组织法》第2条和第24条

规定认为澳头街道办 2014 年作出的《行政处理决定》直接决定原告向第三人发给股权证和支付集体经济组织利益分配款，属于认定事实不清、主要证据不足，于 2015 年 4 月 15 日作出如下判决：

一、撤销被告惠州大亚湾经济技术开发区澳头街道办事处于 2014 年 6 月 20 日作出的澳办行决〔2014〕15 号《行政处理决定书》。

二、判令被告惠州大亚湾经济技术开发区澳头街道办事处于本判决生效之日起 60 日内重新作出处理决定。[1]

澳头街道办不服该判决，认为一审法院适用法律错误，向惠州市中级人民法院提起上诉，请求二审法院依法撤销一审判决，驳回被上诉人的诉讼请求，维持 2014 年作出的《行政处理决定书》。在澳头街道办看来，新村股份合作社以第三人林志娟与村外人结婚为由不给予其集体经济利益分配的行为违反了《妇女权益保障法》第 23 条、第 24 条的相关规定，街道办作出行政处理决定维护妇女的合法权益是正确的。对此，新村股份合作社却坚持认为街道办作出《行政处理决定书》擅自认定第三人的成员资格，超出了其职权范围，侵犯了农村集体经济组织的自主权，违反了"尊重历史、兼顾现实"的原则。第三人林志娟则依据《村民委员会组织法》第 27 条规定指出新村股份合作社所主张的村民自治不得与宪法、法律、法规和国家的政策相抵触。

经合议庭开庭审理，惠州市中级人民法院认为澳头街道办有权对林志娟是否具备集体经济组织成员身份的问题进行处理，但无权对集体收益分配问题作出处理，因为利益分配属于民事法律关系范畴，应通过民事诉讼程序解决。综上，惠州市中级人民法院作出如下判决：

一、维持惠州市大亚湾经济技术开发区人民法院于 2015 年 4 月 15 日作出的〔2015〕惠湾法行初字第 5 号行政判决第一判项；

---

〔1〕〔2015〕惠湾法行初字第 5 号《行政判决书》，2015 年 4 月 15 日。

二、撤销惠州市大亚湾经济技术开发区人民法院于 2015 年 4 月 15 日作出的 [2015] 惠湾法行初字第 5 号行政判决第二判项。[1]

澳头街道办、新村股份合作社与林志娟以"街道办是否有权确认集体成员资格并作出有标的的行政处理决定"为争议焦点展开的行政诉讼随着惠州市中级人民法院判决基本结束。

从法院的角度来看，街道办有且仅有对申请人是否具备集体成员资格的问题进行处理的权力。

（二）民事诉讼

然而，本案的一、二审法院对于当事人提出的"政府干预村民自治""村民自治与男女平等"问题并未给予正面的明确回应。对林志娟而言，其成员资格虽然得到了国家层面的确认，却依然被村小组排斥在外无法得到实际的集体利益分配。于是，林志娟在 2016 年又踏上了通过民事诉讼维权的道路。

2016 年 11 月，林志娟向大亚湾区人民法院提起民事诉讼，请求法院判令被告新村股份合作社支付 2012 年 7 月至 2016 年 10 月合作社分配款共计 50 500 元并立即向其发放股权证。林志娟首先从事实层面指出其具备成为集体成员资格的事实条件，其次以澳头街道办于 2012 年作出的《行政处理决定书》已生效为由表明其成员资格已被确认，最后指出被告新村股份合作社拒不执行行政处理决定的行为属于非法剥夺原告的合法权益。对此，新村股份合作社辩称林志娟已通过在一次性补助表上签名的方式放弃了分配权，并且也已经领取了 5000 元的一次性补偿费，不得再行要求给予其分配款项。

大亚湾区人民法院经审理后于 2017 年 4 月 10 日作出一审判决驳回了林志娟的诉讼请求。法院的判决理由主要可以分为以下三方面：

首先，就被告新村股份合作社提出的林志娟因已在《一次性补助览表》上签字并领取补偿费而不得再要求分配款，法院认为：

---

〔1〕 [2015] 惠中法行终字第 95 号《行政判决书》，2015 年 12 月 3 日。

原告丈夫在《岩前村村委会新村村小组外嫁女一次性补助览表》代原告签名，直接签署原告名字并领取一次性补助款的代理行为，符合法律规定，并且符合夫妻双方可以相互代理开展民事活动的社会生活实际和常理，原告也承认已收到该补偿款。惠州市大亚湾区澳头街道办岩前村新村村小组在制作《岩前村村委会新村村小组外嫁女一次性补助览表》前，已经召开各种会议对给予外嫁女一次性补助的具体内容作出了明确规定，并公布了相关人员名单。该补助表符合村民自治的相关规定，应认定有效。该补助表没有就给予原告一次性补助后的法律后果进行具体说明，但根据一次性补助的词义、该表格制作的背景情况及当地农村对待外嫁女问题的习惯性做法，可理解为原告愿意领取一次性补助款而放弃继续享受集体经济组织成员各种待遇和利益分配。[1]

其次，就林志娟提出的澳头街道办于2012年作出的《行政处理决定书》确认其具有成员资格已生效，法院也予以确认。但是法院认为：

原告虽然享有被告集体经济组织成员资格，但其经济组织成员各种待遇和利益分配，已经在其领取惠州市大亚湾区澳头街道办岩前村新村村小组发放的一次性补助时放弃，不再享有。原告依约不得再行要求被告分配集体经济组织利益。

最后，就林志娟提出的要求新村股份合作社发放股权证的诉求，法院认为：

原告要求被告发放惠州大亚湾区澳头街道新村股份合作经济社股权证的诉讼请求，是惠州大亚湾区澳头街道办事处作出的行政处理决定事项，涉及具体行政行为的执行问题，不属于人民法院审理民事诉讼的范围，依法应予驳回。

---

[1] ［2016］粤1391民初2660号《民事判决书》，2017年4月10日。

一审判决作出后，林志娟因不服该判决上诉至惠州市中级人民法院，请求依法撤销一审判决并支持其原来的诉讼请求。林志娟提供的事实和理由主要包括以下五方面内容：

第一，林志娟认为，原审法院将一次性补助览表认定为上诉人领取一次性补助，系上诉人放弃其作为经济组织成员各种待遇和利益分配的意思表示，属于认定事实错误。林志娟方从文义解释的角度对"览表""补助"等词语进行解释，分析指出岩前新村村小组村民补贴览表只是一次领取分红、补助的收款确认表，并非被上诉人所称的上诉人愿意放弃集体经济组织成员分配权的补偿款。同时，该表及其他证据不足以证明双方存在过协商，因此原审法院对上诉人同意放弃经济组织成员各种待遇和利益分配的推定是完全不合理、不合法的。

第二，林志娟认为原审法院对其丈夫代签行为认定上，没有正确区分日常家事代理权权限，属于认定事实和适用法律错误。依据最高人民法院《关于适用〈中华人民共和国婚姻法〉若干问题的解释（一）》（当时有效）第17条的相关规定，林志娟认为本案诉争的涉及集体经济组织成员各种待遇和利益分配，是关系其安身立命的重大利益，已经超越了一般日常家事的范围，其丈夫无权代理，也无权替其作出处分行为。同时，其丈夫的代签行为也不构成表见代理。

第三，林志娟指出，新村村小组当时作出的相关会议决议、《章程》部分内容、一次性补助览表因违反法律的强制性规定而无效，原审法院的认定缺乏事实和法律依据。

第四，林志娟认为一次性补助览表并非其作出放弃集体经济组织权益和分配的意思表示的证明。鉴于2011年新村股份合作社与新村十几名外嫁女就集体经济组织权益分配问题达成一次性补偿协议，签订了《人民调解协议书》并进行了司法确认，林志娟认为只有按上述做法与外嫁女双方达成协议、经司法确认后或公证部门公证后，才能认定上诉人已经明确作出放弃集体经济组织权益和分配的意思表示。

第五，林志娟指出原审法院在判项中存在与事实不符的表述并掺杂了诸多个人主观猜测，且被上诉人篡改了相关证据，因此申请对作为《公开议事方案》的证据进行重新质证，以查明事实。

面对林志娟提供的事实和理由，被上诉人新村股份合作社依然坚持辩称一次性补偿是符合法律依据的，且林志娟在领取时也未提出异议和意见。被上诉人认为，既然林志娟已经领取了补偿款，已经认可了补偿方式，再要求新的补偿款便缺乏事实和法律依据。

经过合议庭公开开庭审理，惠州市中级人民法院于 2017 年 10 月 11 日作出二审判决驳回林志娟的上诉，维持原判。二审法院认为，该案的争议焦点为"上诉人丈夫代领补偿款的行为是否可视为上诉人放弃其经济组织成员的待遇和利益"。对此，二审法院给出如下理由：

> 首先，根据日常生活经验以及当地属于农村地区，夫妻双方相互代理开展民事活动符合常理及习惯，且上诉人亦于一审时承认收到该补偿款。上诉人的此项意见没有相应依据，本院不予采纳。
>
> 其次，根据上诉人提交的多份内容标明为各个时间段的村民补贴览表，其与《岩前村村委会新村村小组外嫁女一次性补助览表》的区别在于领取的款项是否属于含有终结双方权利义务关系的意义，通过对比，《岩前村村委会新村村小组外嫁女一次性补助览表》上面并未标明属于哪个时间段的补助，上诉人的签字行为代表其知晓该表的含义，因此对于上诉人该主张本院不予支持。
>
> 最后，补助表系经过了召开会议，明确规定内容，公布相关人员名单而产生的，若上诉人不服上述内容的决定，可拒绝在表格上签字并主张相关权力，现上诉人在该表签字的行为可视为上诉人愿意领取一次性补助款而放弃继续享受集体经济组织成员待遇利益，即双方当事人达成合意结果，现上诉人主张不予认可该表的签字，有违诚实信用原则。[1]

林志娟与新村股份合作社的侵害集体经济组织成员权益纠纷经过一审和二审，最终以林志娟败诉告终。但林志娟依然不服判决，

---

〔1〕〔2017〕粤 13 民终 2340 号《民事判决书》，2017 年 10 月 11 日。

认为一、二审查明事实不清，适用法律错误，于 2018 年向广东省高级人民法院申请再审，并重申了其在二审中的事实和理由。

广东省高级人民法院依法组成合议庭对林志娟的再审申请进行了审查，认为：

一、二审法院经查实认定，林志娟的丈夫在《岩前村村委会新村村小组外嫁女一次性补助览表》上代签名并领取一次性补助款，符合夫妻双方可以相互代理开展民事活动的社会生活实际和常理，且林志娟亦承认收到该补偿款，新村经济社作出《公开议事方案》《会议纪要》及《岩前村村委会新村村小组外嫁女一次性补助览表》系经召开会议，明确规定内容，公布相关人员名单而产生，林志娟不服上述内容可以拒绝签字，其签字后又不予认可有违诚信原则。一、二审法院据此判决驳回林志娟的诉讼请求，并无不妥。林志娟申请再审理由不成立，本院不予支持。[1]

广东省高级人民法院于 2019 年 11 月 11 日作出了驳回林志娟再审申请的民事裁定。

然而，林志娟与新村股份合作社的纠纷并未因此画上句号。法院虽然对林志娟与新村股份合作社就"林志娟丈夫代签代领一次性补助款的行为是否可视为放弃成员待遇"的矛盾点作出了明确判决，但却以发放股权证涉及具体行政行为的执行问题不属于民事诉讼受理范围为由驳回了林志娟请求判令发放股权证的诉求。对于林志娟而言，街道办于 2012 年作出的生效《行政处理决定》确认了其集体成员身份并作出了要求新村股份合作社发放股权证的行政决定，但新村股份合作社一直拒不执行。因此，林志娟又于 2021 年就关于"农村集体经济组织成员股权证的利益分红分配是行政诉讼还是民事诉讼？股权证和福利分配是分开还是共同诉讼？"的问题向大亚湾区人民法院信访反映。2021 年 3 月 17 日，大亚湾区人民法院作出以下回复：

---

〔1〕　[2018] 粤民申 231 号《民事裁定书》，2019 年 11 月 11 日。

你反映的问题属于法院立案审查的范畴，你可依法向法院提交起诉材料，法院将依法进行立案审查。[1]

据此，林志娟于2021年4月向大亚湾区人民法院提起民事诉讼，请求法院维护出嫁女合法权利不受侵害，依法判令被告新村股份合作社发给林志娟股权证。林志娟指出，发放股权证是农村股份合作经济社权利范畴，但新村股份合作社理事长却不依法依规发放股权证，至今仍拒绝将原告本人纳入股份经济组织成员股权身份内，严重侵害了原告的合法权益。对此，新村股份合作社辩称，林志娟已在〔2016〕粤1391民初2660号案中提出要求答辩人向其发放股权证的诉讼请求，一审、二审法院均已判决驳回其诉讼请求，其再审申请也已经被驳回，现又提出相同的诉讼请求，构成重复起诉，法院应当依法裁定驳回起诉。此外，新村股份合作社还认为林志娟要求其发放股权证的诉讼请求缺乏事实和法律依据，其指出：

答辩人在股份合作经济社成立后，只对第一批股东发放过股权证，此后并未再向任何股东发放股权证，股权证也不作为是否享受集体利益分红的依据，且现行法律法规并未规定股份经济合作社需向股东发放股权证，是否向股东发放股权证属于答辩人自治范畴，不涉及是否侵害集体经济组织成员权益事宜。[2]

大亚湾区人民法院在听取当事人的陈述及举证质证情况，结合〔2016〕粤1391民初2660号生效民事判决书的基础上查清事实，依据最高人民法院《关于适用〈中华人民共和国民事诉讼法〉的解释》第247条的相关内容，于2021年12月7日作出驳回起诉的裁定，法院认为：

原告在没有新证据、没有发生新的事实的情况下就同一被告、同一事项再次提起诉讼，构成重复起诉，依法应当裁定驳回起

---

[1] 《关于信访人林志娟的信访回复》，2021年3月17日。
[2] 〔2021〕粤1391民初1777号《民事裁定书》，2021年12月7日。

诉。[1]

至此，林志娟的成员资格虽然得到了政府和法院的承认，但由于其丈夫在 2006 年代其在一次性补助览表上签名并领取 5000 元补助的行为，在与新村股份合作社多年的民事诉讼纠纷中，林志娟屡战屡败。

然而，在同一时期，林志娟同村的其他出嫁女与村小组就相似事由进行的民事诉讼却得到了法院的支持判决。[2]林志娟认为法院同案不同判有违公平正义，遂于 2022 年 4 月 10 日再次向惠州市中级人民法院提交《请求院长依法依规依职权启动（2017）粤 13 民终2340 号再审程序申诉书》。其中，林志娟再次强调了《公开议事方案》、会议纪要、一次性补助览表等在内容上因违反国家关于妇女权益保障及《村民委员会组织法》的强制规定而无效，也不符合公序良俗，仅仅形式上符合意思自治，不能发生约束申诉人权利义务的后果。此外，林志娟还提交了新证据证实其在集体经济组织成员的待遇和利益并未因 2006 年的签名而丧失，并且指出澳头街道办于2012 年作出的生效《行政处理决定书》也实质上对代签名行为予以变更，承认了其成员资格。

在向惠州市中级人民法院提交再审申请的同时，林志娟也向惠州市人民检察院申请监督。2022 年 8 月 29 日，惠州市人民检察院作出了《不支持监督申请决定书》，认为该案不符合监督条件，具体理由如下：

大亚湾区澳头街道办岩前村新村村小组为推动农村股份制改革，解决"外嫁女"集体经济利益问题，2005 年—2007 年，先后形成新村村小组《公开议事方案》《岩前村村委会实现股份制股权分配有关

---

[1]　[2021]粤 1391 民初 1777 号《民事裁定书》，2021 年 12 月 7 日。

[2]　根据[2016]粤 1391 号民初 2582 号民事判决书，在与林志娟同村的出嫁女林玉芳与新村股份合作社的纠纷中，大亚湾区人民法院认为林玉芳与新村村小组签订的协议因违反法律、行政法规的强制性规定而无效，判决新村股份合作社向林玉芳支付款项 30 940元。新村股份合作社不服一审判决上诉至惠州市中级人民法院，中级人民法院判决驳回上诉，维持原判。

问题会议纪要》《岩前村村委会新村村小组外嫁女一次性补助览表》《大亚湾区澳头办事处岩前村新村小组股份合作企业股份制章程》，对给予"外嫁女"一次性补助的具体内容作出了明确规定。该系列规定、约定经集体会议议定并公布，符合年代背景及当地农村对待"外嫁女"问题的习惯性做法。2006 年 1 月，大亚湾区澳头街道办岩前村新村村小组制作《岩前村村委会新村村小组外嫁女一次性补助览表》并公布相关人员名单，林志娟丈夫在《岩前村村委会新村村小组外嫁女一次性补助览表》代其签名并领取一次性补助款，该行为属于配偶之间相互代理开展民事获得，符合常理及农村地区传统习惯。"一次性补助"系包含领取一次性补助款而放弃继续享受集体经济组织成员各种待遇和利益分配的意思表示，签署该《岩前村村委会新村村小组外嫁女一次性补助览表》即表明双方当事人已形成合意。

民事主体可以按照自己的意愿依法行使民事权利。林志娟若不服上述内容的规定，可拒绝在表格上签字领取一次性补助款，并另行主张相关权利。林志娟虽经行政确认享有大亚湾区澳头街道办岩前村新村合作社集体经济组织成员资格，但其经济组织成员各种待遇和利益分配，已经在其领取大亚湾区澳头街道办岩前村新村村小组发放的一次性补助时作出放弃。据此，终审判决对林志娟要求再次分配相关权益的主张不予支持，并无不当。[1]

从既有的裁判结果来看，对于林志娟请求法院判令新村股份合作社支付分配款并发放股权证的诉求，法院一概不予支持。与街道办以一次性补助览表违反法律法规强制性规定为由干预村民自治，通过行政行为确认出嫁女成员资格不同，在林志娟案中，法院的态度则更为保守。当林志娟从实体层面反复强调村民决议、《章程》、一次性补助览表等因违反《妇女权益保障法》《村民委员会组织法》等强制性规定而无效时，法院则从程序的角度出发认为村小组的相关决议等都是经过明确规定并公布了相关人员名单，因而符合村民

---

[1] 广东省惠州市人民检察院《不支持监督申请决定书》（惠市检民监〔2022〕44130000047 号），2022 年 8 月 29 日。

自治相关规定，应认定有效。法院在林志娟案中的审判思路与其在其他出嫁女类案的裁判结果存在差别，反映出法院在处理出嫁女纠纷时摇摆不定的态度。尤其当大亚湾区人民法院在 2022 年底对林志娟三位子女与新村股份合作社纠纷案作出判令被告发放股权证并分配集体经济收益的判决结果后，法院的裁判思路相较从前明显有所改变。这种变化进一步促使林志娟在用尽诉讼救济途径后，转而试图通过信访的方式实现自己的诉求。

五、信访的终结处理

在经历行政处理、行政诉讼、民事诉讼未果的情况下，林志娟于 2021 年开始向大亚湾区管委会、大亚湾区人民法院、惠州市中级人民法院等单位进行信访，希望政府、法院能够纠正错误裁判，支持其诉求，维护其合法权益。

2021 年 3 月 22 日，林志娟亲笔书写《投诉书》，认为作出〔2016〕粤 1391 民初 2660 号判决的大亚湾区人民法院法官罗英杰枉法裁判，不是以事实为依据，以法律为准绳，一、二审裁判理由令人费解，请求巡视组依法还其公道，让人民都能感受到法律公平公正。[1] 2021 年 4 月 21 日，中共惠州市委政法委员会向惠州市中级人民法院、大亚湾区区委政法委发放了《关于信访事项的转处函》，将林志娟的信访材料转交给中级人民法院和区委政法委，要求中级人民法院认真核查信访人反映枉法判决的情况、大亚湾区委政法委落实涉法涉诉信访属地主体责任。之后，惠州市中级人民法院将林志娟的相关信访材料转大亚湾区人民法院阅办。2021 年 5 月 3 日，大亚湾区人民法院向信访办作出《关于林志娟信访案件的情况说明》，其中梳理了林志娟案的审理过程，并说明：

涉及外嫁女案件的确属于信访强度大的案件，该案在立案时就考虑到了可能信访的问题。该案既经过了审委会决定，也经过了二审判决。要彻底解决当事人的心结，可能需要政府部门做好相关调

---

〔1〕 参见《投诉书》，2021 年 3 月 22 日。

解工作。[1]

2021 年 5 月 6 日上午,大亚湾区人民法院工作人员在立案庭办公室约访信访人林志娟。在了解基本情况后,区人民法院于 2021 年 5 月 7 日向惠州市中级人民法院立案庭作出了《关于〔2021〕惠市政群字第 45 号林志娟信访案件化解情况报告》。在该报告的"信访处理情况"部分,区人民法院指出:

对于信访人反映罗英杰法官枉法裁判问题,我院向罗英杰法官进行了核实。该案经我院审委会讨论决定,二审和再审都予以维持我院判决;且信访人除投诉信中对判决不满外,未提供证据证明罗英杰法官存在枉法裁判的情况。[2]

对于林志娟的信访诉求,大亚湾区人民法院与其约访并对其进行释法说理,告知其依法行使诉讼权利。2021 年 6 月 2 日,大亚湾区人民法院作出了《林志娟信访案件评查情况报告》,指出:

该案经承办人自评和我院评查专班评查:未发现案件程序和实体方面存在问题,未发现承办法官存在枉法裁判等纪律作风问题,但存在案件判后答疑工作解释不到位问题。[3]

在法院看来,林志娟提起信访的主要原因在于案件判后答疑工作解释不到位,因此建议在审理此类出嫁女案件时多做当事人的思想工作和法律宣传,统一裁判标准。但对于林志娟而言,其信访的主要诉求在于推翻原判。在自己诉求尚未得到支持的情况下,林志娟的信访并没有结束。2022 年 4 月 21 日,惠州市中级人民法院收到信访人林志娟的信访材料,反映其对判决不服,申请启动再审程序。随后,中级人民法院向大亚湾区人民法院发出《关于做好信访人林

---

〔1〕 参见《关于林志娟信访案件的情况说明》,2021 年 5 月 3 日。
〔2〕《关于〔2021〕惠市政群字第 45 号林志娟信访案件化解情况报告》,2021 年 5 月 7 日。
〔3〕《林志娟信访案件评查情况报告》,2021 年 6 月 2 日。

志娟信访工作的函》，指出：

> 林志娟向省高级人民法院申请再审、向检察院申请检察建议均被驳回，已穷尽诉讼程序，其所涉信访事项应识别为"访"。建议你院做好释法稳控工作，符合信访复查、信访评查、信访终结条件的，请及时启动相关程序。[1]

林志娟的信访材料再一次被转至大亚湾区人民法院处理。2023年2月2日下午，大亚湾区人民法院对林志娟进行了询问接访，指出林志娟关于［2016］粤1391民初2660号案件已经多次信访，两级法院也多次接访，对其进行释法说理，希望林志娟能息诉罢访。但林志娟坚持认为两级法院裁判错误，坚持信访，要求纠正错误裁判。接访结束后，林志娟表示拒绝在笔录上签字。[2]2月6日，大亚湾区人民法院作出《关于对林志娟信访案件进行复查的接访意见》，认为根据《广东法院涉诉信访工作规程（试行）》（粤高法［2021］110号）第43条的规定，信访人已穷尽诉讼程序，依法应当进行信访终结处理，信访部门建议进行信访复查。[3]

2023年5月9日，林志娟委托律师作为其代理人申请启动再审程序。5月12日，其代理律师向大亚湾区人民法院提交了《代理词》申请重新启动再审程序，对林志娟案进行再审改判。当天下午，大亚湾区人民法院就林志娟针对［2016］粤1391民初2660号的信访复查案件（案号［2023］粤1391访审1号）进行了信访听证。林志娟在听证会上表示：

> 经手的办案法官均是走形式、走过场，如果不是走形式、走过场，2006年是一次性补助，但不是放弃，我用我实际的行动维权也得到了澳头街道办的高度重视，收到行政决定书60天内发放股权证及分配集体经济利益，收到行政处理决定书后，新村村小组一不复议，

---

〔1〕《关于做好信访人林志娟信访工作的函》，2022年4月21日。
〔2〕参见《询问接访笔录》，2023年2月2日。
〔3〕参见《关于对林志娟信访案件进行复查的接访意见》，2023年2月6日。

二不上诉，新村村小组已经发放了 2 年的福利分配给我林志娟享有，这个一审已作为证据提交。在发放福利期间，我一直要求新村村小组发放股权证给我，街道办承诺帮我协调，但是协调 2 年以后，我依然没拿到股权证，街道办的负责人说奈何村小组不可，不可能说抓住村小组的手发放股权证给我，只有法院有权利要求发放股权证，叫我只能走民事诉讼，我只好走民事诉讼。〔1〕

同时，林志娟也再次重申了其在二审和再审申请中主张的事实和理由，并结合该案合议庭成员在同时期作出的同类型判决，认为法院判决认定标准不一致，明显属于相互矛盾、同案不同判。此外她还指出：

本案在惠州市人民检察院申请民事检察监督过程中，主办检察官陈勇就本案的相关司法观点咨询了惠州市中级人民法院民一庭庭长，民一庭庭长明确表态该案为错案，具体的原因是，公开议事方案、会议纪要、一次性补助览表在内容上违反了《妇女权益保障法》及《村民委员会组织法》的强制性规定，依法属于无效文件。但陈勇检察官表示要考虑当时的历史沿革问题。〔2〕

从其陈述中可以看出，林志娟认为法院作出判决并非依法裁判，而更多是考虑维稳的因素一再驳回其合法诉求，维持原判，而原判决明显属于错案。但新村股份合作社却认为林志娟这是"领了钱都不承认的耍赖行为"。澳头街道办也陈述了其意见，表示：

我们在 2012 年的时候确认了林志娟的集体经济组织成员资格，我们认为资格和权益是两个法律问题，资格除非有丧失资格的法定理由，权益是可以放弃的，但资格是不能放弃的。〔3〕

在听证的过程中，双方还就新村股份合作社从 2012 年 7 月到

〔1〕《信访听证笔录》，2023 年 5 月 12 日。
〔2〕《信访听证笔录》，2023 年 5 月 12 日。
〔3〕《信访听证笔录》，2023 年 5 月 12 日。

2014 年 6 月发放的 23 200 元款项究竟属于村集体福利分配款还是一次性放弃分配权利的补偿款产生了分歧。林志娟认为分配表上注明是"岩前村村委会新村村小组福利分配表"且每月分配金额与合作社村民领取的金额待遇一致，因此属于福利分配。但新村股份合作社却认为分配表落款处的签名不是村小组组长而是岩前村村委会干部，因此该款项的分配与经济合作社无关。林志娟表示这是由于村小组不愿意签所以由村委会代签。

林志娟的信访维权之路坚持到现在尚未有明确的处理结果。我们从审理林志娟信访案件的范磊明法官处了解到，目前由于惠州市中级人民法院的再审申请结果未出，[1]信访审查暂时中止。至于该案之后的发展走向如何，范法官认为：

> 现在股权证发放的问题已经属于民事案件的受理范围，我们觉得二审会作一个判决支持发放股权证。再审不好搞，主要是之前林志娟向高级人民法院申诉被驳回了。如果我们建议再审必须逐级再审。省高级人民法院当时驳回是因为没有类似的判决，但是现在出嫁女的（案件）多了，这种判决也就多了起来。[2]

结　语

林志娟与新村股份合作社的纠纷经历了村民会议决议、街道办行政处理、法院司法裁判以及信访终结处理，历时十余年，过程极为曲折复杂。

在林志娟案中，出嫁女与村小组的利益分配纠纷本质上是村民自治与国家法律之间的矛盾。出嫁女们希望借助国家法律在坚持男女平等原则基础上对妇女权益保障作出的一系列强制性规定来维护自身合法权益，获得自己应得的利益。但在受传统观念影响颇深的村小组成员们看来，一方面出嫁女在出嫁后理所当然不能分享娘家村的利益，因为本村的利益是要留给本村子孙后代的；另一方面村

---

〔1〕　2023 年 9 月惠州市中级人民法院进行了开庭，具体结果还没有出来。
〔2〕　大亚湾区人民法院范磊明访谈录，2023 年 7 月 11 日。

集体经济收益属于集体所有，村小组通过制定村规民约、股份章程、村民决议等方式决定集体经济收益分配完全属于村民自治的范畴，政府不应干预过多。在利益的大蛋糕面前，个体与集体、平等与民主、法治与自治、法律与道德等法理问题相互碰撞，造成出嫁女与村小组间纠纷不断、持续对峙的僵局，新村村小组林组长认为这就是"传统和法律在打架，村民自治法和国家法在打架"。[1]在与岩前村村委会干部的访谈中我们还了解到，村小组认为目前村民们能够接受的解决方法还是一次性补偿，因为长痛不如短痛，若不能一次性买断，出嫁女的子女、孙子女等后续都会要求利益分配，而这将会导致更多的问题，对村里的和谐稳定产生更多负面影响。

通过对林志娟案整体性的梳理，我们认为，本案的核心主要在于以村民决议为表现的村民自治与以维护出嫁女财产权益为代表的国家法治之间的冲突，也即政治自由与性别平等的冲突。在村民自治与国家法治的关系中，作为政治自由的村民自治一方面由于深嵌于中国基层的土壤，显现出自下而上的协商治理优势；另一方面又因依靠宗族、差序格局、乡土习俗等维持治理，在一定程度上消弭了正式国家制度的规治力。[2]如何实现村民自治与国家法治的平衡、构建和谐的社会秩序是解决出嫁女财产权益纠纷的关键。

从林志娟案的司法裁判结果来看，在行政诉讼中，法院基本肯定了行政机关具有确认集体成员资格的权力，但同时也考虑到政府不应过度干预村民自治，将发放股权证和支付集体经济利益分配款的权力保留在村民自治范畴内。但在该案的民事诉讼中，一、二审法院包括省高级人民法院的态度则变得更为保守。面对林志娟反复强调的村小组决议因违反强制性规定而无效的理由，法院巧妙地躲开了对于决议内容是否有效的争议，转而用程序合法证明决议有效，维护了村民自治的权力。同时，法院也没有正面回应出嫁女问题中最为突出的国家层面上男女平等的规定与村小组通过决议否认出嫁

---

〔1〕 林邵辉访谈录，2023 年 7 月 13 日。

〔2〕 参见刘连泰、余文清：《村民自治与外嫁女平等权冲突的司法裁判逻辑》，载《浙江社会科学》2023 年第 7 期，第 40~50 页。

女资格及相应权益的矛盾，而是将焦点转移至代签代领行为是否有效上。在笔者看来，其中不乏对案件可能引起的不和谐因素的考量。然而，就目前的情况而言，法院的司法裁判、政府的处理结果均未能平息双方当事人的矛盾，甚至可能制造出更多的矛盾。

我们在与法院、政府相关工作人员访谈交流的过程中也了解到，多数人都认为村民应当有自治权，但自治也要在法治的框架内运行，不能违背法律的规定。其实这种普遍的认识早已被规定于《村民委员会组织法》第 27 条中。然而，实务中碰到的难题往往并非"无法可依"，而是"有法难依"。村民自治和男女平等同样被规定于我国《宪法》中，但在面对现实的出嫁女问题时，原则性法律条文的实际效力在琐碎复杂的事实面前便逐渐式微。从这一层面来讲，相关法律法规及政策的明确和细化是有必要的。例如，通过国家统一立法对农村集体经济组织成员资格认定的基本标准及程序作出规定，再由地方政府因地制宜地将具体标准或申请步骤细化，让法律法规能够落地生根，产生实效。

在林志娟案中，推动着林志娟不断寻求新的救济途径的除其自身外，还有政府和法院保守又含糊的态度和处理方式。政府出于维稳的考量更倾向于将问题推给法院处理。但法院对出嫁女纠纷也极为谨慎，起初以非平等民事主体为由不予受理，后来又发展出行政前置的处理模式，试图将矛盾抛回到政府。在村小组和出嫁女看来，这就是政府没担当、法院不作为。以信访为例，村小组普遍认为出嫁女之所以频繁信访其实就是抓住了政府想要维稳的软肋。从这一角度出发，解决出嫁女问题，还需要政府和法院端正态度，坚定立场，坚持原则。

总体而言，林志娟案是一起典型的出嫁女财产权益纠纷，对该案的梳理分析有助于我们更深入且全面地了解目前出嫁女的诉求，理解村小组的处境，掌握国家机关的处理方式。除本章讨论的较为宏观的村民自治与国家法治的问题之外，关于成员资格确认标准中的"义务"如何界定、成员资格确认后的分配从何时起算、出嫁女子女是否应当分配以及应如何分配等问题在实务中也亟待解决，需要后续更进一步的思考。

第七章
农村出嫁女集体经济分配权益之争
——以"王红兰案"为对象

引　言

　　随着城市化建设的不断推进，工业和房地产业的快速发展，大量农业用地被用于非农业建设，全国各地相继出现了征地热潮，村民的经济收入来源逐渐由耕地转变为股份分红，由此引发了一系列矛盾，其中农村出嫁女集体经济分配权益的问题尤为突出。根据广东省惠州市大亚湾区出嫁女权益保障工作领导小组办公室编制的《大亚湾区落实农村出嫁女合法权益宣传手册（2010）》界定，"出嫁女"即"与本村村民结婚、户籍保留在本村的农村妇女；与外村村民（或外地居民）结婚但户籍保留在本村的农村妇女；按照当地习俗招郎入赘且户籍保留在本村的农村妇女；与本村村民结婚后又离婚或丧偶但户籍保留在本村的农村妇女；与外村村民（或外地居民）结婚后离婚或丧偶但户籍保留在本村的农村妇女"。具体包含四种类型：户在人在型，指户籍和居住地均在本农村集体经济组织所在地；户在人不在型，指户籍在本农村集体经济组织所在地，居住地在村外、区外、省外、港澳台或国外的出嫁女；人在户不在型，指居住地在本农村集体经济组织所在地，户籍在村外、区外、省外、港澳台或国外的出嫁女；人户均不在型，指居住地与户籍均不在本农村集体经济组织所在地的出嫁女。

　　1967年2月出生的出嫁女王红兰与大亚湾区金岸街道办事处禾田村村委会莲花村民小组就从2009年开始产生了集体经济分配权益

之争，[1]认为村规民约剥夺了其财产权益，便通过行政、司法方式维护权益。

以 2023 年 7 月 13 日实地调查所收集的材料为基础，本章以"王红兰案"为对象，对农村出嫁女集体经济分配权益之争的过程、焦点和缘由做一初步探讨，从一个侧面来认识村规民约，以更全面地认识大亚湾区的自治规范。

一、农村出嫁女集体经济分配权益之争的过程

根据《关于进一步落实和保障农村出嫁女集体经济分配权益的实施意见（试行）》（惠湾委发［2010］24 号）的规定，出嫁女要获得集体经济分配权益，首先需要确认集体经济组织成员资格，然后在有成员资格的基础上落实集体经济分配权益，其中第 9 条关于落实农村出嫁女及其子女农村集体经济分配权益的保障措施有章程审核、人民调解、行政处理、司法保障等措施。

王红兰因村规民约对其集体经济组织成员身份的认识持有异议，而产生的集体经济分配权益维权过程主要经历了人民调解、行政处理和司法审判等环节。首先，街道办负责对各农村集体经济组织章程或集体经济组织成员大会或代表会议决议及村规民约等进行审核，对违法剥夺农村出嫁女及其子女合法权益的条款予以废除或纠正，确保村民自治行为合法、规范；其次，农村出嫁女及其子女因对其集体经济组织成员身份有异议，或是因其他合法权益受到侵害而申诉的，村和街道办必须受理，由人民调解委员会依法依规调处，调处成功的，依法签订调解协议书；再次，农村出嫁女及其子女因对其集体经济组织成员身份有异议经调解未达成一致的，或经资格审核委员会审核后有异议的，由街道办依法作出行政处理决定，并向当事人发出行政处理决定书，当事人如对街道办行政处理决定不服的，可以自收到行政处理决定书之日起 60 日内依法向管委会申请行政复议，管委会依法作出行政复议决定，并向当事人发出行政复议决定书，当事人如对行政复议决定不服的，自收到复议决定书之日

---

〔1〕　按照学术惯例，本章中的一些人名、地名进行了化名处理，特此说明。

起 15 日内可向区人民法院提起行政诉讼；最后，当事人因对街道办关于出嫁女及其子女集体经济组织成员资格确认处理不服的，应当先提起行政复议，对行政复议结果不服或政府不予处理的行为，提起行政诉讼的，法院应当依法受理，依法作出司法裁决，对已依法取得司法确认有效的调解协议、街道办依法作出已生效的行政处理决定、法院依法作出已生效的行政判决拒不执行的，当事人可申请法院强制执行。[1]

王红兰，女，于 1967 年 11 月 20 日出生，为禾田村莲花村民小组人，于 1992 年 7 月 21 日经人介绍与罗定县苹塘镇道村未婚青年李海波在金岸镇民政办办理登记结婚手续，双方在出具结婚证明时都注明男到女家，也就是王红兰将李海波招郎入门。婚后夫妇二人一直在金岸镇内居住生活，以经营海产品维持生计。李海波的户口于 1995 年 6 月 15 日以夫妻投靠的方式随妻入户。二人分别于 1993 年 2 月 14 日、1995 年 3 月 15 日生育 2 个男孩随父姓，户口落在莲花村。据调查了解，在二人结婚时，王红兰有一位同父异母的哥哥已 49 岁仍未找对象结婚，4 位胞姐已全部结婚出嫁，父亲在 1990 年去世，家里有一位 60 多岁的老母亲。为照顾年迈母亲，经母亲同意，便产生了招郎入门的决定。1993 年初，禾田莲花村土地被区国土局全征。征地后其哥王红成于 1993 年初结婚成家，并自己一户分开生活，母亲由王红兰夫妇赡养。1993 年 7 月，莲花村集体第一次征地后分征地款，王红兰分得征地款 5000 元，第二次分得 1490 元，之后政府借款还利息分得 20 元。上述分配与本村村民享受同等待遇。2006 年，惠深沿海高速公路动工，动用莲花村已征用土地，高速公路公司从照顾群众生活角度对莲花村给予了一定经济补偿（在此之前村集体没有收入）。2006 年，在分配补偿款时莲花村全体家长会议决定，已结婚的女性（纯女户一女招郎入门除外）和丈夫及所生子女的户口是否在本村一刀切都不能享受村集体经济收益分配。因此，王红兰和其他出嫁女一样，没有享受从 2006 年开始到 2008

---

〔1〕《关于进一步落实和保障农村出嫁女集体经济分配权益的实施意见（试行）》（惠湾委发〔2010〕24 号），2010 年 11 月 19 日。

年莲花村的三次分配。[1]

王红兰对村民会议的决议有意见，于 2009 年 4 月 5 日向禾田村村委会和金岸街道办递交《情况说明》反映以上情况，大亚湾区信访科接到信件后于 2009 年 4 月 16 日转至金岸街道办处理。金岸街道办经过调查，王红兰反映的情况与调查情况基本相符。认为："王红兰在 1992 年 7 月 21 日与李海波登记结婚时，在男女双方出具的结婚状况证明中都注明了男到女家，说明王红兰的初衷是招郎入门，李海波的初衷也是男到女家入赘，符合当时王红兰的家庭情况需要。李海波与王红兰结婚后一直在本镇内生活居住，以小贩生意谋生，并尽赡养王红兰母亲责任，户口也依法迁入莲花村，具备了男到女家的事实行为。王红兰夫妇在历届莲花村小组组长换届选举工作中，都被登记为选民，并参与了选举活动，履行了村民相应义务。王红兰的集体经济组织成员资格不因其结婚而改变。莲花村小组到目前为止的经济收入都是从土地以及土地派生出来的集体收益"。[2]

《妇女权益保障法》第 55 条第 1 款规定："妇女在农村集体经济组织成员身份确认、土地承包经营、集体经济组织收益分配、土地征收或者征用补偿费使用以及宅基地使用等方面，享有与男子平等的权利。"《农村土地承包法》第 6 条规定："农村土地承包，妇女与男子享有平等的权利。承包中应当保护妇女的合法权益，任何组织和个人不得剥夺、侵害妇女应当享有的土地承包经营权。"中共惠州市委办公室、惠州市人民政府办公室发布的《关于切实维护农村妇女财产权益的通知》（惠市委办发［2008］3 号）强调要维护农村妇女的集体收益分配权益，"农村集体经济组织成员中的妇女，在土地承包经营、集体经济组织收益分配、股权分配、土地征收或者征用补偿费使用，以及宅基地使用等方面，享有与男子平等的权利，任何组织或个人不得以妇女未婚、结婚、离婚、丧偶等为由，侵害其合法权益"。[3]金

---

[1] 《情况反映》，2009 年 4 月 5 日。

[2] 惠州大亚湾经济技术开发区金岸街道办事处《关于王红兰信访问题的调处答复》，2009 年 7 月 21 日。

[3] 中共惠州市委办公室、惠州市人民政府办公室《关于切实维护农村妇女财产权益的通知》（惠市委办发［2008］3 号），2008 年 3 月 24 日。

岸街道办作出如以下调处意见：

一、王红兰的莲花村集体经济组织成员资格在本村没有实行股份制前没有改变，享有与本村集体经济组织成员平等的财产权利。

二、王红兰与李海波结婚属招郎入门，与本村村民娶妻入门的形式相同，其配偶和符合生育规定所生子女享有与本村集体经济组织成员平等的财产权利。[1]

收到金岸街道办的调处意见后，莲花村村民反应强烈，并根据莲花村村规民约讨论后，于2009年8月18日向大亚湾区信访办作出回复，具体内容如下：

一、我村在1992年12月开始全面征地，许多人看到莲花村的发展前景，想在以后得到利益，想方设法把关系、户口迁到我村，外嫁女不迁户口。为了维护本村的利益，村民一直酝酿制订合理的村规民约。后经全体村民家长会议决定，修订了较为完善的村规民约，其中一条是：已婚的女性（纯女户其中一女招郎入门及和本村人结婚的除外），不管户口在不在本村，一律按照外嫁女处理，无权享受本村集体经济收益分配。

二、王红兰虽在1992年7月21日办理了结婚手续，且注明男到女家。但她还有个同父异母的哥哥王红成，于1993年初结婚，生下三男。所以王红兰不是纯女户。

三、1993年7月我村分配征地款时，大部分村民还不知王红兰是否已婚，她丈夫的户口在1995年6月15日才迁入我村，村小组领导当时根本不知其事，所以她分到了征地款。

四、王红兰母亲并非完全由王红兰夫妇赡养，她哥哥王红成也尽了赡养义务。

五、我村村小组换届选举登记选民时是按在我村户口登记的，不是所有选民都有权享受我村经济收益。

---

[1] 惠州大亚湾经济技术开发区发涌街道办事处《关于王红兰信访问题的调处答复》，2009年7月21日。

综上所述，我村村民一致不同意金岸街道办事处所作出的调处意见，王红兰及其家人无权享受我村经济收益。[1]

同时，莲花股份合作经济社于2012年8月30日成立，2012年3月28日向王红兰签发股东凭证。莲花股份合作经济社的分红记录显示，莲花股份合作经济社在2015年2月10日向王红兰发放分配款1000元，在2017年1月19日向王红兰发放分配款20 000元，在2018年2月9日向王红兰发放分配款10 000元。2018年12月11日，莲花股份合作经济社因发现王红兰1993年8月户籍由惠阳淡水回迁莲花村，根据《广东省农村集体经济组织管理规定》第15条的规定，召开股东大会对王红兰的集体经济组织成员资格进行表决。表决会议应到股东户代表234人，实到股东户代表200人，同意王红兰具有莲花股份合作经济社集体经济组织成员资格的有0人，不同意的有200人，表决结果为王红兰不具有莲花股份合作经济社集体经济组织成员资格，莲花股份合作经济社因此取消王红兰集体经济组织成员资格。

王红兰对此有异议，向金岸街道办提出确认莲花股份合作经济社集体经济组织成员资格的申请，金岸街道办于2020年12月3日作出惠亚金行决〔2020〕8号《行政处理决定书》，确认王红兰具有莲花股份合作经济社集体经济组织成员资格。金岸街道办经调查认为莲花股份合作经济社没有充分证据证明王红兰户籍发生迁移，且之前已经确认其集体经济组织成员资格，后又表决取消其资格的行为，显然违反了前述法律法规和政策文件中关于妇女与男子享有平等的集体经济组织权益，任何组织和个人不得剥夺、侵害妇女应当享有的权益。故应当确认王红兰具有莲花股份合作经济社集体经济组织成员资格，处理决定具体内容如下：

结合被申请人向申请人签发股东凭证，[2]且在2015年、2017

---

〔1〕《关于王红兰信访问题金岸街道办事处调处情况莲花村小组作出的回复》，2009年8月8日。

〔2〕此处申请人为王红兰，被申请人为大亚湾区金岸街道莲花股份合作经济社。

年、2018 年向申请人发放分配款的事实来看，申请人的集体组织成员资格已被被申请人确定。根据《广东省农村集体经济组织管理规定》第 15 条第 3 款 "实行以家庭承包经营为基础、统分结合的双层经营体制时起，户口迁入、迁出集体经济组织所在地公民，按照组织章程规定，经社委会或者理事会和成员大会表决确定其成员资格" 的规定，申请人的户籍发生迁移是被申请人成员大会表决确定申请人成员资格的前提。

被申请人没有充分证据证明申请人户籍发生迁移，且本街道办事处向户籍管理机构调查取得申请人的户籍底册、回复函等资料亦无法确认申请人户籍发生迁移。被申请人在确认申请人资格后，以申请人户籍属于回迁为由采取成员大会方式表决申请人成员资格，并根据会议表决结果取消被申请人的集体成员资格错误，应予纠正。

关于申请人要求同等享有被申请人经济组织成员同等的权益的请求，本街道办事处认为：申请人与所在集体经济组织之间就集体利益分配所产生的争议属于平等民事主体之间的民事争议，根据《村民委员会组织法》第 5 条、第 24 条的规定，该事项不属于本街道办事处的行政职权范畴，为保护申请人的民事权利，申请人应另循民事争议的法律途径解决。

基于上述事实及理由，本街道办事处决定如下：

一、确认申请人王红兰具有被申请人惠州大亚湾区金岸街道莲花股份合作经济社集体经济组织成员资格。

二、驳回王红兰的其他申请请求。[1]

莲花股份合作经济社不服该《行政处理决定》，于 2021 年 5 月 19 日向广东省博罗县人民法院提起行政诉讼，请求撤销大亚湾区金岸街道办事处作出的 [2020] 8 号《行政处理决定书》，认为王红兰的户籍于 1993 年 8 月由惠阳淡水回迁莲花村，遂于 2018 年 12 月 11 日召开全体股东户代表会议，就王红兰的集体经济组织成员资格进行表决，不同意王红兰具有村集体经济组织成员资格的股东户代表

---

[1] 惠亚金行决 [2020] 8 号《行政处理决定书》，2020 年 12 月 3 日。

人数达到参会人数的 2/3 以上。[1]此外，莲花股份合作经济社认为金岸街道办作出认定王红兰具有莲花股份集体经济组织成员资格的法律适用错误，且金岸街道办没有认定王红兰是否具有集体经济组织成员资格的职权。据此，金岸街道办认为，根据《大亚湾区农村股份合作经济组织股东资格界定和股份配置若干规定（试行）》（惠亚〔2010〕84 号）关于股东成员身份的确认，即"农村股份合作经济组织广东成员身份经股东代表大会核准后，发给《农村股份合作经济组织股权证》"，莲花股份合作经济社已向王红兰签发股东凭证，且在 2015 年、2017 年、2018 年向王红兰发放分配款的事实来看，王红兰的集体组织成员资格已经被莲花股份合作经济社确认；[2]关于是否具备确认农村集体经济组织成员的职权问题，根据《地方各级人民代表大会和地方各级人民政府组织法》第 61 条第 3 项关于乡、民族乡、镇的人民政府行使职权"（三）保护社会主义的全民所有的财产和劳动群众集体所有的财产，保护公民私人所有的合法财产，维护社会秩序，保障公民的人身权利、民主权利和其他权利"的规定，《村民委员会组织法》第 27 条第 3 款"村民自治章程、村规民约以及村民会议或者村民代表会议的决定违反前款规定的，由乡、民族乡、镇的人民政府责令改正"的规定和《大亚湾区农村集体经济组织成员资格界定办法（试行）》（惠亚〔2010〕85 号）第 6 条第 2 项农村集体经济组织成员资格审核办法"（二）各街道办要成立农村集体经济组织成员资格审核工作领导小组，并设立办公室，加强指导和监督管理工作，纠正农村集体经济组织成员资格确认过程中的违法行为"的规定，[3]金岸街道办有保护公民私人合法财产的职权，在村民自治章程、村规民约或村民会议及决定违反法律法规时应当责令改正、纠正违法行为，因此金岸街道办具有农村集体经济组织成员资格确认的职权。

---

〔1〕《对莲花村股份合作经济社违反法定规定向王红兰发放股份资格，是否撤销王红兰的股份资格一事进行民主表决》，2020 年 8 月 8 日。

〔2〕大亚湾经济技术开发区金岸街道办事处《行政答辩状》，2021 年 6 月 8 日。

〔3〕《大亚湾农村集体经济组织成员资格界定办法（试行）》（惠亚〔2010〕85 号），2010 年 11 月 19 日。

本案中，王红兰认为金岸街道办具有作出《行政处理决定书》（惠亚金行决〔2020〕8号）的职权，作出的《行政处理决定书》（惠亚金行决〔2020〕8号）事实认定清楚、证据充分，法律适用正确，并且她本人的户口从未发生过迁移，一直保留在莲花村民小组处。具体答辩内容如下：〔1〕

一、惠州大亚湾区金岸街道办事处具有作出《行政处理决定书》（惠亚金行决〔2020〕8号）的职权。

首先，根据《地方各级人民代表大会和地方各级人民政府组织法》第61条第3项、第6项"乡、民族乡、镇的人民政府行使下列职权……（三）保护社会主义的全民所有的财产和劳动群众集体所有的财产，保护公民私人所有的合法财产，维护社会秩序，保障公民的人身权利、民主权利和其他权利……（六）保障宪法和法律赋予妇女的男女平等、同工同酬和婚姻自由等各项权利"、《村民委员会组织法》第27条第3款"村民自治章程、村规民约以及村民会议或者村民代表会议违反前款规定的，由乡、民族乡、镇的人民政府责令改正"以及《广东省实施〈中华人民共和国村民委员会组织法〉办法》第41条、第45条的规定，明确了村民自治章程、村规民约以及村民会议或者村民代表会议的决定不得与宪法、法律、法规和国家的政策相抵触，不得侵害村民合法权益，受侵害的村民可以向镇（乡）人民政府或者县级有关主管部门申诉，镇（乡）人民政府或者县级有关主管部门应当进行调查并作出处理。按照《中共广东省委办公厅、广东省人民政府办公厅转发〈省委农办、省妇联、省信访局关于切实维护农村妇女土地承包和集体收益分配权益的意见〉的通知》（粤委办〔2006〕142号）"三、加强领导，切实维护农村妇女权益……对基层政府处理决定不服的，可以提请行政复议"的要求，答辩人王红兰认为自己的合法权益受到被答辩人〔2〕的侵害，向惠州大亚湾区金岸街道办事处提出处理申请，惠州大亚湾区

---

〔1〕 王红兰《答辩状》，2021年11月。
〔2〕 此处答辩人为王红兰，被答辩人为大亚湾区金岸街道莲花股份合作经济社。

金岸街道办事处作为镇一级人民政府，基于上述规定赋予的职权，其依法有权对答辩人是否具有农村集体经济组织成员资格作出行政处理决定，职权依据充分。

二、惠州大亚湾区金岸街道办事处作出的《行政处理决定书》（惠亚金行决〔2020〕8号）事实认定清楚、证据充分，法律适用正确。

根据《广东省农村集体经济组织管理规定》第15条第1款"原人民公社、生产大队、生产队的成员，户口保留在农村集体经济组织所在地，履行法律法规和组织章程规定义务的，属于农村集体经济组织的成员"的规定，答辩人户口保留在被答辩人处且未发生过迁移，应当属于被答辩人为集体经济组织成员并享受村集体利益分配，而且在2012年3月28日，被答辩人向答辩人发放编号为488的股权证，承认答辩人的成员资格并向答辩人发放分配款。而后，被答辩人在没有任何证据证明答辩人户口发生过变动的情形下，非法撤销答辩人的股东资格证，否认答辩人成员资格并停止分配村集体利益，违反了上述法律规定，侵害了答辩人的权益。

三、答辩人的户口从未发生过迁移，一直保留在被答辩人处。

答辩人王红兰1967年1月20日出生于莲花村民小组，1993年3月25日因补遗漏将户口落户于被答辩人处，其后户口一直保留在被答辩人处。经惠州市大亚湾区公安局金岸派出所2020年4月21日出具的《回复函》证实，答辩人的户口至今无任何迁移记录。

广东省博罗县人民法院于2021年9月22日作出〔2021〕粤1000行初147号行政判决书，判决：驳回惠州大亚湾区金岸街道莲花股份合作经济社的诉讼请求。莲花股份合作经济社不服该判决，向广东省惠州市中级人民法院提起上诉，广东省惠州市中级人民法院于2022年3月2日作出〔2021〕粤13行终520号民事判决书，判决：驳回上诉，维持原判。大亚湾区金岸街道办事处作出的〔2020〕8号《行政处理决定书》已生效，王红兰具有莲花股份合作经济社集体经济组织成员资格。

此后，王红兰还提起了民事诉讼。根据《广东省农村集体经济组织管理规定》第 16 条第 2 项"享有集体资产产权、获得集体资产和依法确定由集体使用的国家所有的资产的经营收益"的规定，王红兰作为莲花股份合作经济社的集体经济组织成员，依法应当享有村集体财产权益，莲花股份合作经济社以王红兰存在户籍变动为由撤销其成员资格，并停止向其分配集体利益，损害了她的合法权益。根据《关于进一步落实和保障农村出嫁女集体经济分配权益的实施意见（试行）》（惠湾委发〔2010〕24 号）关于落实农村出嫁女集体经济分配权益保障的措施之规定，在集体经济组织成员资格已经确认的前提下，就可以落实其集体经济组织分配权益了。王红兰认为被告莲花股份合作经济社和景程地公司侵犯了其集体经济组织成员权益，并于 2022 年 5 月 6 日向大亚湾区人民法院提起关于侵害集体经济组织成员权益纠纷的民事诉讼。法院经审理后认为：

> 根据土地管理法的相关规定及客观事实，集体所有的土地及其他财产管理主体是所在的村委会、村小组，本案中村小组以自身名义分配的财产实质仍是村集体经济组织共有的财产，原告具有该村集体经济组织成员资格，应当与其他村集体成员共同享有集体经济组织成员、村小组成员同等的待遇，故原告请求享有莲花合作经济社及莲花村小组分配款权利，理由充分，本院予以确认。被告莲花村民小组、莲花股份合作经济社以已经向广东省高级人民法院申请再审为由否认原告的集体经济组织成员资格没有事实和法律依据，依法不予采纳。[1]

由此可见，农村出嫁女王红兰通过行政处理程序确认了其莲花股份合作经济社集体经济组织成员资格，并在此基础上，通过司法保障程序实现了集体经济分配权益的诉讼请求。

二、农村出嫁女集体经济分配权益之争的焦点

王红兰案反映了农村出嫁女集体经济分配权益之争，这主要涉

---

[1] 广东省惠州市大亚湾经济技术开发区人民院〔2022〕粤 1391 民初 22×× 号《民事判决书》，2022 年 10 月 27 日。

及出嫁女与村民、村民小组（经济合作社）间的利益之争。

根据《关于进一步落实和保障农村出嫁女集体经济分配权益的实施意见（试行）》（惠湾委发〔2010〕24号）第7条关于落实农村出嫁女农村集体经济分配权益的具体办法的规定，[1]首先要确认农村集体经济组织成员资格。根据《大亚湾区农村集体经济组织成员资格界定办法（试行）》的相关规定，经界定为农村集体经济组织成员的，方有资格参与农村集体经济分配。然后是落实农村集体经济股权分配权益。各农村集体经济组织根据居住地、户籍、责任田和义务履行等因素给予成员配股分红，具体办法由各村组结合实际情况自行确定。同时，必须执行《关于进一步落实和保障农村出嫁女集体分配权益的实施意见（试行）》，落实村民义务评分制度，开展义务评分工作。因此，出嫁女王红兰如果想要获得集体经济分配权益，首先需要确认集体经济组织成员资格且享有集体经济分配权益，并主张落实集体经济分配权益。然而，村民坚决反对王红兰享有集体经济分配权益，而村民小组则尊重村民的集体意愿对王红兰的集体经济组织成员资格持异议，且不愿意确认落实王红兰集体经济分配权益，基于各方明确的主张，整个"王红兰案"争议焦点主要集中在是否确认出嫁女王红兰集体经济组织成员资格以及集体经济分配权益。

对此，王红兰认为自己具有莲花股份合作经济社集体经济组织成员资格，应当享有莲花合作经济社集体经济分配权益。而莲花村民小组、莲花股份合作经济社以及莲花村绝大多数的村民认为王红

---

〔1〕《关于进一步落实和保障农村出嫁女集体经济分配权益的实施意见（试行）》（惠湾委发〔2010〕24号）第7条规定："（一）对已经实行股份合作制改革但尚不完善的农村集体经济组织，对股份制章程进行重新审核和修订，按照《大亚湾区农村集体经济组织成员资格界定办法》确认农村出嫁女的农村集体经济组织成员资格，并按'五同'原则进行股权配置。（二）对尚未实行股份合作制的农村集体经济组织，要求在限期内严格按照股份制改革的相关程序和步骤完成，在未完成股改之前实行分配的，应按照'五同'原则给予出嫁女合法的集体经济分配，严禁任何组织成个人随意剥夺其权益。（三）农村出嫁女可以与本集体经济组织协议。以现金或实物方式领取一次性补偿，解决其集体经济分配问题。双方达成的协议须签订调解协议书并予以司法确认。在本办法实施之前已达成协议的，按照'尊重历史、兼顾现实'的原则处理。"

兰的户籍存在迁移的情况，婚姻登记证明其为"男到女家"真实性存疑，且王红兰一家已不住在莲花村未切实履行村民义务，因此不能确定为具有莲花股份合作经济社集体经济组织成员资格。

双方具体争议的焦点在王红兰的户籍是否存在迁移、婚姻登记证明其为"男到女家"是否真实方面。

因莲花村村民王红兰向金岸街道办申请行政处理决定书，要求确认他们具有莲花村民小组集体经济组成员资格；王红兰与莲花村、街道办多次就行政处理决定书的争议上诉到人民法院。故金岸街道办于 2020 年 4 月 9 日发函给金岸派出所调查王红兰的身份户籍信息，金岸派出所于 2020 年 4 月 16 日予以回复。[1]莲花村民小组对金岸派出所的回复及提供的王红兰家庭户籍登记资料情况持有异议。其一，金岸派出所提供的户编号 0383，户主是王红成的《常住人口登记表》，其填报日期是 1991 年 8 月 20 日。该表王红兰一栏"何时何因何地迁来本址"登记为"1993.3.25 补遗漏入户"，但 1986 年以王红兰父亲王建军为户主的《农村常住户口登记表》显示王红兰已登记入户，显然与"1993.3.25 补遗漏入户"存在矛盾。其二，1986 年开始登记户口，且符合年龄条件的村民均办理了第一代身份证，1986 年，王红兰 19 岁，其原身份证号 4425×××××××0032 于 1996 年 12 月 25 日签发与事实不符。其三，根据 1999 年 11 月 18 日王红兰申报的《常住人口登记表》身份证号是 4413××××××××216x，但金岸派出所回复称王红兰在 2005 年 6 月 9 日换领二代身份证发现原号码与他人重号，遂改成现身份证号码，王红兰申报日期与身份证改号日期明显存在矛盾。其四，1996 年，王红兰独立分户，户号是 000455 号，《常住人口登记表》填报日期是 1996 年 4 月 10 日。但王红兰的身份证是 1996 年 12 月 20 日办理的，时间明显在填报日期之后。[2]婚姻状况证明备注"男到女家"，该证明内空格是填写真实情况的说明，即"不在本人户口所在地婚姻登记机关履行

---

[1] 金岸街道禾田村村委会莲花村民小组、金岸街道莲花股份合作经济社《关于质疑王红兰家庭户籍有关事项的函》，2020 年 7 月 31 日。
[2] 金岸街道禾田村村委会莲花村民小组、金岸街道莲花股份合作经济社《关于质疑王红兰家庭户籍有关事项的函》，2020 年 7 月 31 日。

登记时，村（居）民委员会出具《婚姻状况证明》，应加盖乡（城市区或街道办事处）及婚姻登记机关印章。此证明有效期两个月，涂改无效"。而王红兰全家户口的迁入未经过莲花村村委会的接收，事后是莲花村村委会理事会负责人到金岸派出所档案室借来抄写完后送回派出所，且证明只有禾田管理经济社章，未盖婚姻登记机关印章，也没有金岸街道婚姻登记机关印章。禾田乡管理区经济联合社关于婚姻状况证明，特别备注了"男到女家"应该由乡下面小村出具的才是事实。

莲花股份合作经济社及村民王红连（王红兰的堂兄）等38名莲花村村民作出了《有关王红兰情况反映》，与王红兰户籍相关内容如下：

王红兰的户口于1980年登记，原金岸边防派出所档案资料显示，农村常住户口登记表为惠阳金岸莲花村老楼生产队户主王建军，成员陈丽英（妻）、王红成（男）、王红静（女）、王红惠（女）、王红兰（女），其中王红静（女）1981年结婚到新圩，自此时到1991年8月20日，边防派出所资料常住人口登记表住址为广东惠阳县虾涌镇禾田管理区莲花村，户主王红成，成员陈丽英（母）、周红艳，此时王红兰户口已消失，又到1992年，常住人口登记表地址为惠州市大亚湾规划区金岸镇禾田莲花村老楼，户号39，户主王红成，成员周红艳（妻）、陈丽英（母）、王建坤（儿子）、王永超（儿子），王红兰常住人口登记表住址为惠州市大亚湾规划区金岸镇禾田莲花村，户号40，户主王红兰，成员李洛克（长男）、李海波（夫）、李东杰，该登记表中"何时何因由何地迁来本址"是"1992年结婚"，"何时何因迁住何地"显示"1993年从淡水迁入"。

王红兰2009年4月5日的"情况反映"是造假，其实王红成（王红兰大哥）不是聋哑残疾人，婚姻无望。众所周知，王红兰是1992年结婚，而王红成也在同年12月与良腾周红艳结婚且其妻户口12月已迁入并于1993年生育二子，以此可以证明王红兰的"情况反映"与事实不符。

王红兰伪造的《婚姻状况证明》中备注"男到女家"，该证明不是莲花村出具的，是王红兰自己填写的，且几次去找政府文书宋成刚（是王红兰先母舅），那天盖章有王红连在场，宋成刚对王红兰堂兄王红连称：你妹来几次要求盖章，现在只有联合社经济章，办事处章不是我保管。故此该证明即盖有经济章。婚姻状况证明的 2 点说明：1. 是村出具证明应加盖乡（城市区或街道办事处）级婚姻登记印章。2. 涂改无效。经查该证明无此印章。故此该证明可判断是伪造。

再有，王红兰 1992 年结婚，到 2009 年时已隔 17 年，谎称是招郎入门并依据《妇女权益保障法》第 33 条第 2 款因结婚男方到女方住所落户的男方和子女享有所在地农村集体经济组织成员平等权益，认为是男方到女方住所 17 年落户的，并称履行赡养老母义务相应地积极履行村集体组织成员义务。而王红兰与李海波婚后一家都住霞冲圩镇，做海鲜生意十几二十年，从何说来在莲花村农村集体经济组织积极履行了村民义务？履行村民义务最重要的主要是劳动贡献参加农业劳动生产，不是你在圩镇做海鲜生意。综上所述，王红连和党小组王红科（亦是王红兰堂兄）提起强烈抗议。[1]

莲花股份合作经济社于 2020 年 8 月 8 日还对村委会违反法定程序向王红兰发放股东资格，是否撤销村委会向王红兰发放股东资格行为一事进行了民主表决，经惠州大亚湾区金岸街道莲花股份合作经济社《关于村小组干部及村代表违反法定程序向王红兰发放股东资格，是否撤销村委会向王红兰发放股东资格行为一事表决记录》记载："经村民王贵定、王伟光、王保平等人发现，惠州大亚湾区金岸街道莲花股份合作经济社是在惠州大亚湾区金岸街道办事处的指导下依法成立的合作经济社，最初成立时，股东名单及章程进行了公示，王红兰是没有股东资格的，向王红兰发出股东资格证并未进行表决与公示，属于程序违法，严重损害了村集体其余股东的集体利益，现表决是否撤销村委会向王红兰发放股东资格的行为。"[2]会

〔1〕 惠州大亚湾区金岸街道莲花股份合作经济社《有关王红兰情况反映》，2020 年 9 月 11 日。

〔2〕《对莲花村股份合作经济社违反法定规定向王红兰发放股份资格，是否撤销王红兰的股份资格一事进行民主表决》，2020 年 8 月 8 日。

议应到 239 人，实到 230 人，实到人（户）数占应到人（户）数 96%，符合法律规定的会议程序。参会人员经过认真讨论与审议后表决，其中同意撤销村委会向王红兰发放股东资格的有 225 人（户），反对撤销村委会向王红兰发放股东资格的 0 人（户），同意人（户）数占到会人（户）数的 98%，弃权 5 人（户），符合法律规定的有效比例人数，并进行了公示。[1]

除此之外，还有 2020 年 8 月 4 日作出的《王红兰股权问题书面回复》、2020 年 8 月 20 日写的《莲花村小组股份合作经济社与王红兰侵权一案户籍迁出真实情况说明》以及王红兰亲房人的证明等多份莲花村民小组、莲花村股份经济合作社关于王红兰情况的反映和说明，内容与 2020 年 9 月 11 日的《有关王红兰情况反映》大体一致，皆有反映王红兰户籍变动情况，不是纯女户，不算是"招郎入赘"以及未履行村民义务的情况，因此，王红兰不具备集体经济组织成员资格。

显然，莲花村民小组、莲花村股份经济合作社与王红兰在户籍变动方面存在根本分歧。

三、农村出嫁女集体经济分配权益之争的缘由

王红兰案反映的农村出嫁女集体经济权益分配之争，原因极为复杂。

农村传统婚俗观念对出嫁女参与集体经济权益分配资格的否认，加之村民自治与国家法治的冲突，以及妇女权益的觉醒等多重因素，在利益的主导下导致出嫁女与村民小组和村民之间的矛盾激化，农村出嫁女集体经济权益分配之争由此产生。

第一，村民自治与国家法治之间的冲突。根据《村民委员会组织法》第 2 条第 1 款、第 2 款规定："村民委员会是村民自我管理、自我教育、自我服务的基层群众性自治组织，实行民主选举、民主决策、民主管理、民主监督。村民委员会办理本村的公共事务和公益事业，调解民间纠纷，协助维护社会治安，向人民政府反映村民

[1]《公告》，2020 年 8 月 13 日。

的意见、要求和提出建议。"这赋予村民自我管理的权力，实施村民自治。王红兰案中，莲花村民小组、莲花村股份经济合作社多次召开村民大会或者村民代表会议，村民代表大会表决关于是否给予王红兰集体经济组织成员资格和集体经济组织权益分配资格的事项，最后的结论皆是不承认王红兰集体经济组织成员资格和农村集体经济股权分配权益资格。这是村民自治的体现。

而《宪法》第 111 条第 1 款规定了"城市和农村按居民居住地区设立的居民委员会或者村民委员会是基层群众性自治组织"，这肯定了村委会是自治组织，但也强调男女平等的原则。《农村土地承包法》第 6 条规定："农村土地承包，妇女与男子享有平等的权利。承包中应当保护妇女的合法权益，任何组织和个人不得剥夺、侵害妇女应当享有的土地承包经营权。"第 16 条规定："家庭承包的承包方是本集体经济组织的农户。农户内家庭成员依法平等享有承包土地的各项权益。"《妇女权益保障法》第 55 条第 1 款规定："妇女在农村集体经济组织成员身份确认、土地承包经营、集体经济组织收益分配、土地征收或者征用补偿费使用以及宅基地使用等方面，享有与男子平等的权利。"这些从法律上肯定了女性与男性在集体经济组织中平等的权利。

同时，《村民委员会组织法》第 27 条第 2 款、第 3 款规定："村民自治章程、村规民约以及村民会议或者村民代表会议的决定不得与宪法、法律、法规和国家的政策相抵触，不得有侵犯村民的人身权利、民主权利和合法财产权利的内容。村民自治章程、村规民约以及村民会议或者村民代表会议的决定违反前款规定的，由乡、民族乡、镇的人民政府责令改正。"而《妇女权益保障法》第 56 条和相关条文具体对不得侵害妇女在农村集体经济组织中的权益，以及侵害妇女在农村集体经济组织中的权益问题解决途径进行了明确的规定，即"村民自治章程、村规民约，村民会议、村民代表会议的决定以及其他涉及村民利益事项的决定，不得以妇女未婚、结婚、离婚、丧偶、户无男性等为由，侵害妇女在农村集体经济组织中的各项权益。因结婚男方到女方住所落户的，男方和子女享有与所在地农村集体经济组织成员平等的权益"。以妇女未婚、结婚、离婚、丧偶等为由，侵害妇女在农村集体经济组织中的各项权益的，或者因结婚男方到女方住所落户，侵害男方和子女享有与所在地农村集体经济组织成员平等权益的，由乡镇人民政府依法调解；受害人也可以依法向农村土地承包仲裁机构申请仲裁，或者向人民法院起诉，人民法院应当依法受理。

王红兰便是依据这些法律规范向街道办事处、人民法院等提出保护自己财产权益的要求。街道办事处、人民法院认为莲花村民小组村规民约中关于"已婚的女性（纯女户其中一女招郎入门及和本村人结婚的除外），不管户口在不在本村，一律按照外嫁女处理，无权享受本村集体经济收益分配"。的内容与《宪法》规定的男女平等相违背，而且还违反了《妇女权益保障法》《农村土地承包法》《中共广东省委办公厅广东省人民政府办公厅转发〈省委农办、省妇联、省信访局关于切实维护农村妇女土地承包和集体收益分配权益的意见〉的通知》（粤委办〔2006〕142号），《广东省农村集体经济组织管理规定》以及中共惠州市委办公室、惠州市人民政府办公室发布的《关于切实维护农村妇女财产权益的通知》（惠市委办发〔2008〕3号）等法律法规和政策文件中关于维护农村妇女集体经济分配权益的规定，坚持以法治原则解决争议。

第二，村民关于出嫁女权益的传统观念。在中国乡土社会，"家扩大的路线是单系的，就是只包括父系这一方面；除了少数例外，家并不能同时包括媳妇和女婿。在父系原则下女婿和结了婚的女儿都是外家人"。[1]虽然如今已经进入21世纪，但是农村的传统思想仍然根深蒂固，父权、夫权观念在我国农村地区仍然较为突出，村民传统婚俗观念"男婚女嫁"中认为"嫁出去的女，泼出去的水"，女性因结婚而丧失村民的资格，继而丧失村里集体经济分配的权益。在户籍制度之下，"女方户口跟着男方走"，女性因结婚，户籍应当随之迁离父母的家庭，而落户到丈夫家。基于此，村里要求出嫁女将户口迁出，进而否定出嫁女集体经济组织成员资格，同时，原村的相应权益随之消失，即土地承包的权益和基于土地或村民所享有

---

〔1〕　费孝通：《乡土中国》，天津人民出版社2022年版，第61页。

的权益也理所应当地消失。王红兰案中，王红兰于 1992 年 7 月与外村村民李海波登记结婚，并未将户籍迁出村，是"与外村村民（或外地居民）结婚但户籍保留在本村的农村妇女"，属于"户在人在型，即户籍和居住地均在本农村集体经济组织所在地"的出嫁女，婚后集体经济组织成员资格和权益均遭到剥夺。农村出嫁女集体经济分配权益之争便由此引发。

第三，女性法治意识逐渐增强。当面临因城市发展而带来的出嫁女问题日益增多，大亚湾区于 2010 年开展了落实农村出嫁女合法权益的宣传，并由大亚湾区出嫁女权益保障工作领导小组办公室编制了《大亚湾区落实农村出嫁女合法权益宣传手册（2010）》。《大亚湾区落实农村出嫁女合法权益宣传手册（2010）》主要包含的内容有：《落实和保障农村出嫁女集体经济分配权益宣传漫画》《关于进一步落实和保障农村出嫁女集体经济分配权益的实施意见（试行）》（惠湾委发〔2010〕24 号）、《大亚湾区农村集体经济组织成员资格界定办法（试行）》（惠亚〔2010〕85 号）、《大亚湾区农村股份合作经济组织股东资格界定和股份配置若干规定（试行）》（惠亚〔2010〕84 号），其中《落实和保障农村出嫁女集体经济分配权益宣传漫画》以漫画的形式，生动形象地告诉读者落实和保障农村出嫁女集体经济分配权益的依据、出嫁女的定义和类型、享受农村集体经济分配权益的出嫁女范围及示例、不具备农村集体经济组织成员资格、不享有本集体经济组织的集体经济分配权益的出嫁女范围及示例、农村集体经济组织成员的出嫁女享有的权利、农村出嫁女应该履行与男子一样的义务、落实和保障农村出嫁女参与农村集体经济分配的程序、方式、保障措施、农村集体经济组织成员资格的退出等内容。《关于进一步落实和保障农村出嫁女集体经济分配权益的实施意见（试行）》（惠湾委发〔2010〕24 号）以为推行农村股份合作制改革落实农村出嫁女在农村集体经济中的分配权益为主要办法，切实维护好和保障好农村出嫁女的权益，立足当前、着眼长远，建设"利益共享、和谐稳定"的大亚湾新农村；根据《妇女权益保障法》《广东省实施〈中华人民共和国妇女权益保障法〉办法》《广东省农村集体经济组织管理规定》等相关法律法规的规定，结合大亚湾区实际而提出的实施意见，以男女平等、"五同""权利义务一致""户籍前提"、禁止"重复享有"等为原则，明确了农村出嫁女的定义、类型、范围、权利义务、落实农村出嫁女及其子女农村集体经济分配权益的具体办法、保障措施，明确了在农村出嫁女权益保障中街道办和村委会的职责，并且以附件的形式将村民义务及评分细则予以规定。[1]在大亚湾区调研过程中，大亚湾区禾田村村委会和村民也向我们反映，出嫁女从大亚湾区妇女权益保障法宣传册出来就开始闹。与此同时，大亚湾区人民法院以"侵害集体经济组织成员权益纠纷"为案由的出嫁女案件在 2010 年后出现了激增。由此可见，自《大亚湾区落实农村出嫁女合法权益宣传手册（2010）》印发后，出嫁女对自身法律权益的了解更加深入，有了通过法律维权的意识，并采取了行政、司法等相应的依法维权措施，从而凸显出来的出嫁女问题也更加严重。王红兰案中，王红兰也将《大亚湾区落实农村出嫁女合法权益宣传手册（2010）》以及其中的《关于进一步落实和保障农村出嫁女集体经济分配权益的实施意见（试行）》（惠湾委发〔2010〕24 号）、《大亚湾区农村集体经济组织成员资格界定办法（试行）》（惠亚〔2010〕85 号）、《大亚湾区农村股份合作经济组织股东资格界定和股份配置若干规定（试行）》（惠亚〔2010〕84 号）等文件作为了重要的诉讼证据。

当然，农村出嫁女集体经济分配权益之争归根结底乃是利益之争。随着改革不断推进，大亚湾区的快速工业化、城市化，农业用地大面积转为非农业用地，《土地管理法》第 48 条第 1 款、第 2 款规定："征收土地应当给予公平、合理的补偿，保障被征地农民原有生活水平不降低、长远生计有保障。征收土地应当依法及时足额支付土地补偿费、安置补助费以及农村村民住宅、其他地上附着物和青苗等的补偿费用，并安排被征地农民的社会保障费用。"土地因依法征收、征用、占用而产生巨额的补偿费用。在巨大的利益面前，无论是出嫁女还是其他村民都希望能够实现自身利益最大化，但是

---

〔1〕《关于进一步落实和保障农村出嫁女集体经济分配权益的实施意见（试行）》（惠湾委发〔2010〕24 号）。

补偿费用是既定的，多一个人、多几个人分，其他人所获得的利益就会相应减少。因此，在这场利益之争下，村民小组通常的做法是采用村民大会的形式，由村民投票表决根据村规民约是否给予出嫁女集体经济分配权益资格，而结果几乎都是高票通过"不给予出嫁女集体经济分配权益资格"，有的出嫁女近亲属也反对出嫁女主张自己的集体经济分配权益，甚至有的父母兄弟姐妹间因此反目成仇，这也就引发了出嫁女无法接受成员资格和参与分配权益被村规民约、村民会议决议否定的结果并产生争议继而寻求行政、司法等法律措施来维护自身权益。

结　语

王红兰案表明农村出嫁女集体经济分配权益之争非常复杂。随着我国经济快速发展，在家庭承包经营的基础上经济发达地区的农村逐步实施股份合作制改革，落实和保障农村集体经济组织及其成员土地承包和农村集体经济分配权益就显得尤为重要。

在面对集中、大量的农村出嫁女集体经济分配权益纠纷时，广东省、惠州市和大亚湾区各级政府积极作为，根据《宪法》《土地管理法》《农村土地承包法》《妇女权益保障法》《村民委员会组织法》等法律法规制定了一系列的规范性文件，在王红兰的集体经济组织成员资格确认和落实集体经济分配权益的过程中起到了重要的作用，保障了农村出嫁女的合法权益。然而，农村出嫁女集体经济组织成员资格确认标准的问题仍未得到根本解决，执行仍然有待到位，同时一些新的问题又逐渐浮现，如农村出嫁女的集体经济组织成员资格得到确认，集体经济分配权益得以实现后，其配偶、子女以及（外）孙子女的集体经济组织成员资格和集体经济分配权益纠纷日益增多。因此要解决农村出嫁女集体经济分配权益之争，需要从国家层面完善相关法律法规，通过农村股份合作制改革的法治化、规范化，既尊重村民自治和村规民约，又坚持法治原则，促使农村经济社会有序发展，最终建成宜居宜业的和美乡村。

第八章

和美治理中的居民公约

——以大亚湾区为对象

引 言

《城市居民委员会组织法》第 15 条规定："居民公约由居民会议讨论制定，报不设区的市、市辖区的人民政府或者它的派出机关备案，由居民委员会监督执行。居民应当遵守居民会议的决议和居民公约。居民公约的内容不得与宪法、法律、法规和国家的政策相抵触。"2017 年 6 月发布的中共中央、国务院《关于加强和完善城乡社区治理的意见》明确指出要"充分发挥自治章程、村规民约、居民公约在城乡社区治理中的积极作用"。2018 年 12 月，民政部、中央组织部等七部门联合出台《关于做好村规民约和居民公约工作的指导意见》（本章以下简称《指导意见》），从村规民约、居民公约的主要内容、制定程序、监督落实和组织领导等方面要求加强对村规民约和居民公约工作的指导规范。2020 年 12 月，中共中央印发的《法治社会建设实施纲要（2020－2025 年）》提出，要"充分发挥社会规范在协调社会关系、约束社会行为、维护社会秩序等方面的积极作用。加强居民公约、村规民约、行业规章、社会组织章程等社会规范建设，推动社会成员自我约束、自我管理、自我规范"。这表明，居民公约作为以居民自治章程为基础和依据、引导社区居民进行自我管理、自我服务、自我教育、自我监督的行为规范，在基层社会治理中发挥着重要作用。2022 年 10 月，习近平总书记在党的二十大报告中提出"全面推进乡村振兴……统筹乡村基础设施和公共服务布局，建设宜居宜业和美乡村""积极发展基层民主……增强城乡社区群众自我管理、自我服务、自我教育、自我监督的实效"。如今，全国各城市都在持续深化落实基层群众自治，进一步重视居民公约在法治国家、法治社会建设中的地位。发挥居民公约在基层治理中的积极作用，这是建设宜居宜业和美乡村，实现和美治理的关键环节。

广东省惠州市大亚湾区辖澳头、西区、霞涌 3 个街道办事处，29 个行政村、28 个社区。自 2019 年 10 月以来，为贯彻落实习近平总书记对民政工作重要指示精神，落实第十四次全国民政会议部署，大亚湾区根据民政部等七部门发布的《指导意见》、中央精神文明建设指导委员会 2019 年工作安排、广东省民政厅等七部门联合印发的《关于做好村规民约和居民公约工作行动方案》以及省委、省政府《关于加强和完善城乡社区治理的实施意见》《关于推进乡村振兴战略的实施意见》等文件，结合全区实际制定了《大亚湾区村规民约和居民公约修订工作实施方案》（本章以下简称《实施方案》）并组织施行。截至 2021 年，大亚湾区的 28 个社区都相继完成了居民公约的修订工作。

本章主要依据对从大亚湾区民政局调查收集到的该区 3 个街道办事处下辖的 19 个社区 19 件居民公约（其中 1 件已被修改，3 件生效日期未知）中有生效日期的 16 件居民公约进行总结、分析而成。[1]我们试图通过对社区居民公约的制定与修订、主要内容、施行现状的梳理，总结大亚湾区社区居民公约的作用与特点，结合和美治理理念初步理解大亚湾区居民公约的具体实施情况，进一步理解大亚湾区的自治规范和自治实践。

---

[1] 我们目前收集的 19 件大亚湾区居民公约具体为：澳头街道办所辖的海滨社区、桥西社区、沙田社区及桥东社区的 4 件居民公约；西区街道办所辖的爱群社区、板嶂岭社区、德惠社区、海惠社区、锦惠社区、蓝岸社区、龙光社区、美韵社区、新联社区、响水社区、新惠社区、永盛社区、新荷社区的 13 件居民公约；霞涌街道办所辖的小径湾社区、东兴社区的 2 件居民公约。其中，《德惠社区居民公约》于 2020 年 1 月 17 日修订，《桥东社区居民公约》《新荷社区居民公约》和《小径湾社区居民公约》的生效时间未知。本章主要以有明确生效日期的 16 件居民公约为分析对象。

一、居民公约的制定与修订

2018 年 12 月，民政部等七部门联合发布的《指导意见》要求"到 2020 年全国所有村、社区普遍制定或修订形成务实管用的村规民约、居民公约，推动健全党组织领导下自治、法治、德治相结合的现代基层社会治理机制"。大亚湾区民政局据此于 2019 年 10 月制定了《实施方案》，提出到 2019 年底实现全区 60% 的村（社区）修订完善具有依法保障、自我约束且务实管用的村规民约和居民公约，到 2020 年实现全市所有村（社区）全覆盖。针对 16 件居民公约文本，参照《指导意见》和《实施方案》相关规定，围绕居民公约的制定与修订之主体、原则、程序等方面进行讨论，展现大亚湾区居民公约的制定与修订情况。

《城市居民委员会组织法》第 15 条第 1 款规定，居民公约由居民会议讨论制定，由居民委员会监督执行。在大亚湾区，居民公约的制定与修订由街道办主导、社区居委会负责组织，最后经社区居民代表会议表决通过后施行。其中，居委会是带头制定、发布居民公约并监督其实施的主体之一，还与社区党组织一同负责解释居民公约。例如，西区街道办下辖的爱群、锦惠、响水等社区均在居民公约总则部分强调"经社区居民代表会议表决通过，制定本社区公约"，并在附则部分指出"本公约由社区党组织和社区居民委员会负责解释""本公约自社区居民代表会议通过之日起施行"。〔1〕由此可见，居民委员会作为居民自我管理、自我教育、自我服务的基层群众性自治组织，和居民代表会议一同在居民公约的制定和修订中发挥着重要作用。

在居民公约的制定及修订过程中，大亚湾区各社区遵守《实施方案》总体要求中提出的"五个坚持"原则。其一，"坚持党的领导"，如《东兴社区居民公约》总则部分第 2 条提出"坚持党对一

---

〔1〕《爱群社区居民公约》（2020 年 10 月 22 日）、《锦惠社区居民公约》（2020 年 10 月 21 日）、《响水社区居民公约》（2020 年 10 月 22 日）。

切工作的领导"；〔1〕其二，"坚持合法合规"，16件居民公约中均有与"依据国家法律法规和政策的有关规定制定本社区公约"相关的表述；其三，"坚持发扬民主"，主要体现于在制定和修订居民公约的过程中需要征集民意并经居民会议讨论通过；其四，"坚持价值引领"，如《爱群社区居民公约》第3条提出"坚持法治、德治、自治相结合，培育和践行社会主义核心价值观，倡导爱国敬业、诚实守信、崇德向善，传承优良传统文化，树立良好社区风气"；〔2〕其五，"坚持问题导向"，如《东兴社区居民公约》第26条规定"自觉开展移风易俗，传承节俭优良传统，反对铺张浪费，做到婚丧喜事减半，厚养薄葬，全面推进节地生态安葬"〔3〕来回应该地区存在的攀比炫富、铺张浪费的问题。

为保证上述原则的贯彻落实，居民公约的制定与修订必须确立一定的程序。目前，我国《城市居民委员会组织法》对此尚无具体规定。根据民政部等发布的《指导意见》，居民公约的制定或修订一般包括征集民意、拟定草案、提请审核、审议表决、备案公布五个主要步骤。大亚湾区的《实施方案》对居民公约制定与修订程序的规定也基本以《指导意见》的要求为主，并进行了相应的细化。具体而言，在完成征集民意并拟定草案，提请审核时，需要在社区党组织、居委会根据有关意见修改完善后，再经驻社区法律顾问审核后，报街道办事处审核把关。与《指导意见》相比，大亚湾区民政局在提请审核环节增加了社区法律顾问审核，加强了对居民公约的审核，能够有效地减少居民公约违背宪法和法律精神，侵犯国家、集体利益和群众合法权益等问题。此外，在规范居民公约的修订时，大亚湾区各社区还特别注意根据法律政策的更新及时增加新的符合发展的内容并修改无法顺应现实需求的条文。例如，西区街道办事处于2020年1月对其下辖的德惠社区的居民公约提供了两条修改审核意见。一为在正文首段增加："坚持党对一切工作的领导，全面推

---

〔1〕《东兴社区居民公约》（2020年10月22日）。

〔2〕《爱群社区居民公约》（2020年10月22日）。

〔3〕《东兴社区居民公约》（2020年10月22日）。

行社区重大事项、重大问题、重要工作和大额资金使用等'三重一大'事项由社区党组织决策在线，按相关程序实施"；二为将第17条"自觉遵守计划生育法律、法规、政策，实行计划生育，提倡优生优育，严禁无计划生育或超生"改成"自觉遵守计划生育政策，提倡优生优育"。在西区街道办、澳头街道办以及霞涌街道办辖区内的其他社区居民公约中也有与上述修改内容相似的规定。这表明，大亚湾区各社区居民公约的制定与修订工作严格遵循《实施方案》的相关要求，并以具有典型示范意义的居民公约为范本，在因地制宜的基础上相互借鉴，不断完善。

总体而言，大亚湾区各社区在街道办的指导和各社区居委会的组织下，通过居民代表大会制定、修订居民公约，进而规范居民行为、保障居民权益、满足居民需求，为建设和美社区、初步构建和美治理格局奠定了基础。

二、居民公约的内容

居民公约的内容由结构形式和主体内容两部分组成，涉及与社区居民日常生活相关的思想道德、环境卫生、治安管理、公共事务、婚姻家庭、邻里关系等各个方面。各社区试图通过居民公约实现对居民行为的规范和居民关系的调整，实现社区自治，进而维护社区正常的生活秩序。

（一）居民公约的结构形式

民政部的《指导意见》和大亚湾区的《实施方案》都要求居民公约应由名称、正文、审议主体和日期四部分组成。具体而言，名称一般为《××社区居民公约》，正文可采取结构式、条款式、三字语、顺口溜、山歌民歌等各种表述形式，审议主体为××村村民会议，日期为实时生效的具体时间。大亚湾区澳头、西区和霞涌三个街道办辖区内各社区的居民公约在结构上也基本依照上述要求分为名称、正文、审议主体和日期四部分。从名称来看，除沙田社区的公约名称在社区前加了街道名称外，其余15份居民公约均采用了《××社区居民公约》的形式。在正文的体例编排方面，16份居民公约都采用条款式的表述形式，且在正文开头都冠以指导原则及订约要求。其中，西区街道办和霞涌街道办下辖的 8 个社区又将居民公约以章、条格式订立，共分为总则、美丽家园、邻里关系、公共秩序、婚姻家庭、平安建设、奖惩措施和附则 8 章共 41 条。与此相比，龙光社区和永盛社区的居民公约正文缺少了奖惩措施部分。新联社区的章节框架有所调整，包括总则、倡导导向、社区事务管理、精神文明建设、社区环境卫生和社区治安管理 6 部分共 26 条。此外，在行文方面，各居民公约普遍采用"应当""要""为了"等劝诫性以及"提倡""配合""自觉"等倡导性用语，较少采用"不得""严禁""必须"等惩戒性用语。在日期方面，19 份居民公约中只有 3 份居民公约（《桥东社区居民公约》《新荷社区居民公约》《小径湾社区居民公约》）缺少日期部分。从生效日期来看，澳头街道办下辖的桥西社区、海滨社区和沙田社区及西区街道办所辖的德惠社区、新联社区、海惠社区基本于 2019 年 11 月至 2020 年 1 月完成了居民公约的制定或修订工作，西区街道办事处下辖的其他 9 个社区和霞涌街道办事处下辖的东兴社区则于 2020 年 10 月相继完成。其中，于 2019 年 11 月 5 日通过的《澳头街道沙田社区居民公约》是 16 份居民公约中最早完成制定或修订的公约，而《美韵社区居民公约》则相对较晚。[1] 就审议主体而言，值得注意的是，大亚湾区各社区居民公约中的审议主体并非"××社区居民代表会议"而是"××社区居民委员会"。

（二）居民公约的主体内容

从主体内容来看，民政部等七部门联合发布的《指导意见》指出居民公约的内容一般应包括规范日常行为、维护公共秩序、保障群众权益、调解群众纠纷和引导民风民俗五方面内容。大亚湾区民政局发布的《实施方案》则要求居民公约一般涵盖倡导类、权益保障类和约束类三类内容。16 件大亚湾区居民公约的正文内容在结构划分上虽不尽相同，但总体都以《指导意见》和《实施方案》提出的基本要求为基础。结合 16 件居民公约的具体内容，参考《指导意

---

〔1〕 参见《澳头街道沙田社区居民公约》（2019 年 11 月 5 日）、《美韵社区居民公约》（2020 年 10 月 31 日）。

见》《实施方案》对居民公约内容的要求以及《城市居民委员会组织法》中居委会的主要任务，将大亚湾区各社区居民公约的主体内容分为倡导精神文明、保护环境卫生、建设平安社区、管理公共事务、协调居民关系、制定奖惩措施六方面展开梳理。

1. 倡导精神文明

自党的十八大以来，以习近平同志为核心的党中央高度重视社会主义精神文明建设。大亚湾区各社区在居民公约均以习近平新时代中国特色社会主义思想为指导，以弘扬和践行社会主义核心价值观为指引，通过倡导爱国爱党、遵纪守法、加强思想道德和科学文化教育、传承优良家风等行为，全面提升社区精神文明建设。

（1）爱国爱党守法

16 件居民公约中，与爱国爱党守法相关的内容均被置于居民公约的开篇，倡导居民坚持党对一切工作的领导，树立正确的价值观。例如，澳头街道办辖区内的沙田社区和海滨社区的居民公约中均有"爱党、爱国、爱社会主义，积极响应政府号召，依法履行应尽义务，团结一心为构建和谐社区作贡献""学法、知法、守法，自觉维护社会治安和公共秩序，见义勇为，同一切坏人坏事和不良行为做斗争"的规定。[1]西区街道办下辖的爱群、美韵、锦惠等 8 个社区也均在居民公约总则部分第 3 条规定了"坚持法治、德治、自治相结合，培育和践行社会主义核心价值观，倡导爱国敬业、诚实守信、崇德向善，传承优良传统文化，树立良好社区风气"。[2]

（2）科学文化教育

科学文化教育作为精神文明建设的重要内容，在大亚湾区各社区的居民公约中也有所体现。如《新联社区居民公约》第 14 条规定，"努力学习科学文化知识、开展文明健康的文娱活动，不看淫秽书刊、录像等，不参与赌博、吸毒，不做违法犯罪的事"。[3]在

---

〔1〕 参见《澳头街道沙田社区居民公约》（2019 年 11 月 5 日）第 2 条、第 3 条，《海滨社区居民公约》（2020 年 1 月 14 日）第 1 条、第 2 条。

〔2〕 参见《爱群社区居民公约》（2020 年 10 月 22 日）、《美韵社区居民公约》（2020 年 10 月 31 日）、《锦惠社区居民公约》（2020 年 10 月 21 日）。

〔3〕 《新联社区居民公约》（2019 年 12 月 10 日）。

《海滨社区居民公约》《澳头街道沙田社区居民公约》中也有类似的条文，并都强调"不做伤风败俗的事"。[1]霞涌街道办下辖的东兴社区则在其居民公约第24条中强调，父母作为未成年人的法定监护人应保证子女接受九年制义务教育。[2]在西区街道办各社区的居民公约中也有相同的规定，此外，还有龙光、新惠、美韵等8个社区在居民公约中进一步提倡居民自觉接受社会主义法治教育和思想道德教育。[3]

（3）倡导移风易俗

民政部等七部门联合发布的《指导意见》明确提出居民公约要包含引导民风民俗的内容，弘扬优良传统，推进移风易俗。大亚湾区各社区在居民公约中均对此作出了相应规定。例如，《桥西社区居民公约》第9条规定，"提倡社会主义精神文明，移风易俗，反对封建迷信及其他不文明行为，不参加邪教组织"。[4]《澳头街道沙田社区居民公约》则在此基础上进一步细化规定，"移风易俗，反对封建迷信，做到红白喜事不大操大办，勤俭节约，反对铺张浪费"。[5]西区街道办与霞涌街道办各社区居民公约中也有与移风易俗相关的规定，如《永盛社区居民公约》第27条提出"自觉开展移风易俗，传承节俭优良传统，反对铺张浪费，做到婚丧喜事简办，厚养薄葬，全面推进节地生态安葬。不搞铺张浪费，不盲目跟风攀比，不搞封建迷信活动，不参与非法宗教活动"。[6]西区和霞涌街道办其他8个社区的居民公约也有相同的规定。

除强调移风易俗外，西区和霞涌街道办的各社区居民公约还提倡弘扬优良的传统，尤其对家风建设有特别的规定。如《板樟岭社区居民公约》《东兴社区居民公约》《美韵社区居民公约》等10件

---

〔1〕 参见《澳头街道沙田社区居民公约》（2019 年 11 月 5 日）第 4 条、《海滨社区居民公约》（2020 年 1 月 14 日）第 4 条。

〔2〕 参见《东兴社区居民公约》（2020 年 10 月 22 日）。

〔3〕 参见《龙光社区居民公约》（2020 年 10 月 16 日）、《新惠社区居民公约》（2020 年 10 月 21 日）、《美韵社区居民公约》（2020 年 10 月 31 日）第 28 条。

〔4〕 《桥西社区居民公约》（2019 年 12 月 4 日）。

〔5〕 参见《澳头街道沙田社区居民公约》（2019 年 11 月 5 日）第 5 条。

〔6〕 《永盛社区居民公约》（2020 年 10 月 22 日）。

居民公约均指出要"传承高尚的家风祖训，倡导文明新风，树立勤俭节约的意识"。[1]

2. 保护环境卫生

社区环境卫生与居民日常生活息息相关，直接影响居民生活质量，是社区建设的主要任务之一。大亚湾区各社区都十分重视对社区环境卫生的治理，大多居民公约都设有专章要求居民爱护公共卫生、保护社区环境。西区街道办下辖的板樟岭、锦惠、响水等10个社区的居民公约都在第二章"美丽家园"中对社区环境卫生作出了相应规定，内容主要包括倡导居民积极配合参与社区环境治理工作、遵守社区整体规划、维护社区整洁、实行垃圾分类、提倡绿色生活五方面。[2]除此之外，西区街道办各社区在居民公约的其他章节中也有与社区环境卫生相关的规定，如《永盛社区居民公约》第19条和20条分别要求居民保持楼道干净整洁和文明遛狗。[3]《新联社区居民公约》第五章也专门对保护社区环境卫生作了详细规定，其中包含了要求居民履行"三包责任"、文明饲养宠物、爱护公共卫生、及时清理垃圾等内容，并且还专门在第20条中规定"党员、干部、代表应每月参加一次由居委会组织的我爱我社清洁行动，具体时间由居委会统筹安排"，[4]以更加有效地促进居民建立良好的环境意识和卫生习惯。

3. 建设平安社区

社区平安建设不仅需要政府的力量，还需要社区居民共同参与社会治安秩序的维护。在16件居民公约中，西区街道办和霞涌街道办的13个社区中有10件居民公约规定了"平安建设"的内容，《新联社区居民公约》也专设"社区治安管理"章节。海惠、德惠、沙田、桥西及海滨等社区也在居民公约中规定了与社区平安建设相关

<hr>

〔1〕参见《板樟岭社区居民公约》（2020年10月22日）第26条、《东兴社区居民公约》（2020年10月22日）第26条、《美韵社区居民公约》（2020年10月31日）第27条。

〔2〕参见《板樟岭社区居民公约》（2020年10月22日）、《锦惠社区居民公约》（2020年10月21日）、《响水社区居民公约》（2020年10月22日）第二章"美丽家园"。

〔3〕参见《永盛社区居民公约》（2020年10月22日）。

〔4〕参见《新联社区居民公约》（2019年12月10日）第五章"社区环境卫生"。

的内容。在具体规范居民行为之前，有 10 个社区的居民公约先对居民平安建设进行了倡导式的规定，并为居民参与平安建设提供了途径。如板樟岭、东兴、锦惠等社区的居民公约均倡导"积极参与平安社区创建活动、踊跃参加平安志愿者、义工巡逻等群防群治活动""积极参与'网格化管理、组团式服务'"，发现问题"及时告知物业管理人员或社区干部"。[1]具体而言，大亚湾区各社区居民公约中与治安管理、平安建设相关的规定包含黄赌毒及相关人员管理、防火防灾管理、车辆治安管理、网络治安管理和房屋治安管理五方面内容。

首先，为了与精神文明建设配合，维护社区和谐稳定，各社区居民公约中都有与禁止黄赌毒及邪教的相关规定。如《德惠社区居民公约》第 6 条规定"禁止吸毒、贩毒、赌博、卖淫嫖娼等违法犯罪活动，严禁非法种植各种毒品原植物、容留他人吸毒或为他人吸毒提供方便"。[2]同时，爱群、板樟岭、东兴等 11 个社区的居民公约还专门强调了针对涉毒、误入邪教等人员应"加强教育引导和管理帮扶，发生异常情况及时向社区党组织和社区居委会报告，并配合做好相关工作"。[3]除禁止黄赌毒外，各社区居民公约还注重防火防灾治安管理，如爱群、锦惠、响水等社区的居民公约第 34 条均规定"严防发生火灾、生产、交通、溺水等安全事故"。[4]《德惠社区居民公约》第 8 条至第 10 条分别从禁止燃放烟花爆竹、禁止乱拉乱接电线和加强安全知识宣传教育三方面要求加强社区用火用电安全管理。[5]在车辆治安管理方面，《新联社区居民公约》第 22 条规定"车辆进出社区要减速慢行、不鸣笛；规范停放汽车、电瓶车、摩托车、自行车，不将车辆停放在通道口、绿化带、消防通道，不

---

[1] 参见《板樟岭社区居民公约》（2020 年 10 月 22 日），《东兴社区居民公约》（2020 年 10 月 22 日），《锦惠社区居民公约》（2020 年 10 月 21 日）第 27 条、第 28 条。

[2] 《德惠社区居民公约》（2020 年 1 月 17 日）。

[3] 参见《爱群社区居民公约》（2020 年 10 月 22 日）、《板樟岭社区居民公约》（2020 年 10 月 22 日）、《东兴社区居民公约》（2020 年 10 月 22 日）、《美韵社区居民公约》（2020 年 10 月 31 日）。

[4] 《爱群社区居民公约》（2020 年 10 月 22 日）、《锦惠社区居民公约》（2020 年 10 月 21 日）、《响水社区居民公约》（2020 年 10 月 22 日）。

[5] 参见《德惠社区居民公约》（2020 年 1 月 17 日）第 8 条、第 9 条、第 10 条。

得妨碍其他车辆通行"。[1]《澳头街道沙田社区居民公约》第7条提出"遵守交通规则，礼让对方共和谐，车辆不乱停乱放，争做文明交通员"。[2]此外，还有11件居民公约规定了网络治安管理内容，如蓝岸、响水等社区的居民公约第33条倡导"文明上网，自觉远离网络谣言，坚决斩断谣言传播链，切实做到不信谣、不传谣"。[3]最后，针对房屋治安管理的规定主要包括房屋建筑安全与禁止高空抛物。《德惠社区居民公约》规定严禁改变房屋外观、结构。[4]《爱群社区居民公约》也要求房屋符合建筑、消防等安全要求，此外还进一步提出要定期对出租房屋进行消防安全检查等要求。[5]同时，有12件居民公约均明确禁止高空抛物行为，如《响水社区居民公约》第15条规定"严禁高空抛物，不往窗外抛撒垃圾或向外吐痰、泼水，阳台晾晒、浇灌应防止滴水。养成文明的生活习惯，自觉维护小区的安全"。[6]

4. 维护公共利益

办理社区的公共事务、维护公共设施、开展公益事业是居民公约的重要内容。大亚湾区各社区根据实际情况，通过居民公约对计划生育、外来人口、公共秩序、公共设施、公共空间以及公益事业作出了相应规定。

在计划生育方面，16件居民公约中有13件都不同程度地提到了要落实国家计划生育政策。以《龙光社区居民公约》为代表的10件居民公约均详细规定了生育登记制度，并提出"符合再生育条件，拟再生育子女的夫妻，应先办理再生育审批手续，经审核批准后方可怀孕、生育"。[7]《海滨社区居民公约》对此进一步补充道，"已婚妇女自觉接受妇女普查服务，政策外怀孕应自觉采取补救措施"。[8]

〔1〕《新联社区居民公约》（2019年12月10日）。
〔2〕《澳头街道沙田社区居民公约》（2019年11月5日）。
〔3〕《蓝岸社区居民公约》（2020年10月22日）、《响水社区居民公约》（2020年10月22日）。
〔4〕《德惠社区居民公约》（2020年1月17日）。
〔5〕参见《爱群社区居民公约》（2020年10月22日）第36条。
〔6〕《响水社区居民公约》（2020年10月22日）
〔7〕参见《龙光社区居民公约》（2020年10月16日）第23条。
〔8〕参见《海滨社区居民公约》（2020年1月14日）第9条。

由此可见，大亚湾区各社区都严格遵守计划生育政策，禁止超生。然而，《德惠社区居民公约》中"严禁无计划生育或超生"的规定却在西区街道办审核时被删除。[1]这反映出各社区对国家计划生育政策更新的认识程度是有差异的。

由于大亚湾区具有毗邻深圳、东莞，距香港仅47海里的区位优势，外来人口、流动人口管理成为社区公共事务管理的重要内容。16件居民公约中有11件对外来人口、流动人口作出了相应规定。以爱群、美韵等社区为代表的居民公约要求居民"自觉遵守流动人口管理服务和出租房屋登记等有关规定……承租人是流动人口的，应告知承租人主动向社区警务室或公安派出所申报居住登记。警务室工作人员上门办理居住房屋出租登记、流动人口居住登记时，应积极配合，主动出示身份证件，如实提供相关信息"。[2]此外，在邻里关系中，上述社区居民公约中也都规定了要"与外来人员和谐相处，不欺生、不排外"。[3]

各社区居民公约在公共秩序方面的规定主要包括与不法行为做斗争、严禁非法集会或聚众闹事等。如《海滨社区居民公约》第2条规定"学法、知法、守法，自觉维护社会治安和公共秩序，见义勇为，同一切坏人坏事和不良行为做斗争"。《德惠社区居民公约》第5条规定"严禁非法集会、游行、示威，杜绝非法上访"。[4]《桥西社区居民公约》第7条规定"讲文明、讲礼貌、讲道德、严禁在公共场所聚众闹事"。[5]同时，有10件居民公约明确提倡居民"选择理性合法的方式表达自己的利益诉求"。[6]

居民公约针对公共设施、公共空间的规定主要涉及维护社区整

〔1〕 参见《关于对德惠社区居民公约的审核意见》（2020年1月10日）。
〔2〕《爱群社区居民公约》（2020年10月22日）、《美韵社区居民公约》（2020年10月31日）第35条。
〔3〕《爱群社区居民公约》（2020年10月22日）、《美韵社区居民公约》（2020年10月31日）第12条。
〔4〕《德惠社区居民公约》（2020年1月17日）。
〔5〕《桥西社区居民公约》（2019年12月4日）。
〔6〕 参见《龙光社区居民公约》（2020年10月16日）、《爱群社区居民公约》（2020年10月22日）、《美韵社区居民公约》（2020年10月31日）第32条。

体规划与整洁、宠物饲养及噪声控制。如《新联社区居民公约》规定"共同遵守社区整体规划，保护国家土地资源和公共绿地等基础设施的完善，不得随意侵占、挪用，严禁违章搭建"。[1]爱群、美韵等10个社区的居民公约也同样要求保护楼道干净整洁，禁止乱搭乱建、乱堆乱放。[2]与宠物饲养相关的规定以要求居民文明养犬为主，包括及时清理粪便、定期注射疫苗、不扰民等。此外，响水、新惠等10个社区的居民公约还从禁止车辆在住宅区内鸣笛、在公共场所锻炼时减小音响设备音量、早晚主动降低室内电视音响音量三方面规范居民行为，避免噪声扰民。[3]

积极开展公益事业也是社区公共事务管理的内容之一。16件居民公约均提倡居民积极参加社区各项公益活动。除前文在平安建设中提到的爱群等社区鼓励居民踊跃参加平安志愿者活动外，海滨社区在居民公约中还倡导居民"做志愿服务精神的传承者……积极参与创城工作"并提出"以'奉献、友爱、互助、进步'的志愿服务精神推动和谐社区建设"。[4]

5. 协调居民关系

邻里关系和婚姻家庭关系是社区居民生活的重要方面，其中包含与群众权益保护、优良传统传承、居民纠纷调解等相关的内容，彰显着居民间互助互爱、和睦相处的友好社区氛围。16件居民公约中有11件为邻里关系和婚姻家庭单独设置了两章内容，其他5件居民公约中也有与居民关系协调的相关条文。

（1）邻里关系

大亚湾区各社区居民公约中对邻里关系的规定均遵循以促进邻里团体互助、和睦相处为目标的基本原则。如《蓝岸社区居民公约》第10条提倡"坚持互敬互爱、互助互谅，共建和睦融洽的邻里关

〔1〕《新联社区居民公约》（2019年12月10日）第18条。

〔2〕参见《爱群社区居民公约》（2020年10月22日）、《美韵社区居民公约》（2020年10月31日）第19条。

〔3〕参见《响水社区居民公约》（2020年10月22日），《新惠社区居民公约》（2020年10月21日）第17条、第18条、第14条。

〔4〕《海滨社区居民公约》（2020年1月14日）第5条。

系";第 11 条规定"遵循平等资源、团结友善、互惠互利原则,在生产、生活和社会交往中以诚相待,相互支持配合"。[1]至于具体如何促进和谐邻里关系建设,大部分社区都从提倡邻里守望、与外来人员和谐相处、积极关爱困难人士、鼓励见义勇为、文明行为等方面出发作出相应规定。如《新惠社区居民公约》第 12 条鼓励居民在邻居外出时尽量帮忙照看,主动关心和帮助孤寡老人和残疾人员,积极关爱留守老人、留守妇女、留守儿童、残疾人和困难家庭等。[2]澳头街道办各社区还在居民公约中倡导居民"扶贫助困,为下岗职工、无业居民、计生困难户帮扶服务,送温暖,献爱心"。[3]

(2)婚姻家庭

居民公约中与婚姻家庭相关的规定主要包括家庭成员相处基本原则、弘扬慈孝文化、家庭成员关系协调、传承高尚家风祖训等内容。首先,各社区居民公约均明确居民应当"遵循婚姻自由、男女平等、尊老爱幼原则,共建团结和睦的家庭关系"。[4]其次,各公约都强调夫妻双方的平等关系,尤其是《澳头街道沙田社区居民公约》第 10 条提出的"反对男尊女卑思想观念,树立女儿也是传后人的新型的婚育观",[5]颇值得其他居民公约借鉴。再次,针对家庭成员内部关系,各居民公约都规定居民应尊老爱幼。如《爱群社区居民公约》第 24 条和第 25 条规定了"外出子女要经常回家看望父母""父母应尽抚养未成年子女和无生活能力子女的义务,不得虐待儿童"。[6]最后,各居民公约也都倡导"立家规、传家训、树家风"[7]并提倡"自觉弘扬慈孝文化"。[8]

---

〔1〕《蓝岸社区居民公约》(2020 年 10 月 22 日)。

〔2〕《新惠社区居民公约》(2020 年 10 月 21 日)。

〔3〕参见《海滨社区居民公约》(2020 年 1 月 14 日)第 10 条。

〔4〕参见《爱群社区居民公约》(2020 年 10 月 22 日)、《美韵社区居民公约》(2020 年 10 月 31 日)《新惠社区居民公约》(2020 年 10 月 21 日)、《响水社区居民公约》(2020 年 10 月 22 日)第 21 条。

〔5〕参见《澳头街道沙田社区居民公约》(2019 年 11 月 5 日)第 10 条。

〔6〕参见《爱群社区居民公约》(2020 年 10 月 22 日)。

〔7〕《新联社区居民公约》(2019 年 12 月 10 日)第 5 条。

〔8〕《龙光社区居民公约》(2020 年 10 月 16 日)第 24 条。

（3）纠纷解决

《城市居民委员会组织法》第 3 条第 3 项规定居委会有调解民间纠纷的任务，而居民公约在调解居民矛盾、解决居民纠纷方面发挥着积极的作用。16 件居民公约中有 11 件就纠纷解决作出了相应规定，处理办法基本上以协商、调解为主。如《龙光社区居民公约》《爱群社区居民公约》等 10 件居民公约都提倡"用协商办法解决各种矛盾纠纷，协商不成功的，可向社区、街道调委会申请调解，也可依法向人民法院起诉"。值得注意的是，《美韵社区居民公约》第 31 条在此基础上进一步增加了社区居委会和辖区司法所作为调解纠纷的组织机构，并明确调解不成的可以选择提起诉讼或仲裁。[1]这一规定发挥了司法所作为基层政法组织机构之一参与调解疑难复杂民间纠纷的作用。

6. 规定奖惩措施

社区奖惩措施主要指对社区居民违反公约行为的惩罚以及对遵守公约、举报制止不良行为的奖励，以更好地督促居民遵守公约，共建和谐社区。从 16 件居民公约的内容来看，澳头街道办所辖的海滨社区、沙田社区、桥西社区和西区街道办所辖的龙光社区、永盛社区、德惠社区及海惠社区的共计 7 件居民公约中并无与奖惩措施相关的规定，其余 9 件居民公约均有相关内容，且其中有 8 件将"奖惩措施"单列一章加以规定。如《东兴社区居民公约》在第七章"奖惩措施"中指出"对于违反公约的不良现象应大胆制止并及时报告，对制止违规行为成绩突出者予以精神或物质奖励"，[2]同时还规定对违反公约的行为人"酌情作出批评教育、公示通报、责成赔礼道歉、恢复原状或赔偿损失等处理"。[3]以爱群社区为代表的西区街道办所辖社区的 5 件居民公约在此基础上增加了"为国家或集体作出突出贡献的个人，受到市级及以上表彰者，将视情况予以重奖"的规定。[4]《新联社区居民公约》虽未设置奖惩专章，但

〔1〕　参见《美韵社区居民公约》（2020 年 10 月 31 日）。
〔2〕　参见《东兴社区居民公约》（2020 年 10 月 22 日）第 36 条。
〔3〕　参见《东兴社区居民公约》（2020 年 10 月 22 日）第 37 条。
〔4〕　《爱群社区居民公约》（2020 年 10 月 22 日）第 38 条。

其中第 13 条规定 "居民不配合社区'人居环境整治'工作的，居委会将停发其家庭集体收益分红，整改后补发"。[1]

总之，从 16 份居民公约的内容来看，大亚湾区各社区居民公约基本依民政部等发布的《指导意见》与惠州市民政局发布的《实施方案》的要求，从精神文明、环境卫生、社区平安、公共事务、居民关系、奖惩措施等方面出发，内容基本涵盖了居民社区生活的方方面面，为创建文明和谐社区、推动基层社会治理奠定了基础。

三、居民公约的施行

自 2019 年 10 月 21 日惠州市民政局等发布《实施方案》以来，大亚湾区各社区在以东联社区为修订居民公约工作试点的基础上，分类、分批地推进居民公约的制定或修订，基本于 2020 年 10 月底完成了相应工作。根据《实施方案》的要求，居民公约在制定或修订时要加强督促检查考核，制定或修订完成后还需加强监督、健全完善奖惩机制，同时由各街道办和社区居委会组织开展活动，推动居民公约的具体落实。

在制定或修订居民公约的过程中，大亚湾区民政局会同组织、司法、文明办、妇联等相关部门到各社区指导检查工作情况，引导社区将发扬社会主义核心价值观、文明乡风、人居环境整治、扫黑除恶、法治创建、垃圾分类、消防安全等内容融入居民公约中。[2]与此同时，各社区严格遵守居民公约修订程序，针对居民公约的内容广泛征求群众意见并反复协商研讨。各街道办也成立了修订工作专班，开展组织协调、监督检查、推动考核等工作，在收到各社区审议稿后提出审议意见，由街道办各驻村组具体负责修订工作的督导。[3]此外，区民政局还委托广告公司制作统一模板格式的牌子上墙悬挂居民公约，并到各个社区验收工作情况。例如，2020 年 9 月

---

[1] 《新联社区居民公约》（2019 年 12 月 10 日）第 13 条。

[2] 参见大亚湾区民政局《关于村规民约和居民公约修订工作汇报》。

[3] 参见大亚湾区民政局《关于村规民约和居民公约修订工作汇报》。

22 日，区民政局工作人员来到澳头街道海滨、沙田社区查看验收制度牌上墙和相关台账工作情况。[1]

在完成居民公约制定或修订工作后，《实施方案》要求街道党工委、办事处加强居民公约工作落实情况的督促检查。具体而言，居委会每年应当向居民会议或居民代表会议报告居民公约执行落实情况，居务监督委员会应加强对居民公约遵守情况的监督。此外，还应当由社区居委会成员，人民调解员，社区妇联执委和德高望重、办事公道的群众代表共同参与监督。同时要求健全完善奖惩机制，通过开展模范居民评选、文明家庭创建等活动，促进居民公约的遵守和落实，对违反居民公约的情形要加强批评教育。例如，近年来惠州市每年连续开展寻找"最美家庭（文明家庭）"选树活动，选树各级特色家庭 3 万余户，大力弘扬和践行社会主义核心价值观，传播家庭文明正能量，引导广大家庭建设好家庭、传承好家教、弘扬好家风，形成家家幸福安康的生动局面。[2]

各社区在完成居民公约的制定及修订工作后，也积极开展了与社区居民公约内容相关的活动，通过加强宣传，力求让挂在墙上的公约条文"落地"，推进居民公约的实施。在倡导居民遵守居民公约方面，2020 年 12 月，在西区街道党工委、办事处的指导下，板樟岭社区党支部、居委会在畔山名居东门广场主办了主题为"遵守居民公约，共创幸福社区"的社区居民公约宣传活动暨社区党建年度成果展，旨在宣传社区居民公约，提高居民意识，促进邻里关系，让居民成为践行文明的参与者和推动者。[3]在维护社区治安，管理社区公共事务方面，2020 年霞涌街道办组织开展了 3 次社会治安综合治理清查行动，结合疫情防控工作对重点场所进行清查，打击涉黄

〔1〕《区民政局到澳头海滨、沙田社区了解居民公约制定情况》，载 http://www. dayawan. gov. cn/s0ba8feeab 1e0e. proxy. huizhou. gov. cn/bmpd/mzj/gzdt/content/post_ 4066903. html，访问日期：2023 年 3 月 28 日。

〔2〕 参见《今年最美家庭（文明家庭）选树活动开启》，载 http://www. huizhou. gov. cn/wsfw/ggfw/hysy/zxdt/content/post_ 4873906. html，访问日期：2022 年 4 月 7 日。

〔3〕 参见《创文周报 || 大亚湾区文明城市工作周报》，载 https://mp. weixin. qq. com/s/WpHEtpQENk7tTwrxHTta8Q，访问日期：2022 年 4 月 7 日。

赌毒、走私等违法犯罪活动，使群众对社区治安满意率达 90%。〔1〕此外，2021 年 6 月 17 日至 18 日，新荷社区综合服务中心在夏日南庭等 5 个小区开展了"拒绝高空抛物，从我做起"的社区文明行为倡导活动，以宣传的形式向居民介绍了高空抛物可能造成的危害及相关法律条文，并用实际案例警醒居民高空抛物涉嫌违法犯罪。〔2〕在环境卫生保护与公益实践方面，自 2022 年 10 月 20 日《惠州市文明行为促进条例》开始施行起，各社区居委会依据其中第 4 条第 5 款"加强文明行为的宣传、教育和引导，推动将文明行为基本要求纳入村规民约、居民公约，协助做好文明行为促进工作"的要求，积极开展宣传、教育和引导文明行为的活动。例如，2023 年 3 月 16 日下午，西区街道联合市场监管局、交警中队等部门开展市场卫生环境暨周边道路交通秩序整治。与此同时，新联社区也进行了"环境美化齐发力，志愿服务我先行"的志愿服务活动。〔3〕社区居民通过参与这些活动，践行了居民公约的相关规定，在为社区环境卫生作出贡献的同时也缩短了与其他居民间的距离，有利于促进邻里互帮互助和谐关系的发展。在居民纠纷解决方面，2020 年，大亚湾区霞涌街道进一步整合了基层综治、维稳、调解、信访等方面的工作力量和社会资源，建立了多元矛盾纠纷化解机制。据统计，街道办法律顾问共接访、解答各类法律咨询 58 宗，参与纠纷调处 15 宗，为群众解答了合同纠纷、股权纠纷、土地纠纷等法律问题。〔4〕

　　总之，在大亚湾区民政局的指导下，大亚湾区各街道办联合其所辖社区居委会开展了形式多样、内容丰富的活动，让居民在参与

---

〔1〕 参见《霞涌街道 2020 年法治政府建设年度报告》，载 http://www.dayawan.gov.cn/s0ba8feea94a92. proxy. huizhou. gov. cn/gzdt/bmdt/content/post_ 4714890. html，访问日期：2023 年 4 月 4 日。

〔2〕 参见《区民政局新荷社综开展"拒绝高空抛物，从我做起"社区文明行为倡导活动》，载 http://www.dayawan. gov. cn/s0ba8feea2e8e. proxy. huizhou. gov. cn/hzdywmzj/gkmlpt/content/4/4324/post_ 4324967. html#4289，访问日期：2023 年 3 月 28 日。

〔3〕 参见《大亚湾西区街道：幸福指数持续提升！西区街道居民为这件事点赞》，载 https://mp. weixin. qq. com/s/gDYB6pLPQL8jrMlqpWIw2g，访问日期：2022 年 4 月 7 日。

〔4〕 参见《霞涌街道 2020 年法治政府建设年度报告》，载 http://www.dayawan. gov. cn/s0ba8feea94a92. proxy. huizhou. gov. cn/gzdt/bmdt/content/post_ 4714890. html，访问日期：2023 年 4 月 4 日。

活动的过程中养成良好文明习惯、践行居民公约，直接推动了居民公约的有效施行，进一步推进了社区的自治。

四、居民公约的特点及作用

自 2020 年 10 月底基本完成居民公约的制定与修订工作至今，大亚湾区各社区居民在基层党组织的领导下，以居民委员会和业主委员会为依托，通过践行居民公约各项规定，共建和谐稳定文明新社区，推进和美治理，实现居民自治。在对 16 件居民公约内容进行梳理的基础上总结大亚湾区居民公约的特点及作用，有利于更立体地呈现和美治理中的居民公约。

（一）居民公约的特点

通过对 16 件居民公约文本内容的分析可以发现，大亚湾区各社区居民公约在形式上具有以条款式为主、体例编排结构化的特点，在内容方面有内容相似程度高、具有鲜明的政策指向性、结合社区实际以问题为导向等特点，总体呈现出作为自治规范的特征。

首先，16 件居民公约中，霞涌街道和西区街道所辖 10 个社区的 10 件居民公约在结构框架和具体内容上重合度较高，只有个别在内容上有细化或增减。例如，《东兴社区居民公约》与《板樟岭社区居民公约》在结构和内容上完全相同，《爱群社区居民公约》只在内容部分稍有增加，而锦惠、蓝岸、响水和新惠等社区的居民公约又与爱群社区的居民公约完全相同。与此相比，龙光社区和永盛社区的居民公约仅删除了奖惩部分，其余内容基本一致。只有澳头街道办所辖桥西、海滨、沙田 3 个社区及德惠、海惠和新联 3 个社区的居民公约在结构、表述上与前述社区存在较大区别，但其总体涵盖的内容仍具有高度相似性。大亚湾区各社区居民公约在内容上相似程度高的特点，在一定程度上会导致居民公约针对性不强、特色不明显、公约制定易流于形式、阻碍有效实施等问题。

其次，大亚湾区各社区的居民公约是居民自治的产物，但其制定与实施都始终以坚持党的领导、贯彻国家政策为目标，在内容上具有鲜明的政策导向性。比如，16 份居民公约在正文开头或总则部分都提到了"文明社区""民主法治""基层治理""依法制定"等内容。具体内容部分涉及计划生育、移风易俗、治安管理等的条文规定也是与国家法律、法规及政策紧密相关的。这种政策导向性的特点与《指导意见》和《实施方案》的总体要求一致，由此可见，居民公约作为实现社区善治的有效手段，是基层民主法治建设的关键环节。

最后，《指导意见》和《实施方案》都要求完善修订具有依法保障、自我约束且务实管用的居民公约，特别强调坚持问题导向的原则。这一点在大亚湾区各社区居民公约中也有所体现。例如，针对目前大亚湾区存在的薄养厚葬、炫富铺张的风气，各社区在居民公约中都作出了相应的规定，如倡导树立节俭意识、推进节地生态安葬、反对铺张浪费等。此外，基于大亚湾区外来人口多的问题，各居民公约也规定了外来人口房屋租赁登记及管理制度。

总体而言，大亚湾区各社区居民公约都呈现出作为实现基层群众自治的自治规范的特点，具体表现为：在程序方面，制定或修订居民公约的过程中广泛征集民意并由居民代表大会审议通过；在内容方面，居民公约的内容与社区居民日常生活息息相关，以保护居民权益、维护社区秩序为主要目的，且处罚方式上以教育告诫为主；在实施方面，居民公约的落实需要居民的参与和支持，在实施过程中受居民监督。作为自治规范的居民公约具有社区与居民、居民与居民之间的契约性质，它并不只是一味体现国家的意志，更为社区居民搭建了一个参与基层自治、表达利益诉求和维护合法权益的平台，让居民在参与民主实践的过程中实现自我管理、自我服务、自我教育、自我监督。

（二）居民公约的作用

居民公约虽具有作为自治规范的特点，但并不完全独立于国家法律，二者在整合社会秩序方面有相同的目标。居民公约依托基层群众自治制度，通过了解群众需求、扎根社区实际，对国家法律无法触及的居民生活的细枝末节作出规定。从16份大亚湾区居民公约的内容和实施效果来看，居民公约的积极作用主要体现在保障基层民主自治、维护社区安全秩序、调解居民纠纷、推进精神文明建设四方面。

　　社区居民自治是社区居民在社区内实行民主选举、民主决策、民主管理、民主监督，按照社区居民"自己管理自己的事情""大家的事情大家办"的原则，通过民主协商方式共同解决社区内公共事务。居民公约作为专门规范社区居民日常生活的准则，引导基层群众有序参与社区事务，加强社区治理，在保障基层民主自治中发挥着重要作用。具体而言，居民可以通过民主选举加入社区居委会或居民大会表达自己的意见，通过民主决策就居民公约的制定与修订达成共识，继而通过民主管理和民主监督促进居民公约的落实。居民公约制定、修订以及实施的整个过程也是居民参与基层治理、民主实践的过程。

　　居民公约最主要的目的在于维护社区的公共秩序并保障居民的合法权益，这也是大亚湾区各居民公约将平安建设、公共事务管理、环境卫生保护等作为主要内容的原因。居民公约是居民在利益博弈过程中达成的共识，能够调节统合各居民不同的利益和价值取向，将居民的利益诉求转化为社区规范，从而有效发挥社会秩序整合的功能。[1]从实施效果来看，大亚湾区各社区在完成居民公约修订工作后都相继开展了整治交通秩序、创建文明城市、打击黄赌毒等活动，实行"网格化管理，组团式服务"，让居民公约在深入人心的同时也落地生根，产生真正的实效。

　　居民公约作为一种自治性规范，在调处居民矛盾、解决居民纠纷方面发挥着积极的作用。大亚湾区各社区居民公约在调解居民纠纷方面都强调用协商、调解的办法处理问题，还专设社区、街道调委会、辖区司法所、社区居委会来解决居民纠纷。这是因为社区内居民联系较为紧密，以协商、调解的方式处理纠纷往往更能为居民接受，也比运用国家法律通过法院提起诉讼更为高效。同时，大亚湾区各社区在居民公约中都提倡建设团结互助、和睦相处的邻里和家庭关系，这些规定一方面能够减少居民间的矛盾，另一方面也能够在产生纠纷时成为调解的润滑剂。实践中，各社区调委会、居委会

────────

〔1〕　参见张广利、刘远康：《城市社区软法之治——以上海市 Y 居民区〈住户守则〉为例》，载《长白学刊》2020 年第 2 期，第 119~125 页。

在处理居民纠纷时也常常以公约中提倡的友邻互助互谅、弘扬慈孝文化等为出发点，将权利义务冲突和情与理相结合，进行柔性的调解。

践行社会主义核心价值观、弘扬中华民族传统美德和时代新风是居民公约在制定或修订时坚持的价值引领。在大亚湾区各居民公约中主要体现为爱党爱国、移风易俗、邻里团结友善、传承高尚家风等内容。通过居民公约对社区中出现的薄养厚葬、炫富铺张、乱搭乱建等行为进行约束，使通过居民公约改变陈旧风俗习惯、推进移风易俗、加强精神文明建设成为可能。在此意义上，居民公约作为连接国家法律和居民生活的桥梁，能够在坚持国家精神文明建设原则的前提下，结合当地社区的实际情况和居民利益需求，不断改变，剔除不合时宜的旧风俗，弘扬发展文明社区新风尚。

结　语

自 2021 年全面完成 28 个社区居民公约修订工作以来，大亚湾区各社区在街道办、居委会以及党组织的带领下，逐步建成了管理有序、服务完善、治安良好、环境优美、文明和谐的社会主义新社区。2022 年，大亚湾区结合实际，因地制宜，按照中央、省、市决策部署，对标对表共性工作指引，树立全域"一盘棋"意识，通过强化综合网格治理+和美共建，试点先行，以点带面，构建"和美网格"治理，初步形成"五治融合"（政治、法治、德治、自治、智治）、"引美入治"（美治）的和美治理新格局。[1] 作为健全和创新党组织领导下自治、法治、德治相结合的现代基层社会治理机制的重要形式之一，居民公约在推动大亚湾区和美治理新格局的过程中也不断发挥着协调社会关系、约束居民行为、维护社区秩序的积极作用。

通过对大亚湾区 16 份居民公约的文本以及相关政策指导文件的

---

〔1〕　中共大亚湾区区委政法委《"和美网格"营造美好生活——惠州市大亚湾经济技术开发区推进市域社会治理现代化试点实践的调研报告》，定稿时间：2022 年 6 月 19 日；提供时间：2022 年 7 月 11 日。

分析可以发现，大亚湾区各社区居民公约的内容涵盖了精神文明、环境卫生、社区平安、公共事务、居民关系、奖惩措施等居民生活的各个方面，呈现出内容相似程度高、具有鲜明政策指向性、结合社区实际以问题为导向等特点，具有保障基层民主自治、维护社区安全秩序、调解居民纠纷、推进精神文明建设的积极作用。但与此同时，目前大亚湾区各社区居民公约在制定、修订与实施过程中也存在经济发展、生态文明、自然资源等领域的内容较少，社区居民参与修订和实施有限等不足之处。若要进一步推进大亚湾区和美治理，逐步提升社会治理精准化、精细化和智能化，就需要关注大亚湾区居民公约在实施过程中的问题，结合实际不断修订完善居民公约，同时强化其实施保障，增强其实际效力，发挥居民公约在推进创新基层社会治理中的积极作用。

第九章

以社区治理实际问题为导向的《永盛社区居民公约》

引 言

城市居民委员会是基层群众性自治制度在城市地区的有效实现形式，居民公约是城市居民委员会彰显、保障和促进居民自治的重要行为规范。惠州市大亚湾区辖区内的城市社区居民委员会如西区街道永盛社区居民委员会通过制定和实施居民公约，取得了良好的治理效果。

永盛社区为新近设立的居民社区。2020年8月30日，永盛社区第一次居民代表会议召开，经过投票表决，推选出9名居民委员会成员。永盛社区现有辖区总面积2.45平方公里，截至2021年11月，下辖共有41个小区。截至2021年11月，永盛社区常住人口构成中本地户籍人口1455户，共3479人；外来流动人口4594户，共11 484人，主要为湖南、湖北、河南、四川（籍贯）等外来人口。永盛社区位于经济社会快速发展的区域，辖区内人口数量较多，人口密度大，经济活动非常频繁，社会环境较为复杂，面临着较大的治理压力。为此，永盛社区在推进居民自治的过程中，以社区实际治理问题为导向，通过制定和实施《永盛社区居民公约》，加强自我管理、自我教育、自我服务、自我监督，营造了良好的社会环境，取得了显著的治理效果。

本章以大亚湾区西区街道永盛社区居民委员会为例，从《永盛社区居民公约》的制定、内容、实施效果、特点等角度，具体分析居民公约的自治规范意义，以进一步丰富对大亚湾区自治规范的认识。

一、《永盛社区居民公约》的制定

《城市居民委员会组织法》明确规定了居民公约这一自治规范的制定程序。《城市居民委员会组织法》第 15 条规定："居民公约由居民会议讨论制定，报不设区的市、市辖区的人民政府或者它的派出机关备案，由居民委员会监督执行。居民应当遵守居民会议的决议和居民公约。居民公约的内容不得与宪法、法律、法规和国家的政策相抵触。"关于居民会议的组成和会议程序，《城市居民委员会组织法》第 9 条规定："居民会议由十八周岁以上的居民组成。居民会议可以由全体十八周岁以上的居民或者每户派代表参加，也可以由每个居民小组选举代表二至三人参加。居民会议必须有全体十八周岁以上的居民、户的代表或者居民小组选举的代表的过半数出席，才能举行。会议的决定，由出席人的过半数通过。"《永盛社区居民公约》的制定，符合《城市居民委员会组织法》的程序规定，大致分为启动居民公约的制定程序、形成《永盛社区居民公约（草案）》初稿、确定《永盛社区居民公约（草案）》、审议《永盛社区居民公约（草案）》、表决通过、备案公布等环节。

（一）启动居民公约的制定程序

2020 年 10 月 14 日，为进一步做好居民公约修订工作，永盛社区以习近平新时代中国特色社会主义思想为指导，深入贯彻党的十九大精神和中央、广东省及惠州市委、市政府有关部署要求，结合实际情况，制定居民公约修订工作实施方案，启动居民公约的制定程序。永盛社区党支部书记传达了大亚湾区村规民约和居民公约修订工作实施方案的会议精神，坚持把做好居民公约工作作为贯彻落实习近平总书记对民政工作和基层建设重要指示精神的实际行动，作为创新基层社会治理、促进城乡精神文明建设和防范基层社会治理风险的重要举措。经过会议讨论，永盛社区决定于 2020 年 10 月 16 日召开征求意见会，严格按照要求，坚持合法合规，现场征求各方代表意见并形成《永盛社区居民公约（草案）》。

(二) 形成《永盛社区居民公约（草案）》初稿

为了高标准高质量完成居民公约制定工作，永盛社区高度重视，经过前期工作的广泛征求和收集群众意见，形成《永盛社区居民公约（草案）》初稿，并于 2020 年 10 月 16 日召开征求意见会。此次召开征求意见会将草案发放给社区代表讨论，现场征求各方代表意见，是否需要补充或删减，并形成《永盛社区居民公约（草案）》。社区党支部书记表示，居民公约是居民自我管理、自我教育、自我约束的行为规范，各方代表必须充分认识到做好居民公约修订工作的意义。经过各位代表商量讨论后，一致认为需要把禁止将电动车辆带入楼层和不将私人物品放在公共区域加入居民公约。征求意见会后，《永盛社区居民公约（草案）》初步形成，并决定后续召开审议会议，进一步听取驻村办的意见和建议，加强把关，确保内容合法合规。

(三) 确定《永盛社区居民公约（草案）》

2020 年 10 月 21 日，永盛社区召开审议会议，将《永盛社区居民公约（草案）》提交西区街道驻村办审核，征求社区法制副主任的意见，并确定永盛社区居民公约终稿。驻村办是大亚湾区街道或者乡镇机构与各村居联系的一项制度，明确驻村领导、驻村负责人和驻村的部门。其中，永盛社区驻村办为西区街道综合治理办公室。驻村办主任表示居民公约必须坚持党的领导，保证方向正确，坚持合法合规，不得违背宪法和法律精神。驻村办主任建议在居民公约第 6 点贩毒前面加上制毒，并且平时需要特别留意用水量较大的家庭。社区法制副主任建议不将"电动车上楼违规充电"加入居民公约，预防出现物业收费不合理等产生纠纷的情况。经本次会议讨论，永盛社区确定《永盛社区居民公约（草案）》，社区法制副主任在终稿后面签字，将终稿提交街道选举办审核，无问题后提交居民代表审议表决。这表明惠州村居法制副主任制度在基层社会治理中发挥着积极作用。

(四) 审议并通过《永盛社区居民公约》

2020 年 10 月 31 日，永盛社区召开第四次居民代表大会。社区共有 58 名居民代表，此次会议有 40 名居民代表出席大会，符合法定人数要求。经过前期工作的广泛征求和收集群众意见，形成永盛社区居民公约草案后并上报街道办审核，在此次大会上将终稿提交居民代表传阅学习，并在终稿后面签字表决，居民代表会议通过了《永盛社区居民公约》。

通过时间直接关系到该公约的生效时间。《永盛社区居民公约》第 38 条规定："本公约自社区居民代表会议通过之日起施行。"因此，《永盛社区居民公约》自 2020 年 10 月 31 日起开始施行，成为永盛社区居民自我管理、自我教育、自我服务的重要行为规范。

二、《永盛社区居民公约》的内容

《城市居民委员会组织法》没有明确规定居民公约需要涉及的具体内容，强调从制定程序上由居民协商、共同决定社区治理的各项事务，根据实际需要制定居民公约。2018 年 12 月，民政部、中央组织部、中央政法委、中央文明办、司法部、农业农村部、全国妇联共同印发《关于做好村规民约和居民公约工作的指导意见》，居民公约内容一般应包括规范日常行为、维护公共秩序、保障群众权益、调解群众纠纷、引导民风民俗等方面。根据 2019 年 10 月发布的《大亚湾区村规民约和居民公约修订工作实施方案》，居民公约的内容要符合合法、务实、管用、全面的基本原则，一般涵盖倡导类、权益保障类、约束类等内容。倡导类内容大致包括：宣扬爱党爱国，倡导践行社会主义核心价值观；弘扬向上向善、孝老爱亲、勤俭节约等优良传统和邻里守望、互帮互助的文明乡风，抵制封建迷信、陈规陋习，倡导健康文明绿色生活方式；倡导维护社会治安秩序，勇于同黑恶非法势力、违法犯罪行为、歪风邪气等作斗争。权益保障类内容大致包括：严格遵守宪法和法律法规政策规定，依法保障基层群众特别是妇女儿童、特殊困难群众的正当合法权益，不得侵犯国家、集体和公民合法利益。约束类内容主要是针对本村居民在经济、民主、服务、生态文明等领域存在的突出问题，如家庭暴力、拒绝赡养老人、薄养厚葬等提出约束性内容，并提出切实可行的惩戒措施。

从内容上看，《永盛社区居民公约》符合国家法律、法规、政策等基本要求，做到了合法合规，并注重根据本社区经济社会发展实际情况制定有针对性的条款。《永盛社区居民公约》共 7 章 38 条，分总则、美丽家园、邻里关系、公共秩序、婚姻家庭、平安建设、附则。从顺序排列上看，总则后首先是美丽家园部分，是生态文明建设的体现，也是对永盛社区整体的要求，接下来为邻里关系、公共秩序等部分，结构较为合理。

（一）总则

《永盛社区居民公约》总则部分共 4 条，主要是关于制定居民公约的目的和依据、党对社区治理工作的领导、社区治理基本原则、居民公约属性等的规定。关于制定居民公约的目的，《永盛社区居民公约》第 1 条开宗明义："为全面深化基层民主法治建设，促进解决社区治理中的实际问题，努力把社区建设成邻里和睦、家庭和美、平安和谐的生活共同体，根据《中华人民共和国宪法》《中华人民共和国城市居民委员会组织法》和有关法律、法规、政策，经社区居民代表会议表决通过，制定本社区公约（以下简称'公约'）。"居民公约是基层群众自治制度中城市居民自治的体现，首先与基层民主法治建设紧密关联，居民公约的制定和实施是基层民主法治建设的重要内容；其次，居民公约要解决社区治理中的实际问题，体现了问题导向，而不是停留在纸面上、口号上；最后，城市社区居民委员会由居民共同组成，是一个"生活共同体"，这也是制定和实施居民公约所希望实现的目标。关于制定居民公约的根据，《永盛社区居民公约》首先罗列了《宪法》《城市居民委员会组织法》两部直接相关的法律，然后也强调了要符合"其他法律、法规、政策"的要求。

《永盛社区居民公约》第 2 条是党的领导在社区建设和社区治理领域的体现。中共中央、国务院《关于加强基层治理体系和治理能力现代化建设的意见》明确强调：坚持党对基层治理的全面领导，把党的领导贯穿基层治理全过程、各方面。《永盛社区居民公约》确立了"坚持党对一切工作的领导"这一原则，并贯彻落实到社区重大事项、重大问题、重要工作和大额资金使用等"三重一大"事项之中，具体程序是先由社区党组织决策，进而按照相关程序在社区范围内实施。第 3 条是关于社区文化和精神文明建设的总体性规定，即"坚持法治、德治、自治相结合，培育和践行社会主义核心价值观，倡导爱国敬业、诚实守信、崇德向善，传承优良传统文化，树立良好社区风气"。构建社区生活共同体，居民公约的制定和实施即是重要途径。

关于居民公约的性质，《永盛社区居民公约》第 4 条将其定性为"社区与居民、居民与居民之间的契约性质"。公约的核心要义在于共同商议、共同决定、共同遵守，与民事活动上的契约类似。同时，第 4 条也明确要求社区专职工作者和党员应带头遵守本公约，充分发挥先锋模范作用。

（二）美丽家园

干净、整洁、有序的社区环境是居民生活的基础性条件，也是社区治理有效的外在体现。《永盛社区居民公约》在"美丽家园"部分共有 5 个条文。其中，第 5 条是原则性规定，属倡导类内容，鼓励社区居民积极配合参与社区环境治理工作，共建美丽家园，共创美好生活。创建文明城市是当前城市建设的重要内容，《永盛社区居民公约》对此也有明确规定，号召社区居民积极参与其中。

《永盛社区居民公约》第 6 条至第 9 条分别从社区规划、社区整洁、垃圾处理、绿色生活等方面，对美丽家园进行了细化。城市社区建设本身带有明显的规划性，永盛社区辖区内的小区多数是新建商品房小区，此方面体现得较为明显。生活在多层楼房中的居民相较于其他家庭来说是独立的，但房屋与房屋之间又构成了一个共同体，是同一楼房内居民共同居住生活的场域。不同的楼房又构成社区这一共同体，也是相互关联的。因此，第 6 条首先规定所有居民应当"共同遵守社区整体规划，不搞违章搭建，做到文明装修，避免噪音污染。不得改动承重墙，未经批准不得改变房屋结构"。第 7 条是关于居民要维护社区公共区域环境整洁，既包括"维护社区公共服务实施"，也包括各家各户要认真落实"门前三包"，即包卫生、包绿化、包秩序，涵盖除家庭之外的社区公共区域。第 8 条是关于垃圾处理的内容，"提倡实行垃圾源头分类、减量处理、定点投放，严禁向河道、沟渠丢垃圾、排污水"。垃圾处理得当与否直接影响社区生活环境的好坏，也是大部分居民公约都会涉及的事项。此外，使用环保袋、低碳出行是当前社会倡导的绿色生活方式的体现，《永盛社区居民公约》第9条对此加以倡导，规定："提倡绿色生活，倡导使用环保袋或竹篮购物买菜，尽量避免白色污染；提倡使用自行车或公共交通出行。"

（三）邻里关系

永盛社区多为新建商品房小区，大多数居民之间交往的时间并不长，彼此之间也不是非常熟悉，潜在的矛盾和纠纷直接危及社区稳定和谐。和谐邻里关系是社区秩序稳定的基础，也是居民公约重点规范的领域。《永盛社区居民公约》在邻里关系方面的内容具有一定的特色，除了原则性问题，还有一些具体的规定。第10条、第11条是处理邻里关系的基本原则，核心内容是互敬互爱、互帮互助。第10条规定："坚持互敬互爱、互助互谅，共建和睦融洽的邻里关系。"第11条规定："遵循平等自愿、团结友善、互惠互利原则，在生产、生活和社会交往中以诚相待，相互支持配合。"

《永盛社区居民公约》第12条至第15条分别从邻里守望、扶危救难、噪音控制、禁止高空抛物等方面，细化了邻里关系。永盛社区外来人口数量多、人口流动频繁，外出务工或者经商人员较多，有可能出现无人在家的情况，或者是仅有老人、妇女、儿童等群体在家，家里需要照看。鉴于上述情况，第12条规定："提倡邻里守望，邻居外出走亲访友、务工经商，应尽量帮助照看，遇到异常情况及时联系相关人员，主动关心和帮助孤寡老人和残疾人员。与外来人员和谐相处时，不欺生、不排外。自觉弘扬志愿精神，做到邻里和睦相处，团结互助，积极关爱留守老人、留守妇女、留守儿童、残疾人和困难家庭，形成你帮我、我帮你的良好风尚。"该条文还特别指出了与外来人员和谐相处，这也符合永盛社区的实际情况，具有针对性，有助于构建和谐邻里关系。第13条是关于扶危救难、见义勇为的规定，"当发现有人处于危难时，如溺水、失火、触电等紧急情况，广大居民应主动见义勇为，见机营救"。因居住于楼房而产生的各种噪音是当前城市社区中比较常见的矛盾纠纷，如果不加以治理，势必会影响居民之间的关系。《永盛社区居民公约》第14条针对这一问题进行了专门规定，"清晨和夜晚，应主动降低室内电视、音响的音量；晚归人员进楼道做到轻脚步、轻说话、轻关门，防止影响他人正常休息"。第 15 条是关于禁止高空抛物的规定，也是对高层楼房安全的专门规定，同时也符合《民法典》等法律法规的要求。该条规定："严禁高空抛物，不往窗外抛撒垃圾或向外吐痰、泼水，阳台晾晒、浇灌应防止滴水。养成文明的生活习惯，自觉维护小区的安全。"

（四）公共秩序

与邻里关系不同，公共秩序侧重社区公共空间的秩序维护，每一位居民都要涉及公共生活、公共秩序。《永盛社区居民公约》第 4 章"公共秩序"部分共 5 条，第 16 条是原则性规定，第 17 条至第 20 条是 4 项具体规制。社区公共秩序需要居民自觉参与，因此，第 16 条规定："自觉维护社区秩序，积极参与社区公共活动，共建良好的公共秩序。"

城市社区公共秩序涉及的事项非常多，《永盛社区居民公约》列出了车辆管理、公共场所活动音量控制、公共环境整治、动物管理四项重点内容。关于车辆管理，第 17 条规定了两个方面的内容：一是车辆进入住宅区需要减速慢行、禁止鸣笛；二是规范停放汽车、电瓶车、自行车，不将车辆停放在楼道口、绿化带、消防通道。第 18 条针对公共场所的噪音问题进行了规制，要求在公园、广场等地锻炼身体时，应减小音响设备的音量，避免噪音扰民。第 19 条涉及乱搭乱建、乱堆乱放问题，要求"不在住宅周围乱搭乱建，楼道内不乱堆乱放，保护楼道干净整洁"。第 20 条规定的是动物管理这一当前社区公共秩序管理中的一个常见问题、焦点问题。永盛社区以公约的形式加以明确："在小区内禁止饲养鸡、鸭、鹅、猪等家畜家禽，饲养观赏动物不得占用楼道、楼梯间，不得污染环境；及时为宠物办理合法证件，定期注射疫苗，不饲养大型非温和犬类；文明遛狗，注意牵绳，及时清理犬类排泄物。"

（五）婚姻家庭

婚姻家庭是国家法律法规重点调整的社会关系，《民法典》也有婚姻家庭编专门一编，居民公约、村规民约等其他社会规范对婚姻家庭关系的调整都不能与法律法规相抵触。因此，《永盛社区居民公约》在婚姻家庭方面的规定首先是对法律法规相关内容的强调，也有对家风祖训、移风易俗等新环境下的倡导性内容。第21条是婚姻家庭领域的基本原则，规定："遵循婚姻自由、男女平等、尊老爱幼原则，共建团结和睦的家庭关系。"第22条是家庭内部夫妻双方之间关系的基本原则，即"夫妻双方在家庭中地位平等，应互尊互爱，共同承担家庭事务，共同管理家庭财产，反对家庭暴力"。

除了原则性规定，《永盛社区居民公约》进一步在婚姻家庭领域单独规定了5个事项。第24条、第25条、第27条分别涉及慈孝文化、父母抚养子女、家风祖训等家庭伦理方面，第23条涉及计划生育管理，第26条涉及依法服兵役事项。第24条关于自觉弘扬慈孝文化的规定，在明确"家庭成员平等相待"原则基础上，既强调"长辈要关心爱护小辈，为孩子树立好榜样"，也要求"子女要孝敬长辈、关心长辈、尊重长辈，履行好赡养老人的义务。外出子女要经常回家看望父母"。第25条进一步强调了父母对于子女的法定抚养义务，"父母应尽抚养未成年子女和无生活能力子女的义务，不得虐待儿童。作为未成年人的法定监护人，应保证子女接受九年制义务教育"。第27条继续关注家风家训传承和移风易俗问题，"传承高尚的家风祖训，倡导文明新风，树立勤俭节约的意识。自觉开展移风易俗，传承节俭优良传统，反对铺张浪费，做到婚丧喜事简办，厚养薄葬，全面推进节地生态安葬。不搞铺张浪费，不盲目跟风攀比，不搞封建迷信活动，不参与非法宗教活动"。

计划生育是婚姻家庭方面的重要事项，《永盛社区居民公约》第23条规定："为落实计划生育基本国策，优化生育服务，维护公民合法权益，生育第一个和第二个子女的夫妻，应在怀孕后至生育后半年内主动到办理机构办理生育登记。符合再生育条件，拟再生育子女的夫妻，应先办理再生育审批手续，经审核批准后方可怀孕、生育。"这是以居民公约的形式，向居民宣传计划生育管理的具体程序，便于居民了解。第26条则是关于兵役登记的事项，倡导"适龄青年应依法参加兵役登记，积极报名应征入伍，保家卫国"。

（六）平安建设

推进社区平安建设是基层社会治理的重点内容，对永盛社区这种新建社区来说尤其重要，需要居民广泛参与，保障社区公共安全。平安建设是一项长期性工作，也是社区治理的日常性工作。《永盛社区居民公约》在"平安建设"部分共有 9 条，是各部分中条文数量最多的，体现了平安建设的重要性。第 18 条是平安建设的原则性规定，"自觉接受社会主义法治教育和思想道德教育，维护法律的权威，大力发扬主人翁精神，积极参与平安社区创建活动，踊跃参加平安志愿者、义工巡逻等群防群治活动，共同维护社区平安和谐，共享平安建设成果"。

大亚湾区在社会治理中注重运用网格化管理方式，突出社区服务功能，在居民公约中也有所体现。《永盛社区居民公约》第 29 条规定："积极参与'网格化管理、组团式服务'，发现安全生产隐患、社会治安问题、食品药品安全隐患、环境污染问题、各类矛盾纠纷以及各种可疑人员、违法犯罪行为，应及时告知物业管理人员、区域负责人或社区干部。"2013 年 11 月，中共中央《关于全面深化改革若干重大问题的决定》指出，"要改进社会治理方式……以网格化管理、社会化服务为方向，健全基层综合服务管理平台"。大亚湾区也根据实际情况探索网格化治理，逐渐形成了"和美网格"治理体系。

精神病人、刑释人员、社区服刑人员、涉毒人员或误入邪教人员等特殊群体是基层社会治理需要重点关注的对象。《永盛社区居民公约》第 30 条规定了"加强教育引导和管理帮扶，发生异常情况及时向社区党组织和社区居委会报告，并配合做好相关工作"。

调解和处理矛盾纠纷是基层群众自治的重要事务，《城市居民委员会组织法》也将其规定为居民委员会的重要职责。《永盛社区居民公约》第 31 条是关于社区矛盾纠纷化解的程序规定，即"提倡用协商办法解决各种矛盾纠纷，协商不成功的，可向社区、街道调委会申请调解，也可依法向人民法院起诉"。第 32 条是关于信访的规制，要求依法进行信访，"选择理性合法的方式表达自己的利益诉求，不得无理信访、越级信访和集体上访，不借口煽动群众到机关、学校、企事业单位和公共场所起哄、喧闹、制造事端，扰乱社会公共秩序。"

网络治理既是当前国家治理的重点领域，也需要基层群众的积极参与。对此，《永盛社区居民公约》第 33 条专门对文明上网进行了规定，"自觉远离网络谣言，坚决斩断谣言传播链，切实做到不信谣、不传谣"。

居民平安意识和观念的养成，需要通过平时的宣传予以强化。《永盛社区居民公约》第 34 条规定："主动做好平安宣传，居民之间、家庭成员之间要互相提醒帮助、教育监督，不沾'黄赌毒'，不参加邪教组织，不参与非法传销活动，严防发生火灾、生产、交通、溺水等安全事故。"

永盛社区位于大亚湾区经济贸易活动较为发达的地区，外来人口数量多，由此产生了大量的租房状况。如果对出租房管理不加以规范，容易引发矛盾纠纷，不利于平安建设。《永盛社区居民公约》第 35 条和第 36 条都是关于出租房管理的规定。第 35 条是关于房租出租登记的内容，"自觉遵守流动人口管理服务和出租居住房屋登记等有关规定。出租居住房屋的居民应主动将出租房屋、出租人、承租人的基本信息及时报送社区警务室（公安派出所）。承租人是流动人口的，应告知承租人主动向社区警务室或公安派出所申报居住登记。警务室工作人员上门办理居住房屋出租登记、流动人口居住登记时，应积极配合，主动出示身份证件，如实提供相关信息"。第 36 条是对出租房屋的要求，"居民出租的居住房屋应具备基本居住功能并符合建筑、消防等安全要求。对出租的居住房屋进行经常性的消防安全检查，发现并及时消除火灾隐患。居住出租房屋的疏散通道和安全出口应保持畅通，禁止在疏散通道、安全出口、楼梯间内存放电动车或者为电动车充电"。

（七）附则

附则是关于居民公约的解释和施行日期的规定。第 37 条规定："本公约由社区党组织和社区居民委员会负责解释。"据此，永盛社区党支部和永盛社区居民委员会对于《永盛社区居民公约》在实施过程中遇到的各种事项进行解释。第 38 条规定："本公约自社区居民代表会议通过之日起施行。"根据前文所述，此公约自 2020 年 10 月 31 日起开始施行。附则部分条文简单，附则部分缺乏执行组织的规定，实践中多是由相应的居民委员会负责执行。

三、《永盛社区居民公约》的施行

城市社区居民公约的生命力在于在实践中得到切实的实施，并根据实施效果进行修改、废止或者制定新的规范内容。《永盛社区居民公约》内容涵盖领域众多，为永盛社区居民自我管理、自我服务、自我监督提供了规范依据。永盛社区通过加强社区党组织建设、推进社区美丽家园建设、构建和谐邻里关系、维护社区公共秩序、构建团结和睦的家庭关系、推进平安社区建设，全面落实社区居民自治，使《永盛社区居民公约》在城市社区自治实践中得到了有效的施行。

（一）加强社区党组织建设

《永盛社区居民公约》在总则部分第 2 条明确了党建引领基层社区治理的原则。自社区成立以来，永盛社区注重提升社区党组织的领导能力，加强制度建设，制定《永盛社区党建联席会议制度》，建立社区内党组织间的有机联系，围绕在社区建设与管理中加强党的建设的有关重要问题和事宜进行沟通协商，形成一致意见，并组织好实施。调动和组织社区内各类党组织和全体党员积极投身于社区建设和管理，通过发挥党组织的组织优势、思想政治工作优势和密切联系群众优势，努力把辖内社区建设为生活便利、治安良好、环境优美、人际关系和谐的文明社区。

永盛社区具体落实党建引领要求，加强社区党组织建设，优化社区、商圈、楼宇党组织设置，将党组织建在网格（居民小区）上。此外，该社区推进物业公司党支部、业主委员会党支部、流动党员临时党支部建设，织密党建引领基层社区治理网络。2021 年，永盛社区扎实开展基层治理，组织开展形式多样的党员志愿服务活动，为社区商户、周边居民义务开展消费维权、邻里纠纷调解等服务 30 次。2022 年，永盛社区充分发挥网格化、协调各方的作用，最大限度凝聚党建引领基层治理的工作合力，做好安全生产工作，不定时对辖区内大型商超、企业、"三小"场所（小档口、小作坊、小娱乐场所）进行安全巡查并登记造册，全年共签订安全责任书850份；做好社会面和谐稳定工作，全年共排查辖区内不稳定事件5件。

永盛社区积极探索流动党员管理工作模式，通过社区微信公众号"流动党员之家"栏目设置申报窗口，利用四级联户群广泛宣传，流动党员实名注册后，根据流出流入地、工作生活等情况变化进行线上申报，做到"情况明、底数清、去向实"，确保流出一个、掌握一个、服务一个。

（二）落实社区居民自治

根据《城市居民委员会组织法》，作为一种自治规范，《永盛社区居民公约》本身就是社区自治的体现。永盛社区在自我管理、自我监督、自我教育等方面，具体落实《永盛社区居民公约》中关于社区居民自治的内容，主要通过召开居民会议或者居民代表会议的形式，讨论、决定社区公共事务。

社区自治制度建设包括工作制度、会议制度、财务制度等内容。永盛社区通过召开居民代表会议，不断完善相关制度。例如，2022年7月4日，永盛社区在党群服务中心召开社区居民代表大会，讨论制定了永盛社区财务管理制度，从岗位责任、合同管理等方面明确社区资金使用制度。

居务监督也是社区自治的重要事项。由于永盛社区原第一届居务监督委员会主任因个人原因辞去监督委员会主任一职，经过社区党组织推荐、居民代表推选、乡镇（街道）资格审查、居民代表会议补选等程序，2021年9月9日，永盛社区推选出第一届居务监督委员会主任。2023年1月4日，永盛社区在党群服务中心召开居民代表大会，会议有两项内容：一是通报了2022年度7月至12月疫情防控经费使用情况，接受代表监督；二是规范社区居务监督委员会建设，对永盛社区居屋监督委员会2022年度工作开展民主评议，由居委会成员和居民代表共同投票评议。其中，出席会议参加评议投票的有居委会成员5人、居民代表40人，参加人数超过总人数（居民代表共58人）三分之二，符合要求。最终投票结果显示：满意42票，基本满意3票，不满意0票。

此外，永盛社区还积极创新探索议事厅会议等居民自治形式，调动居民参与社区治理的积极性。2020年7月25日，大亚湾区民政局购买社工项目——永盛社区综合服务中心于7月25日在星河半岛1栋3楼开展的"居民议事交流茶话会"活动，共有11位居民代表参与。此次活动的居民来自永盛社区的各个小区，社工向居民们介绍了"守护社区"社区高空抛物倡导专项服务队等4个专项志愿者服务队的内容，居民在了解的过程中，踊跃报名想参与的团体，并按照社工的指引有序地扫码进入相应的微信群，社工进行成员登记。2022年3月1日，大亚湾区民政局社工项目——永盛社区综合服务中心联动永盛社区党支部于3月1日开展的"党建引领聚合力·社区治理齐参与"永盛社区议事厅会议，邀请了社区工作人员、社区党员、小区物业以及志愿者骨干共15名成员，为社区发展提建议，共话社区和谐建设。通过搭建"社区议事会"的平台，不仅有效促使社区居民参与到社区事务中，实现社区的多元协商共治，同时发挥了党建引领的作用，紧密地团结社区居民共同参与社区治理。

（三）推进社区美丽家园建设

永盛社区积极落实《永盛社区居民公约》第2章的规定，动员居民参与社区环境治理工作，共建美丽家园、共创美好生活。关于环境清洁，永盛社区积极开展"美丽乡村·清洁先行"暨"清洁家园行动日"活动，动员和组织群众参与社区环境卫生整治工作。2021年4月22日，为给居民创造干净卫生、整洁有序的生活环境，永盛社区组织志愿者开展了卫生清扫劳动活动，集中对辖区内环境进行了清理整治。本次活动共15人参加，分别在辖区3个小区和沿街商铺等位置，清理卫生死角，维护公共秩序。2023年1月17日，永盛社区工作人员开展了一次环保卫生清理大扫除，对社区内的所有卫生死角进行了一次彻底的整治。

垃圾分类是《永盛社区居民公约》中美丽家园建设的重要举措。2022年5月，永盛社区专门制定了《永盛社区生活垃圾分类工作实施方案》，并制定了生活垃圾分类督导员工作制度，推动扎实有效做好生活垃圾分类工作。此外，永盛社区积极组织开展垃圾分类进校园、进商场、进校园等活动。2021年3月16日，区妇联永盛社区垃圾分类宣传项目团队联合永盛社区妇女代表在辖区西区一小科创园分校举行"永盛社区垃圾分类项目进校园宣传暨妇女代表议事会"活动，共有9名妇女代表与47名师生代表参与。本次活动先召开妇女议事会，由社工给社区妇女代表们讲解垃圾分类知识与活动方案，代表们在学习中纷纷提出自己的建议，积极参与讨论，商讨分工协作的形式，如何提高学生对垃圾分类的兴趣、更好地调动学生们参与活动的积极性。2021年5月29日，妇联执委及社区妇女代表参与的垃圾分类宣传项目团队联合社区亲子家庭，在惠华花园开展垃圾分类大手拉小手第一场实践宣传活动，有妇联执委、社区妇女代表及其孩子共21人参与宣传实践。2022年6月23日下午，永盛社区联合驻村办领导到小区入户宣传垃圾分类知识。2023年1月17日，永盛社区开展了垃圾分类入户宣传活动，社区工作人员组织志愿者网格员到辖区商铺上门宣传，通过分发垃圾分类宣传资料和给居民讲解垃圾分类的好处，上门进行垃圾分类的宣传工作。

（四）构建和谐邻里关系

影响邻里关系和谐与否的因素，多是噪声、晾晒等生活小事。其中，家庭娱乐噪声管理是《永盛社区居民公约》中邻里关系方面重点规制的内容，但第14条只提及"清晨和夜晚"两个抽象、模糊的时间段。为落实噪声管理，永盛社区制定了专门的《永盛社区噪声管理制度》，涵盖家庭娱乐噪声管理、硬件设施噪声管理、公共场所噪声管理、街面服务业（饮食、娱乐等）噪声管理等领域。《永盛社区噪声管理制度》在此基础上细化和增加相关内容，在家庭娱乐噪声管理方面就有5条规定：

1. 家庭娱乐噪声系指电视、音响、家庭舞会、卡拉OK、乐器演奏等发出影响相邻的噪声；
2. 家庭娱乐噪声防控时段为每日7时前、21时后；
3. 在防控时段内的家庭娱乐应适当控制音量，其中卡拉OK、家庭舞会等高音响活动应严禁举行；
4. 打扑克、打麻将等娱乐活动不得影响相邻；
5. 在防控时段内不在家中演奏钢琴、电子琴、小号、笛子等高音乐器，其余时间也适当控制。

邻里之间互帮互助是促进邻里关系和谐的基本要求，《永盛社区居民公约》第 13 条倡导此类行为。2022 年 3 月 18 日晚，永盛社区在进行社区大规模核酸检测时，20 点 16 分社工突然接到一位居民的求助电话，她焦急地说道："有一位老人家在路边摔倒了，这位老人家是我邻居，她是在去核酸检测途中，不慎摔倒在地上，目前躺在路边说不了话。"社工了解情况后，便当即跟现场民警拨打了 120，并通知现场做核酸检测的医护人员赶往现场检查老人的身体状况。社区书记考虑到摔倒的老人有高血压，子女也在深圳过不来，便嘱托社工让其邻居随同 120 前往医院急诊，社工在安排好现场志愿者工作后便匆匆赶往医院了解老人的救治情况，随后大亚湾区妇联、西区街道办、永盛社区工作人员均赶到医院看望老人，并让社工持续跟踪处理老人情况，切实把老人的服务工作做好、做实。

关于高空抛物，《永盛社区居民公约》将其规定在"邻里关系"一章。根据此内容，为调动社区居民参与社区治理的积极性，切实解决永盛社区高空抛物难点问题，大亚湾区民政局社工服务项目——永盛社区综合服务中心联合永盛社区党支部于 2022 年 5 月 27 日开展永盛社区安全巡逻服务队，成立大会暨杜绝高空抛物居民议事会上，永盛社区安全巡逻服务队成立，成员们就高空抛物的治理问题展开探讨和交流，成员们从多方面提出了建设性的整改意见和建议。

（五）维护社区公共秩序

永盛社区辖区内多是新建小区，维护好社区公共秩序，对于社区发展具有重要意义。永盛社区对于停车区域统一划线编号，车辆停放有序，社区停车无占用消防、救护通道现象。社区根据场地条件建设非机动车停车棚、停放架等设施。永盛社区还在具备条件的居住社区建设电动车集中停放和充电场所，并做好消防安全管理。

公共场所范围内的噪声管理属于公共秩序方面，《永盛社区居民公约》第 18 条的规定在《永盛社区噪声管理制度》中也有具体体现。"公共场所噪声管理"共 5 条："1. 小区内不设置高音喇叭；2. 禁止商贩在小区内进行叫卖；3. 禁止居民和其他人员在小区内大声喧哗；4. 居民在楼道内不大声喧哗，注意脚步音响，防止产生噪声，进出关门轻一点，防止影响他人休息；5. 禁止在小区内燃放烟花爆竹。"

永盛社区根据居民公约有关宠物管理的内容，积极开展各项活动。为切实加强 2022 年秋季狂犬病防治工作，严防狂犬病的发生和传播，进一步维护疫情防控期间的社区养宠氛围，2022 年 10 月 30 日，大亚湾区民政局社工服务项目——永盛社区综合服务中心联合"湘湘乐宠"将宠物疫苗免费接种便民服务送到居民身边，此次活动共为社区近 50 只宠物注射疫苗。通过此次活动，切实提高了社区居民对于狂犬病的认识，对做好狂犬病预防工作、保障社区居民健康和生命安全有十分重要的意义，同时营造了文明养宠的良好社区氛围。

（六）构建团结和睦的家庭关系

《永盛社区居民公约》在婚姻家庭方面涉及计划生育管理、慈孝文化、移风易俗等。2022 年 6 月 25 日，为贯彻落实中央、省、市乡村振兴战略要求，充分发挥红白理事会、村规民约的积极作用，约束居民攀比炫富、铺张浪费的行为，破除婚丧嫁娶中不良风气，营造勤俭节约、喜事新办、丧事简办、和谐文明的良好社会氛围。经永盛社区"两委"班子商议，一致同意成立红白理事会，共设理事会会长 1 名，副会长 1 名，成员 3 名。红白理事会是社区党组织领导下的社会组织，会长为永盛社区党支部书记、居委会主任。红白理事会的宗旨是教育群众在婚丧嫁娶中，反对大操大办、铺张浪费，破除陋习、移风易俗；倡导喜事新办、婚事从简的婚嫁理念；倡导丧事简办、厚养薄葬的丧葬习俗。

关爱老人、儿童、妇女等群体是构建团结和睦婚姻家庭关系的应有之义。"尊老、敬老、助老"是社会的美德，突发的新冠疫情，让老年人原本就不多的人际互动急剧减少，其生活方式也发生了很大的变化，随着疫情的逐步稳定，大亚湾区民政局购买社工项目——永盛社区综合服务中心社工于 2020 年 6 月 23 日下午在蓝钻公寓开展"携老同行·相约永盛"长者茶话会活动。为大力弘扬中华民族尊老、敬老、爱老、助老的传统美德，进一步营造关爱老年人的浓厚氛围，永盛社区 2021 年 10 月份开展敬老月"关爱老人、构建和谐"活动。2022 年 5 月 29 日，永盛社区开展"少年儿童心向党，强国复兴有我"——2022 年大亚湾区庆祝"六一"儿童节活动，本次活动共有 20 名小朋友参加。

（七）推进平安社区建设

以《永盛社区居民公约》为规范依据，永盛社区从普法宣传、网格化管理、矛盾纠纷化解等多方面，全面推进平安社区建设。

1. 普法宣传

根据广东省"一村（社区）一法律顾问"和惠州市村（居）法制办公室的工作安排，永盛社区聘请社区法律顾问和社区法制副主任，参与社区法治宣传，提供法律服务。例如，永盛社区聘请潭鹏阳律师担任社区法制副主任，同时聘请其担任社区法律顾问，聘任期限从 2020 年 3 月 1 日至 2020 年 12 月 31 日。2020 年 10 月 24 日，永盛社区邀请谭鹏阳律师在辖区范围内开展《民法典》知识讲座，共有 30 人参加，引导居民学习和认识《民法典》，养成自觉守法的意识，形成守法用法的习惯，培养依法解决问题的意识和能力。2020 年 12 月 29 日，谭鹏阳律师继续在社区开展法律知识讲座。除了法律顾问，永盛社区还邀请其他法律专家来社区进行法律宣传。2021 年 11 月 11 日 14 时 30 分，永盛社区在辖区开展"民法典宣传培训"志愿服务活动，方富永律师在永盛社区会议室里集中宣传培训了《民法典》的相关知识，方律师详细介绍了《民法典》的背景、历史、立法历程及立法意义和作用。

2. 网格化管理

永盛社区将管辖范围内的 13 个小区分成 8 个综合网格，二级网格员为社区工作人员或者社工组成，把小区管理任务层层分解，建立责任细化、标准明确、管理规范、全面覆盖的城镇网格化管理体系。在自己的网格化管理区间，永盛社区推动建立微信群，方便工作的开展以及沟通。

针对出租屋等特殊场所，永盛社区也积极探索网格化治理。2022 年 11 月 29 日，永盛社区对辖区内的"三小"场所、出租屋网格化管理进行了调整优化。街道工作人员担任一级网格长，社区党支部书记、居委会主任和驻村负责人担任二级网格长，并划分为 7

个网格，由 7 名网格员具体联系网格内的"三小"场所和出租屋。

3. 矛盾纠纷化解

《永盛社区居民公约》第 31 条提倡用协商、调解方式解决矛盾纠纷，在实践中也有反映。2022 年 4 月 15 日，永盛社区人民调解委员会对一起纠纷进行了调解，并达成调解协议。该案中，一个出租房中发生火灾，因消防救援需要而使用了大量水，水流到楼下业主家中墙壁，墙体发霉。楼下业主要求楼上业主赔偿，楼上业主表示："他们家也是受害者，突发意外，不是他本人人为造成的，需要双方一起解决，表示愿意赔偿 1000 元。"[1] 经人民调解委员会调解，双方自愿达成协议。

4. 反诈骗、禁毒宣传

针对诈骗类案件，永盛社区做好宣传工作，提高居民反诈意识。2021 年 7 月 28 日，永盛社区妇联开展"巾帼反诈同行，守护平安同心"活动，充分发挥妇联组织优势，面向妇女、儿童和家庭开展反诈防骗宣传教育，提高广大家庭成员防骗意识和识骗能力。此次活动共向 100 多名社区居民发放防诈骗宣传资料 100 多份，使辖区居民对诈骗有了进一步的认识，进一步增强了社区居民识诈、反诈能力。

为更好地普及毒品危害，增强社区居民识毒、拒毒、防毒意识，树立健康向上的人生观和健康的生活方式，2021 年 1 月 22 日下午，永盛社区在星河半岛开展了"不让毒品进我家，健康生活你我他"的禁毒宣传活动。2021 年 6 月 20 日上午，永盛社区组织志愿者在公园上城沿街商铺开展"认识毒品危害，提高抵御能力"为主题的禁毒宣传教育活动。2021 年 7 月 6 日上午，永盛社区组织志愿者在西区一小科创园分校外开展以"万众一心，禁绝毒品"为主题的禁毒宣传活动。

5. 流动人口管理

永盛社区常住人口中，外来人口占比较大，永盛社区做好区域人员统计工作，进而实行网格化管理，及时掌握区域内流动人口情

---

[1] 摘自永盛社区人民调解委员会作出的［2022］001 号《人民调解协议书》。

况。根据《关于永盛村（社区）候鸟式人员情况调查表》（2021年10月11日统计），永盛社区常住总人口16 132人，其中区外务工常住人口就有11 299人，占比达到70%。区外常住人口流动性大，归属感较低，社区建设参与度低。疫情防控期间，流动人口管理尤为重要，永盛社区成立永盛社区新型冠状病毒肺炎疫情防控工作组，加大排查力度，对来自中高风险区来惠人员的情况彻底摸排、做好登记工作，确保不漏一人，做到"四个早"（早发现、早报告、早隔离、早治疗）。

四、《永盛社区居民公约》的作用与特点

2019年底，大亚湾区西区街道设立永盛社区；2020年1月，社区筹备组工作人员入驻社区开展各项工作。受疫情影响，第一次居民代表会议和居民委员会选举工作直到2020年8月才正式启动。2020年10月31日，第四次居民代表会议表决通过《永盛社区居民公约》，该公约成为永盛社区实行居民自治的重要规范。

《永盛社区居民公约》实施已逾三年，时间虽然不长，但在永盛社区基层治理过程中发挥了积极的促进作用，基层党建工作扎实有效推进，社区治理成效显著，基层民主不断发展，为永盛社区经济社会各项事业的顺利推进提供了规范依据和保障。永盛社区也取得了许多成绩和荣誉。例如，2022年1月20日，惠州市住房和城乡建设局发布《惠州市2021年度绿色社区名单》，惠州全市共评选出53个社区，永盛社区成功入选，这也是惠州市第一批绿色社区。

从制定、内容和实施全过程来看，《永盛社区居民公约》是一个具有较强代表性的城市社区居民公约，具有以下特点：

第一，以社区居民自治为基础。从法律根据上看，《城市居民委员会组织法》明确规定了居民公约的定位和作用，而城市居民委员会又是我国《宪法》规定的一种在城市设立的基层群众性自治组织。因此，社区居民自治是居民公约制定和实施过程中应当坚持的基本原则、首要原则。经过长期的探索、运行，我国的城市居民自治已经形成了较为成熟完善的制度。永盛社区在制定和实施《永盛社区居民公约》的过程中，坚持以《城市居民委员会组织法》确定的社

区居民自治为基础，动员广大居民群众积极参与协商讨论，同时根据城市居民社区人口情况，由居民推选居民代表并具体参与审议和表决，保障居民公约顺利通过和实施。

第二，以解决实际问题为导向。自治章程和居民公约都是保障城市居民自治的自治规范，自治章程以《城市居民委员会组织法》为主要规范依据，对城市居民自我管理、自我教育、自我服务进行了细化，涉及居民委员会的组成和运行等基本事项。从具体内容上看，全国范围内的城市社区居民委员会自治章程总体上也是相似的。居民公约则从另一个角度对居民的个体行为进行约束，更加强调以解决实际问题为导向。从表现形式和具体内容上看，居民公约也体现了本社区特点、特色。《永盛社区居民公约》分为总则、美丽家园、邻里关系、公共秩序、婚姻家庭、平安建设、附则，是一个内容全面的居民自治规范，在具体条文内容上也更符合社区实际。例如，第14条规定，在清晨和夜晚，居民应主动降低室内电视、音响的音量；晚归人员进楼道做到轻脚步、轻说话、轻关门，防止影响他人正常休息。此规定符合居民居住于楼房的实际，对噪声问题进行了有针对性的规制。

第三，坚持法治、德治、自治相结合。中共中央、国务院《关于加强和完善城乡社区治理的意见》强调，"充分发挥自治章程、村规民约、居民公约在城乡社区治理中的积极作用，弘扬公序良俗，促进法治、德治、自治有机融合"。居民公约由社区居民共同议定、共同实施，其实施效果主要依赖于居民的自觉遵守，同时也需要法治的保障、德治的涵养。《永盛社区居民公约》第3条即确立了"坚持法治、德治、自治相结合"的基本原则，并在具体规定上进行了贯彻和落实；第28条进一步在平安建设方面规定，社区居民要自觉接受社会主义法治教育和思想道德教育。德治方面，《永盛社区居民公约》涉及家庭美德、社会公德等领域，对邻里关系、婚姻家庭关系进行了规制，多是一些倡导性内容，同时又有一些较为具体详细的规定。例如，第2条关于邻里守望的规定，既"提倡邻里守望"，又具体规定"邻居外出走亲访友、务工经商，应尽量帮助照看，遇到异常情况及时联系相关人员，主动关心和帮助孤寡老人和残疾人员"。法治在居民公约中的体现也既有原则性规定，又有对法律规定的具体化。例如，《永盛社区居民公约》第 15 条关于高空抛物的规定，我国《民法典》《刑法》对此也有明确规定。第 31 条关于纠纷解决方式的规定也体现了法治与自治的结合，"提倡用协商办法解决各种矛盾纠纷，协商不成功的，可向社区、街道调委会申请调解，也可依法向人民法院起诉"。

结　语

城乡社区治理是国家治理的基础性环节，居民公约是我国城乡治理规范体系中一种重要的自治规范，在城市居民自治过程中得到了普遍适用。《永盛社区居民公约》的制定和实施实践表明，以社区治理实际问题为导向的居民公约在城市基层社区治理中发挥了积极的促进作用。永盛社区居民群众通过直接提出意见和建议、召开居民代表会议审议和表决等形式参与居民公约的议定过程，并在公约通过后自觉遵守和践行，从而在城市社区治理中取得了良好的治理效果。同时，永盛社区在未来的社区治理中，宜根据治理对象和治理环境的变化，充分调动居民参与的积极性和主动性，及时修改和调整《永盛社区居民公约》的内容，更好地发挥自治规范的作用，进一步促进治理有效，更好地实现城市社区居民自治。

第十章
保障监督职能履行的
《永盛社区居务监督委员会工作职责》

引　言

　　民主监督是中国特色社会主义民主政治制度的重要组成部分。加强城市社区居务民主监督工作，推动社区民主监督法治化、制度化、规范化，是发展社会主义基层民主政治的应有之义。城市社区居务监督规范也是大亚湾区基层治理中的重要自治规范，是全过程人民民主在城市社区的体现。当前，居务监督职责主要由居务监督委员会行使。居务监督委员会是在社区基层党组织领导下的民主监督机构，代表居民对居务决策、集体资金、重大项目等各项居务活动独立行使监督权，加强社区监督机制建设也是社区群众充分行使自己的权利和社区有序运行的重要保障。

　　制定居务监督委员会相关工作职责或者规则，以居民群众关心和与居民群众利益密切相关的内容为重点，实行居务公开、监督和民主管理，有助于推进基层民主法治建设和党风廉政建设，维护社会稳定，促进社会全面进步和经济全面发展。

　　永盛社区通过选举产生社区居务监督委员会，制订和实施《永盛社区居务监督委员会工作职责》，居务监督委员会据此积极履职，充分发挥居务监督委员会的监督职能，呈现了积极的监督成效。

一、《永盛社区居务监督委员会工作职责》的制订

　　永盛社区成立后，根据中央和省、市有关基层社区治理的法律、法规和政策要求，遵循法定程序，相继产生了社区党支部委员会、

居民委员会和居务监督委员会等组织，在基层治理中发挥着各自的作用。永盛社区居务监督委员会制定了《永盛社区居务监督委员会工作职责》，成为在社区基层治理实践中开展民主监督、发挥监督职能的重要依据。

（一）社区居务监督委员会产生的法律、政策根据

《城市居民委员会组织法》是我国关于城市社区治理的基础性法律，但是现有《城市居民委员会组织法》并没有关于居务监督委员会或者其他居务监督机构的相关内容。"监督"一词在《城市居民委员会组织法》总共出现了 3 次，[1] 其中直接含有居务监督含义的是在第 16 条，该条规定社区居民委员会"收支账目应当及时公布，接受居民监督"。此条直接针对居民监督，没有关于居务监督机构的含义。相较于城市社区，我国农村地区专门性村务监督组织发展得较早。全国第一个"村务监督委员会"于 2004 年 6 月 18 日在浙江省武义县后陈村选举产生，这种村务监督形式逐渐被其他地区采用和发展，并被写入《村民委员会组织法》。《村民委员会组织法》在 2010 年修订时增加了村务监督机构的相关内容，第 32 条规定："村应当建立村务监督委员会或者其他形式的村务监督机构，负责村民民主理财，监督村务公开等制度的落实，其成员由村民会议或者村民代表会议在村民中推选产生，其中应有具备财会、管理知识的人员。村民委员会成员及其近亲属不得担任村务监督机构成员。村务监督机构成员向村民会议和村民代表会议负责，可以列席村民委员会会议。"村务监督为城市居务监督提供了丰富的治理经验。

2013 年 11 月，党的十八届三中全会通过了中共中央《关于全面深化改革若干重大问题的决定》，在发展基层民主方面，强调"建立健全居民、村民监督机制，促进群众在城乡社区治理、基层公共事

---

〔1〕《城市居民委员会组织法》第 15 条第 1 款："居民公约由居民会议讨论制定，报不设区的市、市辖区的人民政府或者它的派出机关备案，由居民委员会监督执行。居民应当遵守居民会议的决议和居民公约。"第 16 条："居民委员会办理本居住地区公益事业所需的费用，经居民会议讨论决定，可以根据自愿原则向居民筹集，也可以向本居住地区的受益单位筹集，但是必须经受益单位同意；收支账目应当及时公布，接受居民监督。"第 18 条："依照法律被剥夺政治权利的人编入居民小组，居民委员会应当对他们进行监督和教育。"

务和公益事业中依法自我管理、自我服务、自我教育、自我监督"。村务监督、居务监督成为我国基层群众自治的重要内容。2015 年 7 月 29 日，广东省民政厅、广东省监察厅、广东省财政厅联合印发了《关于印发广东省村务监督委员会工作规则的通知》，明确指出制定《广东省村务监督委员会工作规则》的目的是"贯彻党的十八届三中全会关于'建立健全居民、村民监督机制'的部署，落实全国农村基层党建工作座谈会、全省基层工作会议等有关会议要求，建立健全基层党组织领导下的村务监督机制，加强和规范全省村务监督委员会建设，推动农村基层治理规范化、法治化"。《广东省村务监督委员会工作规则》是关于村务监督委员会建设的规范性文件，同时在第 26 条规定："社区居务监督委员会参照本规则执行。"惠州市也据此制定了《惠州市村务监督委员会工作实施细则》，自 2016 年 1 月 1 日起施行。《惠州市村务监督委员会工作实施细则》第 33 条也规定："社区居委监督委员会参照本细则执行，各县（区）根据实际情况，发放居委监督委员会成员补贴。"该规范性文件同样明确了在城市社区建立居务监督委员会，并进行相应的组织和制度建设。

中共中央、国务院《关于加强基层治理体系和治理能力现代化建设的意见》对于健全基层群众自治制度提出了明确意见和要求。关于健全村（居）民自治机制，该意见强调"在基层公共事务和公益事业中广泛实行群众自我管理、自我服务、自我教育、自我监督……强化基层纪检监察组织与村（居）务监督委员会的沟通协作、有效衔接，形成监督合力"。该意见对居务监督委员会等基层群众自我监督提出了明确要求。上述法律、法规、政策、规范性文件为永盛社区成立居务监督委员会提供了依据。

（二）永盛社区居务监督委员会的产生和补选

根据 2020 年 9 月 5 日发布的《西区街道永盛社区居民委员会选举工作实施方案》，居务监督委员会的推选也是其中一项重要工作，要求 2020 年 10 月底前完成。永盛社区居务监督委员会的推选安排在社区"两委"班子成员产生之后进行。居务监督委员会由新一届居民代表会议推选产生，名额 3 人，其中设主任 1 人，委员 2 人。监督委员会主任人选一般是党员。从 2020 年 8 月 15 日至 8 月 25 日，永盛社区筹备组成员争分夺秒，共入户登记选民1323户，顺利达到20户至30户推荐一名居民代表的要求。2020年8月28日，经依法推选和公布，永盛社区共产生新一届居民代表58名。2020年8月30日，永盛社区召开第一次居民代表大会，表决产生了永盛社区选举委员会。

关于居务监督委员会推选，永盛社区还专门制定了《居务监督委员会选举流程》，内容如下。

1. 选举日前15天张贴居务监督委员会选举公告及成员应当具备条件公告。

2. 在选举日10日前向社区选举委员会书面提交参选居务监督委员会成员参选人材料，并上报街道党工委，特别注意如果社区的居务监督委员会成员意向人选不是居民代表，请参照之前居民代表推荐人选表格填写信息，并提交到街道党工委审核。

3. 在选举日5日前，以姓名笔画为序将名单进行公告。

4. 进行选举。（要求2020年10月31日前召开会议）

根据《居务监督委员会选举流程》，2020年10月15日，永盛社区选举委员会发布第12号选举公告，通报后续居务监督委员会选举工作。

永盛社区新一届居民委员会选举公告

（第12号）

根据有关法律法规的规定，永盛社区将进行新一届居务监督委员会选举工作。新一届居务监督委员会成员由3人组成，本社区将采取无候选人推选方式，于2020年10月31日在星河半岛1栋3楼大厅召开居民代表大会，请各位居民代表积极履行民主权利，踊跃参加推选工作。

惠州大亚湾区西区街道永盛社区选举委员会

2020年10月15日

2020 年 10 月 15 日，永盛社区选举委员会还公告了居务监督委员会成员的条件，并启动人选自荐参选工作。

永盛社区新一届居民委员会选举公告
（第 13 号）

居务监督委员会成员应当具备以下条件：

1. 服从中国共产党的领导，接受乡镇以上人民政府的指导和监督。

2. 遵守宪法、法律、法规和国家政策。

3. 依法拥有选举权和被选举权的本社区居民，全年有三分之二以上时间居住在本社区，能够在本社区工作。

4. 熟悉社区情况，热心公益，协调议事能力强。

5. 身体健康，能正常履行工作职责。

居务监督委员会成员推荐的人选一般不超过 56 周岁，主任一般由社区党组织成员或者社区内党员担任。居民委员会成员的配偶、父母子女、兄弟姐妹、祖父母、外祖父母、孙子女、外孙子女不得担任居务监督委员会成员。

有意愿参选社区居务监督委员会的居民或居民代表，应当在 10 月 21 日前向社区居民选举委员提出书面参选意愿。

惠州大亚湾区西区街道永盛社区选举委员会

2020 年 10 月 15 日

最终，2020 年 10 月 31 日，永盛社区召开第四次居民代表大会，本社区共 58 名居民代表，此次会议共 40 名居民代表出席大会。永盛社区党支部书记介绍了居务监督委员会成员的推选方式和居务监督委员会成员应具备的条件；现场公布投票结果，发出选票 40 张，收回选票 40 张，通过现场点票、唱票，本次居民代表大会成功推选出第一届永盛社区居务监督委员会成员，主任 1 人，委员 2 人。

如果居务监督委员会成员辞职或者出现其他情况，导致人数不足，就需要启动补选工作。2021 年 8 月 23 日，永盛社区第一届居务监督委员会主任向社区提出辞职，永盛社区因而启动了补选程序，发布《永盛社区补选第一届居务监督委员会公告》第 1 号和第 2 号，确定召开居民代表会议的时间是 2021 年 9 月 9 日，并再次公布居务监督委员会成员的条件。经过自荐参选和党组织推荐，并经西区街道党建工作办公室审查，2021 年 9 月 1 日，永盛社区确定了 1 名建议人选。根据永盛社区发布的《西区街道永盛社区居务监督委员会党组织推荐人员名单》，人选条件除前述条件之外，还要求：参照居委会"两委"干部任职条件（新进人员需满足 50 周岁以下，高中以上学历；连任人员需满足 55 周岁以下）。居务监督委员会主任由党员担任，可由非居民委员会成员的社区党组织纪委书记或纪检委员兼任，也可以由社区党组织推荐威信较高、群众认可的党员担任。居民委员会成员及其近亲属、社区报账员、社区文书、社区集体经济组织负责人不得担任居务监督委员会成员。

2021 年 9 月 4 日，永盛社区居民委员会发布第 3 号公告，公布建议人选，以征求居民意见。2021 年 9 月 9 日，永盛社区召开居民代表会议，社区居民代表共 58 人，其中出席并参加投票的居民代表 39 人，实到人数超过应到人数的 2/3，会议符合要求，会议有效。经过居民代表投票，候选人得票数为 39，候选人成功当选居务监督委员会主任，顺利完成了补选。

（三）《永盛社区居务监督委员会工作职责》的制定

永盛社区居务监督委员会产生以后，根据国家有关法律法规精神和《广东省村务监督委员会工作规则》《惠州市村务监督委员会工作实施细则》有关"社区居务监督委员会参照本规则执行"的规定，按照区有关部门和西区街道的安排，制定了《永盛社区居务监督委员会工作职责》，内容包括六方面监督权限和四方面工作制度。

二、《永盛社区居务监督委员会工作职责》的内容

《永盛社区居务监督委员会工作职责》是永盛社区居务监督委员会开展工作的主要规范根据，既包含居务监督委员会的监督权限，又包含居务监督委员会的日常工作制度和考评制度。

（一）居务监督委员会的监督权限

从权限上看，居务监督委员会是基层党组织领导下的城市社区基层民主自治的群众监督组织，监督居务决策、执行、公开，监督居民委员会等居民组织依法履行职责，对居民会议和居民代表会议负责，主动收集和认真受理居民对村务管理的意见建议，接受居民监督。居务监督委员会独立行使监督权，不直接参与具体居务和经济事务的决策和管理工作。具体而言，主要包含以下六项权限。

1. 监督经济社会事务民主决策

民主决策是基层群众自治制度的重要内容，监督委员会成员通过列席居务和经济事务各类会议、社区基层组织联系会议、居民小组会议等，可以监督会议规定程序进行决策情况，及时发现违反决策程序的行为，并及时告知予以纠正。

2. 监督集体"资金、资产、资源"管理

居务监督委员会监督制定集体财务计划和各项财务管理制度，对财务事项按月或者按季度进行审查，促进财务规范化。具体来说，包含以下几项：

第一，货币管理制度。根据《永盛社区财务管理制度》，一切现金收入和支出必须严格执行《现金管理暂行条例》和社区制订的内部财务管理制度，做到居务监督委员会成员审核、负责人把关、报账员办理、街道会计代理服务机构入账，并接受上级主管部门检查和居民监督。

第二，财务审批制度。社区发生的各项支出必须取得合理、合法的原始凭证作为支出依据。支出凭证必须写明费用项目和用途、经手人签名、知情人签字证明，报居务监督委员会审核、财务负责人审批，再到街道会计代理服务机构报账。具体审批限额程序为：（1）日常开支单笔2万元以下（不含本数），由居务监督委员会成员审核、财务负责人审批。（2）日常开支单笔2万元以上（含本数），由居民代表会议讨论通过，居务监督委员会成员审核、财务负责人审批。（3）资产采购初步预算在2万元以上5万元以下（不含5万元），由社区"两委"班子和居务监督委员会会议决定，报街道农村产权流转交易中心备案后，由社区采取招投标、竞价、公开协商、询价等方式自行组织采购。初步预算在 5 万元以上的资产采购参照《大亚湾区农村集体资金资产资源管理办法（试行）》执行。(4) 工程项目初步预算在 2 万元以上 20 万元以下（不含 20 万元）；设计、勘察、监理等初步预算在 2 万元以上 10 万元以下（不含 10 万元）由社区"两委"班子和居务监督委员会会议决定，自行组织，同时报街道农村产权流转交易中心备案。工程项目初步预算在 20 万元以上、设计、勘察、监理等初步预算在 10 万元以上参照《大亚湾区农村集体资金资产资源管理办法（施行）》执行。

第三，财产清查制度。每年一次盘点固定资产，据实判断资产的使用状态，如无法修复或无法再使用的固定资产，及时办理资产报废手续，具体手续是经居民代表会议讨论通过，居务监督委员会审核，财务负责人审批。

第四，民主理财。居务监督委员会负责社区财务监督管理工作。社区财务监督管理工作，应坚持民主理财的原则，居务监督委员会有权监督社区的财务实施，对财务收支有知情权、审核权、决策权。居务监督委员会在民主理财监督中，发现违反社区财务制度有关规定的应及时上报主管部门进行处理。居务监督委员会成员在民主理财方面的具体监督权有：(1) 参与制定和讨论通过本社区的财务收支预、决算；(2) 参与研究制定各项财务管理制度；(3) 检查本社区财务收支账目，监督本社区财务收支和各项财务制度的执行；(4) 参与本社区大中型固定资产的购置、变卖和报废、计划外的财务开支项目和借（贷）款等事项的研究讨论活动；(5) 参加财务、政策等方面的培训等；(6) 向上级部门反映有关财务中的问题；(7) 居民对本社区的财务有疑问的，经当事人书面向居务监督委员会申请，审议后召开居民大会或居民代表大会表决，通过后报社区和街道办分管农经的主要领导审批，由居务监督委员会指派 3 名至 5 名成员代表到街道会计代理服务机构对所怀疑的事项进行专项查阅、核实。

3. 监督居务公开制度落实

居务公开是基层民主的重要体现。居务监督委员会对居务公开的事项、内容、时间、程序和形式等进行民主监督，重点是监督财务收支公开制度执行情况。

4. 监督社区工程项目实施

社区工程项目实施属于社区公共事务，关系到每一位居民的切身利益。居务监督委员会加强社区工程项目建设的监督，对社区、组两级工程项目从立项、招投标、建设施工、质量验收到资金预决算以及支付等进行全过程监督，保障工程项目顺利实施。

5. 监督居民委员会成员、社区集体经济组织相关负责人、居民小组组长和由居民或社区集体等承担误工补贴人员廉洁履职

社区居民委员会成员等社区组织人员的是否廉洁履职，直接关系到社区的发展和社区居民的权益保障。对于这些人员的履职监督是居务监督委员会的应有之义。

6. 维护居民监督权益

居务监督委员会是基层民主监督的一种形式，与居民监督是相辅相成的。居务监督委员会通过各种途径保持与居民的密切联系，广泛听取并收集、整理居民的意见建议，及时向基层组织反映居民对居务和经济事务管理的意见和建议、保障居民对社区级事务的怀疑、建议、反映和举报等监督权利。

（二）居务监督委员会的工作制度

居务监督委员会的运行也需要相应的工作制度保障，《永盛社区居务监督委员会工作职责》规定了四项制度，包括集体议事决策制度、监督工作报告制度、监督工作台账制度和评议考核制度。

1. 集体议事决策制度

居务监督委员会运作实行委员会制度，议事、决策实行少数服从多数和公开透明的原则。居务监督委员会工作时间每周至少要有一至两天。居务监督委员会会议每月定期召开，如遇到特殊情况可随时召开；参加会议一般应全员参加，因特殊情况无法到会的应提前请假，会议参加人数不足 3 人时不能召开居务监督委员会会议。

2. 监督工作报告制度

居务监督委员会每季度向社区党组织、居民会议或者居民代表会议报告居务监督工作情况，对监督中发现的重要问题及时向党组织反映，以便及时发现和处理。

3. 监督工作台账制度

居务监督委员会每次开展工作、召开会议、组织学习等，应当认真、如实记录。居务监督委员会工作台账列为居务档案，依法依规进行保存。

4. 评议考核制度

每年年底由居民会议或者居民代表会议对居务监督委员会及其成员工作进行民主评议；由街道办事处对居务监督委员会其成员履职情况进行综合考核。评议和考核居务监督委员会的结果划分为满意、基本满意、不满意三个等次；评议和考核居务监督委员会成员的结果划分为优秀、称职、基本称职、不称职四个等次。

三、《永盛社区居务监督委员会工作职责》的施行

永盛社区居务监督委员会虽然成立时间不长，但根据《永盛社区居务监督委员会工作职责》和相关法律、法规、政策的要求，积极加强自身建设，在社区事务中发挥监督职责，在社区自治中发挥了积极作用。

（一）居务监督委员会对社区具体事务的监督

1. 监督经济社会事务民主决策

永盛社区居务监督委员会根据工作职责，列席社区居民会议或者居民代表大会，监督社区经济社会事务民主决策。例如，2022 年 7 月 4 日、2023 年 1 月 4 日，永盛社区居务监督委员会列席了社区居民代表大会，监督社区经济社会事务民主决策。

2. 监督集体"资金、资产、资源"管理

2022 年 7 月 4 日，永盛社区居民代表大会制定通过了《永盛社区财务管理制度》，居务监督委员会成员列席了此次会议，监督社区制定财务管理制度。在此次居民代表大会上，永盛社区居民委员会还通报了永盛社区 2022 年度疫情防控经费使用情况，通报了本年度经费使用计划，接受居民代表大会的审议，接受居务监督委员会的监督。在此次居民代表会议上，经费使用包括党组织联系群众专项经费使用计划、服务设施和信息化建设经费项目、民生其他项目等。其中，党组织联系群众专项经费使用计划包括：（1）永盛社区"打

造红色小区 · 架起居民连心桥项目", 预计建设 7 个党建宣传栏、42 个党群服务中心宣传栏, 预计 111 720 元, 由惠州市一家广告有限公司承接该项目。(2)为各小区增设乒乓球台、健身器材, 预计金额 88 000 元, 其中健身器材 68 700 元, 由惠州市一家广告有限公司承接; 乒乓球台 19 300 元, 由惠州市一家体育文化发展有限公司承接, 最终价格以西区街道及第三方核价为准, 若经费有结余, 用于志愿者表彰大会。此外, 关于服务设施和信息化建设经费项目, 社区也通报了有关项目及经费使用计划, 包括永盛社区老人活动中心室内装饰费用、广告宣传费预计 20 000 元; 永盛社区党群服务中心分站点室内装饰及物资采购费用, 预计 180 000 元。民生其他项目则包括"党建引领 · 为居民免费清洗家电""党建引领 · 快乐暑假"公益培训班等项目。最后, 永盛社区居务监督委员会成员在会议记录上签字, 加强对集体"资金、资产、资源"的管理和监督。

3. 监督居务公开制度落实

居务公开是基层群众自治的重要内容, 旨在保障社区居民的知情权。永盛社区居务公开民主管理工作有序开展, 居务监督委员会的监督就是重要的保障机制。永盛社区居民委员会在社区公共位置及时张贴公开社区公共事务, 接受包括居务监督委员会在内的各种监督。永盛社区居民委员会 2023 年 1 月 17 日的填报《大亚湾区村(居)务公开民主管理工作量化考评标准》显示, 永盛社区在组织机构(10 分)、村(居)务公开工作落实情况(40 分)、民主管理工作落实情况(40 分)、档案资料保存情况(10 分)等方面, 综合得分为满分, 各项工作符合考评标准。其中, 涉及居务监督委员会的事项有: 在组织机构方面, 成立村(居)务监督委员会等相关组织机构; 在村(居)务公开工作落实情况公开程序是否符合规范一项中, 永盛社区做到了经过居务监督委员会审查签字后公开; 在民主管理工作落实情况方面, 居务监督委员会充分履行职责, 每月定期监督居务、财务实施情况, 永盛社区同样考评为满分。

4. 监督社区工程项目实施

2022 年 7 月 4 日, 永盛社区居民代表大会上通报了宣传栏、乒乓球台、健身器材等众多社区工程项目。对这些工程项目的实施,永盛社区居务监督委员会也行使了监督职责，确保资金使用符合规定。

5. 监督居民委员会成员、社区集体经济组织相关负责人、居民
小组组长和由居民或社区集体等承担误工补贴人员廉洁履职

永盛社区居务监督委员会在监督工作中督促居民委员会成员等认真履行工作职责，参与上述人员的年终考核考评工作，在街道办事处的组织、指导、监督下，在居民代表会议上主持民主评议。

6. 维护居民监督权益

永盛社区居民代表推选产生了社区居务监督委员会成员，并及时将当选人员向全体居民公示，并公布相关联系方式，以保持与居民的密切联系，及时听取居民的意见和建议。

（二）居务监督委员会接受社区居民的评议考核

根据《永盛社区居务监督委员会工作职责》，居务监督委员会同样要接受社区居民的民主评议和考核。总体上看，永盛社区居务监督委员会自成立以来，积极履职，取得了社区居民的信任，获得了居民的认可。居务监督委员会接受居民民主评议，能够督促其依法依规履职，规范居民委员会等社区组织的运行，从而保障居民群众的合法权益。

受疫情防控影响，根据疫情防控总体要求，经过大亚湾区民政局和西区街道办事处社会事务办批准，永盛社区居民委员会决定2021年度居务监督委员会民主评议工作取消线下会议，更改为线上测评。2022年1月18日，永盛社区发布通知，采取线上投票方式，分别对永盛社区居务监督委员会满意度、居务监督委员会成员满意度进行测评。永盛社区共有居民委员会成员5人、居民代表58人。其中，参与本次评议投票工作的有：居委会成员5人、居民代表40人，参与人数超过总人数的2/3，投票符合规定。关于居务监督委员会成员的测评，测评内容涵盖工作实绩、工作能力、工作纪律、工作作风、综合评价五个方面。工作实绩包括：对居务政策、居务公开、"三资管理"、招投标等切实履行职责，支持配合居委会等正确履职，主动收集并认真受理居民意见、建议，对居务事项和干部履职情况进行询问与质询，对居务、财务公开情况进行审核，围绕居

务事项提出各种意见和建议，实事求是、客观公正地反映问题，认真完成社区党组织和居民代表会议授权的监督事项。工作能力包括：熟悉业务知识、工作方法得当，分析、协调和创新能力。工作纪律包括：带头遵守居民公约、廉洁自律、诚实守信、依法办事等。工作作风包括：勤于学习，不断提高监管水平，工作主动性强、作风扎实。关于居务监督委员会的满意度评价，主要以满意、基本满意、不满意三个指标来衡量。其中，关于居务监督委员会的满意度评价，投出满意的票数为45，占100%，表明永盛社区居务监督委员会的总体工作得到了居民的普遍认可。关于居务监督委员会成员的满意度评价，永盛社区居务监督委员会的三位成员在工作实绩、工作能力、工作纪律、工作作风等方面获得了普遍认可，在各指标中，获得满意票数为44票，基本满意票数为1票，没有不满意票；在综合评价方面，三人都获得优秀评价44票，基本满意评价1票。

2023年1月4日，永盛社区在党群服务中心召开居民代表大会，其中一项议程是对永盛社区居务监督委员会2022年度工作开展民主评议。此次民主评议采用线下方式，评价程序、评价标准与2021年度民主评议一致。经过居民代表投票，关于居务监督委员会的满意度评价，投出满意的票数为42票，投出基本满意的票数为3票，表明永盛社区居务监督委员会的总体工作得到了居民的普遍认可。关于居务监督委员会成员的满意度评价，永盛社区居务监督委员会的三位成员在工作实绩、工作能力、工作纪律、工作作风、综合评价等方面获得了普遍认可。其中，一人在各项指标评价中均获得满意评价；另外两人在综合评价方面获得优秀票42票，称职票3票。

四、《永盛社区居务监督委员会工作职责》的作用和特点

永盛社区居务监督委员会在成立后，根据《永盛社区居务监督委员会工作职责》等行为规范，积极履行监督职责，保障社区公共事务依法依规进行。从内容和实施上看，《永盛社区居务监督委员会工作职责》的特点主要体现为依法依规独立履职、监督权的广泛性、行使监督权与接受评议相结合等方面。

首先，居务监督委员会依法依规独立履职。权力的监督，与权

力的行使，同样重要。正如法国思想家孟德斯鸠所言："一切有权力的人，都容易滥用权力，这是万古不易的一条经验。有权力的人使用权力一直遇到有界限的地方才休止。"[1]我国基层群众自治制度内容丰富，包含民主选举、民主决策、民主管理、民主协商、民主监督等环节。在城市，基层群众选举产生居民委员会这一自治组织来具体管理社区公共事务，如果其权力行使得不到监督，同样也可能会产生权力滥用、权力腐败等问题。因此，居民群众对权力的监督是极为必要的，居民既可以直接行使监督权，又可以通过选举产生居务监督委员会等机构代为行使。永盛社区居务监督委员会的产生和调整就是居民自治的体现。由于当前我国缺乏城市社区居务监督的专门性法律法规，永盛社区居务监督委员会行使监督权的规范依据主要是《广东省村务监督委员会工作规则》《惠州市村务监督委员会工作实施细则》等规范性文件和《永盛社区居务监督委员会工作职责》这一直接规范，明确了居务监督委员会的监督权，对于处理好居务监督委员会与其他基层组织的关系提供了规范依据。

其次，居务监督委员会监督权的广泛性。监督权的广泛性体现在内容和形式两个方面。从内容上看，社区公共事务涵盖民主决策、集体"资金、资产、资源"管理、社区工程项目实施等众多领域，社区居务监督委员会需要对此进行监督。《永盛社区居务监督委员会工作职责》即详细列明了居务监督的内容，保证监督权落实到社区公共事务各个领域。从形式上看，居务监督委员会监督权的行使有多种形式，例如，列席居民委员会、居民代表会议等会议，参与监督审核社区财务事项，等等。

最后，居务监督委员会行使监督权与接受评议相结合。居务监督委员会的监督权同样要受到监督，接受居民群众的民主评议。《永盛社区居务监督委员会工作职责》一方面规定了集体议事决策制度、监督工作报告制度、监督工作台账制度，为居务监督委员会履职确立制度规范。另一方面，居务监督委员会也要接受社区居民的评议

---

〔1〕〔法〕孟德斯鸠：《论法的精神》（上册），张雁深译，商务印书馆1961年版，第154页。

考核，督促其积极依法依规履职。永盛社区居务监督委员会接受居民代表会议对其 2021 年度、2022 年度的监督工作进行民主评议，并向社区居民公开评议结果。

结　语

从发展历史上看，城市社区居务监督委员会要晚于农村地区村务监督委员会等村务监督机构，但同样在基层治理中发挥着重要作用。民主监督是我国基层群众自治制度的重要环节，是推进基层民主制度不断发展完善的保障，是健全和完善中国特色社会主义监督体系的要求。作为新建社区，由居民代表会议推选产生的永盛社区居务监督委员会，与社区基层党组织、社区居民委员会等社区组织一起，为居民通过各种途径参与社区公共事务提供了有效的组织载体，保障居民自治落到实处。

同时，我们也要注意到，永盛社区下辖范围面积较大，人口总数超过万人，无论是居民委员会的组成人数，还是居务监督委员会的组成人数，都显得相对不足。在今后的基层社区治理中，永盛社区宜积极应对这种比例悬殊差异，不断完善居务监督委员会的运行机制，采用信息化等手段，进一步拓展和丰富社区居务监督的形式，使居务监督委员会按照《永盛社区居务监督委员会工作职责》履行民主监督更落在实处，保障居务监督发挥更多实效。

第十一章

规范集体资产经营和管理的
《沙田经济联合社章程》

引　言

农村集体经济组织是我国基层治理组织体系的重要组成部分，农村集体经济组织内部的自治规范也是大亚湾区基层治理中的一种重要自治规范。截至 2023 年 5 月，惠州大亚湾区共有 218 个农村集体经济组织，既包括沙田经济联合社这样的村级（社区级）农村集体经济组织，也包括沙田股份经济合作社组级农村集体经济组织。

沙田经济联合社成立于 2002 年，位于惠州市大亚湾区澳头街道沙田社区。沙田社区位于澳头中心区，于 2002 年 4 月经大亚湾区管委会批准成立，服务范围面积达 4.1 平方公里。沙田社区下辖 1 个居民小组即沙田居民小组，13 个居民小区。截至 2022 年 8 月，沙田社区居民委员会共有本地户籍人口 1522 户，共 3725 人；外来流动人口 2765 户，共约 8235 人，外来人口主要来自四川、湖南、河南等省。沙田社区居民的收入来源主要是出外经商、务工。沙田社区集体资产有社区办公楼一座。沙田社区居民委员会下辖的沙田居民小组，由原来的沙田村民小组转设而成。沙田居民小组依然拥有一定数量的农村集体资产，在沙田居民小组范围内成立了沙田股份经济合作社。沙田经济联合社是沙田社区范围内的社区级农村集体经济组织，沙田股份经济合作社是组级农村集体经济组织。

本章以澳头街道沙田经济联合社制定的《沙田经济联合社章程》为研究对象，具体分析其制定、内容、实施、作用和特点等方面，探讨社区经济组织的集体资产经营和管理规范，以全面认识大亚湾区的自治规范。

一、《沙田经济联合社章程》的制定和修订

农村集体经济组织，是以土地集体所有为基础，依法代表成员集体行使所有权，实行家庭承包经营为基础、统分结合双层经营体制的地区性经济组织农村集体经济组织。《宪法》第 8 条规定："农村集体经济组织实行家庭承包经营为基础、统分结合的双层经营体制。农村中的生产、供销、信用、消费等各种形式的合作经济，是社会主义劳动群众集体所有制经济。……"截至 2023 年 8 月，我国还没有一部中央层面的综合性的农村集体经济组织立法，《中华人民共和国农村集体经济组织法（草案）》正在审议中。

有的省份则根据立法权限制定了农村集体资产管理领域的地方性法规或者政府规章，其中涉及章程的相关内容。1996 年 1 月 12日，广东省第八届人民代表大会常务委员会第十九次会议通过了《广东省农村集体资产管理条例》。[1] 该条例（2016 年修订）第 12条规定："农村集体经济组织应当制定章程，依照章程管理农村集体资产。……"2006 年 7 月 14 日，广东省人民政府第十届第九十五次常务会议通过了《广东省农村集体经济组织管理规定》，自 2006 年10 月 1 日起施行。该规定第 8 条第 1 款规定："农村集体经济组织章程应当符合法律、法规、规章的规定。"根据上述法规、规章，沙田经济联合社在成立之初，就制定了《沙田经济联合社章程》，并根据发展状况作了修改。其中，最近的一次修改是 2020 年 8 月。2020 年8 月 18 日，沙田经济联合社成员大会表决通过了修改后的《沙田经济联合社章程》，并经澳头街道办事处审核，报大亚湾区农业农村行政主管部门暨社会事务管理局备案。《沙田经济联合社章程》第 19条规定了章程的修改程序，修改章程须经 1/3 以上的成员联名提议或社区党组织提议。成员大会作出修改章程的决议，必须经 2/3 以上到会成员通过，成员代表大会作出修改章程的决议，必须经 2/3

---

〔1〕 2016 年 5 月 25 日，广东省第十二届人民代表大会常务委员会第二十六次会议修订了《广东省农村集体经济管理条例》。

以上到会代表通过。

二、《沙田经济联合社章程》的内容

从结构上看，《沙田经济联合社章程》共分总则、资产产权、成员、组织机构、资产的经营和管理、财务管理制度、变更、附则等八章，共有47条，比较全面地规范了集体资产经营和管理。

（一）总则部分

《沙田经济联合社章程》第一章是总则，该部分共有7条，涉及制定目的和依据、成立时间、名称、基本原则、职责等事项。关于制定目的和制定依据，《沙田经济联合社章程》第1条规定："为规范本社资产的经营和管理，保障集体和成员的合法权益，依照《中国共产党农村基层组织工作条例》《中国共产党农村工作条例》《广东省农村集体经济组织管理规定》《广东省农村集体资产管理条例》规定，结合本社实际，制定本章程。"第1条明确了制定章程的目的是"规范本社资产的经营和管理，保障集体和成员的合法权益"。关于制定依据，由于《沙田经济联合社章程》制定和修改时我国还没有一部全国统一的农村集体经济组织立法，因此，列举了《中国共产党农村基层组织工作条例》《中国共产党农村工作条例》两部党内法规和《广东省农村集体经济组织管理规定》《广东省农村集体资产管理条例》两部与农村集体经济组织管理直接相关的广东省政府规章和地方性法规。其中，《沙田经济联合社章程》中列明两部党内法规，是加强和改进党对农村工作的领导的要求，表明农村集体经济组织也要坚持党的领导这一根本原则。《中国共产党农村基层组织工作条例》和《中国共产党农村工作条例》的制定都是为了坚持和加强党对农村工作的全面领导，贯彻党的基本理论、基本路线、基本方略，深入实施乡村振兴战略，提高新时代党全面领导农村工作的能力和水平。

《沙田经济联合社章程》的第2条和第3条是关于联合社基本情况的介绍。第2条规定："本社是2002年，由当时的澳头政府设立的沙田社区居民委员会后而成立的经济联合社。"第3条规定："本社全称：惠州大亚湾区澳头街道沙田经济联合社。名称缩写：沙田经济联合社。本社住所：大亚湾区澳头街道新澳大道二街 10 号。"

《沙田经济联合社章程》的第 4 条是关于联合社宗旨的规定，明确沙田经济联合社"遵守法律、法规、规章及政策，坚持社会主义集体所有制，在社区党组织的领导下，建立产权清晰、权责明确、民主监督、管理科学的集体资产管理体制和运行机制，促进集体资产保值增值，为成员提供公共设施和公共服务，实现共同富裕"。

《民法典》将农村集体经济组织归为特别法人，据此其可以参与相关经济活动。《沙田经济联合社章程》第 5 条对经济联合社的地位予以明确，"本社实行自主经营、独立核算、自负盈亏；依法享有独立进行经济活动的自主权，独立承担民事责任"。第 6 条则进一步细化了联合社的职责，沙田经济联合社的职责主要有六项：（1）经营管理属于本社成员集体所有的资产；（2）经营管理依法确定由本社使用的国家所有的资源性资产及其他资产；（3）管理政府拨给本社的补助资金以及公民、法人和其他组织捐赠的资金和资产；（4）办理集体土地承包、流转及其他集体资产经营管理事项；（5）发展本社集体经济，为成员提供公共设施和公共服务；（6）法律、法规、规章、政策和本章程规定的其他职责。

《沙田经济联合社章程》第 7 条对沙田经济联合社与沙田社区党组织、沙田社区居民委员会、政府的关系进行了规定，沙田经济联合社在大亚湾区澳头街道沙田社区党组织的领导下，接受各级人民政府和沙田居民委员会的监督，并接受各级农业农村行政主管部门的指导、监督和服务。

（二）资产产权

资产产权是农村集体经济组织存在和进行经济活动的基础。《沙田经济联合社章程》在总则下的第二章即对资产产权进行了规定。虽然第二章只有 2 个条文，但却是关系沙田经济联合社的根本性问题。第 8 条关于沙田经济联合社的资产罗列了 11 项：（1）法律规定属于本社农民集体所有的耕地、森林、林地、草场等自然资源，兴办集体企业、镇村公共设施和公益事业建设使用本社农民集体所有的土地；本社分配的宅基地、自留地、自留山的土地产权仍属于本社集体所有；（2）本社兴建的建筑物、构筑物和购置的交通、通讯、电力、教育、科技、文化、卫生、体育设备等财产；（3）本社兴办的集体企业、公益事业单位的资产；（4）本社与公民、法人或者其他组织合作兴办的项目中，按合同规定属于本社所有的资产；（5）本社及社办企业设立的专项资金，国家征用征收土地各项补偿费和对生态林补偿费中属于本社所得部分，本社集体建设用地流转收益，生产经营者缴交本社的承包款物、租金，本社"一事一议"筹资筹劳等形成的资产；（6）本社及社办企业、公益事业单位拥有的农业、渔业、畜牧业、工业、服务业等资产；（7）本社及社办企业、公益事业单位拥有的现金、存款、有价证券和债权；（8）本社及社办企业、事业单位拥有的商标权、专利权、著作权等无形资产；（9）本社所有资产的经营管理收益；（10）本社及社办企业、公益事业单位接受公民、法人或者其他组织的资助、捐赠的财物和国家无偿拨款、补贴、减免税赋等形成的资产；（11）依法属于本社所有的其他资产。同时，第 8 条还规定，本社资产任何组织和个人不得以任何形式平调或非法侵占、私分，以保障集体资产的安全。

第 9 条则对沙田经济联合社的资产做了核算。截至 2020 年 7 月 31 日，沙田经济联合社的集体土地总面积为 0 亩（已无集体所有的土地）。同时，第 9 条对沙田经济联合社的其他类型的资产总额、负债总额、净资产总额、可量化净资产等进行了统计，从而以章程的形式向所有社员公开。

（三）成员

成员及其认定是农村集体组织运行的关键问题，在实践中也容易出现矛盾或者纠纷。因此，农村集体经济组织在章程中都会将成员认定及其权利义务作为重要内容。第三章"成员"共有 4 条，其中，第 10 条、第 11 条是关于成员认定及管理的内容，第 12 条是关于成员权利的内容，第 13 条则是关于成员义务的内容。根据第 10 条，户口在沙田社区居民委员会登记在册的（空挂户除外）且能履行法律、法规、规章、政策和本社章程规定义务的居民为本社成员。此处首先强调户口的重要性，且能履行相关义务，也就是"户口+义务"的认定原则。对于依照章程确认为沙田经济联合社成员的，第 11 条规定由社委会附则登记造册。

《沙田经济联合社章程》第 12 条规定了社员的 7 项权利，分别为：（1）年满 18 周岁的成员依法依本章程享有选举权、被选举权、表决权；（2）按照法律、法规、规章、政策和本章程规定行使表决权；（3）监督集体资产经营管理活动，提出意见和建议，按规定查阅财务会计报告、社委会、民主理财监督小组或者成员大会、成员代表会议的会议记录等；（4）享有本社集体资产产权，获得集体资产和依法确定由集体使用的国家所有的资产的经营收益；（5）承包土地及其他资产；（6）对公开招标的项目，在同等条件下有优先权；（7）法律、法规、规章、政策和本章程规定的其他权利。第 13 条规定了社员的 5 项义务，分别为：（1）遵守法律、法规、规章、政策和本章程规定，执行成员大会、成员代表大会和社委会的决议（定）；（2）维护本社的合法权益；（3）依法开展家庭经营并履行合同；（4）承担集体资产和依法确定由集体使用的国家所有的资产的经营风险；（5）法律、法规、规章、政策和本章程规定的其他义务。

（四）组织机构

沙田经济联合社的运行离不开权力机构、执行机构、监督机构等各种类型的组织机构，《沙田经济联合社章程》第 14 条规定了成员大会、成员代表大会、社委会、民主理财监督小组[1]等职能不同的组织机构，根据需要还可以加设其他经营管理机构。

1. 成员大会或成员代表大会

成员大会或成员代表大会是沙田经济联合社的最高权力机构。成员大会由沙田经济联合社中年满 18 周岁、具有完全民事行为能力的全体成员组成。成员代表大会由社委会成员、居民代表成员组成。第 15 条是成员大会或成员代表大会职权的原则性规定，凡涉及成员切身利益的重大事项，必须提交成员大会或成员代表大会表决。第 16 条规定，成员大会或成员代表大会由社委会负责召集，须有本社 1/2 以上的成员或 2/3 以上的成员代表参加，所作决定经到会成员 1/2 以上通过方可有效。第 22 条规定了表决方式，成员大会实行一

---

[1] 根据我们的调查，《沙田经济联合社章程》中的"社委会"在实践中为"理事会"，"民主理财监督小组"在实践中为监事会。

户一票的表决方式；成员代表大会实行一人一票的表决方式。

具体到成员大会和成员代表大会的职权，《沙田经济联合社章程》在第 16 条、第 17 条予以规定，两个组织机构的职权有所差异。第 16 条规定了成员大会或者成员代表大会共同享有的九项职权，分别为：（1）审议、通过和修改本社章程；（2）审议、决定国家法律、法规、规章、政策未明确的情况特殊的公民是否具备本社成员的资格；（3）选举和罢免社委会和民主理财监督小组成员；（4）审议、决定土地承包、宅基地分配和其他涉及成员切身利益重大事项的方案；（5）审议、决定 1/10 以上有选举权成员提出异议的成员代表大会表决通过的事项；（6）审核社委会、民主理财监督小组和其他管理人员、工作人员的薪酬报告；（7）决定本社的合并、分立、解散及集体资产处置事宜；（8）法律法规和本社章程规定应由成员大会或成员代表大会决定的其他重大事项；（9）授权成员代表大会处理的事项。第 17 条规定了成员代表大会的十一项职权，分别为：（1）审议决定通过社委会、民主理财监督小组的工作报告；（2）在成员大会闭会期间，不涉及成员大会第二、五、七项职权的章程修改，选举和罢免社委会和民主理财监督小组成员；（3）根据章程审议决定土地承包、土地征收补偿费分配、集体企业改制、大额资产处置和重要的产权变更、大额借款或者担保等事项；（4）审议决定本社年度财务预、决算；（5）审议决定本社集体资产经营方式、经营目标的确定和重大变更；（6）审议决定重大项目投资（30 万元以上的）；（7）审议决定年度收益分配方案；（8）审议决定 2000 平方米以上建设用地和农用地使用权的出租和出让。涉及租赁金额 30 万元的资产租赁、转让等交易项目；（9）审议决定涉及金额 10 万元以上集体企业改制、集体资产处置、评估、投资、借贷、担保和生产经营活动的其他事项；（10）审议决定通过超出社委会决策权限的项目投资、长期及固定资产报废、非生产性开支等事项；（11）法律、法规、规章、政策和本社章程规定应由成员代表大会决定的其他重大事项。

成员大会要求所有符合条件的会员参加，在当前条件下，召开会员大会存在一定困难，而召开成员代表大会的难度要小一些。因此，第 18 条、第 20 条、第 21 条专门规定了成员代表大会的召开及表决要求。第 20 条规定，成员代表大会由社委会组织召开，并做好会议记录。成员代表大会须有本社 2/3 以上的成员代表参加，所作决议（定）经到会代表 2/3 以上通过。成员代表大会表决结果公示 5 天。第 18 条规定，成员代表大会分定期会议和临时会议。定期会议每年召开 1 次。召开成员代表大会，应当于会议召开前一天通知参会成员。成员代表大会应当对所议事项的决定形成会议记录，出席会议的成员应当在会议记录上签名。1/10 以上有表决权的成员或 1/2 以上的民主理财监督小组成员提议召开临时会议的，应当召开临时会议。第 21 条进一步规定了在 5 天内召开临时成员代表大会的情形：（1）1/3 以上成员代表提议；（2）民主理财监督小组提议；（3）社委会认为必要的。

2. 社委会

根据第 23 条，社委会是沙田经济联合社的常务决策和管理机构。社委会成员必须是本社成员，年龄在 18 周岁以上，具有一定的文化知识且政治素质好，有相应的经营管理能力。具体到沙田经济联合社，社委会由社区居委会"两委"干部 7 人组成，设社长 1 名，副社长 1 名；社委会任期与社区"两委"任期同步。村（社区）党组织书记为本社的社长（不是本社成员、由上级委派的党组织书记，可以采用聘任的形式聘请）；村（社区）党组织副书记为本社的副社长，村（社区）党组织委员为本社的社委会成员。社长主持社委会的工作。社长因特殊原因不能履行职务时，由社长委托副社长主持工作。由此可以看出，社委会与社区居委会在人员组成方面具有重合。

关于社委会的职权，《沙田经济联合社章程》第 24 条规定了十一项职权，分别为：（1）筹备组织召开本社成员大会和成员代表大会并报告工作，执行成员大会和成员代表大会决议；（2）起草本社经济发展规划、业务经营计划、内部管理规章制度等，提交成员代表大会审议；（3）起草本社财务预决算、收益分配和亏损弥补等方案，提交成员代表大会审议；（4）落实本社的经济发展规划和年度经营计划，决定涉及金额 10 万元以上生产性开支，10 万元以上非生产性开支；审议涉及金额 10 万元以下的财产处置、对外投资和生产经营活动的其他事项；（5）负责集体资产产权的登记申报和管理本社集体资产、财务，审批各项财务开支，管好用好各项资金，保障财产安全；（6）提名本社经营管理人员及所属经济实体负责人的人选提交成员代表大会审议，决定聘任或解聘本社其他工作人员；（7）签订承（发）包合同，监督、督促承（发）包者履行合同；（8）接受、答复、处理民主理财监督小组或成员代表提出的有关质询和建议；（9）拟订本社章程修改草案；（10）制定和执行本社集体"三资"管理各项制度；（11）履行成员大会、成员代表大会赋予的其他职责。同时，第 24 条还规定了社委会的临时性决策权，经成员代表大会授权，并报镇人民政府（街道办事处）审查同意，可提高社委会在项目投资、资产交易、土地款使用、长期及固定资产报废、非生产性开支等事项的决策权限。授权期限结束后，应重新授权。

《沙田经济联合社章程》第 26 条则详细规定了社委会的会议程序及相关要求。社委会会议须有 80% 的社委会成员出席；社委会原则上每月召开一次，有特殊情况的可随时召开；有 1/3 社委会成员提议的，可召开临时会议。社委会表决实行"一人一票制"，所作决定经到会社委会成员的 1/2 通过。在赞成和反对票相等时，社长在听取各方意见后有最终决定权。社委会实行会议记录制度。社委会的会议记录应当完整准确，与会人员签名后存档备查。社委会决策违反法律、法规、规章、政策、本章程规定或违反成员大会、成员代表大会决议的，致使本社受到重大经济损失的，由赞成决策的社委会成员承担相应责任。

在沙田经济联合社组织机构体系中，社长主持社委会的工作，具有重要地位。《沙田经济联合社章程》第 25 条对社长的职责予以明确，包括：（1）召集并主持社委会会议；（2）组织实施成员代表大会和社委会通过的决议（定），并检查决议（定）实施情况；（3）代表社委会向成员代表大会报告工作；（4）代表本社签订协议、合同；（5）本社章程规定或者社委会决定的其他职责。

3. 民主理财监督小组

农村集体经济组织具有明显的经济属性，因此资产、财务管理至关重要。为加强沙田经济联合社的理财监督工作，根据法律法规要求，沙田经济联合社内部也成立了民主理财监督小组这一内部监督机构。《沙田经济联合社章程》对民主理财监督小组的产生、职权及运作进行了规定。第 27 条明确，民主理财监督小组是由社区党组织提名，成员代表大会选举产生的内部监督机构。民主理财监督小组由成员代表 3 人组成，设组长 1 名（必须是中共党员），副组长 1 名，其任期与社委会相同。社委会成员、财务人员及其直系亲属不得参加同级民主理财监督小组。组长负责民主理财监督小组活动的组织召集工作。

民主理财监督小组主要发挥监督职权，第 28 条将监督职权细化为九项：（1）检查监督社委会执行成员大会、成员代表大会的决议；（2）参与制定本社的财务计划和各项财务管理制度；（3）检查监督集体资产经营管理的财务活动，并于每月 20 日前对上月财务收支的原始凭证进行审核；行使财务预决算初审权、财务开支监督权和不合理开支否决权；（4）检查监督集体资产的经营、招投标、出租、流转等各项经济活动及合同的签订和履行；（5）向社委会会议反映本组织成员对集体资产经营管理的意见和建议；（6）提议并在必要时按照本章程规定提议召开临时成员代表大会；（7）协助镇人民政府（街道办事处）或县级以上农村集体经济审计部门开展审计监督工作；（8）向成员大会、成员代表大会做民主理财监督工作报告；（9）法律、法规、规章、政策和本章程规定的其他职责。

根据《沙田经济联合社章程》第 29 条，民主理财监督小组原则上每月召开一次会议，会议可根据内容和需要邀请社委会成员和部分成员代表参加。民主理财监督小组必须依照法律、法规、规章、政策和本社章程规定行使职权，不得超越权限范围干扰决策机构、执行机构行使职权。民主理财监督小组表决实行"一人一票制"，所作决定须经应到会民主理财监督小组成员的 1/2 通过。当赞成票与反对票相等时，民主理财监督小组组长在听取各方意见后有最终决定权。民主理财监督小组实行会议记录制度。民主理财监督小组的会议记录应当完整准确，与会人员签名后存档备查。

　　4. 社委会、民主理财监督小组成员以及其他经营管理人员的行为准则

　　社委会、民主理财监督小组成员以及其他经营管理人员根据章程具体行使相应职权，为促进这些人员依法依规行使职权，《沙田经济联合社章程》在第 30 条规定了七项行为准则：（1）遵守本章程，办事公道，尽职尽责，维护本社及成员的合法权益；（2）依法保守本社商业秘密；（3）不得侵占、挪用本社及成员的资产；（4）不得擅自将本社资金借贷给公民、法人或其他组织；（5）不得擅自将本社资产为公民、法人或其他组织提供债务担保；（6）不得将本社资金以个人名义开立账户存储；（7）法律、法规、规章、政策和章程规定的必须遵守的其他准则。

　　如果社委会、民主理财监督小组成员等出现不称职的情况，第 31 条规定，本社 1/5 以上有选举权的成员或者 1/3 以上成员代表联名，可以要求罢免不称职的社委会、民主理财监督小组成员；社委会应当在收到罢免议案 60 天内召开成员大会或成员代表大会进行表决。社委会逾期不召开的，民主理财监督小组有权代为召开。

　　《沙田经济联合社章程》第 32 条则从维护成员合法权益的角度，规定成员代表大会和社委会的决议（定）如有违反法律、法规、规章、政策和本章程规定，侵害成员合法权益的，成员有权依法向镇人民政府（街道办事处）或县级以上有关部门举报。任何人不得阻挠和打击报复。该条是对成员监督权的保障。

　　（五）资产的经营和管理

　　农村集体经济组织的经济属性，要求其能够通过参与有关经济活动，促进集体资产保值增值。为此，《沙田经济联合社章程》第五章对沙田经济联合社资产的经营和管理作了原则性规定，主要涉及社委会的行为。第 33 条首先明确，社委会应以效益为中心，以促进资产保值增值为目标，加强对本社资产的经营管理。第 34 条、第 35 条则是对社委会进行资产经营和管理的形式进行了规定。社委会可以依照国家有关法律、法规、规章、政策以及章程规定的有关职权和程序，采取独资经营、股份合作、租赁、拍卖、兼并等办法，进

行资产的经营活动。社委会应依法依规在政府建立的农村集体资产交易中心交易本社集体资产并签订交易合同，按合同约定及时收取交易资金。第 36 条从禁止性规范的角度，规定未经成员代表大会或社委会会议讨论通过，不得将集体资产出借给任何单位和个人。严禁为其他单位和个人作经济担保。联合社有权拒绝任何公民、法人或其他组织非法平调、挪用、侵占、截留联合社的资产。

（六）财务管理制度

沙田经济联合社作为农村集体经济组织，参与经济活动，势必涉及财务管理。《沙田经济联合社章程》第六章专门对财务管理制度进行了规定，主要包括现金管理制度、财产物资管理制度、岗位职责管理制度等具体制度和要求。第 37 条是关于财务管理的原则性规定，联合社实行独立财务管理和会计核算，执行财政部《村合作经济组织财务制度》《村集体经济组织会计制度》，遵照和贯彻各级财政、农业行政主管部门和镇人民政府制定的有关财务管理规定。联合社建立健全财务预决算、审批、分配和财务公开等管理制度，加强和规范财务核算。

《沙田经济联合社章程》第 38 条列举了各项具体的财务管理制度：

第一，现金管理制度。包括：（1）本社集体一切现金的收入和支出必须由出纳员办理。出纳员对大额收支可要求民主理财监督小组协助办理，以保安全。（2）本社库存现金限额定在 2000 元以下。如收存现金超过限额，必须当日或次日存入本社开户银行，不得由个人保管。（3）本社集体现金收入先由会计员制票，出纳员凭票收款。（4）本社现金支出，金额较少或有开支制度和开支计划的经常项目可由出纳员按制度开支。月终交由本社财务负责人审阅。凡金额较大或无开支制度和开支计划的要先审批后开支。（5）凡对外支出，必须有合法凭证。如无法取得合法凭证的，要先由会计员制票，社长批准签名才能开支。（6）凡本社内经常有 10 000 元以上收款的单位，必须到银行或信用社开设使用支票的集体存款账户，办理预留印监手续（印监有会计、出纳员等二人以上及单位公章），并设立银行或信用款存款明细账。

第二，财产物资管理制度。包括：（1）每年组织一次清产核资工作。本社一切集体财产物资，会计员要建立健全总账及明细账、固定资产台账、明确记载存放地点、负责人和保管人员、折旧情况等。（2）凡属本社出租、承包、转让的财产物资，必须由合同双方派人认真清点，列册登记共同签名并办理有关手续。（3）要配备保管员。一切物资的进出要办理入库和出库手续并设置总账和明细账进行登记。每月结账时要列出进、出、存明细表交会计。

第三，岗位职责管理制度。包括：（1）本社财经人员负责做好本年度的财务收支计划、年终决算，管理日常收入和支出，制订本社的审计项目和内容，带头执行财经纪律，提高经济效益。（2）财经负责人职责：每年负责召集有关人员制订财务收支计划、审计项目、年终决算方案；检查财务制度执行情况，定期审阅报表和行使按权限审批开支；越权的开支要按财经制度执行。（3）会计员职责：按时结账、报账，有权拒绝违反财经纪律的收支；每次结账情况要及时向本社汇报；定期盘点出纳员库存现金；建立承包合同台账，按月公布合同执行情况；会计资料、各项任务资料的归档保管工作；做好合同订立、各项任务核算、社员统筹和工资核算等文书工作。（4）出纳员职责：按时结账；有权拒绝违反财务制度的票据；保管库存现金和未入账票据的安全；日日清理当日收支票据。如发现长短款及时向领导反映情况，弥补处理；每月收支结账情况张榜公布，接受监督。

第四，收支管理制度。包括：（1）每年年初，财经人员要及时制订出当年本社财务收支计划；年终制订年终决算（分配）方案，然后交社委会讨论决定。如果风险责任涉及社员或成员的，交成员代表大会讨论决定。（2）财经人员依照执行经审定后的财务收支计划，民主理财监督小组成员定期检查督促，保证财务计划如期实现。（3）年终分配方案要兼顾国家、集体和群众利益，正确处理好三者的关系。（4）一切财务票据制作，必须使用黑色签字笔书写，不得使用铅笔、圆珠笔书写，以确保能永久清楚明晰。（5）一切支出票据，必须做到"四要素"即有简单用途、有经手人、证明人、审批人等三人以上签名才能报账。

第五，其他管理。包括：（1）集中过财务日：本社每月定期集中过财务日1次，以提高会计员业务水平，搞好结账、报账、检查财务制度的执行情况。（2）差旅费和会议补助等经社委会或成员代表大会讨论执行。（3）沙田经济联合社负责沙田社区"两委"干部正常离任补助，涉及补助金额由成员代表会议讨论决定。（4）沙田经济联合社负责沙田社区"两委"干部及社区聘请工作人员、治安联防队队员、巡山员、保洁员、护理员等工资发放及补贴。（5）沙田经济联合社负责对农村集体经济部门审计和村财务制度相关规定外合理费用开支（如考入大学新生入学困难，可向社区申请一笔2000元助学金、节日慰问老党员、老干部、困难党员、低保户、高龄老人、重度残疾人、孤寡儿童、三无人员、社区公益活动、节日庆祝活动、社区生产生活提升等符合规定项目费用）。（6）沙田经济联合社负责社区正常的工作经费，按实报实销，费用按规定程序审批；其他差旅费按工作情况给予实报实销。

《沙田经济联合社章程》除了规定各项财务管理制度之外，还对会计人员、财务公开、审计、财务档案等相关事项进行了规定。第39条规定，联合社会计由镇人民政府（街道办事处）统一委派或委托，接受镇人民政府（街道办事处）统一管理。第40条规定了财务公开制度，联合社按照《广东省农村集体财务公开制度》进行财务公开，在方便成员阅览的地方设置公开栏（墙）和意见箱。每月财务收支情况在次月初及时、准确、完整地逐项明细张榜公布，接受成员监督。第41条规定，联合社接受农村集体经济审计部门和镇（街道）人民政府的审计监督。第42条规定了档案管理制度，要求联合社按照《会计档案管理办法》建立会计档案室（柜），实行统一管理，专人负责。建立健全会计档案立卷、归档、保管、查阅和销毁等制度。

（七）变更

对于沙田经济联合社发生合并、分立、解散等重要事项变更时，《沙田经济联合社章程》在第七章明确规定了相应的处理程序。第43条规定，联合社证明书载明事项发生变更之日起30日内，由理事会（社委会）向当地镇（街）人民政府和县（区）农业农村行政主管部门申报办理变更手续。第 44 条规定，联合社合并、分立、解散，由成员大会表决通过，经镇人民政府（街道办事处）审核，报县（区）农业农村行政主管部门备案。合并、分立、解散前，必须对本社进行全面清产核资和清理债权债务。本社集体资产的处置方案或清偿方案，必须经公示广泛征求成员意见后提交成员大会或成员代表大会表决通过方可实施。

（八）附则

《沙田经济联合社章程》第八章附则共有 3 条，分别规定了章程的表决通过和备案、章程的合法性要求、章程的解释等事项。根据章程的实际表决通过时间，第 45 条明确，《沙田经济联合社章程》于 2020 年 8 月 18 日由成员大会表决通过，经镇人民政府（街道办事处）审核，报县（区）农业农村行政主管部门备案。第 46 条明确，章程在执行中若与有关法律、法规、规章及规范性文件抵触时，以法律、法规、规章及规范性文件的规定为准，并遵照修改，从而确保章程内容符合法律法规的要求。关于解释章程，第 47 条明确，沙田经济联合社理事会（社委会）负责解释。

三、《沙田经济联合社章程》的施行

《沙田经济联合社章程》为沙田经济联合社开展各项工作提供了明确的规范依据。作为农村集体经济组织，沙田经济联合社的工作以经济活动为主，通过管理和经营集体资产，实现集体资产的保值增值。同时，在实践中，沙田经济联合社与沙田社区党组织、沙田社区居民委员会等组织形成了有效的协调工作机制，促进沙田社区各项活动有序进行。

（一）根据章程完成组织机构的换届调整工作

沙田经济联合社成立以来，按照法律法规和章程的规定，组建了相关组织机构，并按时完成换届调整。2020 年 8 月 18 日，沙田社区召开居民代表会议，46 名居民代表出席，3 名居务监督委员会成员列席，经过居民代表广泛讨论，同意设立沙田经济联合社相关组织机构，通过了新的《沙田经济联合社章程》和《沙田经济联合社财务管理制度》。其中，社委会成员 7 人，社长由当时的社区党支部

书记、居民委员会主任担任，副社长由当时的居民委员会副主任担任。此次会议还选举产生了监事会成员，监事长1人，副监事长1人，成员1人。此处的监事会即章程中的民主理财监督小组。

根据《沙田经济联合社章程》第23条的规定，社委会由社区居委会"两委"干部组成，社委会任期与社区"两委"任期同步。2020年12月29日，沙田社区党总支部召开新一届党总支部委员会委员选举大会，大会应到会41人，实到会38人，发出选票38张，收回选票38张，经大会无记名投票选举结果。报经党工委同意后，2020年12月31日，沙田社区召开新一届党总支部委员会会议，推选沙田社区党总支部书记和副书记。2021年1月8日，沙田社区召开沙田社区居民委员会换届选举大会，大会应到会51人，实到会51人，发出提名选举票51张，收回51张，经大会无记名提名选举得票结果，产生了新一届社区居民委员会组成人员，其中主任1人，副主任2人，委员4人。通过换届选举，沙田社区党总支部书记和居民委员会主任为同一人。

沙田社区党总支部委员会和居民委员会完成换届后，根据社区基层组织换届方案，沙田社区着手对沙田经济联合社组织机构进行换届调整。2021年2月20日，沙田经济联合社集体经济组织换届选举委员会制定了《沙田经济联合社换届选举工作方案》：

为做好我社换届选举工作，根据《广东省农村集体经济组织管理条例》《惠州市农村集体经济组织换届选举工作方案》等法律法规和上级文件精神，结合本社章程，制定工作方案如下：

一、成立换届选举委员会

选举委员会负责主持本经济联合社的成员代表、管理机构和监事机构成员的推选工作。本社换届选举委员会由本届居民选举委员会代行选举委员会职责。居民选举委员会撤销的，由新一届居民委员会主持。

组长：李雪山

成员：严启武、潘家豪、廖楠、李雅怡、曾秀芬、刘秋霞

二、关于管理机构监事机构职位职数

根据章程规定：本社理事会由理事长1人、副理事长1人、委员5人共7人组成。社区党组织书记为经联社的理事长，（不是本社股东的上级委派的社区党组织书记可以采用聘任的形式）；社区党组织副书记为经联社副理事长，社区党组织委员为经联社理事会成员。

本社监事会由监事长1人，成员2人共3人组成。

三、关于管理机构、监事机构、成员代表人员条件

参照社区"两委"换届人选条件要求。大力选拔思想政治素质好、道德品行好、带富能力强、协调能力强、公道正派、廉洁自律、热心为群众服务的优秀人员进入管理机构、监事机构、成员股东代表。坚决杜绝政治上的两面人、受过刑事处罚、存在"村霸"和涉黑涉恶等问题人员及非法宗教组织实施者、参与者进入管理机构、监事机构和成员代表。

四、关于成员代表人数及推选

根据本社章程，本社成员代表人数共计51人（中共党员成员代表22人，占代表总数的43.14%，妇女成员代表22人，占代表总数的43.14%）。本社成员代表按照章程产生，报街道社区"两委"换届选举工作领导小组参照村社区"两委"换届居民代表资格审查标准审查后在本集体经济组织公告。

五、选举监事会。（根据章程规定选择产生方式）

依据章程，监事会成员由社区党组织提名，成员代表会议选举产生。监事长由居务监督委员会主任担任。选举监事会成员，由本社三分之二以上的成员代表参加，所作决定经到会代表三分之二以上通过。

六、后续工作阶段

1.工作交接。新一届农村集体经济组织工作机构成员产生后的10天内，换届选举委员会组织召开经联社、经济社新老班子交接工作会议，完成公章、办公场所、办公用具、集体财物账目、其他固定资产、工作档案、债权债务及其他遗留问题的交接手续，宣布新一届农村集体经济组织理事会、监事会成员的分工等。新一届农村集体经济组织机构工作交接后，要严格按照《广东省集体经济组织管理规定》《广东省农村集体资产管理条例》《大亚湾区农村集体资产

资源管理办法（试行）》等制度和本农村集体经济组织章程实施集体经济组织的管理运营工作。

2. 证书变更。换届完成后，法人或其他因素有变更的，需30天内向区社管局提交相关资料申请变更。

沙田经济联合社集体经济组织

换届选举委员会（代章）

2021 年 2 月 20 日

2021 年 2 月 28 日，沙田经济联合社召开了换届选举工作会议。会议共有三项议程：（1）表决通过《沙田经济联合社集体经济组织换届选举工作方案》；（2）根据《沙田经济联合社章程》，产生理事会、成员代表；（3）选举沙田经济联合社监事会成员。与会成员代表通过举手表决，首先通过了《沙田经济联合社集体经济组织换届选举工作方案》。其次，本次会议选举产生本社理事会成员 7 人，其中理事长 1 人、副理事长 1 人、委员 5 人，共 7 人组成。社区党组织书记为经联社的理事长，社区党组织副书记为经联社副理事长，社区党组织委员为经联社理事会成员。根据章程，此次会议继续推选出成员代表人数共计 51 人（中共党员成员代表 22 人，占代表总数的 43.14 %，妇女成员代表 22 人，占代表总数的 43.14 %）。成员代表按照章程产生，报街道社区"两委"换届选举工作领导小组参照村社区"两委"换届居民代表资格审查标准审查后，在本集体经济组织公告。依据章程，联合社监事会由监事长 1 人，成员 2 人共 3 人组成。监事会成员由社区党组织提名，成员代表会议选举产生。监事长由居务监督委员会主任担任。选举监事会成员，由联合社 2/3 以上的成员代表参加，所作决定经到会代表 2/3 以上通过。经沙田社区第六届居务监督委员会选举大会无记名投票推选产生沙田社区基层监督委员会主任和 2 名委员。通过此次成员代表大会，居务监督委员会成员顺利当选沙田经济联合社监事会成员。

通过此次换届选举，沙田社区在社区党组织书记、居民委员会主任、沙田经济联合社理事长三个职位上实现了"一肩挑"。

（二）做好农村集体资产清查工作

《沙田经济联合社章程》第二章对集体资产进行了列举性规定，

并有一个总的资产总额。而这个资产总额是建立在农村集体资产清查基础上的。农村集体资产清查是沙田经济联合社的重点工作，以年度为单位开展清查，从而摸清沙田经济联合社的资产变化情况。沙田经济联合社农村集体资产主要是沙田居民小组农村集体资产，在沙田居民小组范围内则是成立了惠州大亚湾区澳头街道沙田股份合作经济社。

关于沙田经济联合社集体资产，2018 年 7 月 24 日，沙田社区召开了成员代表大会，对当时登记在沙田经济联合社名下的土地权益进行了清查。由于 2010 年 12 月，该土地已经转让给其他主体，因此在此次会议上，沙田经济联合社对这部分土地权益进行了廓清。在以后的农村集体资产清查工作中，沙田经济联合社就没有将此部分土地计算进集体资产。此处以 2021 年度农村集体资产清查工作为例，简要论述清查工作的开展程序。2022 年 1 月 18 日，大亚湾区澳头街道办事处印发《澳头街道 2021 年度农村集体资产清查工作方案》。据此，沙田经济联合社成立了 2021 年度集体资产清查工作小组，在沙田股份合作经济社也成立了农村集体资产清查工作小组。通过此次清查，沙田社区对村组两级"三资"进行了再次核查。2022 年 2 月 13 日，沙田经济联合社召开成员代表大会，对 2021 年度资产清查结果进行审议和表决。本次会议应到会 51 人，实际到会36 人，符合章程规定。通过表决，与会代表一致同意通过了沙田经济联合社 2021 年度资产清查结果。2022 年 2 月 14 日，沙田股份合作经济社在沙田小组召开成员代表会议，会议应到 15 人，实际到会14 人。通过表决，全体代表一致同意通过了 2021 年度资产清查结果。在资产清查过程中，监事会成员全程参与，进行监督。目前，沙田经济联合社层面没有资源，只有资金和资产，资产即居民委员会办公大楼及相关办公用品。沙田股份合作经济社则依然有"三资"，除了资金之外，还有物业资产、部分回拨地。

（三）根据章程对集体资产进行管理

沙田经济联合社在做好农村集体资产清查工作的基础上，根据章程对集体资产进行管理。首先，沙田经济联合社于 2020 年 8 月 18日制定了《沙田经济联合社财务管理制度》，作为财务管理的直接规范。2021 年 3 月 9 日，沙田经济联合社召开成员代表大会，修订了《沙田经济联合社财务管理制度》：

为了进一步规范和加强社区经济联合社财务管理，明确财务报销制度，透明财务管理，结合社区实际和相关法规和条例的原则，制定本社区经联社财务管理制度：

一、现金管理

1. 现金实行库存管理，由财务管理人员统一保管。

2. 库存现金主要用于缴纳、报销社区经联社临时性的必要开支，已使用的库存现金应及时报销并将现金回流库存。

二、财务收支管理

1. 资金去向：

（1）开展与公益慈善相关的各项活动所需经费及相关物资费用。

（2）公益善款支出：如助老、助残、助学、助医等费用，每笔资金最高限额 5000 元。

（3）环境整治、清理垃圾污水沟等公用事业，每笔资金限额 5 万元，每年限额支出 20 万元。

（4）其他合法去向。

2. 所有收入都需开票入账，收费人员必须及时收取各种应收款项。

3. 验收人员应严格查验报销单据和实物，各项开支必须由经办人及证明人签名并注明用途后由监督小组成员验收签名再由社区经联社社长审批、才能予以报销。

4. 经费的使用，一次性开支在 10 000 元以下由经联社社长审批；一次性开支在 10 000 元以上 30 000 元（含 30 000 元）以下需经经联社管理机构成员召开会议集体讨论通过，做好会议记录，由社区经联社社长签名确认；一次性开支超过 30 000 元由社区经联社成员代表大会会议讨论决定，形成会议记录，由经联社社长审核签名确认。

5. 每月 15 日为固定报销时间，财务管理人员必须根据审核无误的原始凭证及时向澳头财政结算中心报销，努力做到日清月结。

三、财务公开内容

1. 社区经联社财务年度预算和决算情况。

2. 各项专项经费收支情况。

3. 重大项目建设预算和决算情况。

4. 社区经联社自有产业收支情况。

5. 其他需公开的财务事项。

四、公开方式

1. 每年召开一次经联社成员大会，报告财务预决算情况。

2. 每半年召开一次经联社成员大会，审议社区经联社重要决策。

3. 每个月在社区居务公开栏公布一次经联社财务情况，专项工作及时公布。

4. 对群众所提出意见和建议，要向群众进行解释，接受群众的合理化建议并进行整改。

五、民主理财制度

1. 民主理财小组负责社区经联社的财务监督管理工作。

2. 社区经联社的财务监督管理工作，应坚持民主理财的原则，民主理财小组有监督社区经联社的财务实施，对财务收支有知情权、审核权、决策权。

六、资产管理

1. 凡社区购置的固定资产都应登记造册。

2. 不按规定，造成本单位财产人为损毁或丢失，应由责任人自负。

3. 工作人员调离岗位或调出单位，原使用的有关公务用品，应办理移交手续，方能办理有关调动手续。

七、会议资料、票据管理

1. 单位所用票据一律由财务管理人员保管，领、销登记需清楚明确，已用完的票据需及时交回会计核销。

2. 会计资料保管严格按财政部颁发的《财务会计制度》规定执行。

3. 会计资料未经允许，不得随意由他人翻阅。

本制度未尽事项，按上级有关财务制度执行。

2021 年 3 月 9 日

当代中国的自治规范——以广东省惠州大亚湾经济技术开发区为对象

其次，沙田经济联合社根据章程对集体资产进行管理和使用。例如，沙田经济联合社根据章程规定，讨论和决定给予相关人员补助问题。2020 年 8 月 18 日，沙田经济联合社产生了社委会（理事会）等组织机构。不过后来，2020 年 8 月 26 日，沙田社区召开居民代表会议，对居民委员会进行了部分调整，包括补选主任 1 人，副主任 1 人，委员 2 人。沙田社区共有居民代表 51 人，参加此次补选会议的有 44 人，符合法定人数。此次会议产生了新的居民委员会成员，由此沙田经济联合社社委会也进行了届中调整。到了 2020 年 10 月 16 日，沙田经济联合社根据章程规定，召开成员代表会议，讨论经济联合社成员补助事宜。以下为会议内容：

一、同意由沙田经济联合社账户给予沙田经济联合社理事会（7 人）、监事（3 人）及工作人员（2 人）、社区顾问（1 人）及原理事会成员（1 人）发放补助，具体补助标准如下：

理事长（1 人）补助 2500 元/月，副理事长（1 人）补助 2300 元/月，理事会成员（5 人）补助 2000 元/月，监事会成员及工作人员（5 人）1500 元/月；同时综合考虑换届中调整情况，给予社区顾问×××从 2020 年 11 月至第六届任期结束补助 2500 元/月，原理事会成员×××从 2020 年 11 月至 2021 年 7 月补助 2300 元/月。

二、同意补助×××、×××、×××三人负责社区文件报送，领取街道各部门物资的油费及通信费每人 300 元/月。

同意以上补助事宜的沙田经济联合社成员代表表决

签名：（以下为签名，共 40 人）

最后，沙田经济联合社的资产管理工作还积极接受民主理财监督小组（监事会）和上级部门的巡察监督。如前文所述，监事会列席沙田经济联合社召开的相关会议，根据章程规定，监督联合社的财务收支。此外，2022 年 8 月中旬至 10 月下旬，中共大亚湾区委第二专项巡察组对沙田社区开展乡村振兴资金管理和农村集体"三资"管理专项巡察工作。针对巡察组在巡察过程中指出问题，沙田经济联合社与沙田社区党总支部、社区居民委员会也进行了整改，不断提升"三资"管理规范化水平。

四、《沙田经济联合社章程》的作用和特点

农村集体经济组织是我国农村基层组织体系中的重要组成部分，农村集体经济组织的运行既离不开法律法规等国家法，也离不开章程等自治规范。沙田经济联合社成立之初就制定和实施《沙田经济联合社章程》，并根据发展情况和实际需要作出修改，对于沙田经济联合社的发展发挥了积极的促进作用。《沙田经济联合社章程》从资产产权、成员、组织机构等方面，全面规范了联合社的运行，有利于规范沙田经济联合社的集体资产管理，保护沙田经济联合社所有成员的合法权益，促进集体资产保值增值，促进农村集体经济发展。

从《沙田经济联合社章程》的制定、内容和实施过程来看，有以下鲜明特点：

第一，以集体"三资"管理和经营为核心。农村集体经济组织的核心是集体"三资"的管理和经营，这是区别于其他村级组织的显著特色。沙田经济联合社之所以在2002年能够成立，主要原因是原来沙田村民小组改为沙田居民小组后，依然拥有一定数量的土地和其他资产，也就是农村集体经济组织具有存在的基础。在沙田居民小组层面成立了沙田股份合作经济社，在沙田社区则成立了沙田经济联合社。因此，《沙田经济联合社章程》以集体"三资"管理为中心，进而规定资产产权、成员、组织机构、资产的经营和管理等与之紧密相关的事项，体现出了沙田经济联合社的经济属性。

第二，以组织机构分权与制衡为重点。农村集体经济组织在基层组织体系中是不同于村民（居民）委员会的以农村集体"三资"为管理对象的组织。《民法典》第99条规定："农村集体经济组织依法取得法人资格。法律、行政法规对农村集体经济组织有规定的，依照其规定。"第101条继续规定："居民委员会、村民委员会具有基层群众性自治组织法人资格，可以从事为履行职能所需要的民事活动。未设立村集体经济组织的，村民委员会可以依法代行村集体经济组织的职能。"因此，在沙田社区，沙田社区居民委员会与沙田

经济联合社是法律地位不同的两种组织，发挥的职能存在差异。《沙田经济联合社章程》的核心在于规范沙田经济联合社的运行，沙田社区居民委员会也有自己的章程，从章程层面对这两类组织进行区分。同时，沙田经济联合社也重视分权与制衡。成员大会或者成员代表大会是权力机构，社委会（理事会）是常务决策和管理机构，民主理财监督小组（监事会）是监督机构，不同机构之间的权力明晰。并且，成员代表大会和社委会的决议（定）如有违反法律、法规、规章、政策和本章程规定，侵害成员合法权益的，成员有权依法向镇人民政府（街道办事处）或县级以上有关部门举报。任何人不得阻挠和打击报复。在人员组成上，各个组织机构也强调制衡，例如，社委会成员、财务人员及其直系亲属不得参加同级民主理财监督小组。

第三，以维护集体和成员合法权益为中心。农村集体经济是社会主义公有制经济的重要组成部分，具有宪法上的明确地位。农村集体资产受法律保护，任何单位和个人不得侵占、损害。《沙田经济联合社章程》的制定目的就是规范联合社资产的经营和管理，保障集体和成员的合法权益。章程中也有"成员"一章，明确了成员的权利和义务。此外，沙田经济联合社对集体资产的经营和管理，确保集体资产的保值增值，本身也是为了维护集体和成员的合法权益。在实践中，沙田经济联合社在决策和管理过程中，通过召开成员大会、成员代表大会等形式，充分征求成员的意见，接受成员和政府部门的监督，确保成员的合法权益不受侵犯。

结　语

农村集体经济组织是我国社会治理、基层治理中的一种特殊类型的组织形式。农村集体经济组织的运行也依赖于章程、财务管理制度等自治规范的规范保障。作为大亚湾区范围内的一个农村集体经济组织，沙田经济联合社制定和实施了《沙田经济联合社章程》。《沙田经济联合社章程》包括资产产权、成员、组织机构、资产的经营和管理等方面，内容全面，涉及联合社运行的各个方面。《沙田经济联合社章程》在实践中也发挥着保障联合社正常运营、促进集体经济发展、维护集体和成员合法权益的积极作用。总之,《沙田经济联合社章程》从规范农村集体经济组织运营这一角度,丰富了大亚湾区基层社会治理自治规范体系,推进了社区治理,实现了社区自治。

第十二章
移民社区集体经济组织成员资格规范的制订与修改
—— 以新联社区为对象

引 言

集体经济组织成员资格规范是基层群众性自治实践的重要制度依据，及时创制和修改完善集体经济组织章程等集体经济组织成员资格规范是保护农民集体资产权益、调动集体经济组织成员积极性、增强集体经济发展活力的重要方式。国家法律法规政策为集体经济组织成员资格规范制订和发挥积极作用提供了重要依据。《乡村振兴促进法》第 21 条第 2 款："国家采取措施支持农村集体经济组织发展，为本集体成员提供生产生活服务，保障成员从集体经营收入中获得收益分配的权利。"《妇女权益保障法》第 55 条第 1 款规定："妇女在农村集体经济组织成员身份确认、土地承包经营、集体经济组织收益分配、土地征收补偿安置或者征用补偿以及宅基地使用等方面，享有与男子平等的权利。"中共中央、国务院 2016 年 12 月 26 日发布的《关于稳步推进农村集体产权制度改革的意见》提出，"农村集体经济组织要完善治理机制，制定组织章程"。为了促进农村集体经济组织的规范化发展，保障农村集体经济组织及其成员的合法权益，农业农村部于 2020 年 11 月 4 日发布了《农村集体经济组织示范章程（试行）》，为农村集体经济组织章程的制定或修改提供了参考范本。集体经济组织章程中的成员资格规范是章程中最核心的内容，其与集体经济组织专门制订的成员资格规范一同发挥着举足轻重的作用。对集体经济组织成员资格规范予以重视和研究符合国家法律法规和政策精神。

　　2020 年初以来，新联社区坚持民主和公开原则，先后制订并修改完善了集体经济组织成员资格规范，对集体经济组织成员资格进行了类型化细分，赋予了多数居民集体经济组织成员资格。新联社区的集体经济组织成员资格规范得到了户代表与居民代表的高度认同，在制订与修订表决程序中均获得了高票通过。通过及时制订并完善集体经济组织成员资格规范，新联社区为集体收益的分配提供了正当依据和细致标准，有效防范和化解了集体收益分配矛盾，取得了显著效果，值得重点关注。

　　西区街道新联社区成立于 2004 年 12 月，由东联村的外来户分设而成。新联社区位于西区街道上杨移民安置区内，东与东联村相连，西与塘尾村相邻，南与坑下社区相近，北与上杨村相接。新联社区为移民社区，居民来自五省十九市，人员结构复杂、利益多元、历史遗留问题较多、思想融合难度较大，内部矛盾较多。近年来，在区、街道及社区党总支部的领导下，社区较为稳定，实现了由乱到治。[1]新联社区下设 4 个居民小组，辖区总面积 0.96 平方公里。2022 年 11 月，根据西区街道党工委的安排，新联社区接手管理新联新村（原干部小区）。截至 2022 年末，新联社区（包括新联新村）辖下共有住宅 549 栋，常住人口 13 548 人，流动人口 9923 人。新联社区"两委"干部 5 人，交叉任职率 100%，实现了社区党组织书记、居委会主任、社区集体经济组织负责人"三个一肩挑"。社区党群服务中心工作人员 12 人，其中 7 人为街道聘请人员。[2]社区主要集体经济收入来源为新联大厦、新联综合市场大楼等出租，年收入 300 多万元。[3]

　　集体经济组织成员资格规范为大亚湾区社会自治规范的组成部分，集体经济组织成员资格规范的创制及修改实践是一种典型的基层群众性自治活动。对集体经济组织成员资格规范的创制及其修订

---

　　〔1〕《党建引领巧治乱　网格治理善谋事——新联社区由"乱"到"治"的和美善治之路》，新联社区居委会提供，2023 年 5 月 16 日。

　　〔2〕《新联社区基本情况》，新联居民委员会提供，2023 年 2 月 20 日。

　　〔3〕《党建引领巧治乱　网格治理善谋事——新联社区由"乱"到"治"的和美善治之路》，新联社区居委会提供，2023 年 5 月 16 日。

过程展开调查和总结，对于我们充分认识集体经济组织成员资格规范在基层群众性自治实践中的积极价值、全面理解集体经济组织章程与村规民约间的关系，不断推进基层治理体系和治理能力现代化具有重要的意义。需要说明的是，本章所言的集体经济组织成员资格规范指的是村委会级、居委会级的集体经济组织规范。不包括村民小组级的（股份）经济合作社规范。

为了准确把握新联社区集体经济组织成员资格规范的制订及修改情况，我们先后于2023年2月20日、2023年5月16日到新联社区就集体经济组织成员资格规范的制订和修改情况进行了调查。我们查阅了新联社区的集体经济组织章程，收集了新联社区的集体经济组织成员资格规范制订及修改资料，查看了新联社区居委会宣传栏有关集体经济组织章程修改的公示，与新联社区"两委"干部（经济联合社负责人）进行了交流，对新联社区的集体经济组织成员资格规范制订及修改情况有了一定的了解和认识。

以田野调查为基础，本章对移民社区集体经济组织成员资格规范的制订、内容、施行、修改、制订与修改的效果等做一初步探讨，以更全面地认识居民公约，进一步理解大亚湾区的自治规范。

一、移民社区集体经济组织成员资格规范的制订

2020年10月18日，新联《经济联合社章程》以97.68%的赞成率高票通过了户代表会议的表决。[1]该章程最为核心的内容也即第3章第10条——有关集体经济组织成员资格的规定。

新联《经济联合社章程》中的集体经济组织成员资格规范并非凭空产生，其源于2020年8月16日表决通过的《新联16 909平方米土地开发合作项目收益分配权成员资格确认方案》（本章以下简称《资格确认方案》）。新联《经济联合社章程》是对《资格确认方案》的认可和固化，以集体经济组织章程的形式将临时性的《资格

---

[1] 新联社区应到户代表655名，实到647名。经表决，同意户数632户，不同意2户，弃权13户。同意票占实到会有表决权户数的97.68%。参见《经济联合社章程》，新联社区居委会提供，2023年2月20日。

确认方案》固定了下来，使其产生了反复适用的效力，具有了法的
规范性。

《资格确认方案》以及《经济联合社章程》第 10 条有关集体经
济组织成员资格的规范，均为本章所言的移民社区集体经济组织成
员资格规范。二者共同构成了完整意义上的新联社区的集体经济组
织成员资格规范。《经济联合社章程》与《资格确认方案》均由新
联经济联合社制订。为简化表述，本章将《经济联合社章程》中有
关集体经济组织成员资格的规范与《资格确认方案》合称为"新联
社区的集体经济组织成员资格规范"。

作为早期规范的《资格确认方案》之所以会产生，主要是新联
社区为了解决 16 909 平方米集体土地的收益分配问题。在解决问题
的过程中，新联经济联合社（新联社区"两委"）制订了《资格确
认方案》。具体而言：

在 2019 年之前，新联社区没有任何集体经济收入，一直处于集
体经济零收入的状态。虽然新联经济联合社成立于 2009 年，但由于
没有可供分配的集体收入，不涉及集体经济组织成员资格分配问题，
因而新联经济联合社并未创制集体经济组织成员资格规范。

2019 年 1 月 19 日，在政府的扶持下，新联大厦 1-4 层正式对外
出租，新联社区每月可取得 86 002 元集体收入。新联社区终于摆脱
了集体经济"零收入"状态。[1]更重要的是，2019 年 1 月 20 日，
新联社区与惠州市泰达联房地产开发有限公司（本章以下简称"泰
达公司"）正式签订合作协议，以村企合作的形式联合开发新联社
区16 909 平方米集体土地。[2]该土地为政府划拨土地，于 2018 年
11 月在大亚湾区土地交易中心挂牌招标，2019 年 1 月由泰达公司竞
得。新联社区"两委"文书工作负责人陈超武提道，"因为我们是壳
牌动迁户，政府回拨给我们的土地，给我们安排一个出路。"[3]根
据新联社区与泰达公司的土地合作开发协议，泰达公司一次性给付

---

[1]　《新联社区的发展》，新联社区办公楼内墙宣传栏，2023 年 5 月 16 日。
[2]　《新联社区的发展》，新联社区办公楼内墙宣传栏，2023 年 5 月 16 日。
[3]　新联社区陈超武访谈录，2023 年 2 月 20 日。

新联社区近 2 亿元人民币。[1]

为了处理好近 2 亿元巨额收入的分配问题，新联社区"两委"拟定了初步的集体收益分配成员资格方案。2020 年 4 月 30 日，新联社区召开了由"两委"干部、居务监督、小组干部、党员、居民代表（共 74 人）参加的党群联席会议。会上商定了 16 909 平方米合作项目收益分配权成员资格初步方案。2020 年 5 月 2 日~9 日，新联社区居委会对初步方案进行了公示。公示期结束后，2020 年 5 月 24 日，新联社区居委会将资格方案由户代表。经过户会议表决，该方案获得通过。[2] 以下为户代表会议表决通过的初版成员资格确认方案：

《关于 16 909 平方米合作项目收益分配权

成员资格确认方案》决议

按照相关政策规定，集体"三资"（资产、资源、资金）需实行股份制集体管理，鉴于社区历史问题复杂，难以推动股份制。经党员干部代表会议商议决定，从 16 909 平方米地块合作分成所得 2 亿元住宅房回购款中提取 80% 以上款项（以上级批复为准）对界定享有分配权人员进行分配，以妥善解决人员变动等历史遗留问题。根据最近就界定享有分配人员民意调查结果（已公布），形成关于以上款项享受分配权人员条件事项，于 5 月 24 日提交社区户代表会议表决，表决事项如下：

一、同意拥有原东联户籍人员有与政府签订动迁安置协议（享有政府安置 200 元生活费为准）的新联现籍居民（含现籍户内迁出和死的人员）享有本次可分配款项 100% 收益分配权（见各小组附件名册，上次问卷调查已达到三分之二户主通过）。

二、同意本次会议未取得分配权的人员，通过政府行政复议或

---

〔1〕《关于农户分配发放的请示》，新联社区居委会提供，2023 年 5 月 16 日。

〔2〕《拟 16 909 平方米合作项目收益分配权成员资格审议公示》，新联社区居委会提供，2023 年 5 月 16 日。

司法途径取得分配权的人员列入本次款项分配对象。

本次新联居委会应到会户数：661 户，实际到会户数：585 户，表决同意户数 560 户，表决不同意户数 20 户，弃权户数 5 户。依据本次表决数据已达到 2/3 以上户代表通过，为有效决议。

2020 年 5 月 24 日

惠州大亚湾区西区街道新联社区居民委员会〔1〕

2020 年 5 月 24 日表决通过的《关于 16909 平方米合作项目收益分配权成员资格确认方案》奠定了《资格确认方案》的基础。但该初步方案的问题在于，其设定的分配资格条件过高，未对未取得完全分配资格的人员进行类型化处理，剥夺了部分人员的分配权，面临着一定的争议。而且，该方案有关"现籍户内迁出和死的人员"分配资格的条款不符合现相关规定《广东省农村集体经济组织管理规定》第 15 条的规定，与党和政府的政策精神不完全一致。

面对《关于 16 909 平方米合作项目收益分配权成员资格确认方案》，未取得分配资格的居民积极提出异议，要求取得分配资格。新联社区党总支部书记、居委会主任、经济联合社社长叶文军回顾了居民提出异议的情况：

提出异议的是那些满足不了自己一家需求的。我不讲你不知道，我一讲你会觉得，怎么会有这样的事情呢？就是有这样的事情！大家一起来到了老东联，就是中石化那块地，和我们一起种田。但是在经济条件一样的情况下，有人就没有买到地皮。以前地皮 40 块钱一平方，最便宜的 25 块钱一平方。我买了的那块地花了 4000 块钱，借了一半。有些人是代耕，但是他没有买到地（宅基地）。搬迁出来的时候，他也属于动迁。虽然他没有房子（没有买到宅基地导致无法建房），但是他也参加选举，也履行我们村的义务。这样的人，如果以是否有房为标准确定分配资格，那怎么来给他们分钱？当然，

---

〔1〕《〈关于 16 909 平方米合作项目收益分配权成员资格确认方案〉决议》，新联社区居委会提供，2023 年 5 月 16 日。

这样的情况只是冰山一角，实际的各种情况更多更复杂。[1]

就比如说，你生的儿子可能有两个，他可能没有子女，甚至他老爸已经走了，这怎么处理？给他一半行不行？不要100%。他老爸在我们没有得到地的时候就已经来了，说实在话他老爸的功劳比谁都大！但是在我们办成之前，他老爸就走了。他老爸死了，女子又用不了这个名额。这就会导致有矛盾，子女要上访。所以给他一半可以不可以？给一半的问题要怎么解决？[2]

为了解决初步方案的问题，回应未取得分配资格人员的多元利益诉求，避免由于一刀切带来上访问题，同时也为了满足政府的政策精神，新联社区"两委"在大亚湾区纪委、西区街道办事处等单位的帮助和指导下，积极深入社区调研走访，倾听各方诉求，逐步探索出了类型化方案。所谓类型化方案也即，对全体人员进行了类型化细分，根据人员类型的不同分别确定分配比例的多少。叶文军介绍了类型化方案：

村民这边类型很多。我总结有一句，不求绝对公平，但是要基本的公平。那么怎么衡量公平呢？我们得到这块地之前，你（外嫁女）都已经嫁出去了，离开了我们，这种肯定要打折扣。人家原居民，肯定要100%。有的人户口迁出之后，又把一家人的户口都迁到外地去了，又没有房子在这里。我们从政府要到地（回拨地）了，他又把整个家庭的户口迁到外地去了。我们考虑整体要相对公平，这种也是要给他们的，但是不给百分之百。还有的迁到外地了又死了，这种给百分之五十的五十，给25%。方案做得很详细的。[3]

以类型化为核心，新联社区"两委"拟定了新版方案——《新联16 909平方米土地开发合作项目收益分配权成员资格确认方案》（《资格确认方案》）。新联社区"两委"负责文书的工作人员陈超

---

[1]　新联社区叶文军访谈录，2023年2月20日。
[2]　新联社区叶文军访谈录，2023年2月20日。
[3]　新联社区叶文军访谈录，2023年5月16日。

武提道："这个方案是商议讨论出来的。'两委'进行主导，进行归类梳理，商议讨论出来的。"〔1〕2020 年 8 月 16 日，《资格确认方案》交由新联社区户代表会议表决。经过大会表决，该方案于 2020 年 8 月 16 日正式生效。

以下为 2020 年 8 月 16 日表决通过的《资格确认方案》：

《新联 16 909 平方米土地开发合作项目收益
分配权成员资格确认方案》

会议时间：2020 年 8 月 16 日

会议地点：居委会三楼

主持人：聂丽生

参会对象：动迁户代表

会议主题：关于《新联 16 909 平方米土地开发合作项目收益分配权成员资格确认方案》表决会议

会议内容：由于 2020 年 5 月 24 日表决通过的《关于 16 909 平方米合作项目收益分配权成员资格确认方案》存在条款内容不符合现相关规定（《广东省农村集体经济组织管理规定》第 15 条第 4 款："农村集体经济组织成员户口注销的，其成员资格随之取消；法律、法规、规章和组织章程另有规定的，从其规定。"）的问题，同时为解决动迁历史遗留问题，现本社将重新修订并公示期（2020 年 8 月 3 日至 2020 年 8 月 7 日）满的《新联 16 909 平方米合作项目收益分配成员资格确认草案》交由户代表表决。

一、拟 16 909 平方米合作项目收益分配对象以"中海壳牌"项目动迁户籍（动迁户籍确认时间：岭下小组以 2003 年 12 月 31 日前；石仔岭、骆塘、华园小组以 2001 年 12 月 31 日前入户东联籍人员）的新联籍人员（以下简称"动迁对象"）。

二、收益分配对象人员（即"动迁对象"）以分配权占比系数

---

〔1〕　新联社区陈超武访谈录，2023 年 2 月 20 日。

分为两类资格成员，即动迁新联现籍占 50%，协议书或生活费占 50%，如前两条款均具备的占 100%。分类确认如下：

1. 一类分配资格成员：签订有动迁安置协议书或享有 200 元/月生活安置费的动迁对象人员为一类分配资格成员，享有 100% 资格分配权。

2. 二类分配资格成员：未签订动迁安置协议书且未享有 200 元/月生活安置费的动迁对象人员为二类分配资格成员，享有 50% 资格分配权。

三、在生在册时间"界定日"：本方案表决生效日。

四、收益分配成员资格确认，同时务必符合以下条件：

1. 在"界定日"前仍在生在册的动迁对象人员。

2. 动迁对象户籍务必在 2004 年 12 月 30 日（新联居委会成立日）至 2006 年 12 月 30 日止迁入新联。

五、下列人员不作收益分配资格成员对象

1. "动迁对象"衍生的自然增长人员（如婚迁、出生、领养入户等）及投靠、挂靠入户等类别人员。

2. 2004 年 12 月 30 日起户籍迁入本社区且不属"动迁对象"人员。

3. "界定日"前死亡及迁出的原新联籍的"动迁对象"村民。

六、16 909 平方米地块来源目的发展集体经济，进而解决当时动迁新联（原东联籍）村民的生产生活出路等问题。按照农村集体组织管理条例等法律政策相关规定，确定集体经济组织成员资格主要条件为户籍。但是，界定收益分配资格成员的时间节点存在极大争议。因此，在遵从法律法规的前提下，同时结合新联实际主要矛盾。经商议决定从新联户籍迁出（或死亡）的动迁人员，不作为收益分配资格成员，但可从集体预分得物业折款中给予一次性补偿，补偿对象界定及补偿标准同时符合如下条件：

1. 2004 年 12 月 30 日（新联居委会成立）至 2006 年 12 月 30 日期间户籍迁入新联的原东联籍动迁对象。

2. "界定日"前死亡及迁出的原新联籍的"动迁对象"村民。

3. 补偿金额标准：①有协议或生活费的按"一类分配资格成

员"分配额的 50% 标准给予一次性补偿。②无动迁协议或无生活费的按"一类分配资格成员"分配额的 25% 标准给予一次性补偿。

4. 补偿对象领取一次性补偿款时必须与本居委会签订《一次性补偿协议书》。

5. 补偿对象必须在表决通过日起 1 个月内提交相关资料，由本居委会审核、公示。逾期未交者，本居委会视为其本人自动放弃补偿资格。

七、2020 年 5 月 24 日表决通过的《关于 16 909 平方米合作项目收益分配权成员资格确认方案》三榜公示名单所列死亡、迁出的动迁人员均作为补偿对象。

八、个案争议人员授权社区居民代表会议讨论表决裁定，无法裁定的通过司法途径解决。

九、本次分配资格成员确认方案表决通过后，此前表决通过的《关于 16 909 平方米合作项目收益分配权成员资格确认方案》即时无效。本方案表决通过之日起即时生效。[1]

《资格确认方案》是新联经济联合社确定集体经济组织成员资格的根本制度依据，在新联经济联合社确定分配对象、解决分配资格争议的过程中发挥着极为重要的作用。

在《资格确认方案》的基础上，新联经济联合社户代表大会于 2020 年 10 月 18 日表决通过了《经济联合社章程》。该章程的第 3 章第 10 条也即有关集体经济组织成员资格的规定。与《资格确认方案》表决程序相同，《经济联合社章程》采用了户代表表决的形式而非居民代表表决形式，前者共 600 余人，后者仅 62 人。新联《经济联合社章程》表决过程较为公开透明，保障了规范形成过程的民主性，有利于获得村民的认可。陈超武介绍了《经济联合社章程》表决情况：

我们这个章程的表决动员的人员比较多，不是以集体经济组织

---

[1]　《新联 16 909 平方米土地开发合作项目收益分配权成员资格确认方案》，新联社区居委会提供，2023 年 5 月 16 日。

成员代表的方式来表决，而是下到每一户，让每一户都进行表决，规模很大，总共有六七百户。我们下辖有四个小组，每个小组都组织表决了，基本上每一个小组的户代表都到会了。现在这个钱已经分下去了，效果挺好的，百分之九十多同意。这个事情要公开透明，不然会弄出什么乌龙。基层工作最主要的是要做到透明公开，不然会出现什么问题。只有做得够公开，透明度高，村民才会更满意，才不会出问题。[1]

　　总体而言，新联社区的集体经济组织资格规范的形成过程是一个民主、公开的过程。为了公平公正地分好近 2 亿元集体经济收入，新联社区"两委"秉承民主原则、公开透明原则，充分征求、倾听居民意见，引导新联经济联合社探索出了确定成员资格的类型化方案，创制了《资格确认方案》与《经济联合社章程》，为新联社区有效防范和化解集体经济组织成员资格纠纷提供了行为指南和行动标准。

二、移民社区集体经济组织成员资格规范的内容

　　《资格确认方案》与《经济联合社章程》第 10 条均为新联社区的集体经济组织成员资格规范的内容。二者的基本原则和主要内容大致相同。二者的不同之处主要在于，《经济联合社章程》第 10 条认可的集体经济组织成员范围更为宽泛。具体而言：

　　第一，《资格确认方案》与《经济联合社章程》均坚持了类型化原则，主要内容大致相同。作为法律意义上的集体经济组织章程的《经济联合社章程》是对作为"一次性"规范的《资格确认方案》的更新和认可，《经济联合社章程》对《资格确认方案》的类型化原则和"两类资格成员"规则进行了认可和固化，使之成为新联经济联合社的根本性制度。

　　第二，相比于《资格确认方案》，《经济联合社章程》认可的集体经济组织成员范围略显宽泛。在《资格确认方案》中，"动迁对

---

　　〔1〕　新联社区陈超武访谈录，2023 年 2 月 20 日。

象"衍生的自然增长人员（如婚迁、出生、依法领养入户等人员）不具有集体经济组织收益分配成员资格，而《经济联合社章程》则承认了这一部分人员的成员资格。《经济联合社章程》之所以略微放宽了集体经济组织成员资格认定条件，主要原因在于集体经济组织成员资格不同于集体经济组织分配成员资格。分配成员资格规范的概念内涵小于成员资格规范，前者在概念上可被后者涵摄。分配成员资格规范解决是既往的近2亿元集体收益分配问题，成员资格规范解决的是未来的成员资格问题。《经济联合社章程》承认自然增长人员的成员资格符合社会发展规律，而且未来新联社区已无其他巨额财产可供分配，无需坚持过于严苛的资格认定条件。

因前文已经展现《资格确认方案》的内容，此处不再重复列举。

2020年10月18日由户代表会议表决通过的《经济联合社章程》由8章组成，共49条。其中第1章为总则，第2章为资产产权，第3章为成员，第4章为组织机构，第5章集体资产的经营管理等，第6章为财务管理制度，第7章为机构变更（合并、解散），第8章为附则。除第3章第10条，也即有关集体经济组织成员资格的规定外，新联《经济联合社章程》其他章节与其他村居的集体经济组织章程类似，主要是参考政府模板制订而成。申言之，《经济联合社章程》最为重要、最为核心、与居民利益联系最为密切、群众最为关注的条款也即第3章第10条。以下为新联《经济联合社章程》第3章第10条原文摘录：

第三章　成员

第十条　本社成员分为自然成员、保留成员、特殊成员三种类别和不能成为本社经济组织成员，具体界定：

（一）自然成员。下列人员自然属于本社成员：

1. 2020年8月16日户代表会议表决确认的收益分配资格成员及其衍生的自然增长的人员（如婚迁、出生、依法领养入户等），且户口保留在本社所在地，履行法律、法规、规章、政策和本社章程规定义务的。

2. 法律、法规、规章和县级以上人民政府明确规定属于本社成员的公民。

（二）保留成员。本社成员有下列情形之一的，保留其成员资格：

1. 在校学生；

2. 现役义务兵；

3. 在服刑、劳教、戒毒期间人员。

（三）特殊成员

对于情况特殊人员，须由本人提出，经本社理事会审查后提交成员大会或成员代表会议表决确定其本社成员资格的。

（四）下列条件之一者不能成为本社经济组织成员。

1. 2020 年 8 月 16 日前死亡和迁出新联户籍的人员均不作本社经济组织成员。

2. 2020 年 8 月 16 日后死亡和迁出新联户籍的人员：成员死亡当月作为本社经济组织成员，次月起不再作为本社经济组织成员；经济成员户内自然增长迁入的当月不作为经济组织成员（次月起作为经济组织成员）。

3. 凡投靠挂靠迁入新联户籍人员不作为本社经济组织成员。[1]

总体而言，《资格确认方案》与《经济联合社章程》第 10 条共同构成了完整意义上的新联社区集体经济组织成员资格规范。作为法律意义上集体经济组织章程的新联《经济联合社章程》是对临时性规范《资格确认方案》的认可与固化。二者的主要内容和基本原则具有一致性，核心规范均为类型化方案。新联社区的集体经济组织成员资格规范为新联经济联合社确定成员分配资格提供了规范准则和依据。

三、移民社区集体经济组织成员资格规范的施行

集体经济组织成员资格规范生效后，在新联社区"两委"的推动下，新联经济联合社根据《资格确认方案》和《经济联合社章

---

〔1〕《经济联合社章程》，新联社区居委会提供，2023 年 2 月 20 日。

程》，对 16 909 平方米土地合作项目所得收益进行了分配。集体经济组织成员资格规范的施行过程主要可以概括为两方面：

第一，在总体层面，新联经济联合社根据集体经济组织成员资格规范开展了收益分配工作。为了保证收益分配工作的公开性、透明性，在最大程度上争取集体经济组织成员的理解和支持，新联经济联合社于 2020 年 10 月 18 日在新联社区居委会二楼召开了"关于本社 16 909 平方米土地合作开发房地产项目预分得物业指标处置会议"。会议参会人员为根据《资格确认方案》有分配权的户代表。会上，新联经济联合社通报了所分收益的基本情况，通报了新联社区党员、干部、代表、居务监督委员会成员会议有关分配方案的商议情况及征求民意情况。

根据新联经济联合社 2020 年 10 月 18 日户代表会议记录，待分配的近 2 亿元收益来自新联社区与泰达公司村企合作。依照新联社区与泰达公司的合作协议，16 909 平方米集体土地房地产开发收益分成比例为新联集体占 35%，泰达公司占 65%。根据合作合同约定的比例分成，新联社区集体应分得物业指标共 18 938.08 平方米，其中住宅面积 17 938.08 平方米，首层商铺面积 1000 平方米。1000 平方米首层商铺由新联经济联合社所有，由社区集体经营和利用，收益由社区集体统一使用和调配。新联经济联合社分得的 17 938.08 平方米物业指标（房产），80% 分配给有资格的 1987 位集体经济组织成员，20% 归集体所有。在分配给个人的 80% 物业指标（房产）中，一类分配资格成员每人可分得 7.4162 平方米，二类分配资格成员每人可分得 3.7081 平方米。[1]当然，由于每人分得平均不到 10 平方米，多数家庭无法分得一整套住房，新联社区居委会与泰达公司签订了统一签订代售合同，按 11 149.46 元/平方米的价格将房产置换为现金，以现金的方式直接打到集体经济组织成员个人账户。新联

---

[1]　符合分配条件的人数户数共 687 户，其中新联社区内共 656 户，整体迁出户 31 户。符合分配条件的总人数为 2567 人。其中，具有一类分配资格的人员 1883 人，具有二类分配资格的人员 104 人，补偿 50% 的人数为 538 人，补偿 25% 的人数为 42 人。参见《公示：新联 16 909 土地合作项目分配及补偿公榜数据统计汇总表》，新联社区居委会提供，2023 年 5 月 16 日。

社区集体所分得的 20% 房产折款后主要用于为漏发的居民发放补偿、为《资格确认方案》中一次性补偿对象（共 580 人）发放补偿、归还新联综合市场基建工程欠款、补充居委会日常办公经费开支等。[1]

陈超武回顾了分配方案的主要内容：

> 我们通过招投标与开发商合作建房。合作比例是，村里面占 35%，开发商占 65%，我们这个比例是整个大亚湾区，整个惠州，村里占比最高的。但是因为我们村里的人员太多，每个人只能分到 7.4 平方米或 3.7 平方米，每家分不到三四十平方，分不到一套房。没有一百平方你要怎么住？所以我们就折价了，以一万块钱每平方的价格，让开发商对房产进行回购，我们得到了两个亿，还有一千多平方归我们村委会。[2]

在收益分配工作中，新联社区"两委"、新联经济联合社严格履行"四议两公开"程序要求，确保收益分配各个环节在公开公正、阳光透明的情况下进行。[3]由于过程公开透明、分配方案较为合理，在 2020 年 10 月 18 日的户代表会议中，全体户代表以高达 98.92% 同意率通过了现金分配方案。

2020 年 10 月 20 日，新联社区居务监督委员会、大亚湾区西区街道新联社区居民委员会向西区街道办事处提交了"关于农户分配发放的请示"，申请根据 2020 年 10 月 18 日户代表会议的表决结果，将合作收益发放到符合条件的居民手中。以下为"关于农户分配发放的请示"：

---

〔1〕《新联 16 909 平方米土地合作项目预分得物业指标处置会议》，新联社区居委会提供，2023 年 5 月 16 日。

〔2〕新联社区陈超武访谈录，2023 年 2 月 20 日。

〔3〕《新联社区 2021 年度总结大会发言稿》（2022 年 1 月 17 日），新联社区居委会提供，2023 年 2 月 20 日。

关于农户分配发放的请示

西区街道办:

新联 16 909 平方米集体土地通过大亚湾区土地交易中心挂牌招标合作,于 2019 年 1 月 10 日由惠州市泰达联房地产开发有限公司中标竞得。合作比例分成为新联集体占 35%,合作投资方占 65%比例分成,新联集体应分得物业指标 18 938.08 平方米,其中:住宅面积 17 938.08 平方米,首层商铺面积 1000 平方米。我居委会于 2020 年 10 月 18 日召开了居民会议,会议同意合作分得物业指标除 1000 平方米商铺由集体留用经营外,其他住宅全部分配给符合分配条件的村民。依据村民意愿采用由居委会集中处置的方式交由居委会集体代为处置,累计处置面积 17 938.08 平方米。依据 2020 年 10 月 18 日村民户代表会议将分得居民名下的物业,以 11 149.46 元/平方米价格委托居委会统一办理代收代付,累计款项 199 999 905.46 元,其中应付村民名下 159 999 924.34 元,居委会集体提留 39 999 981.12 元。为了保障村民的收益所得,促进集体和谐稳定,现特向街道办申请,拟将村民个人所得部分分配给符合条件分配的村民。

以上请示,妥否? 请批示

大亚湾区西区街道新联社区居务监督委员会

大亚湾区西区街道新联社区居民委员会

2020 年 10 月 20 日[1]

在西区街道办事处相关领导批示同意后,2020 年 11 月 24 日,新联经济联合社顺利将村企合作的收益分红发放到居民手中。[2]至此,耗时半年左右(2020 年 5 月 24 日-2020 年 11 月 24 日)的重大分配问题终于在总体层面得到解决。

第二,在个体层面,新联经济联合社根据集体经济组织成员资格规范处理了分配矛盾和问题。虽然在总体层面新联社区基本完

---

[1]《关于农户分配发放的请示》,新联社区居委会提供,2023 年 5 月 16 日。

[2]《党建引领巧治乱　网格治理善谋事——新联社区由"乱"到"治"的和美善治之路》,新联社区居委会提供,2023 年 5 月 16 日。

成了资金分配问题，绝大多数居民领取了分配资金，但也有部分居民拒绝领取分配资金。以下事例一为拒绝领取分配资金的基本情况：

事例一

我们两个亿发下去的时候，上面领导最担心的就是发不下去。当时也确实是有21户不要。持续半年，他们不愿领钱。他们的想法就是，要求百分之百，给一半不行。最后经过工作，才把钱发不下去。我同他们好好地解释，不要绝对公平，但是要相对公平。经过几次工作，也是结束了。我给他们说，"我说了不算，但是如果村民代表同意，我愿意给你！"然后我们就召开村民代表大会，邀请他们这些人参加，看村民同不同意。最后他们的诉求，还是过不了表决。其实他们也知道过不了表决的。然后我就给他们说，"不是我干部针对你，不是说不同情你。我们干部确确实实是为人民做事情。而且你确实是离开新联了，确实是没有参加村里面的活动。这是我们党给我们考虑的一些出路，也是我们历届领导努力争取到的。要是再这样下去，分不下去，你就什么也没有了。"方针政策也给他们说了。这样就把矛盾化解了，我们上访大村就实现了由乱到治，到现在的和谐稳定。[1]

为了解决个别居民不满分配比例的问题，2021年5月21日新联经济联合社召开了新联经济联合社股东代表会议，以会议表决的形式对是否满足21户居民诉求的问题进行表决。本次会议应到会67人，实际到会60人。为了保证表决过程的公开性、民主性、透明性，新联社区"两委"邀请21户居民的户代表来到会议现场。经过表决，21户要求提高分配比例的诉求均未获得大会通过。[2]通过公开透明地进行表决，新联经济联合社为分配方案提供了更多的正当性基础，以集体表决的方式回应了21户居民要求提高分配比例的诉

---

〔1〕 新联社区叶文军访谈录，2023年5月16日。
〔2〕 《关于16 909平方米地块合作项目收益分配村民个案诉求情况表决决议结果报告》，新联社区居委会提供，2023年5月16日。

求，在一定程度上说服了 21 户居民，减少了其不满情绪，实现了矛盾纠纷的有效化解。

新联社区党群服务中心工作人员、治保主任黄大卫回顾了新联社区通过召开经济联合社股东代表会议来解决分配争议的问题的过程：

> 当时实际难度还是挺大的。大家就开会来讨论怎么分。在叶书记的带领下，当时就开会是讨论，有分一半的，有分全部的。那些分到 50% 的，开会就把他们叫上来参加，统一开个会，把情况给他们说了。要分到 100% 有几个条件。达不到条件的，我们就对他们进行了分类。后面他们也同意了。开会、公示，反正这个搞了很长时间。当时街道、区纪委，好几个部门，帮忙我们去搞，让我们不要因为这个就天天去吵去闹。[1]

在《资格确认方案》和《经济联合社章程》的框架下，通过邀请 21 户居民的户代表到现场观看股东会议表决等方式，新联社区顺利解决了部分居民拒绝领取分配资金的问题。当然，在会议之外，新联社区"两委"工作人员的主动作为也较为重要。为了化解不满情绪，叶文军等反复做有意见居民的工作，与不同意按分配方案进行分配的人员不断进行沟通，对其进行解释，动之以情晓之以理，努力做通工作。事后，叶文军总结了其做工作的经验，其提道："我们认为方法方式要亲民，要下去的时候确确实实把这个工作落实到位，好好地解释，不要顶撞，一次不行就两次、三次。好好去做通，做好他的工作。"[2]通过主动做工作，新联社区"两委"、新联经济联合社等治理主体及时化解了分配纠纷，消除了相关人员的信访隐患，营造了和谐稳定的社区氛围。

总体而言，在《资格确认方案》和《经济联合社章程》等集体经济组织成员资格规范的指引下，新联社区顺利完成了集体经济收益的发放工作，有效解决了收益分配工作中的矛盾纠纷。随着集体

---

〔1〕　新联社区黄大卫访谈录，2023 年 5 月 16 日。
〔2〕　新联社区叶文军访谈录，2023 年 5 月 16 日。

经济收益分配工作的顺利开展和完成，《资格确认方案》和《经济联合社章程》等集体经济组织成员资格规范得以顺利落地，产生实际效力。

四、移民社区集体经济组织成员资格规范的修改

虽然基于实践经验而订的新联《经济联合社章程》总体上较为成熟，在实践中能够得到严格遵守和执行，但《经济联合社章程》第 10 条有关"特殊成员"的规定仍不够具体，可进一步细化。而且，随着外部环境的改变，原有条款的部分规定显得不合时宜，有必要对之进行修订。

具体而言，修改新联《经济联合社章程》第 10 条的必要性主要体现为三个方面。一是，在具体内容方面，第 10 条有关"特殊成员"的规定仍不够具体，无法有效指引当下实践操作。前文所述的新联社区 21 户居民要求揾高分配比例问题之所以会产生，其中的重要原因即在于有关"特殊成员"规定不够具体，各方对该规定理解不够一致，进而引发纠纷。

为了解决纠纷，新联经济联合社不得不根据章程召开集体经济组织成员代表大会，以民主表决的形式确定居民的分配资格。而且对于自称错登、漏登人员的诉求，现有规范不够具体，亦难以稳定发挥作用。为了防范分配纠纷的再次发生，有必要对"特殊成员"进行细化。二是，在未来面向方面，第 10 条有关"特殊成员"的规定尚不够具体，无法为将来的小规模分红提供足够的规范指引。虽然新联经济联合社的近 2 亿元集体经济收入已经在总体上分配完毕，未来不大可能再有机会开展如此大规模的分钱行动，例如叶文军提道"以后我们还会有这样的钱再来一笔吗？我相信以后不可能再有了"。[1]但是根据 2020 年 10 月 18 日由户代表会议决定，新联社区集体仍然留有 20% 土地合作开发收益，而且由于 1000 平方米商铺、新联综合市场等陆续建成并对外出租，新联社区的集体经济收入正在

---

[1] 新联社区叶文军访谈录，2023 年 2 月 20 日。

快速增长，其中 2022 年的集体经济收入已达到 300 多万元。[1]随着新人口的出生和外来人口的迁入，为了做好未来的集体收益分红工作、解决好村企合作资产的后续分配问题，新联社区必须要不断完善集体经济组织成员资格规范，为处理好集体经济组织收入问题提供方案依据。三是，在外部政策方面，2021 年 7 月 21 日中共中央、国务院《关于优化生育政策促进人口长期均衡发展的决定》公布，就"实施一对夫妻可以生育三个子女政策，并取消社会抚养费等制约措施、清理和废止相关处罚规定，配套实施积极生育支持措施"提出要求。2021 年 8 月 20 日，第十三届全国人大常委会第三十次会议对《人口与计划生育法》作出了修正。修正后的《人口与计划生育法》规定，国家提倡适龄婚育、优生优育，一对夫妻可以生育三个子女。在国家法律和政策发生重大改变的情况下，新联经济联合社有必要更新完善有关新生儿成员资格的规范。

为了提升新联《经济联合社章程》第 10 条的可操作性、为处理成员资格问题提供更为细致的操作标准，同时也为了适应计划生育政策变动情况，在新联社区"两委"的主导下，新联经济联合社对《经济联合社章程》第 10 条有关"特殊成员"规定进行了修改，在原有规范的基础上，明确了经济联合社自然成员的子女、父母、配偶取得经济联合社成员资格的条件。本次修改略微放宽了成员资格的范围，在有限的条件下认可了自然成员的子女、父母的成员资格。

2022 年 11 月 2 日，在新联社区党总支部书记、居委会主任、新联经济联合社社长叶文军的主持下，新联经济联合社召开了理事会成员会议，商定了《经济联合社章程》第 3 章第 10 条第 3 款"特殊成员"补充条款的具体内容。[2]2022 年 11 月 6 日，新联经济联合社召开集体经济组织成员代表会议暨居务工作表决会，对新增《经济联合社章程》第 3 章第 10 条第 3 款"特殊成员"的补充条款进行

---

〔1〕《党建引领巧治乱　网格治理善谋事——新联社区由"乱"到"治"的和美善治之路》，新联社区居委会提供，2023 年 5 月 16 日。

〔2〕《会议记录：讨论新增〈经济联合社章程〉第三章第十条第三款"特殊成员"补充条款》，新联社区居委会提供，2023 年 5 月 16 日。

表决。与会代表一致同意通过方案内容。[1]会后，以新联社区居委会的名义对新增条款进行了公示。公示期为 2022 年 11 月 7 日—11月 13 日。至此，《经济联合社章程》的修订工作宣告结束。

在修订工作结束后，新联社区"两委"文书工作负责人陈超武回顾了新联社区修改《经济联合社章程》第 10 条的背景和基本情况：

章程原来的有关成员资格的规定比较笼统，所以居委会班子成员提出了补充修改，进行细化归类。旧的章程是没有改的，我们只是把新的方案补充到里面。修改都是"两委"班子根据村里的情况，主动提出来的修改，不是村民提出修改的。经过"两委"的寻访、调研，我们把初步的想法拟好之后，做个方案，张榜公示，看看村民有没有意见，看看村民对哪一部分有想法，如果有就进行细化细分。修改方案不是我们一拍脑袋就确定的。[2]

以下为 2022 年 11 月 6 日表决通过的《经济联合社章程》补充条款：

新增《经济联合社章程》第三章第十条第三款
"特殊成员"的补充条款

根据《经济联合社章程》第三章第十条第三款"特殊人员"的条款（对于情况特殊人员，经本社理事会审查后提交成员大会或成员代表会议表决确定其本社成员资格的)，补充章程成员资格新增条款如下：

1. 符合本章程第三章第一款自然成员的子女，包括生育、合法收养，现因计生政策变更，户籍从外村迁入新联户籍人员的，认可其具有本社成员资格。

2. 符合本章程第三章第一款自然成员的父母，户籍从外村迁入

---

[1]《公示》（2022 年 11 月 7 日)，新联社区居委会提供，2023 年 2 月 20 日。
[2] 新联社区陈超武访谈录，2023 年 2 月 20 日。

新联户籍人员的，认可其本社成员资格；但因婚迁而迁入的成员的父母，即使后期户籍迁入新联的，也不认可其具有本社成员资格。

3. 符合本章程第三章第一款自然成员的配偶，合法登记结婚且户籍从外村迁入新联户籍，认可其具有本社成员资格；因婚迁而迁入成员离异后，户籍依旧保留在本村的，依旧认可其具有本社成员资格；但因婚迁而迁入的成员再婚的，其再婚的配偶及其再婚后的继子女，即使户籍迁入新联小组的，也不认可其具有本社成员资格。

以上成员资格新增补充条款提交新联联合社经济组织成员代表大会表决通过之日起生效。[1]

总体而言，新联社区开展的《经济联合社章程》第 3 章第 10 条修改工作，是一种小修小补式的细微作业，是对《资格确认方案》和原有《经济联合社章程》相关条款的进一步细化和补充，并未动摇《资格确认方案》和原有《经济联合社章程》的基本原则与主要内容。通过对《经济联合社章程》第 3 章第 10 条进行补充完善，新联社区"两委"、新联经济联合社进一步提升了《经济联合社章程》第 3 章第 10 条等集体经济组织成员资格规范的可操作性，减少了规则模糊不清导致的集体经济收益分配纠纷，为新联社区处理潜在的分红纠纷提供了操作指南和方向指引。

五、移民社区集体经济组织成员资格规范制订与修改的效果

新联社区制订和修改完善集体经济组织成员资格规范的行动取得了显著的积极成效。通过创制和完善《资格确认方案》和原有《经济联合社章程》第 10 条等集体经济组织成员资格规范，新联社区有效维持了集体经济收益分配秩序，促进了集体经济组织的规范化发展，保护了新联社区居民的经济权益，防范、化解了收益分配工作中的矛盾冲突，让更多的居民得以共享发展成果。

同时，新联社区的规范创制和修改活动还产生了积极的外部示

---

〔1〕《新增〈经济联合社章程〉第三章第十条第三款"特殊成员"的补充条款》，新联社区居委会提供，2023 年 2 月 20 日。

范效果，新联经济联合社的成员资格规范被河源市江东新区古竹镇榴坑村村委会长安村小组学习和采纳，带动更多地区走向了良法善治之路。

具体而言，新联社区的集体经济组织成员资格规范创制与修改的效果主要体现为以下几个方面：

第一，维持了集体收益分配秩序。2020 年 8 月 16 日表决通过《资格确认方案》、2020 年 10 月 18 日表决通过的《经济联合社章程》以及 2022 年 11 月 6 日表决通过的《经济联合社章程》"特殊成员"补充条款的共同作用和基础价值均在于为新联社区分配集体资产提供行为指南，为新联社区"两委"、新联经济联合社、新联村民（经济联合社成员）以及相关人员提供了统一的行为指南和行动准则。"没有规矩不成方圆"[1]，通过及时创制和完善集体经济组织成员资格规范，新联社区有效凝聚了社区内外各方共识，为各类相关主体提供了稳定的心理预期，为社区"两委"和经济联合社推动分配工作提供了正当化基础和规则保障，为分配对象、补偿对象等广大受众提供了清晰的规则期待和行为指南，为相关主体供了诉求表达渠道和诉求反馈机制，防止了无序现象的产生，维持了集体收益分配秩序的稳定。

第二，促进了集体经济组织规范化发展。新联社区创制并完善《经济联合社章程》等集体经济组织规范的重要作用在于促进了新联经济联合社的制度建设，提升了新联经济联合社内部治理结构的规范化程度，为新联经济联合社的自我管理、自我教育、自我服务、自我监督提供了更多规则依据，改变了长期存在的自治规范缺位或不足的情况，使得新联经济联合社发展集体经济、经营集体资产、分配集体收益的行为变得有规可依、有据可循。在集体经济组织成员资格规范等制度规范的指引和保障下，新联经济联合社能够更好地防范违法违规风险、更加稳健地经营运行、更为科学地规范成员行为、更为有效地防范决策失误，有序实现自我治理体系和自我治理能力的现代化，顺利走上规范化发展、科学化发展、制度化发展

---

[1] 新联社区陈超武访谈录，2023 年 5 月 16 日。

和持续健康发展的高质量发展之路。

第三，保护了社区居民的经济权益。新联社区及时创制和完善集体经济组织成员资格规范在结果上推动了近 2 亿元资产的顺利发放，防止了久拖不决现象的发生，使得新联社区居民（经济联合社成员）能够及时拿到分配资金，有效增加个人及家庭的财产性收入。特别是，新联社区的集体经济组织成员资格规范赋予了部分未签订动迁安置协议书的石化区原村民二类分配资格，为户籍迁出人员或死亡动迁人员发放了一次性补贴，在较大程度上保障了二类分配资格人员与一次性补贴对象的财产权益，增加了其财产性收入，使得其不至于分文不得。虽然新联社区对二类分配资格人员、一次性补贴对象等相关人员财产利益的保障水平可能未达到部分人员的理想期待，但在社区人员情况复杂、利益冲突严重的情况下，新联社区对二类分配资格人员、一次性补贴对象经济权益的保护在现实条件的限制下已达较高水平。

第四，防范化解了矛盾冲突。一方面，新联社区创制和完善集体经济组织成员资格规范的行动在结果上防范了矛盾冲突的大量产生。由于新联社区的集体经济组织成员资格规范创制及完善过程较为公开、民主，规范内容吸收和体现了各方诉求，规范条文有效凝聚了各方共识，因而在规范形成之后，其能够得到各方的认可和遵守，未导致大量矛盾冲突的产生。另一方面，在规范产生之后，新联社区"两委"和新联经济联合社根据类型化的集体经济组织成员资格规范行事，有效消解了分配纷争。由于新联社区的集体经济组织成员资格规范有着较强的适应性，能够类型化地应对各类问题，因而实践中即便产生了资格确认争议（譬如前述 21 户的争议），新联社区"两委"、新联经济联合社亦能根据既有规范及时化解矛盾冲突。叶文军提道："我们制定的方案非常适合我们社区的发展。我上任三年了，从来还没有遇到截（接）访的问题。"[1]通过创制和完善类型化的集体经济组织成员资格规范，新联社区妥善解决了巨额收益分配问题，真正做到了小事不出社区、大事不出街道，保障了

---

[1]　新联社区叶文军访谈录，2023 年 5 月 16 日。

新联社区的和谐稳定。

第五，促进了居民共享发展成果。新联社区的近 2 亿元集体经济收入来源于政府拨付的回拨地合作开发收益，是政府为解决新联社区居民搬迁后生活出路问题，让新联社区居民共享大亚湾区石化区发展成果而创造的主要福利。新联社区将巨额福利顺利分配下去的直接意义在于让新联社区居民真正共享大亚湾区石化区的发展成果。而且，相比于该地区其他多数村居的成员资格规范，新联社区的成员资格认定规范的重要特点在于，其成员资格认定条件较为宽泛，赋予了众多不符合分配条件人员一次性分配资格，在尽可能大的范围内让相关人员获得了实实在在的收益，让更多居民（村民）有机会共享改革发展成果。就实践效果而言，促进发展成果的共享能够调动更多人员的积极性，增强集体经济发展活力，助力共同富裕理想的实现。

第六，产生了引领示范效应。由于新联社区的集体经济组织成员资格规范切实可行，有着较好的可复制性、可推广性，河源市江东新区古竹镇榴坑村村委会长安村小组[1]在通过新联社区党群服务中心工作人员黄大卫了解到这一规范后，于 2020 年 8 月比照着新联社区的集体经济组织成员资格规范创制了类似规范。黄大卫介绍了这一情况：

> 我们老家的村有一个生态林，有一千多亩，每年国家给补偿钱，

---

[1] 河源市江东新区古竹镇榴坑村村委会长安村小组全村共 32 户，总人数 200 余人。以下为 2020 年 8 月 16 日该村户代表（家长会）讨论通过的《河源江东新区古竹镇榴坑村村委会长安村小组经济合作社章程》第三章有关股东资格规定摘录：1. 凡 1986 年 12 月 31 日前出生的长安籍在生在册村民（无论户籍在本地还是在外）享有 100% 的股权配额。2. 凡户籍在本村的在生在册村民享有 100% 的股权配额。3. 凡父辈是长安籍村民其配偶及子女户籍不在本村享有 50% 股权配额。4. 本方案通过实施之日起已出嫁的外嫁女及其子女如户籍仍在本村享有 50% 股权配额。属于招郎入赘的其配偶和子女享有与本村村民同等权益。5. 本方案通过实施造册之日前已嫁入本村户籍在本村享有 100% 配额，户籍未迁入本村的享有 50% 配额。6. 本方案通过实施后，凡自然死亡的其配额股份将取消调整给自然出生增长或充给集体所有。7. 本方案自生效实施之日起每年进行一次人口核实调整份额（自然死亡及自然出生增长和嫁入人员）。参见《关于长安村集体公山（古洞子）申报生态林的会议纪要》，新联社区黄大卫提供，2023 年 8 月 1 日。

所以我们老家那里也会分钱。我们老家那里也是参考新联的分配方案。我们是这样的，根据什么年出生的、在哪里出生的、什么时候迁出的，来进行分类，是50%还是100%。我们回到老家之后也是按照这个方案分配的，每家每户都要签名的，老家的人他们也都同意这个方案。我侄子做村长，他带领大家学习了这个方案。[1]

总体而言，新联社区"两委"、新联经济联合社创制及修订集体经济组织成员资格规范的自治行动是一次较为成功的基层自治实践。通过在实践中探索成员资格类型化方案并对之进行不断完善，新联社区有效维持了集体收益分配秩序、推动了集体经济组织的制度化建设、保护了社区新老居民的经济权益、防范化解了分配工作中的矛盾冲突、促进了居民共享发展成果并且产生了积极的外部示范效应。

结　语

新联社区创制和完善集体经济组织成员资格规范的活动是一种以自主性、实践性、民主性、开放性和透明性为特色的自治活动。具体而言，一是，新联社区创制和完善集体经济组织成员资格规范的自治活动有着鲜明的自治性。新联社区创制和完善集体经济组织成员资格规范的自治实践是一种以满足自我需求为导向、以解决自身问题为动力、以运用自身力量为基点、以爬梳自身类型为方法、以总结自治经验为基础的自组织过程而非他组织过程，有着较为突出的自主性。二是，新联社区创制和完善集体经济组织成员资格规范的自治活动有着浓厚的实践性。新联社区创制和完善集体经济组织成员资格规范的过程是一个解决实践问题、化解实践纠纷、归纳实践经验并将之成文化的过程，有着鲜明的实践性。为了实践、来自实践、面向实践是新联社区创制和完善集体组织成员资格规范的初衷，是新联经济联合社的集体经济组织成员资格规范的根本价值所在。三是，新联社区创制和完善集体经济组织成员资格规范的自治活动有着较强的民主性。新联社区创制和完善集体经济组织成员

---

[1]　新联社区黄大卫访谈录，2023年5月16日。

资格规范的活动是一个民主协商、民主决策、民主管理、民主监督的自治过程，集体经济组织成员资格规范的诞生是民主自治的结果。新联社区的集体经济组织成员资格规范之所以以类型化为中心，是各方意见碰撞、妥协、融合的结果，体现了全过程人民民主的理念和精神。四是，新联社区创制和完善集体经济组织成员资格规范的自治活动有着鲜明的开放性和透明性。为了更好地保证公平公正、防范暗箱操作、增强公信力并取得居民信任，新联社区"两委"、新联经济联合社在创制和完善集体经济组织成员资格规范的过程中主动接受区纪委、街道办事处、社区监察站、居务监督委员会、法治副主任、党员、居民代表的监督，保障居民参与、倾听村民意见，严格按照"四议两公开"程序对工作动态进行公开公示，增强了规则创制和修改过程的开放性和透明性。

通常情况下，"集体经济组织"特指农村集体经济组织，而非城市社区的集体经济组织。就法律性质而言，新联社区为《城市居民委员会组织法》意义上的城市社区。而《城市居民委员会组织法》并未为城市社区设置集体经济组织提供明确的法律依据。新联社区不同于传统的城市社区，而是一种以征地搬迁、村庄分立为基础的特殊"村改居"社区。在城市化和征地搬迁的大背景下，这种社区越来越多，在绝对数量上并不少。在政府的扶持下，此类"村改居"社区往往通过村企合作开发回拨地、出租商铺以及经营农贸市场等方式获得了大量的集体经济收入，并为此成立了经济联合社等集体经济组织，专门负责经营管理社区的集体资产。虽然此类集体经济组织在实践中发挥着举足轻重的作用，但是其在现行法律体系中的地位并不明确。为了更好地引导"村改居"社区的集体经济组织的发展，有立法权的国家和地方立法机关可考虑进一步完善集体经济组织立法，进一步明确"村改居"社区集体经济组织的法律地位和运行规则。

此外值得注意的是，新联社区"两委"与新联经济联合社高度混合。所谓"混同"并非指社区"两委"与集体经济组织理事会实为"三套人员，一块牌子"，而是指社区"两委"习惯于直接以自身名义作出本应以新联经济联合社名义作出的决定。例如，在商定2

亿元土地合作开发分配方案的过程中，新联社区"两委"在多数情况下召开的是社区居民代表会议，而非股东代表会议或经济联合社成员代表会议[1]；再如，2020年5月24日表决通过的《关于16 909平方米合作项目收益分配权成员资格确认方案》直接以新联社区居委会而非新联经济联合社的名义对外公示；[2]又如，为了推进新联综合市场的对外出租工作，新联社区曾于2021年下半年召开居民代表会议，"经过居民代表决议，同意综合市场1楼至3楼以每月每平方米43元价格上平台竞标"。[3]社区"两委"直接以自身名义代替集体经济组织作出决策有违于集体经济组织章程的基本原则。未来，为了进一步明晰机构权限职能，防范由于机构混同导致的潜在法律风险，新联社区"两委"应根据国家法律法规和集体经济组织章程的规定与精神，尽可能地避免以自身名义为集体经济组织做决策，厘清治理架构，秉承"政经适度分离"的原则对外开展活动，提升基层群众性自治活动的合法性、规范性。

　　总体而言，新联社区的集体经济组织成员资格规范创制及完善行动在总体上是一次成功的基层群众性自治实践，其创制的以类型化为核心的集体经济组织成员资格规范切实可行，有着较强的适应性，是一种具有普遍参考价值的可复制、可推广的自治规范。未来，新联社区"两委"、新联经济联合社、西区街道办事处、大亚湾区管委会等有关单位和部门可积极作为，通过选树典型、考评奖优、开展经验交流会、组织现场考察学习、印发示范章程等方式，总结新联经验、塑造新联模式、推广新联品牌，引导更多的村居社区进一步完善集体经济组织成员资格规范，提高集体经济发展质效，建设更高水平的良法善治。

---

　　[1]　2020年8月16日召开的表决《资格确认方案》的会议即为户代表会议而非股东代表会议。参见《公示（2021年4月7日）》，新联社区居委会提供，2023年5月16日。

　　[2]　《拟16 909平方米合作项目收益分配权成员资格审议公示》，新联社区居委会提供，2023年5月16日。

　　[3]　《新联社区2021年度总结大会发言稿》（2022年1月17日），新联社区居委会提供，2023年2月20日。

第十三章
政府统一指导下的村规居约修订
——以西区街道为对象

引　言

　　村规民约、居民公约等基层群众性自治规范是基层群众性自治实践的重要制度依据，有序推动村规民约和居民公约的修改完善工作，有利于促进基层群众性自治实践的规范化开展，更好地实现党领导下的政府治理和社会调节、居民自治良性互动。国家法律法规政策等对村规民约、居民公约等自治规范的制订、修改及政府指导等相关事宜进行了规定。《宪法》第24条第1款规定："国家通过普及理想教育、道德教育、文化教育、纪律和法制教育，通过在城乡不同范围的群众中制定和执行各种守则、公约，加强社会主义精神文明的建设。"《乡村振兴促进法》第30条提出："……发挥村规民约积极作用，普及科学知识，推进移风易俗，破除大操大办、铺张浪费等陈规陋习，提倡孝老爱亲、勤俭节约、诚实守信，促进男女平等，创建文明村镇、文明家庭，培育文明乡风、良好家风、淳朴民风，建设文明乡村。"《村民委员会组织法》第27条规定："村民会议可以制定和修改村民自治章程、村规民约，并报乡、民族乡、镇的人民政府备案。村民自治章程、村规民约以及村会议或者村民代表会议的决定不得与宪法、法律、法规和国家的政策相抵触，不得有侵犯村民的人身权利、民主权利和合法财产权利的内容。村民自治章程、村规民约以及村民会议或者村民代表会议的决定违反前款规定的，由乡、民族乡、镇的人民政府责令改正。"《城市居民委员会组织法》第2条第2款规定，"不设区的市、市辖区的人民政府或者它的派出机关对居民委员会的工作给予指导、支持和帮助……"
第 15 条第 1 款规定:"居民公约由居民会议讨论制定,报不设区的
市、市辖区的人民政府或者它的派出机关备案,由居民委员会监督
执行。居民应当遵守居民会议的决议和居民公约。"中共中央 2017
年 12 月发布的《法治社会建设实施纲要(2020-2025 年)》提出:
"加强居民公约、村规民约、行业规章、社会组织章程等社会规范建
设,推动社会成员自我约束、自我管理、自我规范。"民政部、中央
组织部、中央政法委等七部门 2018 年 12 月发布的《关于做好村规
民约和居民公约工作的指导意见》(民发〔2018〕144 号)指出:
"到 2020 年全国所有村、社区普遍制定或修订形成务实管用的村规
民约、居民公约,推动健全党组织领导下自治、法治、德治相结合
的现代基层社会治理机制。要坚持党的领导,党组织全程主持制定
或修订,加强领导和把关","村规民约、居民公约在保持相对稳定
的同时,可根据当地经济社会发展、群众需求变化以及社情民意等
进行修订"。

2020 年 1 月至 2023 年 4 月,根据国家法律法规的相关规定以及
各级政策精神,惠州大亚湾区西区街道的 24 个村、社区,[1]在西区
街道办事处的统一指导和统筹推进下,大规模启动了对村规民约、
居民公约的修改工作,对村规民约和居民公约进行了两轮修改,表
决通过了新的村规民约和居民公约,为各村居进行自我管理、自我
教育、自我服务、自我监督提供了新的驱动力和制度依据。西区街
道 24 个村、社区的村规民约修订活动参与主体多、整体规模大、现
实影响远、示范效果好,值得重点关注。

西区街道设立于 1992 年 3 月,辖区面积共 95.8 平方公里。西区

---

〔1〕 本章的人名进行了化名处理,特此说明。需要说明的是,目前西区街道共 31 个
村、社区。2022 年 11 月 24 日,经大亚湾区管委会批准,西区街道办将蓝岸、美韵、海
惠、永盛、龙光、爱群、新荷等 7 个社区进行拆分、调整,在原有的基础上新增了山河、
丰苑、晶润、德善、龙海、湖湾、典雅等 7 个新社区。由于新社区成立较晚,不涉及居民
公约修订问题,因而西区街道此次村规民约修订工作不涉及 7 个新设社区,仅为西区街道
的原设的 24 个村居(其中村 10 个,社区 14 个)。参见《惠湾民请〔2022〕30 号 关于审
定〈关于同意成立西区街道山河社区居民委员会的批复〉等 14 个批复(代拟稿)的请
示》,大亚湾区民政局提供,2023 年 2 月 20 日。

街道地处大亚湾区西部,西邻深圳坪山区,南与深圳大鹏新区接壤,北与惠阳区相邻,东与澳头街道相接。截至 2023 年 2 月,西区街道下辖 10 个行政村、21 个社区。根据第七次全国人口普查数据,西区街道常住人口 28.9 万人,流动人口 22.1 万人。当地方言主要为客家话。西区街道建有千亿级新兴产业园区等 42 家工业园区,共有 12 万产业工人。2021 年西区街道地区生产总值 323.2 亿元,2022 年度工业总产值 890.2 亿元。西区街道交通发达,建有"四横十纵"交通路网。街道办事处的住所地为大亚湾区龙海二路 16 号。[1]

村规民约和居民公约为大亚湾区社会自治规范的组成部分,村规民约和居民公约的修改实践是一种典型的基层群众性自治活动。对村规民约、居民公约及其修改过程展开调查和总结,对于我们充分认识村规民约和居民公约在基层群众性自治实践中的积极价值、全面理解政府指导与村民自治间的关系、准确把握街道办事处与基层群众性自治的权责界限,不断推进基层治理体系和治理能力现代化具有重要的意义。需要说明的是,本章所言的村规民约和居民公约指的是村委会级、居委会级的村规民约、居民公约(以下统称为"村规居约")。不包括集体经济组织章程和居民小组、村民小组的村规民约、小组规约。

为了准确把握西区街道村规居约修订的实践状况,我们先后于 2023 年 2 月 17 日、2023 年 7 月 14 日到西区街道老畲村,2023 年 7 月 13 日到西区街道办事处,就西区街道下辖村居的村规居约修改情况进行了调查。我们查阅了西区街道办事处的村规居约备案资料,收集了西区街道老畲村的村规民约修订资料,查看了老畲村等村居的村规居约宣传栏,访问了西区街道办事处综治中心、公共服务办负责人,与老畲村村"两委"干部进行了交流,初步了解了相关情况。此外,我们于 2023 年 5 月 19 日参加了大亚湾区党工委政法信访办公室组织的"大亚湾区村规民约调研和试点工作座谈

〔1〕《大亚湾开发区西区街道(广东省惠州市下辖街道)》(2023 年 4 月 21 日),载:http://www.dayawan.gov.cn/s0ba8feea2bdef.proxy.huizhou.gov.cn/bmpd/xqjdb/content/post_ 4961917.html,访问日期:2023 年 7 月 24 日。

会"，于 2023 年 7 月 10 日参加了大亚湾区党工委政法信访办公室组织的"大亚湾开发区自治规范修缮与运行工作座谈会"，于 7 月 14 日和 7 月 17 日与大亚湾开发区党工委管委会政法信访办公室的相关工作人员进行了交流，从上级党政机关角度等多个视角了解了西区街道村规居约的修订工作，对西区街道的村规居约修订情况有了一定的了解和认识。本章以西区街道为对象，探讨村规居约的修订起因、村规居约的修订过程、村规居约的修订内容、村规居约的修订效果，从修订、完善角度对大亚湾区的自治规范进行讨论。

一、村规居约的修订起因

西区街道村规居约修订活动是一种党政引领型的基层群众性自治组织的自治实践。这种集体化、大规模的自治现象之所以会出现，是内外双重因素共同作用的结果。一方面，就村居外部因素而言，村规居约修订工作之所以能够在整个街道范围内迅速启动且声势浩大，关键在于基层政权的引领和推动。另一方面，就村居内部因素而言，对村规居约进行修订是村居满足自我治理需求的具体行动，主体自觉发挥着不可或缺的作用。具体而言：

一方面，基层政权的引领和推动是村居启动村规居约修订程序的关键诱因。在自然演进的逻辑下，各村居通常只是个别化地修改村规民约，通常不会出现整个区域的全体村居集体化、大规模地即刻启动村规居约修改工作的现象。西区街道的 24 个村、社区之所以会不约而同地共同启动修订程序，关键在于建构主义逻辑的君临。质言之，政策的统一部署、整体规划以及国家力量的下沉是西区街道村规民约修改工作大规模启动的关键。例如，西区街道老畲村村"两委"委员赖武潮提道："因为当时上面要求一些内容写进去。河长制、森林防火、计生这一块，政府要求的。为了把这些写进去，开了会。"[1]其中，第一轮修改主要是为了贯彻中央政策。2018 年 12 月，民政部、中央组织部、中央政法委等七部门发布的《关于做

---

〔1〕　西区街道老畲村赖武潮访谈录，2023 年 2 月 17 日。

好村规民约和居民公约工作的指导意见》（民发〔2018〕144 号）指出，"到 2020 年全国所有村、社区普遍制定或修订形成务实管用的村规民约、居民公约"。在此基础上，广东省民政厅等 7 部门于 2019 年 5 月联合发出《关于印发做好村规民约和居民公约工作行动方案的通知》（粤民发〔2019〕53 号），要求全省修订村规民约和居民公约，到 2020 年要实现全省所有村（社区）全覆盖。此后惠州市民政局等七部门印发了《关于做好村规民约和居民公约修订工作方案的通知》（惠民发〔2019〕79 号），大亚湾区民政局等七部门联合印发了《大亚湾区村规民约和居民公约修订工作实施方案》（惠湾民〔2019〕68 号）。〔1〕在上级文件精神的基础上，为了全面指导西区街道各村、社区开展村规民约居民公约的修订完善工作，2019 年 11 月 11 日，西区街道成立了修订完善村规民约、居民公约工作审核小组和指导组。工作审核小组办公室设在农业和社会事务办，具体负责统筹协调工作及对村拟定规民约或居民公约进行审核；指导组负责通过各驻村工作组指导制订完善村规民约、居民公约及其他相关等工作。〔2〕由此，在政策层层传递至基层后，西区街道的 24 个村、社区，最终开启了轰轰烈烈的 2020 年度村规居约修订工作。

而第二轮大规模修订之所以会启动，也即西区街道的 24 个村社区之所以会在 2022 年再次集体大规模启动村规民约修订工作，也主要是为了贯彻党政机关的政策和文件精神。例如，2022 年 6 月 13 日，大亚湾区民政局印发了《关于把推进"河长制"工作纳入村规民约管理的通知》，要求村、社区将河长制纳入到村规民约并提供了

---

〔1〕《大亚湾区村规民约和居民公约修订工作实施方案》（惠湾民〔2019〕68 号），西区街道公共服务办提供，2023 年 7 月 13 日。

〔2〕参见《关于成立西区街道修订完善村规民约和居民公约工作审核小组及工作指导组的通知》（惠湾西〔2019〕170 号），西区街道公共服务办提供，2023 年 7 月 13 日。此外，需要说明的是，2022 年 12 月 20 日，因街道机构调整，西区街道办事处对西区街道修订完善村规民约和居民公约工作审核小组进行了调整，将工作审核小组办公室由原农业和社会事务办改设在公共服务办。参见《关于调整西区街道修订完善村规民约和居民公约工作审核小组的通知》，西区街道公共服务办提供，2023 年 7 月 13 日；西区街道办李晓悦访谈录，2023 年 7 月 13 日。

《村规民约补充规定》。[1]此后各村居根据党政机关的相关文件要求，将河长制写入了村规居约。

另一方面，满足自我治理需求是各村居对村规居约进行修订的重要因素。西区街道的 24 个村、社区之所以启动村规居约的修改工作，不仅是为了响应政策号召，而且是为了对自治规范进行革新，剔除过时规范、增添新的内容、完善村规居约的基本原则，使得村居民自治能够继续有规有矩地开展下去。例如，在谈及老畲村为何修订村规民约这一问题时，老畲村村"两委"委员方醇棉提道：

我们修改村规民约是必要的，因为我们要主动跟着时代的步伐。政策在变化，我们要与新政策的改变一起同步。例如计划生育就很明显，以前有计划生育，现在全面放开"三孩"了，现在你让人家生人家都不生了，所以我们有关计划生育的村规民约就要改变了。[2]

概言之，以老畲村为代表的西区街道 24 个村、社区之所以会两度启动村规民约修改工作，形成声势浩大的局面，是行政力量的引导和自治需求的驱动两种因素共同作用的结果。在行政力量的引导下，以及在基层群众性自治组织的自觉配合和主动探索下，西区街道的村规民约修订工作得以迅速启动、高效开展并顺利落幕。

二、村规居约的修订过程

作为一种政府统筹推进、统一指导式的自治规范修缮模式，西区街道 24 个村、社区的村规居约修订过程主要是在街道党政机关的指导下展开。在政府的统一指导下，西区街道各村、社区的村规居约修订工作一般经过了拟定草案、街道审核、审议表决、备案公布等阶段和环节。具体而言，西区街道 24 个村、社区的村规居约修订过程为：

第一，拟定草案。在政府的统一指导下，西区街道的 24 个村、

---

〔1〕《关于把推进"河长制"工作纳入村规民约管理的通知》，西区街道公共服务办提供，2023 年 7 月 13 日。

〔2〕 西区街道老畲村方醇棉访谈录，2023 年 2 月 17 日。

社区在村规居约修订程序启动后，均按照本村居实际，参考村规居约范本，在原有村规民约和居民公约的基础上，拟定了新的村规民约和居民公约草案。其中，村居可资参考的村规民约和居民公约范本由区民政局等单位提供。西区街道办村规民约和居民公约修订工作负责人提道："民政那边会给一个模板或者比较好的范本，我们给到村、社区做参考。然后，村、社区根据本村、本社区的实际来进行调整、修改，形成审议稿。"[1]

需要提及的是，在拟定草案之前，村居"两委"须根据大亚湾区民政局的统一要求，征求群众意见，提出需要规范的内容和解决的问题。[2]在拟定村规民约或居民公约草案的过程中，24个村居均根据西区街道办事处的要求，听取了村居"法治副主任"的意见，由"法治副主任"对草案内容进行了把关审核。当然，由于多数村规民约的形式强于实质，宣传性强、约束性差，而且往往与模板高度雷同，致使"法治副主任"很难发表意见。大亚湾区党工委政法信访办司法行政工作负责人提道，"他们在修订村规民约的过程中，基本征求了法治副主任的意见。但是他们所谓的村规民约十条左右，什么爱护环境之类的，法治副主任说这些都是按照模板弄出来的，没什么法律意见好发表"。[3]

第二，街道审核。村规民约和居民公约经过"法治副主任"审核后，西区街道的24个村社区根据街道办的要求，将草案提交到了西区街道办事处，提请街道办事处审核。西区街道办事处接收草案后，组织街道各部门，根据部门权责，就村规民约和居民公约的内容与形式问题，提出了修改意见和建议。街道办事处汇总、整合各部门意见后，以西区街道办事处的名义，将审核意见返回给了各村居。其中，在第一轮大规模修改工作中，西区街道办于2020年1月—10月对村规民约和居民公约进行了审核并将意见反馈至村居"两委"。在第二轮大规模修改中，西区街道办于2022年12月—2023年

〔1〕 西区街道办李晓悦访谈录，2023年7月13日。
〔2〕《大亚湾区村规民约和居民公约修订工作实施方案》（惠湾民〔2019〕68号），西区街道公共服务办提供，2023年7月13日。
〔3〕 大亚湾区党工委政法信访办公室章岫钭访谈录，2023年7月14日。

4月对村规民约和居民公约进行了审核并将意见反馈至村居"两委"。意见反馈给各村居后，由街道的各驻村（居）工作组负责指导各村居根据街道意见修改完善村规民约和居民公约。[1]

西区街道办对村规居约的审核意见可分为形式意见和实质意见两种类型。前者也即对村规居约文字表达、文本格式等形式方面的意见建议。例如，对新荷社区提出的意见第2条意见是："将第三章第十三条中'见机应救'改为'见机营救'。"[2]后者也即对村规居约文本内容提出的实质性意见。例如，对荷茶村村规民约提出的第1条意见是："将第1款第11条生态保护'如有对村水利设施构成破坏的行为，应赔偿损失，采取补救措施，并追加每次1000元以上的生态赔偿'是否存在具体法律法规条款，若无请删除。"[3]

以下为我们对西区街道办2020年1月—10月村规居约审核意见的统计：

西区街道办事处对各辖区村规居约的审核意见统计[4]

村规居约文本数量（篇）		意见数量（条）	
有意见	13	形式	9
		实质	29
无意见	10		

在西区街道办的诸多审核意见中，对美韵社区居民公约的审核意见较为详细。以下为西区街道办对美韵社区居民公约的审核意见：

〔1〕《关于"发挥自治强基作用"情况说明》，西区街道公共服务办提供，2023年7月13日。

〔2〕《关于对新荷社区居民公约的审核意见》（2020年10月30日），西区街道公共服务办提供，2023年7月13日。

〔3〕《关于对荷茶村村规民约的审核意见》（2020年1月10日），西区街道公共服务办提供，2023年7月13日。

〔4〕本章统计的原始数据来源于西区街道公共服务办2023年7月13日提供的"西区街道新市域社区治理"材料。需要说明的是因为东联村材料缺失，因而本统计表不包括东联村数据。

关于对美韵社区居民公约的审核意见

美韵社区居民委员会：

你社区的居民公约已收悉，经街道班子成员及换届办公室审核，对你社区居民公约提出修改意见如下：

1. 将第五条"积极配合参与社区环境治理工作"改为"积极参与社区环境治理工作"。

2. 将第十二条"与外来人员和谐相处时"改为"与外来人员和谐相处"。

3. 将第十七条"规范停放汽车、电瓶车、自行车，不将车辆停放在楼道口"改为"规范停放汽车、电瓶车、自行车，不乱停乱放，不将车辆停放在楼道口"。

4. 将第十八条"在公园、广场等地锻炼身体时"改为"在公园、广场等公共区域锻炼身体时"。

5. 将第二十条"及时清理犬类排泄物"改为"及时清理宠物排泄物"。

6. 将第三十条"家庭有精神病人"改为"家庭有精神障碍患者"。

7. 将第三十一条"协商不成的，可先向社区、辖区司法所或街道调委会申请调解"改为"协商不成的，可先向社区居委会、辖区司法所或街道调委会申请调解"。

惠州大亚湾经济技术开发区西区街道办事处

2020 年 10 月 30 日

第三，审议表决。根据街道办的审核意见，各村居通常会对村规民约和居民公约进行进一步修改。各村居修改后，形成审议稿。审议稿形成后，各村居须根据《村民委员会组织法》《城市居民委员会组织法》，提交村（居）民代表会议审议讨论，根据讨论意见修订完善后提交村居民代表会议表决通过。当然，需要承认的是，在不少情况下，村居的审议程序面临着"合议不足，可能体现不了共识"〔1〕等问题，审议过程在某些时候只是走过场。这种现象并非西区街道独有，而是当下基层群众性自治实践中较为常见的现象。

第四，备案公布。在村规居约通过村居民代表大会表决后，西区街道的24个群居的村（居）民委员会均按照街道办的要求，将村规民约、居民公约报街道党工委、办事处备案，并在本村居范围内，让群众广泛知晓。例如西区街道老畲村村"两委"委员介绍了该村的公布情况："通过村民代表大会的表决后，要张榜公布。公示要5天或7天，公示期间如果没有其他村民提出意见，我们才算修订完成。"〔2〕在备案及公布后，村规民约和居民公约修订程序正式宣告结束。

在村规居约修订工作完成后，西区街道公共服务办主任李晓悦在总体上回顾了西区街道的村规民约修改情况：

> 修订的过程是，民政那边会给一个模板或者比较好的范本，我们给到村、社区做参考。然后村、社区根据他们本村、本社区的实际来进行调整、修改（原有的村规居约），形成审议稿。审议稿交到我们这里来。我们街道这边的各个办公室，包括街道的司法所，会对每村、社区的审议稿进行审核。审核就是各个办公室根据自己部门的职能，对相关的条款进行审核，审核它是否合理、有无违反什么规定。审核后，我们街道各个办公室会出一份意见，由我们公共服务办公室这边把意见汇总在一起，整合成街道办层面的审核意见。然后把意见知会到驻村的街道办领导，经过街道办班子领导的审核。最后街道没有其他意见了，认为这样可行，就会把意见返回到各个村、社区。然后各个村、社区根据街道办的审核意见，对他们原来的审议稿再进行完善、调整。最终他们调整好了之后，再通过他们自己的村民代表大会、居民代表大会表决通过，没有问题了，交给我们备案。〔3〕

---

〔1〕　大亚湾区党工委政法信访办公室章岫钭访谈录，2023年7月14日。

〔2〕　西区街道老畲村徐大壮访谈录，2023年2月17日。

〔3〕　西区街道办李晓悦访谈录，2023年7月13日。

总体而言，西区街道 24 个村、社区的村规民约和居民公约修订过程主要是在基层党政机关的统一指导下，由各村居"两委"具体实施推动，均经历了拟定草案、街道审核、审议表决、备案公布等程序。西区街道各村居社区的村规民约修订过程是一个政府指导和基层群众性自治的融汇交织的过程，在结果上生产出了体例完备、内容全面、形式合法的基层群众性自治规范。

三、村规居约的修订内容

西区街道的两轮村规民约修改内容重点各有侧重。其中，第一轮（2020 年）修改的重点是，各村居参考各级民政部门提供的村规民约模板和范本，对村规民约和居民公约的形式进行规范，同时结合本村居实际，对村规民约和居民公约的内容进行更新完善。第二轮（2022 年 12 月—2023 年 4 月）修改的重点是，各村居根据市、区民政部门的要求，在街道办事处的统一指导下，将河长制、森林防火、新计划生育政策等内容加入村规居约中。

在政府的具体指导下，经过两轮修改，国家力量和国家意志与基层群众性自治规范的融合程度进一步加深，村规民约和居民公约的内容中有了更多的国家色彩。具体而言：

在第一轮修改过程中，国家力量和国家意志主要是通过街道办审核的方式进入村规民约。李晓悦提道："他们初稿形成之后，交到我们这里来审。我们一般就审村规民约的条款有没有明显的违背道德的、违背法律法规的情况以及宣传落实情况……他们提交上来的初稿，要是有一些和法律相抵触的，我们就给他们审核意见，叫他们根据我们的审核意见进行相应改动。"[1]通过根据各级党政机关要求启动村规居约修订工作以及根据基层政府的审核要求修改完善村规民约的文本内容，西区街道的 24 个村社区既更新了自身的自治规范，为自我治理提供了更为坚实的规范基础，也为国家力量的下沉提供了微观通道，推动了国家力量的下沉和国家意志的贯彻。

在第二轮修改中，国家力量和国家意志主要是借助于河长制、

---

[1] 西区街道办李晓悦访谈录，2023 年 5 月 19 日。

森林防火以及计划生育政策等融入村规民约文本中来的。通过要求村居社区在村规民约中加入河长制、森林防火、计划生育政策，国家力量得以更加全面地下沉到基层社会。例如，2022 年 12 月 16 日，西区街道老畲村村委会根据大亚湾区民政局以及西区街道办事处等党政机关的通知要求，拟定了新版村规民约，补充了有关河长制和森林防火的内容。[1] 在此基础上，老畲村村委会在村规民约中增加了有关计划生育的内容，将之作为村规民约的第七部分并交付村民代表会议表决。2023 年 1 月 12 日上午 9 点 30 分，老畲村召开了"关于补充修订老畲村村委会村规民约的村民代表会议"。本次会议的主要内容为讨论补充修订老畲村村委会村规民约，补充增加计划生育、河长制、森林防火等内容。本次会议应到会村民代表 35 人，实到会 31 人。全体到会人员一致同意通过新版村规民约。[2]

以下为表决通过的西区街道老畲村村委会村规民约。其中计划生育、河长制管理、森林防火为新增内容。

西区街道老畲村村委会村规民约

为深入学习贯彻习近平总书记重要讲话精神，落实中央和省委、省政府关于实施乡村振兴战略的决策部署，为适应新时代发展，为推进我村社会主义民主和两个文明建设，维护社会稳定，树立良好的村风、民风，创造安居乐业、文明和谐、卫生整洁的村居环境。促进全村各项事业全面发展，现根据国家法律、法规和政策的有关规定，经村民代表会议表决通过，订立如下村规民约，本规约具有村与村民、村民与村民之间的契约性质，对全体村民均有相同的约束力。全体村民都应当自觉遵守执行，任何人不得以在外经商，务工为由拒绝执行，居住在本村的外来人员参照执行本规约。坚持党对一切工作的领导，全面推行村级重大事项、重大问题、重要工作和大额资金使用等"三重一大"事项由村党组织决策在先，按相关

---

〔1〕《西区街道老畲村村委会村规民约》，老畲村村民委员会提供，2023 年 2 月 17 日。

〔2〕《会议记录》，老畲村村民委员会提供，2023 年 7 月 14 日。

程序实施。

一、社会治安

1. 村民学法、守法、知法，敢于同一切违法犯罪行为作斗争。

2. 严禁参加黄、赌、毒违法行为，遇事依法解决，弘扬正气。

3. 不打架斗殴，不酗酒滋事，严禁侮辱诽谤他人，不拉帮结派，不参加非法组织，严禁造谣惑众、拨弄是非。

4. 自觉维护社会秩序和公共安全，不扰乱公共秩序，不阻碍公务人员执行公务，做到遵纪守法、诚实守信。

5. 不听、不看、不传播淫秽和反动的书刊、音像。

二、村风民俗

1. 提倡社会主义精神文明，树立文明新风，婚姻自由，移风易俗，反对封建迷信，实行遗体火化，破除陈规旧俗。反对铺张浪费，提倡婚事、丧事简办。树立良好村风民风。

2. 守公德、尚美德，建立正常人际关系，不搞宗派活动，村民之间相互尊重，相互理解，相互帮助，邻里团结友爱，和睦相处，反对家族主义，建立良好的邻里关系。

三、消防安全

1. 严防火灾发生，严禁野外用火，家庭用火做到人离火灭。严禁乱堆乱放易燃物品，注重排除各种火灾隐患。

2. 加强对村民安全用火，用电知识宣传教育。严禁在禁燃区销售、燃放烟花爆竹。

四、环境整治

1. 搞好公共卫生和村容村貌整洁，共同参与到村容村貌整治行动，不随地乱丢乱放垃圾、秽物，不乱倒建筑垃圾。自觉执行"门前三包"制度。不随地吐痰，讲究卫生、爱护绿化，严禁污染环境。

2. 保持村容村貌整洁和道路畅通，不准挤占道路，乱搭乱建、乱设广告牌标。不准占道经营，车辆乱停乱放等阻碍交通。

3. 爱护公物，保护公共财产，共同维护公共设施。

五、土地管理

1. 任何个人不得侵占、买卖、出租或者以其他形式非法转让和变更集体或他人的土地使用权。

2. 依法使用宅基地，尊重历史状况。建房必须经上级国土规划单位批准，取得完善用地手续方可进行，不得乱搭乱建，乱占国有、集体土地。

六、婚姻家庭

1. 遵循婚姻自由，男女平等。尊老爱幼，建立团结和睦的文明家庭。

2. 父母应尽抚养、教育未成年子女的义务；禁止歧视、虐待、遗弃女婴、残婴。子女应尽赡养老人的义务，不得歧视、虐待老人。

3. 自觉执行计划生育政策，优生优育，配合政府做好计划生育工作。

七、计划生育

1. 夫妻双方有依法实行计划生育的义务，实行计划生育合法权益受法律保护。

2. 坚决执行《人口与计划生育法》《广东省人口与计划生育条例》及有关计划生育的政策、法律、法规。

3. 依据《广东省人口与计划生育条例》规定，提倡各村民适龄婚育、生殖健康、优生优育、性别平等、责任共担、代际和谐，推行一对夫妻可生育三个子女，并进行一孩、二孩、三孩生育登记；如符合《广东省人口与计划生育条例》规定再婚夫妻再婚后可以生育三个子女。

4. 倡导积极参与家庭健康促进行动、爱国卫生运动，做好常态化疫情防控等，促进家庭文明健康建设。

5. 严肃处理阻碍实施计划生育的人员。对咒骂、威胁、殴打、报复计生工作人员的人，情节严重的依法追究刑事责任。

6. 加强流动人口计划生育管理。对本村内居住的流动人员，应出具有效的《流动人口计划生育证明》。

7. 共同维护计生家庭合法权益，特别是全面两孩政策调整前的计生家庭的权益，关心关爱计生特殊家庭。

8. 凡重婚生育、姘居生育、违法收养等按超生处理，触犯法律的交由司法部门处理。

八、河长制管理

1. 本村所有村民都有保护水环境的义务，遵守水环境保护法律法规，争当河流水库保护志愿者，积极主动参与爱河护河宣传，并及时劝阻破坏水环境及水利设施等行为。

2. 禁止在河道、水库管理范围内倾倒、堆放、掩埋、丢弃生活垃圾、建筑物垃圾、家禽粪便及排放生产、生活污水等污染物。

3. 禁止在河道、水库水域内电、毒、炸鱼等破坏生态环境的行为。

4. 禁止在行洪、排涝、输水河道内设置影响行水的建筑物、构筑物、障碍物或者种植阻碍行洪的林木或者高秆作物。

5. 禁止在水库大坝、河道堤防和护堤地进行建房、垦种、开渠、打井、存放物料、开采地下资源等活动。

九、森林防火

1. 每个村民要自觉遵守森林防火的有关法律、法规及各项规章制度。严禁乱砍滥伐林木和非法侵占山林。森林防火期内，未经批准，禁止一切野外用火。农业用火在森林防火区实行集中用火制度，非森林防火区实行用火自主登记制度。

2. 每个村民都有预防和协助扑救森林火灾的义务，一旦发生火情，应立即向村委会报告，并自觉配合扑救行动。

3. 每个村民要积极举报森林火灾肇事者，并配合有关部门调查取证工作。

4. 村民不准带火进入森林防火区，不准在森林防火区内玩火、吸烟、野炊。

5. 村民在森林防火区上坟时严禁点香烛、放鞭炮、烧纸钱，提倡上坟送鲜花、栽纪念树等文明祭祀行为。

6. 村民自留山、责任山由村民各自做好森林防火工作。

7. 对痴、呆、傻、智障人员，由其家属、亲戚落实好专人看管监护，避免引发森林火灾。

8. 违规进行野外用火查处属实的，救火的一切开支费用及所造成损失由肇事者负责，情节严重构成犯罪的，移送司法机关追究其法律责任。

本村规民约自补充修订，村民代表会议通过之日起生效。

以上村规民约，全体村民共同遵守，共同维护，相互监督。

（原村规民约同时废止）

中共大亚湾区西区街道老畲村党总支部

大亚湾区西区街道老畲村村民委员会

2023 年 1 月 12 日[1]

总体而言，西区街道村规居约修订的主要内容包括两方面，其一为根据自中央到地方的层层部署，由各村居根据实际情况更新、补充本村居的村规民约和居民公约，同时根据街道办的审核意见完善村规民约的内容与形式，使得村规民约在增强其时代适应性的同时也增强国家性。其二为根据大亚湾区民政局等党政机关的要求，在村规居约中增加有关河长制管理、森林防火的内容，以及增加或更新有关计划生育的内容。

四、村规居约的修订效果

政府统一指导下的村规居约修订实践是一种典型的党政引领型自治模式。这种自治模式能够推动村规民约和居民公约文本形式和内容的完备化，有利于增强基层群众性自治的制度供给，推动国家政策的实现和国家力量的下沉，促进政府指导和基层群众性自治的有效融合，推动基层人居环境的改善。

第一，推动了村规居约文本的完备化。政府统一指导下的村规居约修订工作在结果上使得西区街道 24 个村、社区的村规民约和居民公约的外观形式更为完备、文本内容更为健全。一方面，在形式上，修订前的村规民约在形式上不一定完备，村规居约的名称、正文、审议主体、日期等可能会存在缺失或不规范情况。在修订过程中，大亚湾区民政局对村规民约、居民公约的名称、正文、审议主体、日期四部分等进行了具体规定。根据该规定，在名称方面，村规居约的名称一般为《××村村规民约》《××社区居民公约》；正文可

[1]　《会议记录》，老畲村村民委员会提供，2023 年 7 月 14 日。

275

采取结构式、条款式、三字语、顺口溜、山歌民歌等各种表述形式；审议主体为××村村民代表会议、××社区居民代表会议；日期为实施生效的具体时间。[1]通过执行区民政部门的规定，西区街道办事处推动本辖区范围内村规居约走上了形式完备的道路，使得各村居的村规民约和居民公约形式上更为美观、更为完备。另一方面，在内容上，由于各村居根据政府要求在村规民约和居民公约中加入了河长制、林长制、计划生育、森林防火等内容，各村居的村规民约由此从单薄走向厚重、从简约走向复杂，包括范围日渐广泛，内容日臻完备。而且，在经过街道的审核程序后，村规民约和居民公约中的不合法条款被抹除，村规民约和居民公约具体内容的合法性得到增强。

第二，增强了基层群众性自治的制度供给。村规民约、居民公约、自治章程、集体经济组织章程以及村居民小组的自治规范均为重要的基层群众性自治规范。西区街道的 24 个村、社区通过主动或被动地修订完善村规民约和居民公约能够提升村规居约的时代适应性，将落伍的或不合时宜的旧规范剔除出去，将符合群众期待、契合村居实际的新内容写进来，造就出更加完善的村规民约和居民公约，为本村、社区群众的日常言行提供更新、更全的行动指南，为基层群众性自治组织的日常运转提供更为周全的规则保障。虽然相较于集体经济组织章程和村居民小组的自治规范，村居级的村规民约和居民公约的实际作用较小，但不可否认的是，其仍然在结果上丰富了基层群众性自治的规范体系，为基层群众自治活动提供了更多规范选择和规范指引，增强了基层群众性自治的制度供给。

第三，推动了国家力量的基层下沉。西区街道的村规民约修订工作在程序方面和实体层面贯彻落实了国家政策，使得国家意志在基层社会扎根，推动了国家力量的下沉。一方面，在程序上，西区街道的村规民约和居民公约的修订工作由街道党委、街道办事处全程主持、领导和把关，直接推动了国家政策的落实、国家力量的下

---

〔1〕《大亚湾区村规民约和居民公约修订工作实施方案》（惠湾民〔2019〕68 号），西区街道公共服务办提供，2023 年 7 月 13 日。

沉和国家意志的实现。另一方面，在内容上，通过对村规民约和居民公约的初稿进行合法性审核，以及通过直接要求基层群众性自治组织在村规民约和居民公约中加入有关河长制、林长制以及计划生育等政策内容，西区街道办事处不仅在文本上，并且在实质上将国家力量灌输到了基层社会，推动了国家力量的下沉。而且，各村居在修订过程中主动在规范文本中加入践行社会主义核心价值观、弘扬爱党爱国精神等价值引领的内容，以自下而上的本土化方式将国家力量引导进了基层社会。在很大程度上可以认为，政府统一指导的过程主要是一个国家力量的下沉过程。

第四，加深了基层群众性自治与政府指导的融合程度。西区街道的政府统一指导下的村规居约修订工作在引导基层群众性自治组织进行自治的同时，加深了党组织领导下的自治、法治、德治的结合程度，促进了基层群众自治与政府指导的融合程度。虽然政府统一指导下的村规居约修订过程主要是一个国家力量的下沉过程，"政府指导"发挥着主导作用，但这一过程同时也是一个基层群众性自治组织动起来的自我管理、自我教育、自我服务的过程，自治属性比常规时刻更为耀眼。相比于常规的村居协助政府工作以及日常的村居自治工作，政府统一指导下的村规居约修订工作是一个政府和基层群众性自治组织均发挥重要作用的过程。常规的村居协助政府工作遵循的是单向度管理逻辑，日常的村居纯自治工作遵循的为内部运作的封闭逻辑，而政府统一指导下的村规居约修订工作则遵循着双方互动逻辑，政府和基层群众性自治组织均发挥了自身的主观能动性。通过双向互动，《村民委员会组织法》和《城市居民委员会组织法》有关政府指导（"指导、支持和帮助"）和村居民自治的立法设计得以从规范化为现实，基层群众性自治与政府指导的程度得以有效融合。

第五，促进了基层人居环境的改善。西区街道各村居村规民约和居民公约修订工作的一个重要特点是在原有规范的基础上增加了有关河长制、林长制、森林防火以及环境保护的内容。特别是在第二轮大规模修改中，在行政力量的推动下，前述全面地融入了各村居的村规民约和居民公约中。前述有关人居环境的规范进入到村规居约中的积极价值在于为村居人居环境的改善提供规范动力和制度保障，增强基层群众性自治组织和基层群众的环境保护意识，引导和推动基层群众性自治组织和基层群众主动践行和遵循良好人居环境的理念和制度。以河长制为例，将河长制纳入村规民约和居民公约中来，有利于强化群众爱河护河的意识，打造水清岸绿、鱼翔浅底的水生态环境。相比于其他效果，促进人居环境的改善在性质上是政府统一指导下村规居约修订完善工作的附带结果和外化效果，是政府统一指导下村规居约修订完善工作的重要附属价值。

总体而言，作为一种结合型自治模式和党政引领型自治模式，政府统一指导的村规居约修订活动能够在结果上推动村规居约文本的完备化、增强基层群众性自治的制度供给、推动国家力量的下沉、加深基层群众性自治与政府指导的融合程度。此外，该种自治模式还能促进基层人居环境的改善，产生积极的外部效果。在加强和改善基层治理的过程中，可以对此种自治模式进行重点关注，推动此种自治模式的优化和推广。

结　语

西区街道的村规民约和居民公约修改过程是一种政府统筹推进、统一指导下的村居民自治实践，有着国家性与社会性、庙堂与乡野、统治与自治、统筹与自觉互融互动的特征。

政府统一指导下的村规居约的修改完善，有着其积极的价值和意义。其能够在过程方面引导和促进村居群众投身自治实践，使得村居群众能够切身了解村规居约的修改过程，在实践中感受自治理念、培育公民意识、锻炼自治能力、积累自治经验。在结果方面，政府统一指导下的村规居约修改工作能够更好地推动国家力量的下沉，增强村规居约的时代适应性。具体而言，一方面，政府统一指导下的村规居约修改工作能在结果上推动国家力量的下沉。在村规居约的修订过程中，基层党政机关通过对各村、社区的村规民约和居民公约初稿进行合法性与合理性审核，能够保证村民公约和居民公约的合法律性，将与国家法律、法规和政策相抵触的自治条款及时消灭，将国家力量和国家意志以审核意见的方式灌输到基层社会，将国家力量和国家意志印刻在村规居约文本上。另一方面，政府统一指导下的村规居约修改工作能够增强村规居约的时代适应性。作为自治组织之外的力量，基层党政机关积极发挥作用有利于破除自治组织的自限性，以外部动能和建构理性弥补进化理性的不足，督促基层群众性自治组织主动更新落后的自治规范，保证村规民约的时代适应性。

当然，政府统一指导下的村规民约和居民公约修订工作也存在着一定的隐忧。在基层政府的具体主持、整体部署和统一指导下，村规民约和居民公约的修订工作固然能够根据政府的理性设计流畅、高效、一体化地推进，产生看似轰轰烈烈的自治热潮，但政府力量的过度介入也可能会让日渐行政化的基层群众性自治组织更加依赖党和政府，使得基层群众性自治组织的自治性、主动性、创造性、灵活性日渐式微，而行政性、被动性、保守性和机械性日益滋长。为了防范政府过度指导的风险，各街道办事处、大亚湾区以及更高级别的党政机关可考虑建立健全街道办事处和基层群众性自治组织的履职履约双向评价机制，由党政机关对基层群众性自治组织的自治情况进行评级，由基层群众性自治组织对街道办事处的指导情况进行匿名评分，防止过度指导、不当干涉和自治弱化情况的发生，坚守和维护政府指导和基层群众性自治的边界。

此外值得注意的是，虽然西区街道的村规民约和居民公约修订工作较为顺利，在结果上生产出了内容更为健全、形式更为完备的村规居约，但是与其他地区一样，西区街道也面临着村规居约执行效果不佳的问题，一些村规居约在备案公布后并未产生实效。例如大亚湾区党工委政法信访办工作人员结合工作感悟提道："村规民约制定出来，不一定能够得到很好的执行、落实，所以要做好法治保障工作。"[1]西区街道办村规民约修订工作负责人李晓悦也提道："村规民约比较泛化，就是有关个人行为、道德规范那样的东西。在真正地公示宣传、张贴出去，甚至大版面地印刷后，其实我们没有办法去检验实际的效果是否遵守。就比如说，文明养犬，这

---

[1] 大亚湾区党工委政法信访办公室周伏虎访谈录，2023 年 7 月 14 日。

四个字，人家不文明养犬，如果没有人去举报，我们也没法去检验。村规民约的内容太广，内容太多，没有什么组织对村规民约的执行情况进行监督。"[1]为了防止村规民约流于形式、成为摆设，一方面，在规范生成阶段，基层党政机关在开展指导工作的过程中，应注重引导基层群众自治组织真正创制出务实管用的自治规范，而非口号性强、执行性差的自治规范。基层群众性自治组织亦应主动作为，少创制形式化的自治规范，多创制务实管用的自治规范。另一方面，在规范执行阶段，大亚湾区管委会、各街道办事处可加强正面引导，通过评选村规居约执行先进典型案例等方式，加强对村规居约执行工作的正面引导。此外，党政机关还可加强对村规居约落实工作的督查，将村规居约执行情况纳入村居"两委"班子责任考核目标中来，对于完成情况不好的村居给予负面评价和批评教育。各村居"两委"亦可充分发挥自身能动性，积极引导村务监督委员会、道德评议会、红白理事会、人民调解委员会、村居妇联、禁毒禁赌会等参与村规居约的执行工作，为热心群众参与村规居约执行工作提供渠道，以奖惩并行的方式推动村规居约真正从墙上走进民众生活，产生实际效力，改善基层群众性自治效果。

---

[1] 西区街道办李晓悦访谈录，2023 年 7 月 13 日。

第二篇　社会团体自治规范

● ● ●

第十四章

承上联下：大亚湾区妇联工作议事制度

引 言

中华全国妇女联合会成立于 1949 年 4 月 3 日，是全国各族各界妇女为争取进一步解放与发展而联合起来的群团组织，是中国共产党领导下的人民团体，是党和政府联系妇女群众的桥梁和纽带，是国家政权的重要社会支柱。[1]

《中华全国妇女联合会章程》是全国各级妇联运行的基本规范。《中华全国妇女联合会章程》第 10 条第 1、2 款规定："妇女联合会实行全国组织、地方组织、基层组织和团体会员相结合的组织制度。妇女联合会的地方和基层组织接受同级党组织和上级妇女联合会双重领导。"据此，大亚湾区妇联是中华全国妇女联合会的地方组织。大亚湾区妇联运行的主要规范依据是《中华全国妇女联合会章程》及配套组织工作条例。配套组织工作条例主要包括《妇女联合会执行委员会委员替补、增补及常务委员会组成人员增补的规定》《妇女联合会农村基层组织工作条例》《妇女联合会城市街道、社区基层组织工作条例》《妇女联合会机关、事业单位基层组织工作条例》《妇女联合会团体会员工作条例》《妇女联合会选举工作条例》。这些章程、条例中的相关内容构成了大亚湾区妇联的基本自治规范。

大亚湾区妇女联合会（本章以下简称"大亚湾区妇联"）是中

---

〔1〕《全国妇联简介》，载 https://www.women.org.cn/col/col33/index.html，访问日期：2023 年 9 月 1 日。

共大亚湾区区委（党工委）领导下负责妇女工作的群众团体，是党和政府联系妇女群众的桥梁和纽带。根据《中华全国妇女联合会章程》等制度规范的基本要求，结合大亚湾区妇女工作的实际情况，大亚湾区妇联的主要职责是负责组织开展大亚湾区全区妇女儿童工作。具体包括：指导各级基层组织开展工作，并配合组织部门做好中青年优秀妇女人才的培养选拔和推荐工作；组织妇女加强学习，提高素质，增强自尊、自信、自立、自强的精神，投身改革开放和社会主义现代化建设，开展"双学双比"和"巾帼建功"活动；维护妇女儿童合法权益，反映妇女的意见和要求，代表妇女参加社会协商和对话；参与民主管理、民主监督、参与有关妇女儿童法规、条例的制订；密切与其他各级、各地妇联的联系和合作，加强同港、澳、台地区及华侨妇女、各民主党派、宗教团体妇女组织的联谊；完成区委、区管委会和上级妇联交办的其他工作。大亚湾区妇联委近年来积极发挥好服务、引领、联系作用，推进家庭文明建设，服务妇女儿童，团结带领广大妇女保持经济持续健康发展和社会大局稳定，贡献巾帼力量。

大亚湾区妇联在制度构建方面承上联下，为开展各项工作提供规范和制度保障。一方面，大亚湾区妇联按照《中华全国妇女联合会章程》等全国妇联制定的规范，以围绕中心、服务大局为工作主线，以联系和服务妇女为根本任务，以代表和维护妇女权益、促进男女平等和妇女全面发展为基本职能。另一方面，大亚湾区妇联根据大亚湾区妇女工作实际情况，制定《大亚湾区发挥各级妇联执委作用工作制度》《大亚湾区妇女议事会制度》等工作议事制度，着力提升联系和服务妇女群众实效，有力推动了大亚湾区妇女儿童工作不断迈上新台阶。

2023 年 7 月 12 日，我们到大亚湾区妇联进行了专门调查。本章以田野调查资料为基础，大亚湾区妇联工作议事制度的制订、内容、施行、作用和特点做一初步探讨，以更全面地认识大亚湾区的自治规范。

一、大亚湾区妇联工作议事制度的制订

为更好履行职责，大亚湾区妇联根据实际情况制订了适用于本区域范围内的各级妇联执委作用工作制度、妇女议事会制度等工作议事制度。

2014 年开始，大亚湾区妇联根据全国妇联、惠州市妇联改革要求，在大亚湾区同步推行"村（社区）妇代会改建村妇联"。这次改革意义重大，大亚湾区妇联负责人认为："这对于妇联工作来讲，它是一个比较重要的分水岭和里程碑。"[1]2015 年，大亚湾区试点桥西社区和妈庙村妇代会改建妇联工作，取得了良好的示范性成效。到 2017 年 9 月底，大亚湾区妇联完成改革，全区共推荐优秀妇女代表 1393 名，选举产生妇女联合会执行委员会委员（本章以下简称"执委"）543 名，其中主席 39 人、兼职副主席 76 人，广泛吸纳了热心妇女儿童公益的企业家、培训师、文艺骨干、教师、社工等 20 余个行业类别的女性代表担任执委，切实配齐配强了基层妇女干部队伍，为村（社区）妇联开展工作注入了新的元素和活力。大亚湾区各级妇联执委产生后，积极履行执委职责，开展妇女儿童各项工作。各级妇联执委是大亚湾区妇联开展妇联各项工作的关键力量。为更好发挥大亚湾区各级妇联执委的作用，聚焦妇联实际工作，2020 年 9 月 3 日，大亚湾区妇联印发《关于下发〈大亚湾区发挥各级妇联执委作用工作制度〉的通知》，制订发挥各级妇联执委作用的工作制度，在大亚湾区各级妇联推行《大亚湾区发挥各级妇联执委作用工作制度》，使之成为大亚湾区各级妇联运行的重要自治规范。

各级妇联组织也是基层民主政治建设、基层治理、社会治理中的重要力量。为充分发挥大亚湾区各级妇联组织在引导妇女群众参与基层民主建设中的重要积极作用，2020 年 9 月 3 日，大亚湾区妇联发布《关于下发〈大亚湾区妇女议事会制度〉及〈大亚湾区妇女议事会实施方案〉的通知》，在全区范围内制订并实施妇女议事会制度，使妇女议事会的活动规范化、制度化，进一步提升妇女群众参

---

[1] 大亚湾区妇联负责人访谈录，2023 年 7 月 12 日。

政议政的效率和能力。

二、大亚湾区妇联工作议事制度的内容

大亚湾区妇联工作议事制度主要包括《大亚湾区发挥各级妇联执委作用工作制度》《大亚湾区妇女议事会制度》《大亚湾区妇女议事会实施方案》等，为大亚湾区各级妇联开展工作提供了较为全面的规范依据。

（一）《大亚湾区发挥各级妇联执委作用工作制度》的内容

《大亚湾区发挥各级妇联执委作用工作制度》在内容上以《惠州市妇联执委作用发挥工作制度》等规范为依据，并结合大亚湾区妇联工作实际进行制定。在前言部分，《大亚湾区发挥各级妇联执委作用工作制度》强调大亚湾区妇联制定该工作制度是"为贯彻落实惠州市妇女第十一次代表大会确定的目标任务，进一步深化妇联改革，增强妇联组织政治性、先进性、群众性，更好地发挥各级妇联执委作用，提升联系和服务妇女群众实效，根据中央、省、区、市群团改革精神，结合我区妇联工作实际，制定本制度"。据此，《大亚湾区发挥各级妇联执委作用工作制度》的核心是构建更好发挥各级妇联执委作用的制度机制，由此分为"主要任务""工作方式""工作要求"等具体内容。

1. 主要任务

各级妇联执委是各级妇联组织的主要组成人员，由妇女代表会议选举产生。因此，《大亚湾区发挥各级妇联执委作用工作制度》首先明确妇联执委的三项主要任务。一是引领妇女。做好妇女群众的思想政治引领工作，运用妇女群众喜闻乐见的方式传递正能量，团结引领妇女群众听党话跟党走。立足岗位，积极发挥表率作用，团结带领妇女群众爱岗敬业、建功立业。立足家庭，引导妇女群众注重家庭建设，弘扬家庭美德、家国情怀，传承好家风好家训。二是服务妇女。根据妇女群众的需求，利用自身优势和社会资源，在妇女发展、权益维护、家庭建设、扶贫助困等方面发挥积极作用。充分利用各种渠道，及时向各级党委、政府、有关部门和妇联组织反映妇女群众的现实需要、思想动态及意见建议，主动为妇女群众做

好事、办实事。三是联系妇女。通过多种形式和途径与妇女群众建立联系，倾听她们的呼声，掌握她们的动态，及时就她们所反映的问题和需求进行回应，有针对性地做好解疑释惑、思想教育工作，通过凝聚人心、化解矛盾、增进感情的方式引导妇女依法有序地表达利益和诉求，与妇女群众形成良性互动。

2. 工作方式

《大亚湾区发挥各级妇联执委作用工作制度》的核心内容是发挥各级妇联执委作用的具体工作方式，包括建立有效联系、开展调查研究、参加会议活动等具体方式。

建立有效联系，要求在大亚湾区妇联实行"1+10"联系制度，即按照就地就近、便于联系、经常联系的原则，1名妇联执委联系至少10名妇女儿童（含贫困、残疾、留守妇女儿童以及单亲母亲等群体）。通过走访座谈、电话沟通、微信及QQ联系等多种方式，做到互动常态化、沟通零距离。对于所联系的贫困、残疾、留守妇女儿童以及单亲母亲等群体，每月不少于2次上门走访。按照《大亚湾区各级妇联执委联系妇女群众记录表》有关要求做好记录，村（社区）妇联执委记录由各村（社区）妇联统一交到街道妇联存档，街道妇联执委记录由各街道妇联统一交到区妇联（区妇联邮箱：略），记录每半年上交一次。

开展调查研究是收集意见建议的重要途径，《大亚湾区发挥各级妇联执委作用工作制度》对此予以专门规定。具体内容包括：建立妇女需求调研制度，各级执委围绕本级党政中心工作，紧密结合本职工作和妇联职责，就联系妇女群众过程中发现的权益保护、妇女发展等方面的重难点问题或妇女群众普遍关心的热点问题，每年开展不少于1次调研，并形成调研报告或意见建议，及时向妇联组织或相关部门反映。

参加会议活动也是大亚湾区发挥各级妇联执委作用的重要工作方式。根据工作需要，执委受邀参加各级妇联组织的学习、会议及大型活动等，主动关注"大亚湾妇联"微信公众号，及时转发、阅读、点赞妇联最新工作动态，并发动所联系的妇女群众关注和使用"大亚湾妇联"微信公众号。

3. 工作要求

《大亚湾区发挥各级妇联执委作用工作制度》提出了三项工作要求，分别是提高思想认识、积极履行职责、加强履职保障。提高思想认识，即各级妇联组织要充分认识该项工作的重要意义，切实将其作为深化改革、转变作风、打通联系和服务妇女群众"最后一公里"的举措，积极为执委履行职责创造有利条件，引导执委落实制度。执委要切实增强为党做好新时代妇女工作的责任感和使命感，将联系和服务妇女群众作为履职尽责的重要内容，不断增强落实制度的思想自觉和行动自觉，通过联系和服务拉近与妇女群众的距离，增强对执委角色的身份认同感和对妇联的组织归属感。

积极履行职责则是对妇联执委提出的具体要求。各级执委要注重履行职责与业务工作的统筹协调，立足本职工作领域的妇女群众分布状况和优势特长，做好联系和服务，推动惠州市妇女十一大各项目标任务落实。自觉承担妇联执委的责任义务，带头执行执委会工作部署，主动为妇联工作建言献策。通过自学、参加妇联组织的学习培训等方式，了解区情妇情，掌握联系和服务妇女群众的业务知识和工作方法，不断提高做好妇女群众工作的理论水平和履职本领。

加强履职保障是从保障机制、考核评价等方面，促进《大亚湾区发挥各级妇联执委作用工作制度》的实施。各级妇联组织、妇联干部要密切配合、分工合作，为执委落实本制度提供必要的工作保障，各级妇联负责统筹管理、组织教育培训、总结制度落实情况、宣传先进典型；建立履职考评机制，将执委出席会议、联系妇女群众、提交意见建议、调研走访、学习培训等情况作为考核评价执委履职情况、评先推优的重要依据，定期通过"大亚湾妇联"等平台展示优秀执委履职风采，进一步促进妇联执委履职尽责。

（二）大亚湾区妇女议事制度的内容

妇女群众是基层民主协商、参政议政过程中不可或缺的重要参与者。为进一步拓宽大亚湾区妇女群众参与基层民主建设的渠道，提升妇女群众参与基层治理的能力，2020年9月3日，大亚湾区妇联下发《大亚湾区妇女议事会制度》和《大亚湾区妇女议事会实施方案》，在全区范围内推行以妇女议事会为议事形式的基层民主参政议政实践。

1.《大亚湾区妇女议事会制度》

根据《大亚湾区妇女议事会制度》，大亚湾区妇联制定妇女议事制度的目的是扩大大亚湾区各村（社区）妇女群众参与基层民主建设，提升妇女群众参政议政的能力。具体而言，妇女议事制度包括议事主体、议事内容、议事形式、议事组织等方面。

妇女议事的主体是基层妇女群众中政治素质高、群众基础好、基本情况熟、热心妇女事业、既有能力又能代表妇女意愿的妇女群众代表。妇女议事的内容包括法律法规、政策文件在本地贯彻实施情况；地方党政中心工作的推进情况；妇联组织重点工作的落实情况；妇女群众关心的生产生活中的热点难点问题以及妇女群众关心的其他事项。

妇女议事形式多样，因时、因地、因事采用定期议事、一事一议、要事随议的方式；采取集中议事、现场议事、走访议事、上门议事、接待议事等灵活多样的形式，每季度议事1次至2次，议事结果及时向村（社区）负责人及所在街道妇联报告。

议事组织，主要指的是相关记录。《大亚湾区妇女议事会制度》要求建立议事台账，做好每次议事前的筹划、议事中的记录以及议事后的反馈工作。

2.《大亚湾区妇女议事会实施方案》

为贯彻落实《惠州市妇联深化妇联组织建设改革实施"破难行动"工作方案》，全面落实基层妇联工作和保障机制，组织户籍和非户籍常住妇女代表和群众参事议事，扩大妇女群众民主参与的渠道，提升妇女群众参与基层治理的能力，维护妇女群众合法权益，促进社会和谐稳定，《大亚湾区妇女议事会实施方案》从"成立妇女议事会""议事内容""确立议事程序和形式""把握议事要求""组织保障"等方面，对《大亚湾区妇女议事会制度》所规定的妇女议事制度进行了细化和具体化。

（1）成立妇女议事会

《大亚湾区妇女议事会制度》对于妇女议事会的组成没有具体规

定,《大亚湾区妇女议事会实施方案》予以明确。村（社区）妇女议事会主要成员的构成采用"1+X"模式。"1"指的是妇女议事会的固定成员,由妇联执委、女党员代表、村居民代表以及有影响力和威望的户籍和非户籍常住女性组成。总人数建议为 7 人至 9 人。议事会成员要求政治素质好,拥护党的路线、方针、政策,遵纪守法,关注村（社区）发展,具备参政议事的能力;责任心强,热心公益事业,乐于为妇女儿童服务,在妇女群众中有较高的威信和影响力。议事会实行任期制。成员由村（社区）妇联执委会协商推荐、村（社区）妇女群众组织推荐或个人自荐产生。成员任期与村（社区）妇联执委会任期一致。任期内出现缺额,可适时进行增补。"X"即根据议事内容实际,邀请三代表一委员、一官一师、非户籍常住女性代表及相关职能部门等参与。

（2）议事内容

《大亚湾区妇女议事会实施方案》将《大亚湾区妇女议事会制度》中的四项议事内容细化为八项。一是本村（社区）贯彻落实上级妇女工作部署的具体措施;二是本村（社区）公共事务管理涉及妇女利益的社会性、公益性、群众性事务等有关问题;三是妇女群众关心的生产生活中的热点难点问题,以及在工作、学习、生活等方面遇到的困难和需要帮助解决的问题等事项;四是妇女群众对本村（社区）经济社会发展的意见、建议等;五是研究本村（社区）非户籍常住人口管理和服务问题,探讨非户籍常住妇女儿童由"流入"到"融入"的有关政策措施,为上级提供意见建议;六是上级有关政策文件、中心工作在本村（社区）的实施推进情况;七是研究其他需经妇女议事会讨论的村（社区）公共事务等基层治理重大问题;八是与村集体经济利益有关的议题不在协商内容之列。

3. 确立议事程序和形式

《大亚湾区妇女议事会实施方案》对议事程序和形式也进行了规范。议事程序分为:确定议题——调查研究——组织讨论——形成决议——提交村（社区）党组织或委员会——反馈结果。

妇女议事会的形式则是多种多样,体现灵活性和有效性。议事形式因时、因地、因事采用每季度一至两议、要事随议的方式。采取集中议事、现场议事、走访议事、上门议事、接待议事等灵活多样的形式，保证议事及时高效。议事会由村（社区）妇联主席召集并主持，建议意见必须经过应到会成员半数以上同意方可形成议案，交由村（社区）党组织审定。对于重要议题可邀请村（社区）党组织或委员会领导或相关部门负责人直接参加议事活动。

4. 把握议事要求

妇女议事会旨在拓宽妇女参与基层公共事务的渠道和形式，因此也需要明确和把握议事要求，增强议事实效。《大亚湾区妇女议事会实施方案》提出了五项要求：收集确定议事主题；发挥议事代表作用；畅通议事上传渠道；着力推动问题解决；及时反馈议事结果。这五项议事要求贯穿议事各环节。

收集确定议事主题，就是要通过多种途径和方法，主动关注和跟进地方党政工作的目标任务和要求；深入基层，零距离接触，面对面沟通，了解发现妇女群众最关心、最直接、最现实、最迫切需要解决的热点难点问题，以党政和妇女群众的双向需求为切入点，收集、研究、确定每次议事的主题。

议事代表是妇女议事会的直接参与者，因此要积极发挥议事代表作用，创设良好的议事氛围与环境，通过议事代表的先行领会和理解，把党政和妇联工作的重点和要求传递到最基层群众之中；引导和鼓励议事代表畅所欲言，建言献策，提出符合实际、切实可行的建议意见，做到议题来自群众、解决办法也来自群众，真正体现反映民意、集中民智。

妇女议事是沟通基层群众和党组织、政府的形式。因此，畅通议事上传渠道也是妇女议事制度有效运行的重要保障。对于重要议题，可邀请同级党政领导或相关部门的负责人直接参加议事活动；建立议事上报制度，主动将基层妇女议事情况报告同级党委政府和上级妇联，使妇女群众的意愿和诉求、意见和建议，及时有效地传递到有关方面，使之成为党政领导和上级妇联关注的重要内容和决策的主要依据。

妇女议事制度的目的在于发现和解决问题，而不是简单地收集民意。着力推动问题解决，是妇女议事制度的重点环节和关键程序。

对于议事中妇女群众迫切希望得到关注和解决的重大问题和困难，《大亚湾区妇女议事会实施方案》规定妇女议事会要积极争取党政及相关部门的支持，给予处理解决；善于整合资源，寻求多渠道多方面的解决途径和办法，促使问题得到有效解决。

会后反馈也是妇女议事制度的必要环节，及时反馈议事结果，是妇女议事制度保持长期生命力的保障。《大亚湾区妇女议事会实施方案》规定要建立议事台账，记录每次议事时间、主题、参与人员、具体议事内容，做好每次议事前的筹划、议事中的记录以及议事后的反馈工作。及时将议题上报的情况与最终处理结果，反馈给参与议事的妇女代表，并传达到基层妇女群众；对暂时不能解决的难点问题，向妇女群众做耐心细致的解释，使之得到妇女群众的理解。问题有效解决并及时反馈结果，是保护妇女群众积极参与议事，保证议事制度长期坚持的主要基础和关键所在。

5. 组织保障

组织保障旨在从思想、考评等方面，加强妇女议事制度建设，体现为以下四个方面。其一，提高认识，加强指导。大亚湾区妇联将妇女议事制度纳入妇联工作总体安排和年度考核，主席总负责，分管副主席全面负责，一级抓一级，层层抓落实。各街道妇联要根据各村（社区）经济社会发展状况以及妇女群众参政议政的能力，给予积极引导和分类指导。要把妇女议事制度与文明家庭、美丽家园示范户、妇女儿童之家等活动计划相结合。要加强对基层妇联干部和妇女骨干的培训，不断提高她们对议事活动的策划、组织和实施的能力。其二，培树典型，运作规范。在全区各村（社区）妇联全面推行妇女议事制度的同时，积极培树典型，抓好典型示范，规范操作，做到"四个有"，即：有规范的议事制度、有议事的典型、有好的议题、有详细的议事台账。其三，注重实效，持之以恒。各级妇联要坚持妇女议事制度的常态化、制度化，在充分了解党政中心工作、妇联重点工作和妇女群众所需的基础上，开展妇女议事，通过调研、征集、提案、接访等多种渠道提炼出重点突出、有现实意义的议题，争取党政和相关部门的支持，推动难点问题的解决，及时沟通和反馈议事结果，确保妇女议事的实效性。其四，及时总结经验。各村（社区）妇联要将"妇女议事会"的一些好做法、好经验及时报送至街道妇联和区妇联，发现和宣传各类先进典型，推进村（社区）妇联协商健康有序发展。

三、大亚湾区妇联工作议事制度的施行

大亚湾区妇联以发挥好服务、引领、联系作用为目标，以《中华全国妇女联合会章程》为基本规范，全面施行《大亚湾区发挥各级妇联执委作用工作制度》《大亚湾区妇女议事会制度》《大亚湾区妇女议事会实施方案》等自治规范，推进妇联各项工作有序展开。

（一）顺利完成妇联换届选举和增补工作

大亚湾区妇联工作离不开妇联执委，各级妇联执委是大亚湾区各级妇联发挥作用的人员基础。大亚湾区各级妇联执委换届选举工作与村（社区）"两委"换届选举工作同步进行。截至 2021 年 3 月，根据《妇女联合会选举工作条例》等选举规范，大亚湾区辖 3 个街道共 57 个村（社区）已全面完成了换届选举工作，村（社区）妇联领导班子配齐配强，57 个村社区妇联执委班子总人数 172 人，其中设村妇联主席 29 名、副主席 52 名，社区妇联主席 28 名、副主席 63 名，其中中共党员 103 人，占班子总数 59.8%；村社区"两委"干部 77 人，占班子总数 44.7%；年龄为 50 岁以上 35 人，占班子总数 20.3%；大专及以上文化程度 124 人，占班子总数 72%。大亚湾区各级妇联执委总人数 797 人，中共党员 211 人，占执委总数 26.4%；大专及以上文化程度 366 人，占执委总数 45.9%；村社区"两委"干部 103 人，占执委总数 12.9%；年龄为 50 岁以上 199 人，占执委总数 24.9%。换届后，村（社区）妇联组织中，村（社区）妇联主席全部进入"两委"班子成员，妇女小组长 100% 进入执委队伍，在脱贫攻坚、疫情防控、防汛救灾等任务表现突出的优秀女性，文艺积极分子、女党员、巾帼志愿者、荣获区级以上文明家庭、最美家庭、平安家庭、三八红旗手、巾帼建功标兵、系列好人等女性代表在执委队伍也占一定比例。换届选举工作结束后，各级妇联组织和执委以《大亚湾区发挥各级妇联执委作用工作制度》等为依据，依法依规履职尽责。

此外，根据实际情况，大亚湾区各级妇联也开展执委届中增补工作，并积极拓展妇联组织，为妇联开展工作提供人员和组织保障。2022 年 1 月 14 日，大亚湾区妇联根据《妇女联合会执行委员会委员替补、增补及常务委员会组成人员增补的规定》，召开 2022 年大亚湾区妇联执委会，进行届中执委增替补选举工作。会议审议通过了有关人事事项，并按规定程序进行了届中执委增替补和选举工作，增替补 11 名执委，选举 1 名副主席，增替补 5 名常委。2023 年 1 月 16 日上午，大亚湾区税务局召开妇女第一次代表大会，成立了区税务局妇女联合会，选举产生了妇女联合会第一届执行委员会以及主席、副主席。大湾区税务局是大亚湾区第一家成立妇女联合会的机关单位。

（二）发挥各级妇联执委的积极作用

大亚湾区妇联围绕中心、服务大局，通过深化妇联组织建设改革实施"破难行动"，基层执委作用充分发挥，妇联组织作风建设得到了明显改观。各级妇联执委产生以后，关键是要提升执委的自身能力，发挥执委的实际作用。大亚湾区妇联主席提道："妇联执委队伍组建起来了，队伍要做什么、怎么做？首先是要提升妇联执委的自身能力。"[1]在大亚湾区区委、区管委会的领导和支持下，大亚湾区妇联 2018 年 11 月启动"大亚湾区首届基层妇联组织区域化改革执委能力提升公益项目创投大赛"，2019 年 7 月启动了"大亚湾区第二届基层妇联组织区域化改革执委能力提升项目创投大赛"。2020 年 12 月，大亚湾区妇联又启动了"大亚湾区群团工作部参与乡村振兴工作之第三届基层妇联执委能力提升项目大赛"。本次大赛聚焦"乡村振兴 巾帼行动"，旨在全面推进"农村妇女增收致富、美丽家园创建、好家风传承、暖心关爱、组织力量提升"等乡村振兴巾帼五大行动，充分发挥各级妇联在政治引领、经济振兴、美丽乡村建设、乡风文明、关爱帮扶和组织建设等方面的独特作用，为大亚湾区实现乡村全面振兴贡献巾帼力量。通过举办三届基层妇联执

---

[1]《基层妇联执委成服务妇儿行家》，载 http://www.huizhou.gov.cn/wsfw/ggfw/hysy/zxdt/content/post_ 4145245.html，访问时间：2023 年 7 月 29 日。

委能力提升项目创投大赛，大亚湾区妇联总共在 38 个村（社区）分别实施了 54 个项目，共发动了近 500 名执委，进一步聚焦"党建引领"核心原则，完善"党建带妇建，妇建促党建"工作制度，持续调动妇联执委的积极性，将引领妇女、服务妇女、联系妇女的工作最切实地落到实处、发挥实效，积极探索具有大亚湾特色的妇联工作新思路、新模式，让妇女成为乡村振兴的推动者、建设者、享有者、受益者。

西区街道新寮村儿童安全自护教育项目是"大亚湾区第二届基层妇联组织区域化改革执委能力提升项目创投大赛"扶持的十个项目之一。新寮村毗邻深圳，辖区有十几家大中型企业，外来务工人员两万多人。村内民办小学东方明珠实验学校中九成学生为异地务工人员子女，家长对孩子们安全监护意识较薄弱。大亚湾区集心社会服务发展中心通过实施儿童安全自护教育项目，借助新寮村妇女之家和东方明珠实验学校平台，带动村妇联执委一起开展儿童安全自护教育，努力营造儿童健康成长的良好氛围，同时提升村妇联执委在项目服务过程的组织和参与能力。项目团队在区妇联指导下，培养了一支由村妇联执委构成的 7 人儿童安全讲师团，7 位执委都通过审核并获得儿童安全讲师证书。妇联执委们认真对待每一堂课，每次授课前都会召开项目议事会，讨论分工安排等事宜，并在活动前一天积极备课、试讲。从第一次走上讲台的忐忑到后面的游刃有余，如今她们的组织策划能力、语言表达能力、团队协作能力都有了显著提高。

除了年度创投项目之外，大亚湾区各级妇联还积极组织开展基层妇联履职能力提升培训活动。例如，2022 年 7 月 21 日，为丰富大亚湾区妇联执委精神文化生活，陶冶艺术情操，引导更多家庭借花木艺术培养和抒发高雅情趣，大亚湾区妇联举办了"强国复兴有我巾帼心向党"——大亚湾区执委能力提素班，区妇联执委约 35 人参加。为进一步做好婚姻家庭纠纷化解工作，提升基层妇联关爱帮助我区重点人群和家庭的能力，2023 年 6 月 16 日，大亚湾区妇联在大亚湾区妇女儿童活动中心开展了 2023 年大亚湾区基层妇联履职能力提升培训班——重点人群和家庭帮扶关爱督导培训，各街道、村

（社区）妇联主席及妇女业务骨干共 68 人参加培训。2023 年 6 月 20 日，澳头街道妇联举办 "澳头街道妇联执委能力提素培训暨家风家教宣传活动"，街道妇联 30 多名执委参加了活动。

（三）妇女议事会推动执委参与基层治理

妇女议事会，是大亚湾区妇联充分发挥各级妇联组织引导妇女群众参与基层民主建设、提升妇女群众参与基层治理能力的重要举措。妇女议事会的开展提升了妇女群众参政议政的能力，畅通了妇女群众的诉求渠道，让更多的妇女群众有了话语权。

大亚湾区妇女议事会制度推行以来，各级妇联组织积极开展各类议事活动。2021 年 11 月 15—17 日，大亚湾区妇联分别在三个街道妇联召开学习贯彻党的十九届六中全会精神会议暨妇女议事会全覆盖工作调研座谈会，各街道、各村（社区）妇联主席约 70 人参加。调研会上，各街道、村（社区）妇联主席汇报了 2021 年妇女议事会开展情况。2021 年以来，各基层妇联以乡村振兴、垃圾分类、社区公共事件、妇女群众关心的问题等为议题，通过集中议事、网上议事等方式开展妇女议事会，共开展议事会 325 场，执委参与率在 80% 以上，切实做到我区妇女议事会全覆盖，提升了妇联执委参政议政的能力，充分发挥了妇联组织在引导妇女群众参与民主建设的重要作用。其中，截至 2021 年 11 月 11 日，西区街道各村（社区）共召开妇女议事会 157 场，涉及文明养宠、垃圾分类、反诈骗、儿童节活动、妇女节活动、母亲节活动等众多事项。

以西区街道德惠社区妇女议事会为例，2022 年以来，德惠社区妇联召开多场妇女议事会，共同商议关于开展安全知识教育、妇女节共建活动、核酸检测活动、疫苗接种活动、防疫排查、垃圾分类、文明城市、反邪教宣传、卫生城市入户宣传系列活动、民法典普法知识讲座、禁毒安全知识讲座、预防电信网络诈骗宣传讲座等活动。在日常工作中，德惠社区妇联全面落实 1+10 联系制度，密切联系群众，每一位执委联系十个妇女儿童，对妇女群众提出的要求在议事会上商议解决，最大化为社区妇女儿童提供帮助。

（四）维护妇女儿童合法权益

维护妇女儿童权益是妇联组织的重要职责，大亚湾区妇联按照相关规范不断创新维权机制，提升维护妇女儿童合法权益的能力。

第一，大亚湾区妇联以项目形式开展妇女权益保障服务。2018年11月，大亚湾区妇联启动大亚湾区妇女儿童维权与心理服务指导中心项目。该项目以《反家庭暴力法》为切入点，以项目形式将妇联传统维权工作优势与专业社会工作有机结合，以区妇女儿童维权与心理服务指导中心为阵地，提供法律咨询、婚姻调解、家暴事件跟进等维权服务，同时配合区妇联联动多职能部门为有需要的妇女儿童提供专业化服务。2019年，为探索妇女儿童法律宣传的新形式新手法，搭建妇女儿童维权宣传服务阵地，大亚湾区妇联启动了"晴朗天空"妇女儿童维权宣传服务项目。项目通过搭建妇女儿童维权宣传服务阵地、协助建设"妇儿维权与普法超市""妇儿维权与普法宣传岗"，制作"妇儿维权与普法产品"等形式和途径，积极开展多元化妇儿维权与宣传服务，促进广大群众了解妇女儿童保护法律法规，营造关爱妇女儿童的良好社会氛围，为妇女儿童的健康成长与发展打造一片晴朗天空。2020年11月，大亚湾区妇联实施大亚湾区保护儿童人身权益三年行动——"护苗"儿童安全联动服务项目。项目通过三年时间，培育大亚湾区本土儿童安全讲师及巾帼护童志愿服务队，进入全区39所幼儿园、35所小学及57个村（社区）开展儿童防性侵校园宣讲活动和儿童防性侵亲子活动。此外，项目组依托线上+线下村（社区）妇儿之家阵地，开展防性侵+防暴恐体验活动，逐步完善大亚湾区儿童保护服务机制和网络，联动多部门筑牢儿童安全防线。

第二，大亚湾区妇联启用区妇女儿童维权与心理服务指导中心，依托律师、心理专家团队的力量，配套妇儿维权项目，协调解决妇女维权案件，普及法律和心理健康知识，有序推动性别平等、妇女权益、妇女矛盾预警调处、妇女儿童舆情监测和回应、婚姻家庭纠纷人民调解等机制的建设与完善，切实维护妇女儿童合法权益。大亚湾区妇联加强妇联维权队伍培训，针对基层妇联维权干部，大亚湾区妇联举办包含民法典、反家暴应急流程解读与家暴案例处理、儿童伤害预防、夫妻财产纠纷、抚养赡养等婚姻家庭等系列维权培训内容的基层妇联维权业务能力提升培训班。自2021年4月12日以来，中心每周二全天固定由资深心理老师及专业律师坐班，联合区检察院、法院、司法、法学会启用了"法育未来 湾检同行"项目、"法律服务"、"家事调解"、婚姻家庭纠纷人民调解委员会等妇女儿童维权服务共建点，指导中心紧紧围绕多部门联合服务于基层群众的宗旨，致力于打造为基层发挥网格化的综合服务平台。例如，2023 年 3 月 16 日，大亚湾区人民法院与大亚湾区妇女联合会召开推动妇女儿童权益保护工作座谈会，围绕探索构建"法院+妇联"妇女儿童权益保护机制，推动辖区妇女儿童权益保障工作及家事审判工作高质量发展进行探讨与交流，就新时代如何开拓妇女儿童权益联合保护工作提出了新思路、新方法。一是以机制建设赋能保障妇女儿童合法权益。二是以社会治理为抓手促进涉妇女儿童矛盾纠纷实质性化解。三是以法治宣传教育引领妇女儿童权益保护规则导向。

第三，大亚湾区妇联持续做好法治维权宣传工作。一是"线上"运用"大亚湾妇联"微信公众号，推送宣传各类安全、反邪教、禁毒、普法知识推文，各街道、村（社区）妇联积极通过"和美网格"四级联户群、各级执委群动员转发，进一步扩大宣传的点、面，提高广大妇女群众的依法维权意识和法律知识水平。二是指导基层妇联组织，面向妇女和家庭，依托节日活动和日常工作开展或参与各单位宣传活动，线下开展各类巾帼法治宣传活动。例如，在 2023 年"三八"维权周期间，大亚湾区各级妇联共开展各类活动近 20 场，服务 3000 人次；在 2023 年 5 月"民法典宣传月"期间，印发民法典宣传折页并组织指导各街道、村（社区）妇联积极联动相关单位开展"美好生活·民法典相伴"主题宣传、宣讲活动，共开展 15 场次，服务 1000 人次。

四、大亚湾区妇联工作议事制度的作用和特点

妇联是党和政府联系妇女群众的桥梁和纽带，是中国共产党领导下的人民团体，对于巩固和扩大党执政的阶级基础和妇女群众基础具有重要意义。大亚湾区妇联通过不断深化妇联改革，各级基层妇联组织不断健全完善，各级妇联基层执委作用得到充分发挥，妇联组织作风建设得到了明显改观，大亚湾区的妇女儿童工作取得了

长足发展。

从性质上看，大亚湾区妇联是一种特殊类型的非政府社会组织，同时也受同级党委政府的领导，在自治规范层面也具有以下特点：

第一，在规范属性方面，既包含体现党组织领导下的群团组织属性的规范，也包含体现非政府社会组织自治属性的规范。一方面，根据《中华全国妇女联合会章程》，中华全国妇女联合会是全国各族各界妇女为争取进一步解放与发展而联合起来的群团组织，是中国共产党领导下的人民团体，是党和政府联系妇女群众的桥梁和纽带，是国家政权的重要社会支柱。中华全国妇女联合会自觉坚持党中央集中统一领导，增强政治意识、大局意识、核心意识、看齐意识，坚定中国特色社会主义道路自信、理论自信、制度自信、文化自信，坚决维护习近平总书记党中央的核心、全党的核心地位，坚决维护以习近平同志为核心的党中央权威和集中统一领导，坚持改革创新，保持和增强政治性、先进性、群众性，发挥党开展妇女工作最可靠、最有力的助手作用，巩固和扩大党执政的阶级基础和妇女群众基础。作为全国妇联的基层组织，大亚湾区妇联也坚持在党的领导下即接受大亚湾区党工委的领导下开展各项工作。例如，《大亚湾区发挥各级妇联执委作用工作制度》也强调："做好妇女群众的思想政治引领工作，运用妇女群众喜闻乐见的方式传递正能量，团结引领妇女群众听党话跟党走。"另一方面，1995 年，北京世界妇女大会上，我国政府就明确宣告妇联是"中国最大的提高妇女地位的非政府组织"。[1]《中华全国妇女联合会章程》也规定："中华全国妇女联合会以宪法为根本的活动准则，依照法律和《中华全国妇女联合会章程》独立自主地开展工作。"作为非政府社会组织，大亚湾区妇联注重发挥自身主动性，以联系和服务妇女为根本任务，以代表和维护妇女权益、促进男女平等和妇女全面发展为基本职能。因此，大亚湾区妇联印发《大亚湾区发挥各级妇联执委作用工作制度》《大亚湾区妇女议事会制度》《大亚湾区妇女议事会实施方案》等自治规范，加强妇联自身组织建设，提升妇联依法依规履职能力。

---

〔1〕 参见董克难：《性别平等保障机制研究》，吉林大学出版社 2015 年版，第 86 页。

第二，在适用范围方面，既有全国统一适用的普遍性规范，又有适用于大亚湾区范围的特殊性规范。作为全国妇联的基层组织，大亚湾区妇联没有制定和实施自己独立的章程，而是以《中华全国妇女联合会章程》作为自己的章程，在选举、基层工作等事项上也是遵照《妇女联合会农村基层组织工作条例》《妇女联合会城市街道、社区基层组织工作条例》《妇女联合会机关、事业单位基层组织工作条例》《妇女联合会团体会员工作条例》《妇女联合会选举工作条例》《妇女联合会执行委员会委员替补、增补及常务委员会组成人员增补的规定》等规定、规范。这些规范是全国统一适用的普遍性规范，大亚湾区妇联的运作也是以这些规范为主要依据。同时，大亚湾区妇联在自己职责范围内，根据大亚湾区妇联工作实际，制定和实施了《大亚湾区发挥各级妇联执委作用工作制度》《大亚湾区妇女议事会制度》《大亚湾区妇女议事会实施方案》等专门性的工作议事制度，旨在发挥各级妇联组织和妇联执委在基层民主建设中的积极作用。

第三，在规范实施方面，既强调发挥妇联自身的主动性，又强调与党和政府、法院等加强沟通协调。我国宪法法律对妇女儿童权益给予了专门保护，制定实施了《妇女权益保障法》《反家庭暴力法》等专门性法律法规。《妇女权益保障法》第 6 条第 1 款明确规定："中华全国妇女联合会和地方各级妇女联合会依照法律和中华全国妇女联合会章程，代表和维护各族各界妇女的利益，做好维护妇女权益……的工作。"《反家庭暴力法》第 6 条第 2 款也明确规定："工会、共产主义青年团、妇女联合会、残疾人联合会应当在各自工作范围内，组织开展家庭美德和反家庭暴力宣传教育。"第 7 条第 1 款接着规定："县级以上人民政府有关部门、司法机关、妇女联合会应当将预防和制止家庭暴力纳入业务培训和统计工作。"妇联在维护妇女合法权益、促进男女平等方面发挥着不可或缺的重要作用。各项自治规范、工作制度是大亚湾区妇联正常运行的保障。大亚湾区妇联以这些自治规范为依据，以引领妇女、服务妇女、联系妇女为主要任务，主动开展法律、技能等知识培训，主动维护妇女合法权益。然而，对妇女儿童合法权益的侵犯，是多种多样的，仅仅依靠妇联自身的力量，显然不能解决所有问题。党和政府、法院、检察院、律师等相关各方在维护妇女合法权益方面都发挥着各自的作用。例如，《大亚湾区妇女议事会实施方案》将"畅通议事上传渠道"作为一项议事要求，同时，在推动问题解决方面，也要积极争取党政及相关部门的支持，给予处理解决；善于整合资源，寻求多渠道多方面的解决途径和办法，促使问题得到有效解决。再如，大亚湾区妇联编制了《惠州大亚湾家暴事件首接应急处理流程图》，不仅规定了区妇联、街道妇联、村（社区）妇联的处理措施，还积极与区妇儿工委、区公安机关、区卫生局、医院、区宣教局、学校、区民政部门、法院、区司法局、心理咨询机构等沟通协调，明确各自职责，构建处理和应对家庭暴力事件的全流程。

结　语

大亚湾区妇联是大亚湾区社会组织体系的重要组成部分，是维护妇女权益、促进男女平等的重要力量。为此，大亚湾区妇联一方面严格遵照《中华全国妇女联合会章程》《妇女联合会选举工作条例》等适用于全国各级妇联组织的规范；另一方面根据大亚湾区妇女工作实际，制订和实施了《大亚湾区发挥各级妇联执委作用工作制度》《大亚湾区妇女议事会制度》等规范，有力推动了大亚湾区妇女儿童事业的发展，取得了诸多成效。确保这些工作议事制度取得长效，大亚湾区妇联也宜根据实践发展变化，在其职权范围内，制定新规范或者修改完善既有规范，为各项工作提供规范保障。

第十五章
法学会双重属性的理解与思考
——以大亚湾区法学会为对象

引　言

　　1982 年 7 月，中国法学会成立大会通过的《中国法学会章程》，明确了中国法学会的宗旨为以下两个方面："一、团结我国各民族的法律工作者、法学工作者，坚持四项基本原则，贯彻执行'双百'方针，开展马克思主义法学和我国社会主义法制理论与实践问题的研究活动，为发展社会主义民主，健全社会主义法制，实现社会主义现代化建设事业做出贡献。二、结合我国法制建设和法学研究的需要，发展我国同各国法学界的学术交流，加强对国外法律、法学的研究，以增进相互了解和友谊，并联系各国法律工作者、法学家，为反对帝国主义、霸权主义、殖民主义，维护世界和平，促进人类进步事业而共同奋斗。"

　　2009 年 1 月，中国法学会第六届会员代表大会对章程进行修改，把地方法学会由团体会员修改为中国法学会的地方组织，章程明确规定地方法学会按照行政区划设立，县级法学会的建设在制度层面迈出了第一步。2013 年 11 月，中国法学会第七次会员代表大会召开，再次对章程进行修改，进一步提出地方法学会要在有条件的县市设立，在章程上明确了县级法学会建设的地位和任务。

　　2015 年 9 月，中国法学会起草制定了《关于加强市县法学会工作的指导意见》，对工作原则、工作任务、机制保障、加强领导和督查等作了具体规定，中央政法委转发该意见，首次以中央部门文件形式对县级法学会的职能任务做了具体规定，要求各级党委政法委加强对法学会工作的指导。

2020年10月，中共中央办公厅发布《关于进一步加强法学会建设的意见》，要求加强法学会建设，团结和带领广大法学法律工作者，自觉做中国特色社会主义法治道路的践行者、社会主义法治国家的建设者、中国特色社会主义法治理论的发展者、德才兼备的社会主义法治人才的培养者，在全面依法治国新征程中展现新担当、实现新作为。这一意见发布之后，各省市地区都出台了具体的落实举措，从法学会的政治建设、工作合力机制、强化作用发挥、加强自身建设等方面提出了具体的意见，从而推动了各级法学会的进一步发展。

《中国法学会章程》第33条规定："省（自治区、直辖市）、市（地、自治州）设立法学会，县（市、区）应当设立法学会。地方法学会是中国法学会的地方组织，在同级党委领导和上级法学会指导下，按照本章程，结合本地实际开展工作，履行职责。各级地方法学会应当设立党组。"根据中国法学会官网的统计数据，目前，全国共有3080个地方法学会，其中，省级法学会32个，副省级和大城市法学会15个，地（市）级法学会403个，县（市）级法学会2630个。[1]从数据上来看，法学会在数量上持续增加，相关的规章制度也在不断完善，县（市）级法学会的发展进入了全新的阶段。

惠州市大亚湾区法学会于2014年10月31日正式成立，并同时召开第一次会员代表大会，选举产生第一届理事会。在成立之后十余年的发展历程中，大亚湾区法学会立足自身定位和大亚湾区的实际情况，逐渐探索出发展的模式，发挥了法学会的作用，并且在2020年获评广东省2014-2010年度全省法学会系统先进集体。随着法治国家、法治政府和法治社会建设的不断推进，大亚湾区法学会正发挥着越来越重要的作用。

我们于2023年7月10日下午到大亚湾区法学会进行调研，通过对相关负责人的访谈和大亚湾区法学会规范性文件内容的了解，

---

〔1〕《学会简介》，载中国法学会官网：https://www.chinalaw.org.cn/portal/page/index/id/9.html，访问日期：2023年8月15日。

充分了解了法学会建立的过程和发展中的重要节点，对于大亚湾区在运行过程中自主性的发挥和存在的困境等有了一定的认识，明确了其作为县级法学会具有双重属性，两种属性之间既形成了一定的互动，促进了法学会的发展，但也有一定的限制。如何发挥法学会的作用，破解发展中的困境，是大亚湾区法学会未来发展中需要进一步解决的问题。

一、第一重属性：具有政治性的群团组织

2009 年 1 月 21 日中国法学会第六次全国会员代表大会通过的《中国法学会章程》第 1 条把中国法学会定位为"是中国共产党领导的人民团体，是法学界、法律界的全国性群众团体、学术团体和政法战线的重要组成部分，是党和政府联系和团结广大法学法律工作者的桥梁和纽带，是加强社会主义民主法治建设，推进全面依法治国、建设社会主义法治国家的重要力量"。[1]县级法学会要坚持服务党和政府工作大局，服务基层和群众，服务广大法学法律工作者；坚持从实际出发，立足当地、研究当地、服务当地；坚持突出重点和着眼长远相结合；坚持全面部署，有序推进，有条件的市县优先建立；坚持全国法学会系统上下联动、协同互动、资源共享。[2]由此可见，《中国法学会章程》和《关于加强市县法学会工作的指导意见》把县级法学会的职能定位为"三个团体、一个组成部分"，即本级党委领导的人民团体和法学界法律界的群众团体、学术团体以及政法战线的重要组成部分，也是本级党委、政府联系基层法学法律工作者对桥梁和纽带，是繁荣基层法学研究、指导和推动基层法治实践、建设法治中国的重要力量。因此，大亚湾区法学会作为县级法学会所具有的第一重属性是其作为群团组织鲜明的政治性，这一属性体现在组织建设、中心工作和自我管理的各个层面。

（一）组织建设方面

法学会肩负着引领法治思想、创新法学研究，管理法学团体的

---

[1]《中国法学会章程》第 1 条。

[2]《关于加强市县法学会工作的指导意见》第 1 条。

重要任务，是推动全面依法治国、建设社会主义法治国家的重要力量，是政法战线的重要组成部分。法学会在巩固法学法律界团结奋斗的共同思想政治基础，团结带领广大法学法律工作者自觉做中国特色社会主义法治道路的践行者、社会主义法治国家的建设者、中国特色社会主义法治理论的发展者、德才兼备的社会主义法治人才的培养者等方面需要发挥重要的作用。

大亚湾区法学会重视法学会的党组织建设，始终发挥好党组织的核心领导和战斗堡垒作用，把政治建会要求落到实处。不断健全党对法学会工作领导的体制机制，强化政治引领能力和把关定向能力。区委政法委（区党工委政法信访办）将法学会工作与政法工作同谋划、同部署、同落实、同考核，将区法学会工作纳入全区政法综治工作全局，与政法工作一同部署、一同落实、一同检查、一同考核、一同总结，实现法学会工作与区委（党工委）、区管委会中心工作有效结合，不断增强法学会在全局工作中的影响力。

同时执行落实重大事项请示报告制度，积极争取党委和党委政法委对改革工作的支持。加强对习近平法治思想的学习研究和宣传贯彻，不断发展完善符合惠州实际、具有惠州特色、体现社会发展规律的法治理论，总结提升和推广运用新时期法治惠州建设优秀成果，努力成为新时代法学研究的贡献者。

（二）中心工作方面

大亚湾区法学会充分发挥法学会在推动科学立法、依法行政方面的智库作用，紧贴社会治理难点痛点，强化法律服务保障，积极组织法学专家开展立法咨询、决策咨询等建言献策活动，主动承接党委政府重点课题，踊跃参与人大代表建议和政协委员提案工作，加强对惠州市城市管理法学研究会的业务指导，加大立法理论研究，服务地方立法实务。围绕维护国家政治安全、确保社会大局稳定、促进社会公平正义、保障人民安居乐业等政法工作主要任务，深入开展法学理论研究，为全面深化政法领域改革、统筹发展和安全两件大事、在法治轨道上推进国家治理体系和治理能力现代化等新的时代命题提供坚实理论保障。

大亚湾区法学会结合惠州市市域社会治理工作和新时代核心价

值观建设，倡导"德法共治"，打造具有惠州特色的法治文化品牌。在发挥法学会职能过程中不断探索完善更加多元的矛盾纠纷化解机制，多层次多维度构建和谐稳定社会经济环境。法学会搭建了更加宽广深厚的法学研究和法学交流平台，通过举办学术论坛、学术年会，组织法学法律专家、实务工作者开展学术交流，不断丰富理论成果，全面推进了法学研究和法学交流平台提质扩容，充分发挥了法学会凝聚法治人才的职能作用，用心用力用情服务好法学法律工作者，发现、培养、团结、凝聚更多的法学法律人才，努力为我市法治建设提供有力的人才保障。

大亚湾区法学会充分发挥了法治"思想库""人才库""智囊团"的作用，实施人才强会战略，组织法治人才，围绕相关工作部署和法治轨道建设和各项工作法治化存在的突出问题，积极组织法治人才、特别是首席法律专家开展理论研究和"深调研"活动，积极运用法治思维法治方式、以法治体系为抓手推进工作和解决问题、促进发展维护稳定开展建言献策，积极为基层各项治理工作提供法治理论保障和智力支持。同时加强与其他部门的日常合作，积极组织高水平专家参与立法草案起草和立法修法咨询、调研活动。积极参与省市平安建设、法治建设，加强以中立法律服务社为骨干的公益法律服务体系建设，健全政府购买服务和社会资金支持相结合的公益活动保障机制，广泛深度参与共建共治共享社会治理多元纠纷解决机制、诉前调解机制，以及信访案件化解机制，助力法治社会建设。积极开展法治宣传和法治文化建设，参与"谁执法谁普法"活动，积极组织法学法律工作者深入基层、企业、社区、农村开展习近平法治思想宣讲和普法活动。

（三）自我管理方面

大亚湾区法学会围绕服务全区工作大局，认真谋划法学会工作，制定《区法学会重点工作任务分解》，召开全区法学会工作会议，对法学会组织建设、法律服务、法治宣传以及法学法律研究等重点工作作出安排部署。

在会员管理方面，大亚湾区法学会逐步制定完善会员联络员制度，打造法学会会员联络员协调、沟通、联络的互动平台，推动会员更多地参加对外法学学术交流活动，不断开阔会员的视野，扩大大湾区法学、法律界的影响力。按照省市法学会的要求，高标准落实"四有一调整"工作，积极协助区编委，落实解决了法学会编制人员问题，确保了机关规范化运作。召开第二届理事会议，补选法学会领导机构，促进法学会工作健康发展。

在自身建设方面，大亚湾区法学会加强法学会规范化建设，健全规章制度和工作流程，强化对法学会管理的学术组织和社会组织的监督管理和业务指导。按照好干部标准选好配强机关干部，强化对机关干部的教育管理，加强法学会系统业务培训，打造廉洁奉公、勇于担当、善于作为的干部队伍。全面加强机关作风建设，坚决反对形式主义、官僚主义，坚持理论联系实际、密切联系群众，切实把实事求是思想路线和群众路线贯彻到法学会工作的全部活动之中。

二、第二重属性：具有群众性的人民团体

人民团体是我国特有的一种社会组织，是中国共产党领导的，按照自身特点组成的从事特定的社会活动的群众性组织。法学会作为人民团体，旨在代表和维护法学从业者、学者和法律爱好者的利益。它提供了一个平台，通过组织各种活动，如学术研讨会、专题讲座和座谈会，为法学界的成员提供了与专业同行互动的机会，让法学界的人们能够相互交流、合作和分享知识，有助于推动全面的法学发展，促进法治意识的普及。大亚湾区法学会认真贯彻中央和省委、市委、区委政法工作会议精神，按照中国法学会和省市法学会的部署要求，紧紧围绕全区中心工作，扎实开展各项工作，不断强化责任担当，积极发挥群团特点和优势。充分发挥法学会作为人民团体的政治优势和组织优势，密切同法学法律工作界的交流合作，推动法学会工作实效整体提升。

（一）多层次参与司法惠民服务

大亚湾区法学会积极开展青年普法志愿者法治文化基层行活动，精心设计"五个一"，即组织一次普法宣传、一场法治论坛、一堂法治讲座、一个公共法律服务点、一次法治文化巡展。将活动融入平安法治建设、融入服务当地社会发展、融入基层群众文化生活。吸

纳了大批法学法律工作者参与。

2018年初，在惠州市法学会的积极推动和指导下成立了惠州市中立法律服务社大亚湾区服务站。服务站成立后，充分发挥中立法律服务站的公益作用。按规定设立了联络员和法律服务人员，负责为广大群众提供法律咨询和指引。同时还注重收集影响当地经济社会发展的突出问题和涉法难点热点问题，组织法律专家参与法律咨询和宣传，有效引导群众采取法律途径合法维权、化解了社会矛盾。通过咨询解答，让法学会进入了公众的视线，建立了良好的形象，为服务基层、服务地方经济、维护社会稳定发挥了应有的作用，也为法学会开展基层法治实践活动积累了成功的经验。〔1〕立足把中立法律服务站打造成大亚湾区公益法律服务特色品牌，聘请了一批具有精湛法律专业知识和丰富实践经验的律师，定期进驻"大亚湾区妇女儿童之家""大亚湾区法院诉前联调中心"进行现场值班，免费为社会各界和广大群众提供法律咨询、法律指引等公益法律服务和开展法治宣传工作。〔2〕

积极组织法学、法律工作者为广大群众提供免费法律服务，主要包括提供法律咨询，指导撰写法律文书，指导他们采取法律途径维护自身权益。群众可通过电话、邮件或来访的方式，咨询有关法律问题，大亚湾区法学会安排法律工作者进行解答。以上一系列的举措，都体现了大亚湾区法学会法律惠民、法律为民的理念，突出了法学会作为人民团体所具有的鲜明群众性的特点。

（二）多维度组织法学研究等学术活动

大亚湾区法学会组织首届大亚湾区法学论坛和学术沙龙，以"法治思维与基层社会治理"为主题，聚焦如何提升基层治理能力。同时举办了大亚湾区首届法学沙龙，邀请知名专家教授作主旨报告，参会会员就公司企业经营管理中的有关法律问题进行了现场交流互动，推动了企业科学经营、依法治理。

在促进学术活动和学术交流的同时，大亚湾区法学会认真贯彻

---

〔1〕《大亚湾区法学会2018年工作总结》。
〔2〕《大亚湾区法学会2022年工作总结》。

落实中国法学会、省法学会和市法学会的安排部署，组织全区法学法律工作者积极参加"广东省法学会 2018 年度法学研究课题""第十三届中国法学青年论坛主题征文活动"和"第十三届泛珠三角合作与发展法治论坛"论文征集活动等活动，全区共征集论文 6 篇，1篇论文获奖。全力配合市法学会做好省法学会刑法学研究会 2018 年学术年会的承办工作，确保该学术年会的圆满成功。[1]

根据省市法学会的工作部署，大亚湾区法学会成功举办"南粤法治报告会"，体现法学会工作紧扣区委管委会中心工作的同时，也提升了法学会在区委（党工委）、管委会工作中的地位。同年举办了大亚湾区房地产市场平稳健康发展法治保障专题讲座．为开阔工作视野，更好地运用法治思维和法律手段，从源头上化解涉房地产矛盾纠纷问题。[2]

（三）多主题开展法律宣传工作

在法律宣传方面，大亚湾区法学会举办"百名法学家百场报告会"。邀请全省法学法律专家学者、协调市法律智库成员和中国法学会会员作法治专题报告，推动法治宣讲活动走进街道、村居（社区）、学校、医院、企业和党政机关单位，进一步提高法治宣讲活动的针对性和实效性。

2018 年 9 月份，大亚湾区法学会联合区扫黑除恶办、司法局在全区各村（社区）、企业、学校和机关单位开展了大亚湾区扫黑除恶专项斗争"百场宣讲"进基层活动。邀请法学会会员（律师为主）解读扫黑除恶专项斗争相关政策法规，并以身边典型案例教育身边人的形式，对村民、务工者、中小学师生、机关工作人员等群体开展宣传教育活动，提高干部群众对涉黑恶问题的认知和辨识，进一步激发了干部群众参与扫黑除恶专项斗争的主动性、积极性，有力推动了扫黑除恶专项斗争的纵深发展。[3]

面对疫情防控的特殊时期，大亚湾区法学会积极组织法学会干

[1]《大亚湾区法学会先进事迹材料》。
[2]《大亚湾区法学会 2019 年工作总结》。
[3]《大亚湾区法学会 2018 年工作总结》《大亚湾区法学会 2019 年工作总结》。

部和法学会会员参与疫情防控，配合社区做好人员排查、来访人员管控、疫情防控知识宣传等工作，同时利用专业优势为疫情防控工作提供法律服务和法治保障，动员组织 20 名法学会会员深入到疫情防控一线宣讲，通过现身说法、在线访谈、互动答疑等形式，积极参与到对单位、企业、个人在疫情防控过程中遇到的相关法律问题，进行法律政策宣讲和法律风险防范指导。[1]

在《民法典》宣传方面，2022 年 7 月起大亚湾区法学会在全区开展"《民法典》宣讲乡村行"活动及"青年志愿者法治文化基层行"活动。以《宪法》《民法典》《反有组织犯罪法》等与人民群众息息相关的法律法规为基础，向人民群众讲解社会热点问题，用生动有趣的案例去普及《民法典》，让人民群众更好地理解与自身生活息息相关的法律条文。[2]

三、双重属性的互动

《关于加强市县法学会工作的指导意见》回答了县级法学会建立后干什么的重大问题，明确了县级法学会参与立法咨询、开展法治实践、参与法律顾问工作、开展法律服务、参与法治宣传教育、参与社会治理、建立健全联系机制、培养优秀人才等八项职能。在职能发挥的过程中，大亚湾区法学会的双重属性也在积极地进行互动，良性的互动一方面发挥了法学会作为人民团体的自主性的发挥，另一方面也搭建了官方和民间在法学领域的桥梁，能够更好汇集法学专业人才，从而更好发挥法学会的作用。

（一）充分调动自主性的发挥

法学会作为人民团体，充分发挥自主性不仅有利于激发其发展的活力，也有助于促进社会与法学的良性互动。法学会运行过程中自主性的发挥既需要自身和管理机制的建设，也需要外部给予充分的空间。

从自身建设的角度来说，自主性的发挥需要建立健全的自身和

---

〔1〕《大亚湾区法学会 2020 年工作总结》。

〔2〕《大亚湾区法学会 2022 年工作总结》。

管理机制。目前大亚湾区法学会尚无自己独立的章程，这也是全国县级法学会普遍的现状。在无独立章程的情况下，法学会日常工作的开展主要依据《中国法学会章程》，这就更加要求在日常工作开展中要完善工作机制，同时立足于区域实际情况开展工作，保障法学会在内部管理上的自主权。在发挥职能中，法学会主动和职能部门联系，征求意见或者了解部门涉及的风险和存在的问题。在收集问题之后，邀请专家和教授开展讲座和专题宣传，最大程度自我发挥法学会的作用解决问题。[1]

同时，要实现法学会自主性的充分发挥，也需要外部给予充分的空间。大亚湾区政法委也需要为法学会提供良好的环境和条件，尊重其自主性。政法委可以为法学会提供必要的资源支持，包括经费、场地和人力等，通过拨款、提供相关专业人才等支持措施，为法学会的发展创造良好的环境。政法委与法学会之间可以建立稳定的沟通渠道，定期举行座谈会、工作会议等形式，交流信息、协商问题、解决困难，及时回应法学会的关切和需求，共同商讨和制定发展策略，实现更好的协同效应。

（二）搭建党政机关和民间沟通的桥梁

大亚湾区法学会搭建了党政机关和民间沟通的桥梁，积极促进法学知识的传播和社会参与的广泛性。法学会通过建立正式性沟通渠道，与其他部门建立紧密的联系。这种合作促使法学会能够在法律政策制定和实施过程中发挥积极作用，提供专业的法律意见和建议，以促进法治建设和社会公平正义。

大亚湾区法学会通过深入了解社会基层需求和诉求，将法学知识与实际问题相结合，提供因地制宜的法律服务和法律教育。法学会通过定期举办公益讲座、法律咨询活动和社区法治宣传，向公众普及法律知识等工作的开展，增强社会的法治意识和法律素养。

通过学术研讨会、讲座和座谈会等多种形式交流活动的开展，邀请专家学者、律师和法律从业者共同探讨法律领域的热点问题。一系列交流平台的搭建，使得党政机关与民间代表可以直接对话和

---

〔1〕　大亚湾区法学会副会长兼秘书长严伟标访谈录，2023 年 7 月 10 日。

交流，互相倾听和理解各自的观点和需求，法学会作为其沟通的桥梁，既可以吸纳观点，同时也可以传递观点。在粤港澳大湾区法律的适用、解决委员会和业主矛盾等事件上，法学会都承担了桥梁的作用，完成了大量有意义的工作。[1]

大亚湾区法学会也加强了与各级信访机关的合作与联系，壮大公益法律服务力量，推动公益法律服务向基层延伸，扩大社会覆盖面，拓宽服务领域。大亚湾区法学会建立首席法律专家资讯库及聘请法律人士，协助区委政法委（区党工委政法信访办）处理涉法涉诉相关工作，审查案件流程是否符合法律法规规定并配合区委政法委对前来信访的人民群众释法说理，积极提供解决问题的办法。

通过这种党政机关和民间沟通的桥梁，大亚湾区法学会促进了不同方面的合作与对话，为促进社会法治建设、推动法律知识普及和提升社会法治意识发挥了重要作用。法学会以开放、包容的态度形成党政机关和民间各界合作，将法学知识传递给更广泛的社会群体，为法律与社会的良性互动搭建了重要的桥梁，在未来也将发挥着更加重要的作用。

（三）增强对法学专业人才的凝聚力

法学会为大法学人才提供了专业发展的机会。通过举办学术研讨会、讲座和培训课程等活动，帮助法学人才不断学习和发展，提升专业素养和知识水平。这为法学专业人才提供了一个成长的平台，使他们能够不断提升自己，与其他同行进行学术交流，并共同推动法学的进步。法学会应该充分发挥平台优势，不断增强对法学人才的凝聚力，增加法学会对于专业人才的容纳能力和吸引力。

大亚湾区法学会注重营造积极的学术氛围，鼓励会员之间进行学术交流和知识分享。通过定期组织学术研讨会、座谈会和讲座等，法学会为会员提供学习和交流的平台，促进专业人才之间的互动和合作。法学会组织举办专题研讨班、专题讲座和学术论坛，为会员提供深入研究和学术交流的机会，同时邀请相关专家和学者进行指

---

[1] 中共大亚湾区党工委政法信访办副主任杨建莉访谈录，2023 年 7 月 10 日。

导和讲解，帮助会员提升专业能力和学术造诣。

大亚湾区法学会鼓励会员积极参与社会服务和公益活动，以提升会员的社会责任感和使命感。法学会组织和推动会员参与法律援助、法治宣传、法律教育等活动，在社会中树立法学会的良好形象，同时增强会员的凝聚力和自豪感，促进了会员之间的互动和合作，进而提升整个法学会对于人才的凝聚力和自身的影响力。

四、双重属性的思考

随着法学会在依法治国和基层治理中发挥着越来越重要的作用，大亚湾区法学会作为县级法学会在人员配置、会员管理和自我建设等方面存在的问题愈加突出。法学会的双重属性一方面给予了其自主发展的空间，但另一方面也给其带来了一定的限制。大亚湾区法学会在发展的过程中也凸显了同样的问题，在未来发展的过程中，需要进一步发挥良性互动的积极作用，同时也需要解决目前存在的问题，思考法学会未来的发展方向。

（一）人员配置需加强

地市级以上的法学会通常需要经过编制部门的批准，并且拥有独立的机构设置、事业编制（或参公编制）和财政经费。然而，对于大多数县级政府来说，编制人员总量已经超编，而且人员短缺的情况比较普遍，因此成立一个新的机构并划转多个编制并不是一项容易的任务。大亚湾区法学会已经落实了"有人员负责、有办公场所、有活动经费"的基本要求，但仍未完全落实机构编制，人员力量主要是依靠当地党委政法委（党工委政法信访办）。

惠州市法学会在成立时，惠州市机构编制委员会明确了市法学会设办公室，为正科级别，同时增加 3 个行政编制。在大亚湾区法学会成立过程中，也曾向区编办请示过编制的有关问题，2018 年，区编办对于请示的回复，可以在政法委内部调剂一名。在之后的发展过程中，区编办给了 2 个人事任命的指标，但是没有定性，事业单位还是行政单位没有明确，这是普遍性的问题。[1]

---

〔1〕　大亚湾区副会长兼秘书长严伟标访谈录，2023 年 7 月 10 日。

人员不足和编制缺乏是大亚湾区法学会在建设中面临的一个现实问题，在一定程度上会影响法学会的发展。没有编制可能带来人员的不稳定性，招募和留住人才的困难，会导致在执行工作上无法实现长期性，使法学会在制定长期规划和发展策略时面临困难。法学会的人员内部面临的薪酬和福利待遇方面的不平等可能导致团队内部的不满和不稳定因素，对组织的凝聚力和工作效率产生负面影响。

在推进编制解决的过程中，法学会也可以通过其他方式解决这些问题。例如，可以与相关部门建立合作关系，通过外聘人员、资助项目、与志愿者合作等方式弥补人员不足。此外，法学会也可以积极争取政府的支持和关注，争取到一定数量的编制，以保障组织的稳定发展和人员待遇。

(二) 会员管理服务能力需优化

会员是法学会的核心力量和基石，他们的参与和贡献对于法学会的发展和成就至关重要。作为法学领域的专家、学者、律师和法律从业者，拥有丰富的专业知识和研究经验。通过分享研究成果、参与学术交流和合作，会员推动法学的进步和创新，为法学会提供强大的智力支持。他们共同构成了一个充满活力和影响力的法学学术共同体，为法学会的发展做出了不可替代的贡献。

大亚湾区法学会会员的参与积极性尚不强。区法学会会员主要是各行政单位公职人员，工作任务繁杂，在参与课题研究、主题征文及活动的积极性不高，没有发挥更大的作用。从法学会的性质来说，法学会为人民团体，是党团联系法学工作者的桥梁。但是在法学专业人才上较为缺乏在开展课题调研的时候只能依托外部力量开展调研工作。因为法学会会员都是来自不同的行业，如何集中人员的力量，目前缺乏有效的工作机制。很多因为机制体制的问题，局限了会员作用的发挥。目前法学会的平台已经搭建，但是需要进一步增强会员的主体意识、参与意识。在今后的工作中需要更积极主动，掌握热点问题和重点问题才能开展工作。法学会的定位要定在学术研究和服务上。[1]

---

〔1〕 大亚湾区副会长兼秘书长严伟标访谈录，2023 年 7 月 10 日。

对法学会中的会员进行管理并激发他们的积极性是促进组织发展和提升会员参与度的关键。加大对本地法学人才的吸引，让更多人才愿意加入法学会组织，激发其活力，发挥其作用。加大对于法学会的参与和关注。[1]通过建立良好的沟通交流平台、提供个性化服务和资源、表彰优秀会员、提供发展和参与机会，以及定期反馈和评估等措施，可以有效管理法学会中的会员，并激发他们的积极性和参与度，促进大亚湾区法学会的活跃、发展和进步。

（三）　自我管理和内部的制度建设需提高

法学会的自我管理和内部制度建设对于组织的高效运作、公正透明的管理和会员参与和激励等方面都具有重要的意义。它们是法学会长期稳定发展的关键因素，需要根据实际情况持续进行优化。

大亚湾区法学会在 2020 年制定和完善了《大亚湾区法律服务站工作制度》《大亚湾区区法学会会员管理暂行办法》等各项规章制度，确保各项工作规范运行。[2]但从目前的工作来看，日常工作多是上传下达，执行上级部署的各项工作任务，在自身课题研究、法律服务、出谋献策方面没有形成完善的工作机制，工作效率有待提高。

在制度建设方面，可形成每年固定的会议制度，一年一次通过专门的会议专题研究法学会的工作以及工作计划。发掘政法机构里面热爱研究的年轻人，结合工作进行研究和思考，逐步发展为法学会的中坚力量，通过法学会的平台进行交流。在自我管理方面，法学会的人员里要有一定的专业知识，进行学术研究需要一定的基础，在学术研究方面要培养一定的人才。法学会如何和政法委（党工委政法信访办）进行协调和融合是在制度上需要思考的问题。[3]

结　语

大亚湾区法学会的发展历程，是无数县级法学会发展的缩影。

---

〔1〕　中共大亚湾区党工委政法信访办副主任杨建莉访谈录，2023 年 7 月 10 日。
〔2〕　《大亚湾区法学会 2020 年工作总结》。
〔3〕　大亚湾区法学会常务副会长张平访谈录，2023 年 7 月 10 日。

法学会作为重要的人民团体，其自主性的发挥对于促进法学研究、推动社会进步具有重要意义。发挥法学会的自主性，既需要重视内部建设，维护会员的权益和内部运作的自主权。同时，法学会还应注重学术研究和交流的自主发展，广泛团结和凝聚会员，组织具有地域特色的学术研讨会和普法宣传等活动，不断提升会员的专业水平，吸引更多法学专业人才加入法学会。

在外部环境方面，大亚湾区政法委（党工委政法信访办）应该给予法学会充分的空间和支持。一方面需要尊重法学会的自主性，不干涉其内部事务和学术研究，提供必要的资源支持；另一方面也需要健全与法学会的沟通渠道，进行定期的交流和协商，充分了解法学会的需求和意见，共同推动法学会的发展。

在未来大亚湾法学会的发展中，既需要不断激发法学会自身的活力，同时也需形成多方努力的合力，突破目前面临的困境，推动法学会向更高、更好的层面进一步发展。

第三篇 行业自治规范

第十六章

促进行业发展的《惠州大亚湾区房地产协会章程》

引　言

得益于惠州大亚湾区的经济社会快速发展，大亚湾区房地产行业发展迅速，市场竞争也是异常激烈。面对复杂多变的市场环境，为规范大亚湾区房地产行业秩序，大亚湾区房地产企业成立了行业协会。惠州大亚湾区房地产协会（本章以下简称"大亚湾房协"）成立于 2011 年 12 月 13 日，是由从事房地产开发经营单位及相关产业单位自愿参加组成的非营利性行业组织，是经大亚湾区政府批准，由大亚湾区民政局注册登记的具有法人资格的社会团体，业务主管部门是大亚湾区住房和规划建设局。截至 2023 年 2 月，大亚湾房协共有会员单位 124 家，其中理事单位 46 家，并分别于 2017 年和 2019 年成立了行业工会和行业志愿服务队，协会架构和职能得到进一步夯实和完善。

大亚湾房协自成立起，就注重自治规范的制定和实施，作为开展各项工作的依据。其中，《惠州大亚湾区房地产协会章程》（本章以下简称《章程》）是大亚湾房协最重要的自治规范，并且经过多次修改和完善之后，有力保障了协会工作有序高效开展，促进了房地产行业的发展。

2023 年 2 月 9 日，我们到大亚湾房协进行了访问调查。我们与房地产协会负责人、工作人员进行了座谈交流，听取了大亚湾房协负责人的情况介绍，查阅和收集了有关资料，对大亚湾房协自我管理的自治规范有了基本的了解。

在实地调查的基础上，本章对惠州大亚湾房协《章程》的制定和修改、内容、遵行、作用和特点做一初步探讨，从一个方面了解大亚湾区的行业自治规范，以更全面地认识大亚湾区的自治规范。

一、《章程》的制定和修改

根据社会组织设立和管理要求，大亚湾房协在成立时就重视《章程》的制定。2011 年 12 月 13 日，在第一届第一次会员大会上，全体会员审议表决通过了《章程》，成为大亚湾房协的基础自治规范，也是后来不断修改和完善的蓝本。

2016 年 12 月 12 日，大亚湾房协第二届会员大会表决通过了对《章程》的修订。2020 年，因疫情原因，大亚湾房协申请延期召开换届大会，获得登记管理机关大亚湾区民政局批准。不过，2020 年，第二届理事会 2020 年度第三次理事会议表决通过，对《章程》部分内容进行了修改。2021 年 5 月 13 日，延期未超过一年，大亚湾房协召开换届大会暨三届一次会员大会，会上经全体会员表决，再次审议通过了协会关于章程的修改。以下为修改《章程》的说明：

惠州大亚湾区房地产协会修改《章程》的说明

随着我区房地产市场的不断发展，对协会的工作提出了许多新的要求，为适应新形势的需要，更好地发挥协会作用，协会对现有《章程》进行了必要修改，修改后的章程共九章五十五条。

本次修改章程的依据是国务院《社会团体登记管理条例》《广东省民政厅关于行业协会章程的示范文本》以及协会工作的实践和经验总结。

一、关于总则

原第四条 本协会接受业务主管单位惠州大亚湾区住房和规划建设局的业务指导，接受大亚湾区民政局的管理监督。调整为：

第四条 本协会接受大亚湾区民政局的管理监督，并在相关业务指导单位指导下合法有序开展工作。

二、关于组织机构和负责人的产生、罢免

原第十八条　会员大会每届 4 年。因特殊情况需提前或延期换届的，须由理事会表决通过，报经社团登记管理机关批准同意，但延期换届最长不超过 1 年。会员大会每年至少召开一次会议，理事会认为有必要或者五分之一以上的会员提议，可以召开临时会员大会。

会员大会每届四年调整为 5 年，调整为：

第十八条　会员大会每届 5 年。因特殊情况需提前或延期换届的，须由理事会表决通过，报经社团登记管理机关批准同意，但延期换届最长不超过 1 年。会员大会每年至少召开一次会议，理事会认为有必要或者五分之一以上的会员提议，可以召开临时会员大会。

原第二十五条　本会设立监事会，由 1 名监事长、若干名监事组成，监事会由会员大会选举产生，监事会任期与理事会任期相同，期满可以连任。会长、常务副会长、副会长、理事、秘书长不得监事长、监事。调整为：

第二十五条　本会设立监事会，由 1 名监事长、3 名监事组成，监事会由会员大会选举产生，监事会任期与理事会任期相同，期满可以连任。会长、常务副会长、副会长、理事、秘书长不得监事长、监事。

原第二十九条　本会会长每届任期 4 年，连任不得超过两届。调整为：

第二十九条　本会会长每届任期 5 年，无特殊情况连任不得超过两届。两届后连任的需报社团登记机关批准同意，并采用差额选举方式获得全体会员半数以上票数。

三、关于党建工作

新增加第六章 党建工作，具体内容如下：

第四十四条　本会按照党章和《中共中央办公厅印发关于加强社会组织党的建设工作的意见（试行）》规定，凡有 3 名以上正式党员的社会组织，都要按照党章规定，经上级党组织批准，分别设立党委、总支、支部，并按期进行换届。规模较大、会员单位较多而党员人数不足规定要求的，经县级以上党委批准可以建立党委。

社会组织变更、撤并或注销，党组织应及时向上级党组织报告，并做好党组织关系转移等相关工作；上级党组织应及时对社会组织党组织变更或撤销作出决定，督促指导所属社会组织党组织按期换届，审批选出的书记等，审核社会组织负责人人选，指导做好党的建设的其他工作。

第四十五条　本会党组织是党在社会组织中的战斗堡垒，发挥政治核心作用。基本职责是保证政治方向，团结凝聚群众，推动事业发展，建设先进文化，服务人才成长，加强自身建设。

特此说明。

大亚湾房协三届一次会员大会审议通过了《章程》的修改，并报大亚湾区民政局备案批准。修改后的《章程》共 9 章 54 条，分别为总则；业务范围；会员；组织机构和负责人的产生、罢免；资产管理、使用原则；党建工作；章程的修改程序；终止程序及终止后的财产处理；附则。

为适应产业发展的变化，按照政府有关部门的指导意见，大亚湾房协于 2022 年 8 月 30 日召开三届二次会员大会，对《章程》进行了再次修改。修改后的《章程》共 10 章 76 条，10 章分别为：总则；业务范围；会员；组织机构；内部管理；信息公开与信用承诺；党建工作；章程的修改程序；终止程序及终止后的财产处理；附则。修改后的《章程》，体例更为完备，内容更为丰富，更加符合大亚湾房协在新的行业发展下的实际工作需要。

二、《章程》的内容

总体上，大亚湾房协以促进行业发展为指导思想，始终坚持服务政府、服务企业的"双向服务"方针，充分发挥"服务、沟通、协调、推动、咨询"的功能，促进房地产行业的发展。《章程》则是将大亚湾房协的这种作用具体落实到《章程》中，此处主要对2022 年最新修改后的《章程》的主要内容进行简要论述。

（一）总则

《章程》的第一章为总则，共 7 条。第 1 条是关于协会团体名称的规定："本团体名称是：惠州大亚湾区房地产协会，简称大亚湾房协，英文译名：HuizhouDayawan Real Estate Association（缩写HDREA）。"第 2 条是关于协会团体属性的规定："协会是由惠州大亚湾区房地产开发经营企业以及相关企业依法自愿组成的全区性同行业组织，是实行行业服务和自律管理的具有法人资格的非营利性的社会团体。"

不同的行业协会有不同的宗旨，在各自协会章程中都有直接体现。《章程》第 3 条明确规定了大亚湾房协的宗旨："遵守宪法、法律、法规和国家政策，践行社会主义核心价值观，遵守社会道德风尚，弘扬爱国主义精神，积极推动大亚湾区房地产业的改革，促进房地产市场的健康发展，为提高人民居住水平，为推动大亚湾区经济建设做出积极贡献。"该宗旨突出强调了大亚湾房协在房地产行业发展方面的功能。

2021 年，大亚湾房协对《章程》进行修改时，增加了党的领导专章内容。2022 年，大亚湾房协则在《章程》在总则中首先明确的党的领导这一原则，并在后面章节中增加了相关内容。《章程》第 4 条明确规定："本会坚持中国共产党的全面领导，根据中国共产党章程的规定，设立中国共产党的组织，开展党的活动，为党组织的活动提供必要条件。"

作为社会团体，大亚湾房协在民政部门进行了登记，同时也要接受业务指导部门的指导，《章程》在第 5 条对此予以规定。第 5 条规定："本协会的登记管理机关是惠州大亚湾经济技术开发区民政局。本协会接受大亚湾区民政局的监督管理，并在相关业务指导单位指导下合法有序开展工作。"《章程》第 6 条、第 7 条则是关于大亚湾房协活动地域和办公地点的规定。

（二）业务范围

大亚湾房协基于其宗旨，确立了以房地产领域为主要的业务范围。《章程》第二章"业务范围"对此用专章规定，该章只有第 8 条 1 个条文，同时用列举的方式罗列了协会的业务范围。大亚湾房协的业务范围共十项：（1）协助政府加强房地产业的行业管理，传达贯彻政府有关房地产业政策、法规、反映会员的意愿和要求，依法维护企业的合法权益。（2）组织会员对房地产业的理论、方针、政策、规划、发展方向以及在改革开放中出现的新情况、新问题进行探讨研究，向政府和主管部门提出建议。（3）组织本行业之间的经济、技术和经营管理等方面的经验交流。（4）组织房地产开发企业有关从业人员的上岗培训、岗位培训和各项专业学习，并协助有关部门做好涉及房地产行业人员的执业考试和发证工作。（5）协助主管部门开展房地产开发企业资质的审查工作，建立健全房地产企业信用档案系统，配合主管部门制定行规行约和开展行检行评，帮助提高企业素质，为会员服务。（6）搜集、整理行业有关资料，提供国内外房地产经济技术情报和市场信息，办好行业刊物，开展咨询服务。（7）组织行业从业人员的学习、考察、交流活动。有计划地组织房地产行业各级从业人员开展国内外同行业的学习、考察、交流活动，加强国内外同行业的合作，促进大亚湾区房地产行业健康发展与管理水平的提高。（8）承办政府部门、会员单位与其他单位、团体委托办理的事项。（9）组织大亚湾区房地产开发企业在境内外开展展销活动，根据需要开展有利于本行业发展的其他业务活动，促进大亚湾区房地产业健康发展。（10）受理社会各界对房地产开发机构投诉，并向行业主管部门提出处理建议。

同时，《章程》第8条还规定："业务范围中属于法律法规规章规定须经批准的事项，依法经批准后方可开展。"综合分析，大亚湾房协的业务范围主要是积极协助主管部门开展研究调查，制定行规行约，宣传政策法规，搞好培训教育，组织考察交流等活动。一方面，大亚湾房协协助政府加强行业管理，理顺关系，当好政府的参谋和助手。另一方面，大亚湾房协也要真实反映企业的意图和要求，维护企业合法权益，在政府和企业之间积极发挥桥梁纽带作用。

（三）会员

会员是大亚湾房协存续和开展业务的基础，《章程》在第三章对会员进行了详细规定，包括入会的条件和程序、会员的权利和义务、会员会费、会员退会等事项。根据《章程》第9条，大亚湾房协的会员为广东省惠州市大亚湾区从事房地产行业的经济组织，因此会员为单位会员。根据第10条和第11条，加入大亚湾房协的条件包括：（1）拥护本会的章程；（2）有加入本会的意愿；（3）在本行业领域内具有一定的影响；（4）应持有工商营业执照等相关证件。加入大亚湾房协的程序：（1）提交入会申请书；（2）经理事会讨论通过；（3）由理事会或理事会授权的机构发给会员证。

成为大亚湾房协的会员后，会员即享有法律法规以及《章程》等规定的权利和义务。《章程》第12条规定了会员享有六项权利：（1）出席会员大会，参加协会活动、接受协会提供的服务；（2）选举权、被选举权和表决权；（3）获得本会服务的优先权；（4）对本会工作的提议案权、建议权和监督权；（5）入会自愿，退会自由；（6）法律、法规、规章以及本会章程规定的其他权利。《章程》第13条规定了会员应履行七项义务：（1）遵守本会章程；（2）执行本会的决议；（3）按规定交纳会费；（4）维护本会及本行业的合法权益；（5）完成本会交办的工作；（6）向本会反映情况，提供有关资料；（7）法律、法规、规章以及本会章程规定的其他义务。

根据《章程》，会员入会自愿，退会自由。会员退会也有两种形式，一是主动退会，二是被除名退会。《章程》第15条规定了主动退会，第16条规定了被除名退会。第15条规定："会员退会应书面通知本行业协会，并交回会员证。会员1年不交纳会费或不参加本行业协会活动的，视为自动退会。"第16条规定："会员如不遵守本行业协会章程，将由本行业协会提出批评、教育；如有严重违反本章程的行为，经会员大会表决通过，予以除名。会员如对本会的处分决定不服，可提出申诉，由理事会经审议后作出答复，必要时提交会员大会（会员代表大会）审议。"

关于会员的变动情况，《章程》第17条规定："本会置备会员名册，对会员情况进行记载。会员情况发生变动的，应当及时修改会员名册，并向会员公告。"

（四）组织机构

根据法律法规和工作需要，大亚湾房协建立了较为完整的组织机构体系，这些组织机构是协会正常运转的组织保障。概括而言，大亚湾房协的组织机构主要有会员大会（会员代表大会）、理事会、监事会、负责人等。《章程》对不同组织机构的产生、职权等事项进行了规定，做到分工明确，权责明晰。

1. 会员大会（会员代表大会）

《章程》第四章第一节是"会员大会（会员代表大会）"，共4条，对会员大会（会员代表大会）的产生和职权等进行了规定。根据《章程》，会员大会是大亚湾房协的最高权力机构，由会员组成，其议事表决采取无记名投票的方式。根据实际需要，大亚湾房协也可以召开会员代表大会，讨论和决定协会重要事务。作为最高权力机构，会员大会对协会重大事项拥有决定权。具体而言，会员大会的职权在《章程》中列举了十项：（1）制订或修改章程；（2）决定本会的工作目标和发展规划；（3）制定和修改会员代表、理事、负责人及监事长、监事选举办法；（4）选举或者罢免会长、副会长、秘书长（选任制）、理事、监事长、监事；（5）审议理事会的工作报告和财务报告；（6）审议监事（监事会）的工作报告；（7）制定、修改会费缴纳标准；（8）对本会变更、合并、分立、解散（终止）和清算等事项作出决议；（9）改变或者撤销理事会不适当的决定；（10）决定其他重大事宜。同时，《章程》第18条明确会员大会（会员代表大会）的职权不得通过授权由理事会或其他机构和个人代为行使，但法律、法规另有规定和本章程特别授权的除外，从而保证会员大会对协会重大事务的决定权。

《章程》第19条规定会员大会每届五年，相较于之前的四年，在时间上增加了一年。因特殊情况需提前或延期换届的，须由理事会表决通过，报经社团登记管理机关批准同意，但延期换届最长不超过1年。会员大会每两年至少召开一次会议，理事会认为有必要或者1/5以上的会员提议，可以召开临时会员大会。会员大会（会员代表大会）由理事会召集，会长主持；会长不能或不主持的，由副会长主持；副会长不能或不主持的，由提议召集人推举1名负责人主持。理事会不能或不履行召集会员大会（会员代表大会）职责的，由监事会（或不设监事会的监事）召集和主持；监事会（或不设监事会的监事）不能或不召集和主持的，1/5以上会员（会员代表）可以自行召集和主持。

《章程》第20条对于会员大会的决议程序进行了规定。会员大会必须有全体会员的 2/3 以上出席；其决议应当由全体会员的过半数通过。修改章程和决定本会合并、分立、终止等重大事项须经出席会议的到会会员（会员代表）2/3 以上表决通过。会员大会（会员代表大会）应当对所议事项的决定作会议纪要，并向会员（会员代表）公告。

换届是确保会员大会顺利组建的重要保障。《章程》第 21 条对换届程序进行了明确规定。会员大会换届，应当在大会召开前 3 个月，由理事会提名，成立由党员代表、理事代表、监事代表和会员代表组成的换届工作领导小组（或换届选举委员会）。理事会不能或不召集，按本《章程》第 19 条规定的方式召集，成立由 1/5 以上理事、监事、本会党组织班子成员或党建联络员组成的换届工作领导小组（或换届选举委员会），负责换届选举工作。换届工作领导小组拟定换届方案，应在会员大会（会员代表大会）召开前 1 个月报登记管理机关审核。经同意方可召开换届会员大会（会员代表大会）。

2. 理事会

根据职权划分，理事会是会员大会（会员代表大会）的执行机构，依照会员大会（会员代表大会）的决议和本会章程的规定履行职责。《章程》第四章第二节对理事会的产生、职权等事项进行了明确规定。大亚湾房协理事会由会长、副会长、理事组成。理事会组成人员一般为奇数，理事人数不得超过会员（会员代表）人数的 1/3。每个理事单位只能选派一名代表担任理事。单位调整理事代表，由其书面通知本会，报理事会备案。根据会员大会（会员代表大会）的授权，理事会在届中可以增补、罢免部分理事，最高不超过原理事总数的 1/5。理事会每届 5 年。因特殊情况需提前或者延期换届的，须由理事会表决通过，报党建领导机关审核同意后，报登记管理机关批准。延期换届最长不超过 1 年。

作为执行机构，理事会享有较为广泛的职权，《章程》对此列举了十项：（1）筹备和召集会员大会；（2）执行会员大会的决议，并向会员大会报告工作；（3）决定协会具体的工作业务；（4）制定协会的年度财务预算方案、决算、变更、解散和清算等事项的方案；（5）制定协会增加或者减少注册资金的方案；（6）决定协会各内部机构的设置，并领导协会内部各机构开展工作；（7）决定新申请人的入会和对会员的处分，提议对会员的除名；（8）聘任或者解聘聘任制秘书长，决定协会分支机构主要负责人；根据秘书长提名，聘任或者解聘副秘书长和协会办事机构、代表机构主要负责人，决定其报酬事项；（9）制定协会内部管理制度；（10）协会章程规定的其他事项。

理事会主要通过召开会议的形式讨论、决定理事会职权范围内的事项。理事会每半年至少召开一次会议（情况特殊的，也可采用通信形式召开）。理事会须有过半数的理事出席方能召开，其决议须经全体理事过半数表决通过方能生效。理事会应当对决议形成会议纪要，并向全体理事公告。理事会会议由会长召集和主持；会长因特殊原因不能履行职务时，由会长委托常务副会长、副会长或者秘书长召集和主持。1/3 以上理事可以提议召开理事会。

3. 监事会

根据机构职权划分，监事会是监督机构，主要发挥监督职能。《章程》在第四章第三节对监事会的组成、职权、调查程序等事项进行了规定。大亚湾房协设立监事会，监事任期与理事任期相同，期满可以连任，连任不超过 2 届。监事会由 2 名监事组成，由会员大会（会员代表大会）选举产生。监事会设监事长 1 名，由监事会推举产生。监事人数须在 3 人以上，且为奇数。监事长年龄不超过70 周岁。关于监事的选举和罢免，《章程》第 26 条规定，监事由会员大会（会员代表大会）采取现场无记名投票方式选举产生，罢免程序依照其产生程序进行。同时，大亚湾房协的负责人、理事不得兼任监事，保障监事独立行使监督职权。

关于监事会的职权，《章程》第 27 条列举了七项：（1）列席理事会，并对决议事项提出质询或建议；（2）对理事、负责人执行本会职务的行为进行监督，对严重违反本会章程或者会员大会（会员代表大会）决议的人员提出罢免建议；（3）检查本会的财务报告，向会员大会（会员代表大会）报告监事会的工作和提出提案；（4）对负责人、理事、财务管理人员损害本会利益的行为，要求其及时予以纠正；（5）向登记管理机关、税务、会计主管部门反映本会工作中存在的问题；（6）提议召开临时会员大会（会员代表大会）、理事会会议。

监事会需要通过召开监事会的形式讨论和决定相关事务，因此，《章程》第28条规定："召开监事会会议，应有三分之二以上监事出席方能召开，其决议应由全体监事三分之二以上通过方能生效。监事会会议纪要应向全体会员公告。"为了更好发挥监事会的职责，召开会员大会（会员代表大会）、理事会会议时，须有1/2以上的监事列席。

监事会发挥监督职权，需要通过调查获得相关材料。为保障监事会的调查，《章程》第30条对此予以明确规定，监事会可以对大亚湾房协开展的活动情况进行调查；必要时，可以聘请会计师事务所等协助其工作。监事会行使职权所必需的费用，由大亚湾房协承担。

4. 负责人

大亚湾房协在负责人方面采取的时集体负责制，是指会长1名、常务副会长、副会长若干名、秘书长1名。负责人总数一般不超过理事会总人数的1/3，不少于5人，且为奇数。会长、常务副会长、副会长、选任制秘书长每届任期与理事会任期相同，会长连任不得超过两届。因特殊情况需延长会长任期的，须采取差额选举方式，经出席会员大会（会员代表大会）表决通过，报社团登记管理机关备案后方可任职，并且最多只能延期担任1届。《章程》第32条规定，大亚湾房协负责人应当遵守法律、法规和章程的规定，忠实履行职责，维护本会的权益。具体来说，负责人应当遵守以下四项行为准则：（1）在职务范围内行使权利，不越权；（2）不得利用职权为自己或他人谋取不正当利益；（3）不得从事损害本会利益的活动；（4）国家机关工作人员或退（离）休干部（包括秘书长以下职务和名誉职务等），须按干部管理权限审批或备案后方可兼职。

关于担任负责人的条件，《章程》从必备条件和禁止性条件两个方面进行了规定。第34条规定，会长、常务副会长、副会长、秘书长必须具备下列条件：（1）坚持中国共产党领导，拥护中国特色社会主义，坚决执行党的路线、方针、政策，具备良好的政治素质；

（2）在本会内有较大影响；（3）会长、副会长、秘书长最高任职年龄不得超过70周岁，秘书长为专职；（4）身体健康，能坚持正常工作；（5）具有完全民事行为能力。第35条规定，有以下几种情形的，不能担任负责人：（1）无民事行为能力或者限制民事行为能力；（2）正在或者曾经受到剥夺政治权利的刑事处罚；（3）曾在被吊销登记证书的社会组织担任负责人；（4）正在被列入严重违法失信名单；（5）其他不符合国家有关规定的情形。

作为大亚湾房协的法定代表人，会长在所有负责人中居于核心地位，因此，《章程》中涉及会长的内容也更多。《章程》第33条规定会长为大亚湾房协的法定代表人，应为内地居民，不得同时担任其他社会团体的法定代表人。法定代表人代表大亚湾房协签署有关重要文件。法定代表人任职期间，大亚湾房协如果发生违反《社会组织登记管理条例》和《章程》的行为，法定代表人应当承担相关责任。因法定代表人失职，导致大亚湾房协发生违法行为或财产损失的，法定代表人应当承担个人责任。法定代表人被罢免或卸任后，不再履行法定代表人的职权。由大亚湾房协在会长被罢免或卸任后的20日内，报党建工作机构审核同意后，向登记管理机关办理变更登记。第40条规定了会长（法定代表人）的变更问题。大亚湾房协会长在任期内，调离原单位或因其他原因不能继续担任会长的，会长单位应提前2个月书面报告理事会，可推荐其他相应人选作为会长继任人选。理事会在收到会长单位报告后，应在30天内召开理事会讨论研究，并提交会员大会（会员代表大会）无记名投票选举。会员大会（会员代表大会）通过会长变更后，本会应及时向登记管理机关报送变更法定代表人的相关材料。

关于会长的职权，《章程》第36条规定了三项职权：（1）召集和主持理事会；（2）检查会员大会（会员代表大会）、理事会决议的落实情况；（3）代表本会签署有关重要文件。该条同时规定，会长每年向理事会进行述职。不能履行职责时，由其委托理事会推选一名常务副会长代为履行职责。第37条规定，常务副会长协助会长开展工作，按照各自任务分工履行相应职责。

秘书长在大亚湾房协各负责人中也发挥着重要作用。《章程》第

39 条规定，秘书长在会长领导下开展工作，秘书长对理事会负责。秘书长为专职，行使下列职权：（1）主持办事机构开展日常工作，组织实施年度工作计划；（2）组织制定、实施年度工作计划和预算；（3）协调各办事机构、实体机构开展工作；（4）提名办事机构、实体机构专职工作人员的聘用，报理事会或常务理事会批准；（5）处理其他日常事务。秘书长列席理事会、常务理事会会议。关于秘书长的产生，第 38 条规定，秘书长采用聘任制，秘书长和会长不能在同一会员单位中产生。会长不得兼任秘书长。

（五）内部管理

内部管理的规范化是大亚湾房协正常运转的保障。大亚湾房协 2022 年的《章程》修改专门增加了"第五章 内部管理"，涉及证书等内部管理制度、民主协商和内部矛盾解决机制、财产和经费管理等诸多事项。《章程》第 41 条首先从总体上规定，大亚湾房协建立各项内部管理制度，完善相关管理规程，包括建立《会员管理办法》《会员代表选举办法》《会费管理办法》《会员大会（会员代表大会）选举规程》《财务管理制度》等相关制度和文件。

1. 证书、印章、档案、文件等内部管理制度

《章程》第 42 条和第 43 条是对证书、印章、档案、文件等内部管理的规定。大亚湾房协建立健全证书、印章、档案、文件等内部管理制度，并将以上物品和资料妥善保管于本会场所，任何单位、个人不得非法侵占。管理人员调动工作或者离职时，必须与接管人员办清交接手续。证书、印章遗失时，经理事会 2/3 以上理事表决通过，在登记管理机关所在行政区域公开发行的报刊声明作废，并向登记管理机关申请补领。如被个人非法侵占，大亚湾房协应通过法律途径要求返还。

2. 财务和资产管理制度

财务管理制度是大亚湾房协内部管理制度中的重要方面，对于协会的运行至关重要。大亚湾房协的经费来源多样，《章程》第 45 条规定主要有：（1）会费；（2）捐赠；（3）政府资助；（4）在核准的业务范围内开展活动或服务的收入；（5）利息；（6）其他合法收入。接着，第 46 条规定了经费使用的范围，经费必须用于《章程》

规定的业务范围和事业的发展，财产以及其他收入受法律保护，任何单位、个人不得侵占、私分和挪用。大亚湾房协取得的收入除用于与本会有关的、合理的支出外，全部用于登记核定及本章程规定的非营利性或公益性事业；财产及其孳息不用于分配，但不包括合理的工资薪金支出。协会开展评比表彰等活动，不收取任何费用。协会收取的会费额度和标准应当明确，不具有浮动性。关于会费，《章程》第14条已有明确规定。

会计制度是做好财务管理的保障，《章程》第48条、第49条、第50条、第53条都涉及会计制度。大亚湾房协执行《民间非营利组织会计制度》，依法进行会计核算、建立健全内部会计监督制度，保证会计资料合法、真实、准确、完整。协会接受税务、会计主管部门依法实施的税务监督和会计监督。协会每年聘请会计师事务所进行财务审计，审计结果向全体会员公告。协会向聘用的会计师事务所提供真实、完整的会计凭证、会计账簿、财务会计报告及其他会计资料，不得拒绝、隐匿、谎报。本会聘用、解聘承办审计业务的会计师事务所，应由理事会表决通过。理事会就解聘会计师事务所进行表决时，允许会计师事务所陈述意见。协会内部也需要配备具有专业资格的会计人员。会计不得兼任出纳。会计人员必须进行会计核算，实行会计监督。会计人员调动工作或离职时，必须与接管人员办清交接手续。协会换届、变更法定代表人以及清算，必须聘请会计师事务所进行财务审计。

资产管理制度是财产管理制度的另一重要内容。《章程》第51条规定，协会的资产管理必须执行国家规定的财务管理制度，接受会员大会（会员代表大会）、监事会和财政部门的监督。资产来源属于国家拨款或者社会捐赠、资助的，必须接受审计机关的监督，并将有关情况以适当方式向社会公布。第52条规定，协会接受捐赠时，应当遵守法律法规，不得以任何形式进行摊派或变相摊派。捐赠方、会员、监事有权向协会查询捐赠财产的使用、管理情况，并提出意见和建议。对捐赠方、会员、监事的查询，本会应及时如实答复。第55条则对资产管理的程序进行了规定，要求协会重大资产配置、处置须经过理事会或常务理事会审议批准，必要时提交会员大会（会员代表大会）审议批准。

此外，《章程》第 54 条还对专职工作人员的管理的待遇进行了规定。大亚湾房协专职工作人员实行全员聘任制，面向社会公开招聘，并订立劳动合同。其工资和保险、福利待遇，参照国家对事业单位的有关规定执行。

3. 民主协商和内部矛盾解决机制

《章程》第 44 条是关于民主协商和内部矛盾解决机制的规定，如果发生内部矛盾不能经过协商解决的，可以通过调解、诉讼等途径依法解决。

（六）信息公开与信用承诺

大亚湾房协在运行过程中会产生大量的信息，而这些信息需要根据其性质，通过各种形式及时向会员或者社会公开，接受会员和全社会的监督。为此，大亚湾房协在 2022 年修改《章程》时，专门增加一章"第六章　信息公开与信用承诺"（第 56 条至第 62 条），对信息公开、信用承诺等事项进行了规定。

《章程》第 56 条是信息公开与信用承诺的原则性规定："本会依据有关政策法规，履行信息公开义务，建立信息公开制度，及时向会员公开年度工作报告、第三方机构出具的报告、会费收支情况以及经理事会研究认为有必要公开的其他信息，及时向社会公开登记事项、章程、组织机构、接受捐赠、信用承诺、政府转移或委托事项、可提供服务事项及运行情况等信息。"

信息公开是《章程》第六章的重点内容，第 57 条、第 58 条、第 59 条从年度报告制度、信息公开的内容、新闻发言人制度等方面进行了规定。第 57 条规定，大亚湾房协建立年度报告制度，应当于每年规定时间，按照登记管理机关要求报送上一年度工作报告，并通过登记管理机关统一的信息平台将年度报告内容向社会公开，接受社会公众的查询、监督。第 58 条首先对信息公开提出了要求，大亚湾房协对所公开信息的真实性、准确性、完整性、及时性负责，保证不存在虚假记载、误导性陈述或者重大遗漏。同时，该条还明确了不予公开的信息，主要包括：涉及国家秘密、商业秘密、个人隐私的信息，以及捐赠人不同意公开的姓名、名称、住所、通讯方式等信息。第 59 条是关于新闻发言人制度的规定，这是大亚湾房协信息公开中具有创新性的制度。大亚湾房协建立新闻发言人制度，经理事会或常务理事会通过，任命或指定 1 名负责人作为新闻发言人，就本会的重要活动、重大事件或热点问题，通过定期或不定期举行新闻发布会、吹风会、接受采访等形式主动回应社会关切。新闻发布内容应由本会法定代表人或主要负责人审定，确保正确的舆论导向。

《章程》第 60 条是关于信用承诺制度的规定，主要规定大亚湾房协重点围绕服务内容、服务方式、服务对象和收费标准等建立信用承诺制度，并向社会公开信用承诺内容。

《章程》第 5 条规定了大亚湾房协要接受登记管理机关和政府相关业务部门的指导，为此，第 61 条专门规定了重大活动备案报告制度。大亚湾房协开展重大活动如召开会员大会（会员代表大会），修改章程，涉及领导机构及负责人的选举，法定代表人和秘书长以上负责人变更等会议；举办大型研讨论坛，组织展览展销活动，创办经济实体，参与竞拍、投资或承接大型项目，开展涉外（包括港澳台地区）活动，接受境外捐赠或赞助，发生对协会有重大影响的诉讼活动等，应按有关规定提前 30 天向登记管理机关和相关业务部门作书面报告，并自觉接受相关业务部门的指导。大亚湾房协重大事项备案报告均采用书面形式，主要内容包括：活动的内容、方式、规模、参加人员、时间、地点、经费等方面。

大亚湾房协的一项重要活动是通过表彰奖励促进行业发展，为此，《章程》第 62 条专门规定了评比达标表彰备案。大亚湾房协面向会员开展评比达标表彰活动的，按照《社会组织评比达标表彰活动管理暂行规定》办理相关申报手续。须提前 30 天向登记管理机关备案。

（七）党建工作

大亚湾房协 2021 年修改《章程》时增加了"党建工作"一章，条文仅有 2 条。2022 年，大亚湾房协修改《章程》时，对第七章党建工作一章的内容进行了增补，共有 5 条。

《章程》第 63 条是关于建立协会党组织的规定，要求按照党章规定，有正式党员3名以上时，经上级党组织批准，单独建立党组织。协会负责人中有党员的，由党员负责人担任党组织书记；本会负责人中没有党员的，应推荐业务能力强、群众基础好的党员理事或常设机构党员负责人担任党组织书记。正式党员人数不足3名时，采取联合组建等方式，建立党组织，在本会开展党的工作。没有正式党员的，支持配合上级组织开展党的工作，为建立党组织创造条件。

《章程》第64条对党组织参与协会工作的形式进行了规定，党组织负责人应参加或列席理事会会议。党组织应对本会重要事项决策、重要业务活动、大额经费开支、接收大额捐赠、开展涉外活动等提出意见。第65条进一步规定，大亚湾房协变更、撤并或注销时，党组织要及时向上级党组织报告，并做好党员组织关系转移等相关工作。第66条则是规定大亚湾房协要为党组织开展活动、做好工作提供必要的场地、人员和经费支持。

工会、共青团、妇联组织等也是行业协会内部可以根据实际情况建立的组织。为此，《章程》第67条规定，大亚湾房协支持建立工会、共青团、妇联组织，做好联系职工群众等工作。

（八）章程的修改程序

《章程》的制定需要严格遵循相应的程序，《章程》的修改也要遵循一定的程序。《章程》第八章对此予以专章规定。第68条规定，对大亚湾房协章程的修改，须经理事会表决通过后报会员大会审议。第69条规定，大亚湾房协修改的章程，须在报会员大会（会员代表大会）审议前，书面征求登记管理机关意见，并在会员大会（会员代表大会）通过后30日内，报登记管理机关核准后生效。

（九）终止程序及终止后的财产处理

社会组织的活动，始于成立，终于终止。大亚湾房协在《章程》中对终止程序及终止后的财产处理进行了专章规定。关于终止的原因，《章程》第70条规定，有以下情形之一，应当终止，并由理事会提出注销动议：（1）章程规定的解散事由出现的；（2）会员大会（会员代表大会）决议解散的；（3）因分立、合并需要解散的；（4）依法被撤销登记或吊销登记证书的；（5）无法按照章程规定的宗旨继续开展工作的；（6）因其他原因终止的。

关于终止的程序，《章程》第 71 条规定了清算程序。协会应当在终止情形出现之日起 30 日内在社团登记管理机关及有关部门指导下成立清算组织，清算组应当自成立之日起 10 日内通知债权人，并于 60 日内向社会公告，清理债权债务，处理善后事宜。清算期间，不开展清算以外的活动。协会应在清算结束之日起 15 日内到登记管理机关办理注销登记手续。第 72 条进一步规定，协会经社团登记管理机关办理注销登记手续后即为终止。

根据《章程》第 73 条，对于协会终止后的剩余财产，在社团登记管理机关的监督下，按照国家有关规定，用于发展与协会宗旨相关的事业。

（十）附则

该部分共 3 条。第 74 条是关于《章程》生效日期的规定，"本章程经第二届理事会 2020 年度三次理事会议表决通过后，自社团登记管理机关核准之日起生效"（此处应是"经第二届理事会 2020 年度三次理事会表决通过"，疑有误）。2021 年 5 月 13 日，大亚湾房协召开第三届一次会员大会时，对《章程》进行了修改，显示："本章程经第三届一次会员大会表决通过"。后来，大亚湾房协 2022 年对《章程》进行了再次修改。

第 75 条规定，《章程》的解释权属大亚湾房协的理事会。第 76 条则是从法治的角度对《章程》的内容进行概括性规定，"本章程中的各项条款与法律、法规、规章不一致的，以法律、法规、规章的规定为准"，从而保障《章程》内容的合法性。

三、《章程》的遵行

大亚湾房协自成立以来，根据相关法律法规和《章程》的要求，积极履行协会职责，加强协会自身组织机构建设，发挥政府和行业之间的桥梁作用，推动房地产行业诚信规范经营，提升会员服务品质，促进大亚湾区房地产行业的健康发展。

（一）加强协会自身组织机构建设

权责明确、运转有效的组织体系是大亚湾房协各项工作有序推进的保障。大亚湾房协根据《章程》的要求，不断加强会员大会（会员代表大会）、理事会、监事会、秘书处等组织的建设，增强协会履职能力。大亚湾房协于 2011 年、2016 年、2021 年分别完成了会员大会的换届工作，发挥好会员大会这一最高权力机构的职能。由于疫情原因，大亚湾房协原计划于 2020 年完成换届。虽然换届推迟至 2021 年 5 月，大亚湾房协依然严格按照《章程》的规定，克服困难，顺利召开第三届会员大会第一次会议。会上表决通过了大会选举办法、章程修改说明、理事会候选人名单、监事会候选人名单等文件，以不记名投票方式选举产生了新一届会长、常务副会长、副会长、理事、监事长、监事单位名单，确保协会工作衔接有序、稳步推进。大会后，大亚湾房协填写《社会团体章程核准表》，并报大亚湾区民政局审核批准。组织机构产生后，大亚湾房协坚持会议制度，广泛听取和征求会员单位意见，确保民主公开。

大亚湾房协不定期召开理事会工作会议、监事会工作会议等，广泛听取和征求会员单位意见。例如，2020 年 12 月 3 日，大亚湾房协召开理事工作会议，会议通过了《"大亚湾杰出地产"2020 年度评选方案》《大亚湾区房地产协会换届选举工作方案》。2021 年 7 月 20 日，协会监事工作会议召开，协会会长、监事长、监事、秘书长以及秘书处全体成员参加了会议。会议通报了《大亚湾区房地产协会 2021 年度上半年工作报告》，并对下半年的工作开展，以及今后协会工作方向进行了探讨。与会代表纷纷就协会发展建言献策，如创建会员单位党支部联盟，联合共建党建活动，组织行业相关的营销、策划、设计、土地开发培训等。

（二）发挥政府和行业之间的桥梁作用

根据《章程》确立的协会宗旨和业务范围，大亚湾房协积极发挥政府和行业之间的桥梁作用。综合来看，大亚湾房协的桥梁作用主要体现为两个方面：一是为政府政策制定提供书面意见参考，积极发挥桥梁纽带作用；二是向政府有关部门反映行业诉求，维护行业权益。关于为政府政策制定提供书面意见参考，近年来协会通过组织会员单位调查研究、深入分析市场和政策变化，多次就行业有关政策的制定提供书面意见，努力做好政府的立法参谋。其中，主要包括：《惠州大亚湾区规划用地管理若干问题的处理意见（征求意见稿）》《惠州大亚湾区社会企业出资建设并捐赠公共设施项目实施细则（试行）（征求意见稿）》《惠州大亚湾发区商品房项目配建保障性住房实施办法（征求意见稿）》《关于大亚湾区住宅小区停车位管理实施意见（征求意见稿）》《关于大亚湾区住宅项目配套教育设施移交工作的意见（征求意见稿）》《关于推广使用商品房认购书（范本）的通知（征求意见稿）》《商品房认购书（范本）（征求意见稿）》《惠州市住宅专项维修资金管理实施细则》《关于将有线广播电视网纳入惠州大亚湾区房屋市政工程竣工联合验收的函》《惠州市商品房预售资金监督管理办法（修订案草案）》《惠州市城镇排水与生活污水处理管理办法（征求意见稿）》等。例如，2019 年 9 月 23 日，为规范大亚湾区住宅区停车位的规划建设、销售、权属登记和使用管理，合理利用城市地下空间资源，区住建局草拟了《关于大亚湾区住宅小区停车位管理实施意见（征求意见稿）》，并征求协会意见。协会经搜集、整理各会员单位意见，并结合法律顾问意见，向区住建局提交了《关于征求〈关于大亚湾区住宅小区停车位管理实施意见（征求意见稿）〉意见的复函》，为政府的政策制定提供意见参考。针对新冠疫情后房地产业发展面临的问题，大亚湾房协亦积极与政府有关部门沟通，提出一些促进行业发展的意见和建议。

关于反映行业诉求，维护行业权益，大亚湾房协加强行业维权，将营造行业良好经营环境作为工作的重心，力争为房地产企业解决实际问题。协会在多次政企座谈会上，分别就控规修编问题、不动产登记问题、车位权籍调查、商铺预售、超高层避难层计容、混凝土材料短缺、项目验收问题、项目国土证分证、在建工程抵押、监管账户资金使用、发展备用地、房地产企业开发暂定资质到期后无法晋级、土地使用权延长年限补缴地价、适当简化和放宽房地产广告审核管理、加快和简化相关审批事项、住宅单元室外走廊不强制封闭等行业共性问题向有关部门积极反映，并在会后形成相关报告提交，努力寻求行业发展解决思路。例如，2022 年 6 月 21 日下午，大亚湾房协理事工作会议召开。大亚湾区房管局、协会会长、秘书长、协会特聘顾问、法律顾问以及第三届理事会相关成员参加了会议。会议汇报了大亚湾房协反映行业诉求、维护行业权益的相关工作进展，传达了近期惠州市房地产行业发展的相关情况，同时会议就当前市场形势下行业面临的困难和问题听取了各企业代表意见。大亚湾房协将继续努力打造政企沟通平台，引导行业稳扎稳打，诚信自律经营，推动行业良性健康发展。

（三）推动房地产行业诚信规范经营

加强行业自律管理，推动大亚湾区房地产行业诚信规范经营，是《章程》中大亚湾房协的重要业务范围。

第一，大亚湾房协配合推动全区房地产开发企业信用管理体系建设，引领行业健康发展。协会落实市局统一部署，推动全区房地产企业信用管理工作。2021年6月16日，为加快大亚湾区房地产开发企业信用体系建设，进一步提升房地产行业整体发展水平，促进房地产市场健康平稳发展，由大亚湾房协统筹组织，在区住建局召开了《惠州市房地产开发企业信用管理办法（试行）》宣贯会。截至2023年2月，大亚湾区开发企业总数269家，已经登记信用系统企业244家。2021年1月1日至今，共有11宗加分项，分别是非暂定资质予以加分、党建加分和获得县区级部门相关荣誉加分，加分来源于企业自主申报；有3宗扣分项，其中1宗因在售楼现场未按主管部门要求进行销售信息公示的予以扣分，1宗因违反政策规定，被主管部门通报批评和责令限期改正予以扣分，1宗实际销售过程的营销方案与报送房产管理局的不一致，未严格履行给房产管理局的承诺，被主管部门责令限期改正的，扣分依据来自市住建局《关于房地产市场检查情况的通报》的文、大亚湾区房管局责令整改通知书。总之，大亚湾房协及时传达相关自律文件和通知，协助政府做好行业引导和管理。协会通过及时转发、传达政府相关自律文件和通知，协助政府确保相关工作落实到位。

第二，大亚湾房协主动拟写和发布行业相关自律文件和通知，引领行业规范发展。首先，大亚湾房协制定了《惠州大亚湾区房地产协会行业自律制度》，作为行业自律的基本制度规范。内容如下：

惠州大亚湾区房地产协会行业自律制度

第一条　为建立健全科学、有效的监督运行机制，调动法定代表人履行职责的积极性，依据《广东省行业协会条例》和《惠州大亚湾区房地产协会章程》，制定本制度。

第二条　在我市从事建筑活动的建筑业企业，应自觉遵守本公约，努力营造公平、守法、诚信、自律、健康有序的建筑市场环境，并承担相应的义务。

第三条　坚持诚实守信，依法经营，为社会提供质量合格、用户满意的产品和服务。

第四条　严格按照资质等级核定的业务范围承担工程，不挂靠，不转包，不违法分包。

第五条　维护行业整体利益，加强行业合作，公平、公正参与市场竞争，不以相互压缩合理价格和合理工期等手段承担工程。

第六条　不接受建设单位肢解发包的工程、违规指定的分包单位、供货厂家和建筑材料。抵制垫资或变相垫资工程，建立完善的项目风险评估机制，有效防止因拖欠工程款行为造成的风险和损失。

第七条　规范合同管理，严格执行法定的计价原则和取费标准，不高估冒算，不以低于成本价格竞争，力争优质优价，避免合同纠纷。

第八条　坚决贯彻"建设质量强省"方针，严格执行国家、行业和省的强制性标准规范，按照建设程序和设计要求，严密组织，精心施工。

第九条　强化施工动态管理，认真履行竣工验收备案制度，坚持材料复试、复检制度，防止不合格的材料、设备进入建筑工程，杜绝偷工减料、以次充好行为，确保工程质量。

第十条　贯彻落实建筑节能、环保政策，倡导节能减排，绿色施工，注重技术创新与进步，积极推广应用新技术、新工艺、新材料、新设备，鼓励创优争先，塑造建筑精品。

第十一条　认真落实安全生产责任制，严格持证上岗，严禁违章作业，严防安全事故发生。

第十二条　坚持以人为本，保护职工和农民工的合法权益，禁止恶意拖欠、克扣职工和农民工工资。

第十三条　加强行业和企业的法务工作，积极防范和化解法律风险，坚持依法运营、依法维权，运用法律手段，为行业和企业的发展营造良好的社会环境。

第十四条　认真遵守行规行约，自觉接受社会监督，积极履行社会责任，树立建筑行业良好的社会形象。

第十五条　对违反本公约的，惠州大亚湾区房地产协会可视情节轻重，做出以下处置：

1. 给予批评、书面劝诫，或在行业内通报批评或警告；

2. 对于严重违反本公约并造成重大不良影响的，取消其参与惠州大亚湾区房地产协会组织的评优评奖资格，是惠州大亚湾区房地产协会会员的直至取消其会员资格；

3. 提请建设主管部门及其他有关部门依照法律、法规进行相关处罚。

第十六条　惠州大亚湾区房地产协会将根据各企业落实公约的情况进行考核、评选，表彰先进。

此外，自成立至今，大亚湾房协发布了诸多行业自律文件，有《关于加强规范我区房地产市场宣传行为的通知》《关于规范我区房地产开发销售中介行为的通知》《关于"大亚湾所有楼盘将上调价格"的辟谣通知》《大亚湾区房地产行业关于共同维护市场健康稳定发展的倡议书》等。其中，2017年3月26日，惠州市大亚湾房协发布了《关于加强规范我区房地产市场宣传行为的通知》，这是惠州首个行业协会针对行业规范发出的通知。通知称，对于部分房地产从业人员以"项目即将封盘大幅涨价"消息制造市场恐慌，将严禁此类违背行业操守的行为，同时重申严禁各房企以及中介机构在高速路口及主干道不文明派单行为。此外，大亚湾房协还根据房地产行业发展实际，联合其他协会，发布相关自律通知。例如，2022年，针对房地产销售过程中的问题，大亚湾房协联合惠州大亚湾区房地产中介行业协会发布《关于提倡房地产销售从业人员佩戴备案信息卡加强执业规范的倡议书》，倡导各房地产企业销售从业人员同步落实执业规范，实名从业，向客户提供服务时佩戴好备案信息卡，信息卡内容包括从业人员姓名、照片、信息卡号、所在部门、职务、联系电话等，自觉规范房地产经营与销售行为。内容如下：

关于提倡房地产销售从业人员佩戴备案

信息卡加强执业规范的倡议书

各房地产企业、中介企业及从业人员：

当前我区房地产市场稳步发展，房地产企业销售人员、中介机构从业人员大部分能够遵守法律法规、恪守准则，诚信规范执业。由于我区房地产行业从业人员人数较多，流动性大，人员素质参差不齐，房地产销售过程中存在一些违规行为，不仅严重损害了消费者权益，也给区域房地产市场带来了不利影响。

为进一步加强房地产市场执业规范，保护消费者合法权益，切实解决房地产销售过程中存在的违法、违规问题，区有关部门对房地产中介机构服务行为进行了规范，要求严格落实执业备案制度，其中包括中介人员提供中介服务时必须佩戴备案信息卡，并主动向服务对象出示。为进一步优化房地产市场环境，维护房地产市场秩序，协会倡导各房地产企业销售从业人员同步落实执业规范，实名从业，向客户提供服务时佩戴好备案信息卡，信息卡内容包括从业人员姓名、照片、信息卡号、所在部门、职务、联系电话等，自觉规范房地产经营与销售行为。

请各企业认真落实本则倡议，并将相关内容转发给公司内部相关部门和人员，以及所有合作的销售代理、中介机构，同时日后工作中加强监督和管理。望各企业牢记行业责任与使命，共同维护行业秩序，共同促进我区房地产行业平稳健康发展。

惠州大亚湾区房地产协会　　　惠州大亚湾区房地产中介行业协会

2022 年 12 月 21 日　　　　　2022 年 12 月 21 日

第三，开展行业评优，树立行业良好形象。大亚湾房协持续推进"大亚湾杰出地产"年度评选工作，通过行业评优，树立行业标杆和榜样，引导行业树立品牌意识，打造大亚湾地产行业特色品牌，带领湾区楼市朝着更平稳更健康的方向迈进。例如，2019 年 1 月 18日，大亚湾房协举办二届四次会员大会暨"大亚湾杰出地产"2018年度颁奖典礼。2020 年 1 月 9 日，大亚湾房协举行了二届五次会员大会暨"大亚湾杰出地产"2019 年度颁奖典礼。2021 年 5 月 13 日，大亚湾房协举办换届选举大会暨三届一次会员大会。会上还表彰了抗疫突出贡献企业、抗疫突出贡献个人和抗疫突出先进个人，并揭晓了获得"大亚湾杰出地产"2020 年度相关奖项的企业、项目和个人。

（四）提升会员服务品质

做好会员服务工作，是大亚湾房协长期健康发展的保障。为此，大亚湾房协采取多种措施，深入挖掘行业内企业需求，不断提升会员服务品质。

第一，开展学习、培训活动，提升行业水平。近年来，大亚湾房协针对会员企业需求，陆续开展了一系列学习、培训活动。包括房地产主要岗位人员培训班、惠州市城市更新（三旧改造）相关内容培训、大亚湾区房地产市场平稳健康发展法治保障专题讲座、营改增后房地产开发不同阶段税务风险防控与纳税筹划培训班、土地增值税清算实务培训班、企业财务规范化与融资能力提升班等。例如，2019 年 4 月 3 日，协会面向会员单位举办了惠州市城市更新（三旧改造）相关内容培训活动，进一步帮助企业更好理解和掌握惠州市"三旧改造"专业政策知识，协助企业梳理在实施三旧改造项目中应注意的问题和相关法律风险。本次培训活动向全体会员单位免费开放，得到了企业的热烈响应，共有近 180 人参加了此次培训。培训现场，两名律师分别从三旧改造政策内容和相关法律风险问题两方面向学员作了详细讲解。2023 年 5 月 16 日，由大亚湾房协工会主办的"大亚湾区房地产行业财税人员技能培训班"举办。此次培训旨在进一步帮助会员单位财税人员理解和掌握相关税务知识，提高工作技能，助力企业降低税务风险，提升税务管理筹划水平。区内各房企相关税务负责人 80 余人参加了培训班的学习。

第二，组织、策划和参与行业相关活动，助力行业可持续发展。协会立足于行业和区域长远发展，组织、策划、参与了一系列行业相关活动，助力区域和行业推广和可持续发展。包括："交房即发证"便民抽奖活动、"家在大亚湾"摄影大赛、高铁论坛、大亚湾春季雕塑艺术展、粤港澳大湾区优质生活圈主题论坛等。2022年8月，为了进一步宣传推动"交房即发证"这一便民、利民措施，更好地保障业主财产合法权益，进一步增强业主办证的便利性和满意度，大亚湾房协主办、惠州比亚迪电池有限公司协办举行大亚湾区2022年"交房即发证"便民措施宣传有奖活动，最高奖为比亚迪新能源汽车。凡在大亚湾区购买增量房（一手房），并于2022年8月1日至9月30日期间缴纳增量房（一手房）契税的业主都可参与。活动期间内针对大亚湾区缴纳增量房（一手房）契税的所有业主，进行每月一轮的线上直播抽奖活动。抽奖活动的契税凭证号码，由大亚湾区税务局协助提供，在公证人员的见证下由主办方现场进行随机抽取，当场公布中奖结果，并通过"大亚湾房协"微信公众号发布中奖信息，确保活动公平、公正、公开。活动取得了圆满成功，业主反响热烈，在一定程度上起到了激活市场的积极作用。

第三，开展企业走访调研，近距离了解会员心声和行业诉求。例如，2023年以来，为深入了解大亚湾区房地产市场和会员单位经营情况，倾听企业困难、诉求和建议，进一步凝聚行业智慧，探讨行业高质量发展路径，大亚湾房协持续开展行业调研，会长、秘书长带队秘书处一行走访了常务副会长单位、副会长单位、理事单位和会员单位，分别与各企业相关负责人就当前市场情况、企业营销计化和开发计划、金融政策环境、区域宣传推广以及企业经营发展过程中遇到的问题和诉求等进行了交流。走访调研途中，企业纷纷就经营发展过程中遇到的一些困难和问题向协会进行了积极反映，涉及监管账户资金提取、企业融资优化、行业和城市宣传推广、车位成本核算、公积金贷款、企业信用等级应用等方面。如建议适当放宽资金监管额度，灵活降低监管比例，及时解除资金监管，简化提取流程；优化和扩宽企业融资渠道，允许在建工程抵押，缓解企业资金压力；加强公积金购房支持力度，提高公积金贷款比例，进一步释放购房需求；加强行业和区域宣传推广，打造城市新名片，提振市场信心。

（五）落实信息公开和信用承诺制度

为落实信息公开和信用承诺制度，大亚湾房协一方面制定《惠州大亚湾区房地产协会信息公开制度》《惠州大亚湾区房地产协会重大活动备案报告制度》等制度规范，做到有制度可依。

惠州大亚湾区房地产协会信息公开制度

第一条　为规范本会的信息披露工作，确保信息披露的真实、准确、完整、及时、公平，促进本会规范运作，维护会员的合法权益，依据《广东省行业协会条例》和《惠州大亚湾区房地产协会章程》制定本制度。

第二条　本制度所称信息披露是指将可能对本行业产生重大影响，在规定的时间内，以规定的方式向会员或社会公布的行为。

第三条　信息披露是本会的持续责任，本会应该忠实诚信地履行信息披露的义务。本会应真实、准确、完整、及时、公开地报送及披露信息，确保没有虚假、误导性陈述和重大遗漏。

第四条　本会应当向社会公开披露的信息包括：

（一）理事会年度工作报告、年度财务报告；

（二）对行业发展可能产生重大影响的信息；

（三）接受国家拨款或者社会捐赠、资助的资金使用情况；

（四）接受政府职能委托、授权、转移情况；

（五）社团登记管理机关认为有必要披露的其他信息。

本会应当向社会公开披露信息的媒介为广州地区报纸、本会网站或广州市民间组织管理网站等公开媒介。

第五条　本会应当向会员公开披露的信息包括：

（一）会员（会员代表）大会、理事会（常务理事会）的决议；

（二）本会的月度、季度、半年、年度财务情况；

（三）本会开展评比、达标、表彰活动的情况；

（四）理事会、监事会年度工作报告；

（五）其他须向会员公开披露的信息。

本会应当向会员公开披露信息的媒介可以为大亚湾地区报纸、本会网站、内部刊物或民间组织管理网站，以及与会员约定的其他媒介。

本会应当向社会公开披露的信息，除向社会公开外，可以应会员要求，以约定的方式向会员发送相关信息。

第六条　本会发现已披露的信息有错误、遗漏或误导时，应及时发布更正公告、补充公告或澄清失实公告。

第七条　本会理事会授权秘书处负责组织和协调本会信息披露事务。

第八条　信息披露前应严格履行下列程序：

（一）提供信息的部门负责人核对相关信息资料并签字确认；

（二）秘书长进行规范性审查并签字；

（三）会长或会长授权人签发。

第九条　涉及行业和社会重大影响的重大事项的披露，须与政府相关业务指导部门沟通协调，经充分磋商统一口径，并确保信息真实准确后，方能向社会公开披露。

第十条　未经理事会决议或会长授权，任何会员、理事及专职人员不得以个人名义代表本会或理事会、秘书处向公众发布、披露本会未经公开披露过的信息。

第十一条　监事会及监事个人不得代表本会向会员（会员代表）大会和媒体发布和披露本会未经公开披露的信息。监事会或监事向会员（会员代表）大会或国家有关机关报告相关人员损害本会利益或违法、违规和违反本会章程的行为时，应及时通知理事会，并提供相关资料。

第十二条　本会年度工作报告、年度财务报告应当经理事会或常务理事会审议后，向会员公布。

第十三条　本会应当在会员（会员代表）大会、理事会（常务理事会）召开之前3日内告知会员或理事会议的时间、地点、方式及议程等事项。

第十四条　本会应当及时将会员（会员代表）大会、理事会（常务理事会）的决议通过本会的信息披露途径告知会员。

第十五条　本会应当随时关注本行业的信息动态，对本会正常运作和会员业务发展可能产生重大影响的信息，及时告知会员。

第十六条　本会对外信息披露的文件和资料要建立专卷存档保管。会员（会员代表）大会文件、理事会（常务理事会）文件、监事会或监事文件及信息披露文件资料要分类专卷存档保管。

第十七条　本会理事、监事及其他因工作关系接触到应披露信息的工作人员，对本会产生重大影响的未公开披露的信息负有保密的责任和义务，不得泄露未公开披露的有关信息。否则，将依法追究有关人员责任。

第十八条　由于本会有关人员的失职给本行业造成影响时，应对其给予惩戒。

第十九条　社会团体登记管理机关向社会公告的对本会作出行政处罚或行政整改的信息，不属本会信息披露程序的规管范畴。

第二十条　本制度经理事会审议通过后生效，由理事会解释。

《章程》第61条专门规定了重大活动备案报告，对此，大亚湾房协也制定了相应的制度规范，并据此做好重大活动备案报告工作。例如，2021年5月，大亚湾房协召开第三届会员大会第一次会议，完成了协会组织机构换届，修改了协会章程，都向大亚湾区民政局进行了备案报告。

惠州大亚湾区房地产协会重大活动备案报告制度

第一条　为规范本会重大活动的管理工作，提高本会工作的透明度，维护会员的合法权益，依据《广东省行业协会条例》和《惠州大亚湾区房地产协会章程》，制定本制度。

第二条　本制度所称重大活动备案报告是指将可能对本行业产生重大影响的活动在规定的时间内，以备案的方式向业务指导单位和社团登记管理机关报告的行为。

第三条　本会重大活动应当严格遵守国家法律法规和《章程》的有关规定，维护会员的合法权益，体现会员的意志，有利于促进行业的健康发展。同时，活动不能影响社会和谐稳定、损害社会公众利益。

第四条　本会重大活动的内容：

（一）会员（会员代表）大会；

（二）创办经济实体；

（三）重大的学术活动；

（四）大型的展览展销活动；

（五）涉外（包括港、澳、台地区）活动；

（六）开展评比、达标、表彰活动；

（七）接受境外五万元以上的捐赠或赞助；

（八）其他重大活动。

第五条　本会做出本制度第四条内容之一的决定，从决定之日起七天内应当向相关业务指导单位和登记管理机关备案。其中，开展业内评比、达标、表彰活动的，应经理事会通过，报业务指导单位、登记管理机关审核备案方可开展。

本会开展重大活动按照有关规定，必须报经政府有关部门批准的，必须事先报经有关部门批准。

第六条　本会重大事项备案报告均以书面形式，主要内容包括：活动的内容、方式、规模、参加人员、时间、地点、经费等方面。

第七条　本会重大事项备案报告送达后，经受理机关审查，认为活动有违反法律、法规和政策或本会《章程》时，本会应立即停止活动，或进行纠偏后再开展活动。

第八条　重大活动开展结束后，需将重大活动开展成效评估、社会影响、存在问题、下一步打算等综合情况，书面报告登记管理机关和相应的业务指导单位。

第九条　本会秘书处应及时、完整保存重大活动备案报告资料，规范归档保管。

第十条　本制度经理事会审议通过后生效，由理事会解释。

另一方面，自成立以来，大亚湾房协陆续建立多渠道信息交流和发布平台，保证及时、顺畅的沟通和互动。大亚湾房协现有信息发布和交流平台官方网站、QQ 群、微信群、手机短信平台和微信公众号平台，协会将内部工作通知、行业最新政策法规、行业重大利好以及区域建设成果等重要讯息及时向会员单位发布。例如 2023 年 5 月 10 日，大亚湾房协及时在"大亚湾房协"微信公众号发布《关于举办"大亚湾区房地产行业财税人员技能培训班"的通知》，公布主办单位、培训时间、培训地点、培训对象、培训费用、培训提纲、讲师简介、报名方式等信息。在该培训班成功举办后，大亚湾房协于 2023 年 5 月 18 日，在"大亚湾房协"微信公众号发布《为企业赋能——大亚湾区房地产行业财税人员技能培训班成功举办》的活动新闻。

（六）加强协会党建工作

从内容上看，《章程》是 2021 年修改时增加了党建工作的相关内容。实际上，2012 年 7 月，经上级部门批准，大亚湾房协就已经成立了中共惠州大亚湾房协党支部。截至 2023 年 2 月，该党支部共有党员 5 名，其中专职 2 名，预备党员 1 名，积极分子 1 名。协会党支部成立以来，积极推进党建工作，认真配合和参加上级党组织安排的各项党建工作会议和精神传达学习，努力发挥党组织在协会工作中的政治引领作用。例如，2022 年全年，大亚湾房协党支部积极推进党建工作，认真配合和参加上级党组织安排的各项党建工作会议和精神传达学习。主要工作有以下方面：（1）组织学习党史教育专题党课，继承和发扬党的优良传统。（2）参加区社会组织党委组织的开展社会组织党建业务专题培训班。（3）参加区社会组织党委发展对象培训班，不断发展壮大支部党员力量。（4）联合其他公司党支部开展了学习交流活动。（5）组织国家公祭日党建参观活动，增强党员的历史使命感和责任感。（6）按照党章要求召开党支部换届选举大会，初步选举出党支部书记候选人预备人选。

四、《章程》的作用和特点

大亚湾房协立足于促进房地产行业的健康有序发展，通过制定和实施协会章程和其他自治规范，维护了会员合法权益，规范了行业交易行为，从而保障了协会正常运作。大亚湾房协的工作也得到了登记管理机关和主管部门的肯定。例如，2019 年 3 月份，为了肯定和表彰大亚湾房协作为社会组织在参与社会建设和治理中的积极作用，大亚湾区民政局特授予协会区"先进社会组织"荣誉称号。2023 年 3 月 6 日，经过推荐、初审、联审、公示、审定程序，惠州市民政局决定对 17 家优秀社会组织予以表扬。大亚湾房协获评 2022 年度惠州市"优秀社会组织"称号。

大亚湾房协自成立之初，根据法律法规和社会组织管理要求，制定了协会章程，之后对《章程》进行了多次修改和完善。综合分析《章程》的制定、内容和遵行实践，具有以下特点：

第一，及时修改，突出有效性。大亚湾房协成立伊始，就制定了协会章程，并注重根据行业实际发展状况和房协自身发展状况进行及时修改，突出章程的有效性。例如，在 2011 年版《章程》中，第 4 条规定的是"本协会接受业务主管单位惠州大亚湾区住房和规划建设局的业务指导，接受大亚湾区民政局的管理监督。"而到了 2021 年，根据社会组织管理要求，大亚湾房协与原业务主管单位惠州大亚湾区住房和规划建设局的关系发生了变化，实现了"完全脱钩"，协会办公地点也从住房和规划建设局搬离，这也反映在 2021 年版《章程》的修改中。在 2021 年版《章程》中，第 4 条修改为："本协会接受大亚湾区民政局的管理监督，并在相关业务指导单位指导下合法有序开展工作。"再如，大亚湾房协 2021 年修改《章程》时，专门增加了党建工作的相关内容。虽然在此之前，协会党建工作一直在开展，但在《章程》中却没有直接体现。其后，大亚湾房协在 2022 年对《章程》进行了比较大的修改，党建工作的内容有所增加。

第二，内容丰富，强调针对性。根据国务院 1998 年 10 月 25 日发布、2016 年 2 月 6 日修订的《社会团体登记管理条例》，社会团体的章程应当包括下列事项：（1）名称、住所；（2）宗旨、业务范围和活动地域；（3）会员资格及其权利、义务；（4）民主的组织管理制度，执行机构的产生程序；（5）负责人的条件和产生、罢免的程序；（6）资产管理和使用的原则；（7）章程的修改程序；（8）终止程序和终止后资产的处理；（9）应当由章程规定的其他事项。回顾大亚湾房协章程的修改，2011 年版有总则、业务范围、会员、组织机构和负责人的产生、罢免、资产管理、使用原则、章程的修改程序、终止程序及终止后的财产处理、附则等八章，共 54 条。2016 年版章程依然是八章机构，共 53 条。2021 年版《章程》增加"党建工作"一章，共 9 章 54 条。2022 年版《章程》共 10 章 76 条，10 章分别为：总则；业务范围；会员；组织机构；内部管理；信息公开与信用承诺；党建工作；章程的修改程序；终止程序及终止后的财产处理；附则。从体例结构和条文数量上可以看出，大亚湾房协章程的内容不断扩充，对协会事务的规范愈加详细。从具体内容上看，大亚湾房协章程聚焦房地产行业发展情况，明确协会的业务范围、会员的权利和义务等事项，因此具有更强的针对性。

第三，实施有力，强调约束性。作为行业协会的自治规范，章程的实施需要人、财、物等多要素的共同保障。大亚湾房协会员数量较多，且是单位会员，因此可能涉及的人员数量也非常多。确保章程的内容得以实施，大亚湾房协需要采取多种措施，特别是要采用具有约束力的措施。一方面，大亚湾房协通过召开会员大会的形式制定或者修改程序，积极向所有会员宣传章程的内容，并且根据章程规定，制定了《惠州大亚湾区房地产协会行业自律制度》等配套制度，着力增强会员的自律意识，督促会员诚信规范经营。另一方面，大亚湾房协根据《章程》和相关自律制度，对协会会员进行表彰奖励或者给予职权范围的处罚措施，树立行业典型，引领行业发展。例如，大亚湾房协连续多年在会员中评选"大亚湾杰出地产"，并在年度总结大会上进行颁授，评选活动对于促进行业诚信规范经营具有积极意义。同时，大亚湾房协根据《惠州市房地产开发企业信用管理办法》和协会相关自律制度，对大亚湾房地产开发企业进行信用扣分或者加分。例如，2021 年 4 月，大亚湾房协对一家房地产开发企业予以信用加分 1 分，原因是该企业获得开发企业资质等级四级。2021 年 6 月 18 日，大亚湾房协对一家房地产开发企业给予信用分值扣 5 分处理，原因是该企业违反政策规定，被主管部门通报批评和责令限期改正。

结　语

　　大亚湾房协自 2011 年 12 月成立后，重视《章程》等自治规范的制定和实施，有效促进了房地产行业的行业自律和诚信规范经营。大亚湾房协坚持服务政府、服务企业的"双向服务"方针，既是政府对房地产行业发挥调控作用的媒介之一，在政府和企业之间搭建了沟通桥梁，推动了国家房地产行业领域法律、法规和政策的落地实施。同时，大亚湾房协还是各会员合法权益的维护者，能够及时向政府部门真实反映企业的诉求和建议。总之，大亚湾房协《章程》是大亚湾区社会治理中在房地产行业发展领域的一项重要自治规范，对于大亚湾区房地产行业的发展起到了积极的促进作用。

第十七章

作为行业重要自治规范的《自律公约》

——以大亚湾区物业管理行业协会为对象

引　言

物业管理是社会治理的重要领域，事关人民群众生活环境和工作环境的舒适程度。随着惠州大亚湾区城市建设快速发展，良好的物业管理愈发重要。为促进惠州大亚湾区物业管理行业的创新、交流与合作，推动惠州大亚湾区物业管理行业的进步，按照国家法律法规和《广东省行业协会条例》的规定，惠州大亚湾区物业管理行业协会于 2017 年 7 月 28 日，经大亚湾区民政局批准注册登记成立。大亚湾区物业管理行业协会是由大亚湾区物业管理公司自愿发起成立的行业性、非营利性的社会组织。截至 2023 年 7 月，物业管理行业协会从最初的 47 家会员单位发展到 102 家。2020 年 6 月，大亚湾区物业管理行业协会被大亚湾区民政局评为 3A 级社会组织，有效期为 2020 年 6 月 20 日至 2025 年 6 月 19 日。

"物业管理的核心是在尊重业主需求的前提下，签订双方都能接受的按质论价、质价相符的物业服务合同。"〔1〕但是，实际状况是个别物业服务企业的服务意识淡薄。因此，为规范物业管理企业的行为，惠州大亚湾区物业管理行业协会成立时即制定了《惠州大亚湾区物业管理行业协会章程》《惠州大亚湾区物业管理行业协会自律公约》（本章以下简称《自律公约》）等行业自治规范。而《自律

---

〔1〕　肖俊杰：《物业管理行业自律问题探讨》，载《中国物业管理》2015 年第 7 期，第 61 页。

公约》的制定和施行，有力推动了大亚湾区物业管理行业的健康有序发展，成为大亚湾区物业管理行业的重要自治规范。

笔者分别于 2023 年 2 月 9 日、7 月 14 日到大亚湾区物业管理行业协会进行了访问调查。与物业管理行业协会负责人、工作人员进行座谈交流，听取了大亚湾区物业管理行业协会负责人的情况介绍，查阅和收集了有关资料，对大亚湾区物业管理行业协会《自律公约》等自治规范有了基本的了解。

在田野调查的基础上，本章对大亚湾区物业管理行业协会《自律公约》的制定、内容、施行、作用和特点等进行初步探讨，以进一步认识大亚湾区的行业自治规范，丰富对大亚湾区自治规范的理解。

一、《自律公约》的制定

物业管理在我国出现时间较晚，是市场经济发展和城镇化水平不断提高的产物。一般认为，深圳是我国物业管理的起源地。1981 年 3 月，深圳物业管理公司成立，主要负责深圳涉外商品房的统一物业管理。1993 年 6 月 28 日，深圳成立了国内首家物业管理协会——深圳市物业管理行业协会。1994 年 7 月 11 日，深圳市人民代表大会常务委员会颁布了《深圳经济特区住宅区物业管理条例》（已失效），对加强深圳经济特区的住宅区物业管理提出了明确的法治要求。1994 年 3 月 23 日，建设部颁布了《城市新建住宅小区管理办法》（自 1994 年 4 月 1 日起施行，已失效），该办法明确指出："住宅小区应当逐步推行社会化、专业化的管理模式。由物业管理公司统一实施专业化管理。"2003 年 6 月 8 日，国务院制定颁布了我国第一部《物业管理条例》，[1] 自 2003 年 9 月 1 日起施行。《物业管理条例》对规范物业管理，维护业主和物业管理企业的合法权益，改善人民群众的生活和工作环境，提供了重要的法律依据。根据《物业管理条例》第 2 条的规定，物业管理是指业主通过选聘物业服务企业，

---

〔1〕 截至 2023 年 7 月，国务院分别于 2007 年 8 月 26 日、2016 年 2 月 6 日、2018 年 3 月 19 日，对《物业管理条例》作了三次修订。

由业主和物业服务企业按照物业服务合同约定，对房屋及配套的设施设备和相关场地进行维修、养护、管理，维护物业管理区域内的环境卫生和相关秩序的活动。

大亚湾区物业管理行业协会自成立以来，一直重视行业自律和诚信建设。大亚湾区物业管理行业协会制定和实施《自律公约》，也是对协会宗旨的具体落实。《惠州大亚湾区物业管理行业协会章程》将大亚湾区物业管理行业协会的宗旨概括为："遵守宪法、国家法律法规和国家政策，遵守社会道德风尚，以行业自律，促进行业发展，维护会员的合法权益，协调会员之间关系，沟通会员与政府、社会的联系，传达政府政策意图，规范执业行为，弘扬职业道德，倡导公平竞争，促进惠州大亚湾区物业管理行业的创新、交流与合作，推动惠州大亚湾区物业管理行业的进步。"行业自律也是大亚湾区物业管理行业协会宗旨的关键词。2022 年 7 月 21 日，大亚湾区物业管理行业协会第二届第一次会员大会暨换届选举大会再次强调了《自律公约》的重要性，在会议资料中将《自律公约》列为第 4 项。截至 2023 年 7 月，协会并未对《自律公约》进行修改，其内容一直保持稳定。

二、《自律公约》的内容

《自律公约》采取章、条结构，内容丰富。在结构上，《自律公约》共有 4 章 19 条，第一章是"总则"，共 4 条，涉及目的依据、适用对象、基本原则等内容；第二章是"自律条款"，共 5 条，包括遵章守法、诚实守信、公平竞争、规范服务、接受监督等内容；第三章是"公约的执行"，共 7 条，涉及公约实施机构、会员主动报告义务、调查处理程序、惩戒措施等内容；第四章是"附则"，共 3 条，涉及公约内容合法性要求、公约的解释、公约的施行等内容。

（一）总则

关于制定的目的和规范依据，《自律公约》第 1 条明确规定："为规范惠州大亚湾区物业服务行业企业及从业人员的行为，督促物业服务企业加强自我管理、自我约束，依法、诚信经营，提高物业服务质量和水平，促进和保障惠州大亚湾区物业管理行业健康发展，根据《物业管理条例》《广东省物业管理条例》的规定，特制定本公约。"

关于适用对象，《自律公约》首先适用于惠州大亚湾区物业管理行业协会的会员单位，这是行业协会的基本特点。因此，所有加入协会的物业管理企业都应当自觉遵守，促进协会会员单位诚信自律。此外，物业管理行为具有普遍性、一般性，要求所有物业管理行业企业及从业人员做好物业服务。因此，《自律公约》在第 2 条倡议大亚湾区物业管理行业的其他非会员单位加入并遵守该公约，发挥行业协会在物业管理方面的引领作用，进而形成行业普遍性规则，以提升物业管理整体水平。

《自律公约》第 3 条是物业管理行业自律基本原则的规定，该条明确规定："惠州大亚湾区物业管理行业自律的基本原则为守法遵章、诚信守诺、公平竞争、自律互利、切实履行行业的社会责任。"由此可以看出，守法遵章是物业管理行业自律的首要原则，守法即遵守国家与物业服务相关的法律法规，既包括《民法典》物权编中涉及物业服务的内容、《物业管理条例》等适用于全国范围的法律法规，也包括《广东省物业管理条例》等地方性法规。惠州市住房和城乡建设局于 2022 年 5 月 5 日制定印发了《惠州市普通住宅物业服务等级标准（参考）》，进一步规范物业服务工作。2023 年 1 月 29 日，惠州市住房和城乡建设局印发《惠州市住房和城乡建设局业主大会和业主委员会指导规则》，以规范惠州市内业主大会和业主委员会的活动，维护业主的合法权益。此外，惠州市物业管理条例的制定工作也待《广东省物业管理条例》修订实施后视情况推进。遵章则主要指遵守惠州大亚湾区物业管理行业协会制定的章程、规则等。其中，《惠州大亚湾区物业管理行业协会章程》是大亚湾区物业管理行业协会最主要的自治规范，对于协会的宗旨和业务范围、会员、组织机构和负责人的产生及罢免、资产管理及使用原则、党建工作、章程的修改程序、终止程序及终止后的财产处理等重要事项进行了全面规定。《大亚湾区物业行业自律倡议书》《自律公约》等是会员遵章的基本要求。诚信守诺、公平竞争、自律互利、切实履行行业的社会责任等紧密围绕物业管理行业自律这一中心，是对物业管理服务企业及人员在从业方面的具体要求。

执行和监督是规则得以有效施行的保障。《自律公约》在总则部分第 4 条明确规定协会理事会是公约的执行和监督机构，与大亚湾区物业管理行业协会的运行一致。根据《惠州大亚湾区物业管理行业协会章程》，惠州大亚湾区物业管理行业协会理事会是会员大会的常设机构，依照会员大会的决议和本会章程的规定履行职责。《自律公约》由会员大会制定和发布，大亚湾区物业管理行业协会理事会自然也是执行和监督机构。

（二）自律条款

自律条款是《自律公约》的核心内容，共有 5 条，分别是遵章守法、诚实守信、公平竞争、规范服务、接受监督，每一条之下还有具体要求。自律条款是对《自律公约》基本原则的贯彻落实，遵章守法、公平竞争在基本原则中也有体现，诚实守信在基本原则中体现为诚信守诺，规范服务则是聚焦物业管理服务的相关具体程序，接受监督则是强调物业管理要接受政府、业主和行业协会等的监督。

1. 遵章守法

遵章守法共有五个具体要求，分别是：（1）自觉遵守国家的各项法律、法规和政策。在物业管理活动中，认真履行各项法定义务，杜绝禁止行为的发生。（2）签署的物业服务合同符合政府制定的合同示范文本要件，并按规定进行合同备案。（3）提供的物业服务符合国家和本市规定的技术标准和规范，使用的产品符合国家质量标准。（4）严格按照合同约定收费标准或政府规定的价格标准收费，做到明码标价，运作规范。不得巧立名目乱收费、多收费、重复收费。各项收费出具正规票据。（5）规范使用房屋维修资金，按规定公布房屋维修资金的收支情况，接受业主大会的监督。在五个具体要求中，第一项是关于遵守国家法律、法规和政策的内容，属于概括性要求，第二至第五项则涉及物业服务合同、物业服务标准和规范、物业管理收费、房屋维修资金使用等具体事项，具有针对性。

2. 诚实守信

诚实守信共有三个具体要求，分别是：（1）严格按照合同约定履行各项服务承诺，提供质价相符的物业管理服务。（2）自觉维护业主的合法权益，保守业主信息秘密；不利用业主提供的信息从事与物业服务合同约定无关的活动。（3）不利用技术优势或工作便利侵犯业主的合法权益，不侵占业主的公共利益和财产。诚实守信在物业管理服务中的主要体现是根据合同履行双方权利和义务，自觉维护业主合法权益，不得侵占业主的公共利益、财产等合法权益。

3. 公平竞争

公平竞争是适用于物业管理企业之间的规则。根据现代市场经济基本精神和物业服务合同，业主可以选择或者更换物业服务企业，在这一过程中可能出现不正当竞争行为，容易损害业主权益。为此，《自律公约》专门规定了公平竞争这一自律条款，包括两方面内容：（1）自觉遵守公开、公正、公平的市场竞争原则，维护正常的市场秩序，保护行业的整体利益。不任意诋毁他人，不以任何不正当手段，进行行业内的恶性竞争，削弱行业整体形象和竞争力。（2）在参与物业项目招投标中，不恶意压价或哄抬价格，不串标、不陪标、不围标，不发布虚假和不实信息。在移交物业项目过程中，不互相设置障碍，制造冲突，从维护和谐稳定、保障业主利益出发，依法平稳做好各项交接工作。

4. 规范服务

物业管理服务直接面向业主，因此规范与否直接影响到业主的切身感受。此处的"规范服务"侧重程序性事务，有三项具体要求：（1）从业人员自觉做到态度和蔼讲文明、挂牌上岗守纪律、公开制度讲规范。管理、接待、维修、保安、保洁人员自觉遵守岗位规范，履行岗位职责。（2）实行办事制度、办事程序公开。确保周一至周日业务接待，24小时受理居民报修。急修项目半小时内到现场，一般修理项目3天内修复（居民预约、雨天筑漏除外）。维修及时率达到95%以上，维修合格率及客户满意率达到90%以上。（3）有效处理信访投诉。客户有效投诉处理及时率100%，有效投诉回访率100%，满意率90%以上。上述内容在一般性规定之外，还专门规定了一些事项办理的时限要求或者满意率要求，从而督促物业服务企业规范服务。

5. 接受监督

如果没有相应的监督机制，《自律公约》的内容也会变成一纸空文，因此，监督对于《自律公约》的施行具有重要意义。首先，从物业管理本身来看，业主监督是最直接的，业主与物业管理企业联系密切。其次，惠州大亚湾区物业管理行业协会对于会员单位也负有监督职权，物业管理企业及人员自然也要接受其监督。最后，物业管理政府主管部门也必须履行监督、监管职责，促进物业行业健康发展。因此，《自律公约》中的"接受监督"也分为三个层次：（1）自觉接受政府主管部门对物业管理活动的指导和监督，不断完善服务，改进工作。（2）自觉接受业主监督，定期征求业主意见，及时化解矛盾、解决纠纷，维护稳定。（3）自觉接受协会的行业自律管理，会员间在业务活动中发生争议时，应主动请求协会出面调解，并从维护行业形象出发，本着互相谅解的态度妥善处理。

（三）公约的执行

《自律公约》在总则部分明确协会理事会是执行和监督机构，但没有涉及具体的事项。因此，《自律公约》第三章对公约的执行进行了专章规定，共有 7 条。由于理事会人数较多且理事会会议时间并不固定，但需要经常性地处理公约的执行和监督工作。因此，《自律公约》第 10 条首先规定："协会理事会授权秘书处负责本公约实施情况的日常监督和检查，并负责具体事务的处理。"

公约的执行主要涉及惩戒和表彰奖赏两个方面。第 11 条、第 12 条、第 15 条、第 16 条涉及惩戒的受理、调查和处理问题。第 11 条规定："会员在经营服务活动中，发生违反本公约的行为，应主动向协会秘书处报告。其他会员有义务及时向协会秘书处投诉和举报。"此条首先要求会员主动报告，是自律的基本要求；同时其他会员也可以投诉或者举报，发挥互相监督职责。第 12 条规定秘书处的调查程序，"协会秘书处接到报告和投诉后，应本着实事求是的原则，组织力量展开调查和取证工作，调查结果和处理意见报协调委员会批准后，向会员公布。"第 15 条规定了具体的惩戒措施，对违反《自律公约》的会员，视情节轻重，协会可以启用以下惩戒措施：（1）口头警告；（2）书面警告；（3）在业内通报批评；（4）在媒体公开曝光；（5）暂停会员资格半年至一年；（6）取消会员资格。（7）协会理事、副会长、常务副会长单位发生违反本公约行为时，受到（4）（5）（6）项惩戒的，应按照协会章程规定的程序解除其在协会的相应职务。第 16 条继续规定，对违反本公约的会员，其行为同时违反法律、法规和政策规定的，协会可以向政府主管部门提出要求行政处罚的建议。

表彰奖赏也是惠州大亚湾区物业管理行业协会激发会员规范服务的必要措施，为此，《自律公约》第 13 条、第 14 条规定了表彰条款。第 13 条规定："协会应及时总结经验，树立典型，对先进集体和个人进行表彰，正面引导企业自觉履行公约。"第 14 条规定："协会协同政府主管部门，建立企业诚信档案。会员履行本公约的情况，记入企业诚信档案。"

（四）附则

《自律公约》的附则共有 3 条。第 17 条规定："本公约与有关法律、法规相抵触的，应按相关法律、法规执行。"这是遵章守法的基本要求，强调法律法规的优位，从反面规定了《自律公约》的内容不得与法律法规相抵触。第 18 条规定《自律公约》的解释权问题，"本公约由惠州大亚湾区物业管理行业协会负责解释"，是一种行为规范中的基本内容之一。第 19 条则涉及公约的施行，规定："本公约自公布之日起施行。"

三、《自律公约》的施行

《自律公约》是大亚湾区物业管理行业协会促进行业自律、推动行业发展职能的直接体现。惠州大亚湾区物业管理行业协会在日常工作中以《自律公约》为自治规范，采取多种措施，引导和规范大亚湾区物业管理服务企业的行为，促进《自律公约》的施行和落实。

（一）制定和颁行配套制度规范

《自律公约》颁布施行后，大亚湾区物业管理行业协会一直重视行业自律建设，出台了一些配套性的自治规范。例如，《惠州大亚湾区物业管理行业协会会员积分管理办法（试行）》是积分制在物业管理行业中的运用，对《自律公约》的实施奠定了良好的制度基础。

惠州大亚湾区物业管理行业协会
会员积分管理办法
（试行）

各会员单位：

为调动会员单位的积极性，发挥协会宣传引导、沟通交流、教育培训、理论探索作用，活跃行业沟通氛围，为会员单位打造一个更优质的行业互动平台，推动行业同步发展，帮助会员单位共同进步。经研究决定，本协会拟对会员单位实行积分激励机制，积分结果将作为各项评选及推优选优的重要依据。

一、积分对象：全体会员单位

二、加分内容及办法

基础分

提交入会申请和缴纳会费并正式成为协会会员，拥有基础分50分（原会员单位同样享有）。

会费积分

1. 每年按时交纳会费的记10分；

2. 一次性缴纳两年以上会费的会员单位，当年及以后每年（已交纳会费的年度）各记20分。

培训积分

1. 免费培训记分标准：会员单位按照规定每参加一次免费培训记3分；

2. 收费培训记分标准：会员单位每参加一次收费培训，每人次记5分；

3. 协助协会筹办培训活动，提供培训讲师的，每场记15分。

会议与活动积分

1. 积极参加协会召开的会员大会、理事会、常务理事会每参与一次记3分；

2. 积极参加协会组织的各类本地会员活动（包括但不限于座谈会、专题讲座等），每参与一次记3分；

3. 积极参加协会组织的外地考察活动，每次记5分；

4. 每接待一次协会安排的会员交流活动（包括但不限于座谈会、参观学习、安全生产观摩会等），每次记15分；

5. 出资资助协会重大活动（包括但不限于年会、慈善活动、论坛、展览会等），5万元（含）以上加35分，3万元（含）至5万元的加30分，2万元（含）至3万元的加25分，1万元（含）至2万元的加20分；5000元（含）至1万元的加15分，2000元（含）至5000元的加10分，2000元以下加5分；

6. 积极协办协会重大活动，提供人员支持的，每人每次记5分；

7. 积极参与协会各类公益活动的，每人每次记3分；

8. 为协会或行业的发展提出建设性意见与建议并采纳的记10分；

9. 本年度内参加国家、省、市物业管理示范项目考评或复检并获得通过和表彰的，或是国家、省、市颁发的其他行业相关荣誉，每个项目记10分；

10. 为行业、为社会作出具有重大或突出优秀事迹，起到良好社会影响，企业可自行申请做特别说明。经协会秘书处核实并报协会常务理事会审议，视情节记1分~10分。

其他

1. 成功介绍其他物业企业入会的，每介绍一个单位入会记10分；

2. 踊跃为协会官网和公众号投稿，并成功采用的，每篇稿件记5分；

3. 成功使用协会资源库资源的，每次记5分。

三、扣分内容及办法

1. 有违反《物业管理条例》以及相关物业管理法律法规，并经查实的，扣5分；

2. 受到市、区以上行政主管部门行政处罚的，扣5分；

3. 受到市、区以上行政主管部门或协会通报批评、公开谴责、警告、约谈等不良记录的，扣5分；

4. 年度内在物业管理项目交接过程中，形成对峙引发行政干预并出动警力的，扣5分；

5. 有严重损害业主权益的投诉案件，并经县（市）、区以上行政主管部门查实负有主要责任的，扣5分；

6. 在协会发布缴费通知后一个月内未缴纳会费的，扣5分；

7. 本年度内，在协会召开的会员大会（年会）、常务理事会会议、理事会会议时请假或缺席的，每次扣2分。

四、积分方法

1. 会员参加协会组织的活动及信息上报等由协会秘书处统一记分；

2. 采取年度累计积分制，每半年对各会员单位得分情况作一次统计并公布积分排名前30名的单位；

3. 积分作为选举理事以上单位的重要参考；

4. 作为协会年度评优活动的重要参考；

5. 年度积分前15名单位，在下一年度积分时奖励20分；

6. 优先参加协会推荐类活动。

惠州大亚湾区物业管理行业协会

2019年9月2日

2022年7月21日，大亚湾区物业管理行业协会第一任会长代表第一届理事会向换届选举大会作《惠州大亚湾区物业管理行业协会第一届理事会工作报告》，其着重强调："协会第一届理事会，在全体会员单位共同努力下，以行业自律和诚信建设为重点，积极配合政府工作承接政府委托事项，全面提高会员服务质量，提升人员专业素质，在加强行业制度、规范行业行为、树立行业形象等多个方面做了大量卓有成效的工作，政府认可度、行业公信度和社会认知度均有大幅度的提升，行业发展和协会建设均取得显著成效，基本完成了第一届任期目标。"其中，大亚湾区物业管理行业协会重视行业自律相关规范的制定，将行业自律和诚信建设落实到规范层面。2021年4月2日，惠州大亚湾区物业管理行业协会向会员单位发布《大亚湾区物业行业自律倡议书》。

大亚湾区物业行业自律倡议书

各会员单位：

为创建诚信经营、公平竞争的物业管理行业发展环境，全面提升我区物业服务行业社会形象，促进行业健康和谐发展，惠州大亚湾区物业管理行业协会向全体会员单位、行业同仁发出自律倡议：

一、遵守法律法规，强化责任意识。认真贯彻执行国务院颁布的《民法典》《物业管理条例》和国家、地方相关法律、法规，牢固树立物业管理法制观念，合法经营，依法维护行业的共同声誉和利益。

二、公平竞争，维护市场良性运行。严格按照国家及地方政府规定，参与物业管理投标工作，保证公平、公正、合理竞争。遵守行业道德规范，杜绝互相拆台、压低价格、暗箱操作等恶意竞争现象。

三、自觉接受监督。自觉接受政府主管部门对物业管理活动的指导和监督，不断提升物业服务品质，提高业主满意度；自觉接受业主监督，定期征求业主意见，及时化解矛盾，维护社区稳定；自觉接受行业自律管理，坚守行业底线，坚决打击和杜绝一切扰乱行业市场行为，请大家相互监督，团结一致，如发现有触犯行业底线行为，请大家及时举报至协会秘书处。

真诚希望以上倡议能得到全行业的积极响应，同时欢迎社会各界的有力监督，号召行业迅速行动起来，承担应有的社会责任，为营造良好的行业发展环境做出不懈努力。

惠州大亚湾区物业管理行业协会

2021 年 4 月 2 日

（二）不断增强协会会员遵章守法的意识和能力

大亚湾区物业管理行业协会积极向广大会员宣传《惠州大亚湾区物业管理行业协会章程》以及其他与物业管理相关的法律法规。协会在组织召开各种组织机构会议时，强调遵守协会章程。其一，协会将遵守和拥护《惠州大亚湾区物业管理行业协会章程》作为入会的重要条件。例如，2022 年 1 月 21 日，协会发布《入会邀请函》，在"协会指引"部分，"入会条件"的第 2 项是"有加入本会的意愿，拥护《惠州大亚湾区物业管理行业协会章程》，自愿履行会员义务"；"会员的权利"的第 1 项是"出席会员大会，享有本会章程规定的选举权、被选举权和表决权"；"会员的义务"中第 1 项是"遵守本会章程，执行本会决议"。其二，协会组织和动员协会会员参加会员大会，对协会章程进行讨论、审议和表决，本身就是对章程的遵守。2022 年 7 月 22 日，协会召开第二届第一次会员大会暨换届选举大会，一项重要议程是对章程进行修改。其三，协会根据章程规定，发布相关会议或者活动通知时将协会章程作为重要依据。例如，2022 年 7 月 20 日，协会发布《关于召开惠州大亚湾区物业管理行业协会第二届第一次会员大会暨换届选举大会的通知》，开篇明确："根据《惠州大亚湾区民政局换届选举大会指引》和协会《章程》规定……"2022 年 8 月 8 日，协会下发《关于召开惠州大亚湾区物业管理行业协会第二届常务理事会第一次会议的通知》，在开篇也强调"根据《惠州大亚湾区物业管理行业协会章程规定和协会工作计划》……"在协会其他活动中，协会也将遵守拥护章程作为重要标准。例如，在年度大亚湾区物业管理行业评优活动中，协会发布《关于开展 2022 年度大亚湾区物业管理行业评优活动的通知》，其中明确了优秀会员单位（20 家）的评选条件：（1）拥护党的路线方针政策，认真学习贯彻党的十九大精神，努力在新常态下提升创业创新能力；（2）拥护本协会《章程》，集体荣誉感强，能维护协会团结形象，积极支持、参与协会组织的各项活动；优秀会员单位依照附件《惠州大亚湾区物业管理行业协会会员积分管理办法》进行自评。

协会积极采取多种措施，着力提高物业服务企业及从业人员的法律素养，增强学法用法能力。其一，为了更好地服务全体会员，满足协会业务发展的需求，协会与广东东舟律师事务所签订法律顾问合同，聘请该所律师为协会的常年法律顾问，为协会会员单位提供法律咨询等服务。其二，通过多种形式开展法律知识宣传和教育。为提升大亚湾区物业服务品质，促进物业行业的法制建设，提升物业行业从业人员的法律意识，让物业服务人员进一步懂法、用法、守法，协会自 2017 年至 2023 年共开展 8 次物业管理法律知识专题讲座。例如，2023 年 2 月 9 日下午举行了 2023 年首场"大亚湾区物业管理法律咨询日活动"，协会常年法律顾问全程参与交流、解答问题，十几位物业项目负责人参与本次法律咨询日活动。为普及《民法典》所涉物业领域相关法规，帮助大亚湾区物业企业及从业人员掌握法条在实务中的运用能力，2020 年 10 月 29 日及 2021 年 5 月 25 日，在主管部门的指导下，协会联合东舟律师事务所举办《民法典与物业管理》专题培训，两次培训均通过线上形式开展，全区各物业服务企业积极组织员工参加学习。为了规避企业法律风险，进一步优化房地产、物业管理行业发展环境，协会协助区委政法委、区法学会分别于 2019 年 11 月及 2020 年 12 月举办大亚湾区房地产市场平稳健康发展法制保障专题讲座，两次活动共有 200 个房地产及物业企业代表参加。2019 年 7 月及 2020 年 8 月，协会邀请广东东舟律师事务所律师向物业企业负责人详细解读了《惠州市业主大会和业主委员会指导规则》等相关法律法规，让物业企业负责人深入了解业主委员会的成立条件、流程及相关注意事项。其三，自物业管理行业协会成立以来，为了维护行业利益、确保行业健康稳定发展，协会积极对会员单位进行走访与调研，了解现阶段存在的物业管理问题，并向相关主管部门反映问题以寻求解决办法。目前协会已向相关部门多次发函沟通装修垃圾问题、生活垃圾处理问题、转供电调价问题、自来水饮水安全问题、业主违建问题、业主委员会成立问题、社区宠物饲养问题、物业管理催费难等问题。2019 年 5 月，协会通过征求各会员单位对物业管理行业相关法律法规的意见，为惠州市制定物业管理相关政策以及规范性文件工作提供建设性建议，有利于维护物业管理行业的合法权益，改善物业管理的法律环境。

（三）采取多种措施发挥行业协会的服务职能

诚实守信、公平竞争、规范服务《自律公约》明确规定的重要自律条款。惠州大亚湾区物业管理行业协会发挥行业协会服务职能，积极开展各种行业知识培训交流活动，以提高物业管理从业人员素质与物业服务水平。其一，开展物业管理相关知识专题讲座。2019

年 7 月 24 日，协会联合星河智善物业开展大亚湾区 2019 年物业管理专题知识讲座，区内 110 余名物业服务企业项目经理及相关人员参加培训。2020 年 5 月 1 日，协会联合碧桂园服务管理学院专业讲师为大亚湾区物业从业人员带来"铂金管家线上认证营"课程，吸引了近 150 名学员参加。为提升物业从业人员急救知识和技能，增强生命安全意识，提升社区居民的防诈骗能力，推进社区平安创建，协会分别在 2019 年 9 月 10 日以及 2020 年 6 月 9 日，联合区民政局、惠州市红十字会、华之春公益协会举办应急救护知识讲座，大亚湾区物业服务企业负责人及相关人员 200 余人参加活动。其二，组织开展物业从业人员素质能力提升培训，提高实践应用能力。协会积极联合区房管局、住建局、消防大队等相关部门开展全区物业服务企业安全生产培训。为强化用电安全操作规范性，进一步提高电工安全意识和岗位操作技能，防止安全生产事故的发生，协会联合区供电局于 2019 年 6 月 19、20 日组织开展 2019 年安全生产知识和岗位操作技能培训，共 100 人参加。为适应行业发展需求，全面提升大亚湾区物业管理项目经理的综合素质，培养实用性的管理人才，惠州市物业管理行业协会、惠州市惠阳区物业服务行业协会与协会联合举办 2021 年广东省物业管理项目经理（惠阳、大亚湾）培训班，大亚湾区共 29 名物业从业人员参加。为确保各物业服务企业消防相关工作人员的持证上岗人数和持证上岗率达到法律法规的规定，协会持续开展消防培训班，截至 2022 年 12 月，本协会共举办消防培训 14 期，累计参训人员 300 余人。

（四）加强对物业管理服务的监督

《自律公约》中的"接受监督"条款强调物业管理企业及人员要接受政府主管部门、业主和协会三方的监督。协会据此开展多种类型的监督活动，加强对物业管理服务的监督。例如，协会利用大亚湾区第二期社会建设创新专项资助，以"搭建物业服务平台，打造平安和谐小区"为目标，选择某小区，于 2019 年 12 月~2020 年 11 月通过开展问卷调查，在了解物业人员、业主基本情况及基本需求的基础上，建立主要由社区负责人、物业所物业纠纷调解委员会成员、物业企业代表、业主代表（楼栋长、党员业主代表）、物业协会组成的"议事会"机制，用于商议物业小区物业管理规划及小区文化营造等方面存在的各类问题。议事会建立后，围绕高空抛物、儿童安全、消防安全、文明养宠等事项展开议事协商。例如，随着生活水平的日益提高，小区养宠物的家庭越来越多，随之而来的是宠物叫声扰民、随地大小便、遗弃宠物，以及各地屡屡发生的宠物伤人事件等问题。为提高业主文明养宠意识，在大亚湾区委政法委员会的指导下，由大亚湾区物业管理行业协会携手社区居委会、社区综合服务中心于 2020 年 10 月 11 日举办创新物业服务系列主题活动之文明养宠工作议事会。本次议事会邀请了社区党支部代表、协会代表、物业代表以及业主代表共 15 人参与，为小区物业做好文明养宠工作提供了新思路、新方法，联动社区、社工、物业协会、社区社会组织和居民等多方力量。

大亚湾区物业管理行业协会积极走访物业企业，向政府反映会员呼声。协会秘书处自 2018 年下半年，持续开展"走访会员企业系列活动"，实地了解行业需求，收集物业行业共性问题，在商讨后提出相应发展建议，并制作成"调研报告"递交给政府相关部门，为全力推动物业行业各项工作开展提供动力和支持，受到相关部门的一致好评。例如，2021 年 3 月 23 日至 26 日，协会秘书处分别走访八家物业服务企业，进行调研和听取意见。

此外，为提高和扩大物业服务行业的影响力，提升物业服务企业的服务水平，向社会公众宣传物业从业人员的政治素质、专业水平和高尚情操，通过表彰提高从业人员的社会责任感和荣誉感，提升社会对物业行业的认知度，激励和促进行业健康发展，在大亚湾区房管局的指导下，协会组织开展 2018 年度、2019 年度、2022 年度大亚湾区物业管理行业评优评先活动。评优评先活动是加强对物业管理服务监督的有效形式之一。评选范围包括大亚湾区物业服务企业、物业小区及其从业人员。评选项目根据年度不同而有所区别，大致包括：年度大亚湾区物业服务行业先进单位；年度大亚湾区物业协会优秀会员单位；年度大亚湾区物业服务行业优秀小区；年度大亚湾区物业行业优秀项目经理；年度大亚湾区物业服务行业爱岗敬业奖。根据评选项目的不同评选条件也有所不同，但其核心内容是坚持行业自律，诚信规范经营，物业服务规范，群众获得感较强。以 2022 年度评选为例，2022 年 11 月 24 日发布的《关于开展 2022 年度大亚湾区物业服务行业评优活动的通知》中规定的评选条件如下：

一、突出贡献单位（10 家）

1. 积极参与并配合政府部门或协会组织的各类活动及相关工作，如积极参与协调物业行业纠纷问题处理、网格化管理工作、物业行业立法调研、物业行业各类标准制定、物业行业党建联建等工作，对物业服务行业健康稳定和谐发展有重大贡献的。

2. 物业服务企业获得国家、省、市、县（区）人民政府、街道、社区表彰或是媒体正面宣传报道的优先考虑。

3. 物业服务企业近三年内未受到政府行政主管部门通报批评或行政处罚的。

二、先进单位（15 家）

1. 遵守国家法律法规和行业政策，践行社会主义核心价值观；经营管理诚信规范，服务有创新、有特色、品质高，得到行政管理部门和业主认可。

2. 企业在大亚湾区有物业管理项目，积极参与政府部门、业务指导部门或协会组织的各类活动，如疫情防控、文明城市、卫生城市、垃圾分类、党建等工作，对引领物业服务行业进步有重大贡献的。

3. 企业在本区所服务项目入伙须满一年以上，近两年内无重大责任事故，无重大投诉，无重大安全隐患，无不良行为记录，未受到行政管理部门的行政处罚，通报批评或曝光。

4. 企业所管理项目在 2022 年度获得省级、市级示范（优秀）项目的优先考虑。

5. 物业服务企业获得国家、省、市、县（区）人民政府、街道、社区表彰或是媒体正面宣传报道的。

三、优秀会员单位（15 家）

1. 拥护党的路线方针政策，认真学习贯彻党的二十大精神，努力在新常态下提升创业创新能力。

2. 拥护本协会《章程》，集体荣誉感强，能维护协会团结形象，积极支持、参与协会组织的各项活动。

四、优秀小区（30个）

1. 遵守国家法律法规和行业政策，践行社会主义核心价值观；经营管理诚信规范，服务有创新、有特色、品质高，得到行政管理部门和业主认可。

2. 积极参加行政管理部门和协会活动，认真完成房管局下达的各项会议精神和任务，在2022年度工作中有突出事迹的小区优先考虑。

3. 物业项目入伙须满一年以上，近两年内无重大责任事故，无重大投诉，无重大安全隐患，无不良行为记录，未受到行政管理部门的行政处罚，通报批评或曝光。

4. 物业项目在2022年度获得省级、市级示范（优秀）项目的优先考虑。

5. 原则上每家物业服务企业限报一个，如所服务项目多的物业企业可适当增加1—2个名额。

五、优秀项目经理（可推荐40个，以最后评定为准）

1. 遵纪守法，爱岗敬业，遵守职业道德，无不良行为记录。

2. 从事物业管理工作3年以上，担任物业服务企业项目经理职务2年以上。

3. 所管物业项目在大亚湾区，且所管项目近两年内无重大责任事故，无重大投诉，无重大安全隐患，无不良行为记录，未受到行政管理部门的行政处罚、通报批评或曝光。

4. 所管项目在2022年度获得省级、市级示范（优秀）项目的优先考虑。

5. 个人获得国家、省、市、县（区）人民政府、主管部门、业主表彰（表扬）的优先考虑。

6. 原则上每家物业服务企业限报一个，如所服务项目多的物业企业可适当增加1—2个名额。

六、爱岗敬业奖（40 人）

申报人须同时具备如下条件：

1. 在大亚湾区物业服务企业连续从事工作 5 年以上的在职基层员工（包括：部门主管、管理员、客服、设施设备维修技工、秩序维护员、清洁工、绿化养护工等基层员工）。

2. 工作积极主动具有较强的事业心和责任感，能较好地完成各项工作任务。

3. 长期从事基层一线工作，深受业主的信赖和好评，有感人事迹。

上述评选条件蕴含着《自律公约》的基本精神和基本要求。2023 年 1 月 20 日，物业管理行业协会发布《关于 2022 年度大亚湾区物业服务行业评优活动评选结果的公示》，接受社会监督。

同时，惠州大亚湾区物业管理行业协会也注重利用约束性手段促进行业物业管理行业自律。主要是通过会员积分制进行管理，对于物业服务企业的违法违约行为进行扣分。物业服务企业一旦被扣分，会对企业带来直接的不利影响。

四、《自律公约》的作用和特点

物业管理行业直接面向社区居民，物业管理的质量关系着社区居民群众的生活舒适程度。大亚湾区物业管理行业协会的宗旨和业务范围要求协会采取多种措施，以行业自律为基本原则，促进物业管理行业的规范化，提升物业管理服务的质量。《自律公约》的积极作用，主要体现在两个方面：一是促进了大亚湾区物业管理行业的创新、交流与合作，有力推动了大亚湾区物业管理行业的行业自律建设和规范化建设；二是通过服务会员、向政府部门递交建议等形式，有效维护了会员单位的合法权益。

大亚湾区物业管理行业协会制定和实施《自律公约》，是对协会章程的进一步贯彻落实。综合分析，《自律公约》具有以下特点：

第一，守法与遵章相结合。遵章守法是《自律公约》规定的第 1 条自律条款，体现了守法与遵章相结合的特点。物业管理服务法律关系是国家法律法规调整的重要领域。《民法典》在"业主的建筑物区分所有权"一章涉及物业管理的诸多事项，是我国物业管理领域的基本法律。同时，《物业管理条例》是国务院制定的物业管理领域专业性行政法规，旨在规范物业管理活动，维护业主和物业服务企业的合法权益，改善人民群众的生活和工作环境。1998 年 7 月 29 日，广东省第九届人民代表大会常务委员会第四次会议通过了《广东省物业管理条例》，并于 2008 年 11 月 28 日进行了修订、2023 年 11 月 23 日进行了修正。因此，在物业管理服务领域，我国已经形成了较为健全的法律规范体系，是大亚湾区物业管理行业协会制定《自律公约》的法律规范根据。同时，《自律公约》强调对协会章程等内部自治规范的遵守，"公约"本身也意味着入约者的共同约定、共同遵守。大亚湾区物业管理服务企业自愿联合成立物业管理行业协会，本身就是希望以社会组织的力量促进行业发展。协会还制定发布了《惠州大亚湾区物业管理行业协会会员积分管理办法（试行）》《大亚湾区物业行业自律倡议书》等与自律相关的直接自治规范，形成了关于行业自律的规范体系。

第二，自律与他律相结合。《自律公约》的出发点是通过行业自律实现物业管理服务企业的自我管理、自我约束，这是《自律公约》发挥效力和作用的基础。同时，《自律公约》也强调通过法律法规等力量的他律约束，实现自律与他律相结合，促进《自律公约》的实施。具体来说，大亚湾区物业管理行业自律的基本原则是守法遵章、诚信守诺、公平竞争、自律互利、切实履行行业的社会责任，并体现在自律条款之中。协会理事会是公约的执行和监督机构，协会理事会授权秘书处负责对公约的实施情况进行日常监督和检查，并处理具体事务。协会及时总结经验，树立典型，对先进集体和个人进行评奖评优、表彰，正面引导企业自觉履行公约；同时对违反公约的会员，视情节轻重，协会可以启用相应的惩戒措施。上述措施主要是自律的体现，强调物业管理服务企业的自我约束、协会的内部约束。此外，《自律公约》中还体现着诸多他律内容，如遵守法律法规，自觉接受政府主管部门对物业管理活动的指导和监督等。协会协同政府主管部门，建立企业诚信档案，将会员履行本公约的情况记入企业诚信档案，体现了自律与他律的结合。又如《自律公约》第16条规定："对违反本公约的会员，其行为同时违反法律、法规和政策规定的，协会可以向政府主管部门提出要求行政处罚的建议"，这也体现了发挥他律的约束作用。

第三，管理与服务相结合。大亚湾区物业管理行业协会发布和实施《自律公约》，不仅发挥了物业行业协会的管理职能，还体现了服务会员的职能。根据《惠州大亚湾区物业管理行业协会章程协会》规定的协会业务范围，协会承接政府部门委托，参与制定物业管理行业标准、行为规范与自律准则，加强行业自律和诚信体系建设，规范执业行为。协会主动制定和发布《惠州大亚湾区物业管理行业协会自律公约》，协会理事会执行公约，即是协会管理职能的直接体现。此外，协会还积极发挥为会员提供服务的职能，持续开展"走访会员企业系列活动"，实地了解行业需求和对协会发展的建议，收集物业行业的共性问题，向政府相关部门反映会员的意见和建议。协会大力开展物业管理知识、法律知识等行业培训，以提高从业人员的综合素质，加强对物业服务企业权益的宣传与维护，是协会服务职能的体现。

结　语

行业协会是具有一定自治属性的社会组织，在协会内部实行自我管理、自我服务、自我约束、自我监督，以促进行业健康有序发展。大亚湾区物业管理行业协会以物业管理服务为核心，尤其注重行业自律、依法诚信经营。为此，在协会成立之初，除了议定颁行《惠州大亚湾区物业管理行业协会章程》，还发布了《自律公约》。惠州大亚湾区物业管理行业协会以《自律公约》为依据，遵循国家物业管理领域的法律法规，采取形式多样、内容丰富的措施，促进了物业管理行业自律，提高了物业管理服务质量，维护了会员的合法权益，增强了协会会员的凝聚力，促使协会的自治水平不断提升。

第十八章

保障大亚湾区个体私营企业协会运行的工作制度

引 言

惠州市大亚湾区个体劳动者协会、惠州市大亚湾区私营企业协会均于 1993 年 5 月经大亚湾区管委会批准成立，1995 年 3 月在区民政局登记发证，主管部门为工商局。2014 年，工商、食药、质监三部门合并为大亚湾区市场监督管理局。因此，原来的两个协会于 2015 年进行改革，将个体劳动者协会和私营企业协会合并为惠州大亚湾区个体私营企业协会。目前，惠州大亚湾区个体私营企业协会（本章以下简称"个私协会"）有 5 个片区分会，分别是：澳头、霞涌、西区、石化、前兴广场（2021 年 5 月更名为响水河）。2020 年 6 月 30 日，个私协会召开第六届会员代表大会，选举产生了第六届理事会，顺利完成换届。截至 2022 年 6 月，个私协会共有企业会员 117 家，个体会员 131 人。

个私协会是协调政府相关职能部门和广大个体工商户、私营企业的自律性服务组织，接受大亚湾区民政局的监督管理和大亚湾区市场监督管理局的业务指导，是具有一定规模的独立法人社团组织。作为行业性协会，个私协会运行稳定的重要原因是形成了比较完善的制度规范体系。除了自治章程，个私协会还制定了理事会工作制度、财务管理制度、法定代表人述职制度等工作制度，有效推动了个私协会各项工作的顺利开展，成为保障个私协会有序运行的重要自治规范。

2023 年 2 月 9 日，笔者到大亚湾区个私协会进行访问调查。与协会负责人、工作人员进行座谈交流，听取了协会负责人的情况介绍，查阅和收集了有关资料，对大亚湾区个私协会自我管理的自治规范有了基本的了解。

在田野调查的基础上，本章对大亚湾区个私协会的工作制度的制定和修改、主要内容、落实、作用和特点等进行初步探讨，以进一步认识大亚湾区的行业自治规范，更全面地理解大亚湾区的自治规范。

一、个私协会工作制度的制定和修改

2020 年 6 月 30 日，个私协会第六届会员代表大会通过了新修订的《惠州大亚湾区个体私营企业协会章程》。关于个私协会的业务范围，章程规定了十一项，包括：（1）宣传贯彻国家和省、市的法律法规、规章和政策，引导会员和企业坚持依法经营；（2）总结推广个体私营企业发展的成功经验，推进全区个体私营企业健康发展；（3）向政府反映会员和行业诉求，依法维护会员和行业的合法权益；（4）主办、承办、协办各种类型的展会，为会员和企业开拓国内外市场提供服务；（5）组织各种类型的商业考察和经贸洽谈，为会员和企业开展国内外经贸合作提供服务；（6）建立协会信息平台，为会员和企业的信息化建设提供服务；（7）开展咨询、培训等活动，为会员和企业经营管理提供服务；（8）开展行业规划、行业标准、行业管理、行业评价和行业自律工作，为政府对全区个体私营企业实施宏观调控提供服务；（9）组织行业开展专题调研和理论研究，主动向政府和有关部门提出政策性建议；（10）组织会员参与各种社会公益活动，积极支持社会公益事业和慈善事业；（11）承接政府职能转移的委托事项，做到服务政府、服务社会、服务会员，完成政府有关部门交办的工作。

为保障个私协会业务顺利开展各项工作，个私协会在长期的工作实践中不断健全和完善协会相关工作制度。课题组搜集到个私协会于 2016 年 6 月 1 日整理的《大亚湾区个体私营企业协会制度汇编》，表明大部分工作制度由第四届及之前理事会制定通过。例如，《法定代表人述职制度》第 6 条规定："本制度经理事会审议通过后生效，由理事会解释。"《财务管理制度》第 10 条同样规定："本制度经理事会审议通过后生效，由理事会解释。"同时，个私协会根据工作过需要继续制定新的工作制度。例如，2018 年个私协会通过了《大亚湾区个体私营企业协会工作人员管理制度》。

二、个私协会工作制度的主要内容

作为行业自治组织，个私协会根据相关法律法规，结合协会工作实际需要，制定了一系列工作制度，大致可以划分为组织机构工作制度、人员财务管理制度与日常办公工作制度。

（一）组织机构工作制度

个私协会设有会员代表大会、理事会、常务理事会、监事会、维权委员会等组织机构，不同的组织机构发挥不同的职能，相应的工作制度也就有所不同。其中，会员代表大会是协会最高权力机构，理事会为会员代表大会的常设机构，监事会是协会的监督机构。《惠州大亚湾区个体私营企业协会章程》对此皆有明确规定。

1. 民主选举制度

民主选举是行业协会自治的重要体现，也是行业协会内部各种组织机构产生的最主要途径。个私协会为保障各组织机构的选举工作依规进行制定了专门的《民主选举制度》。

民主选举制度

第一条　为规范本会的选举工作，保障会员依法行使民主选举权利，依据《惠州大亚湾区个体私营企业协会章程》制定本制度。

第二条　本会选举工作，接受社会组织管理部门监督。

第三条　本会会长、常务副会长、副会长、秘书长（选任制）、理事、监事，需经会员代表大会选举产生。

理事人数原则上为会员代表总人数的三分之一。

第四条　本会换届选举工作，由上一届理事会负责。新一届会长、常务副会长、副会长、秘书长、理事、监事候选人，由上一届理事会广泛征求各会员代表单位意见，以投票方式选举。

第五条　以威胁、贿赂、伪造选票等不正当手段当选的，其当选无效。

第六条　本会理事、会长、常务副会长、副会长、秘书长、监事等候选人须获得全体会员代表的半数以上同意，方能当选。

常务理事候选人须获得全体理事的半数以上选票，方能当选。

第七条　本会法定代表人由会长担任，并不得担任其他社团的法定代表人。

第八条　理事、常务理事的变更和增补：

本会理事、常务理事在任期内，调离原单位或因其他原因不能继续任理事的，原理事单位、常务理事单位可选派其他相应人选继任，但应书面报告理事会批准。

第九条　本会秘书处和会员有权对其他会员提出除名要求。除名要求应当写明除名理由，并由理事会审议后，提交会员代表大会表决。被提出除名的会员有权在会员代表大会上提出申辩意见，也可以书面提出申辩意见。

对会员的除名，须有半数以上会员代表通过方可除名。

第十条　登记管理机关对严重违反法律、法规和国家政策、协会章程或严重失职的负责人，可以提出罢免建议。罢免建议须以书面形式提出，并写明罢免理由。

个私协会制定的《民主选举制度》内容丰富，涉及协会选举的主要程序，能够为协会选举工作提供规范保障。

2. 会员代表大会制度

《惠州大亚湾区个体私营企业协会章程》第 17 条规定："本会由会员组成会员代表大会。会员代表大会是本协会的最高权力机构，依照国家法律、法规和协会章程的规定行使职权。"个私协会据此制定了专门的《会员代表大会制度》，进一步规范会员代表大会的职权和运行。

会员代表大会制度

第一条　为规范本会员代表大会工作，根据《社会团体登记管理条例》、参照《广东省行业协会条例》《惠州大亚湾区个体私营企业协会章程》制定本制度。

第二条　本会由会员组成会员代表大会。代表大会是本会的最高权力机构，依照国家法律、法规和本团体章程的规定行使职权。

第三条会员代表大会行使下列职权：

（一）决定协会在法律、法规规定范围内的业务范围和工作职能；

（二）选举或罢免会长、常务副会长、副会长、秘书长、理事、监事；

（三）审议理事会、监事会的年度工作报告、年度财务预决算方案；

（四）审议理事会对会员除名的提议；

（五）对协会变更、解散和清算等事项作出决议；

（六）改变或者撤销理事会不适当的决定；

（七）制定或修改章程、组织机构的选举办法；

（八）决定终止事宜；

（九）决定其他重大事宜。

第四条　会员代表大会每届4年。因特殊情况需提前或延期换届的，须由理事会表决通过，报经社会团体登记管理机关批准同意。但延期换届最长不超过一年。

第五条　会员代表大会每两年至少召开一次会议。理事会认为有必要或者五分之一以上的会员代表提议，可以召开临时会员代表大会。会员代表大会会议通知必须列清会议议题。

第六条　会员代表大会出席会员必须达到三分之二以上；其决议须经到会全体会员半数以上通过。凡是有选举事项的大会，会前监事必须对会员代表资格进行审核，确认选举合法有效性。

第七条　会员代表大会应当对所议事项的决定制定会议纪要，并由监事签名确认，会后向全体会员公告，并抄报业务指导单位及登记管理机关。

第八条　凡选举或修改章程的，均采取无记名投票的方式进行；其他表决事项，可采取举手表决方式进行。

第九条　本制度经理事会审议通过后生效，由理事会解释。

相较于《惠州大亚湾区个体私营企业协会章程》中关于会员代表大会的规定，《会员代表大会制度》第 6 条增加了在涉及选举事项时，监事需要审核会员代表资格的要求；第 7 条规定了会员代表大会会议纪要的制作和公开；第 8 条具体规定了会员代表大会对于不同事项的决定程序。

3. 理事会工作制度

根据《惠州大亚湾区个体私营企业协会章程》第 21 条的规定，个私协会理事会为会员代表大会的常设机构，在会员代表大会闭会期间，依照会员代表大会的决议和协会章程的规定履行职责。为规范理事会的工作，个私协会专门制定了《理事会工作制度》。

理事会工作制度

一、理事会由会员代表大会选举产生，对会员代表大会负责。

二、理事会是会员代表大会的执行机构，在会员代表大会闭会期间领导本会开展日常工作。

三、理事会须有三分之二以上理事出席方能召开，其决议须经到会理事三分之二以上表决通过方能生效。

四、理事会每年至少召开一次全体会议，特殊情况下可采用通信形式召开。

五、理事会的职权是：

（一）贯彻、执行会员代表大会通过的各项决议；

（二）对本会活动进行集体领导和监督；

（三）选举产生和罢免会长、副会长和秘书长、副秘书长，确认常务理事人选；

（四）决定会员的吸收或除名；

（五）对内部办事机构和分支机构进行管理，委任有关负责人选；

（六）建立以人、财、物为重点的内部管理制度；

（七）研究制定本会的工作规划和年度工作计划；

（八）筹备召开会员代表大会，向会员代表大会报告工作和财务状况；

（九）接受国内外企业和友好人士对发展个体私营经济的捐赠；

（十）决定其他重大事项。

六、理事的职责是：

（一）带头宣传国家的政策、法律、法规，带头学法、懂法、守法、用法，恪守社会公德和职业道德，加强思想政治工作；

（二）带头学习贯彻上级有关文件，并及时传达到每个会员；

（三）带头诚信经营，文明服务，争做文明民营企业和文明个体工商户；

（四）带头传递各类政策法规经营信息和经验，主动为会员排忧解难；

（五）带头反映会员的合理意见和要求，维护会员的合法权益；

（六）带头组织会员交流生产经营信息，开展劳动致富和扶贫帮困活动；

（七）带头缴纳税费，热心公益事业，积极回报社会；

（八）定期向协会汇报工作情况，认真工作，大胆负责；

（九）带头参加协会组织的各项活动，热心协会事业，关心协会发展；

（十）其他相关工作。

《理事会工作制度》既重述了《惠州大亚湾区个体私营企业协会章程》中有关理事会职权的规定，同时专门增加了关于理事本人职责的规定。理事由会员代表大会选出，是个私协会各项活动的积极参与者，对于个私协会的长期运行具有重要意义。

4. 常务理事会工作制度

根据《惠州大亚湾区个体私营企业协会章程》第 24 条的规定，理事会人数在 60 人以上的，可以根据需要从理事中选举常务理事，设立常务理事会，常务理事会对理事负责。常务理事会由名誉会长、会长、书记、执行会长、顾问、常务副会长、分会长、副会长、正副秘书长、监事、常务理事组成。大亚湾区个私协会第六届理事会共有 105 人，共推选出常务理事 77 人。为规范常务理事会的运行，个私协会制定了《常务理事会工作制度》。

常务理事会工作制度

一、常务理事会由理事会选举产生，在理事会闭会期间行使理事会职权，对理事会负责。

二、常务理事会须有三分之二以上常务理事出席方能召开，其决议须经到会常务理事三分之二以上表决通过方能生效。

三、常务理事会至少半年召开一次，特殊情况下可采用通信形式召开。

四、理事会闭会期间，常务理事会代行下列职权：

（一）贯彻、执行会员代表大会通过的各项决议；

（二）对本会活动进行集体领导和监督；

（三）决定会员的吸收和除名；

（四）对内部办事机构和分支机构进行管理，委任有关负责人选；

（五）建立以人、财、物为重点的内部管理制度；

（六）研究制定本会的工作规划和年度工作计划；

（七）筹备召开会员代表大会；

（八）接受国内外企业和友好人士对发展个体私营经济的捐赠；

（九）决定其他重大事项。

五、常务理事的职责是：

（一）带头执行"三严三实"要求，热心协会工作，全心全意为广大会员服务；

（二）带头当好骨干，当好会员的代言人，带头维护会员的合法权益；

（三）带头加强学习，不断提高全体会员的素质水平；

（四）带领全体理事和会员学习贯彻政府有关文件精神，认真完成协会组织布置的各项任务；

（五）带头认真学习、严格执行国家的政策法律法规，深入调查研究，关心会员疾苦，替会员说话，为会员办实事、办好事；

（六）带头解决会员生产经营中的困难，组织交流经验，开展技术培训，提供资金、信息、技术、人才、维权等服务；

（七）总结交流协会工作经验，提出有利于协会建设的各类建议，以点带面指导全面工作；

（八）带头遵守协会的各项制度，发挥常务理事作用，真正成为"管事理事"；

（九）带头向各级政府和有关部门请示汇报工作，协调方方面面的关系，争取重视和支持，使协会真正成为党和政府联系广大会员的桥梁和纽带，广大会员的"娘家人"；

（十）其他相关工作。

《惠州大亚湾区个体私营企业协会章程》没有具体规定常务理事会及常务理事的职责，对此，《常务理事会工作制度》第4条规定常务理事会的9项职责，第5条规定常务理事的10项职责，保障了常务理事会的规范运行。

5. 监事会（监事）工作制度

行业协会的正常运作离不开权力的监督。监事会是个私协会的重要组织机构，具体承担监督职责。《惠州大亚湾区个体私营企业协会章程》第26条规定监事会的组成，第33条规定监事会的职权。此外，个私协会专门制定了《监事会（监事）工作制度》，进一步明确和规范监事会的运行。

监事会（监事）工作制度

第一条　为规范本会监事会（或监事）管理，依据《社会团体登记管理条例》，参照《广东省行业协会条例》《惠州大亚湾区个体私营企业协会章程》制定本制度。

第二条　本会设立监事3名，监事会（或监事）由会员代表大会选举产生。监事会（或监事）任期与理事会任期相同，期满可以

连选

第三条　会长、常务副会长、副会长、秘书长、理事不得兼任监事。

第四条　监事列席理事会、常务理事会、会长办公会议，有权向理事会、常务理事会、会长办公会议提出质询和建议。监事不参与表决。

第五条　监事应当遵守有关法律法规和协会章程，接受会员代表大会（或会员代表大会）领导，切实履行职责。闭会期间，监督理事会、常务理事会和秘书处依照法规和章程，行使监督职责，核实参会会员、理事、常务理事资格和有效性，签名确认会员代表大会、理事会、常务理事会会议议题程序和表决的合法有效性。

第六条　监事会（或监事）行使下列职权：

（一）向会员代表大会报告监事年度工作。

（二）监督会员代表大会、理事会、常务理事会的选举、罢免；监督理事会、常务理事会履行会员大会的决议。

（三）检查协会财务和会计资料，向登记管理机关以及税收、会计主管部门反映情况。

（四）监督理事会、常务理事会遵守法律和章程的情况。当会长、常务副会长、副会长、常务理事、理事和秘书长等管理人员的行为损害协会利益时，要求其予以纠正，必要时向会员代表大会或登记管理机关报告。

6. 会长、秘书长工作制度

在行业协会中，会长、秘书长等承担了重要的领导职能。个私协会在常务会长、副会长、秘书长、执行会长的领导下开展工作，秘书长对理事会负责。其中，会长和秘书长在整个组织体系中的作用尤其关键，因此，个私协会专门制定了《会长、秘书长工作制度》，进一步细化《惠州大亚湾区个体私营企业协会章程》中关于会长、秘书长的相关内容。

会长、秘书长工作制度

一、会长为本会法定代表人。

二、会长会议一般半年召开一次，特殊情况下可采用通信形式召开。

三、本会会长行使下列职权：

（一）召集和主持理事会或常务理事会；

（二）检查会员代表大会、理事会或常务理事会决议的落实情况；

（三）代表本会签署有关重要文件；

（四）提名常务副会长、副会长、秘书长、副秘书长人选，交理事会决定；

（五）处理其他有关重要事务。

四、常务副会长协助会长主持协会全面工作。

五、会长工作职责：

（一）负责本协会的全面工作，按时组织讨论各个阶层的工作计划及协会的其他工作安排，做好各项工作部署；

（二）主持召开常务理事会、理事会，向会员代表大会报告工作；组织协会理事按照分工做好本职工作，督促检查各项工作的开展情况；

（三）经常深入到会员中间，了解会员的思想和经营情况，倾听会员的意见和反映，发现问题，及时研究解决；

（四）主动向党委、政府和有关部门请示汇报工作，以取得重视和支持；

（五）定期向会员代表大会、理事会、常务理事会和上级协会报告工作；

（六）根据分工，认真抓好各成员分工的各项工作；

（七）其他相关工作。

六、秘书长工作职责：

（一）主持协会的日常工作；

（二）组织协会工作人员认真学习党的路线、方针、政策以及国家有关个体私营经济方面的规定，统一认识，提高思想觉悟和业务工作能力。指导工作人员开展各项工作；

（三）根据上级协会和监管部门的工作部署，组织工作人员制订各个时期的工作计划，提出任务并督促实施；

（四）经常组织和带领协会人员深入基层，调查研究，为协会理事会当好参谋，反映和解决企业提出的问题和意见，发现典型，及时宣传推广；

（五）按照理事会的规定和年度工作安排，召集各种会议，并做好会前的准备工作；

（六）组织协会人员筹备各项较大活动，配合党和政府为民营经济发展、为个体私营企业做大做强展开调研和指导；

（七）组织协会人员、民营企业家参加省内外、国内外经贸洽谈、招商引资和各项考察活动；

（八）负责组织协会收缴会费管理开支工作，并定期向会员代表大会报告财务收支情况；

（九）完成上级协会和协会主管部门交办的其他工作。

会长作为个私协会的法定代表人，需要积极履职并接受监督。为此，个私协会理事会还专门制定了《法定代表人述职制度》，明确了述职的主要内容和形式。

法定代表人述职制度

第一条　为建立健全科学、有效的监督运行机制，调动法定代表人履行职责的积极性，参照《广东省行业协会条例》制定本制度。

第二条　本协会法定代表人任期内至少每两年在或会员代表大会上述职一次。

第三条　法定代表人述职的主要内容：

（一）着重阐述个人履行职责以及完成工作计划（目标）的情况；

（二）带领理事会执行本会章程及各项管理制度的情况；

（三）工作思路及在工作中所起的作用和效果；

（四）存在的问题和经验教训，以及任期内的工作打算。

第四条　法定代表人的述职报告要形成书面材料，内容详实，注重实事求是。

第五条　法定代表人每次的述职报告要经过会员大会会员审议通过，并报社团登记管理机关和业务指导单位备案。

第六条　本制度经理事会审议通过后生效，由理事会解释。

7. 会议制度

个私协会组织结构健全，形成了会员代表大会、理事会会议、会长会议、会员代表会议等定期或者不定期会议制度。个私协会在《惠州大亚湾区个体私营企业协会章程》基础上，专门制定《会议制度》规范各种类型会议的举行。

会议制度

为了进一步加强协会的自身建设，提高协会理事的思想素质，充分发挥协会的核心作用和决策能力，制定本制度：

一、协会理事会议每季度召开一次，召开理事会议必须有半数以上的理事参加方能举行。如遇重大问题可随时召开。

二、会员代表座谈会每年召开一至二次，会议内容是向代表们总结半年、全年的工作，给会员提供相互联系和提供合理化建议的平台。

三、每四年召开一次会员代表大会，会议的主要内容是总结协会工作情况，表彰一批先进会员。

四、如遇重大问题需及时解决的，可随时召开会长会议、理事会议和会员代表会议，会议由会长主持召开，会长不能参加会议时，可委托秘书长召集主持。

五、接到会议通知后，要积极准时参加会议。

8. 分支（机构）管理制度

个私协会会员数量众多，分布在大亚湾区的各个区域。为加强联系，协会成立了相应的分支机构，同时制定了专门的制度以规范分支机构对本区域事务的管理。

分支（代表）机构管理制度

第一条　为规范本会分支（代表）机构的管理，依据《惠州大亚湾区个体私营企业协会章程》制定本制度。

第二条　本会分支机构，是根据区域会员的发展和业务工作的需求而设立的协会分支（代表）机构。

第三条　本会代表机构，是在其活动区域内设置的代表本会开展活动、承办本会交办事项的机构。

第四条　分支（代表）机构的任务：

团结会员，加强相互沟通、交流与合作，促进（本区域）行业发展，增强协会的凝聚力。

第五条　分支机构经理事会批准注销后，其原有印章须及时上交协会处理，分支（代表）机构负责人变更，其印章须经协会办理移交手续。

第六条　分支（代表）机构的成员为协会相关的会员。分支（代表）机构设分会长、副分会长、工作人员。由本会秘书长在民主协商的基础上提出分支（代表）机构主要负责人的候选人，经理事会审议决定。分支（代表）机构的专职工作人员，由秘书长在民主协商的基础上提名，报会长审查决定。

第七条　分支（机构）开展活动应当使用全称。

第八条　本会不得向所属分支（代表）机构收取或变相收取管理费用。

9. 备案报告工作制度和信息披露工作制度

个私协会是党和政府联系广大个体私营企业的桥梁和纽带，接受社团登记管理机关大亚湾区民政局的监督管理和大亚湾区市场监督管理局的业务指导。一方面，个私协会要在规定的时间内将可能对本协会（行业）产生重大影响的活动以备案的方式向业务指导单位和社会团体登记管理机关报告。另一方面，个私协会也要在规定时间内将可能对本协会产生重大影响而会员尚未得知的信息以规定的方式向会员或社会公布。因此，个私协会理事会制定《备案报告工作制度》和《信息披露制度》规范备案报告工作和信息披露工作，这两项制度是个私协会组织机构工作制度的组成部分。

《备案报告工作制度》主要规定了需要备案的协会重大活动的内容及备案形式、程序，具体内容如下：

备案报告工作制度

第一条　为规范本会重大活动的管理工作，提高本会工作的透明度，维护会员的合法权益，依据《社会团体登记管理条例》、参照《广东省行业协会条例》和《惠州大亚湾区个体私营企业协会章程》制定本制度。

第二条　本制度所称重大活动备案报告是指将可能对本协会（行业）产生重大影响的活动在规定的时间内，以备案的方式向业务指导单位和社会团体登记管理机关报告的行为。

第三条　本会重大活动应当严格遵守国家法律法规和《章程》的有关规定，维护会员的合法权益，体现会员的意志，有利于促进本会的健康发展。同时，活动不能影响社会稳定、损害社会公众利益。

第四条　本会重大活动的内容：

（一）会员代表大会；

（二）修改章程；

（三）创办经济实体；

（四）重大的学术活动；

（五）大型的展览展销活动；

（六）涉外（包括港、澳、台地区）活动；

（七）开展评比、表彰活动；

（八）接受境外五万元以上的捐赠或赞助；

（九）对本会有重大影响的诉讼活动；

（十）其他重大活动。

第五条　本会做出本制度第四条内容之一的决定，从决定之日起七天内应当向相关业务指导单位和登记管理机关备案。开展其他内容的，由协会向登记管理机关和业务指导单位书面报告即可。

第六条　本会重大事项备案报告均以书面形式，主要内容包括：活动的内容、方式、规模、参加人员、时间、地点、经费等方面。

第七条　本会重大事项备案报告送达后，经受理机关审查，认为活动有违反法律、法规和政策或本会《章程》时，本会应立即停止活动，或进行纠正后再开展活动。

第八条　重大活动开展结束后，需将重大活动开展成效评估、社会影响、存在问题、下一步打算等综合情况，书面报告登记管理机关和相应的业务指导单位。

第九条　本会秘书处应及时、完整保存重大活动备案报告资料。

第十条　本制度经理事会审议通过后生效，由理事会解释。

《信息披露工作制度》对信息披露的内容、程序、形式及责任等事项进行了较为全面的规定，具体内容如下：

信息披露工作制度

第一条　为规范本会的信息披露工作，确保信息披露的真实、准确、完整、及时、公平，促进本会规范运作，维护会员的合法权益，依据《社会团体登记管理条例》、参照《广东省行业协会条例》和《惠州大亚湾区个体私营企业协会章程》制定本制度。

第二条　本制度所称信息披露是指将可能对本协会产生重大影响而会员尚未得知的信息，在规定的时间内，以规定的方式向会员或社会公布的行为。

第三条　本会信息披露的内容包括定期报告和临时报告。年度报告为定期报告，其他报告为临时报告。社会团体登记管理机关认为有必要披露的信息，也应当予以披露。临时报告内容包括以下几方面：

（一）会员代表大会、理事会或常务理事会的决议；

（二）对本会发展可能产生重大影响的信息；

（三）本会的财务情况；

（四）本会接受国家拨款或者社会捐赠、资助的资金使用情况；

（五）本会接受政府职能委托、授权、转移情况；

（六）本会开展评比、表彰活动的情况；

第四条　信息披露是本会的持续责任，本会应该忠实诚信地履行信息披露的义务。本会应真实、准确、完整、及时、公开地报送及披露信息，确保没有虚假、误导性陈述和重大遗漏。年度报告、登记管理机关指定的、接受政府拨款或社会资金等信息披露的载体是公开的报刊或者大亚湾区民政局网站，其他信息披露，可在本会内部刊物、网站等。

第五条　本会发现已披露的信息有错误、遗漏或误导时，应及时发布更正公告、补充公告或澄清失实公告。

第六条　本会理事会授权秘书处负责组织和协调本会信息披露事务。

第七条　信息披露前应严格履行下列程序：

（一）提供信息的部门负责人核对相关信息并签字确认；

（二）秘书长进行规范性审查并签字；

（三）会长或会长授权人签发。

第八条　涉及本会和社会重大影响的重大事项的披露，须报请政府相关业务指导部门同意，经充分磋商统一口径后，方能公开发布披露。

第九条　未经理事会决议或会长授权，理事不得以个人名义代表本会或理事向公众发布、披露本会未经公开披露过的信息。

第十条　监事会及监事个人不得代表本会向会员代表大会和媒体发布和披露本会未经公开披露的信息。监事会或监事向会员代表大会或国家有关机关报告相关人员损害本会利益或违法、违规和违反本会章程的行为时，应及时通知理事会，并提供相关资料。

第十一条　本会年度工作报告、年度财务报告应当经理事会或常务理事会审议后，向会员公布，并报社会团体登记管理机关。

第十二条 本会应当在会员代表大会、理事会或常务理事会召开之前告知会员或理事会议的时间、地点、方式及议程等事项。

第十三条 本会应当及时将会员代表大会、理事会或常务理事会的决议通过本会的信息披露途径告知会员，并上报社团登记管理机关备案。

第十四条 本会应当随时关注本会会员单位的信息动态，对本会正常运作和会员业务发展可能产生重大影响的信息，及时告知会员。

第十五条 本会对外信息披露的文件（包括定期报告和临时报告）要建立专卷存档保管。或会员代表大会文件、理事会文件、监事会或监事文件及信息披露文件要分类专卷存档保管。

第十六条 本会理事、监事及其他因工作关系接触到应披露信息的工作人员，对本会产生重大影响的未公开披露的信息负有保密的责任和义务，不得泄露未公开披露的有关信息。否则，对由此产生的不良影响负全部责任。

第十七条 由于本会有关人员的失职给本协会造成影响时，应对其给予惩戒。

第十八条 本制度经理事会审议通过后生效，由理事会解释。

（二）服务会员制度

个私协会是由大亚湾区个体私营企业联合组成的社会团体，与会员保持密切联系，促进协会各项工作顺利开展。个私协会通过制定服务会员的各项制度加强与会员的联系。

1. 服务会员项目

个私协会制定了《服务会员项目》，全面列举了个私协会服务会员的项目类型，具体包括政策宣传、咨询服务、协调服务、代理服务等8项服务。同时，公示服务会员项目，便于会员及时了解并根据需要获得相关服务。

服务会员项目

1. 政策宣传、咨询服务：为广大会员提供党和政府关于发展非公有制经济的路线、方针、政策等的宣传与咨询服务。

2. 协调服务：一是为会员与政府职能部门的联系、沟通进行协调服务；二是为会员之间联系交流、互相合作提供服务。

3. 代理服务：根据会员需要在设立登记、变更、年检等方面实行全程代理服务，为会员办理登记有关事务提供最大的方便。

4. 协助服务：帮助会员单位申报"守合同重信用"企业的考核认定及知名商标、著名商标、驰名商标的申报认定，并推荐会员申请政府和有关部门颁发的其他先进荣誉称号。

5. 维权服务：会员的合法权益受到侵犯时，及时向政府及有关部门反映会员的合理意见及要求，维护会员的合法权益。

6. 培训服务：举办会员企业经营管理知识培训班及组织劳动技能培训，提高会员的整体素质。

7. 内外交流、信息服务：及时向会员提供招商引资、经贸洽谈等方面的信息。适时分批组织会员进行国内外商务考察，帮助会员寻找发展方向和发展项目。

8. 宣传服务：建立发展会员企业经济的舆论阵地，利用协会"服务平台网"或大众传媒，宣传会员企业，树立会员企业的品牌和形象。

咨询服务电话：（略）

2. 维权工作制度

个私协会的重要宗旨之一是维护个体私营企业的合法权益，也是《服务会员项目》第5项的规定。为履行该宗旨，个私协会成立了专门的维权委员会，并制定《维权工作制度》切实维护个体私营企业的合法权益。

维权工作制度

第一条　为维护个体、私营企业的合法权益，根据《广东省个体工商户和私营企业权益保护条例》赋予的职责所确定的权利与义务，制定本制度。

第二条　大亚湾区个体私营企业协会成立维权委员会，负责本制度的实施和监督。维权委员由协会领导和关心个体私营经济发展，热心维护会员合法权益，责任心强，为人正派的会员组成。

第三条　维权部门指定专人负责，接受个体工商户、私营企业要求维护合法权益的投诉，切实维护广大个体私营企业的合法权益。

第四条　受理投诉要坚持诚挚热情、有受必复、每案必理的原则，填写相应的表格，实行免费受理投诉服务。

第五条　就有关投诉事项进行调查、调解，调解工作必须遵循双方自愿、合法、合理、公正的原则。

第六条　投诉方应递交文字材料或有投诉者签名盖章认可的详细口述笔录。投诉材料应包括以下内容：

（一）有明确的投诉方；

（二）有具体的申诉理由；

（三）有关证据。

第七条　维权委员会对下列情况投诉可以不予受理：

（一）投诉对象不明确；

（二）投诉方不能提供必要证据的；

（三）没有正当理由，或不符合国家法律、行政法规和规章的；

（四）投诉方主动放弃投诉的。

第八条　维权委员会应当在收到投诉材料之日起十个工作日内决定是否受理，特殊情况需要延长审查期限的，应及时告知投诉方，延期不得超过十个工作日。

第九条　维权投诉事项的调解，个私协会维权部门可依据有关法律、行政法规及规章的规定，收集与案件有关的资料、证据或召集当事人调查核实，并据实予以协调处理。调解成功的，应指导双方签订调解和约，并共同遵守执行。

第十条　难以调解而又事实清楚、证据确凿的，应及时与政府有关部门沟通、协调争取有关部门做出正确处理；对个别案情重大、影响面广或久拖不决的投诉案件，可以通过新闻媒体实施舆论监督，必要时应支持投诉方向人民法院进行诉讼。

第十一条　本制度由大亚湾区个体私营企业协会维权委员会负

责制定和解释，自 2016 年 3 月 1 日起实施。

（三）工作人员管理制度

《惠州大亚湾区个体私营企业协会章程》有 3 处规定了个私协会工作人员的管理事宜。第 32 条规定，秘书长有权提名办事机构、专职工作人员的聘用，报会长批准。第 37 条规定工作人员私分、侵占、挪用协会财产的，应当退还并在会员代表大会上进行检讨；构成犯罪的，依法追究刑事责任。第 43 条规定："本会专职工作人员实行全员聘任制，面向社会公开招聘，并订立劳动合同。其工作和保险、福利待遇，参照国家对事业单位的有关规定执行。"工作人员的规范管理是协会有序运行的保障，个私协会注重工作人员的管理，制定了《工作人员管理制度》《办公室工作制度》《学习制度》等制度规范。

《工作人员管理制度》从五个方面全面规范协会内部工作人员的行为，强调积极学习、积极工作、遵纪守法、严格要求、乐于奉献、服从工作安排等。

工作人员管理制度

个私协会是服务会员、服务社会、服务政府的群体组织，是奉献付出的平台，是平等、和谐、自愿的工作环境。结合协会的实际，经理事会研究决定制定协会内部工作人员管理制度。

一、要认真学习，积极工作，处处模范带头

协会工作人员一定要积极参加政治理论，本职业务知识的学习，及时完成交办的各项工作任务。工作积极主动，任劳任怨，处处模范带头。

二、要遵纪守法，严格要求，模范遵守各项制度

协会工作人员一定要严格遵守上下班制度，不准迟到早退和随意请假，如有请假扣发当月每天比例工资，旷工扣发双倍工资（节假日、统一安排的除外）。上班时间内不准办私事或玩手机电脑。

三、要团结友爱，乐于奉献，积极参加各项活动

协会工作人员在工作时要积极奉献、热情接待、主动沟通，要热心服务会员，积极主动组织参与各项活动，及时完成信息报道。

四、要服从工作安排，服从指挥，积极维护协会利益

协会工作人员要积极完成本职工作，团结合作服从安排，严格财经纪律，做到日清月结，每月出报表公示。不得随意购买东西，必须先作计划，请示批准后方可购买。提倡勤俭节约原则。

五、要结合协会实际，根据需要，合理安排好工作人员

协会工作人员要根据实际需要来安排工作人员，但必须经过理事会决定。如有工作人员自愿提出不做的，需提前一个月通知协会办公室，报告会长同意即可。如协会暂不需要时要提前二个月通知本人，或需时，随叫随到安排工作。监事会负责执行办理，同时做好交接工作。

以上制度由理事会决定通过之日起执行。

大亚湾个体私营企业协会

2018 年×月×日

个私协会重视工作人员的素质培养，专门制定《学习制度》，旨在进一步加强协会团队精神，提高协会工作人员的政治素质和工作水平，增强学习的积极性。

学习制度

为进一步加强协会团队精神，提高协会工作人员的政治素质和工作水平，增强学习的积极性，特制定本制度

一、协会工作人员必须从"讲学习、讲政治、讲正气"的高度中，提高学习的自觉性和积极性。

二、根据协会实际，每半年至少组织学习或讲座一次。

三、政治理论学习由秘书长负责，记录内容包括：记录人、学习时间、参加人员、学习内容、讨论题目、发言记录等。

四、要坚持学习制度，妥善安排工作。

五、要加强学习的纪律性，加强"自我学习，自我教育，自我管理"，不断提高学习的自觉性。

为进一步规范工作人员的行为，个私协会专门制定了《办公室工作制度》，规范协会办公室的工作秩序。

办公室工作制度

为了维护我区个私协会的整体形象，养成良好的工作作风，保证正常的工作秩序，严明工作纪律，特制定如下工作制度：

一、工作人员要热爱本职工作，忠于职守，服从分工，履行职责，秉公办事。

二、明确工作人员岗位职责，责任到人，互相配合，团结协作，共同完成工作任务。

三、办公场所干净整洁，办公用品放置有序，办公室内外不准乱放杂物。

四、提高办事效率，优化服务质量，力求做到领导满意、会员满意、自己满意。

五、严格执行各项制度，遵守办公时间，不迟到早退。上班时间要坚守岗位，不得擅离岗位办私事，不得在上班时间使用办公电话聊天谈私事。

（四）财务管理制度

财务管理活动的规范化是行业协会规范运行的基础和保障。《惠州大亚湾区个体私营企业协会章程》第五章用专章规定了协会的资产管理与使用原则。据此，个私协会制定《财务管理制度》，规定财务工作职责和管理、经费的管理、人员工资及福利、固定资产管理等事项。

财务管理制度

第一条 为规范本会经费的使用，使协会的各项经济活动有章可循，依据《社会团体登记管理条例》、参照《广东省行业协会条例》和《惠州大亚湾区个体私营企业协会章程》等有关规定，制定本制度。

第二条 本会财务工作职责和管理。

（一）协会的财务工作人员应严格执行《民间非营利组织会计制度》《会计基础工作规范》《会计档案管理办法》等有关法律法规及政策。

（二）秘书处负责编制协会年度收支计划，报会长办公会议审议，提交理事会审定，并组织贯彻执行。

（三）负责固定资产增减变动的会计核算和监督以及固定资产的清查盘点工作，全面反映和监督固定资产的增、减值和变动情况。

（四）根据协会的收支情况，按月、季编制财务报表。月财务报表分别报会长、秘书长；半年财务报表报理事会，年度财务报表报社团登记管理机关。

（五）负责应收款、应付款和现金银行存款的管理，以及日常经费报销工作，并做好清算拖欠款及催收工作，保证资金的完整、安全。

（六）接受财税机关和登记管理机关对财务工作的检查、监督和财务审计工作。

（七）负责保管会计档案以及固定资产等资料，负责电算化系统的使用。

第三条 本会经费的管理。

（一）协会经费开支按照预算在先、开支在后的原则进行。每年的费用开支情况须向理事会报告。

（二）报销手续。凡一切合法报销凭证必须由经办人、证明人签名，并注明原因及用途，经会计人员审核后报会长审批。

（三）会计人员调动工作或离职时，必须与接管人员办清交接手续。协会换届或更换法定代表人之前，必须接受财务审计。

（四）因公出差需借款由会长审批，由协会理事会审议核定。

第四条 本会人员工资及福利

（一）协会秘书处专职人员的工资及福利参照国家对事业单位有

关规定执行。

（二）聘任制的秘书长工资福利由理事会自行决定。

（三）协会聘用专家的聘金参照相关单位的有关规定执行。

（四）临时聘用人员的聘金参照国家对事业单位的有关规定由秘书处拟定后报会长批准。

第五条　本会固定资产的管理。

（一）固定资产管理的内容包括购置、维修与改良、调拨、移交、报废、处置及盘点等。

（二）协会秘书处是固定资产实物管理部门，负责固定资产的购置和安全等方面的日常管理工作，具体包括：编制固定资产目录，设立固定资产卡片，办理固定资产的申购、验收、移交、报废、处置等手续，组织固定资产的清查盘点，定期与财务人员进行固定资产核算，确保固定资产账、卡、物相符。

（三）固定资产的使用部门是固定资产使用、保管、维护的直接责任者，应严格遵守设备操作规程和维护保养制度，合理使用固定资产，避免人为损失。

第六条　本会旅差费用的管理由协会理事会审议核定。

第七条　凡应享受假期，因工作需要未能休假经批准的专职人员，按国家有关政策发给假期工资。

第八条　本会书籍报刊和书籍购置的订购由会长审批，由协会理事会审议核定。

第九条　本会经费独立，严格管理，不与无偿提供本会办公住所的业务指导单位或企事业单位混管。

第十条　本制度经理事会审议通过后生效，由理事会解释。

从内容上看，上述《财务管理制度》是一个内容详细的财务管理规范，涵盖财务管理各个方面。同时，个私协会还制定了简明版的《财务管理制度》，内容如下：

为规范本会财务管理制度，使协会的各项经济活动有章可循，依据《社会团体登记管理条例》、参照《广东省行业协会条例》和《惠州大亚湾区个体私营企业协会章程》等有关规定，制定本制度。

一、严格执行《民间非营利组织会计制度》《会计基础工作规范》《会计档案管理办法》等有关法律法规及政策。

二、严格按年度收支计划，按月、季编制财务报表，每半年、年终将财务报告报会长、理事会审核后公示。

三、严格执行经费开支规定，报销凭证必须由经办人、证明人、财务负责人签名并注明原因及用途，经会计制表、监事长审核后报会长审批。

四、严格按照财务规定，完善财务台账，装订好票据，确保资金账目的完整、安全。

五、会计人员调动工作或离职时，必须与接管人员办清交接手续；协会换届更换法人之前，必须接受财务审计。

（五）日常办公工作制度

个私协会会员数量众多，事务繁杂，日常办公工作不可或缺。印章、文件的管理直接关系到会议召开、通知发布等协会各项工作的开展。为规范协会日常办公工作秩序，个私协会制定了《印章、文件管理制度》《档案室管理制度》等制度。

印章、文件管理制度

第一条　为确保本会各项工作规范、高效、优质，依据《社会团体登记管理条例》、参照《广东省行业协会条例》和《惠州大亚湾区个体私营协会章程》制定本制度。

第二条　秘书长是本会印章、文件管理的负责人，秘书处是印章、文件管理的责任部门，各部（室）依照本管理制度履行职责。

第三条　秘书处行文使用两个文号，即"惠湾个私协字"和"惠湾个私协秘字"。"惠湾个私协字"适用于以协会名义发出的文件，包括上行文、对会员单位等的正式文件，该文号需加盖协会印章。

"惠湾个私协秘字"是以秘书处的名义发出的文件，主要是各办公室，分会具体业务工作文件和秘书处的内部事务管理文件等，该文号需加盖秘书处办公室印章。

第四条　各类行文实行"谁起草谁校对的原则"。秘书处对文件负责审核，报会长或秘书长批示签发，并负责文件的文号编发、承印等工作。

第五条　以"惠湾个私协字"发出的各类文件需经本会会长签发，以"惠湾个私协秘字"发出的各类文件需经本会秘书长签发。

第六条　行文执行登记制度，由秘书处专人负责。

第七条　各类文件行文需使用《惠州市大亚湾个私协会行文呈批表》。

第八条　各级单位的来文来函或网上下载的各类文件，由秘书处负责接收、登记、呈批和归档。

第九条　秘书处根据来文来函的保密等级填写《惠州市大亚湾个私协会文件传阅处理表》，报秘书长或协会领导阅批。

第十条　每年协会或秘书处行文或收文应在当年底按时间顺序装订成册，标识后归档保存。

第十一条　协会的印章和业务专用章实行集中管理、按权限审批、留档和使用登记的管理制度。

第十二条　秘书处负责印章的刻制、保管和使用记录，并设专人负责此项工作。

第十三条　"惠州大亚湾个私协会""惠州大亚湾个私协会秘书处"印章使用的由会长或秘书长审批。

第十四条　协会财务专用章由本会主管会计负责保管，按有关财务管理的规定使用印章。

第十五条　印章保管人员应当确保在受控的情况下使用印章，并不得带离本会办公场所。

第十六条　本会授权委托书、法定代表人证明书、介绍信、证明书等，由专人保管，经会长批准后开具，并留底备查。

第十七条　本制度经理事会审议通过后生效，由理事会解释。

个私协会成立时间早，在长期运行过程中形成了众多的档案材料。个私协会有必要建立独立的档案室并制定档案管理制度。

档案室管理制度

一、将档案分类排放，档案柜标签统一规范。

二、保持档案室清洁、干燥、卫生、整齐。

三、档案室内禁止存放易燃、杂物、食品等。

四、非经允许，外人不得随便进入档案室。

五、管理人员要妥善保管档案，确保安全。

六、管理人员要熟悉档案情况，定期检查。

七、未经核准，任何人员不得擅自拿走档案。

三、个私协会工作制度的实施

个私协会工作制度健全，并在长期实践中不断落实，助力协会各项工作取得成效。

（一）落实协会组织机构各项工作制度

个私协会按照《会议制度》《会员代表大会制度》《理事会工作制度》等自治规范的要求，定期或者不定期举行会员代表大会、理事会会议、常务理事会会议、会长会议等，协商、讨论、决定协会各项事务。

根据《惠州大亚湾区个体私营企业协会章程》的规定，个私协会按时依法依规完成会员代表大会、理事会、监事会等组织机构的换届工作，根据需要制定或者修改协会章程等自治规范，保证协会民主选举、民主决策、民主管理、民主监督。例如，2020 年 6 月 30日，个私协会召开第六次代表大会，与会代表认真听取并审议通过大亚湾区个私协会第五届理事会工作报告；选举产生大亚湾区个私协会第六届理事会，并向全区个体工商户、私营企业经营者发出《倡议书》。第六届理事会成员由名誉会长 1 名、会长 1 名、执行会长 1 名、顾问 3 名、常务副会长 4 名、副会长 30 名、分会长 4 名、监事 3 名、常务理事 25 名、理事 28 名、秘书长 1 名、副秘书长 5 名组成。

个私协会第六届理事会成立后，各位理事积极履行理事职责，开展协会工作。例如，2021 年 3 月 9 日，个私协会召开 2021 年理事第一次工作会议，商议集中学习党史知识内容、市政府工作报告（3 月 4 日惠州日报）、中央政府工作报告等内容，并布置 2021 年上半年工作。2022 年 5 月 25 日，个私协会召开 2022 年理事工作会，理事代表听取近期工作汇报，并对理事会成员进行增补和调整。

会长会议的参与者是个私协会理事会的班子成员（会长、执行会长、常务副会长、分会长、秘书长、书记、监事等），会议主题事关个私协会发展的重要事务。例如，2021 年 11 月 4 日，个私协会召开会长专题会议，专题讨论协会购买政府服务事宜。2022 年 2 月 16 日上午，大亚湾个私协会召开 2022 年新年首次会长会议，新年协会各位主要领导会面，讨论确定协会 2022 年重点工作计划。

个私协会积极推进备案审查制度。例如，个私协会准备于 2021 年 12 月 31 日召开 2021 年度工作总结表彰大会和 2022 年工作计划大会，预计参会人员 150 人。根据备案审查要求，协会于 2021 年 12 月 10 日填写《社会组织重大活动备案表》，写明活动名称、活动负责人及联系方式，接受大亚湾区民政局和市场监督管理局的审核。2022 年 9 月 2 日，个私协会在召开 2022 上半年工作总结会议的通知中也强调"经理事会班子讨论并报请民政局备案批准"。

（二）落实服务会员制度

会员是行业协会的基础，个私协会制定、完善并落实服务会员的制度，以维护会员合法权益。个私协会以《服务会员项目》中的八项服务为基础，积极探索多种形式以更好地服务会员。个私协会成立了专门的会员服务中心和维权委员会，并且在 2020 年理事会换届时更换组织成员。目前，会员服务中心设主任 1 名，由会长直接兼任；常务副主任 1 名，副主任 6 名，成员 30 名。维权委员会设主任 1 名，也由会长兼任；常务副主任 1 名，副主任 6 名，成员 24 名。两个组织人员相对稳定，为服务会员提供坚强的组织保障。

个私协会采取定期或者不定期的形式走访会员，加强与会员的沟通，听取会员的意见和建议。个私协会秉持"主动、积极、创新"的理念，围绕中心，服务大局，不断提高服务能力和水平。个私协会加强与会员单位的联系，了解企业经营状况和实际困难，力所能及地帮助会员解决问题，凝聚感情。例如，2022 年 6 月 23 日，协会部分成员在会长、书记的带领下走访会员单位，进行慰问、沟通，了解会员单位的实际状况，提供尽可能的帮扶。2023 年 3 月 8 日，个私协会为增加团队凝聚力和归属感，关爱女性会员，举办了庆"三八"节活动。参加此次活动的人员有协会女性会员、会长、协会党总支书记、常务、各分会会长、各支部书记、男性会员代表等 60 余人。

2019 年年底，新冠肺炎疫情暴发，个体户、私营企业经营受到了较大影响。为此，个私协会通过调研，汇总大亚湾区个体户、私营企业受疫情影响的主要情况。

疫情暴发以来，对市场影响冲击很大。根据大亚湾区个体私营企业协会会员单位的实际情况，总结如下几点：

一、人员流动受控，市场冷清；

二、制造业订单减少，原材料和成品物流不畅通，成本增加；

三、行业业务减少，相关从业人员不少，导致竞争很大，出现恶意竞价现象；

四、群众收入减少，就捂紧口袋，减少消费，市场购买力降低；

五、受国际环境影响，外贸订单减少；

六、各企业在经营的同时不放松防疫管理，增加了企业成本和劳动强度；

七、劳动力存在一定的短缺，人员成本增加；

八、很多传统行业受网络冲击和疫情双重打击，举步维艰，实体门店空置率增高。

个私协会在执行各项疫情防控政策的同时，要求全体会员单位坚决落实防疫政策，督促会员单位人员接种疫苗，配合市场监管局统计疫苗接种情况，配合市协会、省协会开展复工复产、经营状况跟踪调查等工作，同时组织党员、会员配合参加派发口罩、核酸查验志愿服务，发动有能力的会员（单位）捐助款物支持防疫，发挥"大家庭"特点，在保自身安全的同时发展经济，倡导在会员单位消费，相互扶持，共同走出疫情困境。2022年12月，随着疫情防控政策的优化调整，大亚湾区进入了疫情上升期，医疗服务、药品供应在短时间内的需求持续增加。个私协会发出《关于开展"余药共享"活动的倡议》，号召广大会员、单位开展"余药共享"活动。

个私协会重视在会员中开展普法教育，增强广大会员法律意识，做到守法经营的一种最基本的教育形式。个私协会通过不同方式在会员中普及法律知识，如聘请专业的法律顾问为会员提供法律支援，充分利用协会微信平台发挥从事律师行业会员的职业特点，普及法律常识，让协会会员知法、懂法、守法，能运用法律武器捍卫自身权益和调解各种矛盾；协会每年2至3次在会员中开办政策法规、消防知识、税务知识等培训班，通过专业人员的现场讲解，提高整体综合素质，让协会会员了解经营常识，减少不规范的经营行为带来的损失。

（三）落实工作人员管理制度

目前，个私协会仅有1名专职办公室工作人员负责协会日常工作。个私协会与该工作人员签订了规范的劳动合同，对劳动合同期限、工作内容和工作地点、工作实践和休息休假、劳动报酬、社会保险和福利待遇、劳动保护、劳动条件和职业危害防护、合同的变更、合同的解除和终止、调解与仲裁、服务期与竞业限制等事项进行了明确规定。在日常工作中，个私协会工作人员积极履行工作职责，做好协会内部各项会议的记录。此外，工作人员根据社会团体年检的要求，填报相关材料，保障个私协会的正常运行。

（四）做好财务管理工作

个私协会按照财务管理制度的要求做好财务工作，为协会工作提供资金保障。

第一，个私协会做好会费的收缴和管理工作。会费是支持行业协会运行和发展的重要资金来源。个私协会会员数量众多，《惠州大亚湾区个体私营企业协会章程》第14条规定了会员缴纳会费的标准：（1）个体会员单位缴纳会费：100元/年。（2）私营企业会员单位缴纳会费：600元/年。（3）特别会费收取为：名誉会长、会长、执行会长：5000元/年；顾问、常务副会长：2000元/年；副会长、正副秘书长、分会长、监事：1500 元/年；常务理事：1000 元/年；理事：800 元/年。第 15 条同时规定："会员 1 年不缴纳会费或不参加本协会活动的，视为自动退会。"根据上述规定，个私协会发布会费缴纳通知，收取会费作为协会运营经费，并做好记录。

关于缴纳 2022 年会员会费的通知

协会全体会员、理事会成员：

会费是协会运作的基础经费之一，它维系着协会日常运转，每名会员都有责任缴纳会费。根据协会 9 月 2 日理事会决议，即日起开始收取 2022 年度会员会费，请大家配合按标准积极缴纳。

一、会费收取标准：（按协会《章程》规定标准执行）

1. 个体工商户会员：100 元/年；

2. 私营企业会员：600 元/年；

3. 理事会成员特别会费费标准为：

名誉会长、会长、执行会长：5000 元/年；

顾问、常务副会长：2000 元/年；

副会长、正副秘书长、分会长、监事：1500 元/年；

常务理事：1000 元/年；

理事：800 元/年。

二、会费缴纳方式：（可以任选一种方式缴纳）

1. 各分会长收取所属片区会员会费，统一交至协会；

2. 会员直接转账到协会账户（务必注明缴费人员姓名）：

协会收款户名：惠州大亚湾区个体私营企业协会；

协会收款账号：（略）；

协会开户银行：（略）。

3. 通过微信或支付宝扫码缴纳，每笔缴费加收 1 元提现费。（务必注明缴费会员姓名）

三、特别说明：

1. 入会后从不参加活动或不配合缴会费的会员要清理出协会；

2. 如有特殊困难，可向协会申请免交当年会费。

特此通知！

惠州大亚湾区个体私营企业协会
2022 年 9 月 13 日

第二，个私协会做好协会物资购买、慰问、扶贫、探望等各项收支记录和年度财务报告，接受会员监督。一方面，在个私协会会员或者家庭成员遇到困难时，个私协会给予慰问。另一方面，在春节、中秋等节日期间，个私协会选择到福利院、敬老院或者帮扶村，采取慰问金或者慰问物资等多种形式予以慰问，并做好记录。例如，2020 年个私协会广大会员响应号召积极捐款捐物支持防疫工作，但由于捐款不足，故用协会经费支付差额。根据财务管理制度，个私协会将此向会员和理事会成员公布。

关于支付协会抗疫捐赠物资购买款的报告

各会员、理事会成员：

2020 年初的新冠肺炎疫情牵动着大家的心。为了阻击疫情发展，协会广大会员响应号召积极捐款捐物支持防疫工作。截至目前，共筹得会员捐款 86 932 元。由于时间紧迫，前期捐赠的防疫物资 15 000 双医用橡胶手套、3000 个一次性医用口罩已于 2020 年 2 月 7 日交于大亚湾区疾控中心（由于当时口罩紧缺，决定口罩不捐，发给协会会员使用），捐赠的物资价值 99 000 元整。现需结算这批物资款项，收到的会员捐款不足以支付该物资款，经请示协会领导同意，从协会经费中支付差额款 12 068 元给供应商。

特此报告！

报告人：协会财务室
2020 年 7 月 16 日

（五）日常办公工作制度

个私协会的日常办公工作涉及通知的下发、组织安排协会活动、档案材料整理和归档等。个私协会日常工作有条不紊地进行，得益于制定并严格落实较为完备的日常办公工作制度。例如，2022 年 1

月 21 日，个私协会下发《关于春节放假期间安全注意事项的通知》。

关于春节放假期间安全注意事项的通知

全体会员、单位：

春节临近，当前疫情防控形势严峻。为配合防疫要求，协会号召各会员单位积极响应政府防疫部署，坚决贯彻执行防控要求，尽量减少流动，坚持佩戴口罩，主动参加核酸检测，掐断新冠病毒传播机会。为此，特向大家宣导以下注意事项：

一、非必要请留惠过年，不出市、不跨省，合理安排出行；

二、减少聚会，不聚集、不扎堆，谨慎参加活动；

三、尽量减少外出，做好防疫物品佩戴、储备工作；

四、会员企业尽量安排员工留厂，尽力保障生活物资供应；

五、不酗酒、不酒驾、不暴饮暴食、不聚众赌博；

六、注意用水、用电安全，注意防范煤气中毒；

七、积极配合各地疫情防控要求。

祝全体会员春节愉快、身体健康、阖家幸福！

惠州大亚湾区个体私营企业协会
2022 年 1 月 21 日

四、个私协会工作制度的作用和特点

2022 年 3 月 29 日，国家市场监督管理总局发布《关于新形势下发挥个体劳动者私营企业协会作用 助推个体私营经济高质量发展的意见》，个体劳动者私营企业协会是党和政府联系个体私营企业的桥梁纽带，是服务个体私营企业发展的重要社会组织。惠州大亚湾区个私协会为履行好协会职责，制定了类型多样、内容丰富的工作制度，并予以实践，对协会发展起到了积极的促进作用。

第一，保障个私协会各项工作的有序高效运行。作为一个行业组织，个私协会以章程为基本规范，同时建立健全会员代表大会制度、理事会工作制度、财务管理制度等。个私协会成立已三十余年，协会工作不仅获得会员的普遍认可，也顺利通过民政部门组织的社会团体年检，得到业务主管部门的肯定。例如，个私协会连续获得惠州市个体劳动者协会、惠州市私营企业协会颁授的 2014 年度、2015 年度先进单位荣誉。在惠州市民政局组织的社会组织评估中，个私协会获得最高等级 AAA 等级评定。

第二，调动会员参与协会事务的积极性，维护个私协会会员的权益。个私协会会员数量众多，涵盖各行各业，个私协会的运行离不开每一位会员的参与。各项工作制度能够为会员参与协会事务提供制度保障。会员可以通过参加会员代表大会，讨论、审议协会重大事务。会员可以通过选举出理事会或者自己本人成为理事，参与协会公共事务的协商、管理。同时，通过各种形式向会员公开个私协会的各项事务，保障会员监督职权的行使。另一方面，会员自身合法权益遭受损害时，可以向个私协会寻求帮助，这也是会员加入协会、参与协会工作的积极性所在。

从工作制度的制定和实施来看，具有以下特点：

（1）内容丰富、体系完备。个私协会以《广东省行业协会条例》等法律法规为主要依据，制定出符合本行业特点的自治章程。同时，个私协会以《惠州大亚湾区个体私营企业协会章程》为直接依据，制定和实施涉及组织机构运行、财务管理、工作人员管理等与协会运行相关的各个领域的工作制度，呈现出体系化、系统化的特点，保障个私协会各项工作都有相应的制度予以规范。并且，个私协会制定的不同的工作制度之间也注重协调性、统一性，尽可能避免出现矛盾或者冲突，保证工作制度的可执行性。

（2）形式多样、简洁明了。个私协会根据工作需要，制定了形式多样的制度，有会议制度、工作制度、管理制度等多种形式。个私协会在制定各项工作制度时用语表达简洁明了，容易被理解和遵守。此外，个私协会将各种工作制度整理成册形成制度汇编，方便查阅。

结　语

行业协会是民间自治性组织，其运行需要自治章程、工作制度等自治规范的保障。大亚湾区个私协会是由个体工商户、私营企业等组织和个人自愿组成的社会组织，由于成员数量众多，对自治规范的制定和实施提出了更高的要求。为此，个私协会根据协会运行和工作需要，制定并实施会议制度、财务管理制度、办公室工作制度等工作制度，构建个私协会自治规范体系，保障各项工作的有序进行。个私协会高效开展各项工作，加强与会员的联系，倾听会员的意见，解决会员遇到的问题，促进个体工商户、私营企业等的发展。自治规范是个私协会与会员之间形成良性促进关系的重要保障。

第十九章

为发展而自订的石化工业区业主委员会规范

引　言

中共中央 2020 年 12 月印发的《法治社会建设实施纲要（2020—2025 年）》指出："充分发挥社会规范在协调社会关系、约束社会行为、维护社会秩序等方面的积极作用。……深化行风建设，规范行业行为。加强对社会规范制订和实施情况的监督，制订自律性社会规范的示范文本，使社会规范制订和实施符合法治原则和精神。"强调社会成员要自我约束、自我管理和自我规范。"全面推进基层单位依法治理，企业、学校等基层单位普遍完善业务和管理活动各项规章制度，建立运用法治方式解决问题的平台和机制。"这强调要发挥行业协会、商会自律功能，探索建立行业自律组织。由此可见，全面推进依法治国需要发挥企业、行业组织在法治社会建设中的作用。大亚湾区石化工业区的各企业在发展之初就根据宪法和法律的规定，成立石化工业区业主委员会和常务理事会，制订业主委员会章程等规范，通过多种方式依法自治，积极参与石化工业区公共事务管理，促进企业的发展。

大亚湾区石化工业区是广东省重点发展的东西两翼两个石化工业基地之一，自 2001 年开发建设以来，炼油、乙烯项目顺利投产，石化中下游产业链发展态势良好，已成为惠州市经济发展的主要推动因素和广东省沿海石化产业带的重要组成部分。在石化工业区初创阶段，也存在诸多影响企业发展的问题，如公用工程不够完善、园区工业废弃物处理、消防安全配套等。为此，石化工业区各企业自发组织，定时召开会议，以问题为导向，针对园区企业发展所面临的实际问题进行商讨，探寻解决途径，并于 2008 年初成立大亚湾区石化工业区业主委员会，2009 年 8 月 1 日成立石化工业区业主委员会常务理事会，组织制订自治性规范。

2023 年 7 月 17 日，笔者到石化工业区访问参与业主委员会和常务理事会成立、运行及业主委员会章程等规范制订的三菱化学化工原料（惠州）有限公司的张建国，[1]获得石化工业区业主委员会及其常务理事会的相关资料，对石化工业区业主委员会及其常务理事会这一自治组织有了基本的了解，对业主委员会及其常务理事会规范这一自治规范有了初步的认识。以田野调查为基础，本章对石化工业区业主委员会自治规范的制订、内容和遵行进行初步探讨，以更全面地认识大亚湾区的自治规范。

一、业主委员会规范的制订

石化工业区是在海边小村庄搬迁后不断建设、发展起来的，各项基础设施和公用工程都需要从零起步。2002 年起，中海壳牌石油化工有限公司（CSPC，以下简称"中海壳牌"）、惠州惠菱化成有限公司（三菱丽阳 MMA 项目）、广东惠州天然气发电有限公司、普莱克斯（惠州）工业气体有限公司和欧德油储（大亚湾）有限责任公司（以下简称"欧德油储"）先后入驻并开始筹建，石化工业区的各项配套公用工程陆续开始建设。2004 年 7 月，为配合中海壳牌和三菱丽阳 MMA 项目的建设，特别是需要同步建设的大亚湾区石化工业区基础设施、公共工程项目，负责石化工业区基础设施建设的惠州大亚湾区石化工业区发展集团有限公司会同参与石化工业区基础设施、场地平整的惠州联宏石化区开发投资有限公司，与大亚湾区管委会石化工业区协调小组、口岸办及多家入驻企业，于每周周三下午到集团办公大楼定期召开协调会，同时，对特殊事项随时进行沟通。根据《大亚湾区石化工业区业主委员会概况》的记载，当时具体参会单位、企业和人员包括：

---

[1] 按照学术惯例，本章的人名进行了化名处理，特此说明。

惠州大亚湾区石化工业区发展集团有限公司（李红、王军、吴达、肖岭、张红、赵宏宇、许立潮、孙小军等），惠州联宏石化区开发投资有限公司（黄祥达、张月、吴鹏、何海洋等），中海壳牌石油化工有限公司（蒋效愚、王楠和、郭栋等）、BSF（中海壳牌项目总承包商）、大亚湾区管委会石化工业区协调小组（温小明、李向荣等）、三菱丽阳 MMA 项目，LNGPP（蒸汽）、惠州投资公司（供水、污水处理）、供电局（电力供应）、普莱克斯（工业气体）、欧德油储（码头）、中国电信（电话和网络通信）、口岸办（中海壳牌重件码头对第三方开放许可，及对进出口货物实施联检的海关、海事、商检、边检）。[1]

为缓解协调会上的焦虑情绪，融洽气氛，加强交流，加快问题解决，石化工业区几家主要公司发起每月一次的会后聚餐，取得了较好的效果。

2007 年，惠菱化成时任总助张建国到大亚湾区管委会付强副主任的办公室拜访时，谈起石化工业区管委会与政府之间沟通协调一事。到任不久的大亚湾区管委会付强副主任建议借鉴德赛集团下属的十多家多种所有制性质企业的管理经验，成立业主委员会，通过石化工业区企业之间的互动解决石化工业区初期建设期间存在的各种建设工程协调问题，以更好地协调服务企业，加强石化工业区的管理，维护企业合法权益，维护公共环境和秩序，打造安全优良的营商环境，共同实现建设世界级石化基地的宏伟目标。此建议得到张建国等的赞同，表示愿意积极参与和推动业主委员会的成立和建设。

此后，中海壳牌、惠菱化成、欧德油储和普利司通等几家热心于石化工业区建设的公司会同大亚湾区石化工业区管理处起草了有关文件。2007 年 8 月，大亚湾区管委会印发了《关于〈大亚湾石化产业园区业主委员会章程〉等文件的征求意见稿》，就《大亚湾石化产业园区业主委员会章程》《大亚湾石化产业园区业主公约》《大亚湾石化

---

[1] 《大亚湾石化区业主委员会概况》（2023 年 5 月 6 日），张建国 2023 年 7 月 19 日提供。以下材料均由张建国提供，不再一一注明。

产业园区业主委员会议事规则》征求意见。2008年初，石化工业区业主委员会成立，制订了《大亚湾石化工业区业主委员会章程》《大亚湾石化工业区业主公约》《大亚湾石化工业区业主委员会议事规则》。

业主委员会设立中海壳牌常务委员会、中海炼油常务委员会和其他企业常务委员会，召开石化工业区内企业的首次会议，逐步取代原来的每周协调会。之后，业主委员会开始运作，大亚湾区管委会在石化工业区和西部工业区分别成立管理处，参与两边的业主委员会的运作协调，并分别召开业主委员会会议。

2008年底召开了包括大亚湾区西部工业区企业在内的所有企业的业主委员会，但由于参会人员过多致使议题无法集中，将协调石化工业区建设中各企业之间问题为初衷的业主委员会变为企业联谊会，偏离了最初的目的，因而石化工业区企业普遍对业主委员会持消极态度，会议也无法继续进行。[1]

鉴于这一情况，在中海壳牌牵头下，以隔墙供应产业链为主轴，经过产业链各相关企业共同商讨，于2009年8月1日正式成立业主委员会常务理事会。常务理事会成员为中海壳牌、中海石油炼化有限责任公司惠州炼油分公司（以下简称"中海炼油"）、普利司通（惠州）合成橡胶有限公司、惠州惠菱化成有限公司、惠州李长荣橡胶有限公司（以下简称"李长荣橡胶"）、欧德油储（大亚湾）有限责任公司、惠州凯美特气体有限公司、惠州忠信化工有限公司（以下简称"忠信化工"）等8家企业的总裁（或副总裁或总经理或副总经理）。常务理事会设会长1名、副会长1名，每9个月改选一次。会议每2个月召开一次（后改为每年召开四次），地点设在会长企业并由会长主持。2009年8月8日，第一次常务理事会会议在中海壳牌会议室召开，上述8家公司代表参会，讨论需要集中解决的问题。[2]常务理事会并未专门制订规范，基本上按照业主委员会的规范进行运作。

此后，根据工业区企业发展的实际情况，常务理事会不断增加

〔1〕《大亚湾石化区业主委员会概况》（2023年5月6日）。
〔2〕《大亚湾石化区业主委员会概况》（2023年5月6日）。

成员单位，至今已有 54 家工业区内企业为成员。

为进一步有针对性地开展工作，业主委员会先后于 2008 年和 2015 年成立安全和环保（HSE）小组和人力资源（HR）小组，作为业主委员会的下设工作小组。早在石化工业区成立不久的 2005 年年中，石化工业区内的惠菱化成、李长荣橡胶和忠信化工在工厂筹建时建设报建手续和安全、环保和职业病的“三同时”手续申报过程中，就面临各种政策、法规、程序和基础设施、公用工程等问题，三家企业既要合规申办，满足国家法律规范和企业要求，又要按时开工建设。在互相协商沟通讯息的过程中逐步形成定期聚会和不定时沟通的机制。在此基础上，逐步吸收了后续进驻企业的相关筹建成员，其中大多数是安全、环保和职业病管理方面人员，通过定期聚餐的活动方式，由参与企业轮流承担餐费，这就是安全和环保小组的雏形。2008 年初在中海壳牌召开的业主委员会常务理事会成立后的首届会议上，普利司通日方总经理提议将安全和环保小组设为常务理事会的下设机构的建议，并在每次的常务理事会会议前先行开会并形成会议记录，在常务理事会会议上向各家公司的总裁或总经理进行汇报。这一做法得到各个公司的响应，活跃了常务理事会的气氛，也充实了常务理事会的内容，增加了常务理事会的信息量和功能。2015 年 9 月，因企业专业人员招聘困难、人才流失和石化工业区企业之间挖人等问题，为协调石化工业区企业之间的关系，参照安全和环保小组的经验和运作模式，发起成立人力资源小组。安全和环保小组和人力资源小组针对石化工业区企业间具体的安全、环保、人力资源等问题召开会议，共同讨论，达成共识。安全和环保小组和人力资源小组没有专门制订规范，仅形成一些惯例性做法。

需要注意的是，为更好地服务企业、促进业主委员会的良好运行，业主委员会规范也进行了一定的修订。如根据 2012 年 7 月 3 日惠州惠菱化成有限公司印发的《大亚湾石化区业主委员会常务理事会纪要（13）》可知：“会议首先表决通过并签名确认《惠州大亚湾石化工业区业主委员会章程（修订版）》，进一步完善业主委员会的运作机制。”相较于《大亚湾石化产业园区业主委员会章程》，业主委员会于 2012 年 6 月表决通过的《惠州大亚湾石化工业区业主委员会章程（修订版）》增加了 5 条，共为 18 条，在此基础上进行分章处理，共分为 5 章，并对规范内容进行了梳理、整合、调整。具体而言，修订版将第 3 条的成立宗旨调整为第 2 条，将第 2 条组织形式分为第 3 条和第 4 条构成第二章组织性质，将第 3 条业主委员会职责范围调整为第 11 条至第 16 条构成第四章职责范围，删除第 4 条指导、监督和协调、第 5 条业主委员会经费的筹集和第 6 条业主委员会成立，第 7 条至第 12 条的内容在《惠州大亚湾石化工业区业主委员会章程（修订版）》中作了细化和调整。[1]

二、业主委员会规范的内容

自成立以来，石化工业区业主委员会先后制定并通过了《大亚湾石化产业园区业主委员会章程》（2007 年 8 月）、《大亚湾石化产业园区业主公约》（2007 年 8 月）、《大亚湾石化产业园区业主委员会议事规则》（2007 年 8 月）、《惠州大亚湾石化工业园区公共区域管理规定》（2011 年 12 月 1 日）、《大亚湾经济技术开发区石化区企业信息发布工作规定》（2011 年 11 月）、《惠州大亚湾石化工业区业主委员会章程（修订版）》（2012 年 6 月 21 日）、《惠州大亚湾石化区业主委员会参与园区项目准入评审管理实施办法（试行）（征求意见稿）》（2012 年 11 月 15 日）等自治规范。这些规范涉及业主委员会组织规范、职责规范、运行规范等内容。

（一）《惠州大亚湾石化工业区业主委员会章程（修订版）》

《惠州大亚湾石化工业区业主委员会章程（修订版）》共 18 条，分为总则、组织性质、组织机构、职责范围、附则五章。

第一章为"总则"，为第 1 条、第 2 条两条。第 1 条即业主委员会的组织名称为惠州大亚湾区石化工业区业主委员会，简称为业主委员会。没有修改前称大亚湾区石化产业园区业主委员会。第 2 条明确了业主委员会成立的宗旨，即：

[1]《大亚湾石化区业主委员会常务理事会纪要（13）》（2012 年 7 月 3 日）。

在政府和企业之间起桥梁和纽带作用，让政府和企业互帮互助，共同繁荣；为石化工业区的管理、建设及健康发展作贡献；为石化工业区业主提供服务，商议并解决企业面临的问题，通报企业关注的重点工作进展情况；促进和加强石化工业区业主之间的联络和沟通，提高石化工业区的团结度和凝聚力，交流信息，总结经验，共同构建一个安全和谐的石化工业区。

第二章"组织性质"，为第 3 条、第 4 条两条。第 3 条明确业主委员会是石化工业区各业主自愿联合成立的组织，其运行依据为中国法律法规；第 4 条指出业主是已投产及在建项目的运营商，具体为"石油化工、电力能源及配套公用工程、基础设施建设等项目的运营商以及为石化工业区企业提供相关服务的企业"。[1]业主享有在石化工业区的项目经营管理活动中的权利，并承担相应义务。

第三章"组织机构"共 6 条，即第 5 条至第 10 条，分别对业主委员会会长、副会长、会议的召集和主持、会议地点、秘书处和秘书、与会代表进行了规定。其中第 6 条规定业主委员会按照轮席表设会长、副会长各一人，本届副会长担任下届会长；第 7 条规定业主委员会大会每半年召开一次，经由会长和副会长一致同意或者由 1/3 以上的成员于每季度的最后一周征集企业意见时提议，可以召开业主委员会专题会议；第 8 条明确了会议地点设在会长企业；第 9 条规定秘书处设在石化工业区管理处，由专门人员负责，并详细规定秘书处的业务范围为：负责开展业主委员会日常工作，协助会长及副会长开展会务工作及跟进落实会议确定事项；对企业反映的困难和问题，政府相关职能部门会上给予答复；暂时无法答复的，企业可于会后将正式书面材料送石化工业区管理处汇总后，上报区管委会研究。[2]业主委员会秘书由会长指派本企业人员担任，具体工作职责为：负责会议相关事宜的通知和联系，准备会议议程和草拟会议纪要，并就会议相关事宜与政府部门沟通联络，建立并保管业主委

---

〔1〕《惠州大亚湾石化工业区业主委员会章程（修订版）》（2012 年 6 月 21 日）。
〔2〕《惠州大亚湾石化工业区业主委员会章程（修订版）》（2012 年 6 月 21 日）。

员会档案；会议的召开应由业主委员会秘书提前两周收集议题并将会议通知及有关材料送达每位成员。[1]

第10条规定了业主委员会的与会代表，包括企业负责人（或授权代表）、大亚湾区领导、石化工业区管理处领导及业主委员会成员、根据会议内容邀请的区相关职能部门领导以及受委托的代理人等。

第四章"职责范围"共6条，即第11条至第16条，分别从调查研究、意见建议、环境改善、规范业主行为、沟通协调、检察监督、协调配合等方面对业主委员会的职责进行规定，具体内容如下：

第十一条　开展有关石化及相关产业发展的调查研究，提出有关产业发展和石化区建设方面的意见和建议。

第十二条　负责石化区公用工程、市政配套、安全生产、环保管理及石化区生产生活环境改善工作。

第十三条　规范业主行为，加强业主自律，促进石化区管理更加规范、有序，营造石化产品、公用工程供应的公平竞争环境。

第十四条　加强各业主的沟通协调，反映业主要求，维护业主的合法权益，协助解决园区各业主的热点、难点问题。

第十五条　检查物业管理公司的管理工作，监督公共建筑、公共设施的合理使用。

第十六条　业主委员会成员应当配合大亚湾区管委会，与政府各职能部门相互协作，在稳定生产、发展经济的同时积极推动园区的开发建设、安全环保、治安管理等各项相关工作。

第五章"附则"包括第17条和第18条，分别对实施日期和章程解释权进行了规定。

（二）《大亚湾石化产业园区业主公约》

《大亚湾石化产业园区业主公约》共20条，为总则、业主的权利和义务、公共守则三章。

第一章"总则"为第1条，规定了公约制定的目的、依据和效

---

〔1〕《惠州大亚湾石化工业区业主委员会章程（修订版）》（2012年6月21日）。

力范围，即以"加强石化区的管理，维护区内业主的合法权益，维护公共环境和秩序，打造安全和优良的营商环境"为制定目的，[1]根据国家有关法规政策制订，效力范围则是石化工业区全体业主及区内经营者。

第二章"业主的权利和义务"共2条，分别为第2条和第3条。第2条规定了业主依法享有的权利，主要包括制定和修改自治规范的建议、提议召开会议、参会、表决、监督建议等权利，具体如下：

1. 有权提出制定和修改业主公约、业主委员会议事规则的建议；
2. 有权提议召开、参加业主委员会会议；
3. 对石化区业主委员会的重大事项享有表决权；
4. 有权监督业主委员会的工作，并向业主委员会就石化区的建设、管理提出意见或建议；
5. 法律、法规规定的其他权利。

第3条规定了业主应当履行的义务，主要包括自觉维护公共场所秩序、参会、开展活动、执行会议决议决定、配合调查研究、提出意见建议等义务，具体如下：

1. 自觉维护石化区公共场所的整洁、美观、畅通及共用设施设备的良好运行；
2. 积极参加业主委员会会议及开展的各项活动；
3. 执行业主委员会的决议、决定；
4. 积极配合业主委员会开展有关石化及相关产业发展的调查研究，提出有关产业发展和石化区建设方面的意见和建议；
5. 法律、法规规定的其他义务。

第三章"公共守则"共16条，即第4条至第19条，是《大亚湾石化产业园区业主公约》的主体部分，明确规定了石化工业区内业主应当遵守的规范、禁止性规范、违规处理、争议解决和损害赔偿。

---

〔1〕《大亚湾石化产业园区业主公约》（2007年8月）。

其一，应当遵守的规范包括第 4 条至第 6 条，第 8 条至第 11 条和第 18 条，共 8 条。主要规定石化工业区管理处或其委托企业负责石化工业区内公用设施、设备、环境卫生、公共秩序、保安、绿化等管理，全体业主和区内经营者应遵守石化工业区管理处按有关法规、政策制定的各项管理规章制度，并承担必需的公共费用分摊；全体业主和区内经营者应积极配合石化工业区管理处及物业管理企业的各项管理工作；业主开展各项大型活动，须向石化工业区管理处提出申请；自觉遵守有关安全防范的规章制度；配合做好各项安全防范工作及治安管理工作；及时向有关主管部门报告安全隐患；进行项目施工建设时，应遵守有关管理制度，并将注意事项和禁止行为告知业主或区内经营者；在紧急情况（发生重大自然灾害、重大事故）下，服从政府及相关部门的应急安排和调配，有条件的企业要积极协助抢险救灾等。[1]

其二，禁止性规范为第 15 条至第 17 条，共 3 条，主要为维护公共场所和公用设施的内容，即：

第十五条　未经许可不得占用绿化用地、公共场所、道路两侧。

第十六条　不得在公共部位乱搭、乱贴、乱挂、设立广告牌。

第十七条　不得擅自损坏、拆除或改造供电、供水、通讯、有线电视、排水、排污、消防等公用设施。

其三，违规处理、争议解决和损害赔偿的约定为第 7 条、第 12 条至第 14 条和第 19 条，主要包括可直接向管理处提出对石化工业区管理的意见建议，发生争议时通过管理处或业主委员会协调解决；业主或经营者妨碍其他企业正常生产经营建设、妨碍公共安全或他人利益、损坏公用设施等行为，应当及时纠正、修复并赔偿损失。

此外，根据第 20 条的规定，《大亚湾石化产业园区业主公约》自经业主委员会表决通过之日起实施。

---

[1]《大亚湾石化产业园区业主公约》（2007 年 8 月）。

（三）《大亚湾石化产业园区业主委员会议事规则》

《大亚湾石化产业园区业主委员会议事规则》共 17 条，分为总则、业主委员会、议事方式和表决程序 4 章。

第一章"总则"共 4 条，即第 1 条至第 4 条，主要规定《大亚湾石化产业园区业主委员会议事规则》制定的目的、依据、业主委员会的组成、决议效力等内容。具体而言，根据第 1 条的规定，《大亚湾石化产业园区业主委员会议事规则》作为业主委员会运作的基本准则和依据，其制定目的是"保障大亚湾区石化产业园区业主委员会的规范设立和良好运作"；[1]制定依据是《大亚湾石化产业园区业主委员会章程》和《大亚湾石化产业园区业主公约》。根据《大亚湾石化产业园区业主委员会议事规则》，业主委员会由石化工业区全体业主组成，依法作出的决议、决定对石化工业区内的全体业主均具有约束力，全体业主都应当严格遵守，业主依据《大亚湾石化产业园区业主委员会章程》《大亚湾石化产业园区业主公约》及本规则行使权利和履行义务。

第二章"业主委员会"共 2 条，即第 5 条和第 6 条，主要规定业主委员会的议事内容，包括制定修改自治规范；决定业主委员会专项基金的筹集和使用；改变、撤销业主委员会的决议、决定；审议业主委员会的机构设置、提出建议等。

第三章"议事方式"共 5 条，为第 7 条至第 11 条，主要规定业主委员会议事的方式、时间、临时会议、会议召集以及议案的提出等内容。其中第 7 条明确业主委员会议事是指"业主委员会对议案的讨论及表决"，[2]业主委员会议事方式分为会议集体讨论和书面征求意见两种方式；定期每月召开一次；第 9 条规定业主提交提议召开业主委员会会议的建议书、业主签名文件和议案文件，可以召开业主委员会临时会议；第 10 条规定，业主委员会主席召集会议时，应当在会前通知会议时间、地点和议案。第 11 条规定议案提出的时间，即应当在会议举行前 15 日内提出。

---

〔1〕《大亚湾石化产业园区业主委员会议事规则》（2007 年 8 月）。
〔2〕《大亚湾石化产业园区业主委员会议事规则》（2007 年 8 月）。

　　第四章"表决程序"包括 6 条，即第 12 条至第 17 条，内容主要为参会人员、投票表决权重、会议记录以及生效时间等。根据议事规则第 12 条规定，业主按"一企一票"行使投票权或表决权，议案由业主委员会主席以召集会议或书面方式提交业主委员会讨论和表决，并由与会业主 50% 以上通过，若针对"制定和修改《业主委员会章程》《业主公约》《业主委员会议事规则》、专项基金的筹集及使用方案"〔1〕等重大事项表决时，则需要经全体业主所持投票权 2/3 以上通过，当赞成票和反对票相等时，主席有两票投票权。此外，业主委员会应当对会议所议事项作出的决议、决定制作会议记录，并由出席会议的委员和记录员在会议记录上签名。根据第 17 条规定，《大亚湾石化产业园区业主委员会议事规则》经业主委员会表决通过后生效。

　　此外，业主委员会、常务理事会于 2011 年 11 月先后通过了《惠州大亚湾石化工业园区公共区域管理规定》和《大亚湾经济技术开发区石化区企业信息发布工作规定》，2012 年 12 月表决通过《惠州大亚湾石化区业主委员会参与园区项目准入评审管理实施办法（试行）（征求意见稿）》。

　　《惠州大亚湾石化工业园区公共区域管理规定》以"加强石化工业园区公共区域内的建设与管理，保障工程项目顺利进行，提高安全生产和文明施工水平，保护园区企业及公民的合法权益，维护园区交通秩序和环境卫生"为目的，规范"在石化工业园区公共区域内进行工程施工活动以及对工程施工活动实施监督的有关单位和个人"。〔2〕

　　《大亚湾经济技术开发区石化区企业信息发布工作规定》以"加强区管委会与企业、企业与群众的信息沟通，做好大亚湾区石化工业区新闻宣传与舆情工作，确实保障群众的知情权、参与权和监督权"为目的，〔3〕严格遵循《突发事件应对法》《国家突发公共事

---

〔1〕《大亚湾石化产业园区业主委员会议事规则》（2007 年 8 月）。
〔2〕《惠州大亚湾石化工业园区公共区域管理规定》（2011 年 11 月）。
〔3〕《大亚湾经济技术开发区石化区企业信息发布工作规定》（2011 年 11 月）。

件总体应急预案》《突发环境事件信息报告办法》《广东省突发事件应对条例》等法律法规及有关规定，做到规范、及时、有效，详细规定重大事项、突发事故、日常信息的发布内容、方式，以规范石化工业区企业信息发布工作。

业主委员会为进一步健全管理制度，提高业主委员会在石化工业区项目准入评审管理中的参与度，在更高标准上发挥业主委员会的功能作用，进一步规范石化工业区投资项目准入评审管理，加快推动大亚湾区石化工业区建设成为世界级石化产业基地，依据《关于印发惠州大亚湾石化区风险隐患排查防控工作责任分工表的通知》（惠湾办〔2012〕216号）、《惠州大亚湾石化工业区业主委员会章程（修订版）》《惠州大亚湾石化工业区第13次业主委员会常务理事会纪要》等结合石化工业区的工作实际，制定并通过《惠州大亚湾石化区业主委员会参与园区项目准入评审管理实施办法（试行）（征求意见稿）》。业主委员会成员单位根据园区总体规划，按照"质量招商、产业招商、绿色招商"的原则，从产业关联度、"五个一体化"、项目安全性、项目技术先进性以及用地合理集约性等五个方面对投资项目进行评估和审核，对项目准入提出意见和建议，以适应园区总体规划，发展碳二、碳三、碳四、芳烃及精细化工产品系列的产业链。[1]

三、业主委员会规范的遵行

石化工业区初创阶段自发成立的业主委员会，基于石化工业区建设实际情况，以解决问题、促进企业发展为导向，制订了较为完善的业主委员会自治规范。在热心人士的参与下，特别是在常务理事会成立后，通过轮值会长制度、固定会议制度，石化工业区业主委员会制定的规范得到了较好的遵行。

业主委员会成立以来，已先后有九任常务理事会会长，第一任由中海壳牌公司负责人于2009年8月8日担任，第二任由中海炼油公司负责人于2010年1月22日担任，第三任由欧德油储公司负责

---

〔1〕《惠州大亚湾石化区业主委员会参与园区项目准入评审管理实施办法（试行）（征求意见稿）》（2012年12月26日）。

人于 2011 年 7 月 21 日担任，第四任由惠菱化成公司负责人于 2012 年 4 月 28 日担任，第五任由中海能发公司于 2013 年 10 月 28 日担任，第六任由李长荣橡胶负责人分别于 2016 年 1 月 29 日、2017 年 1 月 12 日担任，第七任由乐金化工公司负责人于 2018 年 1 月 30 日担任，第八任由科莱恩化工公司负责人于 2020 年 1 月 10 日担任，第九任由国能惠电公司负责人于 2022 年 11 月担任。常务理事会会长的正常轮任，使业主委员会如常运行，保证业主委员会规范的遵行。

在常务理事会的主持下，业主委员会按照相关规范通过会议讨论问题，达成共识，并通过会议纪要的形式予以确认。以下为业主委员会第十七届四次会议纪要：

石化工业区业主委员会
第十七届四次会议纪要

时间：2015 年 3 月 19 日 9：00 至 12：00
地点：管委会附属楼三楼 2 号会议室
一、石化工业区业主会议提出问题的落实情况：
1. 杂草问题。厂区内杂草企业自行负责处理，园区内公共区域的杂草由公用事业局处理；
2. 东马港区的安全问题。
二、区属职能部门对企业的要求：
1. 工贸局：
（1）《惠州大亚湾石化基地总体发展规划》，石化产业专篇编制工作希望各家企业积极协调配合。
（2）2015 年企业节能降耗目标任务，需各家企业完成，确保通过考核。
（3）希望各企业广泛开展扩产增效，节能技术改造，提升能源利用效率，提高企业产品竞争力。
2. 环保局
（1）加强污染物总量减排工作。将继续重点推动国华电厂、中海壳牌、中海油、忠信化工等主要排污企业脱硫、脱硝，进一步削减大气污染物，也希望这些纳入减排计划的企业加强环保管理、加大环保投入，确保完成市政府下达的减排任务。

（2）强化污染防治工作及污染源管理。发现盛和、宙邦、乐金、海能发六厂、清源等企业存在污水处理设施异味加盖收集处理不完善，长润发、鑫双利、盛和、宙邦、景江化工等企业存在无组织废气收集处理不完善等方面的问题，需加快整改进度，减少污染物对外环境的影响。

（3）需要石化工业区各企业配合继续开展污染减排和清洁生产，共同推动以下工作：

一是加强固体废物综合利用，最大限度减少其排放量。二是加强工业废水污染防治，削减水污染物排放量。三是加强区域的集中供热，提高企业大气治理设施脱硫、脱氮（硝）效率，降低现有企业的污染物排放量，加强无组织废气排放控制，保障区域良好空气质量。

3. 安监局

（1）存在问题：石化工业区部分企业，重生产轻安全，安全管理混乱，安全生产不到位，且从业人员素质参差不齐，需要加强监管指导。

（2）开展石化工业区危险与可操作性分析（HAZOP）工作。中海油惠州炼化（已完成）、中海壳牌、忠信化工、中创化工、普利司通、李长荣橡胶、中海油乐金共 7 家公司须在 2015 年 10 月前完成此项工作。2016 年在石化工业区内企业中全面推行。

（3）要求各企业尽快建立适合本企业的化工过程安全管理体系。

（4）2015 年中海油二期马上启动，希望加强建设期间的安全管理工作。

在 2014 年的检查中，存在多家企业存在问题需要整改。（后由邵国章常务副主任宣布名单）。

丁公明书记强调，对石化企业而言，报警装置不能报警是巨大隐患。所有发现的问题都要开诚布公地讲出来，以便探讨如何解决，通过什么程序？安监局要加大力度，每月发出检查结果通报给政府及企业，详细列明应对整改期限及要求。

4. 石化管理服务中心：

（1）希望企业方能确立固定联系人与服务中心联络。

（2）企业诉求建议以书面形式呈现。

（3）将进一步完善对接机制及服务流程。

项坤望主任简要讲了三点内容：

（1）要求企业认真学习新环保法，尽到企业的责任。

（2）业委会不但协助宣贯法规政策，督促企业落实到位，高标准地推进了环保工作。

（3）会上提出的海域，东联和马鞭洲码头的安全管理，政府职能部门将尽快地落实解决办法。

区委常委，管委会常务副主任，邵国章同志讲话：

（1）首先回顾2014年安全生产隐患排查存在问题的企业。希望能作为前车之鉴，敲响警钟。

第一，三家没有依法办理手续、违法建设，责令停工的企业：彩田化工，中信化工，中创化工，都已整改。

第二，五家安全生产管理制度超过三年没有及时修订，部分制度与实际情况不符：海能发工程技术惠州公司、盛安化工、智盛石化、凯美特气体、景江化工。

第三，两家部分动火和现场作业管理不严、票证审批不严：盛和化工、长润发。

第四，八家危化品生产储存设置的可燃气报警装置部分或全部失效，四家是其他区域的小企业，石化区四家：彩田化工、景江化工、长发涂料、可隆公司。

第五，四家可燃气体报警控制器失效：可隆公司、盛和化工等八家企业已整改，但报警器的整改要持续进行，所有石化工业区企业引以为鉴。

第六，两家对安全连锁管理不够重视，系统参数随意、无审批，无修改、变更、档案记录不对应安全措施：海能发工程技术惠州公司、惠菱化成有限公司。

上述企业都已给予积极整改，但要引以为鉴，希望2015年的检查中不再出现类似问题。

今后的检查方式也将从政府请专家检查改为由企业自查，政府指导。要求企业高度重视。

（2）新安法实施第一年，虽已做了大量宣传但要认识到对政府和企业都有了更高要求，所以计划推广实施 HAZOP 体系，属于当前行业内最行之有效的系统，希望在石化工业区全面推广。

（3）绿化保洁做好。公共区域政府负责，红线范围内的绿化由企业负责，希望企业与园区共同提升。将发正式倡议书，要求企业三包，与政府共同努力，提高园区管理水平。

（4）《石化工业区总体规划》的编订需要企业的支持与配合。前期有调研专家组前往企业收集信息，希望通过群策群力以形成更好的方案。

（5）进一步完善政企沟通机制，由管理服务中心负责，定期对联系情况收集整理。在当前化工行业低迷的背景下更需要加强政企沟通。不仅中央政府出台了一系列的扶持政策，省、市、区都有具体的支持企业的办法。种种优惠政策将通过管理服务中心的机制，业委会的平台，以多种方式共享。逐步建立园区业主无纸化的信息共享平台。

区委副书记、管委会刘诗博主任：

（1）对 2014 年业委会在石化工业区管理的参与和贡献充分肯定，同时对未来的表现提出了更高的要求。

（2）东马港区的安全问题，建立海上联合执法，划定区域。把安全管理落实到位。

（3）公用工程方面，大亚湾区的污水处理价格处于国内居中（与上海南京对比），原因在于有一大块成本出在排海费用。接下来会继续关注水处理的问题，希望找到更合理的方案。

（4）当前整个化工市场形势低迷，希望企业积极应对、谋划发展、增效扩能。

要求石化工业区管理服务中心，尽快完成区内标识牌的双语改造，6 月底前完成。

丁公明书记：

石化工业区业委会的机制好、业绩佳。在 2014 年协调解决了许多安全环保问题、加强了公众与企业的沟通。在此代表政府感谢业委会的支持与配合。企业代表在会上提到的问题将由相关部门一一落实解决。暂时无法解决的，也要调查研究合理方案。新一年的期望和要求：

（1）希望业委会继续发挥积极作用，代表企业与政府一起把园区管好。

（2）希望企业挖潜增效、加大科技创新。

（3）建立集约式发展模式，现有资源有限，要善加利用、提高使用效率，比如说土地。

（4）切实履行好社会责任、安全环保责任以及石化宣传的职责。对于不遵守法律法规的情况，将按照"四个一律"的方式处置：发现问题，一律立案；一律追究责任，顶格从重处罚；一律问责（职能部门失责的情况）以及一律公开曝光。

要求全区各级各部门，全力做好企业服务工作，提供主动、超前、跟踪服务。树立服务企业出效率的理念。为企业排忧解难。针对有关企业提出的审批程序复杂的问题，政府的目标是提供更加便利和高效的服务，让企业的申请在必经环节上，在依法依规的前提下尽快地办好。

白会长总结发言：

"丁书记对业委会工作的肯定，为今后业委会开展工作增加了极大的信心。各职能部门在会上对企业诉求的回复，体现了当地政府高效而务实的工作作风。业委会代表业主承诺一定会落实好政府需企业配合的工作，为建设园区良好的氛围、环境作出自己的贡献。相信在政企的共同努力下，一定会把大亚湾区建设成一流的石化区。"

业主委员会、常务理事会按照规范建立了石化工业区业主、经营者与大亚湾区管委会、石化工业区管理处、石化工业区管理服务中心、大亚湾区各部门之间的沟通桥梁，加强了石化工业区业主、经营者之间的联系。参加业主委员会的各企业按照规范就共同关注的问题进行协商，如政府服务质量、园区封闭管理、治安防范管理、道路交通整治、事故应急互助、公用工程价格和稳定供应等，建立解决问题跟踪机制，及时通报问题的落实情况。业主委员会成员与政府职能部门相互协作，全力配合优化石化工业区基础设施配套建设、提高公用工程供应竞争力、确保安全生产和环保管理，共同改善石化工业区的生产、生活环境。[1]常务理事会会议效率更高，信息沟通更具时效性，为石化工业区企业提供了更好的服务。[2]这为石化工业区的交通设施建设、交通安全防范、公共绿化建设、消防安全保障、污水处理、公共急救医疗、人才招聘等石化工业区的建设起到极大的促进作用，也对石化工业区公共秩序的正常运行作出巨大贡献，进而促进石化工业区各企业的发展、推进大亚湾区经济社会的发展。

通过梳理收集到的 26 份会议纪要、14 份会议要求落实情况（答复）、2 份工作进展和年度工作计划、会议征集议题、工作建议、会议简报、会议议程和会议材料等，发现石化工业区业主委员会通过遵行业主委员会自治规范主要解决了业主所面临的交通设施建设、道路交通拥堵、公共场所绿化、费用收取、消防安全、公共急救医疗、人才招聘、码头建设、污水处理等问题。

（1）解决交通设施建设问题。基于企业发展和石化工业区建设中遇到的交通设施建设问题，2010 年 7 月 27 日在中海炼油综合办公楼 212 会议室召开的常务理事会第六次会议，针对兴达厂东边 K2 路口问题，决定"由石化区管理处与交警部门沟通，到兴达石化现场研究解决厂区门口道路交通问题。对于澳霞大道至西二路的修补问题，由石化管理处督促动工修补"。随后石化工业区管理处抓紧落实，与区交警大队设施人员进行现场勘查，将 K2 路原来不准调头的双实黄线改为准许调头的虚线。此外，关于 K2 路与石化大道交接路口存在的问题，区规划局和区公用事业局按区管委会指示封闭此路口，改为中央绿化带。[3]由于滨海四路转北环路转弯处双向行车路面较窄，转弯过急；且道路横断面由内向外倾斜，增加了车辆侧翻的可能性。经会议协商，区公用事业局及时将该问题纳入北环路扩建工程。[4]

---

〔1〕《惠州大亚湾石化工业区业主委员会年度工作计划》（2012 年 12 月 26 日）。

〔2〕《大亚湾石化工业区业主委员会会议纪要（17-1）》（2013 年 11 月 6 日）。

〔3〕《常务理事会第六次会议落实情况》（2010 年 7 月 27 日）。

〔4〕《10 月 28 日石化区业主委员第 17 届 1 次会议要求落实情况》（2013 年 10 月 28 日）。

又如 2013 年 10 月 28 日下午，在海油发展石化公司海洋石油大厦四楼多功能厅召开的惠州大亚湾区石化工业区业主委员会第 17 届第一次会议（常务理事会成员企业会议），提出疏港大道施工安全问题，即疏港大道在海油大厦附近的施工对道路通行造成影响，存在安全隐患。施工现场在海油大厦出入口，此处车辆集中，转弯较多，施工导致路面狭小，路面破损，施工机具停放和作业影响视线，容易引发交通事故。会上海油发展石化公司建议施工组织加快海油大厦出入口附件的施工进度，消除隐患。

再如 2014 年 1 月 15 日下午，在区管委会附属楼三楼 2 号会议室召开的惠州大亚湾区石化工业区业主委员会第 17 届第二次会议，决定区公用事业局抓紧与区供电局协调该路段电缆迁改事宜，明确电缆迁改和道路通车具体时间。[1]会议还建议增设警示牌和夜间照明路灯，消除道路安全隐患。[2]关于石化大道惠炼家园大门口的横穿人行道问题，会议决定由大亚湾区石化工业区管理处督促大亚湾区公用事业局落实执行，去除中间的隔离带，规划一条人行横道。[3]关于油城东路惠州炼油仓库路段安全设施问题，大亚湾区石化工业区管理处将发正式信函给中国海油惠州炼油分公司，允许其自己设立交通警示牌。[4]

（2）解决石化工业区交通拥堵的问题。如上班高峰期，石化工业区东、西门楼处因未及时办理石化工业区通行证的重型卡车长时间停靠路边；石化工业区尚未设有公用停车场，石化工业区东、西门楼公交换乘站迁移导致交通拥堵。针对上述情况，业主委员会向大亚湾区提出了意见和建议。据此，根据区委、区管委会的工作部署，石化工业区西门计划整体西迁，并由区石化集团牵头建设石化工业区公用停车场。业主委员会会议还要求石化综合管理大队加强对高峰期重型车辆的管控，联合企业根据实际问题研究制定相关的管理方案；各企业加强内部管理，切实提高预约管理人"精准预约"

---

〔1〕《大亚湾石化区业主委员会会议纪要（17-2）》（2014 年 2 月 17 日）。
〔2〕《大亚湾石化区业主委员会会议纪要（17-2）》（2014 年 2 月 17 日）。
〔3〕《常务理事会第五次会议会议纪要》（2010 年 5 月 20 日）。
〔4〕《常务理事会第五次会议会议纪要》（2010 年 5 月 20 日）。

能力水平以及装卸货相关工作人员的工作效率。[1]石化集团、公安石化综合管理大队分别采取具体解决措施，并作出详细回复。区公安石化综合管理大队加强对高峰期重型车辆的管控，在上下班高峰期将未及时办理通行证的重型车辆疏散到非交通道路停放；加强与企业的沟通，根据实际问题研究管理对策，要求企业管理人提高"精准预约"能力水平以及装卸货相关工作人员的工作效率。根据惠湾管纪〔2019〕40号和惠湾管办函〔2019〕41号文件要求，编制完成《大亚湾石化区配套公共停车场及危运车辆临时避险停车场特许经营项目方案研究报告》，并征求相关单位意见。经协调，区公用事业局于2020年6月22日回函同意作为该项目的业主单位，拟上报管委会采用特许经营（BOT）的模式推进项目建设，项目纳入大亚湾区2020年至2022年区政府投资采购服务类项目三年滚动计划。根据惠湾委纪〔2020〕4号文件的要求，危运车辆临时避险停车场已经完成场地勘察、平整、强夯工作、方案设计、施工工作，解决了交通拥堵问题。[2]

（3）解决污水排放问题，做好石化工业区环境保护。如雨季石化工业区的污水排放问题突出。2015年11月5日上午在海油发展石化公司四楼多功能厅召开的惠州大亚湾区石化工业区业主委员会第17届第六次会议上，分析探讨石化工业区事故应急池报建手续及污水管网对接问题：截至11月2日，事故污水应急系统工程建设已投资完成94%，未在本次污水应急池设计范围内的新落户企业，区石化集团正在加紧办理申报手续；忠信化工、智盛石化、惠电公司等十家企业已提供应急连接管段方案图纸电子版至区住建局，审核公示后，可直接办理工程规划许可证；要求各企业抓紧时间按照区住建局审核意见修改完成施工图设计工作。[3]关于石化工业区废水收费及污染因子接管标准问题，清源环保公司所设定电导率《接管标准》经过严格的方案论证、技术核定和环评审批，以此为上限。接到业主委员会的意见和建议，大亚湾区公用事业局积极落实部署，

---

〔1〕《石化区业主委员会提出相关问题落实情况》（2020年7月22日）。
〔2〕《石化区业主委员会提出相关问题落实情况》（2020年7月22日）。
〔3〕《大亚湾石化区业主委员会会议纪要（17-6）》（2015年11月12日）。

首先，按内涝整治一期施工图完成电厂北路810米DN2000管道和石化大道西门楼至柏岗河段DN800管道和明渠。然后，增加连接滨海三路雨水接入新建排水管沟，同时将滨海四路路口现状DN1500雨水管改造为DN2200雨水管道。[1]

又如2013年10月28日下午，在海油发展石化公司海洋石油大厦四楼多功能厅召开的惠州大亚湾区石化工业区业主委员会第17届第一次会议（常务理事会成员企业会议）中，就滨海十一路和碧海路道路清洁维护、排水设施检查问题进行讨论，会议要求区石化集团尽快与公用事业局办理滨海十一路的移交工作，11月中旬完成碧海路（国华段）竣工验收，争取11月底移交区公用事业局；对石化工业区道路积水问题，需园区内各企业的配合支持方能彻底解决，业主需完善项目场地内排水系统。[2]随后区公用事业局和区环卫局分别作出答复，[3]根据《10月28日石化区业主委员会第17届1次会议要求落实情况》，具体内容如下：

区公用事业局答复：

（1）建议区石化集团尽快办理移交工作。

（2）关于出现积水问题，我局已完成对该路段雨水井管道清疏检查工作，目前管道进水井顺畅，同时在强降雨期间，我局会加强该路段排水设施巡查力度，发现积水问题及时处理，保障行人、车辆通行。

区环卫局答复：

（1）滨海十一路我局已安排人员、机扫车对该道路加强清扫保洁。

（2）经查，碧海路没有纳入我局清扫、保洁范围，相关移交手续请区石化集团尽快联系我局办理。

---

[1]《石化区业主委员会提出相关问题落实情况》（2015年11月12日）。
[2]《大亚湾石化区业主委员会会议纪要（17-1）》（2013年11月6日）。
[3]《10月28日石化区业主委员会第17届1次会议要求落实情况》（2013年10月28日）。

（4）加强消防安全巡查，排除安全隐患。业主委员会通过常任理事会、专题会议和安全和环保小组等方式，分析消防安全问题，定期巡查排除安全隐患。业主委员会通过专题会议，积极整合各方力量，有效防范、应对和处置石化工业区各类突发事件，当石化工业区发生重大情况、突发事件、事故时，通过该项会议对突发的相关事件进行充分解释、研究落实解决措施，稳定企业信心及员工人心等。[1]

2009 年 9 月 18 日下午在中海壳牌行政办公楼 6009 会议室召开的常务理事会第一次会议，决定成立安全和环保工作小组，小组由常务理事会各成员企业指派一名人员构成。安全和环保工作小组的任务包括企业发生紧急事故时的互相帮助以及消防培训等内容。[2]安全和环保小组会议每年召开 4 次，主要内容是：协商各企业提交的安全和环保问题、对政府职能部门的要求准确与否予以评价并统一做法、共享安全和环保经验和案例学习、建立应急救援物资共享平台、中控室和安全和环保应急联络网、相互参观学习交流等。[3]2019 年，安全和环保小组召开了 3 次会议，与大亚湾区安全生产协会合作规范园区企业的探伤作业；发布石化工业区控烟要求，设置公共吸烟区；与安监部门协作，推进落实安全管家工作，组织开展园区企业安全交流分享会。[4]

此外，关于石化工业区消防力量的整合问题。2010 年 7 月 27 日召开的常务理事会第六次会议提出，石化工业区内消防资源应进行整合，统筹管理和使用，以实现资源共享、费用共担，有效提升整体消防能力和反应能力。2010 年 12 月 8 日，在惠州炼油分公司综合办公楼 212 会议室召开大亚湾区石化工业区业主委员会常务理事会，决定委托区消防中队整合陆地、马鞭洲岛上的消防力量，委托港务局整合海上消防力量，统一制定"组团式消防力量"的实施方案，

---

〔1〕《惠州大亚湾石化工业区业主委员会年度工作计划》（2012 年 12 月 26 日）。
〔2〕《常务理事会第一次会议会议纪要》（2009 年 9 月 18 日）。
〔3〕《惠州大亚湾石化工业区业主委员会年度工作计划》（2012 年 12 月 26 日）。
〔4〕《惠州大亚湾石化区业主委员会会议纪要（2019 年第 2 期）》（2019 年 10 月 22 日）。

首先整合马鞭洲的消防力量，委托设计单位深圳准信企业于 8 月底制定初步方案，9 月 3 日由马鞭洲消防整合工作小组进行评审。设计院于 9 月 15 日前上报评审意见落实后的设计方案与消防改造工程预算。陆地消防管道、泡沫管道的整合原则上以组团、地块整合为主。以马鞭洲为试点，马鞭洲整合完成后，开始根据设计单位拟定的整合方案实施陆地上的整合。[1]实施方有责任和义务提前向石化工业区管理处汇报周边构成安全隐患的作业，以便及时告知周边企业规避风险，确保安全。[2]

（5）完善人力资源交流平台，增强人力资源服务。据中海油能源发展股份有限公司惠州分公司于 2013 年 11 月 6 日印发的《大亚湾石化区业主委员会会议纪要（17-1）》可知，2013 年 10 月 28 日下午，在海油发展石化公司海洋石油大厦四楼多功能厅召开的惠州大亚湾区石化工业区业主委员会第 17 届第一次会议（常务理事会成员企业会议）中，提出业主委员会将借助安全和环保小组成功运作的经验，征求园区各业主意见，进一步完善人力资源小组筹建方案，筹建人力资源小组，以搭建石化工业区企业人力资源管理人员之间交流、互通、合作的平台，使园区内企业的正常生产不受影响，促进园区人力资源合理配置和有序流动；[3]区公安局、人力资源和社会保障局、宣教局、卫计局等职能部门支持推进园区企业员工户口办理、人员招聘、干部档案管理、社会保险、子女就读、卫生医疗等工作的落实，更好地为园区企业服务。[4]人力资源小组于 2015 年 9 月正式成立，积极开展活动。如 2019 年，业主委员会人力资源

〔1〕《常务理事会第六次会议落实情况》（2010 年 7 月 27 日）。
〔2〕《大亚湾石化区业主委员会常务理事会纪要》（2010 年 12 月 15 日）。
〔3〕《大亚湾石化区业主委员会会议纪要（17-1）》（2013 年 11 月 6 日）。人力资源小组是当时企业之间互相挖人导致问题出现后提议的，目的是防止园区内互相"挖人"，以及政府服务企业协助人才招聘、当地居民就业。人才流动本属正常，企业可以招聘同行业人才。但问题是弱小企业培养的技术骨干，经不起大企业、名企业的各种诱惑（平台知名度、技术实力、企业文化、薪资待遇等），附近有吸引力的企业招聘时就容易走掉（考虑住房、照顾老人、子女就学、生活圈子等），所以小型企业，包括小型外企就很苦恼。因为化工企业培养一个合格的人才需要好多年的时间，即使是操作员工也需要几年才能成熟。张建国访谈录，2023 年 10 月 11 日。
〔4〕《惠州大亚湾石化区业主委员会会议纪要（17-5）》（2015 年 7 月 28 日）。

小组组织召开了三次小组会议，会议中提出的人员招聘、子女就读、户口和居住证办理等关切问题，均得到政府职能部门的专业解答；人力资源小组开展了参观党群服务中心，邀请知名讲师进行促动式领导力培训活动。[1]业主委员会人力资源小组的建立和运行，对建立企业人才交流平台，加强企业人才交流，开展石化工业区各类专业培训，推进企业人才队伍建设具有重要意义，为石化工业区的健康可持续发展提供了可靠的人力资源保障。

在运行过程中，业主委员会和常务理事会注重运用一定的激励手段。如 2013 年 8 月，由于惠菱化成在业主委员会上的贡献，业主委员会和大亚湾区管委会给惠菱化成的日本籍总经理颁发"优秀会长"的牌匾，给为业主委员会和常务理事会活动作出实际贡献的惠菱化成张建国颁发"优秀安全和环保组长"的奖牌。[2]

随着石化工业区的不断发展和日渐成熟，尖锐的矛盾越来越少，石化工业区业主的自治空间受到一定的影响，业主委员会和常务理事会的作用减弱，业主委员会的规范效力也相应趋弱。虽然业主委员会和常务理事会仍在运行，但活跃度远非早期可比；[3]政府方面介入过多后，业主委员会、常务理事会的自主性受到影响，企业参

---

〔1〕《惠州大亚湾石化区业主委员会会议纪要（2019 年第 2 期）》（2019 年 10 月 22 日）。

〔2〕客观上看，由于热心人士的积极参与，惠菱化成担任业主委员会会长期间做得最红火，以至于 9 个月的任期被延长了几次，期间业主委员会协同区管委会、石化工业区管理处一起组织过企业代表赴华东地区参观石化区（上海、宁波、苏州）的活动，还协助石化工业区管理处开展石化工业区企业开放日活动。由于 2010 年至 2013 年大亚湾区石化工业区三年内发生三次大火，周边居民由于对石化产业不熟悉、不理解，看见大火后出现争先恐后地恐慌逃离的情况，为此业主委员会协助石化工业区管理处就采取了分批分类邀请石化工业区外围（包括惠阳区）居民和企业、学校、机关等代表来石化工业区参观，普及石化知识等措施，取得了较好的效果。张建国访谈录，2023 年 10 月 11 日。

〔3〕目前业主委员会会议和常务理事会会议至今已有一年多没有召开，可能由于大亚湾区管委会领导、轮值领导业务繁忙，或是由于管委会机构改革后部门人员和职责刚定位，重新调整的政府人员无暇顾及；也可能由于石化工业区发展逐渐成熟，亟待解决的问题减少。不过，新时代总有新问题，也可以发掘其他共同要素进行协商、联谊。现在石化工业区的一些企业有小范围私下的交流、聚餐，似乎逐步回到了最初的民间特色。张建国访谈录，2023 年 10 月 11 日。

与的积极性今非昔比。[1]

安全和环保小组和人力资源小组目前也在按照业主委员会的规范正常开展活动，[2]但也出现某种偏离自治、自主的倾向。

结　语

大亚湾区石化工业区企业为解决项目建设中遇到的实际问题、解决企业发展中的困难，自发、自愿成立业主委员会、常务理事会，并在业主委员会下成立了安全和环保和人力资源两个工作小组，制订了业主委员会章程等规范进行制度化运行，发挥在政府和企业之间的桥梁和纽带作用，为业主提供服务并解决面临的问题，促进和加强业主之间的交流和沟通，促进了企业与石化工业区的发展，提升了政府的服务能力。

自发设立、自主运行的业主委员会的成立和持续运行，得益于热心人士的无私奉献，得益于骨干企业的积极参与，[3]得益于规范的健全和遵行及政府部门的全力支持。业主委员会的民间性、自治性、公益性特征，是业主委员会的存在基础与存在价值，保障了业主委员会的正常运行。

业主委员会规范的合法性、合理性、全面性、可操作性，为业主委员会、常务理事会和两个专门小组的运行提供了制度保障，使业主委员会、常务理事会和两个专门小组有章可循、有规可依，为业主委员会、常务理事会和两个专门小组的长期、正常、连续地发挥作用奠定了制度基础。

---

〔1〕　张建国访谈录，2023 年 7 月 17 日。

〔2〕　如 2023 年 8 月 23 日上午，大亚湾区石化工业区业主委员会人力资源小组在中海壳牌召开 2023 年第三次会议，50 余人参会，大亚湾区石化能源产业局局长和石化工业区管理服务中心主任参会。会议围绕《大亚湾开发区关于高质量打造人才集聚新高地的实施意见》，探讨如何创新研究制定石化产业人才专项支持政策。与会人员从引、育、留、用等方面进行了热烈的讨论。会上中海壳牌培训部高级主管还分享了中海壳牌 2022 年继任者领导力学习发展项目。张建国访谈录，2023 年 10 月 11 日。

〔3〕　业主委员会会议和常务理事会这一自治性组织发挥作用最关键的是人和人的意识，有那种参与社会贡献的想法人的存在，需要有热心参与的官员和企业领导。张建国访谈录，2023 年 10 月 11 日。

　　对业主委员会规范这一得到政府支持的民间自发组织的规范进行总结，有助于我们更全面地认识自治规范的生成路径和作用机制，更深入地理解企业组织规范的具体内容和独特价值，以充分发挥企业组织、行业协会的主体性和积极性，进一步推进我国的法治国家和法治社会建设。

第四篇　社会组织自治规范

● ● ●

第二十章
保障自主经营的国有企业内部管理制度
——以惠州深能港务有限公司为对象

引　言

国家依法保护企业的经营自主权。我国《宪法》第 16 条第 1 款规定："国有企业在法律规定的范围内有权自主经营。"《全民所有制工业企业法》第 58 条规定："任何机关和单位不得侵犯企业依法享有的经营管理自主权……"《企业国有资产法》第 16 条第 2 款规定："国家出资企业依法享有的经营自主权和其他合法权益受法律保护。"根据该法，国有企业的自主经营权大体包括企业在发展规划、生产销售、签订合同、劳动用工、工资奖金分配等方面自主决策的权利。我国《企业国有资产监督管理暂行条例》第 10 条规定："所出资企业及其投资设立的企业，享有有关法律、行政法规规定的企业经营自主权。国有资产监督管理机构应当支持企业依法自主经营，除履行出资人职责以外，不得干预企业的生产经营活动。"企业围绕生产自主、管理自主、经营自主、财务自主等内容制定的公司内部管理制度以及依内部制度开展的公司管理实践是其经营自主权的具体体现。为保障企业经营自主，实现企业的经营目标，惠州深能港务有限公司（以下简称"惠深港务公司"）重视企业内部管理制度的制订，形成了一整套完备的包括内部控制制度、安全生产标准化制度、环保及职业健康保护制度等的企业内部管理制度，促进了企业的发展。

惠深港务公司由深圳能源集团有限公司及深圳港集团（原深圳

市盐田港集团）投资成立，[1]，公司经营范围包括投资建设、经营和管理惠州港荃湾港区煤炭码头及配套设施、物流设施（项目需另行审批）和辅助业务，以煤炭的装卸、经营、管理为主，兼营石油焦、矿建材料等通用散货的装卸、经营、管理业务，现有员工 90人。2012 年 3 月，当时的盐田港集团公告其控股子公司惠州深能投资控股有限公司将以惠深港务公司为主体，投资、建设、经营惠州港荃湾港区煤炭码头一期工程项目。作为该项目的配套铁路工程，惠州荃湾煤炭港进港铁路由深圳港集团旗下的惠深港务公司投资代建。惠州荃湾煤炭港是广东省重点投资项目，致力于打造粤东最大煤炭集散中心及华南地区重要的煤炭上水港和节点港。惠州港荃湾港区煤炭码头一期项目于 2013 年 7 月开工建设，2017 年一期主体工程及两座亚洲最大的环保封闭条形煤仓完工，成为全国首个大型绿色环保示范公用煤炭码头。2018 年 10 月铁路进港线建成通车，拥有得天独厚的海铁联运优势，2020 年 9 月 16 日，码头一期工程通过广东省交通运输厅组织的竣工验收，9 月 18 日获得港口经营许可证，码头正式进入运营期。12 月 11 日，广东省口岸用时 27 天快速完成口岸开放验收审批，正式签发文件同意惠州港荃湾港区煤炭码头一期工程对外开放。码头一期工程现共建成两个 7 万吨级煤炭卸船泊位及相应配套设施，年接卸能力达 1500 万吨。[2]2021 年 12 月，码头取得多货种经营许可证，成功转型升级。2022 年上半年，煤炭港

---

[1] 参见《深圳能源集团股份有限公司关于增资惠州深能投资控股有限公司的关联交易公告》《深圳能源集团股份有限公司关于增资惠州深能投资控股有限公司的提示性公告》《深圳市盐田港股份有限公司关于增资控股惠州深能投资控股有限公司的关联交易公告》《深圳能源集团股份有限公司关于惠州深能投资控股有限公司定向增资的关联交易公告》等。另外，根据 2023 年 3 月 15 日盐田港更名并完成工商变更登记的公告称，公司控股股东的企业名称由"深圳市盐田港集团有限公司"变更为"深圳港集团有限公司"，原盐田港集团成立于 1985 年，由深圳国资委 100% 控股，旗下有 14 个国内外各类大型港口。在深圳运营包括盐田港区、大铲湾港区、深汕区小漠国际物流港区，其中，盐田港承担了广东 1/3 外贸进出口量，全国对美贸易 1/4 货物量，年吞吐量占深圳港 55%。

[2] 码头项目规划投资 30 亿元，建设三个 7 万吨级泊位（水工结构 15 万吨）及配套设施，项目共分两期，设计年接卸能力 2300 万吨。

完成岛上铁路股道升级改造，增加 200 万吨铁路运输能力。[1]目前，惠州荃湾煤炭码头现已成为粤东地区最大的煤炭码头。[2]2022 年是惠深港务公司全面竣工投产正式运营的第二年，公司实现全年吞吐量 838 万吨，同比增长 25.8%；营业收入 2.33 亿元，同比增长 23.3%；净利润 232 万元，为粤港澳大湾区煤电保供作出了应有贡献。[3]惠州荃湾煤炭港自全面投入生产作业以来，煤炭接卸量屡创佳绩。惠深港务公司有序经营与安全生产成绩的取得离不开内部管理制度有效运行。

　　笔者于 2023 年 2 月 16 日前往位于大亚湾区的惠深港务公司进行专门调查。通过访谈公司负责人，收集相关制度文本，对国有企业内部管理制度及其施行情况有了初步的了解。以田野调查为基础，本章对国有企业内部管理制度的制订、内容、施行和作用进行探讨，为深入认识企业内部管理制度奠定基础，并更全面地认识大亚湾区的自治规范。

一、企业内部管理制度的制订

　　惠深港务公司成立以后，应集团公司的要求，参照集团公司的有关规定，根据企业特点和需要，依法制订企业内部管理制度，使企业的生产、经营等有规可依、有章可循。

　　以安全生产制度为例，国家于 2002 年制定、2021 年修改《安全生产法》，国务院制定《生产安全事故应急条例》《关于预防煤矿生产安全事故的特别规定》《生产安全事故报告和调查处理条例》等行政法规，这些国家的安全法律法规等是公司制定安全生产制度的国家法依据。

---

　　[1]《全国首个大型绿色环保先行示范公用煤炭码头获准正式对外开放｜港口装卸机械》，载 https://mp.weixin.qq.com/s? src = 11&timestamp = 1679898074&ver = 4431& signature=w78-ExRPew3UYdgPw8XHD4xZF8VKxTI4yy0Cdw6UMNeEKURcf93 * 4dUNWrlczp3- jz4SadNxktoAPQBmVHaEqPgSNUTPtiO4r7Tp3tEJLeJvnwfyW6xGX5u2IN10BOfCx&new = 1，访问日期：2023 年 3 月 27 日。

　　[2]《深圳市盐田港股份有限公司 2022 年半年度报告》。

　　[3]《惠州深能投资控股有限公司 2022 年工作总结和 2023 年工作计划》。

根据法律法规，为获取、识别、更新适用于公司安全生产的法律、法规、标准及其他要求，惠深港务公司制定了《安全生产法律法规标准规范管理规定》，及时修改和完善现行安全生产制度。根据《安全生产法律法规标准规范管理规定》的要求，安全管理部、技术服务部生产管理部及其他部门各司其职，通过"规范获取—登记识别—更新—发放、实施、检查与符合性评价—评审修订"的程序实现安全生产法律法规标准规范的更新与修改。具体程序为：

（1）规范获取。获取渠道主要有三种：第一，由各部门通过标准化信息网、新闻媒体、行业协会、政府主管部门及其他方式获取国家的安全法律法规、标准、标准及其他要求。第二，由办公室收集整理上级部门的通知、公报等。第三，各部门从专业或地方报纸、杂志等收集的法律、法规及其他要求，应及时通报安全管理部进行识别和确认并备案。

（2）登记与识别。第一，根据公司生产、活动和服务过程中所有的危险、有害因素，结合法律法规的最新版本内容，识别适用的法律、法规、标准及其他要求。第二，根据本行业特点，识别适用的法律、法规、标准及其他要求。第三，安全管理部组织相关部门对获取和识别的法律、法规、标准、标准及其他要求，组织评审确认，报公司领导审核投准，并编制《适用的法律、法规清单》。

（3）更新。更新的具体时间为：第一，当现行安全法律、法规、标准及其他要求更新时；第二，安全管理部每年进行一次法律，法规、标准及其他要求的获取、识别、更新工作。第三，当生产过程中的危险、有害因素发生变更时。

（4）发放、实施、检查与符合性评价。第一，安全管理部及时将适用的安全法律、法规、标准及其他要求清单汇总，下发到相关部门（协作单位）。第二，各部门（协作单位）要组织学习安全法律、法规、标准及其他要求并在安全标准化运行中严格遵守，各部门（协作单位）培训学习情况记录于安全例会台账，班组学习情况记录于班组活动记录中。第三，安全管理部对贯彻安全法律、法规情况每年进行一次监督检查，对不符合安全法律、法规、标准及其他要求的现象要组织相关部门分析原因，进行整改。安全管理部建立安全法律、法规、标准及其他要求符合性评价记录。

（5）评审和修订。安全管理部每年组织一次有关部门（协作单位）对颁发的制度文件进行评审，对不适宜的文件进行及时修订。工艺、技术、材料等发生变更时，各部门（协作单位）应及时对各种规章制度和安全操作规程进行修订，确保适用性和有效性。修订时应填写《文件更改审批表》，注明原因及更改内容，经主管安全副总经理批准后进行修订。新修订的规章制度及安全操作规程应及时发放到岗位，保证各岗位的规章制度和安全操作规程是最新有效文件，原文件收回统一作废。

为使每一位员工了解、知悉和遵守，惠深港务公司组建了编辑委员会将相关制度汇编成《安全生产标准化制度》。

同时，惠深港务公司还汇编了《内部控制制度汇编（2022年版）》《环保及职业健康篇》《生产安全事故应急预案》等，使企业的各方面、各领域惠深港务公司制度化、规范化。

二、企业内部管理制度的内容

惠深港务公司的企业内部管理制度包括内部控制制度、安全生产制度、环保及职业健康保护制度等，内容全面，规范明确，规定具体。

（一）内部控制制度

惠深港务公司的《内部控制制度汇编（2022年版）》共有组织架构、党建工作、人力资源、资金与财务、采购业务、资产与运营、市场营销、合同管理与内部信息传递等9章内容，完整构成了公司的内部控制制度。

1. 组织架构制度

惠深港务公司组织架构主要包括公司章程和授权管理制度两方面。

（1）公司章程。公司章程是股东惠州深能投资控股有限公司和惠州港能源码头投资有限公司根据《公司法》及相关法律、行政法规、政府规章、司法解释规定以及《中国共产党章程》制定，遵循合法、自治、真实、公平原则。惠深港务公司章程约定了公司名称及住所，公司经营范围，公司注册资本，公司股东名称和住所，公司机构及产生办法、职权、议事规则（如股东会、董事会、监事会、经营管理班子等）、公司股东认为需要规定的其他事项（如股东权利义务，财务、会计、利润分配及劳动用工制度，登记、合并、解散、清算等）。

（2）授权管理制度。为了强化董事会决策执行效果，惠深港务公司建立健全董事会授权管理制度，支持董事长和总经理规范高效履职，合理管控成本费用，并根据《深圳市国资委关于加速加力攻坚国企改革三年行动的通知》要求，公司制定了《授权管理制度》。授权主体是董事会，被授权的主体是董事长和总经理。授权管理的内容包括：日常经营管理；业务招待费、营销费用、口岸费用和差旅费用管理；工程项目款管理；投资项目款项管理；固定资产管理；银行资金管理；贷款利息资金支付；备用金管理；关联交易。其中，关于日常经营管理费用支出、日常经营合同和管理合同等，工程项目款，投资项目款，备用金管理以及关于银行账户资金在不同银行、不同账户之间、定期与活期之间的调拨银行资金管理等，在年度预算内 5 万元（含本数）以下由总经理审批，5 万元以上由董事长审批。业务招待费、营销费用、口岸费用和差旅费用管理，从严管理，两道关口：事前方案总经理审核、董事长审批，费用由总经理审核、董事长审批。关于固定资产的购买与出售、租出与租入以及处置等，单笔金额 5 万元以下的由总经理审批，单笔金额 5 万元以上、50 万元（不含本数）以下的由董事长审批，单笔金额 50 万元以上、年度总金额 200 万元以上的，按程序报董事会审批。贷款利息资金支付和关联交易管理，由总经理审核、董事长审批。另外，授权管理制度设有授权事项跟踪报告、监督检查考核的监督考核机制以及责任追究机制。董事长和总经理就授权事项定期向董事会报告，公司纪检部门负责日常监督。董事长和总经理要严格行使审批权限，如发现主观过错或者失职渎职、违法违规情形的，董事会依法追究其责任。

2. 党建制度

惠深港务公司党建制度有党支部议事规则、"三重一大"事项决策管理、"三重一大"事项清单、落实意识形态工作实施方案、支部委员会"第一议题"学习制度、党支部党风廉政建设主体责任清单、舆情热点处理工作指引及政治要件闭环落实工作指引等具体制度。

根据《党支部议事规则》，惠深港务公司规定了支委会的议事原则、议事范围、召集主持、通知召开、审议表决、记录与决议实施等具体内容。

根据《"三重一大"事项决策管理规定（试行）》，惠深港务公司规定了决策范围、决策程序、组织实施和监督检查、责任追究等具体内容。公司还制定了"三重一大"事项清单，列明事项内容和依据。

根据《落实意识形态工作实施方案》，惠深港务公司强化意识形态工作的总体要求、主体责任、贯彻落实和追究问责。按照分级负责和"谁主管，谁负责"原则，惠深投控领导班子对公司意识形态工作负主体责任，惠控党支部书记是第一责任人。

根据《支部委员会"第一议题"学习制度》，惠深港务公司在召开党支部委员会、支部党员大会、党小组会议时原则上均应开展"第一议题"学习。学习制度还规定了学习内容、学习方式、学习要求等具体内容。

惠深港务公司制定了《党支部党风廉政建设主体责任清单》，分别制定了惠控公司支委领导班子责任（28项）、惠控公司党支部书记责任（18项）、惠控公司支委班子成员责任（11项）等，每项责任均制定了责任要求、责任清单、具体措施和承办人。

根据《舆情热点处置工作指引》，惠深港务公司的舆情分为重大舆情、一般舆情和交流舆情三个等级，出现重大舆情和需提及管理的一般舆情，启动重大突发事件"四个一"应急处置机制。[1]工作指引规定了各级舆情处理的原则和应急处置规程。

根据《政治要件闭环落实工作指引》，惠深港务公司建立政治要件贯彻落实情况台账、建立动态跟进和闭环落实机制、贯彻落实政

---

〔1〕 即两级公司的一个领导和一个部室牵头负责，一个舆情处置工作专班跟进处置，一个舆情应急处置工作方案统筹应对，全流程统一口径上报和发布信息。

治要件年度报告制度并加强组织领导压实工作责任。

3. 人力资源管理制度

惠深港务公司人力资源管理制度包括绩效管理、考勤管理、休假管理、管理人员聘任管理、实习学生管理以及新员工一线实习管理、奖励管理、嘉奖管理等具体制度。

根据《绩效管理规定》，绩效管理制度为提升工作效率和公司效益制定，惠深港务公司绩效管理是董事会、绩效考核领导小组、各个部门及全体员工的共同责任。《绩效管理规定》就组织机构、绩效计划的制定与调整、绩效指导、绩效考核、绩效指标得分计算规则、考核结果计算、考核等级、特殊情况、绩效应用、绩效申诉等进行了具体规定。

根据《考勤管理规定》，惠深港务公司的考勤管理制度包括考勤打卡管理和加班制度。考勤管理适用于公司中层管理人员及员工，采用钉钉APP对上班到岗和下班离岗时间进行打卡。在加班制度方面，惠深港务公司要求各级管理人员认真遵守《劳动法》《劳动合同法》等法律法规，科学、合理安排岗位及排班，依法维护员工合法权益，倒班人员的排班方案需经总经理办公会审议通过。如遇特殊情况需加班的，当事人应向部门负责人报告并填写加班申请单，同意后方可加班。在符合法律法规条件下，加班采用调休方式补偿，确无法调休需支付加班费的，由部门提出、经分管领导同意、报人力资源部核对后，经分管领导、总经理、董事长审批支付。法定休假日加班的，支付不低于公司三倍的报酬。

根据《休假管理办法》，惠深港务公司的休假管理制度适用于公司聘用的各职级人员和与股东签订劳动合同的股东派出人员。员工假期有法定休假日、公休日、法律法规规定的其他休假日、年休假、探亲假、婚假、丧假、陪产假、哺乳假、计划生育假、病伤假和事假等。员工休法定休假日、年休假、探亲假、婚假、丧假、陪产假、计划生育假期间，按正常工作发薪资和享受各项福利待遇。

惠深港务公司还制定了聘任管理人员管理制度、实习学生管理制度、新员工一线实习管理制度等针对特殊人员的管理制度。其中，聘任管理人员需经候选人提名、组织考核、确定人选、上报上级、任前公示和正式聘任等程序。实习学生管理针对在学学生实习就实习内容、时间、要求、劳动纪律、劳动保障和实习保障等作出规定。新员工一线实习管理制度是针对新入职员工最长不超过 3 个月的实习期就实习安排、要求、管理和劳动纪律作出的规定。

根据《奖励管理规定》，惠深港务公司的奖励管理制度以公开、公平、公正为原则，以绩效优先为价值导向，尊重创造、鼓励创新，优中选优，弘扬先进。《奖励管理规定》对管理机构、奖项设置、评选条件、参评与评审、表彰奖励等进行了具体规定。

根据《嘉奖管理办法》，惠深港务公司的嘉奖管理制度以绩效优先为导向，注重奖励时效性，强调即成即奖，主要适用于积极践行公司发展战略、推动公司实现跨越式发展、取得卓越经营绩效和贡献的各部门及项目团队的评选。办法就评选条件、嘉奖程序、嘉奖兑现等进行了明确规定。

4. 资金与财务制度

惠深港务公司的资金与财务管理制度包括财务机构及人员管理、会计档案管理、会计核算管理、资金管理、资金系统管理、资金支付管理、差旅费管理、费用报销审批管理等制度。

惠深港务公司设立财务管理部，负责公司日常财务会计相关工作。公司《财务机构及人员管理规定》对财务机构的职责与财务人员的管理作出了具体规定。《公司档案管理规定》就会计档案的形成、保管及期限、借阅、销毁等制度作出了具体规定。《会计核算管理规定》就会计核算的一般要求、核算方法、会计监督的内容和方法、财务会计报告、会计档案管理等作出了具体规定。《资金管理规定》就现金管理、银行存款管理、银行印鉴管理及信用证、网上银行等其他事项的管理作出了具体规定。《资金系统管理暂行办法》就资金集中管理系统的归口部门、授权管理、业务操作管理、安全防范措施、监督问责等作出了具体规定。《资金支付管理规定》就工程款项资金支付、投资款项资金支付、固定资产购建资金支付、备用金款项资金支付、税金款项资金支付、贷款利息资金支付、资金调配款项支付、委托银行自动扣款资金支付、日常费用报销资金支付以及预算外资金支付等作出了具体管理。《差旅费管理实施办法》规定了出差审批制度，从严控制出差人数和天数、从严进行差旅费预算管理，就城市间交通费、住宿费、伙食补助费、市内交通费、会议及培训差旅费、因公临时出国（境）差旅费等管理作出具体规定。《费用报销审批管理规定》规定费用管理实施预算控制，各项费用开支原则上不得超过经批准的预算额度。业务经办部门应对报销业务及发票来源的真实、合法性负责。费用报销应"一事一报"，规范填制和粘贴单据，具体分为预算内归口费用的管理和预算外费用的管理，通过填写费用保单按规定进行流程审批。

5. 采购业务管理制度

惠深港务公司的采购业务管理制度包括招标及采购管理、招标领导小组议事规则、仓库管理等制度。

惠深港务公司成立招标领导小组。招标领导小组下设招标办公室，设立在规划建设部，由规划建设部部长兼任招标办主任。招标领导小组由总经理、分管规划建设管理部副总经理和规建、财务、经营部负责人等组成，党群工作部工作人员为监督小组成员。董事长不参加招标领导小组，对招标领导小组决议可提出质疑或质询意见，对存在重大质疑的事项享有一票否决权。公司制定了《招标领导小组议事规则》，就招标领导小组的议事范围、会议组织等作出了具体规定。公司采用的招标及采购方式主要有公开招标、邀请招标、询比采购、竞价采购、竞争性谈判、单一来源采购、直接采购等，其中公开招标分为法定公开招标项目和自行组织公开招标项目。公司招标及采购活动实行招标人负责制。公司《招标及采购管理规定》对招标采购的组织机构及工作职责、招标及采购方式、组织实施、工作要求、异议和投诉处理以及监督管理和资料管理等作出了具体规定。

根据《仓库管理规定》，惠深港务公司规划建设部统筹公司仓库日常管理工作，负责公司物资的验收、数据核对、出入库、台账建立及日常巡查，定期对仓库物资进行盘点。仓库管理包括物资入库、物资出库、物资盘点、退库与报废、仓库管理及维护等具体制度。

6. 资产与运营管理制度

惠深港务公司的资产与运营管理制度包括固定资产管理、经营管理、公务用车使用管理、行政办公用品管理、纪念品管理及接待管理等制度。

根据《固定资产管理规定》，为保证固定资产安全、完整，公司固定资产管理按照"谁使用、谁负责"的原则，实行由资产综合管理部门、资产归口管理部门、资产使用部门、财务管理部分工负责的管理责任制度。具体包括固定资产增减变动审批管理制度，固定资产计价、折旧和修理制度，固定资产盘点清查及盘盈盘亏和减值的处理等。

根据《经营管理规定》，惠深港务公司经营管理部负责企业日常经营活动管理，依据上级下达的经营目标，组织编制公司年度经营计划并对目标进行分解，完成经营责任书的签订和对季度、年度经营指标完成情况的考核。经营管理制度规定了经营管理的组织及职责、年度经营预算管理和内部统计报表编制等。经营管理部每月组织召开公司经营分析会议、统计各部门经营数据，编制公司内部统计报表。

根据《公务用车管理适用办法》，惠深港务公司办公室负责公司公务活动用车保障和公务车辆使用管理工作，指定驾驶员，并对用车活动监督管理。公务用车的使用管理以"统筹管理、保障公务、安全高效"为原则。公务用车管理制度包括车辆购置、更新及报废管理，车辆使用管理，车辆维修保养管理，车辆安全管理等具体制度。

根据《行政办公用品管理规定》《纪念品管理办法》，惠深港务公司办公室是负责公司行政办公用品、纪念品购置和管理的职能部门。行政办公用品管理制度包括办公用品采购、低值易耗品管理、日常办公用品管理、电话管理等具体制度，以利旧优先、减少浪费、节约环保为原则，一般需经各部门向办公室提出申请，报请领导请示后分发或领取。纪念品管理制度包括纪念品的采购、保管、领用等具体制度，纪念品设置两种规格（一档单品价格在 225 元以内，二档单价在 225 元至 500 元之间），应体现公司标识、尽可能体现公司形象及地方特色，以业务需要为前提，经公司审批后由办公室负责采购。

根据《接待管理办法》，惠深港务公司的公务接待严格贯彻执行中央八项规定，坚持勤俭节约，坚持有利公务，坚持以平等、对等为原则。接待管理制度包括接待原则、接待标准、纪念品赠送、接待用车和住宿、接待审批、监督检查与责任追究等具体制度。商务接待分为一类、二类、三类等级，[1]不同等级在接待部门、宴请标准、陪餐人数、酒水价格、迎送活动组织等具体要求不同。业务接待实行事先申请、分级授权审批制度。公司定期检查监督，存在违法违规接待行为的，严肃处理并追责。

7. 市场营销管理制度

市场营销管理制度包括市场营销激励制度、收费公示价等制度。

惠深港务公司的《市场营销激励方案（试行）》主要适用于三家股东单位（盐田港、深能源、惠港投）内所有员工，针对现有两家客户（大埔电厂、荷树园电厂）的业务增量。具体包括营销申请流程及管理、市场营销价格及系数、激励标准、激励审批流程等具体制度。另外，激励方案不适用于董事长和总经理。

8. 合同管理制度

根据《合同管理办法》，惠深港务公司合同管理制度的对象分为普通合同和重大合同，不包括劳动合同，劳动合同由人力资源部另行制定管理办法。合同主管部门为公司经营管理部。根据权限或公司指派，代表公司联系、洽谈、起草和履行合同的各部室为合同承办部门。合同管理包括合同签订（合同起草、合同审查、合同审核与签订）合同履行，合同变更、解除与终止，合同违约及争议解决，合同的归档，奖励与惩罚等具体制度。重大合同的签订应先行立项。另外，在合同管理中有特别贡献、发现重大隐患并采取积极措施避免或挽回经济损失的，公司给予奖励。在合同管理中出现违法违规违约行为致使公司利益受损、名誉受损、扩大损失等情形的，公司将依情节进行相应惩罚。

---

〔1〕 一类接待：上级政府机构、上级主管部门、重要合作伙伴单位主要领导及重要外宾来访。二类接待：其他政府机构、合作伙伴单位其他领导及较重要外宾来访。三类接待：各部室业务对口接待的业务洽谈、考察调研、参观交流等普通公务、商务、外事来访。

9. 内部信息传递制度

内部信息传递制度包括公文管理规定、会议管理规定、印章管理规定、营业执照管理规定等制度。

根据《公文管理规定》，惠深港务公司的公文管理制度包括公文的种类与格式、缓急划分、发文处理、收文处理、OA系统公文管理、公文办结及归档等具体制度。

根据《会议管理规定》，惠深港务公司的会议管理制度包括总经理办公会议、专题办公会议、会议室使用等具体制度。为提升公司工作的计划性和预见性，办公室编制并发布《公司一周主要会议及活动安排表》，公司会议按计划进行。

根据《印章管理规定》，惠深港务公司的印章管理制度包括印章的刻制，保管、交接和停用，使用等具体制度。公司实施印章使用审批登记制度，要求印章管理人坚持原则、严格使用，印章责任部门要对用印情况进行登记，规范使用，用印过程中发现异常或遗失的应立即报告。

根据《营业执照管理规定》，惠深港务公司办公室是负责营业执照管理的职能部门，负责营业执照的变更、年检、保管、登记和备案。各部门需使用证照复印件的，需说明使用范围、办理登记手续，经部门负责人、办公室负责人同意后提供证照复印件，并在复印件上注明使用范围、加盖公章；需使用原件的，还应经分管领导或总经理审批，且外出时需由一名同行人保管，外出期间不可由使用人保管。

（二）安全生产制度

惠深港务公司安全生产制度集中体现在《安全生产标准化制度汇编（2022版）》中，主要包含安全管理制度、消防安保管理制度和安全技术操作规程等三部分。

1. 安全生产管理制度

惠深港务公司安全生产制度第一部分为安全生产管理制度，具体包括安全生产委员会管理制度、安全生产责任制度、安全生产法律法规标准规范管理规定、安全生产危险源辨识风险评价及管控、安全生产目标承诺管理、安全生产投入保障制度、事故报告调查处理及责任追究制度、安全合理化建议及隐患报告奖励、安全教育培训管理、安全生产隐患排查整改管理、安全生产奖惩管理、协作单位安全管理、劳动防护用品管理、特种设备安全管理、属地化安全管理、危险作业管理、特种作业人员安全管理、设备设施安全管理、安全生产会议管理、夜间作业安全管理、通勤车乘车安全管理、节假日和应急值班管理、交通船安全管理、平板驳船使用管理、安全生产绩效考核管理、充电棚安全管理、安全生产信息化管理、文件与档案管理、"三同时"管理、安全预测预警管理、变更管理、安全警示标志管理、安全活动管理、安全环保管理员工作日志管理等制度。

这些各项安全生产管理制度从整体上可分为安全生产责任制、安全生产日常管理制度、风险隐患排查制度、事故处理制度、安全生产培训制度、资金保障与奖惩制度等。

（1）安全生产责任制

根据《安全生产委员会管理制度》，安全生产委员会是惠深港务公司最高安全管理组织机构。安委会下设安委会办公室和四个专项安全小组（技术服务小组、生产作业小组、安保与消防小组及综合管理小组）。

根据《安全生产责任制度》，惠深港务公司安全生产工作坚持"安全第一、预防为主、综合防治"方针，实行"第一位"原则——安全工作是各级领导第一位的工作、第一位的责任和第一位的标准；"一岗双责"原则——公司要建立健全"党政同责、一岗双责、齐抓共管"的安全生产责任体系；"管生产必管安全"原则——既管好生产经营，又管好安全；"属地化管理"原则——区域谁主管，安全谁负责；"分级管理"原则——公司法人、委托法人、董事长、总经理对安全生产工作共同负责，是第一责任人，分管副总是安全工作的主要、直接责任人，各部门负责人是本部门安全工作的第一责任人，各班组长、各岗位员工是本班组、本岗位的直接责任人，安全管理部对安全工作承担监督管理责任。公司安全生产制度对安全管理部、技术服务部、生产管理部、人力资源部、市场部、财务管理部、办公室、规划建设部、党群工作部等各部门及部门负责人、专兼职安全员、各岗位员工分别制定了详细的职责分工。

（2）安全生产日常管理制度

惠深港务公司安全生产日常管理制度包括安全目标承诺管理制度、协作单位的安全管理制度、安全设施的安全管理制度、生产设施及配套标识的安全管理制度、交通工具及配套设施的安全管理制度、特种设备、特种作业、危险作业以及夜间作业的安全管理制度、安全生产会议的管理制度、节假日和应急值班制度、劳动防护用品管理制度、安全绩效考核管理制度、安全生产的信息管理制度。

根据《安全生产目标承诺管理办法》，惠深港务公司实行安全生产目标承诺即要求全体员工须逐级以书面形式向上级签订安全生产目标管理责任书，这是全体职工履行安全生产责任的形式之一。《员工安全生产目标管理责任书》要求员工认真执行安全生产法律法规及公司管理规定，既是业务员又是安全员，实现无伤亡、无火灾、无中毒等责任事故目标；认真执行本岗位业务操作规范，履行好岗位职责；认真做好安全防火工作；认真遵守交通法规；认真遵守住宿规定；做好8小时外的自身安全保护。《员工安全承诺书》的安全管理目标包括不发生安全生产责任事故、火灾事故、职业病危害事故、治安保卫和疫情事件等，要求员工承诺认真执行"安全第一、预防为主、综合治理"的生产方针，做到"不伤害自己、不伤害他人、不被他人伤害、保护他人不被伤害"，积极参加公司组织安全活动，自觉接受安全教育和技能培训，严格落实岗位安全责任制，落实"一岗双责"，积极参加事故隐患检查和整改，发现问题及时上报，遵守疫情防控规定等。

根据《协作单位安全管理规定》，协作单位是指在惠深港务公司从事与公司生产经营活动相关、在公司内部从事各种公务活动和业务往来的外部单位和个人。[1]对协作单位的安全管理，惠深港务公司以"谁承办、谁负责""谁接待、谁负责"为原则，管理内容包括合同约定、安全监督检查、安全培训教育、安全事项告知、违章处

---

[1] 主要包括依照与公司订立的有关合同、在公司内部从事是生产辅助作业、基建、维修、安装调试、运输、后勤服务、劳务及其他承包各种项目的外来单位和个人；以及经公司安全管理部或对口业务部门同意，进入公司内开展各类公务活动的外来单位或个人。

罚、事故追责等，制度也适用于承包方、租赁单位、配套供应方、劳务派遣人员以及其他公务往来人员等安全管理。

根据《设备设施安全管理制度》，惠深港务公司设备设施安全管理以"预防为主、分类管理"为原则，以"责任化、系统化、制度化"为基本做法。根据对生产的影响和运行风险程度，设备分为重点设备和一般设备，重点设备包括大型港机、特种设备、电力设备和辅助生产设备等，一般设备指重点设备之外的设备。安全生产部、设备相应的使用部门、技术服务部及其他部门依据制度划定的职责依规行事。制度还规定了设备安全管理的通用要求以及大型港机安全管理的要求（如保持司机队伍稳定、建立岗位责任制等）、特种设备安全管理（根据国家《特种设备安全监察条例》和《特种设备安全管理制度》）、辅助生产设备（在保证实施专业管理的基础上参照大型港机设的管理进行）和一般设备（按运行风险分 ABC 三类：A 类按照特种设备进行，B 类可参考大型港机进行，运行检查频次可低于大型港机；C 类使用部门及主管部门的保管制度，责任到人）的安全管理，设备拆除报废的安全管理及安全运行检查（实行操作人员点检、专职或技术人员定期检查、设备主管部门监督检查和专项检查的制度）等。根据《安全警示标志管理规定》，公司安全标识设置制度具体包括安全警示标志的设置场所、设置原则、设置方法等设置要求及各部门职责等内容。

根据《特种设备安全管理规定》，惠深港务公司特种设备安全管理制度规定了安全管理委员会、安全管理部、技术服务部、特种设备使用部门的对应职责。其中，特种设备使用部门是第一责任人，制度具体规定了特种设备的使用、检修、安装、监督、校验等管理内容与要求，还特别规定了对压力容器、起重机械、厂内机动车辆等具体的使用要求。根据《特种作业人员安全管理规定》，特种作业人员安全管理制度规定了特种作业人员具备的基本条件、作业范围、职责与要求、培训与复审、日常管理以及工作要求、作业要求等。如发生事故，公司安全生产委员根据事故程度，按照《安全事故报告、调查处理责任追究制度》追究责任。根据《危险作业安全管理规定》，危险作业实行作业许可证制度，许可证由作业项目主管部门审核签批。根据《夜间作业安全管理办法》，公司制定了现场作业场所的灯光照明规范等。危险作业安全管理制度规定了现场负责人、监护人、作业人员的相应职责，规定了受限空间作业、动火作业的分级、登高作业、吊装作业、动土作业、临时用电作业等具体要求。危险作业按照属地管理和"谁主管、谁负责"的原则进行作业管理，实行作业许可制度。

（3）隐患排查制度

根据《安全生产危险源辨识、风险评价及管控规定》，安全生产危险源辨识、风险评价及管控制度是为确保公司能够持续进行危险源识别、风险评价和风险控制，加强对重大风险的控制，最大限度消除和降低风险，减少人身伤害和财产损失而制定的。惠深港务公司从安全管理部、其他部门和员工个人三个层面规定了具体职责，管理包括危险源识别、登记建档与备案、持续改进管理、教育培训、运行管理与考核等。公司实行安全风险分级管控，在生产过程中针对各系统、各环节可能存在的风险、危害因素以及危险源，进行辨识、分析、分级管控，以期能通过风险确认与识别程序，预先发现风险征兆，提前采取必要的预控措施达到规避风险减少损失的目的，对已发生的风险，首先通过已有控制措施进而采取补偿措施进行控制，将风险损失降至最低。

根据《安全预测预警管理规定》，安全管理部是安全预测预警的责任部门，组织煤炭码头的安全预测预警和风险控制工作，各岗位人员参与安全预测预警工作，技术服务部负责检测系统的维护。管理内容包括风险预测预警的实施步骤、措施选择、预警时机与频次以及安全预测语境的培训等。

为能够将隐藏在公司各领域深处的安全隐患及时暴露和挖掘，及时将安全隐患消灭在萌芽状态，惠深港务公司以"安全管理，全员参与"的原则制定了安全合理化建议及隐患报告奖励制度，鼓励员工及时发现、及时上报、献计献策，减少和预防安全事故发生。公司成立安全合理化建议及隐患报告奖励领导小组。对举报者做好保密工作，采取安全管理部门负责人一人负责保密制，举报者可直接举报至安全管理部门负责人邮箱中。根据建议、汇报、举报内容的贡献大小，以通报表扬等形式进行奖励，在公司评优、评先、提干等方面给予优先考虑。对需要保密的举报者，奖励由安全管理部负责人一手办理，可将奖金直接打入举报者个人银行账户或举报人提供的其他方式。

根据《安全生产隐患排查整改管理规定》，安全生产隐患排查整改管理包括安全检查要求、检查记录、问题处置及举报、奖励、处分等具体制度。安全检查采取定期检查、专项检查、经常性检查三种形式。定期检查分为周期性检查（包括季度、月、旬、周、日检查）、季节性检查、节假日期间检查、专项检查和经常性检查五类。各级检查发现的事故隐患及时召开专题会议，研究整改；超出本级能力范围需上级协调整改的，逐级书面上报。

（4）安全生产培训制度

根据《安全活动管理办法》，安全活动包括安全知识普及、安全技能培训、安全技能考评和应急演练等。惠深港务公司安全管理部负责监督各部门活动开展、召开安全生产会议（频次为每周、每月），各部门及班组负责安全活动计划的制定与落实。公司还制定有安全环保管理员工作日志等。

根据《安全教育培训管理办法》，惠深港务公司安全教育培训管理制度适用于公司所有在岗员工；与公司签订劳务承包合同、协作单位和临时用工参照执行。由人力资源部向安全管理部提供新员工上岗或员工转岗计划，安全管理部据此制定从业人员安全培训计划。新员工上岗前需经过公司、部门、班组三级安全教育，其中公司级的安全培训不得少于 8 小时。公司各部门主要负责人是本部门安全培训工作第一负责人。

（5）安全生产投入保障与奖惩制度

惠深港务公司安全生产投入保障制度是保障生产安全资金来源的基础性制度，分为安全工程项目投入、劳动防护与保健投入、应急救援投入、安全宣传教育投入、日常安全管理投入、保险投入、事故处理投入、安全奖励基金投入以及其他投入等。

根据《安全生产奖惩管理办法》，安全生产奖惩管理制度适用于公司所属各部门及协作单位、供应商和零星工程。奖惩考核依据是公司与各部门、协作单位签署的安全生产管理目标责任书。检查方式采取各部门由下而上的自查、安全管理部结合自查情况每月对各部门的日常监查、安委会下设专业检查组每季度的专业（项）检查、安全管理部不定期检查及重大节假日等特殊时期的专项大检查等。对月度考评、年度考评和其他考核进行奖惩，其中区域内协作单位违章实行连带考核，协作单位在各部门区域内被查处的，视同工作管理，对用工部门、协作单位连带考核。

（6）安全事故处理制度

惠深港务公司建立了事故报告、调查处理及责任追究制度，就事故报告、事故抢救、事故调查分析、事故责任追究等进行了具体的规定。

2. 消防安保管理制度

惠深港务公司安全生产管理制度第二部分为消防安保管理制度，具体包括消防安全管理制度、消防设备设施管理规定、消防控制中心管理制度、微型消防站管理规定等消防制度、治安保卫管理规定、港区综合治理管理规定、港区治安管理办法、车辆物资出入管理规定、港区交通安全管理规定、安保人员管理规定、港口设施限制区域管理规定、保安声明签署管理规定、保安事件报告与调查管理规定、港口设施保安培训管理办法、港口设施保安职责管理规定、行政通道值守管理办法等安保制度，公司还制定有消防及保卫工作日志等。

消防安全管理以"管生产必管安全"和属地化管理为原则。消防安全管理制度规定了安全管理委员会、安全管理部、办公室、生产管理部、技术服务部、规划建设部以及其他部门的具体职责，和各部门负责人、班组防火责任人、各生产岗位员工的职责。消防安全管理制度要求公司及协作单位全体员工熟记本岗位的重点部位、应急处置程序，公共消防安全知识。

惠深港务公司要求消防重点部位重点管理。各部门、协作单位应对属地范围内的变电所、大型机械设备、煤仓、库房、食堂、维修车间、候工楼及综合办公楼等重点部位加强消防管理，根据公司消防预案制定本部门（协作单位）的详细消防预案和疏散预案，每半年至少组织一次演练，且记录齐全规范。加强职工消防安全教育培训，加强节假日的值班巡查和消防重点部位的巡查。

惠深港务公司的消防设备设施以属地化管理和"谁主管、谁负责"为原则。安全管理部、生产管理部、技术服务部和办公室设有消防设备管理的对应职责。公司对消防设备设施管理进行监督检查、维护保养、设施设备检测和考核，严格按照《消防设施检查、维修和保养管理规定》进行。

惠深港务公司设有消防控制室，实行24小时专人值班，每班人员不少于2名，负责消防控制系统的正常运行和异常监测。公司设有微型消防站。

根据《治安保卫管理》，安全管理部门承担着惠深港务公司内部的综合治理和治安保卫、协作单位管理、安全隐患整改和排查等专业性工作。公司制定了《安保人员管理规定》《保安事件报告与调查管理规定》《车辆、物资出入管理规定》《行政通道值守管理办法》。

惠深港务公司针对煤炭码头港区制定了《港区综合治理管理规定》《港区治安管理办法》《港区交通安全管理规定》《港口设施保安培训管理办法》《港口设施限制区管理规定》等。

3. 安全技术操作规程

惠深港务公司安全生产管理制度第三部分为安全技术操作规程，具体包括安全行为通用守则、电气技术员安全操作规程、机械技术员安全操作规程、综合调度岗安全操作规程、移动式火车装车机安全操作规程、叉车安全操作规程、电动葫芦吊安全操作规程、电工安全操作规程、氧气瓶安全操作规程、安全行为通用守则、电气技术员安全操作规程、机械技术员安全操作规程、综合调度岗安全操作规程、移动式火车装车机安全操作规程、叉车安全操作规程、电动葫芦安全操作规程、电工安全操作规程、氧气瓶安全操作规程等。

根据《安全行为通用守则》，守则适用于进入港区的一切人员，包括卸船机司机禁令，维修工禁令，大型机械、料斗、皮带机和流程区域禁令，指挥手（包括查看舱口人员）禁令，码头栈桥禁令，清仓人员岗位禁令，船舶靠离系解缆岗位禁令，管理人员岗位禁令，车辆驾驶司机禁令等，守则还规定了进入港区的"十四个不准"，操作工的"六严格"、动火作业"六大禁令",进入容器、设备的"九个必须"等,制定有上岗行为规范,常规安全行为规范,船、货代理、船务公司及船供人员安全行为规范等。另外,进入港区任何车辆严禁超速行驶,严禁不遵守交通规则,倒运车辆必须达到安全行车标准、严禁超载。

对违反规定但未造成事故的,根据《安全生产处罚条例》执行;对造成重大事故未遂或造成事故的加重处罚,按照《安全事故报告、调查处理及责任追究制度》的规定对责任人、责任部门(协作单位)进行责任追究和处分,并在全公司通报批评。

(三)环保及职业健康制度

惠深港务公司环保及职业健康制度主要集中在《环保及职业健康制度》中,包括职业健康管理制度和环境保护管理制度两部分。

1. 职业健康管理制度

惠深港务公司的职业健康管理制度,具体包括职业危害防治责任制度、职业病危害警示与告知制度、职业病危害项目申报管理制度、职业健康宣传教育培训制度、职业危害防护设施维护检修制度、职业病防护用品管理制度、职业病危害检测与评价管理制度、建设项目职业卫生"三同时"管理制度、从业人员职业健康监护及其档案管理制度、职业健康相关岗位操作规程、职业病危害应急救援与管理制度、职业危害事故处置及报告制度等。

根据《职业危害防治责任制度》,惠深港务公司职业病防治工作实行主要领导全面负责、分管领导分工负责、部门归口负责的责任制。制度以"管生产必管安全"和属地化管理为原则。职业健康管理的组织机构有职业健康管理领导小组(领导机构)、安全管理部(负责公司职业健康工作,配备专职的职业卫生管理人员)、各部门负责人(落实本部门职业健康工作)。制度规定了职业健康管理领导小组、安全管理部、人力资源部、技术服务部、生产管理部、董事长、总经理、副总经理、专(兼)职职业卫生管理人员、各生产部门领导、班组长等公司各级组织和人员开展职业健康管理的具体责任,使各部门、各职工明确职业病防治责任,层层有责、各司其职、各负其责,做好职业病防治工作。

根据《职业病危害警示与告知制度》，公司应当为员工创造符合国家职业健康标准和要求的工作环境，使劳动者获得职业健康保护。根据《职业病危害项目申报管理办法》，由安全管理部向当地安全监督管理部门申报职业病危害项目。根据《职业健康宣传教育培训制度》，公司要求职业卫生教育培训与生产安全培训同期进行，培训应考虑不同层次的职责、能力、语言能力和文化程度。根据《职业危害防护设施维护检修制度》，职业危害防护设施在使用时应符合国家标准和卫生要求。根据《职业病防护用品管理制度》，公司应向接触职业病危害的劳动者提供有效的个人防护用品，不得以货币或其他物品替代应当配备的防护用品。根据《职业病危害检测与评价管理制度》，公司为使作业场所职业病危害因素的强度或浓度符合国家职业卫生标准，有效预防职业病危害、保障员工健康，要求参照《职业病危害因素分类目录》，对相应资质的职业卫生技术服务机构使用符合国家标准的检测方法，对工作场所中存在的职业病危害因素进行定期检测（包括日常监测和应急检测），并对检测结果如实记录、报告和公示。根据《从业人员职业健康监护及其档案管理制度》，职业健康监护主要包括职业健康检查、职业健康档案管理等内容。根据《职业健康相关岗位操作规程》，公司就粉尘岗、噪声岗、高温岗、清扫工、舱口指挥工、堆料作业等制定了具体的岗位操作规程。根据《职业危害事故处置及报告制度》，出现职业危害事故，公司各部门负责现场指挥救援及事故信息的逐级上报。

2. 环境保护管理制度

惠深港务公司的环境保护管理制度，具体包括环保责任制、环境保护管理制度、排污申报管理制度、环境监督管理人员管理制度、环境卫生属地化管理地址、固废处理管理制度、污染治理设施管理地址、环境保护责任追究管理制度、突发环境事件管理制度、突发环境事件公共关系应急处置管理制度、环保考核管理制度、扬尘污染防治管理制度等。

环保责任制度是惠深港务公司领导及各职能部门环保职责的管理制度，具体规定了董事长、总经理、主管环保副总经理、其他副总经理及其他领导、安全管理部、生产管理部、技术服务部、财务管理部、人力资源部、办公室、经营管理部、市场部、规划建设部、党群工作部等应承担的环保职责。董事长是环境管理第一责任人，对公司环保工作负总体责任；总经理对公司环保工作负全面责任；主管环保副总经理对公司环保工作负直接领导责任；各生产经营部门、协作单位是本部门、本单位环保责任主体，制定本部门、本单位各级人员、组织的环保责任制并认识落实。另外，公司配备专（兼）职的环境保护管理人员，保障公司环保工作的正常开展。

各部门（单位）遵循"谁使用、谁管理""谁管理、谁负责"的原则，依分工职责做好本部门的环保管理工作。公用或产生交集的场地，按照平均分担的原则管理。对于工作中产生争议的行为，由争议部门（单位）协商解决，若解决无效，公司环境保护领导小组或办公室进行处理。对于人为造成二次污染的地段，由责任部门（单位）或个人自行负责清理；非二次污染的地段，由属地管理部门负责清理。环境保护领导小组、环境保护办公室、安全管理部、办公室、生产管理部、技术服务部、财务管理部、规划建设部承担具体环境保护职责。环境保护分为现场环保要求、环境卫生要求（制定有《卫生要求》）、污水处理（按照《污染治理设施管理办法》执行）、废弃物处理等。公司对环保责任执行情况制定有定期的检查考核制度。

根据《环境监督管理人员管理办法》，惠深港务公司环境监督人员分为监督管理师和监督管理员两类。其中监督管理师实行登备案制度。制度还规定了安全管理部、环境监督人员的具体职责，以及环境监督人员的上岗要求、设置要求、任职要求等。根据《环境卫生属地化管理规定》，公司环境卫生管理以"谁使用、谁负责""谁管理、谁负责"的属地化管理为原则。根据《固废处理管理办法》，各部门要分类投放垃圾，垃圾回收部门定期及时处理。公司规定了安全管理部、办公室、技术服务部、规划建设部和其他各部门的具体职责，各部门之间要加强合作，严禁推诿扯皮。公司环境卫生领导小组将对未认真履责的部门按照《安全生产绩效考核管理办法》对责任部门进行考核。根据《污染治理设施管理办法》，技术服务部负责污染治理设施的管理、日常维护保养，保证设施正常运行，应将治理设施的管理与主体生产设施一并纳入日常管理体系。根据《环境保护责任追究管理办法》，公司将环保失范行为分为环保违规行为、环境污染责任事故（一般事故、较大事故）等，制定了对直接操作者的责任追究、对所属部门负责人或协作单位车间的责任追究、对所属单位有关负责人的责任追究，以及其他责任追究的具体实施程序。根据《突发环境事件管理办法》，安全管理部、办公室和各部门依规定具有突发事件管理职责。突发环境事件管理制度对具体信息报告、调查处理和奖惩等进行了具体规定。根据《突发环境事件公共关系应急处置管理办法》，公司为避免突发环境事件引发公共关系危机，就突发环境事件应急处置的原则、信息发布和应急处置程序等规定了要求。根据《环保考核管理办法》，公司安全管理部为环保考核主管部门，考核分为年度和月度考核。

（四）《生产安全事故应急预案》

根据《安全生产法》《港口法》《生产安全事故应急预案管理办法》和其他相关法律法规，以及《生产经营单位生产安全事故应急预案编制导则》（GB/T29639-2020），惠深港务公司制订了《生产安全事故应急预案》。

惠深港务公司生产安全事故应急预案包括综合应急预案、专项应急预案、现场处置方案等。公司的事故应急预案按照统一领导、分级负责、条块结合、属地为主的原则，同属地政府生产安全事故应急预案相衔接。为确保处置突发事故的能力，公司领导、各部门负责人和员工应认真执行，组织好应急救援队伍的建设，落实好应急救援物资的准备，按规定要求定期组织人员培训和演练，使每一个员工都熟悉并执行好应急预案。预案不替代码头各承包企业的应急预案。各承包企业应按照法律法规的要求，编制本单位的生产安全事故应急预案，到当地政府安全生产主管部门备案，并向公司安全生产管理部报备。本预案中适用于各承包企业的仅限于信息报送部分。预案中的现场处置方案，适用于公司在码头运营中直接管理的部分业务。公司针对防汛防风和火灾爆炸事故制定了专项应急预案。

三、企业内部管理制度的施行

惠深港务公司自投产运行以来严格按照企业的内部管理制度进行生产、经营活动，生产、经营状况良好，达到了预期的目标。

谈到企业内部管理制度的施行，惠深港务公司负责人在调查时介绍："我们公司很多制度都是沿用的，沿用盐田港的体系；我个人觉得，其实像我们这样的国有企业，应该来说现在制度还是比较规范、比较复杂，因为我的母公司是 1997 年上市，现在已经是 2022 年，上市有 26 年了，它很规范；尤其是内部控制体系都很严格的，如物资采购、保管、使用三分开，规避内部风险，我们这样的企业有这个条件，也有这个要求，每年都过来审计。"[1]惠深港务公司负责人认为企业制度比较完善、运行比较规范，这是惠深港务公司尤其是作为上市公司下属公司经营管理的实践需要和相关部门的监管使然。

同时，惠深港务公司负责人也强调外包制度能够借助商业竞争形成筛选淘汰机制，是一种比较有效的选择。他提到本公司外包制度的特色之一是要求签订廉洁责任书、安全责任书等："外包制度很有特色，商业化合同管理除了签承包合同、委托合同之外，我们还要跟他签安全责任、廉洁责任书，这都是必不可少。"[2]在实践中，外包合作方较少发生违反合同约定或法律规定的现象。这样惠深港务公司和协作单位都严格按照制度进行规范生产、经营活动。

2022 年，惠深港务公司汇编了《内部控制制度汇编（2022版）》，修订了《安全生产标准化制度汇编》，要求由安全管理部落实执行以及培训等工作，让全体员工充分了解《安全生产标准化制度汇编》的要求，熟悉各岗位的安全职责和安全操作规程，要求各部门要认真做好《安全生产标准化制度汇编》的学习和狠抓执行落实，确保公司安全生产。

在新冠疫情期间，惠深港务公司因时因势调整疫情防控政策，

---

〔1〕　惠深港务公司负责人访谈录，2023 年 2 月 16 日。
〔2〕　惠深港务公司负责人访谈录，2023 年 2 月 16 日。

按照政府要求和企业制度统筹做好经营发展和疫情防控各项工作。一是实时更新《港口及一线人员疫情防控工作指引》和《外轮作业防疫制度汇编》，制定《疫情防控应急预案》，建立外轮作业分析预警机制，研判外轮接卸作业疫情风险，做到一船一研判、一船一方案。严格把控人员的出入，所有登岛人员提前报备发放"上岛卡"，建立健全人员出入信息档案，2022 年上下岛人员共计约 1.6 万人次。[1]二是构建安全生产管理责任体系，修订《安全生产标准化制度汇编》。加强安全培训教育，组织参加各类安全培训 112 场次，覆盖900 人次，安全防范意识和专业技能稳步提升。加强"一线三排"工作，紧抓煤、电、气、油、船关键环节，开展各类安全检查，共发现隐患 137 项，全部整改到位。开展受限空间、着火消防、淹溺、职业健康、疫情防控等应急演练 11 场次，参演 361 人次，提升公司应急处理能力。[2]

惠深港务公司创新经营统筹机制，围绕战略规划发展、市场拓展与多货种经营、效率提升与流程优化、码头能力提升与功能优化、降本增效与管理提升、数字化转型、财务优化和人力资源优化等内容成立 8 个专项小组，[3]研究制定各项重点工作任务书、时间表、路线图，凝心聚力为经营发展提供强劲动能。生产量的持续高位运行，使设备长时间处于高负荷运转状态，给设备维保工作带来巨大挑战。公司创新采用维保作业"动态巡检+间隙维保"模式，优化资源配置，合理利用生产作业间隙对设备进行维修保养；同时，大力推广技术手段创新，优化皮带硫化工艺，生产协同作业效率显著提高。全年码头设备平均作业率高达 94.5%，平均操作完好率达 95.2%。

惠深港务公司营收实现转亏为盈。2022 年，集团参股企业惠州深能投资控股有限公司所属惠州荃湾煤炭港克服了疫情影响、生产瓶颈、资金压力等诸多困难，实现全港接卸量 838 万吨，同比增长

---

[1]《惠州深能港务有限公司 2022 年度总结》。

[2]《惠州深能港务有限公司 2022 年度总结》。

[3]《惠州深能港务有限公司 2022 年度总结》。

25.83%，为集团所属河源电厂接卸电煤 486 万吨（共计 71 船），为保障电厂生产经营稳定作出了积极贡献。2022 年是惠州荃湾煤炭港全面竣工正式投入运营的第二个完整年度，公司即实现扭亏为盈。在克服了疫情影响、生产瓶颈、资金压力等诸多困难的情况下，实现全年营业收入 2.33 亿元，同比增长 23.33%，实现利润 232 万元，同比增长 4660 万元。

惠深港务公司按照制度规范生产经营，也得到了政府有关部门和社会的肯定。如根据 2022 年 3 月 17 日交通运输部、应急管理部、中华全国总工会公开发布的《关于公布 2018—2020 年度公路水运建设"平安工程"冠名项目的通知》，惠深港务公司的惠州港荃湾港区煤炭码头项目被冠名为 2018 年度公路水运建设"平安工程"，也是广东省唯一一家获此荣誉的企业。[1]

四、企业内部管理制度的作用

惠深港务公司的企业内部管理制度保障企业安全生产、创造安定生产秩序，提升内部管理质效、实现务实有效管理，提高公司经营收入、提升业绩与竞争力，稳定码头运输功能、服务区域煤电保供。

（一）保障企业安全生产，创造安定生产秩序

惠深港务公司自码头建设投产以来，码头已连续安全生产 4 年，设备运行良好。惠深港务公司内部管理制度的制定与运行都紧紧围绕安全生产管控的总体目标，在公司管理实践中不断健全岗位安全责任体系，突出做好重要风险点的排查、警示和隐患整改，推动安全风险分级管控和隐患排查治理双重预防工作机制实施，完善安全教育培训机制，加强安全文化建设。惠深港务公司安委会以安全生产控制目标和安全生产过程管理相结合进行绩效考核管理，有力保障了企业的安全生产，有效保护了员工个人生命健康，为企业生产

---

〔1〕 交通运输部、应急管理部、中华全国总工会《关于公布 2018—2020 年度公路水运建设"平安工程"冠名项目的通知》，载 https://xxgk.mot.gov.cn/2020/jigou/aqyzljlglj/202 203/t20220317_ 3646414.html，访问日期：2023 年 3 月 31 日。

经营创造了安定的生产秩序。

（二）提升内部管理质效，实现务实有效管理

惠深港务公司依据制定的党建制度，坚持党建引领发展，擦亮"荃湾煤炭码头"特色党建品牌，认真落实"三会一课"制度，开好党内组织生活，抓好党风廉政建设，做好群团工作，以党建为公司经营发展提供政治保障和动力支持。

惠深港务公司推进精细化管理、对标管理和激励管理，精细化开展经营分析、流程分析，适时修改和完善生产经营管理制度，不断进行生产流程的优化、设施设备的技改创新，不断优化部门权责分工，推动经营管理更加实务有效。公司重点关注公司资金管理工作，坚持科学优化公司融资方案和资本结构，进一步减轻公司财务负担；公司还高效办理留抵退税，盘活企业存量资金，提前还贷为发展减负蓄能。[1]

惠深港务公司通过事前培训、事中规范及事后的绩效管理、奖惩激励等有效引导和约束员工行为，公司内部管理制度提升了公司管理的质量与效率，实现了务实有效的内部管理。

（三）提高公司经营收入，提升业绩与竞争力

惠深港务公司紧跟生产经营需要，在 2022 年修订完善《招标及采购管理规定》《资金支付管理规定》《固定资产管理规定》《档案管理规定》等 18 项管理制度，[2]充分发挥内部管理制度效力，与时俱进提升规范化管理水平。公司内部经营管理制度有助于提高公司经营业绩，实现效益增长。公司创新经营统筹机制，围绕战略规划发展、市场拓展与多货种经营、效率提升与流程优化、码头能力提升与功能优化、降本增效与管理提升、数字化转型、财务优化和人力资源优化成立 8 个专项小组，研究制定各重点工作任务书、时间表、路线图，为经营发展提供强劲功能。

---

〔1〕《扭亏为盈，这家集团参股企业交出崭新成绩单》，载 https://mp.weixin.qq.com/s/lGqyyaCIxsvxsCoKKg7oAQ，访问日期：2023 年 3 月 28 日。

〔2〕《惠州深能港务有限公司 2022 年度总结》。

（四）稳定码头运输功能，服务区域煤电保供

珠三角地区以及粤东、江西、湖南等均为贫煤地区，日常民生与经济社会发展所依赖的煤炭主要依靠外地输入。作为粤东最大、华南地区重要的煤炭疏散地，惠深港务公司的惠州荃湾码头依托海铁联运实现电煤有序高效疏散，加速了能源流通，为北煤南运作出应有贡献，为贫煤地区提供更加稳定可靠高效的能源保障。据惠州电视台报道，截至 2022 年 4 月，码头累计为华南地区和中海油惠州炼化提供煤炭超 1500 万吨以上。[1]码头通过企业内部控制制度、安全生产制度、环境保护制度等，稳定有序发挥码头运输功能，高效服务能源供给和民生保障，促进了区域经济发展。

结　语

作为一家国有企业，惠深港务公司重视企业内部管理制度的制订和施行，在组织架构、党建工作、人力资源、资金与财务、采购业务、资产与运营、市场营销、合同管理、内部信息传递、安全生产标准化、安全生产事故应急预案、环保、职业健康保护等方面都有规可依、有章可循，充分发挥企业内部管理制度的作用，保障企业生产、经营的顺利进行。

作为大亚湾区自治规范的一种，惠深港务公司的内部企业管理制度在完善企业治理结构、保障企业生产经营自主权、促进企业合规运营、建立和完善现代企业制度等方面具有重要的功能。

我国《民法典》将法人划分为营利法人、非营利法人和特别法人。这为作为营利性法人的企业提高自主经营能力提供了法律依据。随着改革开放和市场经济的不断发展，进一步扩大国有企业的自主经营权，已经成为加快国有企业改革、建立和完善现代企业制度、促进国民经济健康运行发展的重要部分。国有企业的改革业已成为我国经济体制改革的中心环节。一方面，如何处理好政府与市场的关系，在企业内部人、财、事的管理上不越位、不缺位、不错位，

---

〔1〕　曾静妍：《惠州港荃湾港区煤炭码头获评国家"平安工程"》，载《惠州日报》2022 年 4 月 17 日。

这作为改革的重点仍需要加强顶层设计、有序地推进，促进企业内部管理制度与政府外部管理机制的实践互动中更加自主、更具活力和实效。另一方面，在完善国有资产监管体制的基础上，还应建立健全国企法人内部治理结构，明确政府作为出资人的权利和责任，落实企业法人对国有资产保值增值的权利和责任，规范公司各经营决策主体和执行机构的权力行使，明确规定国企内部的组织设置、权责范围、具体程序等管理制度，使企业成为能够自主经营、自负盈亏市场经济主体，是保障和扩大企业经营自主权的基础。

第二十一章
企业合规体系的建立
——以广东惠州天然气发电有限公司为对象

引　言

2021 年 12 月，国务院国有资产监督管理委员会（本章以下简称"国资委"）召开了中央企业"合规强化年工作"部署会，把 2022 年定为"合规管理强化年"。合规管理被提升到战略层面，标志着合规管理进入新阶段。2022 年 8 月 23 日，国资委印发《中央企业合规管理办法》，明确指出"……企业经营管理行为和员工履职行为符合国家法律法规、监管规定、行业准则和国际条约、规则，以及公司章程、相关规章制度等要求"，并提出了"中央企业应当建立健全合规管理制度，根据适用范围、效力层级等，构建分级分类的合规管理制度体系"。这一部门规章发布以后，中央企业合规管理的总体思路得以固定，《中央企业合规管理办法》成为未来中央企业开展合规管理的纲领性文件。2022 年 10 月 12 日，《合规管理体系要求及使用指南》正式发布，企业申请合规管理体系认证的国家标准正式确立，标志着"合规管理认证元年"的开始。

企业的合规管理既是防范法律风险的重要手段，也是公司治理的有效方式。随着国资委对企业合规管理的进一步规范化，各地也相应出台国有企业的合规管理要求。2023 年 5 月 4 日，广东省国资委发布了《关于印发〈广东省省属企业合规管理办法〉的通知》，办法自 2023 年 5 月 1 日起正式实施。办法提出省属企业应当建立合规风险识别评估预警机制，全面梳理经营管理活动中的合规风险，建立并定期更新合规风险数据库，对风险发生的可能性、影响程度、潜在后果等进行分析，对典型性、普遍性或者可能产生严重后果的风险及时预警。广东省能源集团公司 2022 年 5 月在全集团推动开展合规管理强化年活动，要求集团公司及下属企业全面开展企业合规管理各项工作，三级业务单位合规管理体系建设由二级平台企业部署推进，于 2023 年底前实现全覆盖。[1]

广东惠州天然气发电有限公司（本章以下简称"惠电公司"）作为广东省属企业，[2] 积极落实广东省国资委的要求，率先完成公司内部合规体系的建立工作，并且已通过 GB/T35770-2022 合规管理体系认证。惠电公司在合规管理体系建立和企业风险防范方面取得了一定的成效，其有益的做法可为其他企业提供经验借鉴，从而更好地降低企业自身风险，进一步发挥合规体系的重要作用，促进企业依法依规自主生产、经营。

笔者于 2023 年 5 月 16 日下午到惠电公司进行调查。笔者与惠电公司负责合规的工作人员进行了交流，了解其合规体系建立的管理方针、管理目标、具体实施方案和有益的经验；收集了相关规范性文件进行分析。以调查材料为基础，本章对惠电公司合规体系建立的重要意义、主要内容、基本要求进行初步总结，探讨惠电公司合规体系建立的作用，对企业内部管理制度作更全面的理解，并进一步丰富对大亚湾区自治规范的认识。

一、企业合规管理的方针和目标

建立企业合规体系，需要首先明确企业合规管理的方针和目标，这是构建合规体系的基础，也是企业合规体系搭建过程中遵循的纲领性方向。企业合规管理方针和目标应根据企业的特定情况和行业要求进行量身定制。同时，也需要及时跟踪和法律法规的更新和变化，确保企业的合规体系与时俱进。

---

〔1〕《广东惠州天然气发电有限公司合规管理体系创建工作汇报》。
〔2〕 惠电公司位于惠州大亚湾区，2004 年 6 月 2 日注册成立，由广东电力发展股份有限公司、中海石油气电集团有限责任公司共同出资兴建，投资比例分别为 67% 和 33%。公司主营电力、工业蒸汽、除盐水生产和销售，能源开发、电力项目技术咨询、技术服务及电力专业培训等业务。

（一）合规管理方针

惠电公司的合规管理方针为"合规立身，违规零容"。合规立身，强调守法经营是企业遵守的基本原则。合规，除了遵循基本的法律规定之外，还需要遵守企业在运行过程中的行业规则，企业自身企业章程和规章制度，以及国际条约和规则的有关要求。[1]通过对合规义务的识别、合规风险的评估、合规防控措施的设置、合规审查的开展等一系列措施，真正实现以合规立身。违规零容，强调企业对违规行为零容忍，其目的在于降低合规风险发生的概率。降低企业自身的纠错成本。企业及时识别风险，纠正违规行为，对于维护良性的合规工作秩序具有重要的意义。

惠电公司在制定合规管理方针时，从合规管理的基本含义出发，兼顾企业所处行业的特殊性。企业合规管理方针的确立需要综合考虑企业的价值观、法律法规要求和业务实践。企业合规管理方针应与企业的价值观和使命相一致，将其作为企业合规管理的基础。同时要了解所在行业和地区的相关法律法规要求。企业合规管理方针需要综合考虑内外部的要求，并持续监测和跟进。企业合规管理方针虽并无具体规则性的内容，但是其原则性的要求贯彻于企业搭建合规体系的过程中。

（二）合规管理目标

惠电公司合规管理总目标涵盖的内容较为广泛，具体体现为五个方面：一是优化、提升公司合规管理工作标准，实现合规管理业务全覆盖；二是实现规章制度、合同和重要决策的法律审核把关率达到100%；三是作为股份公司示范单位能够顺利通过广东能源集团考核；四是获得 ISO 37301 合规管理体系贯标认证；五是成为集团公司、同行业合规管理体系建设良好行为企业标杆，提升公司品牌形象。[2]

在总目标的基础上，惠电公司细化了合规管理体系的具体目标，合规管理体系建设实现五大主要目标：一是建立起相对健全的合规

---

〔1〕《广东惠州天然气发电有限公司合规管理实施方案》。

〔2〕《广东惠州天然气发电有限公司合规管理方针、目标发布令》。

管理组织体系；二是建立起相对完备的合规管理制度体系；三是建立起相对高效的合规管理工作流程；四是通过股份公司组织的评估验收；五是通过 ISO 37301 合规管理体系贯标认证。[1]

确立合规管理目标是制定合适的方向和指导，以确保企业在遵守法律法规和道德规范的同时实现经营目标。企业要分析内外部风险，明确企业价值观，立足企业文化，设定具体的合规目标。合规管理目标的确立是一个持续的过程，需要与企业整体战略和发展目标相衔接，并根据内外部环境的变化进行动态调整。

二、企业合规体系建立的主要内容

企业合规体系的建立，需要形成一套完整的规则和制度。首先，要建立组织体系，这是建立合规体系的基础与保障。组织体系构建完成并且明确职责后，建立以《合规义务清单》《风险识别及防控措施清单》和《岗位合规职责清单》"三张清单"为基础的风险识别机制，在此基础上明确重点领域、重点环节和重点人员的合规管理要求，同时要完善合规管理保障机制，保障合规体系的顺利实施。

（一）构建合规管理组织体系

2020 年 11 月惠电公司成立合规组织机构，构建董事会、监事会、经营班子会、合规管理负责人以及合规管理牵头部门、业务部门整体联动、协调配合的合规管理组织架构。企业主要负责人履行推进法治建设第一责任人职责，将合规管理体系建设工作纳入本单位重点工作计划，亲自部署、亲自安排、亲自督促，推动合规管理试点工作落到实处。公司设合规委员会，承担合规管理的组织领导和统筹协调工作，定期召开会议，研究合规管理重大事项或提出意见建议，指导、监督和评价合规管理工作。企业分管负责人全面负责合规管理。企业法律事务机构企管分部归入合规管理，负责组织、协调和监督，为其他部门提供合规管理支持。企业纪检监察、内控、安全生产、质量环保等相关部门，在职权范围内履行合规管理职责。

---

〔1〕《广东惠州天然气发电有限公司合规管理体系创建工作汇报》。

各业务部门负责本部门业务领域的日常合规管理工作，积极为合规管理工作提供政策、机构、人员、经费等保障。[1]

　　惠电公司在构建合规管理组织体系中，既有垂直的领导机构，同时不同部门之间分工明确，层次清晰，上下之间实现联动，提高了合规管理组织体系的效率，保障合规各部门有效开展合规管理工作。惠电公司将合规管理组织体系具体分为 7 个部分：

　　（1）董事会的合规管理职责。董事会的职责主要是对搭建合规管理体系中的整体方向的把握、重大事项的研究以及相关人事任免职能。董事会需要批准企业合规管理战略规划、基本制度，合理配置合规管理工作所需的相关资源，决定合规管理负责人的任免和合规管理牵头部门的设置和职能。在涉及违规行为时，有权按照权限决定有关违规人员的处理事项。

　　（2）监事会的合规管理职责。监事会的主要职责是监督董事会和公司的高级管理人员，在必要时可提出相关建议。监事会监督董事会的决策与流程是否合规，对于董事和高级管理人员合规管理职责履行情况进行评价，对引发重大合规风险负有主要责任的董事、高级管理人员提出罢免建议，并且可以向董事会提出撤换公司合规管理负责人的建议。

　　（3）经理层的合规管理职责。经理层的职责主要是执行董事会的决议。经理层根据董事会决定，建立健全合规管理组织架构，批准合规管理具体制度规定、合规管理计划等具体规范，采取措施确保合规制度得到有效执行。同时明确合规管理流程，确保合规要求融入业务领域，及时制止并纠正不合规的经营行为，按照权限对违规人员进行责任追究并且提出处理建议。

　　（4）合规委员会的合规管理职责。企业设合规委员会，承担合规管理的组织领导和统筹协调工作，定期召开会议，研究合规管理重大事项或提出意见建议，指导、监督和评价合规管理工作。

　　（5）合规管理负责人的合规管理职责。企业分管领导全面负责合规管理。组织拟订合规管理战略规划，参与企业重大决策并提出

---

〔1〕《广东惠州天然气发电有限公司合规管理体系创建工作汇报》。

合规意见。企业分管领导需要定期向董事会和总经理报告合规管理重大事项，并且组织召集合规联席会议，组织起草合规管理年度报告。

（6）合规管理牵头部门的合规管理职责。合规管理的牵头部门主要职责为组织、协调和监督合规管理工作，为其他部门提供合规支持。牵头部门研究起草合规管理计划、基本制度和具体制度规定，持续关注法律法规等规则变化，组织开展合规风险识别和预警，参与企业重大事项合规审查和风险应对。组织开展合规检查与考核，对制度和流程进行合规性评价，督促违规整改和持续改进。

（7）业务部门的合规管理职责。企业业务部门负责本部门业务领域的日常合规管理工作，按照合规要求完善业务管理制度和流程，主动开展合规风险识别和隐患排查，发布合规预警，组织合规审查，及时向合规管理牵头部门通报风险事项，妥善应对合规风险事件，做好本领域合规培训和商业伙伴合规调查等工作，组织或配合进行违规问题调查并及时整改。企业纪检、审计、法律、内控、风险管理、安全生产、质量环保等相关部门，在职权范围内履行合规管理职责。[1]

企业合规管理组织体系是企业开展有效合规管理的人事基础与基本保障，企业搭建合规体系首先要搭建组织体系，科学的组织体系才能保障有效的合规运行体系。惠电公司的组织体系，体现了立足企业、分工明确、职责到位和具有权威等特点。企业合规管理组织体系的构建，需要立足企业的实际情况，从企业的行业属性、规模、经营情况等各个方面出发，构建符合企业要求，有利于企业发展的合规管理组织体系。要细化组织体系中各个部门的分工，落实职责，只有职责到部门，职责到人，才能保证管理体系的正常运作。

（二）构建以"三张清单"为基础的风险识别应对机制

"三张清单"指的是《合规义务清单》《风险识别及防控措施清单》和《岗位合规职责清单》。这"三张清单"是惠电公司根据企业自身的业务范围，梳理各项业务中可能出现的风险，针对不同的风险制定应对方法而形成的合规管理的核心内容。

---

〔1〕《广东惠州天然气发电有限公司合规管理实施方案》。

（1）《合规义务清单》。《合规管理体系要求及使用指南》将合规义务定义为"组织强制遵守的要求和组织自愿遵守的要求"。合规义务识别是风险识别的前期工作，把企业与其所应具备的合规义务进行全方位匹配。惠电公司梳理公司规范业务事项的外部法律法规183项、上级单位制度81项、公司内部标准规定74项、内部控制指引17项。[1]合规义务这一清单通过归纳每一项业务具体的风险点和违规后果，让各个部门的员工明确所负责业务的风险点之所在，最大程度强化风险意识。

（2）《风险识别及防控措施清单》。风险识别清单，是合规管理工作的基础，是以风险为导向，对外部法律法规、国家政策、行业标准等相关规定以及企业内部的规章制度进行系统梳理，汇总违反合规义务的条款责任，确定合规风险点，把这些风险点按照风险影响等级、风险发生概率和风险探测水平排列出来的清单。惠电公司将这一清单定位为"风险识别以及应对措施的制定落实"，在风险识别的基础上提出具体的措施。

（3）《岗位合规职责清单》。岗位合规职责清单，是以岗位为根本，结合业务部门、合规管理部门、内部审计和纪检监察部门"三道防线"设定不同岗位的具体职责，对照这些岗位职责反映出每个职责中相应的合规审核、合规管理、合规动作，凸显本岗的合规职责。惠电公司强调员工具体岗位上的职责，将与风险合规相关的部门岗位作为重要风险岗位加强监督和管理，梳理重要风险岗位共9个。[2]

（三）明确重点领域、重点环节和重点人员的合规管理要求

惠电公司在全面推进合规管理的基础上，突出重点领域、重点环节和重点人员的合规管理。在合规管理体系建立的过程中，有的

---

〔1〕《惠州天然气发电公司：合规立身 违规零容 合规管理强化工作机制研究与实践》，载 https://mp.weixin.qq.com/s/LMjbhhvRrhJU0tgkiFlCzA，访问日期：2023 年 7 月 2 日。

〔2〕《惠州天然气发电公司：合规立身 违规零容 合规管理强化工作机制研究与实践》，载 https://mp.weixin.qq.com/s/LMjbhhvRrhJU0tgkiFlCzA，访问日期：2023 年 7 月 2 日。

放矢地抓住企业合规管理的重点，可以更有针对性地开展工作。重点领域、重点环节和重点人员的确定要结合企业所处的行业和企业的实际业务展开，并结合企业的实际情况进行调整。

在重点领域方面，惠电公司结合公司自身的业务范围和特点，在 2022 年明确为采购工作、安全环保、治安反恐和税收财务，之后又拓展为 11 个重点领域。这 11 个重点领域分别为市场交易、安全环保、工程建设、合同管理、债务管理、产品质量、劳动用工、财务税收、租赁型资产、知识产权、商业伙伴等。

在重点环节方面，集中在制度制定环节、经营决策环节和生产运营环节。在制度制定上要强化对规章制度、党委规范性文件、改革方案等重要文件的合规审查，确保符合法律法规、监管规定等要求。在经营决策上要细化各层级决策事项和权限，加强对决策事项的合规论证把关，保障决策依法合规。在生产运营中要严格执行合规制度，加强对重点流程的监督检查，确保生产运营过程照章办事、按章操作。

在重点人员方面，主要为管理人员和重要风险岗位人员。对于管理人员而言，要促进管理人员切实提高合规意识，带头依法依规开展经营管理活动，认真履行承担合规管理职责，强化考核与监督问责。对于重要风险岗位人员，要有针对性地加大培训力度，使重要风险岗位人员熟悉并严格遵守业务涉及的各项规定，加强监督检查和违规行为追责。[1]

在重点领域、重点环节和重点人员的合规管理中，惠电公司特别强调以下三方面工作：一是提供明确的政策与指导。为涉及重点领域和环节的工作人员提供具体和清晰的合规政策、程序和操作指南。这将有助于他们了解并正确执行合规要求。二是强化培训与意识教育。通过培训和教育活动提高重点人员的合规意识和专业能力。加强对合规风险和重点环节的培训，帮助他们识别和应对合规挑战。三是加强监督与内部控制。建立有效的内部监督机制，包括合规审查、内部审计和风险管理等，对重点环节和关键流程进行监督和控

---

〔1〕《广东惠州天然气发电有限公司合规管理实施方案》。

制，确保相关人员遵守合规标准。

（四）形成合规管理"前—中—后"闭环制度

惠电公司在建立健全合规管理运行体系中，逐渐形成了合规管理的"前—中—后"闭环制度。具体而言，在合规风险出现前及时识别预警和审查制度使得风险的危害降到最低；在风险出现后的合规联席会议和报告制度，可以积极应对风险；在风险应对之后，再对合规风险的处理进行复盘，对于违法违规的人员进行处罚，以此起到一定的警示作用。这一套完整的合规管理制度，在降低企业合规风险的同时，也最大程度发挥了合规体系的作用，对企业的合规管理起到了良性循环的作用。

合规管理前期，建立风险识别预警和合规审查机制。建立合规风险识别预警机制，全面系统梳理经营管理活动中存在的合规风险，对风险发生的可能性、影响程度、潜在后果等进行系统分析，对于典型性、普遍性和可能产生较严重后果的风险及时发布预警。企业业务部门负责本领域合规风险预警工作。建立健全合规审查机制，将合规审查作为规章制度制定、重大事项决策、重要合同签订、重大项目运营等经营管理行为的必经程序，及时对不合规的内容提出修改建议，未经合规审查不得实施。合规审查按照业务涉及内容，由相应业务部门组织。

合规管理中期，建立合规联席会议机制、风险应对机制和合规报告制度。建立合规联席会议机制，联席会议由合规管理负责人或具体负责人召集和主持，通过定期会议等形式研究、指导、协调、部署合规管理各项工作。加强合规风险应对，针对发现的风险制定预案，采取有效措施，及时应对处置。对于重大合规风险事件时，合规委员会统筹领导，合规管理负责人或具体负责人牵头，相关部门协同配合，最大限度化解风险、降低损失。发生较大合规风险事件，事件发生部门应当及时向分管该部门的公司领导和合规管理牵头部门报告；合规管理牵头部门应当及时向合规管理负责人报告。重大合规风险事件应当向集团公司和有关部门报告。合规管理牵头部门于每年年底组织全面总结合规管理工作情况，起草年度报告，及时报送上级主管部门。

合规管理后期，加大对违法行为的处罚力度。强化违规问责，完善违规行为处罚机制，明晰违规责任范围，细化惩处标准，建立容错免责制度，把是否依法合规作为免责认定的重要依据。畅通举报渠道，针对反映的问题和线索，及时开展调查，严肃追究违规人员责任。[1]

企业建立合规管理体系的目标是防范风险，以实现生产经营的顺利进行。《中央企业合规管理办法》要求中央企业以合规风险为中心，建立关于合规风险防控的9项具体机制，实现合规风险闭环管理。[2]惠电公司合规管理"前—中—后"闭环制度，可以有效地纾解企业在经营过程中的合规风险，并且针对不同阶段存在的风险提出不同对策，形成以合规风险闭环管理流程为核心的风险管控机制。

企业树立超前的风险意识和合规理念有助于预防风险、保护企业利益，使得企业的生产经营活动符合法律法规，对于维护企业声誉、提升竞争力、确保企业的经营稳定和可持续发展具有重要的意义。

（五）完善合规管理保障机制

企业合规体系在建立过程中，除专注于合规管理体系本身之外，也需要为合规管理体系提供强有力的保障。惠电公司坚持"内主外辅"的原则，完善合规管理保障机制，提升法律风险全面防控、强化制度供给、加强法律法规系列培训，实现合规要求从制度管控到人员意识的全覆盖。[3]

强化合规管理队伍建设。根据业务规模、合规风险水平等因素配备合规管理人员，加快建立一支专业化、高素质的合规管理队伍，持续加强业务培训，提升队伍能力水平。

重视合规培训，培育合规文化。重视合规培训，结合法治宣传教育，建立制度化、常态化培训机制，确保员工理解、遵守企业合

〔1〕《广东惠州天然气发电有限公司合规管理实施方案》。

〔2〕根据《中央企业合规管理办法》，合规风险防控的9项具体机制，包括合规风险识别预警、合规审查、合规风险应对及时报告、违规问题整改机制、违规举报、追责问责机制、协同运作机制、有效性评价和合规考核9个方面。

〔3〕《广东惠州天然气发电有限公司合规管理体系创建工作汇报》。

规的目标和要求。积极培育合规文化，将合规文化作为企业文化的重要内容。通过制定发放合规手册、签订合规承诺书等方式，强化全员安全、质量、诚信和廉洁等意识，树立依法合规、守法诚信的价值观，将企业合规要求真正转化为全体干部职工的自觉行为守则。

强化合规管理信息化建设。有序建设合规管理信息化管理系统，加强对各类经营管理行为依法合规情况的实时监控、风险评估分析和预测预警，并收集相关信息数据。运用大数据、人工智能等新兴技术，进一步优化、再造管理流程，与业务工作精准匹配，共享分享业务数据信息。

加强合规考核评价。把合规经营管理情况纳入对各部门年度综合考核。对各部门和员工合规职责履行情况进行评价，并将结果作为员工考核、干部任用、选优评先等工作的重要依据。

完善激励约束机制。对在合规管理体系建设中作出重要成绩、有效防范重大合规风险或对挽回重大损失作出突出贡献的集体和个人，应当予以表彰和奖励；对于落实合规管理工作不力，忽视重大合规风险或违规经营造成重大损失的，要严肃问责，按照有关规定追究企业相关领导及人员责任。[1]

三、企业合规体系建立的基本要求

惠电公司企业合规体系的建立，遵循体系化、逻辑化、标准化的要求。一方面，要运用体系化的思维，形成完整的合规体系规则和流程的框架，另一方面，要结合企业所处的行业特点和自身的实际情况，不断优化和完善合规体系的内容，确保合规管理体系的内在一致性和有效性。在此基础上遵守标准化的要求，确保企业合规管理体系高质量运行。

（一）体系化

合规管理体系重在体系化，这意味着企业需要建立一套完整的合规管理框架和程序，以确保合规活动的有效执行和持续改进。根据国资委颁布的《中央企业合规管理办法》，合规管理体系建立应与

---

[1] 《广东惠州天然气发电有限公司合规管理实施方案》。

企业现有的管理体系相互衔接、协同联动，形成一个完整的风险管理体系架构，以加强统筹协调，凝聚工作合力，提高管理效能。

惠电公司注重全面了解适用于其业务的法律法规，并将其纳入合规管理体系。这包括核查和更新法规要求、建立合规目标和指标、制定具体的操作程序等。惠电公司进行全面的风险评估，确定潜在的合规风险，并制定相应的控制措施。风险评估可以包括制定合规风险清单、开展风险评估和漏洞分析、确定风险优先级等。惠电公司制定明确的合规政策和程序，确保员工和相关方在日常工作中能够遵循合规要求。包括编制合规手册、培训计划和沟通策略、建立投诉处理机制等。惠电公司建立有效的监督与审计机制，对合规活动进行监督和评估。包括内部审核、风险检查、合规调查等，以确保合规措施的有效性和符合性。合规管理体系需要不断进行评估和改进。企业应该建立反馈机制，收集员工和利益相关者的意见和建议，同时及时更新合规政策和程序，以适应法规的变化和企业的发展需求。

企业合规管理体系的构建要体系化，需要建立全面的制度和流程，并加强监督与审计，以确保合规活动的有效性和持续改进，从而帮助企业保持良好的声誉、避免法律风险，并树立诚信和可持续发展的形象。

（二）逻辑化

合规管理体系的构建要逻辑化，这意味着在建立过程中需要遵循一定的逻辑思维和方法，以确保合规管理体系的内在一致性和有效性。逻辑化的构建过程可以保证合规管理体系的内在合理性和连贯性，进而帮助企业有效地管理和应对合规风险，确保企业在合规方面取得持久的成功。

（1）设定目标。惠电公司明确合规管理的目标和方向。这包括确定适用的法律法规和标准，并为其制定具体的合规目标。合规目标应该与企业的战略目标相一致，并能够满足利益相关者的期望。

（2）风险识别。在逻辑化的构建过程中，惠电公司进行全面的风险识别。通过对内外部环境进行评估，找出与合规相关的潜在风险和漏洞。这可以采用风险评估工具、调研、审核等方法，以系统性地识别合规风险。

（3）规章制度。合规管理体系的逻辑化还包括建立明确的规章制度。这涉及制定合规政策、程序、规范、指南等文件，明确相关职责和权限，并确保其与法规要求和内部控制体系相衔接。规章制度的逻辑化构建有助于保持一致性，提高执行效率。

（4）监督与改进。逻辑化的合规管理体系应具备有效的监督与改进机制。这包括监测合规指标和跟踪执行情况，进行内部审核和评估，并及时纠正和改进合规措施。通过持续监督与改进，可以确保合规管理体系的有效性和符合性。

（三）标准化

企业合规管理体系要遵循标准化，这是确保合规管理体系质量的重要途径。标准化可以帮助企业确立统一标准、降低交易成本、提高效率、持续改进，并在国际市场上获得认可。通过标准化合规管理体系的构建和遵循，企业能够更好地管理和控制风险，树立合规形象，实现可持续发展。

（1）应遵循国家和行业相关法规与标准。企业应全面了解适用的国家法规和行业标准，并将其纳入合规管理体系。具体内容包括但不限于政府颁布的合规规定、法律条文、行业协会的核心标准等，确保企业的合规要求符合基本法律和职业准则。

（2）要制定合规政策与程序。惠电公司的合规政策与程序涵盖合规目标、责任分工、流程规范、信息披露、风险评估、培训与教育等内容。标准化的政策与程序将为企业提供明确的指导，使员工能够了解和遵守合规要求。

（3）可建立合规指引与操作手册。惠电公司通过合规指引与操作手册定义合规要求的具体细节和操作流程，将常见的合规问题、解决方案、操作步骤、相关文件模板等编入手册，为员工提供实用的指导，帮助其在日常工作中做到合规。

四、企业合规体系的意义

不断提升企业合规水平，防范和化解企业自身风险，是新发展背景下对企业提出的更高要求。惠电公司合规体系的建立为省属企业合规体系的搭建和风险防范提供了一定的经验。企业要牢固树立风险防范的意识和合规的理念，明确合规体系的重要作用，及时组织员工对最新的法律法规和企业规章制度进行学习，提升员工自身水平，从而保证合规体系的顺利实施。企业也要积极推动自身完成权威的合规管理体系认证，为今后的合规工作提供明确的抓手。

（一）树立超前的风险意识和合规理念

对于企业而言，超前的风险意识和合规理念是企业合规体系搭建的前提条件。惠电公司处于电力这一关乎民生的重要领域，加之行业的安全标准较高，行业的风控意识远远高于其他的行业，风险意识更强。

树立风险意识和合规理念，一方面需要以企业内部的合规文化为支撑，另一方面还需采取一定的措施来进行。企业合规文化是指企业内部的一种价值观和行为准则，强调全体员工对合规重要性的认知和遵守法律法规的行为。它通过建立与合规相关的制度、流程和行为规范，营造一个积极的合规环境，使合规成为企业文化的一部分。企业还需要建立高效的风险评估机制，通过分析行业趋势、市场变化和法律法规动向等信息，预测可能存在的风险。利用数据分析和专业咨询等方法，识别和评估未来可能发生的合规风险，为企业提供风险预警和决策支持。同时要建立内部合规信息共享平台，促进不同部门之间的信息共享和沟通，确保全体员工对风险和合规问题有准确的了解。

（二）及时进行法律法规和制度识别

"电厂关系民生，行业十分的重要，属于重点行业领域，整体的合规基础较好，实施基础好，技术标准和行业标准明确。辨识法律法规是一项基础的工作，基础工作非常重要，我们要求各个岗位各个部门的人要识别，国家的法律法规落实之后是否要执行和运作，法律法规在每个月初的联席会都会进行更新，也会及时反馈给大家。"[1]

惠电公司及时进行法律法规和制度识别，一方面是更新法规和

---

〔1〕 广东惠州天然气发电有限公司王玉访谈录，2023 年 5 月 16 日。

制度，让员工们掌握最新的标准和要求，另一方面是通过及时识别培养员工的风险防范意识和能力，将风险合规的意识融入日常的生活。每年做一次内审，每个月做一次法律法规的辨识，每半年做一次合规性评价，每一年一次外审，将法律法规的识别融入工作的日常。建立法规和制度监测机制，设立专门的团队或委派专人负责监测法律法规和合规制度的更新和变化，及时了解最新的法律法规和制度变化。建立内部合规知识共享平台或沟通渠道，以便员工能够及时了解重要的法律法规和制度变化。可以定期组织合规知识培训、发布合规通知和文档，提供在线问答平台或内部论坛等，促进合规知识的交流与共享。

及时进行法律法规和制度识别有助于预警合规风险，优化合规控制，提升企业形象与声誉，增强应对风险挑战的敏捷性，落实合规文化，这对企业的长期发展和可持续经营具有重要意义。

（三）积极完成权威的合规管理体系认证

我国的企业合规认证体系经历了一个变化的过程。2022 年，《合规管理体系要求及使用指南》代替了《合规管理体系指南》，是《合规管理体系要求及使用指南》的等同转化标准。对于企业来说，通过合规管理体系认证，代表企业合规管理将正式进入第三方认证的时代，企业在供应产品、服务时，合规认证将是企业进入市场的一个重要证书。《合规管理体系要求及使用指南》转化了国际标准，体现了中国本土内容和特色，有助于针对性地推动我国企业合规建设。

惠电公司所属的广东省能源集团在合规标准化认证这一方面一直都在不断探索，也走在前列。2022 年 3 月 29 日，由沙角 C 电厂承接的集团内首个合规体系融入企业管理体系项目顺利通过验收，标志着广东省能源集团有限公司合规体系建设进入新阶段。[1] 2022 年 9 月 28 日，集团成功获得中标合信（北京）认证有限公司颁发的 ISO 37301 合规管理体系认证证书，成为首家通过 ISO 37301 合规管

---

〔1〕《集团内首个合规体系融入企业管理体系项目顺利通过验收》，载 https://www. geg. com. cn/site/gdyd/jcdt/info/2022/23492. html，访问日期：2023 年 6 月 26 日。

理体系认证的省属国有企业。[1]经过权威认证的合规管理体系更加规范化,为今后的合规工作提供了明确的抓手,有利于经验的总结和提升。

积极完成权威的合规管理体系认证是企业向外界展示其合规管理水平、提升信任度的重要举措。通过获得权威认证,企业可以增强声誉、提升竞争力、提高管理水平、强化风险管理,并推动持续改进。这将为企业建立可靠的合规形象、实现可持续发展提供有力支持。

结　语

企业合规管理是推动经济高质量发展的必要步骤,也是企业内部治理的重要内容。[2]惠电公司的经验表明,企业合规体系的建立需要立足于企业自身的文化、发展目标和具体业务领域,更需要结合本土化的实际情况。企业合规体系的建立,是为了全面遵守行业规则和企业自身章程及规章制度,更好防范化解风险,提高风险防范能力,从而促进企业依法自主生产、经营的持续发展。

由惠电公司合规体系建立的实践可知,企业内部合规体系的建立,要从树立风险意识和合规理念开始,通过确立企业合规的目标和范围,全面梳理企业可能存在的风险点,进行风险识别与评估,针对风险点制定明确的合规政策和程序,完善企业内部规章制度,定期进行合规审查,审核合规措施的执行情况,发现问题并采取纠正措施,确保持续合规地运行。企业的风险点随着生产经营情况和外部的环境在不断变化,合规体系也需要不断调整和完善,立足本土化的特点和需求,在风险防范理念指引下不断寻求合规体系建立和健全的新进路,使企业依法依规自主生产、经营,创造更大的经济效益和社会效益。

---

[1]《省属首家!集团通过 ISO 37301 合规管理体系认证》,载 https://mp.weixin.qq.com/s/R5s3dgoT2m3r_ WSddvUC9g,访问日期:2023 年 6 月 26 日。
[2] 江必新、袁浙皓:《企业合规管理基本问题研究》,载《法律适用》2023 年第 6 期。

第二十二章

企业合规管理 "三张清单" 的延伸与补充：企业 "清单式" 决策机制的实践

——以大亚湾区环境水务集团有限公司为对象

引　言

2022 年 2 月 28 日，在国务院国有资产监督管理委员会（本章以下简称"国资委"）召开的中央企业强化合规管理专题推进会上，国资委明确要求中央企业研究制定风险识别清单、岗位职责清单、流程管控清单等"三张清单"，具体要求为：风险识别清单要求企业按照业务类型等对合规风险进行分类，作为开展合规管理的重要基础；岗位职责清单针对投资、财务、采购等重点岗位，明确合规责任，纳入岗位职责，划清行为边界，使合规要求落实到岗、明确到人；流程管控清单要求全面梳理业务管理流程，认真分析重要环节可能出现的合规风险，将合规要求和管控措施嵌入关键节点，实现合规管理融入企业的日常经营管理。

2022 年 8 月 23 日，国资委印发的《中央企业合规管理办法》第 13 条、第 14 条、第 15 条明确规定了企业要建立三道防线：第一道防线是企业的业务部门及职能部门，承担主体责任，要对本部门的合规管理流程编制风险清单和岗位职责清单；第二道防线是合规管理部门，负责起草制定合规的基本制度和各种规章制度，开展合规风险识别、预警和应对处置，开展合规管理体系有效性评价，并进行违规调查；第三道防线，是纪检监察机构和审计、巡检、监督追责部门，负责对合规落实进行监督，对违规行为进行调查，按照规定开展责任追究。这是对"三张清单"内容的进一步明确和规范，也是企业在构建合规管理体系过程中的有效抓手。

随着"三张清单"在企业合规体系中发挥的重要作用日益凸显，"清单式"的管理模式也被广泛运用到其他方面。企业清单式管理旨在提高组织的效率和执行力。它基于制定明确的目标，将工作分解为具体的任务清单，并为每个任务设置明确的责任人。通过清单的形式，负责人可以清楚地了解自己的职责和任务，管理者可以监督和跟踪工作的完成情况。这种管理方法可以帮助组织更好地组织工作流程，提高团队协作和执行效率，确保任务按时完成。

惠州大亚湾区环境水务集团有限公司（本章以下简称"水务集团"）结合自身的实际情况，[1]在企业管理过程中将企业重要事项分成三张清单，每张清单通过类别、概要、具体内容事项的模式，将"清单式"的管理模式嵌入原本的议事机制，使得企业在重要性、关键性、原则性和方向性的事项上的决策机制更加谨慎，流程更加透明。水务集团"清单式"决策机制的实践，是对企业合规管理"三张清单"模式从合规领域向决策领域的延伸，也是"清单式"管理模式的进一步运用，对于企业的规范化管理具有重要的意义。

笔者于 2023 年 5 月 18 日上午到水务集团进行专题调研。在调研过程中，笔者详细了解了水务集团"清单式"决策机制的构建思路、主要内容和实际运行过程中的特点。本章基于实地调研和对水务集团"清单式"管理模式有关规范性文件的分析，对水务集团"清单式"决策机制的构建逻辑、主要内容和实践特点进行系统性的归纳和总结，同时对于"清单式"决策机制未来的拓展空间进行初步探讨，通过水务集团经验的总结，试图进一步拓展企业合规领域"三张清单"的实践路径，通过理解企业依法制订规范进行自主治理以更全面地认识大亚湾区的自治规范。

---

[1] 惠州大亚湾区环境水务集团有限公司（原名惠州大亚湾区石化工业区发展集团有限公司），成立于 2001 年 12 月，注册资本 4.74 亿元。根据区委、区管委会的总体部署，主要负责大亚湾区石化工业区土地开发、基础设施建设，以及大亚湾区内水环境综合整治、供排污一体化投资建设和运营管理。截至 2023 年 5 月，惠州大亚湾区环境水务集团有限公司旗下有二级全资及控股企业 8 家，三级全资及控股企业 13 家、三级参股企业 4 家。

一、"清单式"决策机制的构建逻辑

在水务集团的"清单式"决策机制构建过程中，遵循了一定的构建逻辑。在企业合规管理"三张清单"的广泛运用背景之下，水务集团"清单式"的管理模式是对"三张清单"的进一步延伸和补充，也是对企业经营过程中风险的有效纾解。水务集团通过清单的内容，明确了需要前置讨论和研究决定的事项，这是对企业风险前置的新探索。"清单式"决策机制图表化和流程化的呈现方式，也是从决策清晰和有序的角度出发，都体现了"清单式"决策机制的构建逻辑。

（一）企业合规管理"三张清单"的延伸

水务集团"清单式"的决策机制，是企业合规管理"三张清单"的延伸，为水务集团在企业经营管理方面提供了更系统化和规范化的决策支持。一方面，"清单式"决策机制与企业合规管理的"三张清单"相互补充和协同。企业合规管理的"三张清单"旨在确保企业的经营活动符合相关法律法规，并有效管理风险和控制措施。清单式决策机制则在此基础上，为制定关键决策提供了更明确和有序的流程及指引。

另一方面，以党总支部委员会为主要决策主体的"清单式"决策机制可以涵盖多个合规管理的维度。除了法规合规，还可以包括投融资领域、安全生产、人才建设等多个方面。通过将不同维度的合规要求列入清单，水务集团可以更全面地管理和遵守各项规定，最大程度地降低合规风险。

此外，"清单式"决策机制能够为水务集团提供更加系统化和规范化的决策流程。通过将关键决策要点列入清单，可以帮助决策者更好地理解和遵循决策程序，同时提供决策执行的可追溯性。这有助于提高决策的准确性、一致性和透明度，同时为决策的评估和改进提供依据。"清单式"决策机制作为水务集团合规管理的延伸，这将有助于水务集团在确保正常运营的同时，提升安全性和可持续发展能力，构建更加稳健和可持续的企业发展模式。

（二）企业风险前置的新探索

在决策事项方面，水务集团将需要前置性讨论的事项单独作为一张清单，对重要事项提前进行讨论，提前谋划，给予企业更多缓冲的空间以及一定的容错率。这是对企业风险前置的新探索，将风险前置的理念与决策过程相结合，以更加系统化和规范化的方式进行风险管理和决策。在"清单式"决策机制中，企业建立一系列明确的决策清单，这些清单将风险前置的理念和方法融入决策流程，促使决策者在各个阶段更加全面地考虑风险问题，并采取相应的措施进行管控。

"清单式"决策机制提供了一种结构化和可操作的方法来识别、评估和应对风险。通过建立"清单式"决策机制，企业能够更加系统地处理和管理各类风险。首先，风险的识别和分类变得更加全面和有序。"清单式"决策机制促使企业对各个层面和领域中可能存在的风险进行细致的分析和识别，并将其分类，在风险识别的基础上制定相应的决策和控制方案。

其次，决策的权责明晰，风险管理过程更加规范和透明。"清单式"决策机制明确了决策的权力与责任分工，为决策者提供了清晰的指引和纪律。这有助于确保决策者在风险管理过程中充分考虑风险，并及时采取相应的措施进行应对。

总体来说，"清单式"决策机制为水务集团风险前置提供了一种切实可行的管理方法。它帮助企业建立起系统化的决策和控制机制，提升风险管理的效果和精确性。通过这种机制，企业能够更好地把握风险，及时采取相应的措施。通过引入"清单式"决策机制，企业能够更加系统地将风险前置的思维融入决策过程，增强决策的风险意识和决策的规范性。这有助于企业预测各类风险并敏捷地采取相应措施，保护企业的稳定和可持续发展。

（三）图表化和流程化的管理思路

水务集团的"清单式"管理采用表格的方式，明确划分决策事项的类别、概要和具体内容。这种"清单式"的管理表格提供了一个清晰的结构，使得各个决策阶段的要点和关键信息一目了然。图表化和流程化的管理思路可以提高企业的沟通效率、流程规范性和持续改进能力，这种管理思路对于提升企业的运营效率和决策质量，增强竞争力和适应能力具有重要作用。

表格对决策事项进行分类，以便更好地管理和组织。例如，可以将决策事项分为产权转让、资本运作、大额投资、经营管理和监督管理等。通过这种分类，可以更高效地识别、评估和处理相应的决策任务。

表格中的概要栏清晰地概括了每个决策事项的关键要点和核心信息，帮助决策者快速了解每个决策事项的核心内容和重要影响因素。这有助于决策者在紧迫的决策环境中迅速找出核心问题，作出准确的决策。

此外，具体内容栏提供了细致的信息，是对类别和概要的进一步细化。决策者可以根据表格中的具体内容，更好地评估和比较各项决策选项，制定出明确的行动计划，并跟踪其执行和效果。

水务集团采用表格化的"清单式"管理，为决策者提供了一种清晰、有序的决策参考。通过明确划分决策事项的类别、概要和具体内容，加强了对决策过程的重点把握和决策质量控制。它帮助水务集团更好地自主应对各类风险和决策挑战，实现高效、有序的决策管理。

二、"清单式"决策机制的基本内容

从企业自主经营出发，水务集团"清单式"决策机制的主要内容体现在三张清单上，分别为上报大亚湾区国资委事项清单、党总支部委员会前置研究讨论重大经营管理事项清单和总支部委员会研究决定事项清单。其中，第一张清单体现了大亚湾区国资委对于水务集团的领导，在重要事项上国有企业需要上报国资委。第二张清单和第三张清单都体现了水务集团党总支部委员会对于集团重要事项的把握。党总支部委员会需前置研究讨论重大经营管理事项，并且研究决定事项。这两张清单都体现了党总支部委员会的绝对权威，也对集团的重要事项和所关注的原则性方向性问题进行了明确。

（一）上报大亚湾区国资事项清单

水务集团上报大亚湾区国资事项清单，除兜底性条款之外，共计 22 条，其中第 20 条中又包括了批准公司所投资的各级全资、控股和实际控制的企业重大事项共 10 项内容。从内容上看，涵盖水务集团发展战略及规划、人事任免、财务预算、投融资和债券发行以及国有资产转让等方面。[1]

在发展战略及规划方面，大亚湾区国资委负责审核公司战略和发展规划，批准公司的主业及调整方案；制定或批准公司章程和公司章程修改方案。公司战略和发展规划由水务集团自行制定，报国资委审核，但是在公司主业的调整和章程的修改等方面，需要经过国资委的批准，这与水务集团本身所处的行业和性质有关。水务集团最开始是配合石化工业区企业的生产落户而成立，定位是搞一流的开发建设，服务于石化工业区的建设是当时的核心业务。[2]

在人事任免方面，大亚湾区国资委按权限委派和更换非由职工代表担任的董事、监事以及其他由区财政局任免的企业领导人员，对董事会和董事履职情况进行评价，决定董事、监事的报酬。在人事方面既包含了任免方面的决定权，也包含了对于董事和监事薪酬方面的决定权，这在一定程度上也使得董事和监事的任免和收入更加透明。

在财务预算方面，大亚湾区国资委批准公司年度财务预算方案、决算方案；批准公司利润分配方案和弥补亏损方案，组织上交国有资本收益；审核公司业绩考核和重大收入分配事项；按照规定权限决定公司增加或者减少注册资本方案；按照规定权限决定公司合并、分立、解散、清算、申请破产、变更公司形式的方案；批准公司为所投资的各级企业以外的企业提供担保，以及为所投资的各级企业提供 1000 万元以上的担保事项；批准公司单笔 50 万元以上的大额捐款与公益性赞助事项；按照规定权限对会计政策和会计估计变更方案等重大财务事项进行批准或备案；对公司年度财务决算和重大事项进行抽查、检查。大亚湾区国资委在财务和预算方面管理的事项较多且细致，不仅仅有决定权，还具有一定的监督权。

---

〔1〕《环境水务集团上报大亚湾区国资事项清单》。
〔2〕 惠州大亚湾区环境水务集团有限公司副总经理李仕国访谈录，2023 年 5 月 18 日。

在投融资和债券发行方面，大亚湾区国资委批准公司境外投资项目和相应融资事项；批准公司发行债券；批准公司所投资的各级全资、控股和实际控制企业的重大事项；董事会认为须上报出资人批准的公司所投资各级参股企业的重大事项。投融资和债券发行领域对于企业资金的流通和周转具有重要的意义，大亚湾区国资委一方面尊重企业的自主性，另一方面也需要在重要的投融资事项上进行一定的监管，规范企业的行为。

在国有资产转让方面，大亚湾区国资委按照规定权限批准应由国资监管机构批准的公司国有资产无偿划转；按照规定批准公司国有资产非公开协议转让；按照规定权限批准公司国有产权公开转让。国有资产的转让需要严格遵循具体的法律规定，在转让过程中超过一定金额的，需要进行资产评估核准或备案。[1]

总体上看，上报大亚湾区国资委的事项既有批准性质的事项，也有审核性质的事项，前者多涉及公司资金的使用，后者则偏向于计划和战略的制定。上报大亚湾区国资事项清单厘清了水务集团和大亚湾区国资委决策事项的边界，细化了企业和国资委各自的职责。这在一定程度上既保证了国有企业资金使用的规范化，也激发了国有企业在决定企业发展方向等事项上的主动性和积极性。

（二）党总支部委员会前置研究讨论重大经营管理事项清单

党总支部委员会前置研究讨论重大经营管理事项清单重点突出前置性和前瞻性，共分为六个类别，涉及 15 个方面。由于前置研究讨论重大经营管理事项研究的主体是党总支部委员会，前置研究讨论的事项多为原则性和方向性问题，注重对企业经营方向的把握，并不涉及更多细节的内容。

（1）贯彻党中央决策部署和落实国家发展战略的重大举措，其重点在于落实部署。公司贯彻党中央决策部署、落实国家发展战略和上级机构决策部署的重大举措，落实上级机构组织的重大专项检查、专项考核、专项任务等的具体举措。这是公司对于国家和上级发展战略和发展规划的落实。

---

〔1〕《环境水务集团上报大亚湾区国资事项清单》。

（2）企业发展战略、中长期发展规划，重要、改革方案，重点突出企业自身的发展规划、发展战略和未来的改革方向。党总支部委员会重点讨论的公司及下属控股企业经营方针、发展战略方案、重大战略合作方案；公司中长期发展规划；公司重要改革方案等。

（3）企业资产重组、产权转让、资本运作、大额投资、经营管理和监督管理中的原则性方向性问题。在产权管理方面，对于公司合并、分立、解散、清算或者变更公司形式及下属企业的设立和撤销以及公司资产转让、子企业产权变动等重大资产处置和资产重组、调整事项都进行了明确的规定。在资本运作方面，公司年度资本运作方案以及公司及下属控股企业投资、建设、运营项目立项及有关重大事项需要由党总支部委员会前置研究讨论。在大额投资方面，公司年度投资计划、投资评估和投资后评价报告和考核方案需要前置讨论。在经营管理方面，公司年度工作报告、生产经营方针、经营计划；公司年度财务预算方案及预算调整方案、决算方案；公司及下属控股企业年度经营绩效考核方案、调整方案和考核结果等方面，涉及经营管理的诸多事项，整体规定较为细致。在监督管理方面，主要涉及对于公司重大风险管理事项和公司重大业务风险处理方案以及公司内部审计计划、内部控制评价报告、违规事项处理、违法问题移送等事项的监管。

（4）企业组织架构设置和调整，重要规章制度的制定和修改，主要体现在组织架构和规章制度方面，涉及公司组织架构、部门职责、人员编制等事项，董事会授权决策方案。同时公司对总部机构、分支机构、下属企业的授权事项，包括投融资项目决定权、资产处置权、涉及所出资企业股东权利部分事项、决定权。同时，公司行使下属企业的资产收益、重大决策和选择管理者等股东权利事项等也需要前置讨论。

（5）干部队伍建设。在推荐集团党组织班子成员和经营班子成员人选事项下属企业、选聘和解聘下属企业负责人正职事项两个方面，需要党总支部委员会前置研究，这主要涉及干部队伍的任免，需要前置进行研究和讨论。

（6）企业安全生产、维护稳定、职工权益、社会责任等方面的重大事项。在安全稳定方面，公司安全生产、环境保护工作部署、重大安全生产、环境保护事项、较大安全责任事故和环境保护事件处理方案需前置讨论。在维护稳定方面，公司所涉重大社会舆论、社会重大不良影响的重大群体性事件的处理方案以及信访保障工作公司所涉职工、社会稳定或引发群体性、系列诉讼或在省内、国内、国际具有重大影响的重大诉讼、重大法律纠纷处理方案需前置研究决定。在职工权益方面，具有重大影响的重大诉讼、重大法律纠纷处理方案公司提交职工代表大会讨论的涉及职工切身利益的重大事项，包括劳动用工、员工奖惩等方面的重大事项和公司工资总额方案、企业年金方案等重大收入分配事项需要前置讨论。在社会责任方面，公司5万元及以上重大捐赠赞助，重大扶贫助困、抢险救灾等履行社会责任事项需要讨论。[1]

党总支部委员会前置研究讨论重大经营管理事项清单重点突出前置性，涉及的问题也都是决定企业长期发展的事项，因此需要慎重研究决定，需要将工作做到前面，花费更多的时间和精力来从长远考虑。这是企业发挥主观能动性，在不同阶段化解风险的方式之一。

（三）党总支部委员会研究决定事项清单

党总支部委员会研究决定事项清单包含七个方面，在前置清单的基础上，决定事项清单更加明确具体，对于决定事项的依据、具体的内容以及涉及的人员都有明确的规定。决定事项清单关注的依然是企业方向性和发展性的问题，而且党总支部委员会在党建引领、政治建设方面所发挥的作用更加明显。

（1）政治建设方面，坚持把党的政治建设摆在首位，担负起党的政治建设责任，研究落实上级党组织在"提高政治站位，强化政治引领，增强政治能力，涵养政治生态，防范政治风险"等方面的重要举措。严格贯彻落实广东省委《关于建立健全坚决落实"两个维护"十项制度机制的意见》，及时组织召开党委会议研究落实加强党的政治建设的有关内容。

---

〔1〕《中共惠州大亚湾区环境水务集团有限公司党总支部委员会前置研究讨论重大经营管理事项清单》。

（2）学习宣传教育和主题教育方面，将学习贯彻习近平新时代中国特色社会主义思想、习近平总书记重要讲话和重要指示批示精神，作为公司党委会议的第一议题，作为理论学习中心组学习的常设议题。研究落实上级党组织在"推动习近平新时代中国特色社会主义思想进企业、进车间、进班组、进头脑"的决策部署，贯彻执行党的路线方针政策，坚持用党的创新理论武装党员干部职工，督促有关部门做好涉及习近平总书记重要讲话、党的创新理论等内容画报上墙、横幅悬挂等宣传工作；研究落实中央和省市区委安排有关党的主题教育。

（3）执行党组织前置研究讨论制度方面，研究制定、修订《党组织前置研究讨论重大经营管理事项清单》和《研究决定事项清单》，支持股东、董事会、监事会和经理层依照《公司法》等法规行使职权。落实公司职工薪酬分配方案、内部分配激励方案等重大收入分配事项。

（4）队伍建设方面，主要包括三个方面的具体内容。在领导班子建设上，研究落实党组织委员分工与调整事项，落实涉及党组织委员政治建设、思想建设、作风建设、提高领导水平和专业素养等方面的措施。在干部队伍建设上，落实党管干部原则，审定干部选聘等工作方案；审定公司中层管理人员的任免（其中党组织办公室、人事、财务、监察、审计等部门主要负责人的任免需先征求区财政局意见）；审定下属全资或控股公司企业负责人副职（任免前需先征求区财政局意见）、高管（总工程师、总会计师、总经济师、董事长/总经理助理、财务总监等）、董事（含外董事）、监事长、监事的任免；审定参股公司董事、监事、高级管理人员的选派等事项。在人才队伍建设上，落实党管人才原则，审定人才发展方面的战略、规划等计划性文件，审定人才引进、培养、使用、激励、考核等方面的工作方案下属企业。审定事项也包括下属全资或控股公司组织架构、部门职责、人员编制等事项。

（5）落实企业主体责任方面，至少每半年召开一次专题会议，研究落实公司党风廉政建设主体责任的有关工作，听取各党组织委员履行党风廉政建设"一岗双责"情况；研究制定并落实重要领域、重要环节、重要岗位廉政风险防控措施，在上级党组织开展巡察时或向上级组织的审计结果反馈意见整改落实情况报告，向纪检部门报送的专项报告等重要内容；研究开展纪律教育、反腐倡廉教育等相关活动；研究加强党员干部队伍作风建设，落实中央八项规定精神等有关事项；研究党员干部违纪、违规问题的处理事项。

（6）基层组织建设和党员队伍建设方面，研究党组织及其工作机构的设立、调整、撤销，召开党员大会进行换届选举以及改选、补选工作，党内议事规则等重要制度的制订、修改等；审定较大的党内集体活动方案；审议并通过党建工作经费预算；组织按期召开党组织领导班子民主生活会，研究落实有关党内激励关怀帮扶机制有关事项；督导下属党支部按时开展党的组织生活，包括落实“三会一课”、谈心谈话制度，开展民主评议党员、主题党日活动等。审定年度发展党员计划，包括发展预备党员和党员转正事宜；研究推荐先进党支部、优秀党员、优秀党务工作者以及党代表等有关事项。

（7）落实意识形态责任和密切党群干群关系方面，首先需要落实意识形态责任，严格贯彻落实《党委（党组）意识形态工作责任制实施办法》的要求，每年至少两次召开专题会议，落实上级关于把握意识形态工作领导权管理权主动权的工作部署，加强对本企业各类意识形态的阵地管理，分析研判意识形态的责任风险和防控措施。密切党群干群关系，督促本企业落实上级机构组织在精神文明、统一战线方面的工作安排，支持企业工会、共青团、妇女组织等群团组织依照各自章程独立开展工作，组织开展党群集体活动、志愿者服务活动等活动，研究推荐人大代表、政协委员、工会代表等有关事项。[1]

党总支部委员会研究决定事项清单的明确性为党总支部委员会的决策提供了有力的抓手，表格“清单式”的呈现方式也使得决策更加清晰，依据性极强。决定清单是对前置清单的进一步补充和具体化，两张清单相辅相成，有利于企业的进一步发展。

---

〔1〕参见《中共惠州大亚湾区环境水务集团有限公司党总支部委员会研究决定事项清单》。

三、"清单式"决策机制的实践特征

水务集团"清单式"决策机制体现了坚持党对国有企业的领导、落实国有企业"清单式"管理规范化、关注原则性方向性事项和企业人才队伍建设等实践特征。

（一）坚持党对国有企业的领导

水务集团"清单式"决策机制都鲜明地体现出了党对国有企业的领导。坚持党对国有企业的领导，建立新的管理制度。主要是把握方向，把握大局，保证落实，这是关键事项权限管理清单的出发点和落脚点。[1]水务集团的三张清单中，尤其是党总支部委员会前置研究讨论重大经营管理事项清单和党总支部委员会研究决定事项清单，决策的主体都是党总支部委员会，决策的事项也都关乎企业的重要发展。

党的领导可以确保国有企业的发展方向与国家发展战略相一致。党委通过制定企业发展规划和战略，明确国有企业在推动经济社会发展中的地位和作用。同时，党委在制定企业发展战略时，会充分考虑国家的宏观政策、产业发展方向、社会需求等因素，确保企业的发展路径与国家发展目标相契合。水务集团所处的行业是重要的民生领域，坚持党对国有企业的领导可以帮助企业把握重要方向，服务关键领域和重大事件。

水务集团"清单式"的决策机制，也是与原本的议事机制相融合的过程。"清单式"的管理方式，经研究后由董事会和总经理办公会决定，有的由党组织直接决定，嵌入到原本的议事规则中。[2]在议事规则中明确党组织的参与和决定权，特别是对于具有重要政治意义或涉及党的方针政策的事项，明确党组织直接参与决策的角色和程序，强调党的领导在决策过程中的重要性和导向作用。通过对议事规则的修订和完善，将"清单式"的管理方式嵌入其中，确保决策过程更加科学、民主和高效，从而充分调动各方的积极性和创

---

〔1〕 惠州大亚湾区环境水务集团有限公司副总经理李仕国访谈录，2023 年 5 月 18 日。
〔2〕 惠州大亚湾区环境水务集团有限公司副总经理李仕国访谈录，2023 年 5 月 18 日。

造力，提高决策质量和执行效果，为国有企业的发展提供坚实支撑，同时也体现了党对国有企业的领导和指导作用。

（二）落实国有企业"清单式"管理规范化

水务集团"清单式"的决策机制，是对国有企业"清单式"管理规范化的落实。要规范化管理企业管理总部集团和下属公司，实行国资委要求的央企的"清单式"管理。所有的流程和制度都简单化、图表化，设置流程管控清单，实现治理的清单化和 QA 化，同时推动公司信息化的建设。[1]

首先，"清单式"决策机制通过明确和制定清单，将企业管理行为纳入规范化的轨道。这些清单涵盖各个方面，企业依据这些清单开展管理工作，既符合政策和法律法规的要求，又能遵循科学的管理原则，推动企业健康、规范发展。

其次，这一决策机制的落实将提升决策的科学性和透明度。清单作为决策的依据和参考，可以对决策过程进行标准化，确保决策的科学性和合理性。"清单式"的决策机制可以减少主观因素的影响，提高决策的公正性和准确性。同时，这些清单也可以对外公开，增加决策的透明度，让各利益相关方能够了解企业的决策依据和决策过程。

最后，这一决策机制的落实还将提升党领导的权威性和执行力。党组织直接参与和决定部分事项，使党的领导在企业决策中更加突出，进一步确保企业遵循党的方针政策，维护国家利益。党的领导将会指导和推动企业贯彻"清单式"决策机制，推动企业坚持正确的政治方向和价值取向，确保企业的高效运营和可持续发展。

（三）关注原则性方向性事项和企业人才队伍建设

水务集团"清单式"的决策机制特别关注原则性方向性事项和企业人才队伍建设，以推动企业的可持续发展、提升核心竞争力。职权清单对于领导班子的职权范围和分工权限规定比较详细。职权范围并非一成不变，而是根据企业的发展和经营状况调整，发展较快

---

〔1〕 惠州大亚湾区环境水务集团有限公司副总经理李仕国访谈录，2023 年 5 月 18 日。

的时候一年一调整,不要束缚企业的发展。[1]

在原则性方向性事项方面,"清单式"的决策机制将制定明确的原则性方针,明确企业发展的战略定位、目标导向和发展方向。清单中列出的原则性方向性事项将是企业全员遵循的行动准则,确保企业在战略决策和重大事项上具备一致性和稳定性。这些事项涵盖了产业发展方向、经营管理、安全生产等,确保企业在经营中充分考虑社会责任和可持续发展。

在企业人才队伍建设方面,"清单式"的决策机制将注重人才的培养、选拔和使用。企业将重点关注核心岗位的人才培养和队伍建设,加强岗位技能培训、职业发展规划等,提高人才的综合素质和专业能力。同时,清单中也规定了人才选拔的程序和标准,确保岗位职责和人员匹配的合理性,一定程度上避免了任人唯亲和权力寻租的问题。

通过"清单式"的决策机制,水务集团能够更好地引导企业的发展方向,确保战略决策的稳定性和科学性。这样的决策机制能够进一步加强企业核心价值观的建设,强化企业承担社会责任,并促进企业的可持续发展。同时,"清单式"决策机制也能够提高企业人才队伍的质量和素养,增强企业的创新能力和竞争力。

四、"清单式"决策机制的拓展空间

水务集团"清单式"决策机制的主要内容目前集中体现在三张清单中,其为企业提供了明确的指导和规范。随着企业环境的不断变化和发展需求的不断演变,可以预见,"清单式"决策机制在未来的发展中将有进一步的扩展空间。从企业依法自主经营角度,在组织架构和流程优化、人才管理和绩效评估以及推进企业信息化建设方面,仍然有较大的发展空间,这也是未来企业发展可以进一步探索的方向。

(一)组织架构和流程优化

通过建立"清单式"决策机制,可以对整个企业的组织架构和

---

[1] 惠州大亚湾区环境水务集团有限公司总经理助理赵丽航访谈录,2023 年 5 月 18 日。

流程进行优化和规范化。将工作职责、沟通流程、决策权限等列入清单，有助于明确组织中各个角色的职责和权责，减少流程冗余和决策混乱，提高运营效率和团队协作。

组织架构优化方面，"清单式"决策机制可以帮助企业优化组织架构，明确岗位职责和权责关系。通过制定责任清单，明确每个岗位的职责和任务，确保工作的顺利推进。这有助于消除工作职责的重叠和模糊性，减少组织内部的沟通和协调成本。此外，通过风险清单的制定，可以评估和分析企业面临的各种风险，为组织架构的调整提供依据，提高组织的适应能力和灵活性。

流程优化方面，"清单式"决策机制可以促进流程的规范化和优化。通过制定监管清单，明确了外部监管要求和内部规章制度。清单中的任务和要求可以作为流程执行的依据和参考，确保流程的规范性和可追溯性。同时，"清单式"决策机制也可以帮助企业优化决策流程，明确各个决策环节和相关的责任人，提高决策的效率和质量。

（二）人才管理和绩效评估

"清单式"决策机制在人才管理和绩效评估中的应用，可以实现人才的精准匹配和合理配置，促进人才的发展。同时，通过客观的指标和要求，绩效评估变得更为科学和公正，能够更准确地评估员工的工作质量和贡献。这有助于激发员工的积极性和创造力，提高整体绩效和团队效能。

人才管理方面，"清单式"决策机制可以帮助企业进行人才管理策略的制定和执行。通过制定责任清单，明确每个岗位的职责和任务，帮助企业了解各个岗位的需求和优势，进而进行岗位设计和人才配置的优化。清单中可以明确人才培养和成长的路径和要求，为人才发展提供指导和支持。此外，可以尝试风险清单的制定，企业可以评估和识别人才流失的潜在风险，从而制定相应的留人策略和激励机制，提高人才的留存率。

绩效评估方面，"清单式"决策机制可以促进绩效评估的公正性和科学性。通过制定监管清单和责任清单，明确职责和任务的完成标准和要求，为绩效评估提供客观的依据。清单中列出的指标和目标可以作为评估绩效的参考，帮助员工了解工作要求和绩效期望。同时，"清单式"决策机制可以建立绩效评估的反馈机制，及时向员工反馈绩效信息，并根据绩效结果采取相应的激励措施和培训计划，提高员工的绩效水平和工作动力。

（三）推进与信息化和先进技术的融合发展

未来可以推进"清单式"决策机制与先进技术的融合。随着人工智能、大数据等技术的发展，将清单式决策机制与先进技术相结合，可以提升决策的智能化和实时性。例如，通过数据分析和预测模型，可以实时监测和评估各项指标，为决策提供更准确的依据。同时，人工智能技术还可以辅助决策过程中的风险评估和方案优化，提高决策的科学性和效率。

一方面，人工智能技术可以在"清单式"决策机制中发挥重要作用。通过将大数据分析等技术应用于决策过程，可以深度挖掘和分析海量数据，从中发现潜在的风险、机遇和趋势。人工智能算法能够迅速识别关键信息，辅助决策者快速制定决策，并提供智能化的建议和评估，减少主观因素的干扰，提高决策的准确性和效率。

另一方面，物联网技术也能够与"清单式"决策机制结合，为决策提供更实时的数据和信息。通过物联网设备的普及，企业可以实时监测和收集各种关键指标，如水质、供水量、设备状态等。这些实时数据可以与清单中的指标进行对比和分析，及时预警和调整决策，保证决策与实际情况的一致性。

结　语

水务集团"清单式"决策机制的实践，充分展现了在现代企业管理中"清单式"决策机制的重要价值和作用。通过一系列清单的制定与应用，能够为企业提供明确的指导和规范，使决策更科学、经营更自主、流程更规范、过程更透明。在不断变化的商业环境中，"清单式"的进一步扩展也为企业未来的发展提供了更广阔的空间。

同时也需要认识到"清单式"决策机制并非一劳永逸，它需要与实际业务和企业发展需求相结合，不断适应企业的发展，不断优化自身的机制，在实际执行中也需要不断提升对该机制的理解和应用能力，以确保其最大程度地发挥作用。

　　做好"清单式"的管理，需要企业多部门的联动，通过优化清单内容、创新清单管理工作方式等，构建更完善的"清单式"管理决策机制，在充分发挥企业决策者智慧的同时，进一步激发企业的自主性和积极性，促使企业自主制订规范、自主开展经营，实现企业的最大利益和最优价值。

第二十三章

以人为本的企业员工招聘调配管理制度

——以惠州天然气发电有限公司为对象〔1〕

引　言

　　企业的管理制度为企业自主经营、进行内部管理的制度，属自治规范之一。企业依法制订管理制度规范企业的生产经营活动，保障企业运行的有序化、规范化。我国《公司法》（2018 年修正）第11 条规定："设立公司必须依法制定公司章程。公司章程对公司、股东、董事、监事、高级管理人员具有约束力。"第 18 条也规定公司职工依照《工会法》组织工会，开展工会活动，维护职工合法权益；公司应当为本公司工会提供必要的活动条件；公司工会代表职工就职工的劳动报酬、工作时间、福利、保险和劳动安全卫生等事项依法与公司签订集体合同。公司依照宪法和有关法律的规定，通过职工代表大会或者其他形式，实行民主管理。公司研究决定改制以及经营方面的重大问题、制定重要的规章制度时，应当听取公司工会的意见，并通过职工代表大会或者其他形式听取职工的意见和建议。我国《中小企业促进法》第 4 条规定："中小企业应当依法经营，遵守国家劳动用工、安全生产、职业卫生、社会保障、资源环境、质量标准、知识产权、财政税收等方面的法律、法规，遵循诚信原则，规范内部管理，提高经营管理水平；不得损害劳动者合法权益，不得损害社会公共利益。"

　　习近平于 2022 年 10 月 16 日在中国共产党第二十次全国代表大

---

〔1〕　中共惠州大亚湾区区委政法委和惠州天然气发电公司提供了有关材料，特此致谢。

会上所作的报告《高举中国特色社会主义伟大旗帜　为全面建设社会主义现代化国家而团结奋斗》中指出："全心全意依靠工人阶级，健全以职工代表大会为基本形式的企事业单位民主管理制度，维护职工合法权益。"中共中央 2017 年 12 月印发的《法治社会建设实施纲要（2020-2025 年）》也提出，"加强居民公约、村规民约、行业规章、社会组织章程等社会规范建设，推动社会成员自我约束、自我管理、自我规范。"

根据国家法律法规和有关规范性文件，广东惠州天然气发电有限公司（简称"惠州天然气发电公司"，又称"惠州 LNG 电厂"）积极制订企业的规章制度，通过内部制度进行企业管理，实现企业合规经营，促进企业发展，取得了良好的效果。

惠州天然气发电公司位于惠州市大亚湾区石化工业园区内，占地面积 0.4 平方公里，2004 年 6 月 6 日注册成立，由广东省粤电集团有限公司（现为广东省能源集团有限公司）、中海石油气电集团有限责任公司、广东电力发展股份有限公司共同出资兴建，投资比例为 35%、33%、32%。现有员工 218 人。惠州天然气发电公司规划装机容量 304 万千瓦，总投资逾 100 亿元人民币，是国内最大的 LNG 发电项目之一。项目分二期建设，分别各建设 3 台 39 万千瓦级的燃气-蒸汽联合循环机组，最终规模为 6 台 39 万千瓦级的燃气-蒸汽联合循环机组。一期工程 1 号机组于 2006 年 9 月 21 日投入商业运行，是广东省第一台投产的 9F 级燃机，一期 3 台机组于 2007 年 6 月 18 日全部投产发电。二期 3 台 460 兆瓦热电联产机组于 2019 年 1 月全部建成投产发电。电厂目前总装机容量达 255 万千瓦，是国内装机容量最大的天然气发电厂，也是广东能源集团旗下装机容量第二的发电企业。惠州天然气发电公司是一座环保、节能、调峰的新型发电厂。惠州天然气发电公司是国内首家在建设期就通过三标管理体系认证、全球首家在基建期就获得了 NOSA 安健环综合管理系统四星评级的电力企业，一期工程荣获国家优质工程银质奖，成为粤电集团第一个被评为国家优质工程的电源项目，并获粤电集团项目管理五星评级。投产后，推行精细化管理，不断夯实安全管理基础，努力提高企业效益和价值，连年获评 NOSA 安健环综合管理系统五星评级，2008 年即获粤电集团先进发电企业 AAA 评级，2009 年被评为全国电力优秀企业和全国电力企业 AAA 级信用企业。惠州天然气发电公司的建成投产，有力地缓解了广东电力供求矛盾，对优化广东省能源结构、改善珠三角地区生态环境、推动惠州乃至广东的经济跨越式科学发展起到了积极作用。〔1〕

已成为广东电网的骨干调峰电厂，在解决省内电力供需矛盾、缓解环保压力、优化大亚湾区石化工业园区供热热源结构、推动惠州地区经济高质量发展等方面发挥着不可或缺的重要作用。

成为"行业标杆、育才基地"是惠州天然气发电公司的奋斗目标。惠州天然气发电公司是国内首家在建设期就通过了三标管理体系认证、全球首家在建设期获得了 NOSA 安健环综合管理系统四星评级、广东火电系统首个获评国家优质工程银质奖的电力企业。一期项目投产后，惠州天然气发电公司推行精细化管理，不断夯实安全管理基础，推动科技创新，努力提高企业效益和价值，连年获评NOSA 安健环综合管理系统五星评级，荣获全国电力行业优秀企业、电力安全生产标准化一级企业、广东省五一劳动奖状、广东省安全文化示范单位、广东省国资委先进基层党组织、广东省模范劳动关系和谐企业、电力行业企业文化建设示范单位、粤电集团 AAAA 级先进发电企业等荣誉。获批成立广东省首家燃机发电职业技能鉴定所及集团公司燃气轮机仿真培训中心、电厂电气控制系统仿真实训基地。〔2〕

惠州天然气发电公司重视企业内部规章制度对企业自主经营的作用，制订了"广东惠州天然气发电有限公司企业标准 Q/HZP2030—2020 内部控制评价管理"，对企业内部的职责（董事会、内部控制评价领导小组、内部控制评价工作小组、纪检部、各部门）、管理活动的内容、方法与要求（管理流程、评价内容、评价准备、评价结

---

〔1〕 参见 http://www.epjob88.com/vvip/cm1604273136172/，访问日期：2022 年 12 月 1 日；《广东惠州天然气发电有限公司》，载 https://baike.baidu.com/item/%E5%B9%BF%E4%B8%9C%E6%83%A0%E5%B7%9E%E5%A4%A9%E7%84%B6%E6%B0%94%E5%8F%91%E7%94%B5%E6%9C%89%E9%99%90%E5%85%AC%E5%8F%B8/5955222?fr=aladdin，访问日期：2023 年 1 月 11 日。

〔2〕 《广东惠州天然气发电有限公司》，载 https://www.geg.com.cn/site/gdyd/cgqy/info/2016/4255.html，访问日期：2023 年 6 月 20 日。

果应用）等进行了全面的规定。在员工招聘管理方面，惠州天然气发电公司以人为本制订了"广东惠州天然气发电有限公司企业标准Q/HZP2033—2020 员工招聘调配管理"，对员工招聘调配管理的职责、管理活动内容、方法与要求、报告与记录等进行了具体的规定。笔者于 2023 年 2 月 13 日、5 月 17 日到惠州天然气发电公司进行调研。在实地调研的基础上，本章主要以惠州天然气发电公司的招聘调配管理制度文本为材料，讨论其制定和修订过程，介绍其内容，分析其施行，对企业内部的规章制度进行初步的探讨，以丰富对大亚湾区自治规范的认识。

一、企业员工招聘调配管理制度的制定和修订

根据业务特点，按照广东省能源集团有限公司的要求，惠州天然气发电公司重视企业规章制度的制定，将"统一、简化、协调、优化"原则贯穿到企业生产、经营、管理全过程，先后制订了包括"广东惠州天然气发电有限公司企业标准 Q/HZP2033—2020 员工招聘调配管理"在内的 153 项管理标准，全面规范企业的生产、经营、管理活动。[1]

惠州天然气发电公司以企业标准体系为基础，通过采取系统管理、波特价值链分析、PDCA 法则、标准化基本原则等先进原理，应用"相同要素合并，相近要素融合，特定要素保留"的业务整合方法，整合融入国家标准化系列标准、质量、环境、职业健康安全、能源、信息安全、内部控制、风险管理等多个管理体系的业务要求和要素，构建了全业务、全流程、全岗位覆盖，管理无盲区的典型通用管理体系，实现了一套企业标准符合多标体系要求，一套体系支撑公司全方位管理。[2]

---

〔1〕 惠州天然气发电公司承办了天然气发电企业统一管理体系项目。项目于 2021 年 6 月顺利通过集团管理创新示范项目验收，并于 9 月由股份公司正式发布。参见胡荣、王玉：《股份公司首次召开天然气发电企业统一管理体系推广会议》，载 https：//www. geg. com. cn/site/gdyd/jcdt/info/2021/22740. html，访问日期：2023 年 6 月 20 日。
〔2〕 王玉、张红蕾：《惠州天然气发电公司荣获中电联先进会员企业称号》，载 https：//www. geg. com. cn/site/gdyd/jcdt/info/2022/24249. html，访问日期：2023 年 6 月 20 日。

根据国家《劳动法》《劳动合同法》等法律法规，按照 Q/HZP 2026《企业标准编写导则》的规定，在参考、引用"Q/HZP 2037 薪酬管理""Q/HZP 2043 中层人员管理"、《广东能源集团招聘调配管理办法》《广东惠州天然气发电有限公司重要、敏感岗位人员交流轮岗工作管理规定（试行）》等规范的基础上，惠州天然气发电公司于 2019 年起草并施行了"广东惠州天然气发电有限公司企业标准 Q/HZP 211002—2019 员工招聘调配管理"，对惠州天然气发电公司员工招聘调配管理的职责、管理活动内容、方法与要求、报告与记录等进行了全面的规定。企业员工招聘调配管理制度由惠州天然气发电公司标准化委员会提出，由生产经营部企管分部归口，起草部门为人力资源部。

在此基础上，根据施行的情况，惠州天然气发电公司于 2020 年制订了"广东惠州天然气发电有限公司企业标准 Q/HZP2033—2020 员工招聘调配管理"代替"Q/HZP 211002—2019 员工招聘调配管理"，[1]并于 2020 年 8 月 28 日发布，于 8 月 31 日实施。员工招聘调配管理制度新版更改了员工招聘调配总体原则，更改了毕业生招聘程序，更改了部分条款的标题。同时，惠州天然气发电公司还制订了"Q/HZP 2034《劳动合同管理》"等相关的配套制度。

二、企业员工招聘调配管理制度的内容

员工招聘调配管理制度根据公司发展对人力资源配置的要求，按照既定的标准和程序，通过外部招聘和内部选聘，确定合适人员填补职位空缺。员工招聘包括毕业生招聘、系统内招聘、社会招聘、内部竞聘等。员工调配为因工作需要，对员工在公司内部的工作岗位、职务、隶属关系进行调整、配置（含试用、见习、转正、试岗、晋升、轮岗、转换岗位任职等情况）以及员工在集团管理单位间调入及调出、员工辞职、员工离职等情况。

---

〔1〕 起草部门为人力资源部，起草人为肖书佳，审核人为陈晓强、姜建、薛少华、杨卫国、邱云祥、刘斌、李云香、祁小娥、阮伟，审定人为黄世平、何玉才、丁建华、蔡青春、李三强、姜建，批准人为陈创庭。

惠州天然气发电公司的《员工招聘调配管理》在明确范围、规范性引用文件、术语和定义以外，主要规定员工招聘调配管理工作涉及的职责、管理活动内容、方法与要求、报告与记录等事项，并有"附录A（规范性）员工招聘调配管理流程图""附录B（规范性）员工招聘调配管理表格样式"。

（一）员工招聘调配管理的总体原则

《员工招聘调配管理》明确公司岗位设置以及员工招聘调配计划应以董事会或上级主管部门批准的组织结构和岗位定员设置为基础，符合公司总体定员和中层职数控制要求，以岗位标准中"任职人员资格要求"为依据。

公司员工招聘调配遵循"坚持按定员控制的原则""坚持按人岗匹配的原则""坚持按计划招聘的原则""坚持公开招聘优先的原则""坚持亲属回避原则"的总体原则，以岗定人，按集团批复计划招聘，优先公开招聘，不予聘用与公司现有员工存在直系、三代以内旁系、近姻亲属关系的应聘人员。

中层管理人员的选拔、调配遵循《党政领导干部选拔任用工作条例》的基本原则，按照Q/HZP 2043《中层人员管理》执行。

后备人才管理和关键岗位人员的招聘、调配遵循"公平竞岗、择优录取"的原则，营造"公正、公平、公开"的人才环境。

根据内外部招聘任务的工作量及复杂程度，可聘请专业招聘机构提供专业咨询或服务。

（二）员工招聘调配管理的职责

依据《员工招聘调配管理》的规定，员工招聘调配管理涉及党委会、人事管理委员会、人事变动部门、人力资源部等。①党委会。党委会负责审议决定中层管理人员、技术技能职系岗位的招聘调配计划、方案、结果，以及按照"三重一大"决策管理办法及其他规定应提交党委会前置讨论的招聘调配事项。②人事管理委员会。人事管理委员会负责审核、审批招聘调配工作涉及的人事变动事项。③人事变动部门。人事变动部门参与制定本部门岗位相关的招聘、调配方案；负责审核本部门岗位招聘、调配涉及的人事变动事项。④人力资源部。人力资源部组织制定公司年度招聘调配计划、定员设置方案、组织机构调整等工作；审核公司年度招聘调配计划；审核公司各部门岗位招聘、调配涉及的人事变动事项；根据公司战略及经营管理发展需要，制定单位机构定员设置方案上报二级平台企业审批，组织公司组织机构和岗位定员调整工作，负责公司和各部门人员的总体调控和管理，合理规划和配置人力资源；负责制定公司年度人员招聘调配计划，上报二级平台企业审核汇总；负责制定人员招聘调配方案、做好人选聘用前考核考察工作，依法依规办理人员聘用手续，事后上报二级平台企业备案，抄送集团总部备查；负责毕业生招聘实施、人选考核及确定等工作，并负责向应聘毕业生和公司员工解释招聘政策；负责总结本单位年度人员招聘调配报告向二级平台企业备案，接受及配合集团公司、二级平台企业及中心抽查（检查）招聘调配实施情况；负责具体组织执行公司员工招聘、调配工作，对公司内部及外部招聘调配，员工试用、见习、转正、试岗、晋升、轮岗、转换岗位任职，以及员工调入、调出、辞职、离职等工作进行日常管理。

（三）员工招聘调配管理的管理活动内容、方法与要求

按照《员工招聘调配管理》，员工招聘调配管理的管理活动内容、方法与要求包括计划与实施、毕业生招聘、集团内招聘、社会招聘、商调管理、新员工试用见习试岗、内部调配、一般岗位公开招聘、员工调出和离职等。

1. 计划与实施

《员工招聘调配管理》规定每年1月5日前，人力资源部编制当年人力资源招聘调配计划（格式见附录B员工招聘调配管理表格样式表B.1，图略），明确年度人员招聘调配岗位条件（格式见附录B员工招聘调配管理表格样式表B.2，图略），年度人员招聘调配岗位条件内容包括现有人力资源情况分析，人员补充理由和数量，拟安排的工作岗位及岗位职责，招聘调配方式及具体条件要求（含年龄、学历、专业、资历、能力等），报公司党委会前置讨论，经人事管理委员会审核通过后，形成公司"年度毕业生招聘计划及实施方案"。每年1月15日前，人力资源部将公司"年度毕业生招聘计划及实施方案"报本板块二级平台按流程审批。

　　人力资源部按照上级主管部门下发的人力资源招聘调配计划实施。每年 12 月 15 日前，人力资源部应对年度人员招聘调配情况进行总结，并编制年度总结报告，上传到二级平台。总结报告内容包括年终与年初人力资源情况对比、全年招聘调配人员数量与结构分析、招聘调配人员花名册等。

　　扩建、新增项目或业务等发生计划外的招聘调配，需经专项请示集团公司审批同意后，方可开展人员招聘调配工作。

　　毕业生年度需求计划编制管理流程见附录 A 员工招聘调配管理流程图 A.1（图略）。

　　2. 毕业生招聘

　　《员工招聘调配管理》规定了毕业生招聘的招聘原则、基本条件、招聘程序及要求等。

　　在招聘原则方面，保证毕业生招聘质量的同时，应合理拉开毕业生院校层次，对于热能动力、集控运行、电气工程类岗位可招聘优秀的电力大专院校毕业生。招聘人选宜不少于 30% 的"双一流"建设高校或电力本科院校、不超过 30% 的大专学历。

　　在基本条件方面，包括身心健康，专业对口，符合招聘岗位条件要求；学习成绩优良，品行端正；具有良好的沟通能力和团队合作精神，踏实肯干，认同广东省能源集团有限公司和公司企业文化，愿意为公司服务；没有违法违纪及违反所在学校校规等不良记录；本科及以上学历者，须在毕业当年取得相应毕业证和学位证；大学专科及以下学历者，须在毕业当年取得相应毕业证；国内毕业生必须具有毕业就业协议书及派遣资格；国（境）外留学生必须取得大学本科及以上学历并完成教育部学历学位认证。

　　在招聘程序及要求方面，毕业生招聘工作宜每年集中进行一次，招聘工作按照"招聘方案制定、组织招聘、集体研究、人选公示、事后备案、替补人选、报到备案"的管理程序进行。

　　人力资源部根据上级公司的要求，按时完成毕业生招聘公告的编制，通过集团公司指定的招聘网页、公司微信公众号、高校招生栏等渠道发布应届毕业生招聘信息，开展招聘宣传和毕业生报名接收工作。安排专人在集团公司指定的网申系统，同步筛选毕业生投递的应聘简历，按照 1：20 的比例进行筛选。人力资源部组织通过简历筛选的毕业生参加集团公司统一组织的测评考核，考核内容应包括笔试、心理测评和面试等。人力资源部按照集团公司的统一安排，组织公司领导、用人部门和人力资源部对笔试及心理测评合格的人员开展面试考核。人力资源部计算所有进入面试环节人员的笔试、面试、总成绩进行排名。人力资源部在集团公司批复的计划内，综合比较应聘毕业生的测评考核成绩（包括笔试、面试等），确认核实应聘毕业生学历、成绩、家庭、体检等相关条件后，将招聘组织、选拔测评总体情况及成绩排名情况进行汇总，报公司党委会研究、确定毕业生拟聘人选。人力资源部将拟聘人选名单在公司 OA 公告栏进行公示，公示信息包括但不限于：拟聘人员姓名、性别、毕业院校、专业等内容，以及公司纪检部门监督电话和通信地址，公示期应为 5 个工作日。

人力资源部在招聘公示期结束后一个月内，与招聘公示无异议的毕业生签订就业协议，学校、单位签署意见及盖章，就业协议书应详细约定违约责任及违约赔偿等内容。人力资源部在毕业生招聘面试考核结束后 20 个工作日内，将拟聘用毕业生名单及相关材料（就业推荐表、成绩单复印件、家庭情况表等）报二级平台企业备案，抄送集团公司人力资源部备查。因毕业生违约需替补人选的，人力资源部应从参加考核测评的毕业生中按综合成绩由高到低依次补录人选，并于本招聘年度 4 月 20 日前按照相关规定完成招聘公示和备案工作。人力资源部进行新员工接收工作时，应查验报到证、毕业证（本科及以上学历人员应同时提供学位证）及指定资料；如招聘的新员工未在毕业当年取得毕业证，或提供的审核材料、家庭情况表、体检报告等材料有虚假信息，或入职报到后体检不合格，都视为不符合招聘条件，双方签订的就业协议书无效，应不予接收。

每年 7 月 15 日前，人力资源部将毕业生报到资料报二级平台进行备案审查。人力资源部将毕业生招聘资料整理汇总后，移交档案管理。毕业生招聘管理流程图见该文件附录 A（略）员工招聘调配管理流程图 A.2（图略）。

3. 集团内招聘

《员工招聘调配管理》规定了集团内招聘的招聘原则、招聘基本条件、招聘调配程序等。

在招聘原则方面，主要为满足新（扩）建项目实际工作需要、改善员工队伍结构、补充急需紧缺专业人才等。

在招聘基本条件方面，主要为身心健康，无职业禁忌，遵纪守法，诚实守信，具有良好的职业素养；具有较扎实的专业知识基础和较强的实际工作能力；专业对口且在当前所在单位从事相同或相近岗位工作满 3 年及以上；以及聘用岗位所要求的其他条件。

在招聘调配程序方面，人力资源部根据经集团公司审批的年度人员招聘调配计划，结合实际工作需要，制定集团内部招聘调配方案。人力资源部采取面向广东省能源集团有限公司管理单位公开招聘、推荐比选等方式物色人选，一般情况下应采取公开招聘的方式。人力资源部向广东能源集团管理单位公开发布招聘岗位、资格条件和招聘程序等信息，接受符合资格条件的人员报名，做好人员聘用前考核考察、职业健康检查等工作；特殊情况采用推荐比选方式。物色考察后，以不少于 1∶3 的比例推荐比选对象（即 1 个紧缺岗位至少列入 3 个比选对象）报公司党（支）委会集体研究。

人力资源部根据人选测评考核或物色考察情况，经征求人选所在单位意见，并按有关规定经公司党（支）委会集体研究，确定拟聘人选。人力资源部将拟聘人选在公司 OA 公告栏进行公示，公示信息包括但不限于拟聘人员姓名、性别、毕业院校、专业、招聘岗位、原工作岗位等内容，公示期不得少于 5 个工作日。人力资源部根据人选公示情况，对公示无异议的，依法依规办理人员聘用手续。备案审查。在人选入职后 10 个工作日内，人力资源部上报二级平台企业备案，同时抄报集团公司人力资源部备查。人力资源部在接收集团内招聘的新员工时，应对拟录用人员进行身份资料的验证，一般包括个人身份证、与原单位解除劳动合同书、个人学历和学位证书以及其他各项指定资料。

4. 社会招聘

按照《员工招聘调配管理》，人力资源部面向社会招聘的人员，应是广东省能源集团有限公司范围内无法招聘调配的关键岗位骨干人才，并应符合以下基本条件：遵守国家法律法规，品行良好，敬业爱岗，愿意为本企业服务；身体健康状况符合岗位工作要求；年龄原则上不超过 40 周岁，关键技术技能人才年龄不超过 45 周岁；一般应具备普通高等院校全日制大学本科及以上学历且专业对口，生产一线运维岗位放宽至全日制大专学历或具备中级职称或相应技能等级；具有 3 年以上同类岗位工作经历。符合招聘岗位所需要的专业条件要求。

人力资源部面向社会招聘时，应符合《广东省能源集团有限公司招聘调配管理办法》规定的程序。社会招聘人员入职后，应在公司工作满 3 年，方可参加广东省能源集团有限公司其他企业的招聘活动。

5. 商调管理

《员工招聘调配管理》规定人力资源部在办理员工集团内企业之间的商调时，应按照《广东能源集团招聘调配管理办法》规定的程序进行。

6. 新员工试用、见习、试岗

《员工招聘调配管理》对新员工试用、见习、试岗管理进行了具体的规范。

按照规定，人力资源部按照《劳动合同》的约定，安排新员工到岗位试用，试用期应不超过 6 个月；应届毕业生新员工试用期（见习期）应不低于 1 年，试用期从首次签订劳动合同之日起计算。新员工试用期满后，人力资源部在征求部门意见、调查新员工试用期表现、满足岗位要求后，应按照 Q/HZP 2037《薪酬管理》的规定，为新员工办理试用期结束后的定岗定级及薪酬变动手续。新员工见习期满前 1 个月，人力资源部向新员工所在部门发出转正定级考评通知，组织开展新员工见习期考评工作，新员工所在部门负责人在"转正定级审批表"（格式见该文件附录 B 员工招聘调配管理表格样式表 B.3）中签署考评意见，经人力资源部审核、总经理审批后，新员工结束见习期。

应届毕业生新员工，自见习期满后执行不少于 1 年的试岗期，员工试岗期满前 1 个月，人力资源部向用人部门发出试岗期满考评通知（考评方式采取专业技术知识和技能水平考试、考评表评价、个人业绩汇报评价等组合方式进行，具体按照当年通知方案执行）。根据试岗期满综合考评结果，报人事管理委员会审批后决定是否结束试岗期。首次试岗期满综合考评结果为"优秀""称职"的，结束试岗期，正式上岗；首次试岗期满综合考评结果为"基本称职"和"不称职"的，延迟上岗，以半年为周期，由本人和部门提出申请，进行再次考评。集团内招聘、商调及社会招聘新员工，从事专业对口的岗位工作时，试岗期应不少于 3 个月；从事非对口专业的岗位工作时，应按照跨专业转岗人员管理，试岗期应不少于 6 个月。

每年 12 月 25 日前，人力资源部将新员工试用、见习、试岗资料汇总整理，移交档案管理。新员工试用、见习、试岗的具体流程见该文件附录 A 员工招聘调配管理流程图 A.3（图略）。

7. 内部调配

按照《员工招聘调配管理》，人力资源部根据年度招聘调配计划、各部门提交的职位空缺申请及人员配置需求，进行人力资源配置，报人事管理委员会审核，并按照 Q/HZP 2037《薪酬管理》的规定，办理人事/薪酬变动手续。

公司内部调配总体要求为：涉及组织管理职系职位晋升或属关键经营、职能管理和生产岗位的，应通过公开招聘选拔程序产生任职人选；非涉及组织管理职系职位晋升，非关键经营、职能管理或关键生产岗位的，由用人部门向人力资源部提出调配需求申请，征求员工本人意见，通过岗位需求部门内部调配或跨部门调配的方式调配岗位空缺。涉及组织管理职系职位晋升时，人力资源部按照 Q/HZP 2043《中层人员管理》的规定执行；涉及重要敏感岗位人员调配时，执行《广东惠州天然气发电有限公司重要、敏感岗位人员交流轮岗工作管理规定（试行）》。

用人部门在提出人员补充计划书面申请时，应填写"填补职位空缺申请表"，内容包括人员补充理由，选配方式建议及岗位人员招聘条件（含年龄、学历、专业、资历、能力等），并应符合拟招聘人员岗位标准中"任职人员资格要求"的规定。经人力资源部部长、分管申请部门的决策层领导、分管人力资源的决策层领导、总经理审批。人力资源部对拟调配人员进行任职资格的审核，并安排转岗前健康体检（接触职业健康危害的岗位）。

人力资源部下达员工转岗通知单，并按照 Q/HZP 2037《薪酬管理》的规定，办理薪酬变动手续，修改人事信息库。调配员工接到转岗通知单 3 日内，办理工作交接，到新调入岗位任职。每年 12 月 25 日前，人力资源部将员工调配资料整理汇总，移交档案。内部调配管理流程见该文件附录 A 员工招聘调配管理流程图 A.4（图略）。

8. 一般岗位公开招聘

《员工招聘调配管理》要求对于确定通过公开招聘选拔方式产生任职人选的一般岗位空缺，由人力资源部根据工作标准规定的任职资格条件，会同用人部门拟订招聘选拔实施方案。实施方案内容包括但不限于招聘岗位、招聘数量、招聘范围、任职条件、岗位职责、招聘程序、组织机构及选拔测评方法。人力资源部将招聘选拔实施方案报人事管理委员会审定。岗位竞聘管理流程见该文件附录 A 员工招聘调配管理流程图 A.5（图略）。

选拔测评方式根据职级、岗位特性的要求，可采用笔试、专业技术面试、管理能力面试、情景模拟测试、公文框、部门测评评价、专家测评评价、民意测评等多种方式组合的形式，并符合表 23-1 的规定。

表 23-1　公司内部一般岗位选拔测评方法

岗位类别	选拔测评方法	选拔时间/周期	备注
生产部门主管工程师、主控及以上级别职位（不含中层）；职能部门主管及以上级别职位（不含中层）。	专业技术能力笔试+专业技术能力面试（竞聘演讲）/技能实操+民意测评/部门评价	产生职位空缺时	报名参与竞聘人员需符合工作标准规定的任职条件、满足持证上岗基本要求
运行部副控、运管工程师、化学运行值班员、一级化验员及同职级；设备部工程师及同职级；职能部门专责。	专业技术能力笔试+部门评价	根据实际岗位设置及职位空缺情况确定	

人力资源部发布公开招聘选拔通知，组织成立竞聘选拔工作组，明确岗位、任职条件、工作职责、公开招聘选拔程序及报名要求。竞聘者向人力资源部递交竞聘申请表及相关资料，人力资源部/竞聘工作组对报名人选的任职资格、竞聘成功后相关岗位空缺等情况进行综合审查和评估，确定符合竞聘条件的人员名单。人力资源部/竞聘工作组按照实施方案组织选拔工作，得出测评结果。人力资源部/竞聘工作组结合测评结果和用人部门意见，提出任用建议。人力资源部对竞聘录用人选进行公示，公示 5 个工作日无异议后，确定竞聘人员名单。人力资源部按照 Q/HZP 2037《薪酬管理》的规定，办理员工人事/薪酬变动手续，经人事管理委员会审核后，由人力资源部发布"人事变动通知"。

竞聘人接到"人事变动通知"后，于 3 个工作日内完成工作交接，到新岗位任职。每年 12 月 25 日前，人力资源部将竞聘选拔资料整理汇总，移交档案。

9. 员工调出和离职

《员工招聘调配管理》要求员工在股东方本部及下属单位间调动，按照股东方发布的书面通知文件执行。

员工拟离职时，应提前 30 日（试用期员工应提前 7 日）书面提出"辞职申请"，经所在部门负责人签字后，报送人力资源部。人力资源部按照 Q/HZP 2037《薪酬管理》的规定，经公司人事管理委员会审批通过后，下达"人事变动通知"和"员工离厂通知单"，为员工办理离职（或调动）手续。员工离开企业前，应持"员工离厂通知单"办理以下手续：纪检监察部对需要进行离职内部审计的离职人员，按规定进行离职审计。审计合格者，应进行离职访谈；审计不合格者，应按追究责任或经济处罚。公司决策层领导和人力资源部负责人对不需要离职审计的拟离职人员进行离职访谈。离职员工到原岗位工作涉及的部门办理工作移交手续，并签字。离职员工结算财务借款、房租等费用。人力资源部负责办理离职职业健康检查。关键岗位离职人员应签订保密协议、竞业禁止协议。人力资源部核验相关规定事项的完成情况，确认符合要求后，按照 Q/HZP 2034《劳动合同管理》的规定办理劳动合同解除手续。人力资源部于离职员工劳动合同解除手续办理完毕 5 个工作日内，完成人事信息更新和人事档案转出工作。

10. 报告与记录

《员工招聘调配管理》规定了表 23-2 的执行本制度形成的报告和记录。

表 23-2　报告与记录

序号	编号	名称	填写人	保存地点	保存期限
1	Q/HZP2033 JL01-2020	公司×年度人员情况及招聘调配计划表	人力资源部	人力资源部	3 年
2	Q/HZP2033 JL02-2020	公司×年度人员招聘调配岗位条件表	人力资源部	人力资源部	3 年
3	Q/HZP2033 JL03-2020	转正定级审批表	人力资源部	人事档案	长期
4	Q/HZP2033 JL04-2020	填补职位空缺申请表	人力资源部	人力资源部	3 年
5	Q/HZP2033 JL05-2020	员工转岗通知单	人力资源部	人力资源部	3 年
6	Q/HZP2033 JL06-2020	员工离厂通知单	人力资源部	人力资源部	3 年
7	Q/HZP2033 JL07-2020	员工入职通知单	人力资源部	人力资源部	3 年

三、企业员工招聘调配管理制度的施行

本着以人为本的原则，惠州天然气发电公司定员精简，设有组织管理、专业技术、职业技能三个职系，为员工提供多通道职业发展路径。《员工招聘调配管理》制度施行后，惠州天然气发电公司严格遵循这一规章制度进行员工招聘调配管理，认真抓好落实，持续开展企业标准执行监督，检查评估工作成效，确保闭环管理。[1] 为企业的正常运行提供了人力保障，出色地完成了公司生产、经营任

─────────────────

〔1〕 胡荣、王玉:《股份公司首次召开天然气发电企业统一管理体系推广会议》，载 https://www.geg.com.cn/site/gdyd/jcdt/info/2021/22740.html，访问日期：2023 年 6 月 20 日。

务，并荣获全国电力行业优秀企业、广东省模范劳动关系和谐企业、广东省五一劳动奖状。

如在社会招聘方面，2020年11月2日，惠州天然气发电公司按照《员工招聘调配管理》制度发布了社会公开招聘公告。社会公开招聘公告指出"为满足公司发展建设需要，按照公开公平、竞争择优原则，我们诚邀有热情、肯奋斗的优秀电力生产专业人才加盟"。这一社会公开招聘公告具体载明了招聘人数（设备部机务检修岗位2名、设备部电气检修岗位3名等检修岗位9名）、招聘条件（基本条件、岗位职责及任职条件）、招聘程序（报名、考核测评、背景审核、人选确定、成绩公布）、用工管理等事项。如考核测评的内容为：

（二）考核测评

采取综合能力笔试、面试两种方式对应聘人员进行选拔考评。我公司将根据综合能力测试成绩择优选择应聘人员进入面试环节。最终成绩将根据综合能力笔试、面试两个考评环节得分按相应权重加总得出总成绩，总成绩=综合能力笔试成绩×40%+面试成绩×60%。

1. 综合能力笔试（权重：40%）

应聘人员统一试题，采取闭卷考试的方式开展测试，测试内容包括综合职业能力测试、电厂专业知识等。考试时间90分钟，满分100分，由第三方出具试题并负责监考、阅卷及统分。

2. 面试（权重：60%）

由面试小组对应聘人员进行半结构化面试，满分100分。面试小组由惠州天然气发电公司公司领导、人力资源部、相关部门负责人和外聘专家共同组成，对应聘人员的专业技术水平、逻辑思维能力、沟通表达与抗压能力、发展潜力、学习与创新意识等进行综合评估。[1]

这一社会公开招聘公告体现了公司"公正、公平、公开"的招聘态度，有助于应聘者具体了解招聘信息，使公司顺利完成招聘工作，实现企业的高质量发展。

---

〔1〕 参见 http://www.epjob88.com/vvip/cm1604273136172/，访问日期：2022年12月1日。

惠州天然气发电公司 2022 年 10 月 19 日发布的社会公开招聘公告也根据《员工招聘调配管理》的规定进行。[1]

在《员工招聘调配管理》制度施行过程中，惠州天然气发电公司还根据国家和广东省等有关规定及时进行相关规范的补充、修订，每年要按照法律法规和广东省能源集团有限公司的规定进行梳理，确保符合相关规定。[2]

《员工招聘调配管理》制度的目的是规范员工招聘调配关系、尊重员工的劳动、激发员工的积极性。在企业生产经营过程中，惠州天然气发电公司坚持"发展是第一要务，创新是第一动力，人才是第一资源"的原则，立足"产研培一体"赋能企业高质量发展。惠州天然气发电公司党委书记、总经理丁建华表示，突破技术壁垒的关键在于人才。近年来，公司先后建设了广东省首家燃气轮机职业技能鉴定站、广东省首家电力行业燃机仿真培训基地，获评省级燃气轮机发电工程技术研究中心等，成为公司培养高精尖人才的良好平台。

丁建华介绍，惠州天然气发电公司非常重视领军人才的引领作用，成立了专业技术委员会，以首席工程师、资深工程师为引领，引导各专业技术人员向研究型、专家型方向发展，实地解决公司生产难题，着力攻克重大技术难关，例如创建了罗国平劳模创新工作室、黄纪新工匠创新工作室等，"不但助推了电厂安全生产发展，还加强了技能人才的培育和传承，助力电厂搭建起人才梯队"。丁建华介绍，近年来，公司多人次获评国务院政府特殊津贴专家、全国技术能手、省劳动模范和获得省五一劳动奖章等荣誉。

目前，公司已建立了 40 人的内训师团队，打造出 6 名金牌讲师，编著出版业内知名培训教材，建立完善培训课程体系，并定期开展专业技能知识授课、实操教学训练，实施师带徒、师带师机制，将"潜力人才股"培养成技能岗位骨干，培养出了多名行业专家。

---

[1] 这次招聘本次招聘共计 5 人，包括检修岗 1~2 人（专业包含机务、电气、热控）、运行巡检岗 1~2 人、培训工程师/运行主控 1 人、信息工程岗 1 人。《广东惠州天然气发电有限公司社会公开招聘公告》，载 https://www.163guangdong.com/article/384.html，访问日期：2023 年 6 月 20 日。

[2] 肖书佳访谈录，2023 年 2 月 13 日；王玉访谈录，2023 年 5 月 11 日。

统计数据显示，公司内中级职称以上人数占比 59%，技师及以上技能人才占比 37%，公司员工也在广东省职工职业技能大赛等技术竞赛上"一鸣惊人"，两次获团体二等奖，2 人获评广东省技术能手。

"'创行业标杆、建育才基地'是电厂的发展愿景。"丁建华称，借助企业的规模优势和研究、培训平台，公司多年来持续对外开展技能鉴定、仿真培训、生产技能实训和技能竞赛，在行业内获广泛认可，已先后为国内外 30 余家燃气发电企业开展生产培训，培养生产技术人才数千人，向集团公司及旗下多家企业输送一大批优秀人才，个个都成为各企业技术专家和中高级管理人才。

鉴于为行业技能人才培养作出的贡献，2020 年惠州天然气发电公司顺利通过中国电力教育协会电力教育基金管理委员会评审，荣获"2020 年电力行业技能人才培育突出贡献奖"；2022 年 5 月，获评"大亚湾人才工作突出贡献企业"，是大亚湾区两家获此荣誉的企业之一。[1]

鉴于企业规章制度和标准化建设的成效，2020 年惠州天然气发电公司获评全国电力企业 AAAAA 级"标准化良好行为企业"，企业制度建设和标准化管理迈上新台阶。因在电力标准化管理工作领域中成绩突出，惠州天然气发电公司 2022 年 11 月被中国电力企业联合会授予 2021 至 2022 年度先进会员企业称号，是广东省能源集团有限公司内首家获得电力行业先进会员的三级业务单位。[2]

---

〔1〕　冯丽均等：《惠州天然气发电有限公司持续向社会提供绿色高效骨干电源支撑》，载 http://hz. wenming. cn/wmdw/202209/t20220927_7815614. htm，访问日期：2023 年 6 月 20 日。

〔2〕　王玉、张红蕾：《惠州天然气发电公司荣获中电联先进会员企业称号》，载 https://www. geg. com. cn/site/gdyd/jcdt/info/2022/24249. html，访问日期：2023 年 6 月 20 日。惠州天然气发电公司重视依法合规经营，通过各种形式提高员工的法律意识和制度观念，形成浓厚的遵法守规氛围。如 2021 年 11 月 18 日，由惠州天然气发电公司组成的集团代表队在由应急管理部、司法部、中华全国总工会、全国普法办共同举办的第三届全国应急管理普法知识竞赛广东省选拔赛中获广东省冠军。并于 12 月 10 日代表广东省参加全国总决赛，在十支省级代表队和十支央企代表队中获得第七好成绩，获颁全国优胜奖。参见广东省能源集团有限公司网站：《〈集团 2021 年十件大事〉之在第三届全国应急管理普法知识竞赛中获广东省冠军和全国优胜奖》，载 https://www. geg. com. cn/site/gdyd/ndsjds/info/2022/23460. html，访问日期：2023 年 6 月 20 日。

《员工招聘调配管理》等内部的规章制度保障了惠州天然气发电公司发展成为"产研培一体"的综合能源服务企业，为经济社会发展和满足人民对美好生活的向往作出了积极的贡献。

结　语

惠州天然气发电公司坚持"制度先行，合规为本"，以企业制度建设和制度执行为重点，依法制订和施行的《员工招聘调配管理》制度，按照以人为本原则，调整了企业的员工招聘调配管理关系，明确了企业、企业内部各部门和员工的职责和权利义务，在企业的合规经营、自我管理中发挥了重要的作用。

《员工招聘调配管理》制度等企业自治规范合法合理、内容全面、具有可操作性的企业规章制度使惠州天然气发电公司建立了良好的企业管理构架，为实现惠州天然气发电公司的"创行业标杆，建育才基地"愿景、关注企业发展与员工价值和谐统一、满足员工公平感和自身发展的需要、激励员工为企业的目标和使命努力工作方面奠定了坚实的规范基础，从而实现了公司的自主经营、良性发展和良好治理。

《员工招聘调配管理》制度等形成了惠州天然气发电公司的协调、统一、合规、高效的整合型管理体系，增强了企业依法治理能力，提升了企业依法合规经营水平，营造全员守法和合规文化。[1]

---

〔1〕　广东省能源集团有限公司重视企业文化建设。如 2021 年 8 月 9 日，集团正式发布《卓越之道·善能之源》新版企业文化大纲。大纲由溯源、文化图谱、善能事业篇、价值理念篇、行为规范篇、品牌形象篇等六个篇章组成，突出党建引领、强化集团定位、明确发展方向、加强行为引导四个特点。大纲对顺应能源发展新趋势、响应能源革命所作出的一致性回答，是从粤电集团向广东能源集团转型升级、深化改革、跨越发展的历史见证。参见广东省能源集团有限公司网站：《〈集团 2021 年十件大事〉之正式发布新版企业文化大纲》，载 https://www.geg.com.cn/site/gdyd/ndsjds/info/2022/23460.html，访问日期：2023 年 6 月 20 日。

第二十四章
民营企业的门岗管理制度
——以敏华控股公司为对象

引　言

　　企业作为现代经济社会重要的社会组织、市场经济活动的主要参与者，其内部的管理规范在保障企业运营秩序、约束员工社会行为、调整员工社会关系、维护员工合法权益、促进行业发展及推动经济进步等方面发挥重要作用。国家鼓励和支持企业进行自我服务、自我管理与自我治理，重视企业内部管理制度、团体章程等社会规范在社会治理中的作用。2014年10月中共中央出台的《关于全面推进依法治国若干重大问题的决定》提出，"增强全民法治观念，推进法治社会建设"，提高社会治理法治化水平，"发挥市民公约、乡规民约、行业规章、团体章程等社会规范在社会治理中的积极作用"。中共中央2020年12月印发的《法治社会建设实施纲要（2020-2025年）》提出，要"充分发挥社会规范在协调社会关系、约束社会行为、维护社会秩序等方面的积极作用。加强居民公约、村规民约、行业规章、社会组织章程等社会规范建设，推动社会成员自我约束、自我管理、自我规范"。

　　作为企业内部管理制度的一部分，企业门岗管理制度在维护企业生产经营秩序、保护人员与财产安全、保障公共安全等方面具有重要作用，是企业治安保卫工作的主要内容之一。根据我国《保安服务管理条例》第2条第1款第2项的规定，机关、团体、企业、事业单位招用人员从事的本单位门卫、巡逻、守护等安全防范工作属于保安服务；第6条第2款又规定，保安员依法从事保安服务活动，受法律保护。我国《企业事业单位内部治安保卫条例》第 6 条第 1 款规定：“单位应当根据内部治安保卫工作需要，设置治安保卫机构或者配备专职、兼职治安保卫人员。”按照这些规定，位于大亚湾区的民营企业敏华控股公司根据企业生产需要建立了包括门岗管理制度在内的企业管理制度，以保障企业的自主生产。

自 1992 年诞生于中国香港，敏华控股公司（本章以下简称“敏华公司”）始终专注沙发、床垫及智能家居领域，先后在新加坡和中国香港上市，2017 年，敏华公司市值突破 300 亿港元，位居全球家居上市公司市值前列，并率先入选沪港通和恒生指数成分股，成为集研发、制造、销售和服务于一体的大型跨国智能家居企业。作为全球实力雄厚的功能沙发、床垫等家具供应商，敏华公司拥有现代化的制造和物流体系，并在中国广东大亚湾区等地建立了十二大生产制造基地。成立 20 余载，敏华公司先后被评为“Forbes Asia Best Under A Billion”“香港商业奥斯卡杰出中国公司”“广东省民营企业 100 强”“中国民营企业制造业 500 强”“最佳投资者回报港股通公司”等，旗下品牌芝华仕和头等舱品牌相继入选“欧美尖峰设计亚太奖”“中国 500 最具价值品牌”“亚洲品牌 500 强”等，已成为中国家居行业领导品牌。[1]

为了解敏华公司门岗管理制度的基本内容和实际运行，我们于 2023 年 2 月 16 日到位于惠州市大亚湾区的敏华公司进行了实地调查。我们参观了敏华公司的厂区，访问了敏华公司的相关人员，收集了相关规章制度，对敏华公司的门岗管理制度有了初步的了解。

以调查材料为基础，本章对敏华公司门岗管理制度的制订、内容、施行和作用做初步探讨，从一个角度理解作为社会自治规范组成部分的企业管理制度，并更全面地认识大亚湾区的自治规范。

一、门岗管理制度的制订

敏华公司管理制度的提出、起草和审批遵循一定的规定。敏华

---

[1] 《〈敏华控股〉之“走进敏华”》：载 https://www.manwahholdings.com/show_list.php? id=9，访问日期：2023 年 8 月 16 日。

公司要求各职能部门根据各自职责就职权范围内事项制定相应的制度和规范。

门岗管理制度由敏华公司负责门岗管理的行政部起草制定。门岗管理制度一般以执行方案、标准流程等名称命名，由行政部员工拟稿，呈报行政部总监签发后试行，相关职责的管理人员作为规范制定者拥有规范的解释权和修改权。行政部门岗管理制定的相关规范具体包括《保安管理标准流程》《视频监控管理制度》《生产厂区物品出厂管理规定》等。在门岗管理制度制定、修改、实施过程中需要部门间沟通、配合或合作的，由敏华公司总裁办负责跨部门协调。

敏华公司门岗管理制度的实施中，特别注重试行效果与规范的优化修改。公司制定管理规范并非为了应付上级检查等被动目的，而是出于公司管理之客观需要。管理者不仅在制定时的语言表达上尽可能明确、通俗、简练，使制度具备较强的可操作性。在制度颁布运行之后，敏华公司还特别注重试行效果与规范的优化修改，通过试行来发现由"纸面上的法"变成"行动中的法"将要面临的现实问题，"立法者"的主观意愿能在多大程度上得以实现，并根据实践情况的反馈对制度进行修订和完善。例如笔者发现在某规范文件签署时，公司领导在文件上特别批注"请试行 2 个月再优化"。

二、门岗管理制度的内容

敏华公司门岗管理制度由《保安管理标准流程》《视频监控管理制度》《生产厂区物品出厂管理规定》等构成，具体包括门岗管理的一般性制度、中控室及监控管理制度和厂区巡逻制度。

（一）门岗管理等一般性制度

按照《保安管理标准流程》，敏华公司的安保管理属于行政部职责之一，门岗管理形成了"行政部负责人—保安经理—保安"的架构。各地工厂可根据实际情况设置保安人数，可设日班、夜班保安主任各 1 名，下设保安若干名。

保安人员对着装和仪容仪表有明确要求。敏华公司对保安人员的服装要求是：西装套装，白衬衫（员工自备），领带（配发公司业务部门规定的领带），黑色皮鞋（员工自备）；穿着要求整齐，男士佩戴领带，如需穿着皮带要恰当的围系腰部，不得松垮。敏华公司对保安人员仪表的要求是：注意形象管理，坐有坐姿，站有站姿，注意精神面貌，目光有神，神态从容自然。

敏华公司惠州工厂共设置 5 处红外对射级保安岗亭，分别为写字楼大门岗（即研发大楼门岗）、生活区 6-1#岗、生产区 121#岗、中控室和巡逻保洁，每个岗亭设保安 1 人。门岗不能脱岗，日班保安和夜班保安每顿用餐时间均为每人半小时，各岗轮值用餐。

《保安管理标准流程》规定了各门岗保安管理职责。公司门岗保卫制度既有仅针对保安员工的职责规定，也有对通过该门岗所有人员、车辆的行为约束，位于公司门岗管理范围内的人员、车辆都应服从保安管理；公司门岗保卫制度既有对公司内部员工的要求，也有对访客及外部人员的规定，但因管理便捷性、风险差异性存在明显的内外有别。门岗保安管理制度的内容整体上分为对人的管理与对车辆的管理两大类，其具体职责因所处位置不同而存在差异。各门岗的相同规定包括，如有权限入厂的人、车方可放行，对外来访客核验登记身份后可放行；员工通过闸机时严禁代他人打卡，严禁跳卡机、钻卡机，严格实行一人一卡制度；保安发现任何异常情况要及时处理；在新冠肺炎疫情防控期间所有进入门岗的人员和车辆内人员都必须核验"粤康码"绿码，查行程卡，测体温，有任何一项异常者禁止进入公司，所有经查验无异人员进入公司，必须扫"敏华公司惠州工厂"场所码打卡才能进入；公司员工进出厂门应佩戴工作证，不佩戴工作证者保安给予纠正，对违纪且态度恶劣者保安应记下其姓名、工号交行政部，并报员工所在部门，由所在部门对违规员工视情节严重程度进行处罚或辞退处理。

除以上规定外，各门岗依据其位置特点，有以下具体职责要求：其中，研发大厦门岗位于写字楼入口处，主要负责维持研发大厦所有人员、车辆、物品的进出秩序，要求人员、车辆须刷证件进出、各行其道，车辆专区停放，外来访客预约登记方可进入。保安还需进行危险物检查和形迹可疑等危险人员排查。

　　6-1#岗位于生活区的入口，主要负责出入生活区人员、车辆、物品进出秩序维持。进出生活区的员工须佩戴工作证表明身份。为保证工作效率，上班时间严禁私访会客。对人员及随带物品，重点检查是否携带有本公司标志的物品，以免员工对外滥用公司标识带来负面影响。由于沙发及零部件材料不易人力搬运的企业特点，本岗位要求对车辆进行重点检查，规定保安每日对员工车辆车头、车厢、后备箱等部位进行抽查或全面检查，以确保车辆没有装载未经部门负责人同意放行的公司物品。

　　121#岗位于车辆进入公司生产区的入口，该入口只允许货车、叉车等车辆进入，不允许其他任何商务轿车进入。对出厂物品的检查管理这一安全保卫重要职责主要由该门岗承担，该门岗进出人员情况复杂、驾车出入运输公司财物存在较高风险，该门岗的管理制度对通行人员特别是外来人员的识别和放行手续的验证作了特殊规定。如外来人员办理登记手续后正确佩戴访客证和穿着以便识别的黄马褂方可进入；非公司员工的外来货车司机和随车人员须在121#岗出示带有本人照片的有效证件；进出厂人员持有效的送货单据或放行条并经保安确认无误后方可进出厂等。

　　因121#岗地处车辆进入生产厂区入口的重要特殊位置，121#岗承担的主要职责之一是货品及废料出厂管理。由于直接关系公司的财产安全，属于敏华公司门岗管理的重要内容。敏华公司针对生产厂区物品进出厂专门制定了《生产厂区物品出厂管理规定》，具体规定了放行管理制度和放行条审批制度等。

　　第一，放行管理制度。《生产厂区物品出厂管理规定》要求所有采购人员到敏华公司惠州厂送货时，如有自带货物的，不能带入敏华公司惠州工厂，《自带物品申报清单》将停止使用，送货完毕后空车出厂。如送货不合格，则由收货部门开具系统的《采购退货单》进行退货处理。系统的《送货单》必须与《物品出厂放行条》配合使用，同时将不同单号的《送货单》分开在《物品出厂放行条》上罗列，不得合并一起。所有放行单据除签字外，其他内容必须电脑打印，不得手写，手写无效。所有放行条的承办、制表、审核、审批人签字必须使用正楷，签字须完整。行政部保安对不能识别签字的放行条不给予放行。如遇审批人出差在外，可通过微信或邮件审批，放行条后附审批人的微信或邮件审批打印件。由审计部每 3 个月对所有物品出厂放行条抽查审计一次。

第二，放行条的审批权限。《生产厂区物品出厂管理规定》要求所有的物品放行必须由两个及两个以上人员签字确认。

另外，在新冠疫情防控期间，敏华公司规定研发大楼门岗和 6-1#门岗按照疫情等级执行闸门关闭状态（具体按《新冠疫情防控等级管理措施》执行），并按等级对人员和物品、快递件、汽车等进行消毒处理。121#门岗要求检查出厂货车是否遵照规定执行；在入口处要贴封条的货车，在 121#岗检查封条是否完好；如不完好，要对该辆货车进行严肃处理。

（二）中控室及监控管理制度

敏华公司将所有的安防监控摄像机图像和出入口语音对讲系统总机集中到中控室内，让保安工作人员可在中控室内全面掌控厂区内各处情况。由于监控系统在公司门岗管理体系中的重要地位，中控室中保安人员的监控行为将直接决定公司安保管理目标的实现，因此中控室监视制度是公司整个门岗管理制度的关键。中控室配有监视器作为监控系统显示器，另配有工作电脑作为查看监控之用。厂区监控系统由中控室负责监控，由运营部负责监督检查中控室的设备运行工作，中控室的管理由各地工厂的行政部具体执行，各地总经理负责督察执行情况，制造中心办公室不定期对各地工厂的执行情况进行巡查，并将巡查结果上报制造中心总经理。

敏华公司惠州工厂园区共计 6000 余人，体量庞大的园区内保安人员仅设有 8 名。如此精练的保安人员队伍，在相当程度上得益于公司强大的监控系统和有效的门岗管理制度。敏华公司结合工作需要，制定了专门针对监控系统门岗管理的详细规范制度。

对中控室的监视行动，敏华公司《保安管理标准流程》及其他相关制度规范作出了明确的安排，具体为授权进入制度、24 小时值班制度、当班职责、故障报修制度、卫生及安全制度及设备日常维护制度等。《视频监控管理制度》补充规定了投屏分级制度、岗前培训与考核制度。[1]中控室实行 24 小时保安值班制度，值班保安要坚守岗位，严禁脱岗，吃饭实行轮流制，杜绝空岗，对主画面区域进行 24 小时实时监控，对非主画面区域进行轮巡监控。中控值班保安值班时应佩戴工作证，严禁睡岗、脱岗、串岗、玩手机、下棋、打扑克、阅书报、写私人信函、抽烟、酗酒、听耳机、勾肩搭背、嬉戏打闹、席地坐卧、与他人聚谈等影响值班的行为，中控人员负责作好厂区监控范围内的工作，并作好当班的资料记录，发现异常情况必须及时向上级汇报。

监控视频图像信息保存、使用及安全是监控安保有效实现的基础一环。敏华公司对于监控视频图像的保存等，制定有监控保存时间规定、监控保密制度、监控调取审批制度、监控安全保护制度等。中控值班保安要严守保密制度，不得在公共场所谈论中控室的工作，严禁将录像资料、监控设备挪作他用。本公司所有人员在调取监控视频资料时必须提出申请，填写《调取监控视频回放申请表》，经申请人所属部门负责人和行政部负责人签名同意，中控值班保安方可为申请人调取所需监控视频。中控值班保安不得随意更改监控设置和属性，操作过程中禁止添加、删除和卸载任何文件，值班保安禁止在监控电脑主机上进行游戏娱乐操作，确保监控系统软件不遭破坏。任何人不得删除、修改监控系统的运行程序和记录，不得干扰、妨碍监控系统的正常运行。

监控设备的健康运行、故障维修是监控安保目标实现的重要步骤。敏华公司针对园区摄像头、中控室内监控系统等监控设备的检查、维护与维修及应急处理制定了相关制度，如工程部监控工程师的日常检查制度、中控室保安的日常检查、监控维修制度、病毒检测制度、应急处理制度等。

---

[1]　《视频监控管理制度》附有三个相关操作标准及流程的附件：《视频监控系统的基本操作》《对讲系统的基本操作》《中控室监控异常处理流程》。其中，《中控室监控异常处理流程》就"擅自改变监控设施设备""有人员翻爬围墙、伸缩门进出厂区，可疑人员长时间徘徊""有人盗窃员工或公司物品""视频监控回放""视频监控下载"等情况的具体行为流程、作业标准、责任部门和具体责任人进行了规定。

（三）厂区巡逻管理制度

作为公司视频安保管理工作的补充，敏华公司要求保安每天 4 次、每班 2 次进行厂区实地巡逻。白班的 2 次实地巡逻时间一般定于 10 点与 16 点，晚班的 2 次实地巡逻时间一般定于 21 点与凌晨 1 点，具体巡逻时间可根据当天实际工作灵活安排。巡逻保安必须在厂区考勤打卡点上打卡，打卡情况会作为保安当月考核内容。巡逻主要任务是检查通道是否堵塞，设备、设施是否运作正常，卫生是否到位等。对异常情况的位置用笔在巡逻图上作出标记，并详细说明异常情况。对异常情况现场即刻处理，并把异常情况和处理情况向上级汇报。保安把巡逻结果按区域分配通知区域负责人，要求整改。工厂下班后、公共区域问题点的整改标准分紧急和一般情况，紧急情况马上通知区域负责人，一般情况汇总后发给制造中心生产区负责人跟进整改。

三、门岗管理制度的施行

敏华公司通过门岗管理制度进行公司内部管理，形成了安全、稳定、有序的公司运营秩序。在行政部等部门的努力下，门岗管理制度通过对员工日常行为的约束和规范，使公司书面的门岗管理制度落实为员工行动，从管理者意志转变为现实秩序，将作为公司管理经验结晶的规范具体转化成为公司管理活动中的有序实践。

第一，敏华公司注重门岗管理制度的制定、汇总与试行反馈。公司门岗管理制度的整理经历了一个从琐碎到规整的过程。各部门就各自职责范围内的事项有较为宽泛的规范制定权限。除通过公示张贴、OA 系统传送、邮件系统发送等方式公布规范文本外，行政部会将公司门岗管理制度现有的各项标准流程、执行方案等规章制度分门别类汇编，打印出纸质版文件以便查阅，编著汇编目录，在汇编目录上注明规范的适用范围、文件编号和有效期；将纸质版规范文件保存在专门文件夹并存置于总部写字楼前台固定位置，以备管理者、员工及各级部门等在必要时的查验；在规范本文有废止或修改时，及时更替。

民营企业管理的精髓在于有效和效率，忌僵化、死板。敏华公司规范允许门岗管理人员在有权调整的事项上根据工作实际和现实需要作出有利于公司管理、又便于工作开展的调整。例如《保安管理标准流程》中仅设置了保安团队组织的基本构架，可根据工作需要设置保安主任，根据各地工厂按照实际情况安排确定保安人数；厂区一般情况下设定有固定巡逻时间，但允许值班人员根据当天实际工作灵活安排巡逻的具体时间；中控室监控墙重点关注的区域亦允许根据工业园内实际情况作适当调整等。对于门岗管理人员无权处理的情况，须经有权限的领导授权同意。获得授权的一般方式为填写表格等书面材料经有权限的管理人员审批。在实践中，门岗管理人员需大量查验公司管理者的签名表单，核对授权领导签名是否真实，避免模仿、伪造签名蒙混过关给公司带来损失，公司制定了负责人签字样板以便安保人员查验签名是否属实。

第二，敏华公司的门岗管理制度以实现管理者的管理目标为指引、基于公司日常管理需要、历经不断实践总结而不断完善。制度既是管理者意志的表达，也是管理实践经验的总结。

尽管作为一家上市公司，但敏华公司民营企业的属性使管理者在事项决定、规范制定上拥有较强的话语权。公司因逐利而存在，经营效益是公司安身立命之根本，在内部企业管理上，管理者始终以降低人力成本、提升管理效率为追求。过去，公司较多依赖人力资源进行门卫管理，现在敏华公司惠州园区（总部）仅设有 8 名保安人员，[1]公司安保管理紧跟科技发展和管理趋势，大量依靠遍布园区的监控设备实现。出于降低公司管理成本之需要，公司安保人员不断缩减、视频监控效果不断加强，公司逐渐形成现有的人员配置与门岗管理制度。

之所以可以依靠监控实现有效的公司门岗管理、实现安定有序

―――――――――――

〔1〕　已经来敏华公司工作 12 年的刘总监，因工作原因亲身经历了行政部工作人员和公司安保人员数量的逐渐精简。在访谈时他很有感触地说道："当初我刚来敏华公司的时候在行政部做，那时候我们行政部大概有 130 个人，后来我做行政总监的时候（行政部）大概就 30 多个人，现在江总在行政部，大概（行政部）只有二三十个人。我们门口没有保安的，园区共 6000 多人，只有七八个保安。……原来我在行政部的时候，保安最多的时候有 37 个人，后来全部通过摄像头就可以了。"敏华公司刘总监访谈录，2023 年 2 月 16 日。

的生产经营秩序，取决于敏华公司作为一家沙发制造企业的生产特点。敏华公司之所以可以不断精简人力、依靠监控设备维持公司的安保秩序，主要因为沙发及沙发生产所需的板材、皮革等材料的体型、重量相对较大，不易搬运和随身藏匿，且沙发生产过程中不会使用到贵重金属等高价值零配件，因此多年来公司较少发生过偷盗等事件。在放松对人员身体检查要求的同时，敏华公司会加强门岗对可能藏匿、装载公司物品的车辆进行重点检查。

在全面考虑了门岗管理过程中的各风险点后，敏华公司认为监控可以补充甚至在相当程度上替代人力，在园区内安装了大量监控设备，尤其对园区围墙等事故易发、频发地或人流量较大的出入口等位置实行重点监控。为规范门岗管理行为、更好地实现监控安保效果，敏华公司制定了监控安保的专门性规范。因能有效结合公司生产经营特点、围绕公司需求有针对性地制定，敏华公司的门岗管理制度在实施过程中能够在实现节约人力等经营成本的同时实现对公司的有效管理。

敏华公司门岗管理制度的形成是公司日常运行实践与管理经验的总结与凝练，通过日复一日的运行与实践，制度也实现了"优胜劣汰"，能产生积极效果的制度被保留下来，不能较好产生管理效果或不合时宜的制度和规定被删除、修改，公司管理规范得到不断校验、优化、提升和改进。

同时，敏华公司门岗管理秩序的形成还应部分归因于政府合作与警民共建。现在，敏华公司附近有一个百余人的新西派出所，警力较为充沛。公司靠近派出所，一则对公司内外部人员扰乱秩序行为形成震慑，对公司内外部的违法犯罪行为形成了震慑，能预防和减少危险情况的发生；二则一旦发生意外情况能得到快速处理，尽早遏制、阻止危险发展和扩大；三则使公司在一个治安环境不断提升、相对安全的背景下开展生产经营活动。[1]现在敏华公司主要依

---

[1]　敏华公司行政部负责人江总监告诉我们："我们旁边就有派出所。我们跟政府有合作，在我们这附近建了个派出所，我们把房子装好租给派出所。为什么企业保安这么少，警民共建做得好。因为距离太近，他们开玩笑说，不要打110，直接打我们派出所的电话，打110太耽误时间。"敏华公司江总监访谈录，2023年2月16日。

靠密集完备的监控系统完成，较少依赖人力进行实地看管与巡逻。

　　第三，为保障制度的有效规范运行，敏华公司规定了不同层级、不同梯度的奖惩措施并严格执行。例如公司员工进出厂门应佩戴工作证，对不佩戴工作证者，保安给予纠正，对违纪且态度恶劣者保安可记下其姓名、工号交行政部并报员工所在部门，由所在部门对违规员工视情节严重程度进行处罚或辞退；盗窃、损毁公共安全视频系统的设施设备的，应开除出厂，并移交公安机关处理。对因盗窃、损毁给公司造成的损失由盗窃、损毁人负责赔偿。员工违反规范将面临公司相应的惩罚与制裁，制裁层级依违反规范的程度分别从部门层面、公司层面上升至刑罚层面，违反公司规范可能会影响到员工晋升发展、工资收入、职位有无、声誉评价等与员工具有直接、强烈利害关系的方面，使公司门岗管理制度更能有效约束和规范员工行为。

　　第四，员工的自觉遵守。除了完备的监控设施、沙发生产企业不易发生偷盗的现实特点、靠近派出所的优越地理位置及公司规定的惩罚措施之外，公司门岗管理秩序的形成还在很大程度上依靠员工对门岗管理制度的自觉遵守。公司员工能够自觉遵守公司门岗管理制度、共同维护公司秩序，是因为遵守规范有积极价值。员工来公司主要是为了工作劳动、赚取工资，员工与公司在安定有序的秩序营造方面存在共同的渴求、对公司健康发展存在共同的利益，遵守公司规定于公司发展及个人发展都有正向积极的意义。

　　敏华公司的门岗管理制度产生了积极的运行效果。据有着十几年工龄的敏华公司工作人员回忆，这样的秩序维持多年，印象中不曾有过偷盗等事件发生。[1]公司通过门岗管理制度尤其是视频监控管理规范实现的管理效果，较好地达成了规范制定的目的，即避免公司财产遭受损失、保护公司人员和财产安全。

　　同时，由于监控设备能替代一定数量的人力，保安队伍不断精简，为更好地实现公司门岗管理制度的管理效果，公司对于保安人员的素质要求越来越高，不仅要求保安认真负责、反应迅速、敏感

──────────

〔1〕　敏华公司刘总监访谈录，2023 年 2 月 16 日。

度高，还要年轻、技能全面、会操作电脑等，能够胜任视频监控设备使用等要求。随着监控设备系统对门岗管理力量不断补强，公司保安人员队伍不断精简，在节省大量人力成本的同时公司更注重提升安保力度和效率，更有效保护公司人财安全。

通过门岗管理制度的实施，敏华公司获得相对稳定安全、安宁有序的生产环境和员工居住环境，较好地实现了管理者的预期管理目标，员工的幸福感得到提升，为公司的持续稳定快速发展打造了适宜环境，奠定了良好基础。

四、门岗管理制度的作用

通过对敏华公司门岗管理制度的制定和运行进行考察，我们认为公司门岗管理制度有着保护人财安全、保障有序生产、创设和谐环境、提升企业形象等作用。

第一，保护人财安全。敏华公司门岗管理相关制度的制定目的即为管理好公司的保安团队，保障公司门岗管理系统的正常运行，保护公司人员和财产安全。敏华公司结合企业生产特点，精简人力、布控技防，通过提升管理效率和安保力度有效保护公司人员与财产安全。例如公司在放松对人员身体检查要求的同时，加强门岗对可能藏匿、装载公司物品的车辆进行重点检查；公司根据日常管理经验确定了工业园区各出入口、重点生产仓库监测点、园区围墙等安保事故频发、易发区域并重点实施监控；公司靠近派出所，保安会在必要时及时寻求警力保护等。据敏华公司相关部门负责人介绍，在其任职的十几年里较少发生盗窃、损害公司财物等行为，门岗管理制度较好地实现了规范的基本目标。

第二，保障有序生产。作为以生产经营为主要社会功能的公司，渴求安宁有序的生产经营秩序助益公司发展。敏华公司门岗管理规范力图清晰、明确、细致，诸项职责、权限的边界非常清楚。语言表达亦较为简洁通俗，便于理解、可操作性强，以引导员工知"可为"以及"如何为"。例如公司门岗管理制度明确进出需有身份标识、携带物品出厂需接受保安检查、根据事项不同需填写相应表格进行报备或授权。门岗管理制度还通过岗前培训学习、考核上岗、风险预案与应急演练等制度，使员工能清晰知晓自己日常履职范围及突发情况的正确应对方法；门岗管理通过制定金钱处罚、开除工作、移交公安机关处理等不同梯度的惩罚措施约束员工的失范行为，限制"不可为"。权责分明的门岗管理制度，使人员、车辆、货物进出有序，维持了公司高效的生产经营效率。

第三，创设和谐环境。敏华公司门岗管理制度严格细致，也逐渐人性化、合理化，例如审批人出差在外时的审批签字可通过微信邮件等信息化方式进行；在原则上禁止返回宿舍的工作时间，员工如有特殊需要在获得部门经理同意后可会客等。再如在新冠疫情防控期间，制度中还增加了相关防疫要求条款，有效实现了公司在疫情等特殊时期的防疫安保秩序。敏华公司通过内部门岗管理制度调整和约束员工行为，共同营造了安全、稳定、和谐的秩序，既为公司快速发展奠定了基础，也为员工安居乐业、认真工作提供了保障，创设了和谐有序的生产生活环境。

第四，提升企业形象。为不出现工作上的断档、错位和冲突，敏华公司门岗管理制度强调每位员工都是管理链条上的一环，大家各就各位、人尽其能、相互配合、有效串联，保安人员不仅能较好履行日常职责，面对常见的突发情况亦能科学处理。严密完善门岗管理制度与整齐有序的安保秩序，对内形成良好的管理秩序，为敏华公司的健康快速发展提供稳定的秩序供给，对外在相当程度上代表着公司细致严格的管理能力、体现着公司信赖可靠的商业品质、展现着公司严谨细致的企业形象。在上级部门检查、商业伙伴实地体验及周围民众的现实感知中，敏华公司树立了良好的企业口碑。

结　语

门岗管理制度服务于敏华公司正常生产经营秩序维持的根本目标。通过对敏华公司门岗管理制度之文本和实践运行的考察，笔者认为该制度在保护公司人财安全、高效生产经营、创设安定和谐生产生活环境、提升管理效率与企业形象等方面能够产生积极的效果。这是基于公司门岗管理制度对公司作为沙发企业的生产经营特点的准确把握、对内部员工的有效约束、对监控技防的精细管理及对制度通过实践检验的不断完善等实现。

随着市场经济的蓬勃发展，企业数量快速增长，企业规模不断扩张，企业形态越发多元。作为企业经营自主权内容之一的门岗管理，敏华公司在管理有效、高效的基础上，还应注重对保安管理权力的约束，避免权利被滥用，减少其作为内部管理规范的恣意性及可能对员工权益等带来的负面影响。根据我国《保安服务管理条例》第6条第1款规定，保安服务活动应当文明、合法，不得损害社会公共利益或者侵犯他人合法权益；第30条也规定，保安员不得限制他人人身自由、搜查他人身体或者侮辱、殴打他人；不得扣押、没收他人证件、财物；阻碍依法执行公务；不得采用暴力或者以暴力相威胁的手段处置纠纷等。公司门岗管理制度不得借公司管理之由损害社会公共利益或者侵犯他人合法权益，不应将公司管理需要凌驾于法律对合法权益的保护之上。对公司侵犯合法权益的门岗管理行为，敏华公司应自我纠察，公安机关等相关主管部门应积极监督、检查。

另外，门岗保安日常履职中在排查可疑人员、遏制火灾等险情蔓延、阻止违法犯罪等应急情况中面临一定工作风险，敏华公司应加强对保安个人生命健康的保护，强化安保技能培训、提升安保装备的配置，完善配套的工伤、医疗保险制度等。对在保护公共财产和人民群众生命财产安全、预防和制止违法犯罪活动中有突出贡献的保安人员，公安机关、其他有关部门和公司可给予相应的表彰、奖励。

第二十五章

义务教育阶段公立学校的管理制度

——以大亚湾区龙山小学为对象

引 言

我国重视学校教育，依法支持和保护学校的办学自主权。根据《教育法》第 29 条的规定可知，学校享有按照章程自主管理、组织实施教育教学活动，招收学生，对受教育者进行学籍管理、实施奖励处分、颁发相应学业证书，聘任教师及其他职工以及实施奖励或者处分、管理使用本单位的设施和经费、拒绝任何组织和个人对教育教学活动的非法干涉等权利。在义务教育方面，我国 1986 年制定了《义务教育法》，该法历经 2006 年修订、2015 年及 2018 年修正后更加完善，就义务教育阶段的学生、学校、教师、教育教学、经费保障和法律责任等作出了较为全面的规定，也为学校活动提供了法律依据。2019 年 2 月中共中央、国务院印发《中国教育现代化 2035》，指出要提高学校自主管理能力，完善学校治理结构。2019 年 6 月，中共中央、国务院出台《关于深化教育教学改革全面提高义务教育质量的意见》，指出要推进现代学校制度建设，落实学校办学自主权，保障学校自主设立内设机构，依法依规实施教育教学活动、聘用教师及其他工作人员、管理使用学校经费等。

中共中央 2017 年 12 月印发的《法治社会建设实施纲要（2020-2025 年）》提出："加强居民公约、村规民约、行业规章、社会组织章程等社会规范建设，推动社会成员自我约束、自我管理、自我规范。"学校为社会组织的一种，学校制度为社会自治规范的一个方面。学校制度对学校依法办学、依规兴教具有基础性意义。作为义务教育阶段公立学校，大亚湾区龙山小学以育人为核心进行学校内部制度建设，制度健全，施行严格，保障了教学活动的顺利进行和教育目标的实现。

大亚湾区龙山小学创办于 1947 年 9 月，扩建项目于 2021 年 9 月 1 日投入使用，是一所全日制公办小学。校园占地面积 17 383 平方米，总建筑面积 9599 平方米，现有教学班 26 个，学生 1290 人，教职员工 81 人。学校秉承"把每一个孩子的童年变成一个成功而精彩的故事"的办学理念，围绕"让学生喜欢，让家长满意，让教师自信，让社会认可"的办学目标，强化德育工作，狠抓教学管理，落实素质教育，取得了一定的成绩。学校先后获得"惠州市先进中队""大亚湾区教书育人先进单位""大亚湾区教育教学质量进步奖""大亚湾区教学质量优胜奖""大亚湾区教育教学进步奖""西区小教办学先进单位""西区小教学科比赛优秀奖"等荣誉称号。

为了解龙山小学的管理制度，笔者于 2023 年 2 月 15 日、5 月 19 日前往龙山小学，察看了学校的校园，访问了学校负责人和教师，旁听了科组长会，搜集了有关材料，较为全面地掌握了公立小学的学校管理制度和施行情况。本章以田野调查材料为基础，对龙山小学管理制度的制订、内容、施行和作用进行较全面的介绍，对义务教育阶段公立学校的管理制度进行初步讨论。

一、管理制度的制订

龙山小学主要是依据国家法律法规规章和有关政策，按照大亚湾区教育主管部门的要求和指引，根据学校的实际情况，制订管理制度。

从制订依据看，龙山小学的各项管理制度主要分为两类：一类是根据学校运行需要自主制订的制度；另一类是根据国家法律法规和政策等，结合学校自身情况而制订的制度。如龙山小学章程即为按照国家法律法规和大亚湾区相关政府部门的要求而制订。龙山小学的财务管理制度是据大亚湾区宣教局及财务管理部门有关财经制度及《大亚湾区公办学校（幼儿园）基建维修工程管理规定》《大亚湾区公办学校（幼儿园）教学活动经费管理规定》《大亚湾区公办学校（幼儿园）物资采购管理规定》等文件而制订。龙山小学的管制刀具及危险物品管理制度是为保护全校师生的人身安全，尽可能防止师生受到人身伤害，严禁学生携带管制刀具及其它危险物品进校园，切实保证学生的生命安全，根据教育部、公安部关于严禁管制刀具等危险品进入校园的通知等上级部门有关文件精神而制订的。龙山小学的物资采购管理，是为了降低行政运行成本，提高办公效率，促进节约型、廉洁型单位建设，根据《政府采购法》《关于调整广东省政府采购限额标准的通知》《关于调整惠州市政府采购限额标准的通知》《广东省省级 2018 年集中采购机构采购项目实施方案》和《大亚湾区公办学校（幼儿园）物资采购管理规定》等相关法律法规和政策而制订的。

同时，根据情况的变化，龙山小学适时进行学校管理制度的修订。如在龙山小学于 2020 年和 2022 年 9 月进行了修订，将进行再次修改以增加党组织建设方面的内容。两次修改了请假制度。通过及时修订，龙山小学的管理制度能够适应学校发展的需要。

二、管理制度的内容

基于义务教育阶段的公益性、重要性和特殊性，国家对义务教育阶段的公立学校提出了具体要求。根据《义务教育法》，学校必须贯彻国家的教育方针，应当按照规定标准完成教育教学任务，保证教育教学质量，学校建设应当符合国家规定的办学标准，适应教育教学需要；应当符合国家规定的选址要求和建设标准，确保学生和教职工安全。《义务教育法》第 27 条明确规定："对违反学校管理制度的学生，学校应当予以批评教育，不得开除。"第 37 条规定："学校应当保证学生的课外活动时间，组织开展文化娱乐等课外活动。社会公共文化体育设施应当为学校开展课外活动提供便利。"

按照国家法律法规规章和地方政府有关政策，龙山小学制定了全面的学校管理制度，具体包括学校章程、组织机构管理制度、教学管理制度、学生管理制度、教师管理制度、校园安全管理制度、财务管理制度等。

（一）章程

学校在 2022 年 9 月修订了最新的学校章程。根据章程，学校办学规模为 24 个教学班，班额不超过 50 人。

章程规定龙山小学的办学理念是"把每一个孩子的童年变成一个成功而精彩的故事"；校训是"求真、崇善、尚美"；校风是"勤奋、团结、开拓、创新"教风是"敬业、爱生、求实、奉献"；学风是"刻苦、好学、多思、善问"；办学目标是"让学生喜欢，让家长满意，让教师自信，让社会认可"。

学校实行中国共产党惠州大亚湾区西区龙山小学党支部委员会领导下的校长负责制。校长是学校的法人代表，对学校教育教学和行政工作全面负责，行使重大事务决策权、人事任免决定权、财务基建审批权、教育教学工作指挥权等。学校建立教职工代表大会制度，参与学校管理工作。

章程就学校的管理体制、入学及学籍管理、教育教学工作、校舍设备及经费、卫生健康及安全、学校家庭与社会、教师和学生等内容作出了具体的规定。

（二）组织机构制度

龙山小学的组织机构制度对学校校长职责、政教处职责、教导处职责、总务处职责、教师职责、少先大队辅导员职责、各年级办公室职责等进行了具体规范。

学校设有政教处、教务处、总务处。政教处是学校党、政领导下的职能机构，是学校开展德育工作的重要部门，政教处主任在分管德育工作校长的领导与指导下，努力搞好学校的德育工作。[1]

---

〔1〕 政教处具体职责包括：①根据德育大纲的要求和学校具体情况，制定全校德育工作远期和学年计划，负责检查和督促计划的执行和实施。②深入了解和认真研究学生思想品德状况，努力探索德育工作规律，搞好德育工作总结，不断改进学校德育工作。③制定学校各项德育管理制度，在工作中不断改进和完善，加强德育管理，重视对学生行为的规范教育，使学生逐渐养成规范行为，积极开展养成教育和素质教育，促进优良校风、学风和班风的形成。④组织、安排全校性的学生思想品德教育活动；组织、安排校会和重大节假日教育活动；组织、安排新生的入学教育活动；组织、安排其他社会实践活动。组织、检查学校每天的纪律情况、卫生情况；组织检查学校每周大扫除工作，并认真做好反

教学工作是学校的中心，是学校实现教育目标的基本途径。教导处是校长领导下的管理学校教育教学的职能机构，具体负责学校的教育教学及体卫工作，组织全体教师认真落实《德育整体化工作纲要》，各学科课程标准和课程计划及体卫工作条例等，全面提高教育教学质量。[1]

（接上页）馈工作。⑤密切配合学校教导处、少先队大队部、工会、总务处对学生开展教育活动，协同各部门开展各项工作。⑥重视学生家庭教育的指导，办好家长学校，重视学生的青春期教育和心理疏导，每学期组织开好学生家长会。⑦做好每学期奖励的评定和发放工作，做好每学年"三好学生""新时代好少年""优秀少先队员""先进班集体""优秀年级组""文明办公室"的评选、表彰与奖励工作。重视对学困生的教育转化工作，并对犯有严重错误的学生实施教育和处分，对受过处分并切实改正的学生及时撤销处分。⑧协助学校做好班主任的选聘工作，优胜劣汰，建设一支高素质、充满活力、具有创新精神的班主任队伍。⑨按月对班主任工作及班集体建设进行量化考评，并申报和发放班主任津贴。⑩根据学校总体工作要求，结合年级、班级具体情况，指导与协助年级组长、班主任开展工作，充分发挥年级、班级在学校德育管理工作中的作用。⑪定期召开年级组长、班主任例会，总结工作，提出要求；组织培训，学习教育理论，交流班主任工作经验，努力提高年级组长、班主任的工作水平。⑫关心青年班主任的成长，努力做好青年班主任和见习班主任的指导与培养工作。⑬政教处主任要搞好政教处工作人员间的团结协作。政教处要加强与学校各部门的工作联系，密切校外关系，努力创造良好的德育工作环境。政教处主任及工作人员要带头学习和钻研教育理论，重视开展调查研究，积极参加德育科研，不断提高工作水平。培养良好的工作作风，深入实际，密切联系师生，对学校的德育工作做到心中有数。⑭收集、整理和保管好德育工作资料，建立健全班级管理档案和班主任档案。

〔1〕　教务处主要职责是：①在校长的领导下，负责制订和实施学校教育工作的长期规划和学期计划，并通过各种途径全面提高学生的素质，提高学校的教育教学质量。②严格执行教育行政部门的有关规定，开齐开足各门功课；统筹、协调好每学期教师课务，认真制定课程表和作息时间表，严格按课表上课。安排好教师调课、代课等工作。③指导教研组制定工作计划，并对执行情况进行检查和指导。组织教研组长认真检查工作：教学教案、作业布置及批改情况，开展听课、评课活动，召开有关人员座谈会，进行教学质量的分析，改进教学方法。负责对教师的考评，安排教师教学任务。④组织开展校本教学研讨活动，安排各种公开课、校际交流课、校级实践课的开设工作，并积极开展教学工作的对内宣传和对外宣传报导工作。⑤组织进行学科质量调研、期末考查及考后质量分析，做好教学方面的有关统计工作，做好学期、学年和专项活动的总结工作。⑥严格学籍管理。做好学生的编班、报到注册、升级、转学、休学、复学、毕业、奖励、处分等教务工作，建立并管理好学生总名册、学籍卡、毕业生登记表、学籍存根等学籍档案工作。⑦协助校长室组织各班对学生的操行评定，参与优秀学生和优秀干部的评定、表彰和违纪学生的处理工作。⑧指导督促图书室、多媒体室、实验室等工作，充分发挥教学辅助作用，并督促有关部门进行管理和使用。⑨安排好教师教育理论学习、业务学习和教学研究活动，注重培养青年教师，培养各学科教学骨干，加强对教学方法和学习方法的研究和指导。

总务处职责以"为教学服务""为师生服务"为宗旨，负责学校校舍、经费、财产、设备的供应、保管、维修等工作，为教育教学和教工生活提供必要的保障服务。[1]

(三) 教学管理制度和学生管理制度

《义务教育法》第34条规定，教育教学工作应当符合教育规律和学生身心发展特点，面向全体学生，教书育人，将德育、智育、体育、美育、劳育等有机统一在教育教学活动中，注重培养学生独立思考能力、创新能力和实践能力，促进学生全面发展；第36条又规定，学校应当把德育放在首位，寓德育于教育教学之中，开展与学生年龄相适应的社会实践活动，形成学校、家庭、社会相互配合的思想道德教育体系，促进学生养成良好的思想品德和行为习惯。按照这些要求，在教学管理和学生管理方面，龙山小学总结教学经验和教育规律，制订和完善了一套班级量化考核方案。考核方案以班级为单位，对学生的日常行为进行考评。

龙山小学班级量化考核方案

为了更好地提高学校常规管理水平，调动全校各班级的集体荣誉感和比、学、赶、帮、超的积极性，结合学校常规管理工作实际情况，以班级为单位，特制定日常行为规范评比细则。

---

[1] 总务处具体职责包括：①负责学校校产管理及有关教学工作物品的供应。根据学校教育教学工作的需要，经校长批准后制定物资购置计划。做好申请、采购、检验、登记、调拨、维修、报损、报废各种物资和设备的工作。建好各种物资档案，每学年进行一次清产核资。②负责全校财务管理工作，对学校各项财务内容进行审计、监督，落实财务预算、核算制度。对各种会计凭证、账簿、报表等会计资料，定期收集审查核对，整理立卷，编制目录，装订成册，专人保管。③为了保证电算化数据的可靠，必须及时地做好数据备份工作，定期、按时地打印账册和报表。④按照有关文件精神和学校要求，及时、足额收取和支出各种费用。⑤抓好学校食堂管理，降低各种成本支出。确保饭菜按时供应，提高饭菜质量．注重食品卫生安全，防止食物中毒事故发生。⑥每学期开学时及时分发学生课本、班级卫生洁具。平时做好物资出入库登记记录，按时供应教师的办公用品。⑦每学期开学时安排好教师的办公桌椅和学生的课桌椅凳。⑧搞好校园基本设施的检查维修，清除校园设施的各种安全隐患。负责学校水、电的日常管理和维修工作。⑨负责学校公共地带的环境卫生和校园的绿化养护工作。⑩负责学校门卫安全和校门口及内部车辆管理。

一、检查内容

（一）纪律

1. 出勤：不迟到、早退、无故缺席，如出现以上情况，每人扣0.5分。

2. 升旗仪式、集会时做到静、齐、快，升旗时严肃、庄重；唱国歌时声音整齐、洪亮；国旗下讲话认真听，不说话。如有违反，每人扣0.5分。

3. 广播操铃声响后马上集队，有序进入操场，要求动作快，队伍齐，有精神、不讲话，并按音乐节奏精神饱满地做好每一节操。做操过程中如有学生出现讲话或不认真做操的则每人扣0.5分。

4. 眼保健操：按节奏和要领认真做操，做操动作规范。做操过程中如有学生出现讲话或不认真做操的则每人扣0.5分。

5. 晨午读：学生全员参与，秩序好，书声琅琅；不得交头接耳或搞小动作。如有出现以上情况，每人扣0.5分。如有严重吵闹现象，则整体扣5分。

6. 课间不得擅自玩弄学校电器设备，破坏学校公共财物；不得在校内乱涂乱画。如有出现以上情况，每人扣0.5分。

7. 值日生在值日过程中，若出现学生打骂值日生及顶撞值日生的现象，每人扣2分。

（二）卫生

1. 本班负责的包干区区域需打扫干净，无纸屑、树叶等杂物；一张废纸、包装袋或少量纸屑各扣0.2分。

2. 校园内保持干净，垃圾必须丢在垃圾桶，不能在校园内乱丢垃圾，不遵守的每人次扣0.5分。

3. 不带零食、玩具等非学习用品进校园，不遵守的每人每次扣0.5分。

4. 本班卫生工具应摆放整齐，不遵守的每次扣1分。

5. 教室须保持干净，课桌椅摆放整齐，每天清倒垃圾桶；教室的图书角，讲台上粉笔等摆放整齐，否则每次扣1分.

（三）文明

1. 学生上学进校须穿校服并佩戴红领巾，男生不留长发，女生不化妆，不佩戴首饰，不遵守的每人每次扣 0.5 分。

2. 校园内讲普通话，不讲粗话、脏话，不遵守的每人每次扣 0.5 分。

3. 每天分多个时间段检查红领巾：进出校门、晨午读、课间，未佩戴红领巾按人次扣 0.5 分；

（四）安全

1. 校园内不能出现打架、骂人的不文明现象，不遵守的每人扣 0.5 分。

2. 校园内不大声喧哗不准出现追逐打闹现象或做有危险的游戏，不遵守的每人扣 0.5 分。

3. 校园内不追跑打闹，严禁攀爬窗户栏杆、楼梯扶手、树木等，不遵守的每人扣 0.5 分。

二、检查方法

1. 每学期由班主任负责挑选三至六年级部分工作认真负责，且责任心较强的学生组成值日小组，要求一学期固定人员、统一培训，并进行具体的分工和指导。

2. 采用随机抽查和定期检查相结合的方法进行评分。

3. 评分时力求公平合理，同时要及时指出并纠正同学的一些不良现象。

4. 每天放学后由当天值日生将评比情况公布在日常行为规范评比展板内并将好人好事记录下来，给予适当加分。

三、细则说明

1. 学校值日生如有违纪现象或徇私舞弊、弄虚作假者，加倍扣分。

2. 班级对扣分情况产生异议时，应直接向值日老师反映，值日教师必须查明真相，向当事班级作出反馈。

3. 本次量化考核基本分为 100 分，结合扣分和加分情况，两周内评比一次，总分为第一名的即可得到流动红旗。

四、检查评分结果使用

作为评比本学期文明班级的依据。

为此，龙山小学制订了量化考核的量化评分表。

（四）教师管理制度

龙山小学十分关心教师成长。学校开展"青蓝工程"教师帮扶活动，并形成制度。其中，刚步入教学岗位的应届新教师为青方，校级教坛新秀、教学能手、骨干教师和学科带头人作为指导教师为蓝方。除需遵守共同的师德规范、为人师表、注重提升教学能力和本领外，要求新教师主动邀请指导教师审核自己的教案以及听自己的课（每学期至少 5 节），每学期至少听 4 节指导教师的常态课（示范课）。指导老师的职责则是指导新教师认真学习"新课标"，熟悉教材，熟悉学校教学常规要求，从业务学习、备课、上课、批改作业、辅导学生、考试、反思等各个环节精心指导新教师，达到教师队伍"师徒结对、以老带新、以新促老、共同提高"的目标，进一步提升教师队伍的整体素质。

为了让广大教职工感受集体的温暖，进一步激发广大教职工的工作积极性、主动性和创造性，落实学校暖人心工作，结合为教职工办实事、做好事的要求，积极拓宽服务渠道，在教职工中多开展关爱、关心和帮困工作，龙山小学制定了教职工关怀慰问制度，就在职、退休教师的生育、住院、病休、退休、传统节日等方面规定了慰问范围、慰问方式及慰问标准。对因重大疾病住院的教师、符合计划生育政策的生育女教师、符合退休条件正式退休的教师以及在中华传统重要节日（如清明节、端午节、中秋节、春节等重大节日）以发放 800 元内（含 800 元）的慰问品或慰问费等形式慰问教职工。

此外，龙山小学还制订了请假制度等教职工管理方面的制度。

（五）校园安全管理制度

安全是学校一切活动的基础。龙山小学的安全管理制度包括学校安全制度建设、学校安全设施建设、学校安全工作管理和校园安全文化建设等。

学校政教处下设安全管理办公室，教导处、总务处、各年级组在政教处的领导下进行学校的各项安全工作。安全管理办公室要根据领导工作部署，组织实施上级有关安全工作意见、制订规章和制度；制订学校安全年度工作计划，经领导小组同意后组织落实；定期开展学校安全检查工作；落实开展安全值班、护导工作；推动和组织以多种形式开展安全法规和知识的宣传、教育和培训工作；定期完成教育文化卫生健康安全情况统计工作，并适时向领导小组提出加强和改进学校安全工作的意见；完成向有关部门报送计划、汇报、总结、调研执行、情况反映等；接受并处理学校紧急情况信息；完成领导小组交办的有关安全工作任务。

除安全领导小组的职责外，学校《安全管理制度》还具体规定了小学校长、副校长、教务处、班主任、科任老师、关工委、值日师生、门卫及安保人员等人员针对安全管理的岗位职责。

学校针对安全管理制定了安全教育制度、安全工作会议制度、班级安全管理制度、教学安全制度、财务室安全管理制度、安全报告制度、教师办公室管理制度、交通安全制度安全责任追究制度、岗位安全责任制度、体育运动及社会实践等集体活动安全制度、消防安全管理制度、危险品收缴制度、"问题生"跟踪教育制度、小学预防校园欺凌和暴力工作制度、家校联防工作制度、校园车辆停放制度、视频监控系统管理制度、寒暑假及节假日校园安全制度、教师上班日常制度以及关工委工作制度等。

学校制定了安全工作计划，包括安全管理的考核细则、安全教育工作计划及总结、教师绩效工资实施方案、教学工作计划和平安校园实施方案，绘制了学校平安地图。

学校针对各学期社会的实践活动及课外活动等重大活动制定应急预案，以及针对登革热及 H7N9 禽流感等疫情防控和病毒感染、食物中毒、防止踩踏事件、防地震防台风、防洪防汛、防溺水、防止校园暴力事件、体育课安全、消防安全、心理危机干预等制定应急预案，并每学期定期组织开展安全应急演练。

同时，龙山小学还制定了保安人员岗位职责和保安管理制度、管制刀具及危险物品管理制度。

此外，为进一步落实具体执勤人员在学生上学、放学时段和校园周边重要路段的安全保卫责任，进一步整肃校园周边治安和交通秩序，改善校园周边治安环境，有效防止涉校涉生治安案件和交通事故的发生，全力确保学生的安全，有效规范护学岗制度，龙山小学于 2021 年 9 月制定了《护学岗工作方案》。

（六）经费和物品管理制度

龙山小学的经费和物品管理制度包括财务管理、教育教学活动经费管理、物资采购管理、账务管理制度等。

龙山小学的财务管理制度是根据大亚湾区宣教局及财务管理部门有关财经制度及《大亚湾区公办学校（幼儿园）基建维修工程管理规定》《大亚湾区公办学校（幼儿园）教学活动经费管理规定》《大亚湾区公办学校（幼儿园）物资采购管理规定》而制定的，于 2021 年 6 月最新修订。学校财务管理制度包括财务管理、合同管理、资产管理、财务预算管理、"三重一大"事项管理等。

根据《龙山小学教学活动经费管理规定》，教学活动是指我校为提高教育教学水平或上级部门要求而开展的教育教学、教研、文体、教师培训等活动。经费使用需符合实用程序与要求，并做好监督与考核。经费使用程序和要求包括活动经费报销操作程序、活动方案要求、活动验收要求、归档要求、付款要求等。经费使用需做好监督与考核。要严肃各种教学活动和经费开支纪律，严禁以培训的名义，变相外出旅游，严禁无实质工作内容的学习交流和考察调研，严格控制集体外出培训的次数和数量。要坚持勤俭节约的原则，遵守培训经费开支规定和相关财务纪律，注重培训效果。将学校的教学活动经费的管理使用情况、使用绩效情况纳入学校规范化管理和校长年度考核的内容，并随时接受区教育文化卫生健康局的专项督查。对违反教学经费使用规定超标准、超范围开支的，将按有关规定追究相关责任人及校长的责任，并进行严肃处理。

龙山小学的物资采购管理规定要求采购过程实行"三比"（即比质比价比服务）的采购原则；采购实行"三审一检"（即采购计划审核、价格审核、合同及票据审核和质量检测）的控制原则。

三、管理制度的施行

学校管理制度制订后，龙山小学认真执行各项制度，依规办校，规范育人。

（一）教育教学制度的实施

龙山小学的教育教学管理，包括德育、智育、体育、美育和劳动教育等。龙山小学认真按照相关制度开展学校的各项活动。如2021年，学校积极组织学生参加省、市、区组织的各项竞赛，共7项竞赛，其中省3项、市1项、区3项竞赛，并获得市二等奖1名、三等奖1名、区一等奖1名、三等奖1名、优秀作品奖5名的好成绩。组织"我们的节日——春节、元宵节"为主题的绘画手工活动、四月校园走廊美育活动、五月校园走廊美育活动、六月校园走廊美育活动、"童心 童绘"庆六一的书画作品展等美育活动。以2021年为例，学校组织开展了一系列德育、智育、体育、美育和劳动教育等活动。2021年5月31日，为庆祝"六一"儿童节，学校组织全体师生举行"七彩童年，快乐六一"系列活动，进行"一年级新队员入队仪式"和"红歌嘹亮，童心向党"红歌合唱大赛，以及丰富多彩的游园活动。2021年6月3日举行以"阅读能致远，书香可修身"为主题的语文阅读理解答题比赛。2021年6月20日举办"趣味数学画出来"数学故事绘画比赛。2021年6月22日举办"童趣暖人心"的学生美术作品展。塑造学生的文化素养和能力素养，培养学生良好的学习品质、学习习惯、学习方法、学习技能，促进学生的全面发展和个性发展，实现全方位育人。2021年3月12日学校邀请家长在塘尾村村委会4楼会议室召开了以"学习路上，我和孩子心相印，我和老师手相牵"的家庭教育讲座。2021年4月28日学校邀请家长进校，共同进行以"接纳情绪，拥抱阳光"为主题的心理健康教育讲座学习。学校注重培养学生孝敬父母的民族传统美德，增进亲子距离，实现全员育人。2021年4月1日学校组织少先队员在塘横烈士纪念碑举行清明祭英烈活动，实现全程育人。

同时，龙山小学还按照相关要求和学校制度定期开展教材排查工作。国家教材委员会办公室下发《关于做好教材教辅读物排查整改工作的补充通知》，广东省教育厅办公室转发通知至各地市，由各地市转发至各区县，对地方教材及教辅材料、中小学校园课外读物进行排查。学校接到通知后，校长召开工作部署会议，成立了以校长为组长、副校长为副组长、行政班子及各班班主任和学生代表为组员的教材教辅读物清理审查小组，对照《中小学生课外读物进校园管理办法》及《惠州市学校图书馆（室）馆配图书审查清理工作指引》，分别对学校图书室、教导处教师用书、班级图书角等区域的图书、期刊和教材教辅等进行逐本审核，经查不存在前述规范违规教材教辅使用情况。学校就选用境外教材、正式出版的校本教材、所排查教材、教辅材料、校外读物等情况填写了相关表格，于2022年7月6日制作了《龙山小学教材教辅读物排查情况报告》，后填写了《中小学校园课外读物排查情况统计表》《其他教材及中小学教辅材料问题整改清单》逐级上报。2022年龙山小学仍继续开展教材、教辅及课外读物的排查。

（二）学生班级量化考核制度的施行

龙山小学的学生班级量化考核制度，以班级为单位，每天由值日的学生代表负责记录各班同学的日常行为，依照量化考核方案进行检查和扣分，每月末对各班总分进行评比，学校按照一定比例授予前几名的班级以文明班称号并给予相应奖励，获得文明班称号的班级将在公示栏公示并在学校广播上播报。奖励的形式包括文明班流动红旗和适当的物质奖励。学校财务会给每个文明班80元或100元人民币作为物质上的班费奖励。

物质奖励的具体使用方式由班主任决定，班级内部的支配在有利于学生身心健康的原则下较为灵活，主要以购买文具、小零食以及装饰班级等方式支配。对于文明班的评选尤其是物质奖励的效果，学校负责人给予了肯定评价。他谈道：

（这笔物质奖励）由班上班主任来根据学生的表现去支配，就等于给他一点点的鼓励和成绩，或者他班上一些布置，等于他班上的运作了小小的激励的经费。你像有的老师他会依据学校规定不允许学生带零食，但他可能会利用这一点点钱，偶尔地适当买一点点的小零食，在班上激励一下；或者他班上的一些班容班貌的布置，也是通过这样的费用来去装饰，稍微积极性就比较高一点。你学生表扬归表扬，但有时候也不是说物质上，因为他集体上得有个分享的东西，更快乐是不是！你说零食，他家里大有零食，但是在学校的层面还是不一样的，哪怕是一个小小的糖果，他会很自豪地说老师奖给我的，这也算是他表现所得了。[1]

学生班级量化考核制度自制订和实施以来，产生了积极的效果，这项制度几乎没有修改和变动，被固定和沿用下来，成为龙山小学一项较有特色的制度。

（三）学生安全管理制度的施行

义务教育阶段的学生年龄小，学校承担着较重的安全管理责任。学校不断制定和完善保安制度、护学岗制度、消防制度、安全排查制度、假期"一封信"安全提醒制度、寒暑假安全教育课制度，全面保护学生安全。另外，学校还利用国旗下讲话强调现实的安全问题。

（1）寒假安全课时间。六年级在 2023 年 1 月 10 日考完试后、一至五年级在 2023 年 1 月 11 日下午 2：00 后进入寒假。寒假安全课内容包括：疫情防控、预防季节性传染病、食品安全、交通安全、居家安全、娱乐安全、消防安全、心理健康等。学校还利用如 2022 年中秋假期"致家长的一封信"活动进行教育。为确保家长履行监护人职责、积极配合学校工作、收到并认真阅读学校提醒，学校还要求家长填写回执单。

（2）提前离校放行制度的施行。按照《龙山小学保安管理制度》，学生正常上课期间因事须离校者，保安需要查看并留存班主任或科任教师签字的请假条，然后予以放行。笔者在位于学校大门口的保安室看到了备案存放的学生放行条，学校统一制定了放行条模板，放行条上盖有学校公章，需填写学生班级、姓名、提前离校原因及放行日期，并由老师和家长签名。为确保学生安全，学校要求由老师联系家长到学校门口接需提前离校的学生，家长在放行单上签字后交由保安查验并存放于学校后，学生方可离开学校。我们在 2023 年 5 月 19 日调查时遇到一位因病需要提前离校的小学生，他将放行条交给学校保安并说明离校原因后，安静地坐在保安室外的座

---

〔1〕 钟校长访谈录，2023 年 2 月 15 日。

椅上休息，等待家长来学校接领。家长到达后，保安方才打开学校大门，严格遵守着提前离校学生的放行制度。

（3）护学岗制度的施行。按照 2021 年 9 月制定的龙山小学《护学岗工作方案》，龙山小学建立了以值日教师、学校保安、塘尾村联防队、公安干警、社工、交通劝导员、家长志愿者等为成员的护学岗队伍。护学岗设有突发事件处置岗、交通秩序维持岗、警戒观察预警岗。护学岗在每天 7：25 至 8：00、10：50 至 11：15、1：30 至 2：00、16：50 至 5：30 到岗到位，按时签到。护学岗负责维持校园周边治安环境，疏导和维护交通秩序，确保学生出入学校的安全。护学岗家长志愿者录入志愿时长。学校每学期颁发志愿者证书并从家长志愿者中评选 10 位最美志愿者。

龙山小学在保安室对面专门安置了一个储物柜存放护学岗物资，存放护学岗人员所穿着的黄马甲、小黄帽以及手持宣传旗等物品。

四、管理制度的作用

作为义务教育阶段的公立学校，龙山小学制订、不断完善并认真施行管理制度，激发了教师育人的积极性，形成了良好的育人环境，保证了教学质量，达到了教育目标。

（1）激发了教师的育人积极性。龙山小学的管理制度为教师开展教育教学活动提供了相对自由的自治空间，学校和教师可依据教学目标的定位、教学理念的指引，结合学校现实情况，有针对性地制定和实施具有自身特色的教育教学制度。针对青年教师帮扶制度、针对问题学生的重点关爱制度等都能够激发教师教书育人的积极性和能动性，也有助于因材施教，挖掘和释放学生的个性。

（2）形成了良好的育人环境。龙山小学各项管理制度，将学校与家庭、社会连接起来，如学校通过家长会、给家长的一封信等形式，引导、带动、影响家长和社会以促进家庭教育、净化社会教育，为学生的教育和成长创设了良好的环境。学校、家庭、社会通过资金支持、举办活动与沟通联系形成了良好的互动，共建学生成长的良好氛围。

（3）保证了教学质量。龙山小学的内部管理是实现教育目标的过程，服务于教育目标的实现。龙山小学通过制度实现人、财、物的管理，有序实现了对教学、教育工作的推进。学校通过以量化评分为代表的学生管理制度规范学生日常行为，通过以青蓝计划为代表的教师管理制度加强新进教师教学能力培养和提升教育教学水平，通过以绩效考核和关怀慰问制度等为代表的教师管理制度规范教师队伍建设，通过以护学岗、门卫制度等为代表的安全管理制度保障校园安全。这些制度保证了学校的教学质量。

（4）保障了学生平安健康。安全是学校开展一切教学、教育活动的基础，学生安全也是社会和家庭最重要的期望。学校的各项制度以学生的心理健康、生命健康等为核心与基础。学校对安全管理实行校长负责制，防范风险，预防突发事件，积极引导与号召家长配合，关注学生在校期间和离校、假期期间的安全。学校通过各项制度联动运行，积极承担了其应有的安全保护职责与社会治理责任。

结　语

青少年是祖国的希望和未来。义务教育阶段的学校是育人阵地，龙山小学在自主管理中形成的管理制度在提升教学质量、培养合格学生、激发师生个性发展等方面发挥着重要作用。

在实践中，一方面，为保障教育教学的方向性、公平性，在教材选择、招生方式等方面，龙山小学需在政府教育部门主导下依法依规进行，学校的自主性空间相对较小。另一方面，在学校具体如何开展教学、教育活动的内部管理上，龙山小学拥有相对较大的自主权。通过以量化考核评分为例的特色育人制度开展教学、教育活动。学校可以联结家庭教育和社会教育，通过管理制度在学生成长、成才的全链条中充分发挥重要的纽带作用。

由于学校拥有密切联系家长的优势，尤其作为公立小学，龙山小学还越来越多地承担了较多政府要求的信息统计、社会维稳等职责。政府、社会也在不同程度增加了学校的负担，在一定程度上影响了其教学任务开展、教学质量的保障，同时影响了学校自治的开展。有关部门也注意到了这一问题，如广东省教育厅印发《开展减轻中小学教师负担专项工作的工作方案》，要求切实采取措施减轻中小学教师的不合理负担，进一步营造宽松、宁静的教育教学环境和校园氛围，确保中小学教师潜心教书、静心育人，要求以建立工作台账的形式全面梳理排查本地区或本学校涉及中小学校及教师的督查检查评比考核事项、社会事务进校园事项、工作以及抽调借用中小学教师事宜。尊重学校的自主性，发挥学校管理制度的作用，将教书育人的责任留给学校，将教书育人的时间还给老师，龙山小学将会有更好的发展。

第二十六章

作为社会工作服务机构基本规范的章程
——以大亚湾区公民伙伴社会服务发展中心为对象

引 言

　　社会工作服务机构是重要的社会组织，国家支持和发展社会工作服务机构。《中华人民共和国国民经济和社会发展第十四个五年规划和 2035 年远景目标纲要》提出："支持和发展社会工作服务机构和志愿服务组织，壮大志愿者队伍，搭建更多志愿服务平台，健全志愿服务体系。"中共中央、国务院 2021 年 4 月 28 日印发的《关于加强基层治理体系和治理能力现代化建设的意见》提出："……创新社区与社会组织、社会工作者、社区志愿者、社会慈善资源的联动机制……"中共中央 2020 年 12 月印发的《法治社会建设实施纲要（2020-2025 年）》提出："加强居民公约、村规民约、行业规章、社会组织章程等社会规范建设，推动社会成员自我约束、自我管理、自我规范。"

　　作为社会组织的一类，民办非企业单位的社会工作服务机构在提供社会服务方面具有积极作用。按照《民办非企业单位登记管理暂行条例》第 2 条规定："本条例所称民办非企业单位，是指企业事业单位、社会团体和其他社会力量以及公民个人利用非国有资产举办的，从事非营利性社会服务活动的社会组织。"社会工作服务机构通过制订章程加强内部管理，更好地提供社会服务。

　　章程是社会组织经特定的程序制定的关于组织规程和办事规则的基本规范，是一种基本的规章制度，具有法定性、真实性、自治性和公开性的基本特征，对社会组织的成立及运行具有十分重要的意义。章程为社会工作服务机构的基础性制度，为社会组织自治规范的重要组成部分。社会工作服务机构认真制订章程，是根据法律法规要求的一项工作，在完善内部制度建设以全面开展社会工作服务、提升社会工作服务质量方面具有积极意义，也是加强和完善基层治理的重要方面。惠州大亚湾区公民伙伴社会服务发展中心通过制订和遵循章程开展社会公益服务，在规范内部管理、推动社会工作发展、推进社会治理方面作出了积极的贡献。

惠州大亚湾区公民伙伴社会服务发展中心（本章以下简称"中心"）是由大亚湾区民政局扶持并成立的首批本土专业社工机构之一，是于 2014 年 12 月 3 日成立的民办非企业单位法人，为惠州市公民伙伴社工服务中心的下属机构。中心获评为 3A 级社会组织服务机构，并于 2017 年 10 月获得 ISO9001 质量管理体系认证。中心为主要利用非国有资产自愿举办，从事非营利性社会服务活动的社会组织。中心秉承"为民生公益倾心，做专业公民伙伴"的使命开展社工服务，以推进大亚湾区社会工作的发展为主要目标履行社工管理、培训、倡导等职责，组织架构层次分明，布局合理。根据发展需要，中心设立了党支部、理事会、监事会、运营部、项目部、服务部、行政部等。中心依托深圳优秀社工组织和专业社工督导资源在业务范围内提供专业社工服务；开展社会工作课题研究、宣传、学术交流；开展社会公益服务，承接委托的公益社会组织孵化和培育职能，开展养老服务，承接政府部门、企事业单位等委托的各类社工服务项目（不含按相关法律法规规定须前置许可审批的项目）。其中社会工作服务领域包括网格化管理、社区禁毒、妇女儿童青少年事务、老年人残疾人事务等。中心按照母公司惠州市公民伙伴社工服务中心"一建四化"原则（以党建为引领，管理规范化，服务精准化，项目品牌化，专业标杆化）为指导，以行政、服务、项目三大管理为支撑，建设并不断完善行政管理体系、人才培育体系、专业运营体系、养老服务体系、网格治理体系、理论研究体系。中心按照母公司惠州市公民伙伴社工服务中心制订的《行政管理制度体系》进行日常运营，促进了管理规范化。

为具体了解社会工作服务机构的章程内容和遵循情况，笔者于

2022 年 7 月 18 日、2023 年 2 月 11 日、2023 年 7 月 14 日到中心进行了实地调查。[1]笔者观看了中心的介绍视频,听取了惠州市公民伙伴社工服务中心总干事和中心运营总监、项目督导等的介绍并进行了交流,收集了章程等有关资料,对中心的章程和依法依规运行情况有了基本的了解。在此基础上,本章主要介绍中心章程的主要内容和施行情况,对作为社会工作服务机构基本规范的章程进行初步的探讨,以更全面地认识社会组织的自治规范。

一、社会工作服务机构章程的制定和修改

按照《民办非企业单位登记管理暂行条例》第 9 条的要求,申请民办非企业单位登记,举办者应当向登记管理机关提交章程草案、登记申请书等文件。因此,制订章程为中心成立和开展活动的前提性工作。

根据 1998 年 10 月 25 日国务院颁布的《民办非企业单位登记管理暂行条例》和其他有关法律法规,参考民办非企业单位(法人)章程的示范文本,中心制订了《章程》,作为中心内部治理和开展公益活动的基本规范。

为实现"为民生公益倾心、做专业公民伙伴"的机构使命,中心制订的《章程》共 9 章 47 条,经 2019 年 5 月 1 日理事会通过,自登记管理机关核准之日起生效。

《章程》的这些规定体现了中心"遵循利他主义和助人自助的理念,运用社会工作专业手法,有效整合社会资源,为个人、家庭或特定群体的发展提供问题预防、困境排除、潜能开发等服务,做公民追求幸福和享有尊严的专业伙伴,促进社会治理创新"的宗旨。

根据中心的实际情况和登记管理机关、业务主管单位的要求,中心于 2022 年 12 月对《章程》进行了修改,经 2022 年 12 月 3 日理事会表决通过,自登记管理机关核准之日起生效。

修订后的《章程》比原《章程》多了一章和一条,共为 10 章 48 条。新《章程》增加了第六章"年度报告及信息公开",更换了

---

[1] 感谢钟英红、蔡玉琳等的支持和帮助。

法定代表人和行政负责人，变更了一位理事，[1]增加了"践行社会主义核心价值观"等表述，对理事会决定权进行了修改，增加了行政负责人的职权，增加了终止的情形，并进行了一些文字方面的修改。

中心《章程》的修订和进一步完善，有助于中心内部管理有规可依，提高中心内部管理的民主化和科学化，使中心依据章程、业务范围和自身专长优势，开展专业化、差异化、个性化特色服务，形成更有竞争力的服务品牌，更好地为社会服务。

二、社会工作服务机构章程的内容

根据《民办非企业单位登记管理暂行条例》第10条的规定"民办非企业单位的章程应当包括下列事项：（一）名称、住所；（二）宗旨和业务范围；（三）组织管理制度；（四）法定代表人或者负责人的产生、罢免的程序；（五）资产管理和使用的原则；（六）章程的修改程序；（七）终止程序和终止后资产的处理；（八）需要由章程规定的其他事项。"按照这一规定，中心《章程》共有10章48条，10章分别为"总则""举办者、开办资金和业务范围""组织管理制度""法定代表人""资产管理、使用原则及劳动用工制度""年度报告及信息公开""章程的修改""党建工作""终止和终止后资产处理""附则"等，对中心的性质、宗旨、任务、机构、人员构成、内部关系、业务范围、资产等作出了全面的规定。

（一）中心的性质和宗旨

《章程》规定中心的性质是主要利用非国有资产、自愿举办，从事非营利性社会服务活动的社会组织；宗旨为遵守宪法、法律、法规和国家政策，践行社会主义核心价值观，遵守社会道德风尚，弘扬爱国主义精神；以推进大亚湾区社会工作的发展为主要目标，履行社工管理、培训、倡导等职责，承接政府、民间团体、企业等服

---

〔1〕 根据惠州市公民伙伴社工服务中心总干事的介绍，中心理事会原来有一位理事因住在深圳，比较远，加上受疫情影响，长期未参加理事会会议，影响了中心的一些事务，需要更换。钟英红访谈录，2022年7月18日。

务项目。业务主管单位为大亚湾区民政局。

（二）中心的举办者、开办资金和业务范围

中心的举办者为三位男性自然人，一位为中级社工师、两位为初级社工师。开办资金为 10 万元，出资者为其中一位举办者。《章程》规定举办者享有下列权利：①了解本单位运作状况和财务状况；②推荐理事和监事；③查阅理事会会议记录和本单位财务会计报告。

《章程》规定了中心的业务范围：提供专业社工服务；开展社会工作课题研究、宣传、学术交流；开展社会公益服务；承接政府及相关单位委托事项。中心主要在广东省开展活动。

（三）中心的组织管理制度

《章程》规定中心设理事会，成员为 3 人。理事会是本单位的决策机构。理事由举办者（包括出资者）、职工代表（由全体职工推举产生）或有关单位推选产生。理事必须坚持党的路线、方针、政策，有完全民事行为能力，不得凭借理事身份从民办非企业单位牟取不正当利益。理事每届任期 4 年，任期届满后可连选连任。

《章程》第 12 条规定理事会行使下列事项的决定权：①制订、修改章程；②选举、罢免理事长、副理事长，罢免、增补理事；③决定重大的业务活动计划；④审定年度财务预算、决算方案；⑤决定增加开办资金的方案；⑥决定本单位的变更、分立、合并、终止及清算等事项；⑦聘任或者解聘本单位行政负责人和其提名聘任或者解聘的本单位行政副职及财务负责人；⑧听取行政负责人的工作报告，并对其工作进行检查；⑨决定内部机构的设置；⑩制定内部管理制度；⑪依法核定从业人员的工资报酬、福利待遇；⑫决定其他重大事项。

理事会每年召开 2 次会议，严格实行集体审议、独立表决、个人负责的重大事项决策制度，并接受监事会或监事监督。有下列情形之一，应当召开理事会会议：①理事长认为必要；②1/3 以上理事联名提议；③监事提议。

《章程》规定理事会设理事长 1 名，副理事长 1 名。副理事长协助理事长工作，理事长不能行使职权时，由理事长指定的副理事长代其行使职权。

召开理事会会议，应于会议召开 10 日前将会议的时间、地点、内容等一并通知全体理事。理事因故不能出席，可以书面委托其他人员代为出席理事会（每人仅限代表 1 名理事，且监事不得代表），委托书必须载明授权范围。

理事会由理事长召集和主持；理事长不能或不主持的，由副理事长召集和主持；副理事长不能或不主持的，由监事召集和主持；监事不能或不召集和主持的，1/3 以上理事可以自行召集并推举一名理事主持。理事会会议应由 1/2 以上的理事出席方可举行。理事会会议实行一人一票制。理事会作出决议，必须经全体理事的过半数通过。下列重要事项的决议，须经全体理事的 2/3 以上通过方为有效：①章程的制定和修改；②选举和罢免理事长、副理事长，罢免、增补理事；③本单位的变更、分立、合并或终止。理事会会议应当制作会议记录。形成决议的，应当当场制作会议纪要，并由出席会议的理事审阅、签名。理事会决议违反法律、法规或章程规定，致使本单位遭受损失的，参与决议的理事应当承担责任。但经证明在表决时反对并记载于会议记录的，该理事可免除责任。理事会记录由理事长指定的人员存档保管。

《章程》规定理事长行使下列职权：①召集和主持理事会会议；②检查理事会决议的实施情况；③法律、法规和本单位章程规定的其他职权。

行政负责人对理事会负责，并行使下列职权：①主持单位的日常工作，组织实施理事会的决议；②组织实施单位年度业务活动计划；③拟订本单位年度财务预算、决算方案；④拟订单位内部机构设置的方案，协调内部机构开展活动；⑤拟订内部管理制度；⑥提请聘任或解聘本单位副职和财务负责人，由理事会决定；⑦聘任或解聘内设机构负责人和专职工作人员；⑧章程和理事会赋予的其他职权。

中心设立监事 1 人，监事必须遵纪守法，依据章程规定行使职权，按时列席理事会会议。监事任期与理事任期相同，任期届满后可连选连任。监事在举办者（包括出资者）、本单位从业人员或有关单位推荐的人员中产生或更换。监事中的从业人员代表由单位从业人员经民主选举产生。本单位理事、行政负责人和财务负责人以及他们的近亲属，不得兼任监事。

《章程》规定监事行使下列职权：①检查本单位财务；②对本单位理事、行政负责人违反法律、法规或章程的行为进行监督；③当本单位理事、行政负责人的行为损害本单位的利益时，要求其予以纠正；④列席理事会会议；⑤提议召开理事会；

（四）法定代表人

《章程》规定了中心的法定代表人。法定代表人不存在下列情形之一：①无民事行为能力或者限制民事行为能力的；②正在被执行刑罚或者正在被执行刑事强制措施的；③正在被公安机关或者国家安全机关通缉的；④因犯罪被判处刑罚，执行期满未逾3年，或者因犯罪被判处剥夺政治权利，执行期满未逾5年的；⑤担任因违法被撤销登记的民办非企业单位的法定代表人，自该单位被撤销登记之日起未逾3年的；⑥非中国内地居民的；⑦法律、法规规定不得担任法定代表人的其他情形。

（五）资产管理、使用原则及劳动用工制度

《章程》规定中心的经费来源包括开办资金、捐赠收入、政府补助收入、在业务范围内开展服务活动的收入、利息收入、其他合法收入。

中心取得的收入除用于与本单位有关的、合理的支出外，全部用于登记核定或者章程规定的公益性或者非营利性事业；财产及其孳息不用于分配，但不包括合理的工资薪金支出。

中心执行《民间非营利组织会计制度》，依法进行会计核算，建立健全内部会计监督制度，保证会计资料合法、真实、准确、完整。接受税务、会计主管部门依法实施的税务监督和会计监督。中心配备具有专业素质的会计人员，会计不得兼出纳。会计人员调动工作或离职时，必须与接管人员办清交接手续。中心换届或更换法定代表人之前必须进行财务审计。

《章程》规定中心专职工作人员工资福利开支控制在规定的比例内，不变相分配本单位的财产，其中：专职工作人员平均工资薪金水平不得超过税务登记所在地的地市级（含地市级）以上地区的同行业同类组织平均工资水平的两倍，专职工作人员福利按照国家有关规定执行。

（六）年度报告及信息公开

《章程》规定本单位依法履行信息公开义务，建立健全信息公开制度。

中心建立年度报告制度，上一年度工作报告报送业务主管单位审查后，于每年 5 月 31 日前向登记管理机关报送，并通过登记管理机关统一的信息平台将年度报告内容向社会公开，接受社会公众的查询、监督。

中心应当聘用会计师事务所对本单位的财务会计报告及相关信息进行审计，并依法披露财务会计报告和审计报告，接受社会公众的监督。

（七）党建工作

《章程》规定中心按照党章规定，有正式党员 3 名以上的，经上级党组织批准，单独建立党组织。中心负责人中有党员的，由党员负责人担任党组织书记；负责人中没有党员的，应推荐业务能力强、群众基础好的党员理事担任党组织书记。

中心党组织负责人应参加或列席理事会会议。党组织对中心重要事项决策、重要业务活动、大额经费开支、开展涉外活动等提出意见。

中心变更或注销，党组织要及时向上级党组织报告，并做好党员组织关系转移等相关工作。

《章程》规定中心为党组织开展活动、做好工作提供必要的场地、人员和经费支持。中心支持建立工会、共青团、妇联组织，做好联系职工群众等工作。

（八）终止和终止后资产处理

《章程》规定中心有下列情形之一的，应当终止：①章程规定的解散事由出现；②完成章程规定的宗旨；③无法按照章程规定的宗旨继续开展活动；④发生分立、合并；⑤自行解散；⑥依法被撤销登记或吊销登记证书。

中心终止前，应当进行清算。中心终止，应当在理事会表决通过后 15 日内，报业务主管单位审查同意，并在表决通过后 30 日内在登记管理机关、业务主管单位和有关部门的指导下成立清算组织，清算组应当自成立之日起 10 日内通知债权人，并于 60 日内向社会公告，清理债权债务，处理剩余财产，完成清算工作。清算期间，不进行清算以外的活动。中心未及时清算的，业务主管单位或登记管理机关可以申请人民法院指定有关人员组成清算组进行清算。中心应在清算结束之日起 15 日内到登记管理机关办理注销登记手续。

按照《章程》，对于中心清算后的剩余财产，在登记管理机关、业务主管单位和其他职能部门的监督下，将剩余财产捐赠给予中心性质、宗旨相同的社会公益组织，并向社会公告。无法按上述方式处理的，由业务主管单位或登记管理机关主持转给与本单位性质、宗旨相同的社会组织，并向社会公告。

中心清算结束后，清算组应当制作清算报告，经理事会确认，报送业务主管单位，并自清算结束之日起 15 日内向登记管理机关申请办理注销登记。中心自登记管理机关发出注销登记证明文件之日起，即为终止。

中心的《章程》还规定了章程的修改。章程的修改，须经理事会表决通过后 15 日内，报业务主管单位审查同意，自业务主管单位审查同意之日起 30 日内，报登记管理机关核准。

三、社会工作服务机构章程的实施

《章程》为中心运行的基本纲领和行动准则。遵循章程的规定，中心建立和完善各项内部制度，加强内部管理，建立健全财务、人事、资产、档案印章证书、活动、分支机构和代表机构管理等制度，规范开展民主选举、民主决策和民主管理活动，健全内部监督机制，按照中心的使命和宗旨积极开展活动，成为大亚湾区有影响力的社会公益组织，在社会服务、社会治理中发挥了积极的作用。

（1）为广泛开展活动，中心根据章程建立了组织构架及职责分工、人才招聘管理制度、奖励制度、员工福利制度等规章制度，为中心的运行奠定基础。如在组织构架及职责分工方面，中心于 2014

年 12 月 3 日制订了"组织构架及职责分工"制度，并于 2017 年 7 月 1 日进行了第一次修订，明确了组织中心的内部组织构架，对总干事、助理总干事、行政总监、培训总监、服务总监、项目总监、运营总监、中心主管、中心副主管、人事专员、行政专员、宣传专员、会计专员、出纳专员、一线社工等岗位的职责进行了具体的规定。[1] 在人才招聘管理方面，中心制订了"人才招聘管理制度"，全面规范招聘管理、员工入职、员工试用期及转正、离职与解聘等。[2] 在奖励方面，中心制订了"奖励制度"，规定了奖励标准和程序。[3] 在员工福利方面，中心制订了"员工福利制度"，规定了员工保险、高温补贴、节日福利、季度生日会、体检、特别奖、季度团建、旅游福利、专业培训、年终奖等福利内容和限制性条件。[4]

中心按照这些制度依规运行。如在培训方面，2020 年 7 月 17 日，为了促进新加入的员工对中心的认识，深化专业服务理念，尽快融入中心大家庭。机构培训部在培训室开展了 2020 年 7 月新员工入职培训。首先由机构总干事钟英红从社会工作行业的大背景和政策出发，为大家介绍了机构的发展历史以及机构未来的展望。随后由财务部出纳刘小燕带领新员工熟悉报销流程，机构人事罗鸿围绕机构介绍、机构的过去与未来、员工发展等方面进行介绍，宣传专员许玉瑶向大家讲解新闻稿的撰写以及活动宣传相关的内容。下午，由公益学院 3 位讲师带领大家学习"如何写好小组计划书""活动文书撰写""个案写作"等文书写作的内容。通过本次培训使得新员工对机构有更深的了解，增加了工作热情与期待。[5] 在《民法典》颁布后，2020 年 10 月 23 日，公益学院组织了《民法典》专题培训。主讲人对员工在开展社工服务、进行个案管理等工作提出了法律风险防范和应对举措，给出了律师建议，让大家获益匪浅。本次培训刷新了学员们的法律认知，增强了法律意识、学习的自觉性并不断

---

〔1〕　参见 http://hzcp. org/ccp_ view. asp? id=367，访问日期：2022 年 12 月 6 日。
〔2〕　参见 http://hzcp. org/ccp_ view. asp? id=370，访问日期：2022 年 12 月 9 日。
〔3〕　参见 http://hzcp. org/ccp_ view. asp? id=369，访问日期：2022 年 12 月 9 日。
〔4〕　参见 http://hzcp. org/ccp_ view. asp? id=368，访问日期：2022 年 12 月 9 日。
〔5〕　参见 http://hzcp. org/bcp_ view. asp? id=406，访问日期：2022 年 12 月 9 日。

提高自身法律素质。[1]

（2）按照《章程》中有关党建工作的规范，中心进行相应活动。如 2022 年 4 月 18 日，中心开展党员"政治生日"主题党日活动，重温入党誓词，赠送"党员政治生日"贺卡。为强化党员身份意识、责任意识、宗旨意识，加强党员党性教育，进一步激发党员政治热情，充分发挥党员先锋模范作用。2022 年 4 月 18 日上午，中共惠州市公民伙伴社工服务中心支部委员会在中心党建室开展党员"政治生日"主题党日活动，机构全体党员、预备党员等 10 余人参加了活动。首先，由钟英红同志代表党支部向过"政治生日"的党员同志送上支部精心准备的"政治生日"贺卡，同时勉励党员同志要发挥党员先锋模范作用，在今后的工作中不断创先争优，做好表率。接着过"政治生日"的 2 名党员重温一次入党誓词、分享心得感受，结合自身工作生活情况畅谈"政治生日"感言，汇报入党以来思想、学习、工作等情况。最后，由党支部书记钟英红讲话，她要求，党员同志要"常思入党初衷、铭记入党誓词、牢记党员义务"，"政治生日"活动一方面是祝贺同志们的政治生日，另一方面也是提醒党员同志不要忘记党员身份，时刻保持党员形象和素质，要以实际行动践行全心全意为人民服务的宗旨，切实发挥先锋模范作用。[2]

（3）遵循《章程》，中心秉承"为公益使命倾心、与民生福利同行、做专业公民伙伴"的使命，遵循利他主义价值和助人自助理念，运用社会工作专业手法，有效整合社会资源，为个人、家庭或特定群体的发展提供预防问题、排除困境、开发潜能等服务，做公民追求幸福和享有尊严的专业伙伴，促进社会管理创新。中心提供专业社工服务、开展社会公益服务、承接政府及相关单位委托事项等，产生了良好的社会影响，促进了社会治理创新。[3]

如中心的小径湾社区——小径湾滨海旅游社区"360"志愿服务

---

[1] 参见 http://hzcp.org/bcp_view.asp? id=408，访问日期：2022 年 12 月 9 日。

[2] 参见 http://hzcp.org/gsjj.asp? id=35，访问日期：2022 年 12 月 9 日。

[3] 《机构文化》，载 hzcp.org/gsjj.asp? id=4，访问日期：2022 年 12 月 6 日。

项目回应了滨海旅游社区各人群及社区治理的需求，以党建引领为核心，在社区五个基础网格下，搭建一个志愿者服务站，打造一个"爱心银行"，探索一套志愿服务运作管理。推送旅游咨询、免费wifi、免费充电、茶歇、爱心雨伞六大类志愿便民服务，开展旅游资讯、助老敬弱、文体宣传、交通疏导、健康宣导、环保宣传六大类志愿服务项目。以"人人皆可公益"的理念，发掘居民潜能，激发社区活力，提供0距离的精准化、常态化志愿服务，打造人和小径湾社区。这一项目获得2021年大亚湾区社区社会组织资金资助。项目被学习强国、惠州日报、文明大亚湾、惠州头条等媒体报道逾24次，并获得2022年惠州市"益苗计划"志愿服务项目大赛三等奖、大亚湾区社工优秀案例等荣誉。

又如中心承接的广东省市域网格治理标准化试点项目成效显著。2020年7月始，大亚湾区区委政法委深入（澳头、西区、霞涌）三个街道办开展市域社会治理及网格化调研工作，探索市域社会治理和网格化治理工作思路和方向，三个街道均与中心购买服务。中心结合大亚湾区三个网格试点情况向广东省市场监督管理局申报题为《广东省市域网格治理标准化试点项目》并成功入选2021年度省标准化试点项目。中心标准化建设项目通过三个网格试点，联动四大入格部门建设120多项市域网格治理标准，包括基础通用标准、服务提供标准和服务保障标准三部分，积极探索"网格化+信息化+标准化+智能化"治理模式，并将调解平台、志愿平台、社区社会组织培育等新型社会治理服务模式嵌入网格治理工作，基本形成"社区有网、网中有格、格中定人、人负其责"的"网格+"工作目标治理格局。目前，市域网格治理标准化项目建立的标准体系中有100余项标准，主要包括：基础通用标准20余项，新冠疫情防控标准4项，网格信息采集管理标准8项，网格事项管理标准29项，网格专项服务管理标准14项，信息化保障标准6项，人力资源保障标准14项，财务管理保障3项，质量控制保障4项等。市域网格治理标准化项目通过标准建设与试行，明确各级网格员工作职责，细化网格事项管理，规范网格管理操作流程及运行机制，不断优化网格治理的服务质量，实现"人在网中走，事在格中办"，也形成了具有大亚湾区特色的村（社区）发展模式。其中包括澳头街道南边灶村"1+4+N"网格化服务模式、西区街道老畲村"一中心一平台一空间 N 个自组织"乐融网格服务模式、霞涌街道小径湾社区"一核心一机制两平台"人和网格服务模式。截至 2022 年 3 月，三个试点网格在市域网格治理标准的指引下实现了信息采集全覆盖，组织开展主题活动 81 场，累计排查 3000 多次，采集及处理网格事件 657 件，涉及安全隐患、矛盾纠纷、公共卫生、安全生产等事件，累计服务 7.5 万人次。试点积极探索创新治理模式，通过建设网格专项服务标准包括志愿服务、调解委员会、社区自治组织管理标准等，组建社区自组织、志愿服务队伍共 18 支。通过调解委员会平台化解居民矛盾逾 60 件，纾民困解民忧暖民心，初步实现"小事不出（村）社区，大事不出街道"的治理格局。网格试点工作通过多渠道方式宣传，派发 1805 份致居民一封信、楼栋粘贴 838 份楼栋公示栏、派发 6000 多份宣传单、线上建立试点网格交流群、楼栋长交流群、房东交流群、自组织交流群、疫情管控群多个网格交流群，涉及 20864 人。创建"网格汇"公众号，发布 42 篇原创文章，关注 500 多人。在大亚湾区政法公众号发布 21 篇网格简报，阅览达 5540 人次，澎湃新闻 5 篇，南方+报道 3 篇，惠州市媒体报道 15 篇，共计 23 篇媒体报道，具有一定社会影响力。同时，广东省市域网格标准化项目启动仪式得到惠州新闻、惠州头条、澎湃新闻、深圳特区报、读特新闻等多家媒体 60 余篇的报道，宣传辐射人数达 12 万人。[1]

以"初心、专心、恒心"为特色，中心立足社会工作，提供优质服务。自 2014 年 12 月成立以来，中心获得了省、市及区各级荣誉逾 20 多项，如"幸福港湾"长者居家环境安全评估及改造项目荣获 2016 年惠州市"十大青年创新公益项目"评选暨"益苗计划"市级赛优秀奖和优秀志愿者队伍，"古韵美·乐传承"老手艺荣获 2018 年惠州市共建共治共享社会治理创新十大项目三等奖，"酵行天下，爱在大涌——美好城乡服务"项目 2018 年在大亚湾区首届基层妇联区域化改革执委能力提升公益项目创投大赛中获得三等奖，

---

〔1〕 参见 hzcp. org/xcp_ view. asp？id＝552，访问日期：2022 年 12 月 6 日。

"爱心护学，支援护航"东升村爱心护学志愿服务项目荣获 2019 年共青团广东省委员会 2019 年益苗计划新时代文明实践专项赛优秀项目称号，2020 年荣获惠州市民政局、惠州市社协"社工＋志愿者"微公益项目评选活动三等奖称号，2021 年获得大亚湾区社会组织扶持项目。经过努力，2017 年，中心荣获社工服务质量管理体系认证证书和 AAA 社会组织等级。2019 年，中心荣获大亚湾区民政局先进社会组织称号。中心在为社工服务的本土化发展方面作出了积极贡献，正朝着"打造业界典范，缔造伙伴家园"的愿景迈进。

不过，中心现在也面临着一些发展的不利影响。如广东省实施"社工双百工程"对中心根据章程依法依规运营就产生了极大影响。广东省民政厅、广东省财政厅、广东省人力资源和社会保障厅、广东省妇女联合会、广东省残疾人联合会于 2020 年 11 月 7 日下发《关于实施"广东兜底民生服务社会工作双百工程"的通知》，实施"社工双百工程"，建立具有广东特色的兜底民生服务体系，有效满足了困难群众和特殊群体的多元化、个性化、专业化服务需求，营造共建、共治、共享社会治理格局，充分发挥社会工作在基本民生保障、基层社会治理、基本社会服务等方面的积极作用。按照"统筹规划、合理布局、以点带面、循序渐进、全面覆盖"的原则，到 2021 年底前广东全省乡镇（街道）建成社会工作服务站，到 2022 年底前广东全省村（居）建成社会工作服务点，实现全省社会工作服务站（点）100％覆盖、困难群众和特殊群体社会工作服务 100％覆盖。乡镇（街道）社会工作服务站（点）人员由乡镇人民政府（街道办事处）直接聘用和管理，具体人数由各地结合实际确定，原则上事务性岗位人数不少于 2 人、服务性岗位人数不少于乡镇（街道）所辖村（居）数量，有条件的地方可适当提高配备标准，确保服务需求得到保障。从宏观方面而言，体现了地方政府对社会工作的重视，客观上于社会工作者为利好消息，但政府直接聘用和管理社会工作服务站（点）对中心却有消极影响，如从 2022 年底开始中心的一些社工站点就草草收尾，撤销停掉了。[1]由于地方政府的财

---

[1] 钟英红访谈录，2023 年 7 月 14 日。

政经费有限，中心这一类社工机构的运营范围方面面临压缩的困境。中心需要思考转型问题，探索实现公益与商业双向并进，努力增加造血能力，实现可持续发展。

同时，中心在发展中也需要解决内部管理能力提升、人才需求不足、资源匹配有难度、增进周转困难等问题，根据章程依法依规运营，为社区提供政策落实、心理疏导、资源链接、能力提升、社会融入等专业服务，不断提升社会工作服务能力，助力建设人人有责、人人尽责、人人享有的社会治理共同体。

结　语

按照 2015 年 9 月 29 日印发并实施的中共中央办公厅《关于加强社会组织党的建设工作的意见（试行）》、2016 年 8 月公布并实施的中共中央办公厅、国务院办公厅《关于改革社会组织管理制度促进社会组织健康有序发展的意见》、2016 年 12 月 1 日财政部和民政部公布并施行的《关于通过政府购买服务支持社会组织培育发展的指导意见》、2021 年 9 月 30 日民政部公布并施行的《"十四五"社会组织发展规划》规定，我国大力培育、发展社会组织。在这一背景下，中心依据《章程》参与养老、育幼、助残、志愿服务等公益事业，参与和推进网格治理、楼栋互助、邻里融合、禁毒教育等事务，扩大了公众参与、推动了民主协商、化解了社会矛盾、传承了地方良善文化、参与了基层社会治理，在促进居民参与、提供社区服务、丰富社区文化、化解基层矛盾等方面发挥了积极作用。

作为大亚湾区有一定影响的社会组织、社会工作服务机构，中心基于机构自身和服务对象的公民主体和伙伴角色，制订和遵循《章程》，不断完善内部管理制度，不断完善依法自治的社会组织制度，发挥自治规范的作用，遵循利他主义价值和助人自助理念，运用社会工作专业理念和技能，有效整合社会资源，为个人、家庭或特定群体的发展提供预防问题、排除困境、开发潜能等服务。搭建多元社区参与平台、打造共享空间来促进居民参与，实现人人参与的良性发展"生活共同体"，在构建有温度、互助、增能的邻里和楼栋支持网络、探索乡村居家养老服务模式促进了邻里互助、实行以块为主、条块结合的基层社会治理全科网格格局等方面为基层治理提供了专业社工组织的贡献，有力地促进了中心自身的发展和基层社会管理的创新。

第二十七章

自我服务的业主大会和业主委员会规范
——以星河半岛小区为对象

引　言

随着我国改革开放的不断推进，城市住房进入了市场化发展的阶段，市场化成为住房的主要供应途径，现代小区逐渐取代传统的单位住房和零散居住形式。物业服务行业应运而生并快速发展，然而实践中物业服务公司与业主之间纠纷频发，加之业主维权意识不断提高，业主以业主大会和业主委员会的形式参与小区物业管理的活动成为普遍现象，业主大会和业主委员会规范成为城市社区一种新的自治规范。根据国务院于 2018 年修订的《物业管理条例》规定，业主是房屋所有权人；业主大会由物业管理区域内的全体业主组成，代表和维护物业管理区域内全体业主在物业管理活动中的合法权利，履行相应的义务；业主委员会由业主大会依法选举产生，履行业主大会赋予的职责，执行业主大会决定的事项，接受业主的监督。据此，业主大会和业主委员会规范，是业主大会和业主委员会为规范其活动，维护业主合法权益而制定的，是业主进行自我管理、自我服务、自我教育、自我监督的行为规范，具体而言包括业主公约、业主大会章程、业主大会议事规则等。通过业主大会和业主委员会依法依规进行物业管理，实施业主自治，是业主参与社区基层治理的重要途径。

《宪法》第 24 条第 1 款规定："国家通过普及理想教育、道德教育、文化教育、纪律和法制教育，通过在城乡不同范围的群众中制定和执行各种守则、公约，加强社会主义精神文明的建设。"党的二十大报告强调："健全基层党组织领导的基层群众自治机制，加强基层组织建设，完善基层直接民主制度体系和工作体系，增强城乡社区群众自我管理、自我服务、自我教育、自我监督的实效。"中共中央、国务院于 2017 年 6 月发布《关于加强和完善城乡社区治理的意见》明确指出要注重发挥基层群众性自治组织基础作用，"进一步加强基层群众性自治组织规范化建设，合理确定其管辖范围和规模。促进基层群众自治与网格化服务管理有效衔接。……进一步增强基层群众性自治组织开展社区协商、服务社区居民的能力。……充分发挥自治章程、村规民约、居民公约在城乡社区治理中的积极作用，弘扬公序良俗，促进法治、德治、自治有机融合"。中共中央 2020 年 12 月印发的《法治社会建设实施纲要（2020-2025 年）》提出："加强居民公约、村规民约、行业规章、社会组织章程等社会规范建设，推动社会成员自我约束、自我管理、自我规范。"民政部、国家发展和改革委员会 2021 年 5 月印发的《"十四五"民政事业发展规划》明确指出："推动城乡社区全部制定居民自治章程、村民自治章程和居民公约、村规民约，并在社区治理中有效发挥作用。……基层群众自治制度不断完善，城乡社区服务体系更加健全。……城乡社区、社会组织、社会工作'三社联动'效果显著，党组织领导的自治、法治、德治相结合的基层社会治理新格局加快形成。"由此看来，国家法律和党的规范性文件都强调要进行包括业主大会和业主委员会规范在内的社会规范、自治规范的建设，并充分发挥它们在基层社会治理中的积极作用。

为了解自我服务的业主大会和业主委员会规范，进一步认识业主自治规范，笔者于 2023 年 2 月 11 日对大亚湾西区街道星河半岛小区进行了调研。[1] 星河半岛小区有 7 栋楼房，649 户，实住 210 多户，共 510 多人。[2] 笔者访问了一些业主和业主委员会秘书及物业公司经理，收集到一些材料，如《星河半岛小区业主公约》《星河半岛小区业主大会章程》《星河半岛小区业主大会议事规则》《星

---

〔1〕　本章的部分人名进行了化名处理，特此说明。
〔2〕　星河半岛小区业主委员会秘书吴海桥访谈录，2023 年 2 月 11 日。

河半岛业主委员会 2016-2017 年度工作报告》、业主委员会秘书《关于对业主委员会的一些思考》、星河半岛业主委员会通知函件 7 份（其中联系函 4 份，情况通报 1 份，通知 2 份）、会议记录 7 份等。本章基于对星河半岛小区的实地调查，对业主大会和业主委员会规范从制定、修改、内容和实施等方面进行梳理，全面展示业主大会和业主委员会规范及其运行，为进一步探讨业主自治规范、更全面认识大亚湾区的自治规范提供初步的材料。

一、业主大会和业主委员会规范的制定和修改

中共中央、国务院于 2017 年 6 月发布的《关于加强和完善城乡社区治理的意见》强调："加强社区党组织、社区居民委员会对业主委员会和物业服务企业的指导和监督，建立健全社区党组织、社区居民委员会、业主委员会和物业服务企业议事协调机制。"通过完善业主大会和业主委员会规范，进一步加强基层群众性自治组织规范化建设，以发挥自治规范在基层治理中的积极作用。

第一，业主大会和业主委员会规范制定的依据。2018 年修订的《物业管理条例》第 6 条和第 11 条分别规定了业主在物业管理活动中有权提议召开业主大会会议，并就物业管理的有关事项提出建议，例如提出制定和修改管理规约、业主大会议事规则的建议；制定和修改业主大会议事规则、管理规约应当由业主共同决定。住房和城乡建设部 2009 年 12 月印发的《业主大会和业主委员会指导规则》第 12 条和第 15 条在业主大会筹备组工作内容中对业主大会和业主委员会规范进行了详细的规定，即业主大会筹备组应当草拟管理规约、业主大会议事规则；依法确定首次业主大会会议表决规则；制定业主委员会选举办法；首次业主大会会议表决通过管理规约、业主大会议事规则。惠州市住房和城乡建设局 2023 年 1 月发布的《惠州市住房和城乡建设局业主大会和业主委员会指导规则》第 6 条规定，"筹备组应当依法履行职责，拟定业主管理规约草案和业主议事规则草案，并在提交业主大会表决前进行详细说明"。星河半岛小区业主大会筹备组草拟了《星河半岛小区业主公约》《星河半岛小区业主大会章程》《星河半岛小区业主大会议事规则》等自治规范，并在首次业主大会表决通过。

　　第二，业主大会和业主委员会规范制定的宗旨。根据 2018 年修订的《物业管理条例》、住房和城乡建设部 2009 年 12 月印发的《业主大会和业主委员会指导规则》以及惠州市住房和城乡建设局 2023 年 1 月发布的《惠州市住房和城乡建设局业主大会和业主委员会指导规则》的规定，业主大会和业主委员会规范以"规范物业管理活动，维护业主的合法权益，改善人民群众的生活和工作环境""规范业主大会和业主委员会的活动，维护业主的合法权益"为宗旨。因此，在业主大会和业主委员会规范制定中，应当始终将规范物业管理、规范业主大会和业主委员会的活动、维护业主的合法权益作为宗旨，助力基层社区有序治理。星河半岛小区依据 2018 年修订的《物业管理条例》和上述"指导规则"在制定业主大会和业主委员会规范中，将"加强大亚湾区西区星河半岛花园的管理，维护全体业主和物业使用人的合法权益，维护公共环境和秩序，保障物业的安全与合理使用"。[1]"维护大亚湾区西区星河半岛花园小区业主的合法权益，明确业主与建设单位、物业服务公司三方的权利义务关系，规范业主、业主大会与业主委员会的组织与行为。""代表和维护本物业全体业主、使用人的合法权益，保障物业的合理与安全使用，维护本物业区域内的公共秩序，创造整洁、优美、安全、舒适、文明的居住环境。"[2]"规范业主大会的活动，维护业主的合法权益"[3] 等内容作为制定宗旨，贯彻于业主大会和业主委员会规范内容之中。

　　第三，业主大会和业主委员会规范制定的主体。中共中央、国务院于 2017 年 6 月发布的《关于加强和完善城乡社区治理的意见》强调："结合实际制定加强城乡社区治理工作的具体实施意见。各有关部门要根据本意见要求和职责分工，制定贯彻落实的具体措施。"《民法典》第 277 条规定："业主可以设立业主大会，选举业主委员会。业主大会、业主委员会成立的具体条件和程序，依照法律、法

---

〔1〕《星河半岛小区业主公约》（2016 年 9 月 11 日）。
〔2〕《星河半岛小区业主大会章程》（2016 年 9 月 11 日）。
〔3〕《星河半岛小区业主大会议事规则》（2016 年 9 月 11 日）。

规的规定。地方人民政府有关部门、居民委员会应当对设立业主大会和选举业主委员会给予指导和协助。"《物业管理条例》第22条第1款规定:"建设单位应当在销售物业之前,制定临时管理规约,对有关物业的使用、维护、管理,业主的共同利益,业主应当履行的义务,违反临时管理规约应当承担的责任等事项依法作出约定。"因此,在销售物业之前,建设单位是小区临时管理规约的制定主体。根据住房和城乡建设部2009年12月印发的《业主大会和业主委员会指导规则》以及惠州市住房和城乡建设局2023年1月发布的《惠州市住房和城乡建设局业主大会和业主委员会指导规则》的规定,业主大会筹备期间,管理规约和业主大会议事规则由业主大会筹备组草拟,并进行详细说明。星河半岛小区《星河半岛小区业主大会章程》由业主大会筹备组拟订,全体业主享有"提出制定业主公约、业主大会议事规则的建议"的权利。[1]

第四,业主大会和业主委员会规范制定的程序。根据《物业管理条例》和《业主大会和业主委员会指导规则》的规定,业主大会和业主委员会规范制定的程序主要包括提出、审议、表决和公布四个阶段。全体业主提出制定业主大会和业主委员会规范的建议,由筹备组具体草拟规范,并在提交业主大会表决前进行详细说明。召开业主大会时,提交业主大会审议讨论,根据讨论意见完善后提交会议表决通过,并报房地产行政主管部门备案公布实施。《民法典》第278条规定:"下列事项由业主共同决定:(一)制定和修改业主大会议事规则;(二)制定和修改管理规约;(三)选举业主委员会或者更换业主委员会成员……;业主共同决定事项,应当由专有部分面积占比三分之二以上的业主且人数占比三分之二以上的业主参与表决。决定前款第六项至第八项规定的事项,应当经参与表决专有部分面积四分之三以上的业主且参与表决人数四分之三以上的业主同意。决定前款其他事项,应当经参与表决专有部分面积过半数的业主且参与表决人数过半数的业主同意。"《星河半岛小区业主公约》经由业主大会筹备组草拟,并提交业主大会审议,经业主大会

---

〔1〕《星河半岛小区业主大会章程》(2016年9月11日)。

决议通过后执行。《星河半岛小区业主大会章程》由业主大会筹备组在社区和房地产行政主管部门的指导下，听取业主建议的同时拟订草案，并提交业主大会审议，经出席本小区第一次业主大会的业主及业主授权的代表达 1/2 的投票表决通过，一经通过即对业主大会、业主委员会及全体业主发生效力，并由业主委员会在业主委员会成立后 30 日内，报房地产行政主管部门备案。[1]《星河半岛小区业主大会议事规则》同样由业主大会筹备组草拟，并由业主大会筹备组成员 2/3 投票权的业主通过即产生法律效力。[2]

第五，业主大会和业主委员会规范的修改。"法律必须稳定，但又不能静止不变。"[3]法律因其稳定性，不能朝令夕改，但因其滞后性，也不能一成不变。为了满足社会的发展需要，维护社会的秩序和稳定，作为"活法"的业主大会和业主委员会规范也应当随着社会的变化而进行修改。民政部、国家发展和改革委员会 2021 年 5 月印发的《"十四五"民政事业发展规划》指出："深入学习宣传贯彻习近平法治思想，全面贯彻落实中央关于法治中国、法治社会、法治政府决策部署，全面推进依法行政，为民政事业蓬勃发展提供坚强法治保障。"积极推进社会救助、社会事务、社会组织、基层群众性自治组织等重点领域法律法规的制定和修订工作以健全民政法治体系，从而加强民政法治化标准化建设。随着《民法典》颁布实施和党的二十大的顺利召开，惠州市住房和城乡建设局根据《民法典》《物业管理条例》《广东省物业管理条例》等法律法规的规定，结合本市实际，制定了《惠州市住房和城乡建设局业主大会和业主委员会指导规则》，并于 2023 年 1 月 29 日公布，自 2023 年 4 月 1 日起施行，同时还规定了规则的有效期为 5 年。星河半岛小区在业主大会和业主委员会规范在制定之初便对规范的修改进行了明确规定，例如《星河半岛小区业主大会章程》第 11 条规定，业主有提出"修改业主公约、业主大会议事规则的建议"的权利；第 70 条规定：

---

[1]《星河半岛小区业主大会章程》（2016 年 9 月 11 日）。

[2]《星河半岛小区业主大会议事规则》（2016 年 9 月 11 日）。

[3]　[美] 罗斯科·庞德：《法律史解释》，邓正来译，中国法制出版社 2002 年版，第 2 页。

"有下列情形之一的，应当修改章程：（一）有关法律、行政法规修改后，章程规定的事项与修改后的法律、行政法规相抵触的；（二）业主大会决定修改的。"此外，《星河半岛小区业主大会章程》第 25 条和《星河半岛小区业主委员会议事规则》第 18 条都规定，修改业主大会章程、业主公约及业主大会议事规则应当由业主大会以特别决议通过。

二、业主大会和业主委员会规范的主要内容

业主大会和业主委员会规范是业主的行为规范，是业主大会和业主委员会活动的准则，也是保障业主合法权益的重要途径，更是维护物业范围内公共秩序的自治规范。内容包括业主自觉遵守的倡导类行为规范和约束类行为规范，如业主大会和业主委员会的产生、工作开展、规制的制定和实施、维权程序等。以星河半岛小区为例，业主大会章程的主要内容包括：总则、业主和业主大会、业主委员会、聘用物业管理公司程序、维权程序、业主委员会经费、通知与公告、附则；业主公约的主要内容包括：制定目的和依据、业主应自觉遵守的倡导类行为和约束类行为规范、纠纷解决机制、精神文明建设以及公约的通过和实施等；业主大会议事规则的主要内容包括：总则、业主大会中业主投票权的确定办法、业主委员会委员的组成和委员的、业主大会的议事方式、业主大会的表决程序、业主大会及业主委员会的办公经费、业主大会及业主委员会的印章、效力等。

（一）业主大会章程的主要内容

《星河半岛小区业主大会章程》共 8 章，即总则、业主和业主大会、业主委员会、聘用物业管理公司程序、维权程序、业主委员会经费、通知与公告、附则，可以归纳为四个方面的内容。

（1）业主大会章程的总则与附则。《星河半岛小区业主大会章程》总则共有 8 条，第 1 条明确了制定业主大会章程目的和依据，其制定目的是"维护大亚湾区西区星河半岛小区业主的合法权益，明确业主与建设单位、物业服务公司三方的权利义务关系，规范业主、业主大会与业主委员会的组织与行为"，制定的依据是"国务院

颁布的《物业管理条例》及建设部颁布的《业主大会规程》"。第2条至第6条分别规定了业主大会由小区全体业主组成；业主大会下设业主委员会；业主委员会名称、地址和主任。第7条规定了业主大会章程的宗旨是"代表和维护本物业全体业主、使用人的合法权益，保障物业的合理与安全使用，维护本物业区域内的公共秩序，创造整洁、优美、安全、舒适、文明的居住环境"。第8条规定了业主大会章程的效力。第70条至第75条是业主大会章程的附则部分，分别规定了业主大会章程的修改、表决、通过、解释、备案等内容。

（2）业主和业主大会，委员与业主委员会。《星河半岛小区业主大会章程》第二章和第三章分别对业主和业主大会、委员与业主委员会进行了规定。小区的房屋所有权人为小区业主，包括享有物业产权的个人、公司或其他组织。建设单位以不予出售的自营部分产权可成为业主。房屋所有权人为两人以上时，房屋所有权共有人共同作为物业业主。经房屋所有权人授权，房屋承租人可以行使业主依据本章程所享有的权利。业主的权利和义务具体规定如下：

第十一条　业主享有下列权利：

（一）按照物业服务合同的约定，接受物业服务企业提供的服务；

（二）提议召开业主大会会议，并就物业服务的有关事项提出建议；

（三）提出制定和修改业主公约、业主大会议事规则的建议；

（四）参加业主大会会议，行使投票权；

（五）选举和罢免业主委员会委员，并享有被选举权；

（六）监督业主委员会的工作；

（七）监督物业服务企业履行物业服务合同；

（八）对物业共用部位、共用设施设备和相关场地使用情况享有知情权和监督权；

（九）监督物业共用部位、共用设施设备专项维修资金（以下简称专项维修资金）的管理和使用；

（十）法律、法规规定的其他权利。

第十二条　业主在物业管理活动中，履行下列义务：

（一）遵守业主公约、业主大会议事规则；

（二）遵守物业管理区域内物业共用部位和共用设施设备的使用、公共秩序和环境卫生的维护等方面的规章制度；

（三）执行业主大会的决定和业主大会授权业主委员会作出的决定；

（四）按照国家有关规定交纳专项维修资金；

（五）按时交纳物业服务费用；

（六）法律、法规规定的其他义务。

第十三条　业主依照法律和本章程的规定，有权获得下列信息和资料：

（一）缴付成本费用后得到本章程；

（二）有权查阅和缴付成本费用后复印：

1. 业主委员会与物业服务公司签订的物业委托管理合同；

2. 业主大会、业主委员会会议记录；

3. 物业共用部位、共用设施设备和相关场地使用情况的记录；

4. 物业共用部位、共用设施设备专项维修资金部分的账册。

业主提出查阅前条所述有关信息或者索取资料的，应当向业主委员会提供证明其为业主的书面文件，业主委员会经核实业主身份后按照业主的要求予以提供。

业主大会是星河半岛小区物业管理的最高权力机构，由小区内全体业主组成，代表和维护全体业主在物业管理活动中的合法权益。业主大会会议由业主委员会依法召集，由委员会主任主持。业主委员会应当在业主大会召开30日前通知全体业主，通知可以采用书面或公告形式。业主可以亲自参加，也可以书面委托代理人参加业主大会。业主大会会议可以采用集体讨论的形式，也可以采用书面征求意见的形式，但应当有本小区内持有1/3以上投票表决权的业主参加。业主（包括业主代理人）以其所代表的房屋套数行使表决权，每一套房屋拥有一票表决权。业主大会作出的决定对物业管理区域内的全体业主具有约束力。业主大会的决定应当以书面形式在物业管理区域内及时公告。委员必须是本小区业主，应当忠实履行职责，维护业主利益。委员由业主大会选举或更换，任期 5 年，任期届满可连选连任。业主委员会为业主大会的常设执行机构，对业主大会负责，由 5 名委员组成，设主任 1 人，副主任 1 人，业主委员会秘书（委员兼任或外聘专职秘书）1 人。业主委员会会议每 3 个月召开一次，有 1/3 委员书面提议，或主任认为有必要时，可召开业主委员会临时会议。业主委员会以业主委员会会议决议方式作出决定。业主委员会会议决议应当向全体业主公布。业主委员会任期届满 2 个月前，应当召开业主大会会议进行业主委员会的换届选举；逾期未换届的，业主或业主大会可以请求房地产行政主管部门指派工作人员指导其换届工作。

（3）业主大会工作的程序。业主大会工作的程序具体包括聘用物业服务公司程序、维权程序、通知与公告。以星河半岛小区为例，分别在《星河半岛小区业主大会章程》的第四章、第五章和第七章对上述工作程序进行了明确。具体而言，业主大会以招标形式或其他政府同意的形式选择具有相应资质的物业公司，招标委员会应当根据业主大会的授权并按照相关法律规定的程序选择物业公司。以协议方式选聘物业服务公司的，应至少与三家物业服务公司发出要约邀请，根据经谈判后物业服务公司发出的要约并结合业主大会确定的评比标准确定其中最合适的物业服务企业。当发生《星河半岛小区业主大会章程》第 55 条所列情形时，业主委员会应当与有关方面协商。《星河半岛小区业主大会章程》第 55 条的具体规定为：

第五十五条　发生下列情形之一的，业主委员会应当与有关方面协商。如协商不成时，业主委员会应当向政府有关部门申诉或经业主大会通过代表业主以业主名义向人民法院起诉，以维护业主的共同利益：

（一）建设单位擅自处分物业共用部位、共用设施设备的所有权或者使用权的；

（二）建设单位未按照规定在物业管理区域内配置必要的物业管理用房的；

（三）建设单位未按照规定的保修期限和保修范围，承担物业的保修责任的；

（四）物业服务公司未按照物业服务合同的约定，提供相应服务的；

（五）物业服务公司擅自改变物业服务用房的用途的；

（六）物业服务公司在物业服务合同终止时未将物业相关资料移交业主委员会；

（七）个别业主、物业服务公司擅自占用、挖掘道路、场地的；

（八）擅自改变物业管理区域内按照规划建设的公共建筑和共用设施用途的；

（九）其他损害业主共同利益的行为，需要业主委员会依法维权的。

如协商不成时，业主委员会应当向政府有关部门申诉或经业主大会通过代表业主以业主名义向人民法院起诉，以维护业主的共同利益。通知的形式包括专人送出、投递方式以及公告方式，通知以专人送出方式进行的，由被送达人在送达回执上签名，被送达人签收日期为送达日期。通知以投递方式送出的，送至被通知人信箱时视为送达日期，通知以公告方式送出的，第一次公告刊登日为送达日期。业主委员会秘书负责在小区公告栏刊登公告和其他需要披露的信息。

（4）业主委员会经费。业主委员会经费由小区顶楼和外墙的广告收入减去合理支出后的净收益中归全体业主所有的部分，小区全体共用部位作为经营场所所得的经营收入减去合理支出后的净收益，违反《物业管理条例》规定，取得非法收益中用于物业管理区域内物业共用部位、共用设施设备的维修、养护后的剩余部分，业主交纳的业主委员会经费等四部分组成。《星河半岛小区业主大会章程》第六章对业主委员会经费的规定，明确了业主委员会经费的来源、构成和交纳。经费中由业主交纳的数额由业主委员会负责拟订，经业主大会批准后向业主收取。经业主大会授权也可由物业管理公司在收取物业管理费时一并收取，然后向业主委员会移交。业主委会的经费开支主要包括：业主大会和业主委员会会议支出，有关人员的津贴；必要的日常办公费用，维护业主共同利益所支出的费用，聘请会计师、律师、物业管理顾问及专职秘书支出的费用，业主大会依法决定的其他费用。业主大会和业主委员会经费的使用情况应当定期以书面形式在物业管理区域内公告，接受业主的质询。[1]

就实际情况来看，星河半岛小区业主委员会没有固定经费。业主委员会成立7年多来，区房管局给过5000元补贴，平时都是业主委员会成员和秘书自己贴。现有的一些桌子、椅子都是别人不要、捡来的。[2]

（二）业主公约的主要内容

《星河半岛小区业主公约》共16条，总体而言，规范的内容界限不够明显，相互之间交叉融合的特点较为突出。具体涵盖五个方面的内容，即制定目的和依据；业主应自觉遵守的倡导类行为和约束类行为规范；纠纷解决机制；精神文明建设以及公约的通过和实施等。

（1）业主公约的制定目的和依据。《星河半岛小区业主公约》明确了以"加强大亚湾区西区星河半岛小区的管理，维护全体业主和物业使用人的合法权益，维护公共环境和秩序，保障物业的安全与合理使用"的制定目的。制定的依据是"国家有关物业管理的法规政策"，主要有《物权法》[3]《物业管理条例》、中共中央、国务院于2017年6月发布的《关于加强和完善城乡社区治理的意见》、住房和城乡建设部于2009年12月印发的《业主大会和业主委员会指导规则》。

（2）倡导类行为规范和约束类行为规范。《星河半岛小区业主公约》第1条至第4条、第6条至第8条、第13条至第15条规定了业

---

〔1〕《星河半岛小区业主大会章程》（2016年9月11日）。

〔2〕星河半岛小区业主委员会秘书吴海桥访谈录，2023年2月11日。

〔3〕《民法典》第1260条规定："本法自2021年1月1日起施行。《中华人民共和国婚姻法》《中华人民共和国继承法》《中华人民共和国民法通则》《中华人民共和国收养法》《中华人民共和国担保法》《中华人民共和国合同法》《中华人民共和国物权法》《中华人民共和国侵权责任法》《中华人民共和国民法总则》同时废止。"

主应当遵守的倡导类行为规范，例如：

一、在使用、经营、转让所拥有物业时，应遵守物业管理法规政策的规定。

…………

三、委托物业服务企业负责房屋、设施、设备、环境卫生、公共秩序、保安、绿化等管理，全体业主和物业使用人应遵守物业服务企业根据政府有关法规政策和业主委员会委托制定的各项规章制度。

四、全体业主和物业使用人应积极配合物业服务企业的各项管理工作。

…………

六、加强安全防范意识，自觉遵守有关安全防范的规章制度，做好防火防盗工作，确保家庭人身财产安全。

…………

《星河半岛小区业主公约》第11条规定了业主应当遵守的约束类行为规范，即在星河半岛物业范围内，业主不得有下列行为：

（1）擅自改变房屋结构、外貌（含外墙、外门窗）、设计用途、功能和布局等；

（2）对房屋的内外承重墙、梁、柱、板、阳台进行违章凿、拆、搭、建；

（3）占用或损坏楼梯、通道、屋面、平台、道路、公共工具间、停车场等公用设施及场地；

（4）损坏、拆除或改造供电、供水、供气、通讯、有线电视、排水、排污、消防等公用设施；

（5）随意堆放杂物、丢弃垃圾、高空抛物；

（6）违反规定存放易燃、易爆、剧毒、放射性等物品和排放有毒、有害、危险物质等；

（7）践踏、占用绿化用地；损坏、涂画园林建筑；

（8）在公共场所、道路两侧乱设摊点；

（9）未经许可乱搭、乱贴、乱挂、设立广告牌；

（10）随意停放车辆；

（11）聚众喧闹、噪声扰民等危害公共利益或其它不道德的行为；

（12）违反规定饲养家禽、家畜；

（13）法律、法规及政府规定禁止的其他行为。

《星河半岛小区业主公约》通过引导业主自觉遵守公共场所中的行为规范，约束自身不文明的行为，发挥业主大会和业主委员会的自我教育、自我管理、自我服务功能，共建和美社区。

（3）良善相处规范。中共十二届六中全会提出："社会主义精神文明建设的根本任务，是适应社会主义现代化建设的需要，培养有理想、有道德、有文化、有纪律的社会主义公民，提高整个中华民族的思想道德素质和科学文化素质。"[1]坚持和发展中国特色社会主义，需要物质文明和精神文明全面发展、人民物质生活和精神生活水平全面提升。中国特色社会主义进入新时代，提高全社会精神文明建设水平，是满足人民对美好生活向往的迫切需要，是促进社会全面进步、人的全面发展的必然要求。[2]《星河半岛小区业主公约》第16条："加强精神文明建设，弘扬社会主义道德风尚，互助友爱，和睦相处，共同创造良好的工作和生活环境"，作为星河半岛小区开展精神文明建设，提倡良善相处的重要依据和行为规范。

（4）纠纷解决机制。《星河半岛小区业主公约》第5、7、9、10、12条分别对小区内的纠纷解决途径和方法等内容进行了规定，具体规定如下：

五、业主或物业使用人对物业服务企业的工作如有意见或建议，可直接向物业服务企业提出，发生争议时可通过业主委员会协调解决。

七、业主或物业使用人装修房屋，应遵守有关物业装修的制度，

---

[1]《中共中央关于社会主义精神文明建设指导方针的决议》（1986年9月28日）。

[2]《新时代公民道德建设实施纲要》（2019年10月27日）。

并事先告知物业服务企业。物业服务企业对装修房屋活动进行指导和监督，并将注意事项和禁止行为告知业主和物业使用人。业主或物业使用人违规、违章装修房屋或妨碍他人正常使用物业的现象（如渗、漏、堵、冒等），应当及时纠正，造成他人损失的应承担赔偿损失；对拒不改正的，物业服务企业可采取相应措施制止其行为，并及时告知业主委员会并报有关行政管理部门依法处理。

九、凡房屋建筑及附属设施设备已经或可能妨碍、危害毗连房屋的他人利益、安全，或有碍外观统一、市容观瞻的，按规定应由业主单独或联合维修、养护的，业主应及时进行维修养护；拒不进行维修养护的，由业主委员会委托物业服务企业进行维修养护，其费用由当事业主按规定分摊。

十、与其它非业主使用人建立合法租赁关系时，应告知并要求对方遵守本业主公约和物业管理规定，并承担连带责任。

十二、人为造成公用设施设备或其它业主设施设备损坏，由造成损坏责任人负责修复或赔偿经济损失。

《星河半岛小区业主公约》通过纠纷解决机制的规定，使业主在物业范围内从事活动时对自己的行为能有明确的预期和判断，从而实现对自我行为的约束与规范，达到物业范围内社会秩序治理有序的目的。

（5）业主公约的制定、修改、通过和实施。根据《星河半岛小区业主大会章程》第25条规定"制定和修改业主公约需要由业主大会以特别决议通过"，即应当经代表1/2以上投票表决权的业主通过。《星河半岛小区业主公约》规定："本公约经业主大会决议通过后执行，全体业主和物业使用人均须自觉遵守。"

（三）业主大会议事规则的主要内容

《星河半岛小区业主大会议事规则》共8章，即总则、业主大会中业主投票权的确定办法、业主委员会委员的组成和委员的、业主大会的议事方式、业主大会的表决程序、业主大会及业主委员会的办公经费、业主大会及业主委员会的印章、效力等，可以归纳为三个方面的内容。

（1）业主大会议事规则的总则和效力。业主大会议事规则的总则对其制定的宗旨和依据进行了明确。《星河半岛小区业主大会议事规则》第一章总则规定了其制定的宗旨是"规范业主大会的活动，维护业主的合法权益"，其制定依据是 2018 年修订的《物业管理条例》。第八章包括第 32 条和第 33 条，对业主大会议事规则的效力进行了规定，具体为：业主大会议事规则由业主大会筹备组成员 2/3 投票权的业主通过即产生法律效力；业主大会议事规则不得与现行或将来国家法律、法规、部门规章及政府文件相抵触，否则，相抵触的相关条款无效。

（2）业主和委员，业主大会和业主委员会及其议事方式。《星河半岛小区业主大会议事规则》第二章至第五章对业主大会中业主投票权的确定办法、业主委员会委员的组成和委员的任期及业主委员会会议的方式、业主大会的议事方式和表决程序等进行了具体规定。

第二章对业主大会中业主投票权的确定办法进行了详细的规定。业主在业主大会会议上的投票表决权，按业主拥有房屋的套数行使，业主每拥有一套房屋及拥有同名多套房拥有一票投票表决权。业主大会会议召开之前，业主委员会的秘书应将小区内每一位业主的姓名、住址、通讯地址、联系电话、拥有的投票表决权的票数登记造册，同时要提前 30 天将业主在今后所有的业主大会会议中拥有的投票表决权的票数公告通知业主。

第三章明确了业主委员会委员的组成和委员的任期及业主委员会会议的方式。业主委员会系业主大会的执行机构。首次业主大会会议由业主大会筹备组组织召开，业主委员会的委员由首次业主大会选举产生。以后的业主大会由业主委员会组织召开。业主委员会经业主大会选举共有 5 名委员组成，每名委员任期为 5 年，可以连选连任。业主委员会应当自选举产生之日起 5 日内召开首次业主委员会会议，推选产生业主委员会主任 1 人，副主任 1 人，秘书 1 人，业主委员会的委员均享有同等的投票权。业主委员会会议应当有过半数委员出席，作出的决定必须经全体委员人数半数以上同意。经 1/3 以上业主委员会委员提议或者业主委员会主任认为有必要的，应当及时召开业主委员会会议。会议召开 3 天前，由秘书电话通知每位委员。

第四章和第五章规定了业主大会的议事方式和表决程序。业主大会会议由业主委员会依法召集，由委员会主任主持。业主大会会议分为定期会议和临时会议，应当由业主委员会秘书做书面记录并存档。业主委员会应当在业主大会会议召开 30 日前，由业主委员会的秘书将会议通知及会议拟讨论的事项以书面挂号信的形式寄往每一位业主所登记的通讯地址，该挂号信寄出 3 天后即视为送达，具体时间从挂号信寄出后的第二天开始计算。召开住宅小区的业主大会会议时，业主委员会的秘书应当同时告知相关的居民委员会。物业管理区域内业主人数较多的，可以幢、单元、楼层等为单位，推选一名业主代表参加业主大会会议，每次业主大会的召开必须有本小区内持有 1/3 以上投票表决权的业主参加方为有效。业主大会决议分为普通决议和特别决议，应当以书面形式在物业管理区域内及时公告。

（3）业主大会及业主委员会的办公经费和印章。业主大会和业主委员会开展工作的经费由全体业主承担。《星河半岛小区业主大会议事规则》第六章规定，业主大会及业主委员会的办公经费来源组成与开支项目，经业主大会授权也可由物业管理公司在收取物业费时一并收取，并在收款收据上加盖业主大会的公章，然后其所代收的经费向业主委员会移交。业主大会及业主委员会的办公经费由业主委员会设置专用活期存折进行统一管理，该经费由业主委员会主任签字方可开支。业主大会和业主委员会工作经费的使用情况业主委员会秘书应当定期以书面形式在物业管理区域内公告，接受业主的质询。并且该经费的使用情况，业主委员会必须在年终业主大会上向全体参加会议的代表汇报。第 2 年经费的使用额度由前 1 年年终在业主大会上由业主代表讨论，最后制订一个预算方案，第 2 年经费必须在预算内支出。

《星河半岛小区业主大会议事规则》第七章规定，业主大会和业主委员会的印章由业主委员会负责到有关部门各刻制一枚，并到相关的政府部门登记备案，由业主委员会负责管理，业主委员会内部实行主任负责制。印章必须是在业主大会和业主委员会按业主大会章程的规定履行其应尽职责时方能使用，每次必须有业主委员会主任的书面签字，使用人须在秘书处书面登记，且盖章文件必须在秘书处备案一份。违反印章使用规定，造成经济损失或者不良影响的，由责任人承担相应的责任。

如上所述，以星河半岛小区为例，分别对业主公约、业主大会章程和业主大会议事规则的内容进行了归纳和总结。经分析发现，业主公约的内容主要强调业主自我行为规范，以倡导性规范和约束性规范为主。业主大会章程的内容涵盖业主的权利与义务、业主大会和业主委员会的产生与会议召开和工作程序等内容，是业主大会工作的依据。业主大会议事规则的内容侧重于业主和业主委员会委员，业主大会和业主委员会及其议事方式和表决程序，是业主大会和业主委员会具体工作的规范。三者各有其侧重点，但也有相似之处，即三者宗旨和效力的内容规定相似，业主章程和业主大会议事规则中存在部分重复相似的内容，如：业主的权利与义务、业主委员会职责的产生和组成。业主公约、业主大会章程和业主大会议事规则共同构成了社区基层治理的重要自治规范体系，为"和美网格"基层治理提供了重要的制度支撑。

三、业主大会和业主委员会规范的实施

业主大会和业主委员会规范的实施是其在社会生活中的实际运行，即包括遵守、保障和监督等三个方面。业主大会和业主委员会规范的实施是建设"和美网格"的需要，是业主进行自我服务、参与基层自治的重要途径。星河半岛小区于 2016 年 9 月 11 日在大亚湾区西区街道办、大亚湾区房管局的指导下，召开了首届业主大会，选举产生了业主委员会，并表决通过了《星河半岛小区业主公约》《星河半岛小区业主大会章程》《星河半岛小区业主大会议事规则》等自治规范。[1]通过业主大会和业主委员会规范的实施，星河半岛小区的"保洁、保安、服务管理、园林绿化、亮化工程发生了很大

---

〔1〕 参见《星河半岛业主委员会 2016-2017 年度工作报告》（2017 年 9 月 24 日）。

的变化和改善",〔1〕提升了业主对美好生活的获得感,助力基层社会治理以及和美网格建设的不断推进。

(1) 业主大会和业主委员会规范的遵守,即业主大会、业主委员会、业主将业主大会和业主委员会规范作为自己的行为准则,依照规范行使职权、权利,履行职责、义务的活动。认真遵守业主大会和业主委员会规范是全体业主实现自身权益的必要途径,也是"和美网格"建设的内在要求。星河半岛小区业主大会、业主委员会和业主通过遵守规范,让小区的"保洁、保安、服务管理、园林绿化、亮化工程发生了很大的变化和改善",〔2〕业主的生活环境质量得到了明显提升。然而,实践中也存在因不遵守业主大会和业主委员会规范而严重影响其实施的现象。如个别业主因个人利益,"拒绝配合和服从物业管理,还投诉管理人员,给小区的管理带来了极大的困难和障碍";〔3〕有的业主委员会成员以谋取私利为目的进入业主委员会,这容易导致贪污腐败,甚至可能形成黑恶势力。〔4〕因此,这就要求业主委员会成员在履行职责的过程中,应当"严格要求自己,起到表率的作用,要求别人不做的,自己绝不做,要求别人做的,自己先做到;本着公开、公正、公平的原则,树正气、杀歪风,对于歪风邪气要敢于挺身而出敢说敢管,不能怕得罪人;大多数业主同意的事大胆去做,大多数业主反对的事坚决不做"。〔5〕此外,还可以通过完善激励机制,建立精神鼓励机制,引导全体业主遵守业主大会和业主委员会规范。

(2) 业主大会和业主委员会规范的保障,即业主大会、业主委员会在进行小区物业管理的过程中,根据规范所确定的职权和议事规则,具体应用规范处理物业管理事务,贯彻业主大会和业主委员

---

〔1〕《碧桂园星河半岛情况通报》(2017年6月13日)。

〔2〕《关于催缴物业管理费的通知》(2017年6月13日)。

〔3〕《碧桂园星河半岛情况通报》(2017年6月13日)。

〔4〕参见星河半岛小区业主委员会秘书吴海桥《关于对业委会的一些思考》(2023年2月25日)。

〔5〕参见星河半岛小区业主委员会秘书吴海桥《关于对业委会的一些思考》(2023年2月25日)。

会规范的活动。

星河半岛小区业主委员会成立后，立即按照业主大会和业主委员会规范开展工作。具体有：通过选举产生了业委会主任、副主任、委员等职务，聘任了业委会秘书长，并取得了政府主管部门的认可，得到了政府主管部门的批准和登记文件，经公安机关备案刻制了星河半岛小区业委会公章。同年 11 月 18 日，组织召开了业主大会临时会议，就解除终止彩生活物业在星河半岛小区的服务，更换物管公司、上调物业管理费等议题进行投票表决，并取得了双过半的投票结果。该投票结果经大亚湾区房管局多次在各种场合下进行调查、抽查，确认该结果真实、有效。根据业主大会临时会议的投票结果选聘新的物业管理公司。其间，星河半岛小区业主委员会接触了多家物业管理公司，经过对比筛选，最终确定了碧桂园物业管理公司在星河半岛小区进行物管服务。将碧桂园物管公司的服务合同在星河半岛小区进行了公示，经公示后无人提出异议，业委会代表业主大会与碧桂园物业管理公司签订了物业服务合同，确定由碧桂园物业管理公司进驻星河半岛小区进行物管服务。[1]得益于星河半岛小区大多数业主的支持，业主委员会工作才能顺利开展，反映大多数业主的真实意愿。然而，业主委员会的工作却"道路曲折、困难重重"，如前期物业公司拒不配合交接工作，新物业公司进驻备案受阻等。[2]因此，还需要街道办和住房行政管理部门的支持和联动，以提升业主委员会工作效能，保障业主大会和业主委员会规范的贯彻执行。

星河半岛小区运用业主大会和业主委员会规范处理小区事务，将各种矛盾化解在基层，保障小区社会环境健康有序。业主大会和业主委员会"构架了广大业主与物业，政府相关部门沟通的桥梁"，[3]引导业主积极参与星河半岛小区自治。星河半岛小区业主委员会于 2017 年 2 月 15 日向广东碧桂园物业服务股份有限公司发出邀请函，

---

〔1〕　参见《星河半岛业主委员会 2016-2017 年度工作报告》（2017 年 9 月 24 日）。

〔2〕　参见《星河半岛业主委员会 2016-2017 年度工作报告》（2017 年 9 月 24 日）。

〔3〕　参见星河半岛小区业主委员会秘书吴海桥《关于对业委会的一些思考》（2023 年 2 月 25 日）。

邀请其尽快进驻星河半岛小区实施物管服务；3月15日和29日，向原物业公司彩生活物业管理公司发出两份退出星河半岛小区的通知函，[1]其中一份如下：

关于彩生活物业管理公司退出星河半岛小区通知函

星河半岛业委会函字第［2017~03~15］号

深圳彩生活物业管理公司惠州大亚湾区星河半岛分公司：

星河半岛业主委员会现正式发函通知贵公司：请贵公司于2017年4月1日退出星河半岛小区。星河半岛业委会、广东碧桂园物业服务股份有限公司将按照首届业主大会通过的决议终止并接手贵公司物业管理处的工作，所有原管理处的文件必须封存，不得损毁和丢失。同时终止彩生活星河半岛分公司对外签订的保安、保洁合同。在未取得业委会的同意的情况下，深圳彩生活物业管理公司惠州大亚湾区星河半岛分公司自行在本小区增加设备、设施所产生的一切法律、经济责任由贵公司承担。

特此致函。

大亚湾区星河半岛业主委员会

2017年3月15日

2017年3月24日，向星河半岛小区全体业主发出《关于碧桂园物业管理公司进驻星河半岛小区的通知》，并提示业主结清前期物业公司物业管理费的欠款。[2]6月13日，向星河半岛全体业主发出了《关于催缴物业管理费的通知》和《碧桂园星河半岛情况通报》，对碧桂园物业管理公司正式进驻星河半岛小区以来，星河半岛小区的保洁、保安、服务管理、园林绿化、亮化工程发生的变化和改善予以肯定，同时表明，要把星河半岛小区"建设成五星级的家，离不开资金的支持，也离不开物业公司工作人员的努力工作"，通过通知

---

〔1〕 参见《邀请函》（2017年2月15日）。

〔2〕 参见《关于碧桂园物业管理公司进驻星河半岛小区的通知》（2017年3月24日）。

和情况通报让业主和物业管理公司对业主委员会的进一步工作予以支持和配合。[1]8月23日，星河半岛业主委员会向广东碧桂园物业服务股份有限公司大亚湾分公司发出了小区公共配套设备设施维修联系函。联系函如下：

关于星河半岛小区公共配套设备设施维修联系函

广东碧桂园物业服务股份有限公司大亚湾分公司：

贵公司进驻本小区后小区业委会与贵公司物业服务处共同对小区公共配套设施的现状进行了检查。

本小区的供水系统、消防系统、门禁监控系统、电梯系统、应急电源系统、亮化工程等都存在重大隐患，许多设施设备处于瘫痪状态，严重影响小区业主正常生活、居住和人身安全。为确保小区有一个正常生活居住环境，特向贵公司提出对星河半岛小区公共配套设施进行维修。

请贵公司尽快联系维修单位对维修项目、维修金额进行报价，每个维修项目最少要有2家公司报价进行比较，并对维修效果进行评估，争取用最小的维修成本，达到最佳的维修效果。

落实维修报价后尽快在小区公示，以便业委会召开业主大会临时会议对维修方案进行表决，向大亚湾区房屋管理局申请紧急动用维修基金对本小区公共设施、设备进行大修。

特发此函。

大亚湾区星河半岛业主委员会

2017 年 8 月 23 日

此后，星河半岛业主委员会于2021年1月至7月期间，每月召开一次业主委员会会议，并就星河半岛小区的节日装饰、安全防范工作、清洗景观池、电瓶车充电桩及电瓶车乱停乱放、绿化养护及补种、门口保安查岗不严、卫生打扫不到位、电梯故障、杂物堆放

---

[1] 参见《关于催缴物业管理费的通知》（2017 年 6 月 13 日）、《碧桂园星河半岛情况通报》（2017 年 6 月 13 日）。

等具体事务进行了商议和解决。[1]此外,广东省惠州市"和美网格"基层治理模式也对业主大会和业主委员会规范的适用起到了促进作用,秉承"和美"的理念,通过"四级联户"与线下综合网格深度融合,大亚湾区法院成立诉讼调解中心,让调解员主动走出去,通过下沉社区走访座谈,以及调解个案去发现问题,然后通过多方联动、督促整改,从源头化解矛盾,实现案结事了,遏制物业诉讼案件逐年增加,让人民对美好生活的向往不断变为现实。[2]

星河半岛业主委员会与现有物业公司形成了相互支持、相互配合、相互监督、相互督促的关系。[3]业主委员会与物业公司建立联席会议制度,每季度一次,及时沟通解决业主反映的问题。[4]

星河半岛业主委员会规范的施行,与业主委员会主任和秘书的热心、认真、能干紧密相关。业主委员会主任近70岁了,是一个东北女性,性格直爽,敢说敢管。业主委员会秘书有丰富的行政工作经验,热心为业主服务,沟通能力强。[5]他们在星河半岛小区楼道墙砖维修、更换过程中获得了大多数业主的信任。[6]针对业主委员会成立初期少数业主投诉业主委员会不合法、霸道等,业主委员会主任和秘书等依法依规、有理有节地进行处理,树立了业主委员会的威信,使业主委员会的规范能够顺利施行。[7]

(3)业主大会和业主委员会规范的监督,即星河半岛小区所在

---

〔1〕 参见《会议记录》2021年1月15日、2021年2月15日、2021年3月15日、2021年4月15日、2021年5月15日、2021年6月15日、2021年7月15日。

〔2〕 参见《演讲词》(2022年6月16日)。

〔3〕 星河半岛小区物业费为每平方米2.5元,物业现有1位管理人员、1位前台接待、4位保安、4位保洁、1位水电工等共11位。2017年至今没有交物业费的有6户。先后将9户没有交物业费的住户起诉到法院,法院通过诉前调解解决。物业公司经理丁国成表示:"我们与业主委员会处得很好。"丁国成访谈录,2023年2月11日。

〔4〕 吴海桥访谈录,2023年2月11日。

〔5〕 业主委员会秘书估计自己贴了有近5000元用于业主委员会的打印资料、招贴材料、开车办事汽油费等开支。星河半岛小区业主委员会秘书吴海桥访谈录,2023年2月11日。

〔6〕 在他们的沟通、交涉下,开发商最后花200多万元对小区楼道墙砖进行维修、更换。星河半岛小区业主委员会秘书吴海桥访谈录,2023年2月11日。

〔7〕 张芙蓉访谈录,2023年2月11日。

地的居民委员会、街道办事处、住房行政管理部门、业主，对业主大会和业主委员会规范的制定、执行和适用等活动进行督促和管理，是保证其有效实施，维护业主合法权益的关键所在。

星河半岛小区业主委员会取得了友盛社区居民委员会的支持。有个别业主去居民委员会投诉业主委员会，居委会本着公平、公正的原则在调查清楚的基础上进行处理，避免矛盾激化，实现星河半岛小区和谐，保障业主委员会能够良性运行。

惠州市住房和城乡建设局2023年1月发布的《惠州市住房和城乡建设局业主大会和业主委员会指导规则》规定，业主委员会负责督促业主、物业使用人遵守管理规约；《星河半岛小区业主大会章程》第40条规定，业主委员会"监督业主公约的实施"。如果监管出现漏洞，业主大会和业主委员会的工作效能将大打折扣，正如星河半岛小区业主委员会秘书在访谈中所说的那样："对业委会的监管存在盲区，虽然在法律上有了框架规定，但是没有实施细则，仅靠个人的自律是远远不够的"，[1]进而可能导致业主合法权益受到侵害、滋生贪污腐败、形成黑恶势力、让业主大会和业主委员会规范形同虚设、导致业主大会和业主委员会瘫痪。

结　语

随着改革开放的不断深入，城市房地产业蓬勃发展，业主的维权意识不断提高，业主大会和业主委员会随之快速发展起来，业主大会和业主委员会规范的完善也显得尤为重要。本章从法社会学的视角，基于在大亚湾区星河半岛小区实证调查的材料收集、个案访谈和观察，对业主大会和业主委员会规范进行了事实描述和文本梳理。

通过对星河半岛小区个案分析，为推动业主自我约束、自我管理、自我规范，该小区自成立业主大会和业主委员会以来，表决通过并实施了《星河半岛小区业主大会章程》《星河半岛小区业主公约》《星河半岛小区业主大会议事规则》等自治规范，星河半岛小

---

〔1〕　参见《演讲词》（2022年6月16日）。

区的保洁、保安、服务管理、园林绿化、亮化工程得到了改善，发生了很大的变化。由此可见，业主大会和业主委员会规范在业主自我服务和业主自治中发挥着重要的作用。

星河半岛小区业主大会和业主委员会规范实施七年来，诸多问题逐渐浮现，例如，业主大会和业主委员会规范未能及时进行修订，以致无法充分保障业主的利益，不能更好地维护星河半岛小区的秩序，进而致使星河半岛小区业主自治难以实现。业主委员会任期届满之际，因街道办要求统一换届，至今渺无音讯无法完成业主委员会换届，导致业主委员会工作处于停滞的状态。

此外，业主委员会与社区居委会、住房管理行政部门、物业服务公司间关系未能完全厘清，加之业主委员会主体地位不明确，导致业主大会和业主委员会在进行业主自治的过程中面临许多困难，举步维艰。

对此，应当采取多方举措，力保业主大会和业主委员会规范的有效实施。首先，加强业主大会和业主委员会规范实施中的党建引领。健全基层党组织领导的基层群众自治机制，发挥党员在社区治理中的先锋模范作用是做好社区治理工作的重要途径。基层党组织在服务群众"最后一公里"的社区里，充分发挥其先进性，通过党建引领社区治理实践，[1]赋能"和美网格"建设。其次，建立健全业主大会和业主委员会监督机制。从法律法规和制度规范方面完善自治成员资格否决制度、业委会述职报告制度、财务审计公示制度、物业服务投诉调处制度、违规行为整改制度、失信联合惩戒制度等，从而规范业主委员会活动，维护业主合法权益。最后，通过与居民委员会、街道办事处、住房行政管理部门、物业协会、物业调解委员会、法院诉讼调解中心、和解中心、公安部门等建立多方联动工作机制，采用诉源治理模式，解决物业纠纷，将矛盾化解在基层，[2]实现和谐小区建设，促进"和美网格"创建，推进国家基层治理体系和治理

---

〔1〕《天津：党建先锋引领，社区治理有了"主心骨"》，载 http://www.rmlt.com. cn/2023/0416/671189.shtml，访问日期：2023 年 5 月 9 日。

〔2〕参见《演讲词》（2022 年 6 月 16 日）。

能力现代化建设。

　　因此，要推进"和美网格"建设、进行小区业主自治，需要国家、政府、社会、业主大会和业主委员会以及业主个人等共同努力，通过修订《物业管理条例》，制定业主大会和业主委员会专门性法律规范，完善业主大会和业主委员会自治规范，形成业主大会和业主委员会的监督机制、业主大会和业主委员会规范的备案机制，让业主大会和业主委员会依法依规进行自我服务、小区治理，进一步推进基层治理现代化建设。

第二十八章

当今乡村松散型宗族的组织和行为规范

——以塘尾朱氏宗族为对象

引　言

宗族为同一父系的家族。中国固有社会具有鲜明的宗法性特征，宗族、家族在社会生活中一直占有重要地位，发挥着重要作用。宗族通过族规家法等宗族规范控制全族人员，调整宗族内部的各种关系，维持宗族内部的秩序，处理本宗族与外族的关系。

宗族在当代中国乡村仍有一定的影响。宗族规范在建设文明乡村、改善基层治理中具有重要的作用。国家法律法规政策为家风、家教、家训等宗族规范发挥作用提供了依据。《法治社会建设实施纲要（2020—2025 年）》提出要促进社会规范建设："充分发挥社会规范在协调社会关系、约束社会行为、维护社会秩序等方面的积极作用。"《乡村振兴促进法》第 30 条提出："……创建文明村镇、文明家庭，培育文明乡风、良好家风、淳朴民风，建设文明乡村。"《家庭教育促进法》第 15 条提出："……树立和传承优良家风，弘扬中华民族家庭美德，共同构建文明、和睦的家庭关系……"2021 年 4 月中共中央、国务院印发的《关于加强基层治理体系和治理能力现代化建设的意见》提出："……注重发挥家庭家教家风在基层治理中的重要作用"。中共中央、国务院 2019 年 10 月印发的《新时代公民道德建设实施纲要》提出"发挥社会规范的引导约束作用"；"要发挥各类群众性组织的自我教育、自我管理、自我服务功能，推动落实各项社会规范，共建共享与新时代相匹配的社会文明"。中共中央办公厅、国务院办公厅 2017 年 1 月印发的《关于实施中华优秀传统文化传承发展工程的意见》提出"挖掘和整理家训、家书文化，用优良的家风家教培育青少年"。2020 年 3 月中央全面依法治国委员会印发的《关于加强法治乡村建设的意见》提出"宣传优秀传统道德文化，传承良好家风家训"，用嘉言懿行垂范乡里。

塘尾朱氏宗族为塘尾村内的大宗族。塘尾朱氏宗族人数众多，在塘尾村 13 个村民小组中，除 1 个村民小组为曾姓外，有 12 个村民小组的村民以朱姓为主。12 个村民小组的村民共同构成了塘尾朱氏宗族这一庞大的松散型宗族。所谓松散型宗族也即内含多个小房族、以一个村的多数人口为基础或横跨多个村的同一父系的宗族组织。由于规模较大，族人之间联系不多、全族性的活动较少，因而本章称之为松散型宗族。

塘尾朱氏为朱熹后人，300 年前由梅州长乐迁至塘尾村。多年来，通过建祠堂、修族谱、祭祖先、创协会等方式，塘尾朱氏深挖朱氏祠堂文化精髓、传扬古风家训、传承朱子理学，有效发扬朱子文化，改善了宗族自治效果。由于朱子文化特色鲜明，传统文化得到有效传承，村居文明程度较高，塘尾村曾被评为"广东省文明村"（2016 年）和"广东省家庭文明建设示范点"（2018 年）。[1]

在开展传家训、建祠堂、修族谱、拜祖先、创协会等宗族活动过程中，塘尾朱氏宗族自觉遵循着家规家训、祠堂规范、修谱规范、祭祖规范等宗族规范。这些宗族规范是礼法传统的现代传承与礼法精神的制度呈现，是塘尾村村庄治理的重要规范依据和规范标准，是塘尾朱氏宗族传家训、建祠堂、修族谱、拜祖先、创协会的正当化根据和行动指南，是塘尾村全体朱氏后裔共同遵循的秩序体系和行为准则。

宗族规范为大亚湾区社会自治规范的组成部分，是一种重要的民间自生的自治规范。对宗族规范以及以宗族规范为基础的宗族自

---

〔1〕　塘尾村位于大亚湾区西北面，毗邻惠阳区淡水街道，辖区总面积 4.5 平方公里，下辖聚合、墩顶、新屋、横跨、石一、石二、老围、茶壶耳、松山下、沿湖、海隆、珠古石、富口等 13 个村民小组。塘尾村全村户籍人口 2815 人，常住人口 4647 人。参见《塘尾村基本情况》，塘尾村村民委员会提供，2023 年 2 月 15 日。按照学术惯例，本章的一些人名进行了化名处理，特此说明。

治实践展开调查和总结，对于我们充分认识宗族规范在基层社会自治中的积极价值、全面理解传统社会组织自治规范的现代传承和发展，不断推进基层治理体系和治理能力现代化具有重要的意义。

为了准确把握当今乡村宗族规范的实际运行状况和实际发挥的作用，我们于 2021 年 10 月 16 日、2022 年 7 月 7 日至 8 日、7 月 10 日、7 月 14 日、7 月 21 日、2023 年 2 月 15 日、2 月 18 日至 19 日、5 月 19 日，先后多次到塘尾村就当地的朱氏宗族规范及其运行状况进行调研。我们参观了塘尾朱氏宗祠，查阅了塘尾朱氏族谱，收集了塘尾朱氏资料，参加了塘尾朱氏祭祖活动，访问了塘尾朱氏族人、村"两委"（党总支、村委会）干部、村民、村治安联防队员等，对宗族规范这一自治规范及其在宗族自治中的作用有了初步的了解和感受。

本章以塘尾朱氏宗族规范为对象，对当今乡村松散型宗族的组织和行为规范的来源、内容、遵行和实践价值进行初步探讨，以进一步丰富对大亚湾区自治规范的认识。

一、松散型宗族的组织和行为规范的来源

塘尾朱氏宗族的组织和行为规范是一种以传统延续为底色、以现代自生为补充的自治规范。这种规范主要来源于数百年前形成的固有规范。在此基础上，这种规范与现代社会相适应生发出了部分新的内容。具体而言，塘尾朱氏宗族的组织和行为规范的来源可分为以下两方面：

一方面，宗族的组织和行为规范主要是一种传统延续型规范，这种规范主要来源于历史上形成并延续至今的习惯规范。塘尾朱氏宗族所遵循的宗族组成规范、宗族职责规范、家规家训、祠堂规范、修谱规范等主要源于数百年前朱氏先人生活经验的积累、固化和传承，数百年来变化较少。例如，作为塘尾朱氏宗族行为规范重要组成部分的朱子家训诞生于朱氏先人朱用纯（朱柏庐）之手，阐明了修身齐家之道，三百余年作为治家格言和行为准则被代代传衍和遵行。

另一方面，宗族的组织和行为规范基于其自适应性，生发出新

的内容。除作为先人集体生活经验结晶的传统延续型规范，作为今人共同实践经验结晶的当代社会新生规范也是塘尾朱氏宗族的组织和行为规范体系的重要组成部分。前者主要源于朱氏先人年复一年地制度化了的行为模式，为塘尾朱氏宗族规范的基础和框架；后者主要源于朱氏后裔基于现实所需的能动创造，为辅助性规范。在塘尾朱氏宗族的组织和行为规范中，家规家训、祠堂规范、修谱规范主要是历史上形成而延续至今的宗族规范，宗族组成规范、宗族职责规范主要为历史性规范但同时包含了当代新生内容，协会规范主要为与现代因素相结合产生的宗族规范。以永裕公益协会章程为例，该章程为塘尾朱氏宗族基于当代国家社会组织管理法律法规和政府监管要求而创制的新型宗族组织和行为规范。永裕公益协会章程的制订使得传统的塘尾朱氏宗族自治模式具备了国家法意义上的合法性基础，使得相沿成习的历史规范产生了适应性变化，避免了传统宗族规范与当代国家法律的冲突。

　　总体而言，塘尾朱氏宗族的组织和行为规范以血缘为联结纽带，以同姓共祖为思想基础，主要为塘尾朱氏宗族数百年来自治经验的制度化呈现，为塘尾朱氏宗族控制族人、调整族内关系、维持族内秩序、处理族际关系的历史经验结晶。同时，在新的外部因素的刺激下，塘尾朱氏宗族的组织和行为规范产生了自适应变化，生发出了新的补充性规范，使得作为传统规范的组织和行为规范能够在当代社会继续发挥作用。

二、松散型宗族的组织和行为规范的内容

　　根据规范作用之不同，塘尾朱氏宗族实际遵循的规范可分为组织规范和行为规范两种类型。前者主要是有关宗族的组成结构、职责权限、活动范围的规范，后者主要是有关宗族的职权行使、运作以及族人活动的行为规范和行为准则。塘尾朱氏宗族的组织规范就朱氏宗族的机构组成、职责权限、活动范围以及塘尾村村"两委"的相关职责进行了规定。塘尾朱氏宗族的行为规范就祠堂管理维护、族谱修葺、祖先祭拜、族人行为等事宜进行了规定。

（一）宗族的组织规范

根据塘尾朱氏宗族的组织规范，塘尾朱氏宗族不设专门族长和族老，组织形式以自由松散为特质。因为组织机构松散，塘尾朱氏宗族活动的组织开展主要依靠族内热心人士与村"两委"。塘尾朱氏宗祠重建（筹建）委员会主任、塘尾村朱氏宗族族谱《塘尾朱氏永祜公源流》主编朱学炜提道：

说句不好听的，很多人不重视，不管理。2012 年搞好（祠堂），十年了，也花了一些钱。祠堂搞了十多年，都没有组织机构。我想成立一个宗祠会，上面不同意，不能搞宗族。后来和他们协商，我亲自来组织搞了一个宗族的组织，通过上面的批准，成立一个公益协会。[1]

塘尾朱氏宗族开展活动往往需要依靠族内热心人士以及临时成立的组织。例如，为了重建塘尾朱氏宗祠，塘尾朱氏宗族在乡贤朱熠松、朱稳武等人的推动下成立了塘尾朱氏宗祠重建（筹建）委员会；为了重修族谱，塘尾朱氏宗祠在热心族贤的推动下成立了《塘尾朱氏永祜公源流》编撰委员会。族内热心人士、族贤、重建（筹建）委员会、编撰委员会等族内各类组织和个人在塘尾朱氏宗族的自我治理中发挥着举足轻重的作用，是塘尾朱氏宗族自我治理的主要担纲者。

为了更好地将族人组织、凝聚起来，营造孝老敬亲、扶贫助弱的氛围，常态化地服务族人、开展宗族活动，塘尾朱氏宗族在族内热心人士朱建设以及族谱主编朱学炜、塘尾村村委会原主任朱常易、塘尾村乡贤朱熠松、朱稳武等热心族人的推动下，以塘尾朱氏祖先永祜公的名号申请成立了惠州大亚湾区永祜公益协会。2022 年 3 月 10 日，永祜公益协会的成立申请正式获得大亚湾区民政局的批准。

永祜公益协会的首任会长为塘尾村村委会原主任朱常易，秘书

---

[1] 朱学炜访谈录，2022 年 7 月 14 日。

长为协会发起人、族内热心人士、沿湖村民小组原组长朱建设。朱常易会长现年 72 岁，在族内有着较高的威望。朱建设秘书长现年 46 岁，是协会的实际负责人与协会成立工作的主要推动者。永祜公益协会的主要成员与族谱编撰委员会成员的重合度较高，朱常易、朱建设等均为族谱编撰委员会成员。协会发起人之一、族谱主编朱学炜老人回顾了永祜公益协会会长的产生方式：

> 我让书记的父亲来当董事长（会长）。我说，你要不当会长我都不给写（材料），因为朱氏宗族的材料都是靠我写。现在呢，你就是会长了。我就退了，我什么都不要，副会长也不要。[1]

伴随着永祜公益协会的成立，塘尾朱氏宗族制定了《惠州大亚湾区永祜公益协会章程》《惠州大亚湾区永祜公益协会选举办法》《惠州大亚湾区永祜公益协会会费标准和管理办法》等适用于永祜公益协会的组织规范与活动规范。其中，《惠州大亚湾区永祜公益协会章程》字数多达万字，内容较为细致。由于永祜公益协会正式活动较少，该章程的多数条款目前尚处于待激活状态。当然，章程中有关理事会的规范产生了一定的实效。以下为《惠州大亚湾区永祜公益协会章程》中有关理事会规定的摘录：

第二节　理事会

第二十六条　本会设理事会。理事会由会长、副会长、秘书长（选任制）、理事组成。理事会为会员大会的执行机构，依照会员大会的决议和本会章程的规定履行职责。理事会任期 4 年。根据会员大会的授权，理事会在届中可以增补、罢免部分理事，最高不超过原理事总数的五分之一。

第二十七条　理事会的职权是：

（一）筹备和召集会员大会，负责换届选举工作；

（二）执行会员大会的决议，并向会员大会报告工作；

---

［1］　朱学炜访谈录，2022 年 7 月 14 日。

（三）选举会长、副会长、秘书长；

（四）决定本会具体的工作业务；

（五）向会员大会报告工作和财务状况；

（六）拟定本会的年度财务预算方案、决算、变更、解散和清算等事项的方案；

（七）制订本会章程修改草案和增（减）注册资金的方案，提交会员大会审议；

（八）决定提前或延期换届；

（九）审议年度工作报告和工作计划；

（十）审议年度财务收支预算、决算；

（十一）决定本会各内部机构、分支机构、代表机构的设立、变更和终止，并领导各机构开展工作；

（十二）决定新申请人的入会和对会员的处分；

（十三）聘任或者解聘聘任制秘书长，决定本会分支机构主要负责人；根据秘书长提名，聘任或者解聘副秘书长和本会办事机构、代表机构主要负责人，决定其报酬事项；

（十四）制订本会内部管理制度；

（十五）表决其他重大事项。

第二十八条　理事会原则上每半年至少召开一次会议，由会长召集和主持。会长因故不能出席会议的，由会长授权的副会长或秘书长主持。召开理事会会议，会长或召集人需提前 3 日通知全体理事并告知会议议题。理事会须有三分之二以上理事出席方能召开，其决议须经到会理事三分之二以上表决通过方能生效。理事会应当对决议形成会议纪要，出席会议的理事应当在会议记录上签名，并向全体理事公告。

第二十九条　五分之一以上会员、三分之一以上理事或监事会提议召开临时会议的，会长应当 5 个工作日内召集和主持理事会会议；会长认为必要时，亦可召集和主持临时会议。

会长不能或不召集和主持的，由副会长召集和主持；副会长不能或不召集和主持的，由提议召集人推举一名负责人召集和主持。五分之一以上会员或三分之一以上理事联名提议召开理事会临时会议时，应提交由全体联名会员或理事签名的提议函。监事会或监事提议召开理事会临时会议时，应递交由监事会盖章或过半数监事签名的提议函。提议召开理事会临时会议的提议者均应提出事由及议题。

第三十条　理事会会议，应由理事本人出席。因故未能出席的理事，可以书面委托他人出席，代理人应当出示授权委托书，在授权范围内行使表决权。每名代理人只能接受一份委托。

根据塘尾朱氏宗族的组织规范，永裕公益协会的主要职责包括开展宗族活动、助学助困、慰问老人等。朱学炜提到，协会的主要职责和作用"一是为了宗祠，二是做慈善，就是说对于老弱病残的人要帮扶，还有对于读书有成的要奖励"。[1]协会负责人朱建设提到，协会的主要任务是助学、慰问老人、扶助特困户：

协会主要任务是助学、慰问老人和特困户。塘尾有一些家庭，其实没什么收入，吃饭的人多，劳力少。比如说，目前朱古石有一个五十多岁的，他本来就精神上有些问题，没有小孩，劳动力弱，生活困难。当时我去那边找朋友玩，刚好看到，觉得这家庭要怎么活。住在政府帮他盖的小小的房子，（虽然）住的问题解决了，（但是）每个月领三四百低保，生活来源还是困难。（此外）当兵的、考学考得好的，奖励他们。当兵的这些人，最值得我们去尊重，他们保卫国家。[2]

塘尾村党总支书记、村民委员会主任朱伟奇从村"两委"的角度谈及了永裕公益协会的职能：

基金会（永裕公益协会）重点还是筹备资金，帮助有需要的人，建设有需要的设施。通过这个基金会，发挥乡贤对我们村的治理作用。比如说，在村里面影响力大一点的、受村民尊重的、说话有影

〔1〕 朱学炜访谈录，2022 年 7 月 14 日。
〔2〕 朱建设访谈录，2022 年 7 月 7 日。

响力的乡贤，可能会帮我们把握一下政策上的问题，比如在人居环境整治、村规民约这一块，使它们施行得比较好。[1]

《惠州大亚湾区永秸公益协会章程》对永秸公益协会的职能范围进行了具体规定。以下为章程中有关协会职能部分的摘录：

第九条　本会的业务范围：

（一）调查核实社会弱势人群的基本情况，唤起社会对弱势人群的关心与帮助。

（二）组织会员利用业余时间开展活动，不计报酬，服务社会。

1. 组织人力参与扶贫、帮困、助残、救灾、失学儿童献爱心等慈善公益活动；

2. 开展深入敬老院、福利院、康复中心等服务基地，为孤寡残弱群体提供生活服务、医疗保健、文化娱乐等各项活动；

3. 参与社区建设、环境保护、献血、交通和消防宣传等志愿性公益活动；

4. 社会突发性灾难事件的人道救助；

5. 参与国家相关公益宣传的主题活动；

6. 其他有助于唤醒社会助人风尚、共建和谐社会的公益活动。

（三）积极完成上级管理机构交办的义务服务工作。

（四）促进良好的社会风气和健康和谐的人际关系，推动社会主义精神文明建设。

以上业务范围涉及法律法规规章规定须经批准的事项，依法经批准后方可开展。[2]

不同于根据行政命令和政府意志成立的社会组织，永秸公益协会是民间自发产生的社会组织，其成立与运行主要靠奉献精神、有热情、有能力的朱建设等朱氏热心族人。相比于塘尾朱氏宗祠重建委员会、族谱编撰委员会、祭祖活动组织者等临时性机构，永秸公

---

〔1〕朱伟奇访谈录，2022年7月7日。

〔2〕《惠州大亚湾区永秸公益协会章程》，塘尾村村民委员会提供，2022年7月7日。

益协会是一个长期存在的宗族组织机构。

由于疫情防控的原因，截至 2023 年 2 月 15 日，永祜公益协会尚未召开过全体会员大会，未组织开展过大规模的宗族活动。[1] 2023 年 2 月 16 日，永祜公益协会召开了首次理事会会议。会议参加人员主要为理事会会长、副会长、理事会成员以及各村民小组组长（相当于塘尾朱氏宗族之下的各小房族族长），共 20 余人。大会就 2 月 19 日的祭祖活动筹备细节进行了讨论和安排。[2]

此外，塘尾村近年来有六七百位村民迁居香港。在香港的朱氏后人成立了香港塘尾朱氏宗亲会。香港塘尾朱氏宗亲会曾组织在港族亲返乡参加祭祖活动、朱氏宗祠成立庆典活动等重要宗族活动。2020 年至 2022 年，因疫情防控原因，香港塘尾朱氏宗亲会未能回到塘尾村参加宗族活动。

值得一提的是，根据实践中实际发挥作用的塘尾朱氏宗族组织规范，塘尾村村"两委"在朱氏宗族自治实践中扮演着不可或缺的角色。塘尾村村"两委"班子组成人员与塘尾朱氏宗族主要负责人的重合度较高，村"两委"班子的 7 位成员均为塘尾村朱氏族谱的编撰人员或永祜公益协会的组成人员。在永祜公益协会的成立、塘尾朱氏宗族活动的开展、塘尾村申报塘尾朱氏宗祠为大亚湾区不可移动文物与文化祠堂示范点等重要工作中，塘尾村村"两委"均发挥着不可或缺的作用。塘尾朱氏宗祠重建委员会主任、塘尾朱氏族谱主编朱学炜直言：

> 宗族活动靠村委会，主要是村委会在搞、在组织。他们村委会搞过朱子家训活动，他们村委会比较清楚。村委会做的多一些。[3]

由于塘尾朱氏宗族的组织形式较为松散、永祜公益协会在一段时间内没有正式运行，塘尾村村"两委"在多数情况下负责组织和开展宗族相关活动。例如，2022 年 6 月 18 日塘尾村在塘尾村村委会

---

〔1〕 朱柏松访谈录，2023 年 2 月 15 日。
〔2〕 朱洲访谈录，2023 年 2 月 18 日。
〔3〕 朱学炜访谈录，2022 年 7 月 14 日。

四楼中心开展了"传承好家风、弘扬好家训"朱子家训解读活动，为36位妇女儿童培训家风礼仪、讲解朱子家训。此外，塘尾村村委会与大亚湾区西区街道妇联等外部主体加强沟通协作，引进外部主体共同开展活动。2017年10月以来，塘尾村村"两委"配合大亚湾区西区街道妇联，面向塘尾村民实施了"打造朱子学堂传扬古训家风"家庭文化建设项目，通过开办少儿经典颂唱班、成立中华传统礼仪班、成立太极文化服务队与朱子学堂导赏服务队、举行家风建设系列讲座、组织家风情景剧表演、开展家风文化社区建设系列活动、组织"优良家规家训家书"征集评选活动、举办少儿"游宗祠，学家训"活动、开展百人诵读《朱子家训》活动、组织亲子学堂活动、举办朱子礼仪教育活动等方式挖掘和传承朱子文化，提升家庭文化建设效果。[1]

永裕公益协会秘书长朱建设谈及了其对村"两委"开展相关活动的看法：

> 继续发扬朱子家训，我看村委会也非常注重。不知道是村委会弄的还是街道办弄的，经常会组织我们村里面的人学习朱子家训。村里面这个做得非常好，我经常表扬他们。其实朱子家训并不只是我们朱家人的，而是成为国粹了。周边的人都在学习，我们作为他的直系，更应当去表率去学习。[2]

总体而言，长期以来塘尾朱氏宗族组织的形式较为松散，在塘尾朱氏宗族规范的实施以及按照宗族规范开展传家训、建祠堂、修族谱、拜祖先、创协会等工作的过程中，族内热心人士、族内临时性组织以及塘尾村村"两委"均发挥着重要作用。2022年3月永裕公益协会的成立提升了塘尾朱氏宗族的组织化、规范化程度。当然，永裕公益协会刚成立不久，未来永裕公益协会的运行效果如何，尚有待观察。

---

〔1〕《打造朱子学堂 传扬古风家训——大亚湾西区塘尾村家庭文化建设项目文化册》，塘尾村村民委员会提供，2021年10月16日。

〔2〕朱建设访谈录，2022年7月7日。

（二）宗族的行为规范

塘尾朱氏宗族的行为规范规定了朱氏宗族的日常运行和朱氏族人的言行举止，为塘尾朱氏宗族组织开展活动提供了行为准则。塘尾朱氏宗族的行为规范主要包括家规家训、祠堂规范、修谱规范、拜祖规范等。

1. 家规家训

塘尾朱氏宗族将"诚意正心传后裔，格言家训守前人"视为本宗族的祖训。"诚意正心传后裔，格言家训守前人"这一格言原本并非塘尾朱氏的祖训，但在修族谱的过程中，族谱主编朱学炜将其从众多格言中提取出来，写入族谱扉页，将其明确为塘尾朱氏祖训。朱学炜向我们介绍了其将这一格言提取出来作为祖训的原因：

就是说，我们的朱氏文化，虽然它没有说那是祖训，但是我把它从中提出来当祖训。"诚意正心传后裔"，我的理解就是我们这里的老祖宗教育我们做人要诚意、正心。要怎么传后裔呢？我理解要"格言家训守前人"。宗祠里面所有的对子都是老祖宗留下来的，不是新创的。[1]

作为塘尾朱氏家规家训最为精练的表达形式，"诚意正心传后裔，格言家训守前人"这一祖训在塘尾朱氏家规家训中处于总则性、引领性地位。塘尾朱氏族谱对这一祖训的含义进行了解释：

关于塘尾朱氏祖训问题。我们原宗祠内有对联（不含两副大门及神龛对联）共十副。除有关源流对联外，其中最核心的便是"诚意正心传后裔，格言家训守前人"这副对联。它是我们祖先对其后裔的殷切期望。诚意正心是儒家倡导的一种道德修养境界。正心，指心要端正，不存邪念为人正直刚正不阿。心得其正，则公正诚明；诚意，指意必真，既不欺人而又不自欺，做一个诚实守信的人。孔子云："人而无信，不知其可也。"诚信是为人之本。我们的上祖文（熹）公曾为"诚意正心"此四个字学习、践行一生。据《宋史·

---

[1] 朱学炜访谈录，2022年7月14日。

朱熹传》记，淳熙十五年（1188 年）59 岁时，六月召赴临安延和殿奏事："首言近年刑狱失当，狱官当择其人；次言经总制钱之病民及江西诸州科罚之弊。"有人劝说：孝宗厌闻"诚意、正心"之论。他回答说："吾平生所学，惟此四字，岂可隐默以欺吾君乎？"诚实守信是我们中国人的传统美德。自古以来恪守诚信是衡量一个人行为、品质和人格的标准，保持诚信的美德，是走向成功的基石。"诚意正心传后裔"是祖先要求我们后裔像文（熹）公那样学习践行一生，世世代代把诚意正心像传家宝那样传下去，"言行要留好样与儿孙"。"格言家训守前人"，"前人"指的是我们的上祖文（熹）公。我们的祖先要求其后裔恪守文（熹）公的家训和格言，只有这样才能做一个诚意正心的人。遵循文（熹）公的谆谆教诲，修心齐家，把每个人、每个家庭达至整个家族和睦共处，创造出一个和谐的社会。[1]

相比于"诚意正心传后裔，格言家训守前人"这一简洁的祖训，《文公家训》《家训》《家规》《劝世文》《人生》等朱氏宗族的其他家规家训的内容更全面、体系更为完整、涉及面更广。在塘尾朱氏族谱扉页、塘尾朱氏宗祠内的墙刻等处，《文公家训》《家训》《家规》《劝世文》《人生》均被写于或刻于显眼位置，以便族人了解与学习。此外，塘尾朱氏宗族在修建祠堂的过程中还在塘尾文化广场周围树立了"中华二十四孝"碑，以石刻画的形式为后人族人提供可视化的行为模范与行动准则。塘尾朱氏宗祠重建委员会主任朱学炜提道："文化广场那边有二十四孝，告诉我们要怎么尊老爱幼、孝顺啊，这是个榜样。"[2]

以下为刻于塘尾朱氏宗祠文德庭外墙的《文公家训》：

文公家训

君之所贵者，仁也。臣之所贵者，忠也。父之所贵者，慈也。

---

〔1〕 惠州《塘尾朱氏永祜公源流》编撰委员会：《塘尾朱氏永祜公源流》，塘尾村村民委员会提供，2022 年 7 月 7 日，第 556 页。

〔2〕 朱学炜访谈录，2022 年 7 月 14 日。

子之所贵者，孝也。兄之所贵者，友也。弟之所贵者，恭也。夫之所贵者，和也。妇之所贵者，柔也。事师长贵乎，礼也，交朋友贵乎，信也。见老者，敬之；见幼者，爱之。有德者，年虽下于我，我必尊之；不肖者，年虽高于我，我必远之。慎勿谈人之短，切莫矜己之长。仇者以义解之，怨者以直报之，随所遇而安之。人有小过，含容而忍之；人有大过，以理而谕之。勿以善小而不为，勿以恶小而为之。人有恶，则掩之；人有善，则扬之。处世无私仇，治家无私法。勿损人而利己，勿妒贤而嫉能。勿逞忿而报横逆，勿非礼而害物命。见不义之财勿取，遇合理之事则从。诗书不可不读，礼义不可不知。子孙不可不教，僮仆不可不恤。斯文不可不敬，患难不可不扶。守我之分者，礼也；听我之命者，天也。人能如是，天必相之。此乃日用常行之道，若衣服之于身体，饮食之于口腹，不可一日无也，可不慎哉！〔1〕

　　在祠堂内的墙面上，以对联形式存在的家规家训也随处可见。与篇幅较长的《文公家训》一样，对仗工整的对联同样为朱氏后人提供了行为标准。例如龙福厅内的石刻对联对朱氏子孙提出了尊祖敬宗、读书积善、不碍纲常大节、毋忘孝友友先、克勤克俭、惟读惟耕等具体要求。以下为塘尾朱氏祠堂龙福厅内的对联：

　　朱氏宗祠龙福厅室内对联
　　1. 萃兰桂于一堂序昭序穆，祀祖宗于百代报德报恩
　　2. 要好儿孙须从尊祖敬宗起，欲光门第还自读书积善来
　　3. 修身齐家不碍纲常大节，继志述事毋忘孝友先声
　　4. 溯祖德宗功奕叶簪缨推望族，汇兰孙桂子万年诗礼继先声
　　5. 守祖考一脉真传克勤克俭，教儿孙两行正路惟读惟耕〔2〕

　　以对联、书写、石刻等形式流传的塘尾朱氏家规家训是直接适

---

〔1〕　惠州《塘尾朱氏永祜公源流》编撰委员会：《塘尾朱氏永祜公源流》，塘尾村村民委员会提供，2022年7月7日，第76页。
〔2〕　《朱氏宗祠龙福厅室内对联》，塘尾村村民委员会提供，2022年7月21日

用于塘尾朱氏子孙个人的宗族规范，为每一位塘尾朱氏子孙提供了具体的行动标杆、行动标准和行为指南，是塘尾朱氏宗族规范的重要组成部分。

2. 祠堂规范

塘尾朱氏宗祠规范分别规定了祠堂的修建事宜以及在祠堂内开展活动的事宜。根据塘尾朱氏宗祠规范有关祠堂的修建事宜的规定，祠堂的修建应当由宗祠重建（筹建）委员会负责。宗祠重建委员会重建祠堂须坚持传承原则，以原中轴线为基准，尽量保持原有祠堂布局。根据朱氏宗祠规范，重建委员会的职位设置包括总顾问、顾问、总指挥、总策划、主任、副总指挥、副主任、委员、理事、策划助理等。宗祠重建委员会的具体组成人员与族谱编撰委员会大致相同，多为朱氏宗族的族贤。其中宗祠重建委员会总顾问为惠州市人大常委会副主任朱容山，顾问为塘尾村村民委员会原主任朱常易，总指挥为企业家、乡贤朱熠松，总策划为企业家、乡贤朱稳武，主任为退休干部朱学炜，副主任为塘尾村时任党总支部书记朱厚岱等族贤，副主任为海隆村民小组原组长朱洲等族贤，委员、理事为沿湖村民小组组长朱建设等族贤。根据不成文的职权规范，总指挥、总策划在资金捐赠、工作推进方面须发挥主导作用。其中，总指挥须统筹推进资金筹集、工程建设、邀请书法家题字题词、组织重光盛典等各项工作。

根据塘尾朱氏宗祠有关在祠堂内开展活动的规范，婚丧喜事等不能在祠堂内举办。可在祠堂内举办的活动为正月末的全族祭拜活动。塘尾村党总支部书记朱伟奇介绍了祠堂内的活动规范：

> 我们这个祠堂不能算是宗祠。因为我们这个祠堂比较特别，人老了过世的人不能放在那里，小孩子男丁出生也不会在那里点灯。只是每年农历正月三十，全村在祠堂那里上一下香，搞一个简单的仪式。这是传承下来的。所以，你说我们像一个宗祠，又不是一个宗祠。其实只是我们朱氏的一种信仰，是缅怀祖先的一个地方，不

要把祖宗忘了，就这么简单。平时也没什么活动。[1]

根据塘尾朱氏祠堂规范有关在祠堂内开展活动规范的规定，与祠堂相关活动的活动承办人通常应为塘尾村村"两委"。塘尾村村"两委"须按照约定俗成的祠堂规范，定期或不定期地面向塘尾村民举行朱子文化传扬活动，促进传统优秀文化的现代传承。

塘尾朱氏祠堂规范为塘尾村朱氏宗祠的重建、祠堂相关活动的开展提供了具体依据和工作准则，是塘尾朱氏后人和塘尾村村民委员会等重建祠堂、开展活动的重要行动指南。

3. 修谱规范

在塘尾朱氏乡贤朱熠松、朱稳武等人的支持和推动下，塘尾朱氏宗族成立了族谱编撰委员会并于 2016 年 4 月完成了族谱修葺工作。在开展族谱编撰工作的过程中，编撰委员会所遵行的既有传统的修谱规范，也有注重根据时代变化新创的修谱规范。

根据修谱规范，族谱编撰委员会的组成人员包括总顾问、顾问、主任、常务副主任、委员。族谱编撰委员会下设族谱编辑部。编辑部成员包括主编、副主编、主编助理和编辑。其中，族谱编撰委员会总顾问为企业家、乡贤朱熠松，顾问为企业家、乡贤朱稳武以及惠州市人大常委会副主任朱容山，主任为塘尾村村委会原主任朱常易，常务副主任为企业退休干部朱学炜。族谱编辑部主编由族谱编撰委员会常务副主任朱学炜担任。副主编为塘尾村时任党总支部书记朱厚岱。主编助理、编辑由族贤以及各村民小组组长担任。在开展工作的过程中，族谱编撰工作人员遵循着传统但有新意的修谱规范。以下为族谱后记中提及的修谱规范：

在谱记中，一般原则是，在同辈分中，凡能分出长幼的，就从长到幼按顺序记载，若分不清长幼的，就不分先后……由于时代的局限，在以往的族谱中，受重男轻女封建思想影响，没有记载女丁。本族谱打破这一"传统"，凡是娶进来的媳妇，载明姓名，祖籍；凡

嫁出去的女丁，列明丈夫姓名（亦可加简历）和夫家祖籍、现住地址，方便外孙寻"根"。[1]

修谱规范是族谱编撰委员会确定编撰人员、开展族谱编撰工作、处理编撰问题的工作规程与操作指南，为塘尾朱氏宗族顺利完成族谱编撰工作提供了具体的规范指引。

4. 拜祖规范

虽然塘尾朱氏宗族的祖先祭拜活动频率较低、次数较少，但这些祭拜活动的开展也离不开规范的支撑。塘尾朱氏宗族的拜祖规范主要包括塘尾村层面的祭祖规范和村民小组层面的拜祖规范。其中，塘尾村层面的祭祖规范规定了塘尾朱氏宗族开展祭祖活动的日期、地点、参加人员、活动流程等，是村级层面的祭祖活动规范；村民小组层面的拜祖规范规定了村民小组祭祖活动的缘由、时间、地点、参加人员、活动流程等，是村民小组层面的祭祖活动规范。

根据塘尾村层面祭祖规范的规定，塘尾朱氏宗族须在每年农历正月最后一日（大月为农历三十，小月为农历廿九）在塘尾朱氏宗祠举行祭祖活动。据海隆村小组组长朱焙安介绍，塘尾朱氏宗族集体祭拜日期的老传统为正月初一，后来改为正月三十。在正月最后一日，塘尾村朱氏后人会在族内权威老人、热心族人的组织下，共同到朱氏宗祠祭拜朱氏祖先。塘尾村党总支部副书记朱挺毅提到，在年初二，塘尾朱氏后人也会到祠堂进行祭拜，其介绍道："年初二我们叫做'开年'，也是拜祠堂那里。"[2]此外，根据塘尾村层面的祭祖规范，朱氏族人不得在塘尾朱氏宗祠内举行红白喜事。以下为塘尾村村民委员会提供的塘尾村一年一度的祭祖活动流程规范：

乐师击鼓通神，奏大乐，奏小芸，主祭者就位，执事者就位。阳居后裔嗣孙人等俱就位。谊观世音娘娘本祠来龙神位天官赐。参神鞠躬。叩首，再叩首，三叩首。兴。谊外祖父母朱氏堂上始高增

───────────

〔1〕 惠州《塘尾朱氏永祜公源流》编撰委员会：《塘尾朱氏永祜公源流》，塘尾村村民委员会提供，2022年7月7日，第2页。

〔2〕 朱挺毅访谈录，2022年7月8日。

祖考妣之桉前。跪。叩首，再叩首，六叩首。兴。主祭者宜洗位。执事者传香。初上香，再上香，执事者提瓶祭酒累酒，初献酒，再献酒，叁献酒。献鲜花，献糖果，献素贡，献熟，献刚，献禄，献春茗，献财帛，衣冠冥币，执事者读祝章，祭文。化财帛焚祝章，礼毕择选，除神鞠躬拜。房房富贵，人人安康，老大之人添福寿，年青之人添丁又发财，鸣炮。[1]

除上述规范，塘尾朱氏族谱中的《祭祖》一文写明了祭祖的日期、祭祖辞、祭后土及坟基等规范，是塘尾朱氏宗族开展祭祖活动的详细规范。以下为《祭祖》一文：

祭祖

祭祖日期

每年祭祖日期为：农历正月最后一日，若月大为卅，若月小则为廿九。

祭祖辞

维

公元 　年，农历一月 　日之良辰，祠下子孙六大房人等，概于香港朱族中心会，俱具香品、茶酒、素贡、五牲、刚蜡、衣冠、香楮、财帛之仪。祭祭于始高曾祖考妣之案前而祝曰：

恭

维我祖，德厚流芳，宗功远庆，世泽传芳，基裘鹊起，富寿荣昌，凡子孙等瞻仰非常，届之春日，追报难忘，灵其有知，来格来尝，施维福荫，房房厚泽，世世其昌，房房富贵，富贵连房，并希庇佑，子孙发达，富寿荣昌，长发其祥，伏维。

尚飨

祭后土及坟基

---

[1]《祭祖流程》，塘尾村村民委员会提供，2023 年 5 月 19 日。

维

为山有神，为神有灵，护我先祖，福我后人，朱氏子孙，祭之春日，追报甚殷，朱氏子孙及香港朱族中心会人等，俱具香品、茶酒、素贡、五牲、刚蜡、衣冠、香楮、财帛之仪，祭祭于朱族之墓前而祝曰：

恭

维我祖，德厚流芳，宗功远庆，世泽传芳，基裘鹊起，富寿荣昌，凡子孙等瞻仰非常，届之春日，追报难忘，灵其有知，来格来尝，子孙等人，诚心诚意，拜扫我祖坟场，施为福荫，房房富贵，富贵连房，并希庇佑，子孙发达，富寿荣昌，长发其祥，伏维尚飨。[1]

在村民小组层面，塘尾村各朱氏村民小组通常会单独举行祭祖活动。塘尾村共 13 个村民小组，其中 12 个村民小组以朱氏后人为主体。这 12 个村民小组开展祭祖活动分别遵循着成文或不成文的祭祖规范。其中，海隆村民小组的祭祖时间为农历八月十五前后的周末、节假日等族人方便的时间。根据海隆村民小组的祭祖规范，集体祭祖活动由村民小组组长和热心族人负责组织。海隆村民小组的全体朱氏后人须在八月十五左右的祭拜时间到大亚湾区石化工业区附近的墓园祭祖、拜山、扫墓。海隆村民小组组长朱焜安介绍了该村民小组的祭拜规范：

一般我们在八月十五那天的前后，星期六、星期天啊，看时间，不一定是八月十五那天，看方便，香港的华人回来，我们一起。传统是这样，先拜老祖宗，再拜直接的祖宗。[2]

塘尾村的祭祖规范为朱氏后人祭拜祖先提供了方向指引，是塘尾村朱氏后人祭拜祖先的行为指南。通过口耳相传，祭祖规范在塘尾村朱氏后人心中不断扎根，提醒着塘尾村朱氏后人按照习惯规范

---

〔1〕 惠州《塘尾朱氏永祜公源流》编撰委员会：《塘尾朱氏永祜公源流》，塘尾村村民委员会提供，2022 年 7 月 7 日，第 550 页。

〔2〕 朱焜安访谈录，2022 年 7 月 10 日。

开展祭祖活动。

总体而言，塘尾朱氏宗族的组织规范和行为规范规定了塘尾朱氏宗族的机构组成、组织结构、职责权限、活动范围、职权行使、日常运行等，为朱氏后人提供了行事为人的准则，为塘尾朱氏宗族及塘尾村村"两委"开展传家训、建祠堂、修族谱、拜祖先、创协会等活动提供了一定的规范支撑，是塘尾朱氏宗族进行自我治理以及参与塘尾村的村庄治理的规范支撑和制度保障。

三、松散型宗族的组织和行为规范的遵行

塘尾朱氏宗族的组织和行为规范的遵行主要包括宗族组织规范的遵行和宗族行为规范的遵行两方面的内容。其中，宗族组织规范的遵行主要表现为塘尾朱氏宗族开展的创办永祜公益协会等活动。宗族行为规范的遵行主要表现为塘尾朱氏宗族按照祠堂规范、修谱规范、祭祖规范开展修祠堂、编族谱、拜祖先等实践以及开展传家训、树家风等朱子文化传扬活动，进行塘尾朱氏宗族的自我治理。塘尾朱氏宗族主导开展的修祠堂、编族谱、拜祖先、创协会等实践活动历史较远、影响较大、特色较多、口碑较佳，因而下文对之重点进行分析介绍。

（一）组织规范的遵行

由于缺少族长和专门的组织机构，数百年来塘尾朱氏宗族的组织规范主要由族内的热心人士、乡贤等负责实施。这一情况在专门的组织机构"永祜公益协会"成立之后得到了些许改变。

2022 年 3 月 10 日，在协会发起人、塘尾朱氏宗族热心人士朱建设等人跑了五十多趟后，永祜公益协会正式被大亚湾区民政局批准成立。之所以要成立永祜公益协会，朱建设介绍说：

有好几年了，一直有成立的想法，只是没行动。早在十多年前，我们在外面参加一些慈善协会、公益协会帮助困难的人，其实我们想到我们村也有一些困难的人。后来，在五六年前，我当时是沿湖（村民小组）村长，经常到村委，经过大家交流还是有必要成立公益协会。老书记说了一句话，刺痛我了。他说"老跑到外面搞（公

益），自己村里面也不去看一下"。我想也是，后来跟乡贤、朋友一讲，很多人还是有成立的想法，但是没有人去牵头、去带动。所以后来经过商讨，和老一辈的人沟通，他们也很有这种想法。只是大家不懂，或者是碍于申请牌照手续很复杂（所以一直没有申请成立）。后来经过商讨，我去跑跑腿，能帮得上忙的大家一起帮忙，就这么就整起来了。[1]

作为永祜公益协会的主要发起人之一，朱建设对公益协会的成立工作颇有热情，付出了较多精力与时间。朱建设的热情与积极源于其特殊的生活经历。朱建设提到，其幼年生活较为贫困，"我小时候没米下锅。当时这里靠天吃饭。有一年旱灾，我爸爸去村里借米去煮饭"。[2]在创办汽车修理厂、取得事业成功后，朱建设曾加入惠阳周潭公益协会等协会，担任副会长、理事等职务，积极参与助学、助残、慰问老人等活动。其幼年的生活经历以及事业有成后的公益活动经历是其积极牵头成立永祜公益协会并顺利完成成立工作的动力来源与能力保障。

永祜公益协会成立工作的推动者之一朱学炜从宗族的角度介绍了成立协会的原因："我们是这样想的，搞这个协会，第一恢复宗祠，第二为我们整个塘尾姓朱的做点事情。"[3]

塘尾村党总支部书记朱伟奇从朱氏宗族的角度介绍了成立永祜公益协会的原因：

我们宗祠的朱氏，除了塘尾，在上杨村有一个村小组，上田村有两个村小组也是姓朱的。而且塘尾村包含富口村民小组，但是富口又是姓曾的。所以我们成立永祜协会就是这个意思，永祜协会只管朱氏。[4]

据朱建设介绍，永祜公益协会的成立筹备工作耗时一年有余。

---

〔1〕 朱建设访谈录，2022 年 7 月 7 日。
〔2〕 朱建设访谈录，2022 年 7 月 7 日。
〔3〕 朱学炜访谈录，2022 年 7 月 14 日。
〔4〕 朱伟奇访谈录，2022 年 7 月 7 日。

在成立协会的过程中，朱建设主要负责办理登记手续、联络族内人员、推进日常工作等常规事务，塘尾村党总支部委员朱柏松主要负责整理撰写文字资料、对接政府相关部门等协助性工作。

在协会筹备工作中，塘尾村村委会为永祜公益协会筹备组提供了大量的支持。例如在场地方面，塘尾村村委会将村委会办公楼五楼的空房间免费提供给了永祜公益协会作为办公场所。以下为塘尾村村委会向大亚湾区民政局提交的证明：

证　明

兹证明我塘尾村石古背 33 号 501 房，面积约 20 平方米，房屋权属归塘尾村村民委员会，产权清晰无争议，不属违章建筑。现将501 房无偿提供给惠州大亚湾区永祜公益协会办公使用，使用日期由2021 年 11 月 20 日至 2025 年 11 月 20 日。情况属实。

特此证明

塘尾村村民委员会
2021 年 12 月 24 日[1]

根据《惠州大亚湾区永祜公益协会章程》，永祜公益协会的组织机构包括会员（代表）大会、理事会、监事会、秘书处等。其中，会员大会由全体会员组成，会员大会原则上每 4 年召开一次，采取无记名投票的方式议事表决。理事会为会员大会的执行机构，理事会由会长、副会长、秘书长、理事组成，依照会员大会的决议和协会章程的规定履行职责。理事会任期 4 年。根据会员大会的授权，理事会在届中可以增补、罢免部分理事，最高不超过原理事总数的1/5。监事会设监事长 1 名，监事 2 名。监事任期与理事任期一致，期满可以连任。监事会议原则上每 6 个月召开一次会议。秘书处负责处理协会日常事务性工作。秘书处办公会议各项议题应形成会议纪要，抄送理事会和监事会。

---

〔1〕《办公住所使用权证明》，塘尾村村民委员会提供，2022 年 7 月 7 日。

根据永裪公益协会章程，协会的收入来源包括：①按会员大会通过的会费标准收取的会费；②在核准的业务范围内开展活动或服务的收入；③利息；④自然人、法人或其他组织自愿捐赠；⑤政府购买服务或政府资助；⑥其他合法收入。其中，会费标准为：会长、副会长每年缴纳会费400元，秘书长、监事长每年缴纳会费300元，理事、监事每年缴纳会费200元，会员每年缴纳会费100元。

通过按照协会规范成立永裪公益协会，塘尾朱氏宗族提升了宗族的组织化程度，为宗族更好地组织祭祀、开展公益、服务族人、扶贫济困、举办活动、参与乡村治理提供了合法形式。[1]协会的成立是塘尾朱氏宗族改变传统组织规范施行模式的支撑点与突破口。

（二）行为规范的遵行

塘尾朱氏宗族行为规范的施行主要表现为传家训、建祠堂、修族谱、拜祖先等。多年来，与组织规范的施行类似，塘尾朱氏宗族的行为规范主要由族内热心人士（相当于族老）、乡贤、族人等自主实施。在永裪公益协会成立后，该机构在祭祖规范的实施方面发挥了重要作用。具体而言，行为规范的实施主要表现为以下几个方面：

1. 传家训

塘尾朱氏宗族及塘尾村村"两委"在实践中注重积极开展朱子文化传扬活动，组织村民群众学习家规家训等朱子经典，教导塘尾朱氏后人在日常生活中遵守家规家训，按照家规家训的要求行事为人。

自祠堂重建工作完成以来，以塘尾朱氏宗族的家规家训为基础，塘尾村村"两委"开展过的活动主要包括朱子家训解读活动、少儿经典颂唱班活动、中华传统礼仪班活动、朱子学堂游览活动、家风建设系列讲座活动、家风情景剧表演活动、家风文化社区建设系列活动、"优良家规家训家书"征集评选活动、少儿"游宗祠，学家训"活动、百人诵读《朱熹家训》活动、亲子学堂活动、朱子礼仪教育活动、本土朱子文化导师队伍培育活动等。这些活动主要由塘尾村村民委员会承办，活动地点为塘尾朱氏宗祠、塘尾村朱氏宗祠门前的文化广场、塘尾村村民委员会办公楼等。活动面向人员为塘

---

[1] 朱柏松访谈录，2023年2月15日。

尾村村民及部分外来参观者。在开展活动的过程中，塘尾村社工站的社工按惯例会在部分活动中协助塘尾村村民委员会开展工作。

此外，虽然塘尾朱氏没有族长，但在朱氏家规、家训、家风的长期熏陶和感染下，朱氏宗族的族内权威人员与热心人员有时会积极参与到纠纷解决过程中来，灵活运用朱氏家规、家训、家风的精神实质化解族人之间的矛盾纠纷，以实际行动践行家规家训。塘尾村沿湖村民小组组长（相当于沿湖朱氏族长）朱建设曾在 2019 年参与调解过两位朱姓族人之间的矛盾。据朱建设介绍，其解决纠纷的情况如下（事例一）：

事例一

2019 年上半年，两个人同桌喝酒，吵架了。都是塘尾的，一个是我们村小组的，一个是隔壁村小组的。一个是四十岁左右，一个是五十岁左右。他们喝完酒，两个人在微信群里吵架。第二天他们（村委）老早打电话给我说，你知道谁谁在吵吗？他们并没有主动找我去调解，我知道了之后，早上分别打电话给他们两个人。他们也说"没事，昨天晚上喝多了"。其实我们也没有帮到什么，主要是给对方一个台阶下。如果你不打过电话，他们可能会一直憋在那里。我打过去他们说，没事了兄弟、没事了兄弟。我猜测的吵架原因可能是年轻的不太尊重老的，老的可能有点儿生气，才会吵起来。[1]

通过开展传家训、树家风等朱子文化传扬活动以及运用朱氏家规、家训、家风的精神理念化解族人矛盾，塘尾村村"两委"和塘尾朱氏宗族有效促进了家规家训等宗族规范的传承与活化，提升了塘尾村的文明程度。

2. 建祠堂

塘尾朱氏宗祠建于清代早期。在过去，神龛曾被人为损毁、破坏。1979 年后，祠堂先后被车木厂、油坊、蔑竹加工厂占用，祠堂内的设施被破坏。后在原惠阳县文物部门的干预下，工厂企业迁出

---

[1]　朱建设访谈录，2022 年 7 月 7 日。

祠堂。在 2011 年之前，由于年久失修，祠堂部分木梁结构日渐腐朽。虽然塘尾朱氏后人曾对祠堂进行过小型维修，但终因资金不足等原因未取得显著效果。2011 年，在朱氏乡贤朱熠松、朱稳武的推动下，朱氏宗族按照祠堂规范成立了宗祠重建（筹建）委员会，发出维修倡议，筹集资金重建祠堂。重建委员会按照祠堂规范积极筹措资金，共筹得重建资金 2500 多万元。其中乡贤朱熠松、朱稳武分别捐款 1000 万元。

2011 年 7 月 27 日（农历六月廿七），在重建委员会的组织下，塘尾朱氏宗族举行了重建奠基兴工典礼。2012 年 12 月 9 日（农历十月廿六），祠堂重建工作最终完成，塘尾朱氏宗族举行了规模盛大的"惠州大亚湾塘尾朱氏永吉堂重光庆典"。宗祠重建委员会总指挥朱熠松回顾了祠堂重建过程：

在筹建期间我们筹建委员会做了大量的准备工作，发出了重建朱氏宗祠的倡议书，在倡议书引导下朱氏裔孙踊跃热心捐款支持重建宗祠工作，并由筹建委员会组织宗亲叔侄协调解决宗祠配套用地问题，得到宗亲叔侄的理解和支持，解决了原宗祠周边旧房土地问题，使重建宗祠配套项目用地顺利解决。塘尾朱氏宗祠在 2011 年 7 月正式动工兴建，宗祠重建工期历时十六个月竣工。[1]

重建后的塘尾朱氏宗祠建筑群占地近 1500 平方米，是塘尾村的文化标志。重建后的塘尾朱氏宗祠主要由 6 部分组成：一是永祜堂（塘尾朱氏老祠堂），为塘尾朱氏族人拜祭祖先的场所；二是"文德庭"，为弘扬塘尾朱氏先祖朱熹思想文化的场所；三是"龙福厅"，为祭祖会餐及接待客人的场所；四是"鲤跃龙门"，为祭祖会餐炊事盥洗的场所；五是"文化广场"，为瞻仰追思朱熹及传统思想文化教育的阵地；六是"鲤姆岭公园"，供游人休闲娱乐。宗祠四座建筑（永祜堂、文德庭、龙福厅、鲤跃龙门）用地面积共 48 000 平方米。在重建祠堂的过程中，塘尾朱氏注重遵循祠堂规范、传承原有的建

---

[1]《塘尾朱氏宗祠重建暨文化广场工程竣工总结会》，塘尾村村民委员会提供，2022 年 7 月 21 日。

筑风格，以原中轴线为基准，以原永袺为中心，保持了分金艮山兼寅不变，宗祠后天祖墙位置不变，天祖墙至前门中轴距离不变，门路水回不变，原祠内文化内容不变。[1]同时，扩充了廷兰公官厅旧址为"龙福厅"，将其作为祭祖时宗亲会餐及接待客人之场所；把朱子文化思想嵌入宗祠，新增了"文德庭"作弘扬先祖文（熹）公思想文化之场所；增加"鲤跃龙门"，作祭祖时饮事之用。[2]

重建塘尾朱氏宗祠是塘尾朱氏后人近年来开展的最为盛大、最为重要的活动。祠堂是联结族人的物理载体。通过重建祠堂，塘尾朱氏后人让朱子文化变得可看、可读、可听、可赏。目前，塘尾朱氏宗祠为大亚湾区不可移动文物、大亚湾区文化祠堂示范点。

3. 修族谱

虽然塘尾朱氏宗族曾编有旧族谱，但是"终因历史原因造成残缺不全或辈（世）际不清或遗漏或错误"。[3]在此情况下，在族贤朱熠松、朱稳武的倡议与资助下，塘尾朱氏宗族于2016年重新编撰了族谱。重新编撰后的族谱名称为《塘尾朱氏永袺公源流》。族谱主编为企业退休干部朱学炜。朱学炜于2004年从企业负责人的岗位上退休，2011年塘尾朱氏宗族邀请其返回塘尾村担任宗祠重建委员会主任与族谱主编。朱学炜回顾了其参与族谱编撰工作的情况：

他们叫我回来，帮帮忙，我考虑一下说好的。2011年回来做那个祠堂，2012年年底祠堂完工。我什么也不会的。回来之后，他们叫我当主任，协助他们做工作。我当时回来拿到一本族谱，原来之前我们上一辈的，我看到里面很多关于宗族的文化。但是那个很不全面。祠堂里面的那些文化都是很传统的。我在做祠堂的过程中，一边做宗祠，一边构思怎么把宗祠的那些文化搞起来。老书记的爸

---

〔1〕　惠州《塘尾朱氏永袺公源流》编撰委员会：《塘尾朱氏永袺公源流》，塘尾村村民委员会提供，2022年7月7日，第480页。

〔2〕《塘尾朱氏宗祠重光暨文化广场竣工庆典》，塘尾村村民委员会提供，2022年7月21日。

〔3〕　惠州《塘尾朱氏永袺公源流》编撰委员会：《塘尾朱氏永袺公源流》，塘尾村村民委员会提供，2022年7月7日，第1页。

爸主要负责全面，我主要是搞宗族的文化。通过学习，一边做一边写，我才了解朱熹的文化。我是朱熹的二十九世孙。[1]

在编族谱的过程中，朱学炜按照族谱编撰规范，全身心地投入族谱编纂工作，确保族谱内容全面、资料真实。为此，"白天，他翻山越岭，从上一辈老人的口述和只言片语的信息访亲寻根。晚上，他挑灯夜战，查阅研究地方志等各种历史文献。他还不停去走访村民，用录音机录下大家说的话，再根据录音进行整理、修改、补充"。[2]在此过程中，族谱编撰委员会注重严格按照族规祖训的要求，确定写入族谱的内容。例如，惠阳淡水船湖村的朱氏曾找到《塘尾朱氏永祜公源流》编撰委员会，希望船湖朱氏能被写入塘尾朱氏族谱。但族谱编撰委员根据祖规并未将惠阳淡水的船湖朱氏写入族谱。以下事例二记录了这一事件：

事例二

船湖朱氏宗亲曾几次找过我们（塘尾族谱编撰委员会）：听老一辈讲过，他们是塘尾珍公的后代，因船湖距塘尾太远，拜祭祖先有点麻烦，就接香火回船湖，不到塘尾拜祖了，要求将船湖列入我珍公世系。这是不可能的事，塘尾祖先有规定，不准接香火回各村屋的，要拜祖就只能到祠堂来拜。[3]

2016年4月，经过长达5年的编撰，族谱《塘尾朱氏永祜公源流》编撰工作最终完成并付梓印刷。印刷完成后，族谱编撰委员会为塘尾朱氏每家每户都派发了族谱。通过按照修谱规范纂修族谱，塘尾朱氏宗族以文字化的形式记载了塘尾朱氏宗族的历史图籍，保存传承了朱子文化。

---

[1] 朱学炜访谈录，2022年7月14日。

[2] 《塘尾村党建引领基层德治建设经验手册》，塘尾村村民委员会提供，2022年7月7日。

[3] 惠州《塘尾朱氏永祜公源流》编撰委员会：《塘尾朱氏永祜公源流》，塘尾村村民委员会提供，2022年7月7日，第556页。

4. 拜祖先

塘尾朱氏宗族的集体活动并不多。祭拜祖先是塘尾朱氏宗族的主要活动之一。根据祭拜祖先规范，塘尾朱氏宗族祭拜祖先活动可分为塘尾村层面的祭祖活动和村民小组层面的拜祖活动。塘尾村层面的祭祖活动为每年农历正月最后一日。每年农历正月最后一日（农历三十或廿九），朱氏后人会在族内权威老人、热心族人的组织下前往朱氏宗祠参加祭拜祖先活动。

2023年2月18日至19日，我们在塘尾村旁观了塘尾朱氏宗族的祭祖活动的事先准备和祭拜过程。祭祖活动内容主要包括乐师击鼓通神、奏大乐、奏小芸、参神鞠躬、向祖先六叩首、传香、献酒、献花、献糖果、献素贡、献熟、献刚、献禄、献春茗、献财帛、读祝章祭文、化财帛焚祝章、鸣炮等。祭祖结束后，在龙福厅和"鲤跃龙门"庭内做饭聚餐。

相比于塘尾村层面的集体祭祖活动，塘尾村12个朱姓村民小组的祭拜祖先活动次数更多。以海隆村民小组为例，集体祭祖活动由村民小组组长等族贤负责组织和协调。塘尾村治安联防队副队长朱常卫介绍了海隆村民小组的祭祖活动：

> 村小组有村小组的祭祖，大祠堂有大祠堂的祭祖。海隆村小组有祭祖。在中秋节前，村长发布，村民就去。村里面的男女老少都参与，村里一百三十人左右，全都到位。在活动之后，会一起吃菜。办活动是村民小组出钱。有钱的话就村里面出，没钱的话就村民集。中秋节祭祖一早上烧香拜完，拜完之后回来吃个饭。一般是到村长那里，就等于是族长。[1]

通过祭拜祖先，塘尾朱氏宗族后人能够在为数不多的活动中了解家族历史、传承朱子文化。对塘尾朱氏宗族而言，举办祭祖活动能增进族人之间的互动交流，提升宗族的凝聚力。

总体而言，通过按照宗族规范开展传家训、建祠堂、修族谱、

---

[1]　朱常卫访谈录，2022年7月7日。

拜祖先、创协会等宗族活动，塘尾朱氏宗族将其组织和行为规范由传统规范活化成了宗族自我治理的具体实践，推动了宗族规范的传承与创新。

四、松散型宗族的组织和行为规范的实践价值

以宗族组织规范和行为规范为基础的自我治理是一种以姓氏血缘为纽带的内生型自治、文化型自治。在这种自治模式下，宗族组织和行为规范的实施在实践中能够促进文化建设，提升村庄文明程度；提供祭祖场所，满足村民精神需求；活化传统文化，保育传统文化艺术精华；增进村民交流，提升村庄团结程度；促进德教德化，改善社会治理的微观基础。

第一，促进文化建设，提升村庄文明程度。作为一种以血缘为纽带的自治规范和文化型自治规范，塘尾朱氏宗族的组织和行为规范以朱子文化为内核，以朱氏宗族为主体，以朱氏宗祠为平台，以传家训、建祠堂、修族谱、拜祖先、创协会为外化形式。塘尾朱氏宗族组织和行为规范的有效实施为塘尾村村民了解朱子文化、学习朱子家训、掌握朱子礼仪提供了平台与机会，使得塘尾村民特别是朱氏后人在实践中自觉提升自身精神境界和道德品质，养成良好的行为习惯，提升自身文化修养，最终助力于村庄文明程度的提升。例如，塘尾朱氏宗族编撰的朱氏族谱开篇便是《朱熹家训》《朱柏庐治家格言》等家规家训。在族谱编撰完成后，塘尾村为每家每户都派发了族谱，使得人人能够持而学习，让村民在优秀的家风家训滋养中涵养良好的品格。村民文化品格的提升最终带来村庄文明程度的提升。在惠阳淡水经营企业的塘尾村朱氏乡贤朱稳武评价说："塘尾那个特点，是很和谐的。"[1]

第二，提供祭祖场所，满足村民精神需求。塘尾朱氏宗祠是塘尾村朱氏后裔寻根溯祖、拜祭祖先、团聚族人的重要场所。塘尾朱氏宗祠以祠联、堂匾、楹联、墙刻、碑刻等形式记载了塘尾朱氏的祖先业绩、姓氏郡望、家世渊源、迁徙路径，为塘尾朱氏提供了慎

---

〔1〕 朱稳武访谈录，2022 年 7 月 9 日。

终追远、寻根问祖的场所与载体。作为塘尾朱氏全体族人智慧和心血凝聚而成的产物，塘尾朱氏宗祠是永秸公裔孙团结奋进的象征，是朱氏后裔的精神寄托。根据朱氏宗族的行为规范，合力建成朱氏宗祠能够更好地留住塘尾朱氏后人的"乡愁"，满足村民的精神需求。塘尾村书记朱伟奇谈道，"我们朱氏这个文化，重点还是留住'乡愁'。重点就这一个"。[1]塘尾朱氏宗祠重建委员会主任朱学炜2011年7月27日在重建奠基仪式致辞中提道：

　　今天重建宗祠，让我们的先祖有一个更舒适的碑位，让我们全体族人拜祭祖先有一个更加宽松、优美的场所。让我朱氏裔孙追本溯源，褒扬我朱氏家族的先人事迹，传承我朱氏家庭的创业精神与文化，记录我朱氏家庭的发展历程，敬祖尊贤、激励后人。[2]

　　如今，根据塘尾朱氏宗族的行为规范建成的塘尾朱氏宗祠已成为全体族人祭拜祖先、学习文公思想、进行传统思想文化教育和休闲娱乐的理想场所。而且，塘尾朱氏宗祠实际上已成为塘尾村的一个公共活动场地。塘尾村村"两委"会在如今清明、元宵、重阳、端午、中秋等节日开展猜灯谜等活动，丰富村民的精神文化世界，满足村民的精神文化需求。

　　第三，活化传统文化，保育传统文化艺术精华。作为一种文化型自治，以宗族组织和行为规范为基础的自治过程实际上是一个运用传统文化、传承传统文化、活化传统文化的过程。传家训、建祠堂、修族谱、拜祖先、创协会等自治实践既是在满足今人的文化需求，也是在传承、活化传统先人的精神文化遗产。例如，在建祠堂的过程中，宗祠重建委员会按照祠堂规范在龙福厅门墙、廊檐、屏风上以丹凤朝阳、松鹤延年、喜上眉梢等花鸟瑞兽或弘扬诗书礼仪为题材刻画了图案。这种做法不仅能够展示雕刻、书法、彩绘等中国古典艺术之精华，而且还能够促进古典文化艺术的传承。在"鲤

---

〔1〕　朱伟奇访谈录，2022年7月7日。
〔2〕　《塘尾朱氏永吉堂宗祠重建奠基仪式的致辞》，塘尾村村民委员会提供，2022年7月21日。

跃龙门"庭，宗祠重建委员会在正面墙上刻上了能够彰显客家崇文重教的精神的"鲤跃龙门"浮雕，在激励子孙上进的同时促进了传统文化的有效传承。[1]

第四，增进村民交流，提升村庄团结程度。通过根据宗族组织和行为规范开展传家训、建祠堂、修族谱、拜祖先、创协会等宗族自治活动，塘尾朱氏宗族和塘尾村村"两委"促进了村民之间的面对面交流，利用血缘和文化优势凝聚了村民共识，促进了塘尾村村民在整体上成为一个具有文化特质的文化共同体，提升了村庄的团结程度。例如，惠州大亚湾区塘尾朱氏永吉堂重光庆典活动策划方案中提到，庆典活动的目标是"将本次重光庆典大会活动打造成为有特色的宗族互相交流、联谊的平台，为社会公益事业和宗亲事业作出积极的贡献，更是为塘尾朱氏永吉堂后裔光宗耀祖的一大盛事"。[2]特别是，永祜公益协会的成立在更大程度上联结了朱氏后人，加强了塘尾村组朱氏后人与上扬村、上田村等朱氏后人的交流和联结，取得了跨区域联结的效果。

第五，促进德训教化，改善乡村治理的微观基础。塘尾朱氏宗族组织和行为规范的实施，特别是家规家训等行为规范的实施，能够潜移默化地帮助朱氏子孙树立修身立德、勤俭持家、孝老爱亲、崇尚礼义、敦亲睦里、效法先贤、奋发读书、修身齐家、施才报国、为祖争光的理念，引导朱氏后人团结一致、奋发图强，实现德治教化的效果。例如塘尾朱氏宗祠文德庭内对着天井的墙上刻有朱熹手写的"诚信""正气"四个大字，能够为后人提供精神指引，有利于教化族人成为诚信、正义之人；文德庭内摆放着石刻的大"书"，书页上刻有朱熹《观书有感》《春日》，能够为后人提供精神标杆，教育朱氏后裔勤奋读书。海隆村民小组原组长朱建设谈及了其参与宗族集体祭祖活动的感悟，这一感悟在一定程度上是宗族行为规范所具有的促进社会教化功能的印证。以下为朱建设的感悟：

---

〔1〕《打造朱子学堂 传扬古风家训——大亚湾区西区塘尾村家庭文化建设项目文化册》，塘尾村村民委员会提供，2021年10月16日。

〔2〕《惠州大亚湾区塘尾朱氏永吉堂重光庆典活动策划方案》，塘尾村村民委员会提供，2022年7月21日。

有时候会学习一下祖宗的文化，悼念祖先。并不是说拜了就会保佑你。像你们（本文作者）更不会相信这个，我也不相信保佑。那我们为什么会去拜呢？主要是教育下一代，传承一种孝道。让下一代懂得最起码要尊重祖先，每年去惦记一下。我爸爸当年也是这么给我说，他说如果拜了就有了的话，你就不用去干活了。所以我也不相信。祭奠祖先，相信的人，他们求个心安；我们这些不相信的，能够带领子孙后代孝顺一下，走正道，懂得过年过节这些时候回来看看。给下一代有个传承。[1]

总体而言，通过按照宗族规范开展传家训、建祠堂、修族谱、拜祖先、创协会等自我治理实践，塘尾宗族、塘尾村村"两委"能够有效改善宗族自治效果，满足族人精神需求，保育传统文化艺术精华，提升村庄团结程度，改善社会治理的微观基础，能够更好地祭祖先之灵、激裔孙情志、敦亲和睦族、促宗族兴旺，提升基层社会自治质效。

结　语

从塘尾朱氏宗族当今的运行实践看，作为一种以姓氏血缘为基础的内生型、传统型自治规范，松散型宗族的规范在基层社会的自治实践中有着积极的价值和作用。这种规范能够将血缘优势与文化优势转化为自我治理的制度优势，促进文化传承与德育教化，改善乡村文明程度，提升乡村治理效能。当然，在宗族的地位和作用不如其传统地位和作用的情况下，作为固有文化一部分的宗族规范也面临着如何适应现代社会的问题。塘尾朱氏宗族族贤朱学炜感叹道："我们写得很好，但是做得不够好。我们的文化很好的，我们老祖宗朱熹的思想都没有流传下来。"[2]

为了更好地发挥宗族规范在当今乡村自治实践中的积极价值，政府有关部门和塘尾村村"两委"应当对通过宗族规范进行的自我

---

[1]　朱建设访谈录，2022 年 7 月 7 日。
[2]　朱学炜访谈录，2022 年 7 月 14 日。

治理给予必要的重视，为宗族积极作用的充分发挥提供政策支持与工作指导，对永祜公益协会等宗族自治实践中出现的新现象、新事物予以关注和支持。同时，政府有关部门和塘尾村村"两委"等基层治理主体应及时总结和全面分析宗族规范的主要特点、价值优势，探索可借鉴、可复制、可推广的宗族规范和宗族制度，将宗族规范打造成极富地域特色的德化、德教"名片"，以务实管用的方法引导宗族规范在良法善治之路上发挥更大作用。

第二十九章

慎终追远的当代宗族祭祖规范

—— 以塘尾朱氏为对象

引　言

世间百姓，人各有祖。祭祖是中国人祭祀的主要形式之一。《论语·学而》有言："慎终追远，民德归厚矣。"《礼记·祭统》曾说："祭者，所以追养继孝也。"《史记·礼书》曰："天地者，生之本也；先祖者；类之本也。"重视丧祭之礼，是中华文明的重要体现，是后代尽孝的应有之义。正所谓，为后裔者应知本木水源之意，追念而不忘其德。通过祭拜祖先，人们得以表达怀念之情，感念赋予生命之恩。

作为表达慎终追远的一种仪式性较强的自治活动，祭祖活动的顺利开展离不开祭祖规范的保障和支撑。通过严格按照祭祖规范进行言说和行动，宗族组织得以顺利将尊祖敬宗的理念外化为祭拜祖先的实践。国家法律法规政策为祭祖规范的存在和发挥作用提供了依据。《法治社会建设实施纲要（2020-2025年）》提出要促进社会规范建设，"充分发挥社会规范在协调社会关系、约束社会行为、维护社会秩序等方面的积极作用"。《大气污染防治法》第83条第1款提出，"国家鼓励和倡导文明、绿色祭祀"。《家庭教育促进法》第15条提出，"树立和传承优良家风，弘扬中华民族家庭美德，共同构建文明、和睦的家庭关系"。中共中央、国务院于2019年10月印发的《新时代公民道德建设实施纲要》提出，"发挥社会规范的引导约束作用"，"要发挥各类群众性组织的自我教育、自我管理、自我服务功能，推动落实各项社会规范，共建共享与新时代相匹配的社会文明"。中共中央、国务院于 2023 年 1 月 2 日印发的《关于做好二〇二三年全面推进乡村振兴重点工作的意见》提出，"推进农村丧葬习俗改革"。祭祖规范这一重要的社会自治规范在基层社会治理中发挥着一定的积极作用，对之予以必要重视符合国家法律法规和政策精神。

塘尾朱氏宗族为塘尾村及塘尾周边 5 个村民小组共同组成的大宗族。塘尾朱氏宗族人数众多，在塘尾村 13 个村民小组中，除 1 个村民小组为曾姓外，有 12 个村民小组的村民以朱姓为主。[1]此外，塘尾周边的上杨村、上田村的 5 个村民小组村民也为塘尾朱氏族人。[2]塘尾朱氏为朱熹后人，三百多年前由梅州长乐迁至现址。朱氏宗族为松散型宗族，所谓松

塘尾朱氏祠堂（2023 年 2 月 18 日摄）

散型宗族也即内含多个小房族、以一个村的多数人口为基础或横跨多个村的同一父系的宗族组织。由于规模较大，族人之间联系不多、全族性的活动较少，因而称之为松散型宗族。祭祖活动是塘尾朱氏宗族最主要的全族性活动。三百多年来，通过每年定期开展祭拜祖先的民俗活动，塘尾朱氏宗族有效弘扬了孝道，团结了朱氏族人，促进了传统文化的传承。在开展祭祖活动的过程中，塘尾朱氏宗族注重自觉遵循历史上形成而相沿至今的祭祖规范。这一规范是礼法

---

〔1〕 塘尾村位于大亚湾区西北面，毗邻惠阳区淡水街道，辖区总面积 4.5 平方公里，下辖聚合、墩顶、新屋、横跨、石一、石二、老围、茶壶耳、松山下、沿湖、海隆、珠古石、富口等 13 个村民小组。除富口村民小组外，其他均为朱姓村民小组。塘尾村全村户籍人口 2815 人，常住人口 4647 人。参见《塘尾村基本情况》，塘尾村村民委员会提供，2023 年 2 月 15 日。按照学术惯例，本章的人名大多做了化名处理，特此说明。

〔2〕 上田村、上杨村的 5 个村民小组为上田、下田、水口、水龙珠、暗牛湖等村民小组。参见朱建设访谈录，2023 年 2 月 19 日；朱匡威访谈录，2023 年 2 月 19 日；《2023年拜祖事后勤人元（员）》记录本，朱洲提供，2023 年 2 月 19 日。

传统的现代传承与礼法精神的制度呈现，是塘尾村村庄治理的重要规范依据和规范标准，是塘尾朱氏宗族祭拜祖先的正当化根据和行动指南。

祭祖规范为大亚湾地区社会自治规范的组成部分，是一种重要的原始信仰规范和民间自生规范。作为祖先崇拜的产物，祭祖规范在中国基层社会已存在数千年并将继续客观存在。对祭祖规范以及以祭祖规范为基础的宗族自治实践展开调查和总结，对于我们充分认识祭祖规范在基层社会自治中的积极价值、全面理解传统规范的现代传承和发展，不断推进基层治理体系和治理能力现代化具有重要的意义。

为了准确把握祭祖规范的实际运行状况和实际发挥的作用，我们于 2023 年 2 月 15 日、2023 年 2 月 18 日~19 日、2023 年 5 月 19 日，先后多次到塘尾村就当地的朱氏宗族的祭祖规范及其运行状况进行调查。我们实地观察了塘尾朱氏祭祖活动，参观了塘尾朱氏宗祠，查阅了塘尾朱氏族谱等文书资料，访问了塘尾朱氏族人、塘尾村村"两委"干部、永祐公益协会负责人、塘尾朱氏香港宗亲会负责人、朱氏后裔、塘尾村治安联防队员等，对作为自治规范的祭祖规范有了一定的了解和认识。

以田野调查为基础，本章将对当代宗族祭祖规范的来源、当代宗族祭祖规范的内容、当代宗族祭祖规范的遵行、当代宗族祭祖规范的实践价值等做初步探讨，以更全面地认识大亚湾区的自治规范。

一、当代宗族祭祖规范的来源

塘尾朱氏宗族在祭祖活动中所遵行的祭祖规范是一种传承社会自生而沿袭至今的自治规范。作为塘尾朱氏宗族行为规范的一种具体形态，塘尾朱氏宗族的祭祖规范是一种以传统延续为底色、以现代自生为补充的自治规范。这种规范主要来源于数百年前形成的固有规范。在此基础上，这种规范与现代社会相适应而生发出了部分新的内容。具体而言：

第一，作为一种传统延续型自治规范，祭祖规范主要沿袭自历史上固有的规范。塘尾朱氏宗族的祭祖规范主要是一种传统延续型规范，这种规范形成于朱氏先人年复一年的标准化、模式化、固定化、重复化祭祖活动。三百多年来，在习惯法双重制度化规律的作用下，朱氏宗族的祭祖规范在日渐稳固和完善，指引着一代代朱氏族人的祭祖活动。朱氏宗族元老人物、朱氏祭祖活动的主要操办者、塘尾村海隆村民小组原组长（相当于海隆朱氏村民的族长）朱洲提道："祭祖还是按照老规矩，没有什么变化。"[1]朱氏宗族的祭祖规范极少发生变化，这导致其通过一遍遍的模式化祭祖活动在无形中印刻在了朱氏族人的记忆深处，形成了集体记忆和规则共识。正是在早已熟稔于心的习惯规范的作用下，塘尾朱氏族人才能够根据长期形成的条件反射，循规蹈矩地按时参加活动。也正因为多数族人知道应当何时参加活动、应当采取何种行为，塘尾朱氏宗族的组织者才不必在活动前向族人反复通知、重点强调、详细说明祭祖活动的时间、地点、流程等内容。例如，朱氏族人、塘尾村治安联防队队员朱海联提道："活动一般没有专门通知的，一说大家都知道，每年都是今天的，不用通知都知道。基本都是按照老规矩来。"[2]概言之，塘尾由于朱氏宗族数百年来变化较少，已在一遍遍的祭祖实践中固化于族人之心，朱氏宗族无需花费过多精力去设计活动、宣传活动，只需将共知、共认的传统规范再实施一遍，祭祖活动即能有序展开。

第二，在时代因素的影响下，祭祖规范与时代相适应生成了部分新内容。就历史变迁的视角而言，塘尾朱氏宗族的祭祖规范在多年发展过程中也在外部环境的影响下产生了适应性变迁，生成了部分新内容。以"寿金"发放规范为例，根据传统规范，塘尾朱氏宗族应当为村内 60 岁以上的男性老人发放寿金（也即红包）。而根据现行规范，塘尾朱氏宗族只需为 70 岁以上的男性老人发放寿金。"寿金"发放规范变迁的背景是，随着现代生活水平和医疗条件的改善，朱氏族人的寿命得到了整体提升。十余年前，为了适应新的形势，朱氏宗族将发放标准从 60 岁修改为了 70 岁。塘尾朱氏宗族族

---

[1] 朱洲访谈录，2023 年 2 月 18 日。
[2] 朱海联访谈录，2023 年 2 月 18 日。

老、塘尾村党总支部原书记朱厚岱介绍了这一规范变迁情况:

> 大概十几年前,发放标准是 60 岁。后来考虑到寿命提高了,就改成了 70 岁。现在人的寿命太长了。要是还按照以前的标准,那我就该领了 5 年了,我现在 65 了,到 70 岁才能领。[1]

朱氏宗族祭祖规范的适应性变迁使得这一传承了数百年的客家宗族自治规范能够在新的形势下继续发挥其指引、规范、保障作用,不至于在时代潮流的冲蚀下消失于历史长河中。

总体而言,塘尾朱氏宗族的祭祖规范是一种以传统延续型为主导,以适应性变迁为辅助的自治规范。朱氏宗族祭祖规范的主要内容来源于朱氏先人的模式化祭祖实践,是朱氏先人实践经验的结晶。当然,在延续传统的基础上,朱氏宗族的祭祖规范与时代相适应,产生了适应性变迁,生发了与时俱进的新内容。

二、当代宗族祭祖规范的内容

根据祭祖规范的生效阶段及适用场景之不同,可将塘尾朱氏宗族的祭祖规范分为祭祖活动筹备规范、祭祖活动开展规范、祭祖活动的后勤及收尾规范三种类型。其中,祭祖活动筹备规范就祭祖前的各项准备工作进行了规定,祭祖活动开展规范详细规定了祭祖活动共同体如何开展祭祖活动、如何参与祭祖活动,祭祖活动的后勤及收尾规范就饭菜准备、帮忙人员待遇等进行了规定。通过自觉遵循祭祖规范,塘尾朱氏宗族得以一遍遍有条不紊地完成盛大的祭拜展演。

(一) 祭祖活动筹备规范

一年一度的祭祖活动是塘尾朱氏宗族最为重要的宗族事务活动。为了确保祭祖活动的有序展开,朱氏宗族严格遵循着祭祖活动筹备规范,商定活动方案细节,做好事前准备工作。根据发挥效力阶段的不同,塘尾朱氏祭祖活动筹备规范可被分为筹备会规范和筹备方

---

[1] 朱厚岱访谈录,2023 年 5 月 19 日。

案实施规范。具体而言：

第一，筹备会规范。根据长期积淀形成的筹备会规范，朱氏宗族的族老、村民小组组长等宗族精英应当在祭祖活动开始前举行筹备会议，商定本年度筹备工作细节。在永祜公益协会成立之前，朱氏宗族缺少专门的领导机构，筹备会议主要由族内的权威人士（族老）召集。2022年3月10日，在协会发起人、朱氏宗族热心人士朱建设等人跑了五十多趟后，永祜公益协会正式被大亚湾区民政局批准成立。永祜公益协会成立后，塘尾朱氏宗族有了专门的领导机构，筹备会议由该协会召集和组织。当然，筹备会的参加人员在永祜公益协会成立前后并未发生多少变化，协会成员主要为朱氏宗族的族老，筹备会议的参加者仍为朱氏宗族的族老、村民小组组长。

根据筹备会规范，永祜公益协会的会长、副会长及秘书长等宗族精英须根据往年祭拜规范，商定本年度祭祖活动的具体方案。在大会上，与会人员应当就方案内容进行讨论并形成正式活动方案。朱氏宗族族老、塘尾村党总支部原书记朱厚岱介绍了筹备会的开会规范："开会主要是讨论分工。分工主要是会长他们提前确定的。开会的时候主要是会长发言多。其他人也会发言，但主要是补充，提点意见，怎么改进。"[1]塘尾朱氏宗族祭祖活动的主祭者朱匡威介绍了开会应当讨论的具体内容："开这个会是安排办这个事情的人，叫人搞卫生啊、买菜啊、买祭品啊，安排人去哪个地方，吃什么菜。"[2]作为宗族祭祖规范的上游规范，筹备会规范发挥着十分重要的作用，其完善程度及实施情况直接影响着宗族祭祖活动的效果。

第二，筹备方案实施规范。根据筹备方案实施规范，在筹备会确定具体活动方案后，各村民小组组长、采购人员、后勤人员等须及时开展相关筹备工作，将筹备会确定的方案落实下去。其中，各村民小组组长须在会后及时通知本村村民活动时间、地点等相关事宜，各采购人员须在祭祖活动开始前购置祭拜用品，后勤人员须提前清理和布置宗祠厨房、宗祠聚餐场地等场地，宗族负责联络香港

---

[1] 朱厚岱访谈录，2023年2月19日。
[2] 朱匡威访谈录，2023年2月19日。

的族老还须告知香港塘尾朱氏宗亲会祭祖活动计划。

在筹备方案实施规范中，场地布置和清理规范的内容较多。根据该规范，各村民小组组长应当分别安排、动员 2 位~3 位本村民小组的热心妇女，在活动开始前清理宗祠厨房鲤跃龙门庭、宗族祭祖会餐接客大厅龙福厅，将厨房鲤跃龙门庭的 5 口大锅、餐桌等洗刷干净，测试厨房燃气是否可用，将龙福厅清空，为宗族聚餐做好准备。根据长期形成的习惯规范，到现场清理卫生的人员每年基本相同，其他人员基本不参加。例如，塘尾村民小组的朱姊侗提道："我们都是自愿来。村长（村民小组组长）有通知。有人看见通知了，就来帮忙。我每年都会来帮忙，每年来帮忙的基本上都是我们这几个人。总共要忙两天，活动开始前的一天和祭祖当天。祭祖当天来帮忙的人会多一些。"[1]

筹备会规范和筹备方案实施规范是塘尾朱氏宗族祭祖规范的前端规范和上游规范，正是在筹备会规范和筹备方案实施规范的保障下，塘尾朱氏宗族的祭祖活动的筹备工作才得以年复一年地有序展开。

（二）祭祖活动开展规范

祭祖活动开展规范就如何开展祭祖活动进行了规定，主要包括时间地点规范、祭祖对象规范、参加主体规范、祭祖仪式规范、祭祖行为规范等。

第一，时间地点规范。一方面，根据祭拜时间规范，塘尾朱氏宗族的祭祖日期为农历正月最后一日。若月大为卅，若月小则为廿九。在祭祖活动的当日上午 9 点左右，朱氏族人须先在祠堂内参加活动，其后前往先人坟地祭拜祖先，最后返回宗祠，参加中午的会餐活动。午餐后，祭祖活动结束。另一方面，根据祭拜地点规范，祭祖活动的地点为室内和室外。其中，室内也即朱氏宗祠，室外也即先人坟地。在室内，组织族人须先在朱氏宗祠的老祠堂紫阳世居（永裕堂）内祭拜永裕公。室内活动结束后，朱氏族人须分三路分别前往室外的永裕公阴城及婆太地、成彦公墓地、福德公墓地进行祭

[1]　朱姊侗访谈录，2023 年 2 月 18 日。

拜。其中，永禔公阴城位于上田村水口背村民小组村白毛岭山上，永禔公婆太地位于上田村下屋村民小组的土坡上，成彦公墓地位于澳头长山子老围背，福德公墓地位于塘尾附近的山上。

第二，祭祖对象规范。祭祖对象主要为塘尾朱氏开基立业的第一代祖宗永禔公（1639—1705 年）。清康熙年间，永禔公携妻辗转数地，终至塘尾开基创业。除永禔公外，祭祖活动一同祭拜的还有成彦公（1661—1725 年）、永禔公的岳母田宋老孺人以及福德公。成彦公为永禔公的第三个儿子。永禔公共有六子，分别为成彩、成珍、成彦、成彬、成参、成祥。[1]之所以要单独祭拜成彦公，是因为塘尾朱氏后人大多数为成彦公的后代。之所以要祭拜永禔公岳母（外母）田宋老孺人，是因为三百余年前永禔公南下时其岳母陪护永禔公一行南下到塘尾开基立业且其岳母没有儿子。为了彰显孝道，朱氏后人在祭拜永禔公时亦祭拜其岳母。[2]

值得注意的是，祭拜对象福德公并非塘尾朱氏祖先。之所以要祭拜福德公，是因为朱氏祖先迁到塘尾村时福德公坟墓已经存在。为了开基立业，塘尾朱氏占用了福德公坟地。福德公真名已无从考究，其"没儿没女没后代，我们朱氏的祖先来了，不可能把他放在那里。为了感谢他的福气，就继续祭拜他。我们不能忘恩的。我们的祖辈来了这里，用了人家的地"。[3]为了感念无名氏的福德，塘尾朱氏后人将该无名氏称为"福德公"。朱厚岱介绍了祭拜福德公的原因：

什么叫福德公呢？当时我们要用这块地，不知道这是有个外地人的。但是一扒土的时候，发现了有其他人的坟墓。这块是他的，后来我们用了，我们就继续祭拜他。用了人家东西，就要为人家服务。人家让了地方给我们，我们就要为人家服务。那是中华民族的

---

〔1〕 惠州《塘尾朱氏永禔公源流》编撰委员会：《塘尾朱氏永禔公源流》，塘尾村村民委员会提供，2022 年 7 月 7 日，第 98 页。

〔2〕 朱谨舫访谈录，2023 年 2 月 19 日。

〔3〕 朱伟奇访谈录，2023 年 5 月 19 日。

孝道。每年祭祖，都有他的份，不敢遗忘。我们这样做了几百年了。[1]

塘尾朱氏宗族祭祖对象有一定的多元性，形成了以永秸公为中心、以其他先人为补充的先人群体。祭祖对象的多元性彰显了朱氏宗族重孝道、知感恩的理念和精神。

第三，参加主体规范。作为传统父系单系亲属集团的行为规范，塘尾朱氏宗族的祭祖规范不可避免地有着男性主导的特征。具体而言，根据祭祖活动参加主体规范，祭祖活动的参加者应当主要为男性，祠堂内的祭祖活动及坟地的祭祖活动参加者通常为男性。女性能参加的活动主要为宗祠内的会餐。而且，在祭祖活动的组织开展方面，男性亦占据主导地位。朱芙娣提道："祭祖主要是男同胞的在搞，我们女的就在这里打下手，帮帮忙。"[2]当然，男性主导并非朱氏宗族祭祖活动参加主体规范的独有特征，而是当代客家宗族祭祖活动的共性特征。

根据祭祖主体规范，在祠堂内的祭祖活动结束后，塘尾朱氏族人须分大、中、小三队分别前往室外坟地祭拜先人。其中，祭拜永秸公及其岳母的队伍规模最大，祭拜成彦公的队伍规模次之，祭拜福德公的队伍最小。兵分多路的规范之所以形成，主要是时间机制和效率规律作用的结果。祭拜活动执事者朱焙盛提道："如果大家都在一起，跑的时间太长。因为从这里到澳头长山子那边比较远，所以要分几拨，这样比较快一些。"[3]根据祭拜规范，前往不同地方祭拜的族人每年都会轮换。

此外，根据祭祖主体规范，香港塘尾朱氏宗亲会须组织在香港的同胞返乡祭祖。香港同胞返乡后根据自身意愿，自主决定跟随三支祭拜队伍中的哪一支队伍到坟地祭拜。现年84岁的朱氏后人、香港塘尾朱氏宗亲会副会长朱釦钊介绍了香港塘尾朱氏宗亲会的基本情况：

---

〔1〕　朱厚岱访谈录，2023年5月19日。
〔2〕　朱芙娣访谈录，2023年2月18日。
〔3〕　朱焙盛访谈录，2023年2月19日。

我们在香港的人有个同乡会。同乡会每年组织大家几十个人回来。我们昨天来，今天拜完就回去了。我们包了一辆专车，到罗湖口岸接我们回来，住在淡水的酒店。在淡水茶楼吃饭、喝茶。然后再坐车到这里来拜祖。拜完祖再坐车到罗湖口岸，从罗湖口岸回香港。住的这些酒店茶楼也都是香港宗亲会订的。订酒店是，哪里的酒店便宜、哪里好吃就定在哪里。定在淡水便宜，方便休息，速度快。从罗湖到淡水一个小时就能到，很方便。在费用上，我们朱氏在香港的同乡会是有钱的。同乡会有地方出租，我们在香港把同乡会的位置租出去，每个月有一万多块钱。因为有这些租金，同乡会要干什么事情，吃饭啊什么的都是同乡会出钱。[1]

第四，祭祖仪式规范。根据生效阶段的不同，塘尾朱氏宗族祭祖活动仪式规范主要可分为宗祠内祭祖仪式规范、坟地祭祖仪式规范、祭祖后会餐规范、寿金发放规范等。根据祠堂内祭祖仪式规范，祠堂内的祭祖活动流程依次为：主祭者主持活动并宣读流程、族人三叩首、执事者及热心族人传香、族老等上香、执事者献茶酒（顺序为先茶后酒）和贡品、执事者宣读祭文、祭祀人员及族人等烧纸钱、放鞭炮。以下为朱氏宗族一年一度的祭祖活动流程规范：

乐师击鼓通神，奏大乐，奏小芸，主祭者就位，执事者就位。阳居后裔嗣孙人等俱就位。谊观世音娘娘本祠来龙神位天官赐。参神鞠躬。叩首，再叩首，三叩首。兴。谊外祖父母朱氏堂上始高增祖考妣之桉前。跪。叩首，再叩首，六叩首。兴。主祭者宜洗位。执事者传香。初上香，再上香，执事者提瓶祭酒累酒，初献酒，再献酒，叁献酒。献鲜花，献糖果，献素贡，献熟，献刚，献禄，献春茗，献财帛，衣冠冥币，执事者读祝章，祭文。化财帛焚祝章，礼毕择选，除神鞠躬拜。房房富贵，人人安康，老大之人添福寿，年青之人添丁又发财，鸣炮。[2]

〔1〕 朱钅钊访谈录，2023年2月19日。
〔2〕 祭祖流程，塘尾村村民委员会提供，2023年5月19日。

在祠堂内的祭祖活动结束后，朱氏族人根据参加主体规范分三路前往坟地祭拜。坟地祭拜程序与祠堂内的程序基本相同。根据祭拜仪式规范，祭拜福德公的祭品和祭拜朱氏祖先的祭品略有不同，祭拜福德公的祭品中不包括烧乳猪。

从坟地返回后，朱氏族人的男女老少均可根据祭祖后会餐规范前往祠堂参加聚餐活动。根据祭祖后会餐规范，朱氏宗族祭祖活动的后勤人员应按时准备饭菜，在中午鸣炮后将饭菜从厨房鲤跃龙门庭端至龙福厅的餐桌。饭菜一般应当为 3 个左右盆菜，以及米饭。族人及后勤人员可在聚餐结束后将剩余饭菜打包回家。

根据寿金发放规范，聚餐活动结束后，朱氏宗族负责管理财务的人员应当为 70 岁以上的男性族人发放寿金，或曰利是，也即红包。寿金金额可根据时代的不同适当调整。其中 2019 年的寿金金额为 20 元，2023 年的寿金金额为 50 元。根据寿金发放规范，各村民小组组长须在祭祖活动前将发放名单报送给宗族财务管理人员，以便后者事先准备红包。朱建设及朱古石村村民小组的 80 岁村民朱汩泗介绍了寿金发放规范的内容及由来。其提道："这个不叫红包。70 岁以上的以前是发一块猪肉，瘦肉。上了年纪的叫做'寿'。瘦肉寓意长寿，尊老。"[1]"以前是发猪肉。现在搞肉不方便，所以就不发猪肉了，就开始发利是。"[2]根据寿金发放规范，70 岁的标准为：不论是虚岁或周岁，只要其中一个达到 70 岁即可领取寿金。

第五，祭祖行为规范。除时间地点规范、祭祖对象规范、参加主体规范、祭祖仪式规范等规范外，祭祖行为规范也是塘尾朱氏祭祖规范的内容之一。祭祖行为规范对祭祖活动的组织者、参加者的言语、举止、衣着等进行了规定。具体而言：一方面，对祭祖活动组织者而言，主祭者、执事者等祭祀人员应在主持祭拜活动时按照书面的祭祖规范进行言说、宣读祭文，或参照书面的祭祖规范进行言说、讲述祭文大致意思。主祭者、执事者等祭祀人员原则上无需

[1]　朱建设访谈录，2023 年 2 月 19 日。
[2]　朱汩泗访谈录，2023 年 2 月 19 日。

穿着专门服装,但亦不能光膀或穿着其他不当衣服。另一方面,对于祭祖活动参加者而言,应按照辈分、年龄等站位规范自觉站位,应根据祭祀人员的主持跪拜,应自觉准备交通工具前往坟地,不应在祭祀人员主持仪式时大声喧哗或随意走动,女性原则上只能参加聚餐环节而不能参加祭拜环节等。当然,在时代的冲蚀下,作为传统规范的祭祖行为规范的效力有所下降,部分规范内容的约束力在减弱,违反后除面临心理谴责或舆论谴责外,并无其他严重后果。此外,根据祭祖行为规范,朱氏族人可在中午会餐结束后自愿将剩菜剩饭打包带回家。

总体而言,祭祖活动开展规范规定了开展集体活动的具体时间、地点,明确了祭祖对象、祭祖活动参加人员、祭祖活动流程、祭祖活动中的行为标准等相关事宜,为朱氏祭祖活动的组织者和参加者提供了符合礼法精神、契合心理期待、彰显了孝道文化的准则和标准。

(三)祭祖活动的后勤及收尾规范

在塘尾朱氏祭祖活动中,后勤保障规范和后续收尾规范同样发挥着不可或缺的作用。其中,后勤保障规范就人员保障、场所保障、经费保障等进行了规定,后续收尾规范就祭祖活动结束后的费用报销、场地清理等收尾工作进行了规定。祭祖活动的后勤及收尾规范是朱氏祭祖活动的幕后规范、后台规范,后续保障规范的良好运行是外在宏观祭祖活动顺利开展的重要保障。具体而言,祭祖活动的后勤及收尾规范主要包括以下两方面:

第一,祭祖活动的后勤保障规范。祭祖活动的后勤保障规范包括人员保障规范、场所保障规范、经费保障规范等。其中,根据人员保障规范,永祜公益协会理事会骨干成员应当积极筹划推进祭祖活动,不应领取报酬;各村民小组组长应当积极动员本村妇女在活动前一天及活动当天前往现场帮忙洗菜、做饭、打扫卫生,为活动的顺利开展提供人力保障;塘尾村治安联防队塘尾祠堂执勤点的队员应当积极参与后勤工作,为活动开展提供人力支持。根据场所保障规范,朱氏宗族应当在祭祖当天全面开放宗祠,为祭祖活动提供祭拜、做饭、聚餐及休息之场所。在开放场所前,还应提前清扫会餐大厅地面、清理厨房卫生，确保场所干净整洁。根据经费保障规范，朱氏宗族应当为活动开展提供经费支持，用于采购祭品、采购食材等，原则上不应由活动参加者出钱。目前，塘尾村朱氏宗族祭祖活动经费主要来源于2011年祠堂修建剩余经费，共十余万元。

第二，祭祖活动的后续收尾规范。根据祭祖活动的后续收尾规范，祭祖活动结束后朱氏宗族的财务管理人员须及时处理后续报销事宜，后勤团队及清洁工人须及时清理场地，将朱氏宗祠恢复到活动举办前的状态。具体而言：一方面，根据后续报销规范，采购人员须及时将收据交给宗族的财务管理人员，财务管理人员在汇总后及时找永祜公益协会会长签字报销。宗族的财务管理人选主要由永祜公益协会会长等宗族长辈指定。另一方面，根据场地清理规范，各村村民小组的帮忙妇女、塘尾村治安联防队队员及其他帮忙人员应在活动结束后立即清理现场，打扫厨房鲤跃龙门庭、会餐大厅龙福厅的卫生，将桌凳归位。在前述清场工作基本完成的基础上，塘尾村村委会聘请的清洁工人还须将祠堂门前屋后的剩余垃圾清理干净。例如，负责塘尾祠堂附近清洁工作的湖南籍女清洁工提道："我们就是打扫卫生的，打扫完就走了。他们活动结束之后，我们再来这里搞个卫生就走了。"[1]祭祖活动的后续收尾规范是朱氏宗族推动祭祖之事圆满结束、完全终结祭祖程序的重要操作指南。

总体而言，塘尾朱氏宗族的祭祖规范较为细密完整，包括祭祖活动筹备规范、祭祖活动开展规范、祭祖活动的后勤及收尾规范等不同板块内容。塘尾朱氏宗族的祭祖规范是朱氏宗族祭祖活动的规范所依，为朱氏宗族顺利完成祭祖活动提供了符合礼法传统、契合时代所需、彰显孝道精神的操作指南，保障了规模盛大的祭祖活动能够年复一年地按时启动、有序开展与顺利落幕。

三、当代宗族祭祖规范的遵行

塘尾朱氏宗族祭祖规范的遵行主要包括三个方面，其一为祭祖

---

〔1〕　李洁晴访谈录，2023年2月19日。

活动筹备规范的遵行，其二为祭祖活动开展规范遵行，其三为祭祖活动的后勤及收尾规范的遵行。在永祜公益协会、族老族贤、热心族人及各村民小组组长的推动下，在祭祖参加人员的共同遵循下，朱氏宗族的祭祖规范得以从规范化为实践并产生实际效果。

（一）祭祖活动筹备规范的遵行

根据祭祖活动的筹备规范，2023 年 2 月 16 日 15:00，永祜公益协会召开了 2023 年度祭祖筹备会议。本次会议共 22 人参加，会议参加人员主要为理事会会长、理事会成员以及各村民小组组长。其中，各村民小组组长实际上相当于朱氏宗族之下的各小房族族长。筹备会会议时长共一个多小时。在一个多小时的时间里，参会人员就 2 月 19 日的祭祖活动的人员分工、食材采购、祭品采购等事宜进行了讨论和安排。[1]永祜公益协会秘书长朱建设具体介绍了会议内容：

> 16 号开会就是定一下祭祖的事情，定一下分工。厨房是洲公负责，买东西是阿悦帮忙，买祭品和拜祖是匡威、冚盛他们负责。定了祭拜的分组，横跨、新屋、墩顶、聚合、朱屋他们几个组去那边，剩下的抽调几个人去拜福德公，剩下的一大帮人去祭拜永祜公。在费用方面，这次的经费就是用多少结多少，用以前剩下的建祠堂的钱。帮忙的安排是，每个组出 2 个人~3 个人。两天工的 100 元，一天工的 50 元。[2]

根据祭祖筹备会议的安排，采购人员在祭祖前分别采购了食材、祭品等用品，多数村民小组的组长均告知了本村民小组的活动安排，动员妇女前往宗祠帮忙，将筹备会议确定的方案具体落实下去。例如，横跨村民小组组长朱钦悦在 2023 年 2 月 16 日下午筹备会议之后，在 18:26 通知了横跨村民小组的村民。其通知内容为："各位晚上好，今年祭祖的时间定于本周星期日（即 2 月 19 日），8:30 在祠堂集合，9:00 出发，安排了早餐，大家有空可以

---

[1] 朱洲访谈录，2023 年 2 月 18 日。
[2] 朱建设访谈录，2023 年 2 月 19 日。

参加。今年我们村安排去长山子，还有安排了午饭。"〔1〕当然，也有极个别村民小组组长未以文字化的形式通知本村村民小组祭祖细节、未动员妇女前往宗祠帮忙，热心妇女听说祭祖之事后主动前往现场帮忙。〔2〕

2023 年 2 月 18 日下午，根据永祜公益协会的筹备会议安排，在祭祖后勤工作负责人、祭祖活动主要组织者朱洲的具体指挥下，各村民小组妇女、祭祖活动厨师、塘尾村治安联防队祠堂值班点的队员等人前往塘尾朱氏祠堂的鲤跃龙门庭、龙福厅开展卫生清洁、洗刷锅盆、添置炊具、布置现场、测试燃气设备等工作。

2 月 18 日 15：05，我们调研团队一行到达塘尾朱氏祠堂现场进行了现场观看。该祠堂为传统客家"堂横式围屋"。当天下午，在朱氏祠堂的鲤跃龙门庭，4 位至 5 位（人员有流动）妇女在厨房内清洗锅碗瓢盆，2 位至 3 位在鲤跃龙门庭的后院内清洗方形餐桌、圆形簸箩。在帮忙妇女开始清理工作后，朱洲的儿子朱大胜（祭祖活动的厨师）、祭祖后勤负责人朱洲也先后到达现场帮忙。朱大胜主要负责测试燃气设备，为 5 口大锅去锈，朱洲在现场指挥。鲤跃龙门庭的东侧房为厨房，西侧房为仓库，中庭主要是摆放祭神用品、餐食辅料以及供行人通行。在鲤跃龙门庭开展工作的同时，联防队祠堂执勤点的 2 名联防队员以及联防队长朱龚武也加入了帮忙队伍行列。联防队队员在队长朱龚武的带领下负责搬运瓶装矿泉水、清理会餐地点塘尾祠堂龙福厅。其间，有个别村民到现场查看。15：40，朱洲安排联防队长朱龚武外出购买 4 个电饭煲，用以替换坏掉的旧电饭煲。

---

〔1〕 微信群"塘尾横跨村民小组"聊天记录，朱钦悦提供，2023 年 2 月 19 日。
〔2〕 据朱挺毅介绍："因为没有专门统计，所以不太清楚究竟有几个村长没有安排村民来帮忙。"参见朱挺毅访谈录，2023 年 2 月 19 日。

妇女、联防队员在清洗锅盆、整理桌椅（**2023 年 2 月 18 日摄**）

16：39，卫生清洁工作结束，到宗祠帮忙的人员全部离开祠堂。当天到祠堂帮忙的人员主要来自海隆村民小组、老围村民小组、茶壶耳村民小组等。其中，海隆村民小组的帮忙人员最多，共 4 人，分别为朱洲、朱洲的女儿朱姊侗、朱洲的双胞胎儿子朱龚武与朱大胜。根据朱姊侗介绍，每年到现场帮忙的人员基本相同。其提道："每年来的都是我们这几个人。明天每一条村都会派两个女的来。可能是因为他们的通知没有说明白要不要做活动，所以今天来的人不多。我们家这些人差不多年年都来帮忙。明天他们要来，洗菜啊、搬桌子啊，很多事情需要他们去做。"[1]再如，茶壶耳妇女刘妳蝴介绍，其已经连续帮忙了二三十年："我们每年都来帮忙的。来这里帮忙很开心，都是为祖先的。我来这里帮忙二三十年了，我今年 66 岁了，老人家了。"[2]

2023 年 2 月 19 日，我们于 6：10 到达塘尾祠堂。除一位值夜班

---

〔1〕 朱姊侗访谈录，2023 年 2 月 18 日。
〔2〕 刘妳蝴访谈录，2023 年 2 月 18 日。

的联防队员外，现场并未看到其他人。6：56 开始，陆陆续续有一些早餐店、食材店陆续将包子、猪肉、鸡肉、蔬菜等送到现场。具体而言：

6：56，西区市场的包子铺店主骑摩托车送来了 100 个叉烧包和少量糯米卷，总价 175 元。联防队员接收了货物。

7：05，塘尾周边的鸡肉铺根据 2 月 18 日的预定，按时送来了 30 只已宰杀、清洗干净的生鸡。联防队队员接收了 30 只鸡。

7：15，食材店送来了猪肉、丸子、蔬菜。其中，猪肉共 3 扇，340 余斤。

食材商陆续送到鸡肉、猪肉等（2023 年 2 月 19 日摄）

7：20，各村民小组帮忙人员陆续到来，开始择菜、准备早餐。在帮忙人员中，中老年妇女最多，在厨房帮忙的人员中共有 14 位妇女。

帮忙人员在制备饭菜（2023 年 2 月 19 日摄）

7：50，朱建设及其在读高中的儿子来到了现场，其带来了事先采购的 2 头乳猪。联防队员帮忙将乳猪放在了鲤鱼龙门庭。

8：30 左右，早饭顺利做好。早餐为肉粥、包子。永祜公益协会理事会成员、帮厨人员、后勤人员以及朱氏部分族人等抵达现场的人员在厨房后的院子里简单吃了早餐。

8：40 左右，祭祖仪式的主祭者朱匡威、执事者朱冚盛与朱焴盛开始在宗祠紫阳世居的永祜堂摆放祭品，布置场地，进行彩排试读，进行最后的准备工作。当然，在前一天，朱匡威已经将场地布置妥当，祭祖当天主要是完善。在前一天下午，朱匡威、执事者朱冚盛与朱焴盛买好了祭品。祭品主要有茶（春茗）、酒、糖果、素贡、刚蜡、熟（点心）、五牲（乳猪）、香楮（香和纸钱）等。

主祭者、执事者在永祜堂进行祭拜前的准备（2023 年 2 月 19 日摄）

（二）祭祖活动开展规范的遵行

根据祭祖活动的时间地点规范、祭祖对象规范、参加主体规范，9：00，朱氏族人陆续到达永祜堂，也即祖宗宗祠。到达永祜堂后，根据祭祖仪式规范、祭祖行为规范，朱氏族人根据年龄和辈分规则自觉面向祖宗牌位站立。老书记朱厚岱和现任书记朱伟奇协调站位。站位的主要规则为，辈分高的站前排，辈分低者自觉站后排。当然，年龄高者亦可站在前排。

站位基本固定后，祭拜活动开始。祭拜仪式主要由主祭者朱匡威、执事者朱冚盛与朱焐盛负责，三人从 2018 年开始负责祭祖仪式工作。[1]根据祭祖仪式规范，主祭者朱匡威在站位确定后开始读下面一段话："乐师击鼓通神，奏大乐，奏小芸，主祭者就位，执事者就位。阳居后裔嗣孙人等俱就位。谊观世音娘娘本祠来龙神位天官赐。参神鞠躬。叩首，再叩首，三叩首。"[2]在主祭者朱匡威读到"叩首，再叩首，三叩首"时，朱氏后人开始面向祖宗神龛三叩首（鞠躬），完成参神鞠躬环节。当然，主祭者读此段话时，现场并无乐师，也无击鼓通神环节。接着，朱匡威宣读："兴。谊外祖父母朱氏堂上始高增祖考妣之桉前。跪。叩首，再叩首，六叩首。"全体族人根据朱匡威的宣读，面对祖宗进行跪拜。

朱氏族人在永祜堂内跪拜祖先（2023 年 2 月 19 日摄）

---

〔1〕 朱匡威访谈录，2023 年 2 月 19 日。
〔2〕 《祭祖流程》，塘尾村村民委员会提供，2023 年 5 月 19 日。

其后，朱匡威继续宣读："兴。主祭者宜洗位。执事者传香。"执事者朱岇盛为前排长者传香，热心族人开始为族人发放已经点燃的香。每人一支香。朱匡威宣读"初上香，再上香"，族人依次到小香炉前上香。上香者主要为站在第一排的老人，站在中间及靠后的人一般不到供桌前上香。中间及靠后者的香由热心族人主动收齐后插到供桌上的小香炉中。"没有规定谁去发香收香，热心的人就去收。那些想当老板的就站在那里做大爷啰。"[1]此后，执事者朱岇盛根据朱匡威的宣读，依次进行"提瓶祭酒累酒，初献酒，再献酒，叁献酒。献鲜花，献糖果，献素贡，献熟，献刚，献禄，献春茗，献财帛，衣冠冥币"等程序，在供桌上为祖宗献上前述祭品。在执事者朱岇盛为祖宗献上前述祭品后，主祭者朱匡威宣布"执事者读祝章，祭文"，执事者朱焙盛随即开始宣读祭祖辞。

以下为执事者朱焙盛宣读的祭祖辞：

祭祖辞

维

公元 2023 年，农历一月廿九日之良辰，祠下子孙六大房人等，概于香港朱族中心会，仅具香品、茶酒、素贡、五牲、刚蜡、衣冠、香楮、财帛之仪。祭祭于始高曾祖考妣之案前而祝曰：

恭

维我祖，德厚流芳，宗功远庆，世泽传芳，基裘鹊起，富寿荣昌，凡子孙等瞻仰非常，届之春日，追报难忘，灵其有知，来格来尝，施维福荫，房房厚泽，世世其昌，房房富贵，富贵连房，并希庇佑，子孙发达，富寿荣昌，长发其祥，伏维。

尚飨。[2]

---

〔1〕 朱文斌访谈录，2023 年 2 月 19 日。

〔2〕《祭祖辞》，朱匡威提供，2023 年 2 月 19 日。

执事者朱焙盛宣读祭祖辞（2023 年 2 月 19 日摄）

　　祭祖辞宣读后，朱匡威宣读："化财帛焚祝章，礼毕择选，除神鞠躬拜。房房富贵，人人安康，老大之人添福寿，年青之人添丁又发财。"宣读结束后，朱甶盛、朱焙盛以及族内热心人士在位于祠堂露天庭院的圆形香炉中焚烧冥币纸钱。烧纸程序开始后，热心族人在祠堂门前的空地上燃放鞭炮。其他族人则陆续离场，分别乘私家车前往室外祖坟祭拜。

　　值得注意的是，前文中的"叩首"在不同的场景下意义不同。在参神鞠躬环节，"叩首，再叩首，三叩首"的意思分别为一鞠躬、二鞠躬、三鞠躬。而在跪拜环节，"叩首，再叩首，六叩首"的意思则为跪拜、再跪拜、六跪拜。朱氏后裔根据前述两种场景分别对祖宗牌位进行鞠躬和跪拜。

　　9：25，根据祭祖活动开展规范，朱氏族人根据筹备会确定的分组，分三路分别驾驶私家车，带着祭品、鞭炮等前往地坟祭拜。其中，主祭者朱匡威、执事者朱甶盛及朱焙盛带领的由横跨、新屋、墩顶、聚合、塘尾等村民小组约75人组成的大型祭拜队伍前往永祐公阴府、永祐公的岳母田宋老孺人地坟祭拜，朱伟奇等带领的由上田村民小组、水口村民小组等组成的中型祭拜队伍前往成彦公地坟祭拜，朱厚岱带领的6人小队前往福德公地坟祭拜。返乡参加祭祖的香港族人根据自身意愿分别跟随各个祭拜队伍一同祭拜。永祐公协会会长朱常易提道："香港那边回来的人我们没有安排，因为他们人也不多。他们想怎么走就怎么走。"[1]我们调研团队跟随永祐公祭拜队伍、成彦公祭拜队伍到现场进行了观察。

9∶36，朱匡威、朱岙盛、朱焐盛一行人到达上田村水口背村民小组村白毛岭山下，队伍到达后开始上山。9∶40，祭拜队伍陆续到达位于毛岭山上的永祐公阴城。队伍到达后，热心族人自发清理杂草，打扫卫生。朱匡威、朱岙盛、朱焐盛在杂草基本清除干净后，开始在阴城门前摆放祭品，到阴城内上香。永祐公阴城内为骨灰坛，坛内为永祐公夫妇的灵骨。根据祭祖参加人员规范，原则上参加祭拜者应当为朱氏男性，但朱建设的妻子也到了现场参加祭拜仪式。朱建设为祭祖活动主要负责人、朱氏宗族热心人士、永祐公益协会秘书长、塘尾沿湖村民小组原组长、汽修店老板。朱建设的妻子、女儿均是第一次来。

9∶55，杂草基本清除干净，朱匡威开始主持祭拜仪式。阴府祭拜程序与祠堂内祭拜程序基本相同。不同的是，主祭读完"化财帛焚祝章，礼毕择选，除神鞠躬拜"后，并未立即接着读，而是先由族人烧纸钱。烧纸钱之后，主祭继续读"房房富贵，人人安康，老大之人添福寿，年青之人添丁又发财，鸣炮"。读完后，放鞭炮。而在祠堂内，烧纸程序则在主祭读完"年青之人添丁又发财"之后进行，烧纸程序开始后鸣炮程序随之开始。

---

[1] 朱常易访谈录，2023年2月19日。

祭拜永祜公（2023年2月19日摄）

　　此外，朱氏族人为永祜公阴城旁一个约一米高的小型阴城也上了香。该阴城内存放的是装有无名氏灵骨的骨灰坛。2001年冬，为了建设龙山学校，朱氏宗族将位于罗古石的永祜公灵骨挖出，迁坟至现址。在起坟的过程中，无意中挖到一个无人认领的无名氏坟墓。出于对逝者的尊重，朱氏族人遂在永祜公阴城旁搭建了一个小阴城，作为安置无名氏的阴城，每年一同祭拜之。

　　10：21，永祜公阴城祭拜活动结束，队伍离开，前往上田村下屋村民小组的婆太地。永祜公阴城为塘尾朱氏的风水屋，婆太地则为塘尾朱氏的风水地。

　　10：31，队伍到达西区街道上田村下屋村民小组的婆太地。抵达后，热心族人主动清理杂草，主祭及执事者摆放祭品。

　　10：51，两位执事者到坟墓南边约20米处的山神土地神位（牌位）祭拜，以求在山神土地公的管辖范围内得到庇佑。执事者朱宙盛、朱焐盛及一位老年热心村民在神位石碑上放了一块白色辟邪布，之后清理了神位前的杂草，在神位前点了3根香、2根蜡烛，按照先茶后酒的顺序倒了一杯茶、一杯酒，烧了一些纸钱，摆放了祭品。结束后，带走祭品回到永祜公岳母地坟。

10：59，在主祭的主持下，祭拜活动正式开始。与宗祠内祭拜不同的是，在此处祭拜前，执事者在地坟周边插了13个五色小彩旗。通常为12个小旗，寓意12个月。本次祭祖之所以要插13个，是因为本年度闰一个月（二月），共13个月。

11：14，燃放鞭炮后，祭拜活动结束。祭拜永祜公及其岳母的朱氏族人陆续驾车返回。相比于永祜公祭拜程序，成彦公、福德公的祭拜程序结束得更早。三支队伍祭拜程序基本相同。相比于永祜公祭拜，主要的不同是，在祭拜成彦公方面，由于祭拜队伍缺少祭文（祭文未被提前放在祭拜成彦公的箩筐里面），且主祭朱匡威、执事朱焙盛及朱甶盛不在成彦公祭拜现场，成彦公祭拜队伍便临时推举了一人充任祭祀人员，口述了祭文的大致意思，完成了祭拜工作。在祭拜福德公方面，朱氏宗族参考祭拜祖先的程序对之进行了祭拜，但未为福德公准备祭品乳猪。

祭拜成彦公（2023 年 2 月 19 日摄）

11：25，永祜公祭拜队伍回到了祠堂聚餐大厅龙福厅。在此之前，祭拜成彦公的队伍、祭拜福德公的队伍均已先返回。之后，未前往地坟祭拜的朱氏族人、未到地坟祭拜的部分香港返乡同胞也陆续来到龙福厅。因腿脚不好而未到地坟祭拜的香港塘尾朱氏宗亲会负责人介绍说，香港族人是"昨天回来的，香港这次回来39

人"。[1]

11∶46，龙福厅门外开始燃放鞭炮，预告开饭。在放炮前，帮忙妇女已陆陆续续将煲熟的米饭连带大电饭锅连锅端进了龙福厅。鸣炮后，村民开始用一次性碗筷自主盛饭。

11∶50，各村帮忙人员开始上菜。每桌3盆菜，也即一盆红烧肉、一盆丸子、一盆鸡肉混虾。龙福厅现场共40个餐桌，其中35桌基本坐满，每桌8人左右。厨房鲤跃龙门庭另有3桌，供厨房后勤人员用餐。

上菜及会餐（2023年2月19日摄）

12∶25，个别村民用餐结束，朱洲、祭祖活动财务工作负责人朱挺毅开始为70岁以上的男性族人发放寿金（红包）。红包金额为50元。朱挺毅在事前根据各村民小组上报的70岁以上名单，到银行取了全新的纸币，准备了100个红包。当天发出了96个。领取寿金者为17个村民小组的86位村民以及10位香港族人。香港族人报送名单原为12人，由于其中2人已过世，发放现场删除了二人姓名。在发放寿金之时，有女性族人来问："女的给不给？"朱挺毅答复：只给男性村民发红包的规则是祖宗传下来的。同时，朱建设告知来问女性，规矩一直都这样的，以后女性意见提多了宗族再讨论是否给女性。之后该女性族人离开。寿金发放工作持续到13∶18左右。

---

〔1〕　朱巷濂访谈录，2023年2月19日。

发放寿金（2023 年 2 月 19 日摄）

12：32，多数族人用餐结束，后勤人员开始收拾餐桌、清理现场。根据祭祖行为规范，秉承勤俭节约原则，部分村民及帮忙人员将剩菜剩饭打包带回家。由于一直在忙，作为厨师的朱大胜未与族人一起吃午饭，会餐结束后其打包了一些剩饭回家吃。

（三）祭祖活动后勤及收尾规范的遵行

根据祭祖活动后勤及收尾规范，13：18，朱洲开始为后勤人员发放利是（红包）。其中，买办 2 人（采购人员），每人 100 元红包。厨房后勤（厨师）4 人，每人 200 元红包。各村民小组及联防队帮忙人员每人 100 元或 50 元红包。帮忙 2 天的共 18 人，每人 100 元红包；帮忙一天的共 18 人，每人 50 元红包。拜祖 3 人，也即主祭者朱匡威、执事者朱亩盛和朱焙盛，每人 100 元红包。根据祭祖活动后勤规范，无须为祭祖活动决策机构永祜公益协会理事会成员专门发放红包。

朱洲为帮忙人员发放红包（2023 年 2 月 19 日摄）

14：28，红包发放结束，现场基本清理干净，除联防队员外，其他人员均已离场。联防队员负责将尚未清扫干净的地面扫干净。本次活动基本结束。

根据收尾规范，朱氏宗族在祭祖活动结束后及时处理了费用核算报销工作。祭祖活动结束后，采购人员根据收尾规范将收据交给了永祜公益协会账目管理人员朱挺毅，朱挺毅向各位垫付人支付了祭祖费用。[1]本次祭祖总支出为 31 269 元。主要支出包括祭品采购、族人聚餐、寿金发放等。例如，2023 年 2 月 18 日，惠州市惠阳区裕兴农产品批发市场的"国华蔬菜批发"店，负责采购的"阿姨"采购了用于祭祖后勤做饭的蔬菜，共支出 627 元。其中，娃娃菜 250 元（125 斤）、蒜苗 200 元（40 斤）、蒜头 40 元（10 斤）、葱仔 32 元（8 斤）、芹菜 105 元（30 斤）。[2]除支出外，塘尾朱氏宗族在本次活动中亦取得了收入，所谓收入也即香港塘尾朱氏宗亲会向塘尾朱氏宗族捐赠的 3000 元人民币。祭祖会餐前，香港塘尾朱氏宗亲会将钱交给了朱厚岱后，朱厚岱转交给了朱挺毅。

相比于往年，塘尾朱氏宗族的祭祖规范在 2023 年的祭祖活动中得到了较好的落实和执行，有力保障了活动秩序。活动结束后朱洲总结道："今天祭祖还算有序的。往年乱七八糟的，乱得很。"[3]在 2023 年的祭祖活动中，祭祖规范之所以得到了较好落实和执行，主要是因为本年度祭祖规范执行团队人手得到增加，执行力量得到扩展。在 2023 年之前，祭祖活动主要由朱洲、朱厚岱二人负责，根据筹备会议的安排，朱挺毅、朱建设、朱钦悦三位后辈新人加入了规范执行团队，与朱洲一起具体操办祭祖工作。朱挺毅介绍了新人加入情况：

今天我是第一年接手搞祭祖这个事情。以前都是朱洲老人去搞，还有我们的老书记也会一起搞。老书记是负责拿钱，拿着钱去买东西。今年我们三个人（朱挺毅、朱建设、朱钦悦）来帮帮忙。今年

---

〔1〕《费用报销审批单》，朱挺毅提供，2023 年 2 月 27 日。
〔2〕《收据》，朱贤威提供，2023 年 2 月 19 日。
〔3〕朱洲访谈录，2023 年 2 月 19 日。

会长叫我负责来拿钱，让大家来找我报销，叫我来管钱。他们买菜买什么、花多少钱，都拿着单子来我这里结账，我做一个封面（汇总），找会长签字，花了多少钱把报销钱给他们。[1]

就治理框架而言，塘尾朱氏宗族祭祖活动的组织机构可分为决策团队、执行团队两部分。执行团队又可分为后勤团队和祭祖团队。其中，决策团队为由塘尾朱氏宗族族老、权威人士、热心人士组成的永祜公益协会，执行团队的主要成员为永祜公益协会成员，具体负责做饭、采购、管账、祭祖等工作。后勤团队主要由各村民小组的帮忙妇女、厨师、买办等组成，具体负责做饭、卫生清洁、采购等工作，负责人为朱洲。祭祖团队共三人，也即主祭朱匡威，执事朱㕼盛、朱焙盛，具体负责实施基础仪式规范。

总体而言，依照时间顺序，塘尾朱氏宗族先后根据祭祖活动筹备规范、祭祖活动开展规范、祭祖活动的后勤及收尾规范开展了事前筹备、现场祭拜、事后收尾等工作，有序完成了祭祖工作，向世人展现了一场盛大的当代客家宗族自治画面，达到了自我治理目标。

四、当代宗族祭祖规范的实践价值

朱氏宗族的祭祖规范在实践中有着积极的价值和作用。根据祭祖规范开展祭祖活动能够有效保障祭祖活动的秩序，促进孝道文化的传承，实现族人的德治教化，增进宗亲族人的团结程度，助力于族人心灵的满足。

第一，保障祭祖活动的秩序。塘尾朱氏的全族性活动较少，祭祖活动是其最为重要和盛大的活动之一。祭祖活动的顺利开展离不开规范的支撑。祭祖活动规范具体规定了塘尾村朱氏宗族开展祭祖活动的日期、地点、参加人员、活动流程等，为朱氏后人祭拜祖先提供了方向指引，是塘尾村朱氏后人祭拜祖先的行为指南。通过口耳相传，祭祖规范在塘尾村朱氏后人心中不断扎根，提醒着塘尾村朱氏后人按照习惯规范开展祭祖活动。通过严格遵循祭祖活动规范，

---

[1] 朱挺毅访谈录，2023 年 2 月 19 日。

朱氏族人得以循着数百年积累形成的轨迹一遍遍有序地重现、复演盛大的祭拜活动,有序实现"祭祖先之灵、激裔孙情志、促宗族兴旺、敦亲和睦族"[1]之目标。

第二,促进孝道精神的传承。木有本而水有源,根据祭祖规范开展祭祖活动的基础价值在于敬先祖而启后人,弘扬孝道精神,促进孝道文化的传承。通过开展祭祖活动,朱氏宗族能够教育后人明白"参天之木必有其根,怀山之水必有其源"[2]之理,促使后人在敬祖尊贤活动中感受、学习并传承孝道精神与文化。正如朱建设提道的:"能来拜的人,说明这些人比较孝顺的,有孝道。"[3]"你看那么多老人家,上了年纪,他们都想着落叶归根。"[4]正所谓千枝万叶一木之发,千流万派一源之始。通过按照祭祖规范开展祭祖活动,朱氏宗族得以让年长者寻根溯祖,找到归属,让年轻者明白孝道之意义,在耳濡目染中将孝的精神传承下去,实现忠与孝之教化。孝道的实现有利于社会与家庭的安定。

第三,促进族人的德训教化。根据朱氏宗族的祭祖规范开展祭祖活动能够以集体缅怀朱氏先贤的形式,传承并活化祖氏先贤的文化遗产,宣教忠、孝、仁、义等传统美德,激励后人将文熹公的儒家学说及中国传统文化的忠孝仁义礼智信思想发扬光大。对于个体化的朱氏族人而言,通过根据祭祖规范参加祭祖活动,其能在为数不多的活动中了解和学习朱子文化。特别是,根据祭祖规范前往宗祠参加活动能够潜移默化地学习先祖文(熹)公忠孝仁义、修身齐家之思想。朱氏宗祠上随处可见家规家训、先祖朱熹思想,朱氏宗祠内的祠联、堂匾、楹联、墙刻、碑刻等记载了塘尾朱氏的祖先业绩、姓氏郡望、家世渊源、迁徙路径。朱氏祠堂是朱氏宗族的宣教场所,是永桔公裔孙团结奋进的象征,是朱氏后裔的精神寄托。在

---

[1] 《塘尾朱氏宗祠重建暨文化广场工程竣工总结会》,塘尾村村民委员会提供,2022年7月21日。

[2] 《塘尾朱氏宗祠重建暨文化广场工程竣工总结会》,塘尾村村民委员会提供,2022年7月21日。

[3] 朱建设访谈录,2023年2月19日。

[4] 朱建设访谈录,2023年2月19日。

宗祠内开展活动能够让族人潜移默化地学习文（熹）公忠孝仁义、修身齐家之思想，激励后人效法先贤，教育子孙以先人为人生榜样，实现德治教化之效果。

第四，团结凝聚宗亲族人。通过按照朱氏宗族祭祖规范开展祭祖活动，能够加强塘尾12个村民小组与上田村、上杨村等外村族人的联系，加强塘尾朱氏宗族与香港朱氏宗族的交流，营造出"世世代代同根生，和和睦睦一家人"[1]的良好氛围，增进族人之间的互动交流，提升宗亲族人的凝聚力，取得跨区域联结的效果。朱氏宗族祭祖规范的实施过程既是一个祭拜祖先的过程，也是一个发扬血浓于水的宗族亲情的过程。联防队员、水口村民小组的村民提道："在宗祠不像去酒店，酒店叫他们安排好，没意思。在这里，像那些香港回来的人，吃完饭大家聊一下，拉一下家常。这里更有氛围。"[2]通过根据朱氏宗族的祭祖规范在祠堂内开展祭祖活动，朱氏宗族为族人提供了沟通交流的社交平台，留住了集体乡愁，促进了宗亲团结，提升了宗族的凝聚力。

第五，愉悦族人的心灵。朱氏宗族祭祖活动既是一场祭拜祖先的盛大活动，也是一场热闹的娱乐族人活动。在祭祖活动中，族人能够放下工作压力，与亲友畅聊，享受美食，满足追求快乐的本我需求，祛除生活中的烦闷，调剂枯燥、单调的生活节奏，在辛苦劳作之外得到放松。在经历神圣的精神洗礼之后，再以新的精神状态去迎接世俗生活。例如，祭祖活动现场参加者朱淦霭提到，祭祖活动"很热闹，大家开开心心的多好"。[3]通过根据祭祖规范参加祭祖活动，朱氏族人得以暂时忘却生活之劳苦，感受族人团结的热闹美好，愉悦自我心灵，改善精神状态。

总体而言，朱氏宗族的祭祖规范在实践中具有着保障祭祖活动秩序、促进孝道精神传承、实现族人德训教化、团结凝聚宗亲族人、愉悦族人心灵等诸多积极价值和作用。宗族祭祖规范这一自治规范

---

[1]《塘尾朱氏宗祠永禘堂重建奠基仪式》，塘尾村村民委员会提供，2022 年 7 月 21 日。

[2] 朱建设访谈录，2023 年 2 月 19 日。

[3] 朱淦霭访谈录，2023 年 2 月 19 日。

在基层社会的自治实践中有着积极的价值和作用。在加强和改善基层治理的过程中，应对此种自治规范予以重视，促进其发挥积极作用。

结　语

塘尾朱氏宗族的祭祖规范是一种以血缘为联结纽带、以同姓共祖为思想基础的宗法性、民间性、内生性自治规范。具体而言：一方面，朱氏宗族的祭祖规范以血缘为联结纽带、以同姓共祖为思想基础，其产生和发展依赖于姓氏与血缘，其未来能否继续发展也依赖于姓氏与血缘。另一方面，朱氏宗族的祭祖规范有着较强的宗法性、民间性、内生性。其来源于古代社会的宗法传统，调整家族内部关系，符合传统社会的礼法精神，是一种宗法性规范；其源于乡野、变于乡野、成于乡野，是一种民间自发形成而非国家创制的自治民间规范；其三百多年来依靠自身发展，是一种以自我管理、自我服务、自我满足为面向的内生性规范。

虽然塘尾朱氏宗族的祭祖规范已较为完善，但是其内容的具体性、明确性仍可进一步提升。例如，在祭祖活动的后勤规范方面，部分村民小组组长并未按时通知、动员妇女到祠堂帮忙，部分来到现场帮忙的热心妇女是在知道现场需要人手后主动过来帮忙的。而且，祭祖活动的组织者永禔公益协会对各村民小组分别来了哪些帮忙人员也并不十分清楚。这种情况之所以发生，是因为后勤规范中有关人员通知的内容仍不够具体，未为村民小组组长的行为提供明确、具体的安排。为了进一步健全祭祖规范，改善祭祖规范的实施效果，永禔公益协会等有关主体可借鉴建构主义逻辑，以文字化等形式进一步明确、完善祭祖规范的内容。例如，永禔公益协会可进一步细化规范，要求各村民小组组长将本村帮忙人员名单报送至负责人员，将活动组织人员、帮忙人员予以张贴公示，从而更好地提升规范实施效果，提升祭祖活动组织工作的透明度，改善族人参加活动的感受。

就文化的角度而言，朱氏宗族的祭祖活动规范是传统客家文化的制度化呈现，是传统客家文化的重要表现形式。在现代社会，这种传统客家文化面临着被时代潮流冲淡乃至完全消逝的问题，其未来传承面临着一定的隐忧。例如，朱厚岱提道："客家文化我们必须要传承的，如果不传承了，过十几年二十年就传承不下去了。现在读书的年轻人十几二十岁的，连客家话都不会讲了。普通话是国家标准，但是客家话也不能丢，丢了你就忘了你的祖宗是客家人。"〔1〕为了避免文化传统的丢失，塘尾村"两委"、西区街道办事处及大亚湾区相关部门可坚持保护为主、抢救第一、合理利用的原则，对朱氏宗族的祭祖规范予以重视，实施客家文化及规范调查保护计划，加强对历史文化名村、历史文化祠堂、历史文化规范的保护，创新保存、保护客家文化传统的方式方法，以保护和传承历史文化的形式留存传统规范，实现传承优秀文化、提升自治规范作用、改善基层自治等多重治理效果。

总体而言，朱氏宗族的祭祖规范内容细密复杂，规定了祭祖活动的筹备、开展及收尾等各项工作，为祭祖活动的组织者、参加者提供了较为细致的规则指引。这种规范在实践中产生了诸多积极价值和作用。为了更好地发挥朱氏宗族祭祖规范等类似自治规范的作用，塘尾村村"两委"、西区街道办事处、大亚湾区管委会等相关主体可提升对祭祖规范的重视程度，以开放的态度对之进行总结、分析，提炼其中的积极内容并予以保护和推介，发挥传统自治规范的积极价值，在更大的范围内提升基层社会自治质效。

---

〔1〕 朱厚岱访谈录，2023 年 5 月 19 日。

第三十章

结合型自治规范：当今渔村的原始
信仰机构组织与行为规范
——以霞新村杨包庙理事会为对象

引 言

以传统文化和非物质文化遗产为表现形式的原始信仰在现代社会客观存在并具有重要影响力。虽然现代乡村治理是一个不断"除魅"的过程，[1]但是原始信仰并未随着科学观念的普及与公众思想觉悟的提高而揖别于现代社会。在很多地区，以庙会形式呈现的原始信仰在科学昌明的现代法理社会甚至比在传统保守的礼俗社会更具影响力。譬如，在霞涌街道霞新村，作为广东省惠州市级第六批非物质文化遗产项目的霞新村杨包庙会（又称"杨包庙渔民朝拜活动"）是大亚湾区霞涌街道霞新村一年一度最重大的活动，杨包庙会的参加人数最多时逾万人，其热闹程度甚至超过了春节。

在原始信仰活动中，原始信仰机构的组织规范和行为规范发挥着极为重要的作用。原始信仰机构的组织与行为规范为原始信仰机构组织和开展活动提供了稳定的秩序框架和根本的行为指南。规模甚巨的杨包庙会之所以能够有序运行并在三十多年的历史巨变中不断发展壮大，在很大程度上依赖于长期积淀形成的霞新村杨包庙理事会组织和行为规范这一原始信仰机构的组织与行为规范。正是在原始信仰机构的组织与行为规范的指引和保障下，乡村庙会活动才得以成为一场充满活力的村民自治活动。恰如帕森斯在评议霍布斯

---

[1] 例如有论者认为："原始宗教的自然信仰和崇拜，必然会在科学、进步的条件下，趋于淡化，以至消除。"参见徐定远：《试析石棉藏族的原始信仰和崇拜》，载《西南民族大学学报（人文社会科学版）》1990年第6期，第21页。

功利主义体系理论时所强调的："凡是可以进行科学分析的社会秩序，总是一种实际秩序，但这种实际秩序如果没有某些规范性要素有效地发挥作用，以后就不会稳定地持续下去。"[1]虽然不同于国家制定法，但作为韦伯意义上的传统型权威代表的原始信仰机构组织与行为规范在实际上作为一种稳定的联合秩序支配着生活本身，是庙会活动中真正有影响力、有生命力的法，也即埃利希意义上的"不是在法条中确定的法，而是支配生活本身的法"。[2]

国家法律和政策为原始信仰机构的组织与行为规范发挥积极作用提供了一定的法律基础和良好的政策环境。其中，《宪法》第36条第1款规定："中华人民共和国公民有宗教信仰自由。"《非物质文化遗产法》第3条规定："国家对非物质文化遗产采取认定、记录、建档等措施予以保存，对体现中华民族优秀传统文化，具有历史、文学、艺术、科学价值的非物质文化遗产采取传承、传播等措施予以保护。"第30条提出"支持非物质文化遗产代表性项目的代表性传承人开展传承、传播活动"。中华人民共和国国务院新闻办公室于2018年4月发表的《中国保障宗教信仰自由的政策和实践》指出："国家与社会对各种宗教和多样的民间信仰持开放态度，宗教信仰自由和民间信仰多样性获得尊重。"

作为一种中国化、本土化的自治规范，原始信仰机构的组织与行为规范是杨包庙会活动最为倚重的制度规范。对以霞新村杨包庙理事会的组织规范和行为规范为代表的原始信仰机构的组织与行为规范展开实证考察和理论分析，对于科学认识其在乡村治理中的积极作用、进一步改善其规范内容、合理利用其积极价值具有重要的理论和实践意义。

惠州大亚湾区霞涌街道霞新村位于大亚湾区霞涌街道东南面，南面临海，北面毗邻新村村。霞新村辖区总面积约9万平方米，现有户籍人口220户共815人，常住人口约900人。该村辖下无村民小

---

〔1〕 〔美〕塔尔科特·帕森斯：《社会行动的结构》，张明德、夏翼南、彭刚译，译林出版社2003年版，第93页。

〔2〕 〔奥〕欧根·埃利希：《法社会学原理》，舒国滢译，中国大百科全书出版社2009年版，第545页。

组，现有村"两委"班子成员共 5 人，其中大专以上学历 2 人，实现书记、主任一肩挑和"两委"班子100%交叉任职目标，同时配备村"两委"储备干部、法制副主任、党群服务中心平台工作人员及计生专干各 1 名。霞新村党支部现有党员 23 人。历史上，霞新村村民多以出海捕鱼为业。近年来，随着国家对海洋生态环境保护的重视，渔民多数转产转业，外出务工谋生。[1] 杨包庙会是当今霞新村最重大的活动，现已被评为大亚湾区第一批区级非遗项目和惠州市级第六批非物质文化遗产项目。[2] 杨包庙会主要由霞新村杨包庙理事会这一原始信仰机构负责组织开展。

为了准确把握原始信仰机构的组织与行为规范的具体内容和实际发挥的作用，2021 年 10 月 16 日、2022 年 7 月 20 日、2023 年 2 月 17 日、2023 年 5 月 16 日、2023 年 7 月 9 日，我们先后 5 次到大亚湾区霞涌街道霞新村就当地特有的杨包庙理事会组织规范和行为规范进行实地调查。我们到杨包庙进行了认真的观瞻，访问了杨包庙理事会负责人和村干部、村民，查阅了有关杨包庙理事会的资料，观看了 2019 年杨包庙会的视频，现场实地参加了 2023 年杨包庙会活动，对杨包庙理事会的组织规范及其在当今渔村自治中的作用有了一定的了解和感受。

以田野调查为基础，本章以霞新村杨包庙理事会为对象，对当今渔村的原始信仰机构组织与行为规范的来源、当今渔村的原始信仰机构的组织规范、当今渔村的原始信仰机构的行为规范、当今渔村的原始信仰机构组织与行为规范的施行、当今渔村的原始信仰机构组织与行为规范的实践价值等进行了初步探讨，以丰富对大亚湾区自治规范的认识。

---

〔1〕 按照学术惯例，本章的一些人名进行了化名处理，特此说明。参见《霞新村概况》，霞新村党群服务中心公开栏，2023 年 5 月 16 日；《霞新村基本情况》，霞新村委党务村务公开栏，2023 年 2 月 17 日。

〔2〕 参见《霞新村基本情况（2022 年 4 月 15 日）》，霞新村村民委员会提供，2023 年 2 月 17 日。

一、当今渔村的原始信仰机构组织与行为规范的来源

作为一种传统延续型自治规范，杨包庙理事会的组织规范和行为规范主要来源于历史上形成的自治规范，是霞新村民长期实践经验积淀而成的结果。例如，霞新村杨包庙理事会副会长苏天雄提到，杨包庙理事会的组织规范和行为规范"都是老辈传下来的"。[1]

就规范起源而言，杨包庙理事会的组织规范和运行规范的历史渊源可追溯至 1875 年。在 1875 年霞涌疍民兴建杨包庙后杨包祭拜活动日渐流行，杨包庙理事会的组织规范和运行规范规范随之产生并逐渐确定下来。当然，由于没有文字记载，杨包庙理事会的组织规范和行为规范究竟形成于何年何月已无从考证。"文革"期间，随着杨包庙这一物理载体被摧毁，大规模的庙会活动被禁止，杨包庙理事会的组织规范和运行规范规范暂时被尘封。

1986 年，杨包庙得到重建，杨包庙理事会的组织规范和行为规范再次呈现在生活中。但相比于此前的杨包庙理事会的组织规范和运行规范，1986 年之后杨包庙理事会的行为规范内容有所变化。根据 1986 年之后的杨包庙理事会的行为规范，该理事会应提前准备足量的杨包神像（也即"炮台"），在该理事会的主持下由村民相约以登记抽签的形式决定请走哪一尊神像。在规范修改之前，"抢"炮台的原初形式是将代表炮台的标签用土炮轰上天，参加者哄抢标签。抢到者可获得杨包真人像。规范修改后，登记抽签方式取代了现场哄抢方式，"抢炮台"过程的对抗性大幅降低，长期以来存在的房族间过度对抗和冲突的问题消失在了历史潮流中。杨包庙理事会副会长苏天雄介绍了规范的变化情况：

> 按照老辈来说，我们小时候听他们说，以前炮台是把炮台打上去，大家再去抢，抢的时候打伤人的也有。从手里夺过来、夺过去其实也不好。后来我们搬到这里（指 1986 年选址重建）来了，就不用这个办法了，就做神像，做那个炮台像。大房一般给两个神像，

---

[1] 苏天雄访谈录，2023 年 2 月 17 日。

小房一般给一个神像。他要两个三个，也都有。（房族）要神像就来登记，不用抢。这个规矩改了好多年了。大概八十年代就改了，重建这个庙的时候就改了。那个神像也改了三个了。以前的是那个小小的，用玻璃做的，不方便。后来改成那个图，照的相。后来又改成木头的。除了炮台，其他的基本都没有改。其他内容，做戏、舞龙、舞龙船、挑花篮这些都没有变。[1]

　　未来，杨包庙理事会的组织和运行规范可能会进一步演进变化。2023年2月17日我们在霞新村调研时，霞新村党支部书记李文亮提到，目前杨包庙会活动面临着人手不足的问题，庙会活动的组织开展面临着一定的困难。为了解决各房族分别开展祭拜活动过程中面临的人手不足问题，李文亮认为可在霞新村村"两委"的支持下，由霞新村杨包庙理事会统筹各房族的祭拜工作，从各房族分开祭拜模式转化为理事会主导的统一祭拜模式。李文亮谈及了对霞新村杨包庙理事会行为规范的完善设想："可以不再分到每房每族，每房每族都去做人都不够。可以由理事会统筹起来，给每个人都分工，不用每房每族都做一遍。"[2]当然，未来杨包庙理事会的组织和行为规范是否会发生变化、发生何种变化，只能留待时间来检验。

　　总体而言，杨包庙理事会的组织和行为规范是一种传统延续型自治规范，来源于霞新村人百余年组织和开展杨包祭拜活动的历史经验的积累。而今，经过百余年的发展，杨包庙理事会的组织规范和运行规范已经发展成为一套成熟的标准化仪程规范。

二、当今渔村的原始信仰机构的组织规范

　　根据调整事项的不同，原始信仰机构的自治规范可分为组织规范和行为规范两种类型。其中，原始信仰机构的组织规范主要调整机构组成、机构职能、人员管理等组织事项，原始信仰机构的行为规范主要调整原始信仰机构自治权的行使和运作等行为事项。

---

[1]　苏天雄访谈录，2023年2月17日。
[2]　李文亮访谈录，2022年7月20日。

杨包庙理事会的组织规范主要包括机构组成规范、机构职权规范、人员产生规范、人员任期规范、监督与公开规范等内容。

（一）机构组成和职权规范

根据杨包庙理事会的组织规范，杨包庙理事会（下文如无特别说明，均指霞新村杨包庙理事会）、霞新村村"两委"、杨包庙理事会骨干、房族组织、香港同胞、杨包庙龙船队、杨包庙香港理事会、香港妇女理事会、霞新村妇女理事会、基层党政机关等独立的人和集体化的人均发挥着不可或缺的作用，各类主体在庙会活动各有其责、各具其用，共同使杨包庙会，具有了民办、民助、民议、民管的特征。在诸多主体中，杨包庙理事会发挥着最为重要、最为关键的作用，是杨包庙会活动的主导者和活性因素，是原始信仰规范的主要创制者、主责实施者。

杨包庙理事会的组织规范就杨包庙理事会的组成、职权等作出了规定。具体而言：

第一，杨包庙理事会的组成人员应为各房族的热心老人。杨包庙理事会由霞新村内有威望的60岁以上老人组成。例如，苏天雄提到，杨包庙理事会成员"都是60岁以上的，有时间的没什么事儿的，推选出来就来这里当理事，不是选举的。推选出来也要考虑房族的代表性"。[1]2018年5月至今杨包庙理事会的组成情况为：名誉会长4人，顾问2人，会长1人，副会长19人，会员40人，理财小组会计1人，财务5人。以下为现任（2018年5月至今）杨包庙理事会组成情况：

霞新杨包庙理事会领导机构

名誉会长：苏兆昌　戴海建　苏大铭　李进添

顾　　问：李永强　苏兆光

会　　长：李汉秀

副 会 长：李昭来　李　文　李博览　李贵洋　李　洋

---

[1] 苏天雄访谈录，2023年2月17日。

　　　　　　　苏友林　　苏强工　　苏大盛　　苏水生　　苏业观

　　　　　　　苏洋林　　李兆泱　　李伟光　　李春旺　　徐进财

　　　　　　　苏文生　　李新财　　石洋鑫　　苏志平

　　会　　员：苏保庆　　李国强　　苏问罗　　苏学辉　　徐文治

　　　　　　　石兆英　　苏木兵　　李贵财　　李　洋　　李水塱

　　　　　　　李有财　　李振华　　李宇重　　苏海力　　李进丁

　　　　　　　苏选宝　　石生强　　苏　苟　　苏干平　　苏基锦

　　　　　　　苏海金　　苏　观　　苏帝泉　　李帝岳　　苏兆贵

　　　　　　　李德泉　　苏达周　　李日锌　　李　昕　　李海龙

　　　　　　　苏阳闵　　苏菜全　　苏天明　　苏海昱　　李马来

　　　　　　　李基保　　李笛望　　李海燕　　李日升　　苏深名

　　理财小组：

　　会　　计：苏天雄

　　财　　务：苏海成　　苏海帝　　李友记　　苏海侠　　苏浪贵〔1〕

　　需要注意的是，发挥关键作用的杨包庙理事会不仅包括霞新村杨包庙理事会，还包括香港杨包庙理事会。香港杨包庙理事会与霞新村杨包庙理事会大约在同一时期成立。香港杨包庙理事会由在港的各房族的代表组成，共十余人。按照庙会组织规范，香港杨包庙理事会主要负责与内地协调对接，召集和组织在港的宗亲、房族回村参加庙会。〔2〕

　　第二，杨包庙理事会的主要职责为组织开展杨包庙庙会活动以及打理杨包庙日常事务。一方面，在庙会的前期筹备、庙会的资金筹集和庙会的活动开展等主要工作中，杨包庙理事会均应发挥主导作用。另一方面，根据杨包庙理事会的职责规范，理事会还须负责庙宇的日常管理、打理庙宇日常事务。具体而言：

　　一方面，杨包庙理事会须在霞新村内各房族、香港杨包庙理事会、霞新村村"两委"、妇女理事会等机构的配合下，组织开展庙会

〔1〕《霞新杨包庙理事会领导机构》，霞新村杨包庙内墙上张贴，2023 年 2 月 17 日。

〔2〕　苏天雄访谈录，2022 年 7 月 20 日。

活动。其中，霞新村各房族是庙会活动中公开出镜最多的组织之一。庙会期间的巡游、祭拜、舞龙舞狮表演等，通常由霞新村各房族组织完成。这些表演活动具体由各房的负责人"族老"负责组织和协调。霞新村共有4个大房，其中李姓有1个大房，苏姓有3个大房。另有小房十余家。各房主要以花炮会的形式公开参与庙会活动。各大房的花炮会主要负责组织大房开展舞龙、舞狮等大型表演；小房也会参加表演，但受人数所限，其表演队伍和表演种类相对较少。若房族人数不足，则应按照习惯规范互相帮助，"书记那个房人不够的话，就叫这个房、那个房来支援一下"。[1]香港杨包庙理事会的支持和配合也极为关键。无论是"文革"后杨包庙的重建，抑或是杨包庙理事会规范的形成和运行，均离不开在港的霞新村原村民的人力与资金支持。霞新村党支部书记李文亮提道："重点是靠香港那些年轻仔，他们愿意回来的话还能做。"[2]"我们李姓大房有两条龙、四盘狮、划龙船等好多设备。两条龙需要三十多个人，四盘狮需要十个人。现在我们姓李的在村内大约只有三百来人，在香港的李姓有七八百人。所以完全靠我们大陆这一帮人真的是人手不够。"[3]此外，根据杨包庙理事会组织规范，霞新村杨包庙龙船队、香港妇女理事会、霞新村妇女理事会、基层党政机关等其他组织应发挥辅助作用。例如，杨包庙龙船队的主要成员为村内年轻女性。由于霞新村由原霞东生产队、霞西生产队合并而来，因而两个生产队的龙船队在合并后分别称为东队和西队。龙船队在庙会活动中主要负责划龙船表演。[4]霞新村妇女理事会的成员主要是村内热心的老年女性。杨包庙理事会组织规范就霞新村妇女理事会的配合职责作出了规定。根据杨包庙理事会组织规范，霞新村妇女理事会相当于杨包庙理事会的"后勤部"，[5]主要负责准备祭祀用的香、宝珠等祭神材料以及做好后勤工作。苏天雄重点介绍了妇女理事会的配合职责：

---

〔1〕 苏天雄访谈录，2023 年 2 月 17 日。
〔2〕 李文亮访谈录，2022 年 7 月 20 日。
〔3〕 李文亮访谈录，2022 年 7 月 20 日。
〔4〕 苏海龙访谈录，2022 年 7 月 20 日。
〔5〕 苏海帝访谈录，2023 年 2 月 17 日。

有时候要做什么，要拜神、要号召捐钱、要通知大家，就妇女理事会她们三个组长发动大家去做。在庙会里面，拜神、祈福、还神，这些都是她们妇女（协助）去搞的，都是她们去买东西，买香、宝、烛来供奉。妇女理事会要听庙的理事会的指挥，理事会是决定，她们去执行。[1]

妇女理事会在杨包庙内布置场地、准备拜神用品（2023 年 5 月 16 日摄）

另一方面，杨包庙理事会须负责与庙宇相关的日常事务。根据杨包庙理事会组织规范，杨包庙理事会的成员应按期值班，对庙宇进行日常管理，为前来烧香祭拜的村民提供服务。"一般来讲，在这里值班的理事会就 12 个人。"[2]根据杨包庙理事会的职责规范，负责值班的杨包庙理事会成员并无工资报酬。值班人员应按照 10 天/组（4 人）、每月 3 组的分工自觉到杨包庙内值班，值班时间通常为早上 6 点至 8 点。[3]在逢年过节时，杨包庙理事会成员应主动做表

---

〔1〕　苏天雄访谈录，2023 年 2 月 17 日。
〔2〕　苏天雄访谈录，2023 年 2 月 17 日。
〔3〕　苏大盛访谈录，2023 年 5 月 16 日。

率进行捐款。[1]

根据杨包庙理事会的职责规范，在对庙宇进行日常管理的过程中，杨包庙理事会须积极寻求霞新村村"两委"的帮助和支持，而且后者应根据习惯规范积极扶持和帮助理事会开展工作。例如，为了解决作为"霞涌八景"之一的杨包庙的运作维护经费短缺问题，在杨包庙理事会的请求下，霞新村村民委员会利用直接对接基层政权的工作便利和优势，曾向霞涌街道办事处申请经费，为杨包庙理事会争取经费支持。以下为霞新村村民委员会的请示。

关于申请霞新村杨包庙运作经费的请示

霞涌街道办事处：

渔民传统文化是霞涌海洋历史文化的重要组成部分，其中霞新村杨包庙会更是市级非物质文化遗产项目，目前正在申报省级非物质文化遗产项目。由于我村集体经济十分薄弱，无法给予杨包庙理事会经济上的支持，致使杨包庙日常工作难以运作。为进一步弘扬霞新村渔民传统文化，推动我村文化建设，提高村民参与文化娱乐活动的活跃度，现特向街道办事处申请杨包庙运作经费一万元。

特此请示。

霞新村村民委员会
2021 年 3 月 22 日[2]

总体而言，根据杨包庙理事会的机构组成和职责规范，杨包庙理事会的组成人员应为各房族热心老人，杨包庙理事会的主要职责为组织开展庙会以及打理日常事务。此外，根据杨包庙理事会组织规范的基本原则，理事会内部应遵循民主原则。"理事会做什么、开支什么，要大家开会讨论。"[3]杨包庙理事会的机构组成和

---

[1] 苏天雄访谈录，2022 年 7 月 20 日。

[2] 《关于申请霞新村杨包庙运作经费的请示》，霞新村村民委员会提供，2022 年 7 月 20 日。

[3] 苏天雄访谈录，2023 年 2 月 17 日。

职权规范为杨包庙理事会的组成和职能定位提供了规范依据和正当性基础。

（二）人员产生和任期规范

人员产生和任期规范就杨包庙理事会及其附属机构的人员产生、任期、换届等事宜进行了规定，是保障杨包庙理事会人员管理和更新的制度基础。杨包庙理事会的人员产生和任期规范的主要内容可分为两个方面。具体而言：

第一，机构组成人员产生规范。根据杨包庙理事会的人员产生规范，杨包庙理事会成员由村内热心老人自荐或村民推荐产生，理事会会长、副会长由理事投票选举产生。例如，霞新杨包庙理事会李永强自1986年杨包真庙重建以来便积极参与庙会活动的组织并于2006年经过村民推荐、理事会选举成为杨包庙理事会第四任会长。[1]

第二，机构组成人员任期规范。根据杨包庙理事会成员的任期规范，理事会成员任期通常为终身任职，理事会副会长、会长由理事会投票产生。一旦理事会成员被选为副会长，通常为终身任职，任期一直到辞世。在理事会成员、理事会副会长因辞世而自然退出后，时任理事会通常会根据机构组成人员产生规范吸引新的成员加入，为理事会的正常运转提供更多有生力量。与理事会成员、理事会副会长略有不同，理事会会长可能会由于辞世、自愿退出（年龄过大）等原因从会长之位退下。例如，2021年杨包庙理事会原会长李汉秀由于"年纪大了，身体也不太好"[2]，自愿从会长之位上退了下来。在会长之位空缺时，理事会须通过内部推选的方式选出新会长。杨包庙理事会副会长苏天雄介绍了理事会组成人员的任期规范：

理事会成员不是固定的，有增加。加入理事会了之后，就一直在理事会。只有过世了，才把名字搞掉。没有过世的，就算很老的，

---

〔1〕　大亚湾区霞涌街道办事处文体服务中心：《省级非物质文化遗产代表性项目推荐申报书》（2021年2月26日），霞新村村民委员会提供，2022年7月20日。

〔2〕　原会长退任后理事会暂无新会长。苏洋冲访谈录，2023年5月16日。

也一直在那理事会里面。没有过世的，我们不敢把名字除掉的，除掉不好的。多一个人，也能多一份力量。[1]

杨包庙理事会、妇女理事会及霞涌街道办工作人员合影
（2023 年 5 月 16 日摄）[2]

此外，机构的人员产生和任期规范还就霞新村妇女理事会等杨包庙理事会的附属机构人员产生和任期规范作出了规定。根据有关妇女理事会的人员产生和任期规范，成为妇女理事会的主要条件为时间空闲、有余力且自愿。妇女理事会的成员通常为终身任期制。之所以要实行终身任期制，主要是因为规模宏大的庙会活动的顺利开展需要大量人手，终身任期制能够从制度层面保障妇女的积极性，为杨包庙会活动的顺利开展提供更多的人力支撑。苏天雄介绍了霞新村妇女理事会的任期规范：

妇女理事会没有换届的。都是她们这些人，她们有事儿的就去做事儿，平时没事儿的就去参加庙会做事儿。她们有的很老了，都不会把她换掉。除了过世了，死了，才会换一个新的名字上来。要是还活着的就换掉，（碍于情面）那会很难讲的。她会觉得"哇，我

---

〔1〕 苏天雄访谈录，2023 年 2 月 17 日。
〔2〕 照片中的第 1、2、3 排男性为杨包庙理事会成员，女性为妇女理事会成员。第三排右侧四位为霞涌街道办事处工作人员。左右两侧表演划龙船的队伍为杨包庙龙船队。

在这里也没什么错，又没有领工资，你要把我换掉"？她们又没有领工资，靠自己自愿去，所以不会把她们的名字去掉。[1]

总体而言，杨包庙理事会的人员产生和任期规范规定了杨包庙理事会组成人员以及杨包庙理事会附属机构组成人员的产生和任期事项，明确了杨包庙理事会的机构组成人员产生、人员管理、人员退出的程序性事项，为杨包庙理事会这一民间机器的运转提供了规范动力和制度保障。

（三）监督与公开规范

杨包庙理事会之所以在霞新村威望较高、得到村民信服，一个重要的原因在于杨包庙理事会建立了一套内部监督与公开规范，保障了理事会运作的公开性和决策的公正性，取得了村民信任。所谓监督与公开规范也即对杨包庙理事会行使权力、运行过程进行监督的习惯规范以及重要事项公示公开规范。

在杨包庙理事会的监督和公开规范中，财务监督和财务公开制度较为健全。根据杨包庙理事会的财务监督和财务公开制度，理事会内部设置会计、财务之位，专司财务管理事宜。会计主要负责保管杨包庙平时收到的油香钱。财务人员负责管理大额存款。杨包庙理事会安排 2 名财务人员共同负责管理杨包庙理事会的大额存款。其中一人负责保管银行存折，另一人负责保管密码。若计划从银行取出理事会存款，须 2 名财务人员共同前往，一人出示存折，另一人输入取款密码。

此外，杨包庙会财务公开规范的一条重要原则是公开公布、账目清楚。按照 2013 年制定的财务规范，捐款 200 元以上者，杨包庙理事会均应将之张榜公布，接受村民监督。[2]

苏天雄介绍了杨包庙理事会的财务监督和财务公开规范：

财务制度是比较好的。理事会有财务，有会计，负责管钱。现

---

[1]　苏天雄访谈录，2023 年 2 月 17 日。
[2]　参见《霞新杨包庙理事会机构（2013）》，霞新村村民委员会提供，2022 年 7 月 20 日。

在的会计是苏海成，平时收的油香钱他负责保管起来。多的钱（办庙会等剩余的钱），有银行账簿。有两个人管银行的钱，一个知道密码，一个拿着存折，只有两个人都去银行才能取到钱。庙会搞完了，开支多少、收益多少、剩下多少，都公布给大家看。[1]

总体而言，作为一种较为完善的原始信仰机构组织规范，杨包庙理事会的组织规范为杨包庙理事会的机构组成、机构职权、人员产生、人员任期、内部监督、重大财务公开提供了细致规程和范本，为杨包庙理事会及其成员分别扮演好自身角色提供了符合村民认知、契合历史传统、贴合现实所需的原则方案，在根本上保障了杨包庙理事会的有序运转和长久存续。

三、当今渔村的原始信仰机构的行为规范

原始信仰机构的行为规范主要调整机构自治权的行使和运作事宜。具体到杨包庙理事会，其行为规范主要包括两方面的内容：其一为组织开展庙会活动过程中应遵循的举办庙会规范；其二为机构的日常活动规范。与组织规范一样，杨包庙理事会的行为规范为不成文的习惯规范，也即"没有专门的章程，全都是按习惯"。[2]

（一）举办庙会规范

根据举办庙会规范，主导开展庙会活动是杨包庙理事会最主要的职责。杨包庙理事会在开展庙会的过程中所遵循的庙会开展规范主要包括庙会筹备规范、庙会举行规范、活动保障规范、活动接待规范等。具体而言：

1. 庙会筹备规范

根据传统的仪轨，在筹备、组织和参与庙会活动的过程中，杨包庙理事会、霞新村村"两委"、杨包庙理事会骨干、房族组织、香港同胞、杨包庙龙船队、霞新村妇女理事会、基层党政机关等庙会组织共同体须按照活动分工分别发挥作用。其中，杨包庙理事会的

---

〔1〕 苏天雄访谈录，2023 年 2 月 17 日。
〔2〕 苏天雄访谈录，2023 年 2 月 17 日。

职责最为重要。为了保证庙会的顺利开展，杨包庙理事会不仅需要进行会前筹款、确定祭拜流程、组织请神仪式、聘请地方戏班、主持巡游巡演、维持朝拜秩序、举行谢神仪式、安排后勤伙食、管理服务外来参会人员等常规统筹、部署工作，还需要经由村"两委"向大亚湾区宣教局、惠州市公安局大亚湾区分局、霞涌街道办事处等进行活动报批和场地申请等非常规的申请请示工作，从而确保庙会活动顺利开展。为了顺利完成庙会筹备工作，理事会须在活动前召开理事会会议，确定具体分工。[1]

在庙会筹备规范中，经费筹集规范较为重要。根据长期形成的经费筹集规范，杨包庙会的收入来源主要为村民捐款、港澳宗亲赞助、上级拨付等。[2]其中，杨包庙理事会负责筹集总体层面的经费，例如按照庙会经费筹集规范，所有抢到炮台的房族均须向理事会交付1000元油香钱，其中抢到寓意最好的第七炮须支付1327元。[3]各房族组织负责筹集本房族的活动经费。按照房族筹集经费的传统规范，各房花炮会的活动经费主要是房内人员捐赠或在活动结束后根据总支出在房内均摊。[4]例如，2019年杨包庙会期间，李姓大房平均每人出100元，用于支持花炮会开展工作。

庙会筹备规范是杨包庙理事会的行为规范中的基本规范，为杨包庙理事会妥善、周全地完成庙会筹备工作提供了符合历史传统的制度保障。

2. 庙会举行规范

庙会举行规范包括庙会流程规范、庙会内容规范、庙会经费管理使用规范等。在庙会举行规范中，庙会流程规范、庙会内容规范的受众辨识度较高，效力范围较为宽广。根据庙会流程规范和庙

---

〔1〕　苏天雄访谈录，2023年2月17日。

〔2〕　据杨包庙理事会苏天雄介绍，由于2015年杨包庙会被列为市一级非物质文化遗产，因而自2015年来，惠州市每年发放的10 000元文化遗产补贴。苏天雄访谈录，2022年7月20日。

〔3〕　在各房族通过抽签形式"抢"到炮台之后，各个大房还会进行第二次抽签，确定由哪一户获得供奉神像的资格。抽到供奉杨包神像资格的家户相应地支付更多的油香钱。

〔4〕　徐洋松访谈录，2023年5月16日。

会内容规范，杨包庙理事会须有序主导和依次推进开展下列祭拜活动：

第一，请神。庙会的前一天（农历三月廿六）早上，在霞新村杨包庙理事会的主持下身着彩装的霞新村男女老少们到杨包庙恭请杨包真人上轿，狮队、龙队在霞新村桥头迎接神明到来。之后在锣鼓齐鸣声中开始巡游，邀请各路神仙与杨包真人一起看戏。巡游路上，先接霞涌的妈娘神像，再接新港的妈娘神像，最后接大王爷，绕村巡游一圈后回到杨包真人庙会。回到杨包庙后，将恭迎来的众神像供奉在杨包庙众神座上，与杨包真人一同看大戏、接受村民祭拜。在2023年的庙会活动中，虽然大戏未唱，其他神仙未请，庙会活动略显冷清，但村民们仍自发地从晚上11点开始陆续到杨包庙祭拜杨包真人，一直持续到庙会当天早上。[1]

第二，拜神。杨包庙会当天（农历三月廿七）早上，各房族在锣鼓齐鸣声中挑着祭品、捧着"炮台"先后来到杨包庙外。首先由小房叩首祭拜，之后8点一直到11点四大房族严格依照抽签顺序依次进场叩首祭拜。所谓抽签顺序也即霞新村的四大房族于庙会开始前的1天至2天在杨包庙理事会的组织下，抽签确定的祭拜顺序。[2]及至祭拜当天，各房族在手捧杨包真人像的老者带领下将贡品挑到杨包庙前供奉起来并虔诚地上香、作揖、跪拜。除了朝拜，四大房族还应按照抽签顺序分别进行时长约半小时的广场表演，通过炫技式表演娱神谢神、求神庇佑。在2023年的杨包庙会中，由于杨包庙理事会未通知各房组织拜神活动，多数房族未组织集体祭拜及表演。仅个别房族自发组织了表演活动。其中，徐氏房族组织了简单的舞狮表演（8：03-8：32），其后苏氏五房组织了划旱船表演（8：44-9：22），李氏大房组织了舞龙舞狮表演（9：23-10：03）。

---

〔1〕 苏天雄访谈录，2023年5月16日。
〔2〕 苏天雄访谈录，2023年2月17日。

徐氏房族祭拜杨包真人及表演舞狮（2023年5月16日摄）

苏氏五房划旱船、李氏大房舞龙（2023年5月16日摄）

　　根据长期形成的习惯规范，在2023年的杨包庙会活动中，杨包庙理事会在房族祭拜后安排杨包庙龙船队进行了划龙船表演。与此同时，在霞涌街道办事处的组织和安排下，由中老年妇女组成的霞涌街道舞蹈队进行了舞蹈表演。

　　第三，"抢"炮台。拜神仪式结束后，霞新村十余个大小房族以及香港宗亲以抽签的形式"抢"炮台。所谓炮台也即杨包真人神像，共21尊。能否"抢"到炮台完全看运气。若霞新村民"抢"到炮台则由舞狮队将杨包真人像送至抢到者家中供奉；若香港宗亲抢到炮台则先存放于庙内，待返港时带回供奉。所有抢到炮台者须于翌年庙会活动开始前还神。[1]当然，还神规范有一定的制度弹性，在

───────────

〔1〕　苏海帝访谈录，2023年2月17日。

特殊情况下抢到者可暂时不还神。例如，在 2023 年的杨包庙会活动中，理事会未通知各房族归还炮台，各房族并未主动还神。虽然当天徐氏房族（55 人左右）一行在庙会当天早上 8 点左右将炮台抱至杨包庙内参加祭拜仪式，但祭拜结束后徐氏又将炮台带回，计划在 2024 年归还炮台。

第四，唱大戏。从廿六晚上开始至初一，杨包庙理事会延请的戏班连续唱 5 天大戏。[1]每天下午 2 点至下午 4 点、晚上 7 点至 0 时，戏班子唱两场学佬戏等地方古老戏种。"唱戏有学佬戏，也有黄梅戏。"[2]戏班队伍规模通常在 30 人左右，主要分别来自海陆丰、梅县、江西等地，其中"学佬戏是海陆丰那里请过来的"。[3]在 2023 年的杨包庙会活动中，由于未获得香港理事会正式资金支持、[4]唱戏未获政府审批，[5]庙会理事会未延请戏班唱大戏。

第五，谢神。农历四月初一之前，须择日（通常为三月三十）谢神，护送妈娘、大王爷等各路神明回庙，感谢神明的庇佑。[6]

此外，根据庙会经费管理使用规范，杨包庙会的支出项目主要为延请戏班、布置场地、提供伙食、采购祭品、购买服装道具等。在通常情况下，"做庙会大概要花十几万，龙、旗子都要重新做"。[7]

庙会举行规范是庙会开展规范的主体性规范，神圣性与娱乐性共存。庙会举行规范为庙会祭拜程序的顺利推进提供了具体的行为指南。庙会举行规范的实施效果直接决定着庙会参加者的直观感受，决定着庙会活动的效果和质量。

3. 活动保障规范

杨包庙会的规模巨大，在将近一周的时间里，杨包庙会参加人

---

[1] 苏海帝访谈录，2023 年 2 月 17 日。

[2] 苏天雄访谈录，2023 年 2 月 17 日。

[3] 苏海帝访谈录，2023 年 2 月 17 日。

[4] 李源衍访谈录，2023 年 5 月 16 日；徐威虎访谈录，2023 年 5 月 16 日。需要说明的是，香港理事会认为庙会活动未能大规模举办的原因在于霞新村未能顺利推进活动。参见杨包庙香港理事会苏洋冲访谈录，2023 年 5 月 16 日。

[5] 李汉秀访谈录，2023 年 5 月 16 日。

[6] 苏海龙访谈录，2022 年 7 月 20 日；苏天雄访谈录，2022 年 7 月 20 日。

[7] 苏天雄访谈录，2023 年 2 月 17 日。

次最多逾万人。庙会参加者不仅包括霞新渔民，还包括周边村民、游客、香港同胞、新村的天后宫理事会代表、金门塘大王爷理事会代表等各类人员，参加者类型广、数量多。"重点是高峰那一天，三月二十七那一天正常的话，一两千人还是有的。"[1]为了保障庙会活动的顺利开展，在庙会活动中更好地扮演自身角色，杨包庙理事会有意无意地创制了一套活动保障规范。庙会活动保障规范主要包括安全保障规范、申请备案保障规范等内容。具体而言：

第一，安全保障规范。按照长期形成的庙会安全保障规范，村委会应当组织霞新村治安联防队、民兵、本村热心青年以及村"两委"干部等集体或个人参与庙会秩序维持和安全保障工作，为庙会活动提供安全保卫等外围帮助。而且，按照长期形成的惯例，霞涌边防派出所也须在庙会期间安排公安干警到现场，配合理事会、村委会等村内主体一同维持庙会秩序、防范安全风险、解决安全问题。以下为2017年杨包庙会期间霞新村村民委员会编制的庙会秩序维持人员名单。

霞新村治安人员值班安排

李未嘉、苏雄伟、苏邦镇、苏添锋、苏洪威、李冲光
苏捌城、石海意、李城洋、苏亮波、李志勇、苏天雄
李水旺、苏道通、苏维海、苏雄鸿、徐双谦、李景意
苏马龙、李天辉

霞新村村民委员会
二〇一七年四月十日[2]

第二，申请备案保障规范。根据长期实践形成的申请备案保障规范，在杨包庙会的筹办过程中，霞新村村"两委"发挥着承上启下的主责作用。从向主管机关报备到提供活动场地、提供安全保卫、

---

[1] 李文亮访谈录，2023年2月17日。
[2] 《霞新杨包庙理事会、杨包真人宝诞庆典活动时间、地点、内容安排》，霞新村村民委员会提供，2022年7月20日。

申请活动经费再到申报各级文化遗产项目等，均离不开村"两委"的指导、帮助和推动。例如，李文亮提道："村的联防队治安，保洁配合一下，打申请、办手续，有部分宣教局下来的接待一下。但是主要还是靠他们理事会。申请备案唱戏，各方面活动大概有多少人，备个案。"[1]苏天雄较为详细地介绍了唱大戏的安全保障规范和申请备案保障规范：

> 唱戏要到村委会报批的。如果它没有批下来，我们去做，出了什么事，我们这些都负担不起，村委会也担当不起。如果批准以后，我们唱戏就没有什么问题。这么多年也没有出现什么问题。批下来以后，到二十七那天，公安派出所来维持治安，我们村里面也有治安队，村干部也都来维持。这样我们就不怕了。以前我们用竹竿搭的那个戏台，他们要来检查竹竿牢固不牢固，会不会倒了砸到人。现在建了戏台，质量就好了。[2]

活动保障规范为杨包庙理事会以及霞新村村"两委"、治安联防队等主体开展秩序维持、安全保障、后勤保洁等保障性、支持性工作奠定了规则基础，为庙会活动的顺利开展提供了规范保障和制度支撑。

4. 活动接待规范

根据杨包庙理事会行为规范，在杨包庙活动中，杨包庙理事会还负有一定的对外接待职责和功能。根据传统习惯，新村的天后宫（妈庙）理事会、金门塘村的大王爷理事会等周边村落的神庙理事会将会派代表来参加杨包庙会活动。循旧例，杨包庙理事会须负责对来访的理事会等进行接待，处理好内外、主客关系。[3]值得注意的是，虽然香港同胞亦远道而来，但杨包庙理事会无需对之进行接待。由于香港同胞大多原为霞新村民或霞新村民的后代，因而香港同胞

---

[1] 李文亮访谈录，2022 年 7 月 20 日。
[2] 苏天雄访谈录，2023 年 2 月 17 日。
[3] 由于 2023 年杨包庙会未大规模举办，新村的天后宫（妈庙）理事会、金门塘村的大王爷理事会等方神理事会未派人前来恭贺，杨包庙理事会本年度也未开展相应的接待工作。

返乡参加庙会活动在一定程度上可视为"回家"，无需以待客的标准对之进行接待。苏天雄副会长介绍了杨包庙理事会在庙会活动中所遵循的活动接待规范：

> 香港的来了，他们自己解决吃饭。我们这里三月二十七搞庙会做事的，就在庙那里打快餐。金门塘的来了，就在饭店里面有几围台给他们吃，在这饭店里面招待他们。本村的没有聚一聚，如果本村的搞聚，钱花得也多，也麻烦。[1]

总体而言，作为杨包庙理事会行为规范的最主要组成部分，举办庙会规范为杨包庙理事会扮演好自身角色、有效组织开展庙会活动提供了框架基础和行为指南。根据生效阶段的不同，杨包庙理事会的庙会开展规范可分为庙会筹备规范、庙会举行规范、活动保障规范、活动接待规范等四种具体规范，分别调整杨包庙理事会主导开展的庙会筹备活动、庙会举行活动、庙会后勤保障、庙会接待事务等对内对外工作。

（二）日常活动规范

根据杨包庙理事会的行为规范，在组织和开展庙会活动的基础上，对庙宇设施进行日常维护、对日常油香钱进行管理、对渔民日常祭拜进行管理和服务等也属于理事会的重要工作职责和工作内容。在开展这些工作的过程中，杨包庙理事会遵循着日常活动规范。杨包庙理事会的日常活动规范主要包括理事会骨干值班规范、庙宇管理维护规范、日常油香钱管理规范、渔民日常祭拜管理服务规范等内容。具体而言：

第一，理事会骨干成员值班规范。根据理事会骨干成员值班规范，杨包庙理事会的 12 位成员须无偿义务值班。"庙的理事会人员没有定工资，我们都是义务工，就是靠自己的责任心。我们 12 个人轮流值班。4 个人一组，10 天为一组。"[2] 12 名骨干成员轮流值班既是作为组织规范的杨包庙理事会职权规范的基本要求，也是作为

---

〔1〕　苏天雄访谈录，2023 年 2 月 17 日。

〔2〕　苏海帝访谈录，2023 年 2 月 17 日。

行为规范的杨包庙理事会日常活动规范的要求，是双重规范约束下的"规定动作"。此外，根据理事会骨干成员值班规范，理事会的12名理事除了应在日常轮流值班，还须在春节等重要节日加强值班强度。例如，根据理事会骨干成员值班规范，理事会骨干成员须结合春节期间祭拜人数多的实际情况，在年三十至年初五白天（6：00-18：00）按照3人一组、每组3小时的分工轮流值班，而且年三十晚上理事会需全员到场值班，服务好前来祭拜的村民。[1]

第二，庙宇管理维护规范。根据庙宇管理维护规范，杨包庙理事会是庙宇日常管理维护工作的主责者，具体负责管理庙宇的日常开放、秩序维持、水电维护、硬件维修、神像美饰、卫生清洁、防灾防火、场地建设以及安全保卫等工作。杨包庙庙宇管理维护所需费用主要为庙会举办后的剩余资金。例如，苏天雄提道："庙会我们这个庙平时要交电费、水费、要香工，每个月要两千多块钱。平时这些支出主要靠之前办的庙会剩下的钱。办了庙会之后，有一两万块存下来，就留下平时开支。"[2]根据长期积淀形成的不成文的庙宇管理维护规范，在日常管理工作中，若遇到重要事项，霞新村杨包庙理事会、香港杨包庙理事会以及村组党组织、村民委员会应共同讨论决定，坚持民主讨论制。例如，由于村内建设与杨包庙会的举办场地和物质载体——杨包庙——高度相关，2019年4月16日（农历三月十二，杨包庙会筹备内），霞新村杨包庙理事会、香港杨包庙理事会、霞新村村"两委"班子在霞新村村委会共同召开了"杨包庙理事会议事大会"，共同讨论将妈娘庙迁移至杨包庙和将军庙旁边。[3]

第三，日常油香钱管理规范。在非庙会时间，杨包庙理事会也会有一定的油香钱收入和临时捐赠收入。围绕着日常油香钱和临时捐赠收入管理工作，杨包庙理事会在实践中探索出一套日常油香

---

〔1〕《霞新村杨包庙理事会春节值班表》，霞新村杨包庙内墙上张贴，2023年2月17日。

〔2〕苏天雄访谈录，2023年2月17日。

〔3〕《杨包庙理事会议事大会》，霞新村村委村（社区）党群联席会议记录本，2022年7月20日。

钱和捐赠收入管理规范（简称"日常油香钱管理规范"）。根据日常油香钱管理规范，霞新村渔民等杨包信众日常可到庙内祭拜，若使用庙会的香，则应向杨包庙理事会支付一定的油香钱，每股香的价格为 2 元；若求签则应向杨包庙理事会支付 1 元，以获取一张"杨包真人签办"。当然，油香钱并非强制收取，村民可基于自愿原则"自愿给钱"[1]，对不付钱者也无惩戒措施。除村民的油香钱外，杨包庙理事会还负责管理临时性捐赠，所谓临时性捐赠也即个人或机构在春节等重要节日的无偿捐赠。例如，2023 年春节期间某飞艇公司曾捐赠 9000 元人民币。春节期间部分村民也积极捐款，杨包庙理事会在春节期间共取得 20 000 元临时性捐赠收入。根据日常油香钱管理规范，杨包庙理事会取得的油香钱主要用于支付日常开放过程中所产生的水费、电费以及理事会聘用的香工的工资。当然，日常油香钱总额通常较为有限，不足以覆盖庙宇的日常管理支出。日常支出主要依赖于庙会剩余资金。

　　第四，渔民日常祭拜管理服务规范。吉登斯所指出："人的生活需要一定的本位性安全感和责任感，而这种感受得以实现的基本机制是人们生活中习以为常的惯例。"[2]其论断对渔民日常的杨包祭拜习惯颇具解释力。杨包真人信仰之所以兴起的根本原因在于早期自然环境恶劣，渔民装备简陋，出海谋生常有生命危险，深感自己的命运难以把握。处于不确定风险中的人们为祈得海不扬波、出海平安，将生计与信仰相连，希望超自然力量的神灵能解决现实困难。杨包真人在这样的情况下成了人们的精神依靠并由此形成了祭拜习惯。两百年来，霞新渔民们不仅在庙会期间，而且在日常生活中总是习惯于祭拜杨包真人，期望能够通过讨好神灵以谋求庇佑，保佑家人出海平安。当然，由于霞新村的渔民大多已经上岸转业，日常祭拜大为减少。例如，苏天雄提道："原来老人家很多来拜的。现在有些老人家有的走不动了、过世了。现在年轻人要做工，也不怎么

---

[1] 苏海帝访谈录，2023 年 2 月 17 日。

[2] ［英］安东尼·吉登斯：《社会的构成：结构化理论大纲》，李康、李猛译，生活·读书·新知三联书店 1998 年版，第 8 页。

来拜了。"[1]虽日常祭拜活动减少，但日常祭拜现象仍然存在，尚未完全消逝在历史的洪流中。为了服务好日常祭拜的霞新村村民，杨包庙理事会仍然严格遵循着历史上形成的渔民日常祭拜管理服务规范，对渔民日常祭拜活动进行管理和服务。根据渔民日常祭拜管理服务规范，杨包庙理事会应保障庙宇在白天照常开放，为渔民祭拜提供场所；应为渔民提供香、签办等祭拜求签用品，方便渔民祭拜；应制止对神不敬等越轨行为，保障祭拜按程序进行。

总体而言，杨包庙理事会的行为规范可分为举办庙会规范、日常活动规范两部分。其中，举办庙会规范具体规定了谁来组织庙会、经费如何筹集与使用、人员如何分工、安全保障工作如何做、如何处理对外关系等具体事宜，为庙会活动的开展提供了方向指引与操作指南。日常活动规范为理事会骨干排班值班以及理事会进行庙宇管理维护、日常油香钱管理、渔民日常祭拜管理服务等工作提供了行为指南。虽然杨包庙理事会的行为规范的内容是不成文的习惯规范，但杨包庙理事会成员和相关村民对这些规范已熟稔于心，能够在庙会期间和日常祭拜活动中按照这些规范的要求，自觉履行自身义务、行使相关权力（利）。正是在杨包庙理事会的行为规范的框架下，杨包庙会得以年复一年地有序展开，庙宇的日常管理得以有条不紊。

四、当今渔村的原始信仰机构组织与行为规范的施行

原始信仰机构的组织与行为规范的施行过程是一个从静态到动态、从制度到行动、从理念到实践的过程，是一个将作为历史经验结晶的习惯规范具体化为庙会活动中生动实践的过程。具体到霞新村杨包庙理事会组织和行为规范，其施行过程也即一个在杨包庙理事会的主导下，在房族组织、杨包庙香港理事会、香港妇女理事会、杨包庙龙船队、霞新村妇女理事会、霞新村村"两委"等以庙宇为中心的"杨包庙共同体"的配合下，将组织规范和行为规范落实为具体实践的动态过程。

---

[1] 苏天雄访谈录，2023 年 2 月 17 日。

（一）组织规范的施行

杨包庙理事会组织规范的施行工作主要由杨包庙理事会自主负责，也即杨包庙理事会根据杨包庙理事会组织规范的要求，选任理事会成员、履行理事会义务、行使理事会权力（利）、更新理事会成员、公布理事会财务以及开展监督制约工作等。杨包庙理事会组织规范的施行过程主要是一个机构自治的过程。与杨包庙理事会行为规范的施行过程相比，组织规范的施行过程有着更多的向外性而非向内性、自治性而非治他性、机构性而非个人性。

由于杨包庙理事会的组织结构较为稳定，机构内部成分较少变化，组织规范的实施次数不多、付诸实践的频率不高，在实践中的受众可见度和利用率不如行为规范那般显眼。当然，在组织规范的施行过程中，选任理事会成员是一个颇具仪式感、较为重要且受众识别度较高的过程。我们调查时的主要访谈对象苏海帝与苏天雄大致在同一时期加入杨包庙理事会。截至 2023 年 2 月 17 日，二人已经加入理事会七八年了。在加入理事会之前，二人均为霞新村村干部，时常会根据霞新村党组织书记的要求帮助理事会开展工作，前往惠阳区淡水镇（淡水街道）采购物资、准备办庙会物品等。[1]以下事例一为霞新村苏天雄、苏海帝根据杨包庙理事会成员选任规范加入理事会的事例。

事例一

我是以前是村干部，退休以后加入理事会。我们两个人（苏天雄、苏海帝）以前都是村干部，老党员。我们加入理事会，是因为我们两个有文化。以前那些老的好多都没文化，需要一些有文化的。我们几个有文化的都是直接加入的。我是 2014 年退休的。在退休之前，也都是有在理事会打理事情的。当年建这个庙，我也是财务主任的。庙里的牌子有写着的。[2]

值得注意的是，杨包庙理事会组织规范的施行过程有着程序简

---

〔1〕　苏天雄访谈录，2023 年 2 月 17 日。
〔2〕　苏天雄访谈录，2023 年 2 月 17 日。

单、形式简约、文字记录少、习惯多于规范等特征。例如，在日常监督和公开规范的执行过程中，理事会主要是凭借记忆以及负责人的诚信开展工作，在香工工资发放、日常开支支付等方面，并未制作专门的账本，监督工作的严肃性不高。苏天雄提道："理事会没有账本，例如这个月，香工 2400 元钱，都是白纸条（单据）的，没有账本的。到每个月初一，买了什么东西，买香啊之类的白纸条，就结账。大家 12 个老头就在那里结账了，剩下多少钱就记着了，那些单据就全部都不要（销毁）了。账户上现在还剩下两万多一点。"[1]未来，为了进一步提升理事会工作的可信度和公开性，在更大程度上获取村民认可，可对监督和公开规范进行完善，提升规则意识，进一步健全监督和公开规范的执行过程。

纵览杨包庙理事会组织规范的实施过程我们可以发现，该过程是一个以习惯法规范为基础、以满足信仰为导向、以原始信仰机构为主体、以向内自治为内容、以健全组织机构为趋向的自组织过程。通过将原始信仰机构的组织规范付诸实施，杨包庙理事会得以迈上自我管理、自我教育、自我服务的良性循环。

（二）行为规范的施行

杨包庙理事会行为规范施行主要包括两部分内容：其一为根据举办庙会规范，组织开展一年一度的杨包祭拜活动，满足村民的信仰需求；其二为根据日常活动规范，保障庙宇的日常开放，维护庙宇的日常运转。其中，举办庙会规范的施行是行为规范施行的重点，是最具显示度、最为村民所闻所见的环节。因而这里重点对举办庙会规范的施行过程进行梳理和分析。具体而言，举办庙会规范的施行过程主要如下：

第一，根据行为规范申请举办庙会。在杨包庙理事会行为规范的框架下，杨包庙理事会须在活动开始前自主或通过村"两委"向政府主管部门申请举办庙会。苏天雄副会长提道："我们这个庙会要政府批准。政府要是不批准就没法做。"[2]例如，2017 年杨包庙理

---

[1] 苏天雄访谈录，2023 年 2 月 17 日。
[2] 苏天雄访谈录，2023 年 2 月 17 日。

事会为了获得足够的庙会举办场地、获得基层政权许可，分别向霞新村村民委员会、惠州市公安局大亚湾区分局及霞涌边防派出所递交了申请书。在向村委会提交的场地申请书中，杨包庙理事会说明了庙会的举办时间、地点等基础信息，简要说明了申请场地的原因。

申请书

霞新村村民委员会：

我霞新杨包庙理事会商量决定，于 2017 年 4 月 22 日至 26 日要在本村杨包庙前戏台活动场，举行霞新杨包真人宝诞盛会。有舞龙、舞狮等大戏剧活动。先特向村委会申请将该场地留给杨包真人宝诞盛会使用。

以上请示当否，请批复。

霞新杨包庙理事会
二○一七年四月十日〔1〕

在向惠州市公安局大亚湾区分局及霞涌边防派出所递交的活动申请报告中，杨包庙理事会论述了举办庙会的价值与意义，说明了庙会举办时间，汇报了庙会参加人员、主要活动项目、治安保卫措施等基本情况，在此基础上向大亚湾区公安部门申请批准庙会的举办。

关于霞新村杨包真人宝诞庆典活动申请报告

惠州市大亚湾区公安局、霞涌边防派出所：

兹有我霞涌霞新村为传承我村特色传统文化，弘扬我村热爱劳动珍惜自然馈赠的精神，今年于农历三月二十七日（即新历四月二十二日至二十六日）共 5 天，举行杨包真人宝诞庙会。届时有来自香港的同胞，惠东范和、巽寮、澳头金门圹村、前进村以及霞涌街

─────────────
〔1〕《霞新杨包庙理事会、杨包真人宝诞庆典活动时间、地点、内容安排》，霞新村村民委员会提供，2022 年 7 月 20 日。

道各村村民参与。庙会有做大戏剧、村民舞龙舞狮等活动（剧团请陆丰市山门新艺白字剧团演出，全团共有 30 人）。治安保卫措施有本村治安联防队、民兵、村"两委"干部、霞涌边防派出所公安干警，共同维持社会治安，望大亚湾区公安部门批准为谢。

　　以上请示当否，请批复。

霞新杨包庙理事会
二〇一七年四月十日[1]

　　在活动正式获批后，基层政府的文化遗产保护部门通常会为杨包庙理事会提供 1 万元的非物质文化遗产项目活动经费。提供经费的方式为霞涌街道办将款项拨付至霞新村村民委员会。李文亮介绍说："街道那边每年都给我们 1 万块钱，因为我们申请了市里面的非物质文化遗产项目。如果我们想要更多的钱，也是要和街道沟通。街道比较灵活的。"[2]

　　第二，根据行为规范完成庙会前期筹备工作。为了保障庙会活动顺利开展，杨包庙理事会会在庙会前根据行为规范开展筹备工作，完成筹集资金、采购祭品、宣传动员、对外联动等常规动作。

　　除政府支持的 1 万元经费，杨包庙会所需经费主要依靠香港捐款和霞新村民捐款。根据杨包庙理事会行为规范，捐款工作主要由理事会具体负责。在疫情之前的 2019 年杨包庙会活动中，杨包庙理事会共筹得捐款约十二三万元，其中香港理事会捐款七八万元。香港捐款具体由香港理事会负责动员，由霞新村在香港的同胞捐款。香港理事会筹集款项后交给霞新村杨包庙理事会。[3]在 2023 年的杨包庙会活动中，由于杨包庙会未大规模举办，香港理事会未组织捐款，且本村房族及香港同胞未支付还神费用，本年度庙会收入较少。

　　祭品采购是延请戏班之外支出最多的项目。在 2023 年的杨包庙

---

　　〔1〕《霞新杨包庙理事会、杨包真人宝诞庆典活动时间、地点、内容安排》，霞新村村民委员会提供，2022 年 7 月 20 日。

　　〔2〕 李文亮访谈录，2023 年 2 月 17 日。

　　〔3〕 苏天雄访谈录，2023 年 2 月 17 日。

会活动中，事前采购拜神用品共花费 3 万元。[1]采购的祭品主要为香、白银锭、红银锭、金山、银山、金塔（折塔）、贵人钱、福寿钱、平安钱、三色符等。

在资金筹措、物资采购、场地布置、房族动员、外部联络等各项前期准备工作完成后，杨包庙理事会将会根据行为规范按期开展庙会活动，开启一年一度的杨包真人宝诞庆典活动。

第三，活动开展。根据传统的仪轨，杨包庙理事会每年都会在庙会前制定详细的活动流程，作为当年具体化的庙会规范，指引和规范庙会活动的具体开展。以下是 2017 年杨包庙理事会制作的杨包庙会具体时间、地点和内容安排：

霞新杨包庙理事会、杨包真人宝诞庆典活动时间、地点、内容安排

一、2017 年 4 月 23 日上午 8 时至 12 时，有舞龙舞狮等庆典活动。晚上 7 时至下午 5 时做戏。

二、地点：霞新村杨包庙活动场。

三、2017 年 4 月 22 日至 26 日下午 2 时至 4 时 30 分做大戏剧，晚上 7 时至午夜 1 时做大戏剧。

四、治安保卫措施：本村治安队、青年、民兵、村"两委"干部、边防派出所公安干警。

霞新杨包庙理事会
二〇一七年四月十日[2]

为了保障庙会的有序开展，与庙会相关的其他各主体也须根据行为规范分别扮演好自身的角色，发挥好自身在人员召集、组织对接、巡游表演、安全保卫等方面的作用。在履行职责、扮演好自身角色的过程中，各类主体均需按照杨包庙理事会制定的标准化的活动流程方案开展行动。以下是杨包庙理事会制定的一套标准化制度：

---

[1] 李胖罞访谈录，2023 年 5 月 16 日。

[2]《霞新杨包庙理事会、杨包真人宝诞庆典活动时间、地点、内容安排》，霞新村村民委员会提供，2022 年 7 月 20 日。

杨包庙渔民朝拜庆典活动流程

一、活动地点：霞涌街道霞新村杨包庙

二、活动时间：（一般情况是）农历三月二十六至四月初一。

三、具体活动安排：

1. 农历三月二十六，全村村民及杨包庙理事会工作人员到杨包庙"请神"。有舞狮迎接霞涌天后宫神像、新港村天后宫神像、太皇爷神位到杨包庙众神房等座及供拜。晚上开始做大戏剧。

2. 农历三月二十七日（即宝诞日）早上6时至8时霞新村各家各户以及霞涌各村村民、澳头金门塘村村民、惠东范和村民等到杨包庙"还神"和"还""炮台"（杨包真人神像）。

8时至11时30分霞新有四大房轮流"还神"及"还炮台"，有舞龙舞狮、划龙舟、桃花篮等祭神表演。

11时30分至12时各房到杨包庙主席台领炮台，下午2时30分到4时30分开始看大戏。

3. 农历三月二十八日起每天下午2时30分至4时30分、晚上7点至12点看大戏。

4. 做大戏剧最后一天把各神庙请来的神像送回各神庙。

四、活动结束，清拆各种装饰。

霞新村杨包庙理事会[1]

值得特别注意的是，杨包庙理事会的行为规范能否得到有效实施在很大程度上取决于香港同胞的支持情况。霞新村在改革开放初期共有村民数量2000余人，1979年之后其中1700多人通过偷渡等方式去了香港，只剩下300多人。此后，随着新人口的出生以及外来人口的迁入，霞新村人口才恢复到目前的900人左右。霞新村杨包庙会之所以能够办得如此盛大，关键在于香港同胞的财力支持和人力支持。每逢庙会，在港的霞新村人大多会踊跃捐款并积极返乡，

---

〔1〕《杨包庙渔民朝拜庆典活动流程》，霞新村村民委员会提供，2022年7月20日。

支持杨包庙会的组织开展。[1]例如，霞新村卫生站 73 岁的村民苏海龙直言："我们这个杨包庙会就是靠香港人搞起来的。香港人每年都会回到村里支持办庙会。"[2]

香港同胞的推动与支持是杨包庙会能够顺利开展的关键因素，是三十余年来杨包庙理事会规范走向完善成熟以及规范能够运转起来的关键支撑。若无香港同胞的支持，霞新村杨包庙理事会很难保障理事会规范得到有效实施。例如，杨包庙理事会负责人在 2023 年 2 月 17 日曾向我们介绍说，由于疫情防控形势发生变化，理事会计划在 2023 年 5 月按期举行杨包庙会，将已停办 3 年的杨包庙会重新操办起来。[3]然而，霞新村村委会工作人员在 2023 年 4 月 20 日告知我们，由于"香港理事会那边会长辞职了，没人愿意当新会长，加上疫情停了几年，一时半会不好组织"。[4]2023 年 5 月 11 日，霞新村党支部书记李文亮告知我们："我们到时候不会做那个大戏"，"只是可能出两条龙，两头狮子，划一下龙船之类的。就简单搞一下活动，不做其他那些"。[5]2023 年的庙会活动规模之所以未能恢复到疫情前水平，关键的原因即在于未能获得香港同胞的有力支持。

由于香港理事会本年度没有组织捐款，2023 年杨包庙会的开支主要靠当天的自愿款收入、政府支持以及村民请三色符收费、请香收费。本年度总收入约 5 万元~6 万元。[6]其中，捐款收入 33 500 元，村民请三色符、请香收费 1 万元左右，政府支持每年 1 万元。在捐款方面，捐款人为 141 位村民，6 个家庭，7 个集体（惠州市百纳船舶设备有限公司、商佬饭店、苏徐炮会、港味大排档、海兴海鲜饭店、苏氏五房、高佬便利店）；[7]在请三色符、请香收费方面，村民可根据参考价格（三色符 10 元/套，香 2 元/股）支付费用，也

[1] 苏天雄访谈录，2022 年 7 月 20 日。
[2] 苏海龙访谈录，2022 年 7 月 20 日。
[3] 苏天雄访谈录，2023 年 2 月 17 日。
[4] 徐海崝线上访谈录，2023 年 4 月 20 日。
[5] 李文亮线上访谈录，2023 年 5 月 11 日。
[6] 苏海帝访谈录，2023 年 5 月 16 日。
[7] 捐款金额 100 元起步，不设上限。当天单笔金额最小为 100 元，最大为 1000 元。

可随喜多付。例如，我们调研团队一行 3 人共支付了 300 元油香钱，请得了 3 股香。由于未组织活动、未请戏班、未接待其他村的来贺代表、未组织大规模聚餐且活动结束较早（上午 10：50 基本结束），本年度支出也较少。本年度支出主要为祭品采购、早餐费、饮用水费等。其中，祭品采购 3 万元，早餐费 160 元。早餐费也即理事会及帮忙妇女早餐费用，共 16 份早餐，每份 10 元。[1] 依照惯例，杨包庙理事会对捐赠收入（不包括请三色符费、请香费等）进行了公示。请三色符费、请香费未公示。

村民捐款及捐款公示（2023 年 5 月 16 日摄）

在庙会活动结束后，剩余资金通常会被用于对庙宇的日常维护，由杨包庙理事会负责根据日常活动规范开展日常工作。例如，2019 年杨包庙会"主要支出包括：唱戏支出 5 万元~6 万元，伙食 1 万元~2 万元，布置戏台等支出几万元，搞一次庙会能存下 2 万元~3 万元资金"。[2] 2023 年杨包庙会规模较小，剩余资金 2 万余元。[3] 庙会活动剩余资金主要被用于对杨包庙的日常维护。如果没有这两三万元，杨包庙的日常运行维护就会面临困难。但最近三年因为疫情庙会无法举办，难以留存剩余资金，导致杨包庙的日常维护面临着一定的困难。[4] 苏海帝副会长提道："这三年没有搞庙会，没有什么收入，

---

〔1〕 苏海帝访谈录，2023 年 5 月 16 日。
〔2〕 苏天雄访谈录，2022 年 7 月 20 日。
〔3〕 苏天雄访谈录，2023 年 7 月 9 日。
〔4〕 苏天雄访谈录，2022 年 7 月 20 日。

理事会都要超支了。我们没有向村委会申请经费，村委会没有钱的。"[1]未来，为了保障日常工作的顺利开展，保证日常活动规范的有效实施，杨包庙理事会须积极筹措资金，解决资金短缺问题。[2]

总体而言，杨包庙理事会组织规范和行为规范的施行过程是一个机构自我治理和自我组织的过程。该过程具有内外合治、民众主治、协同共治等特点。在根据规范进行自我治理的过程中，霞新村内的杨包庙理事会等内部主体与霞新村外的在港宗亲形成了治理合力，共同推动了庙宇的重建、庙会的兴起、庙会资金的筹措、庙会人手的提供、涉庙重大事项表决等具体工作，具有突出的内外合治的特征。在根据规范进行自我治理的过程中，广大民众构成了自我治理的主体基础，由民众自发形成的杨包庙理事会等民间组织发挥着主导作用，组织和行为规范的运行主要是民众的自组织过程而非他组织过程，具有明显的民众主治的特征。在根据规范进行自我治理的过程中，村"两委"以及基层政府主管部门协同参与了规范实施过程，发挥着一定的指导和保障作用，使根据规范的自治实践具有了协同共治的特征。

五、当今渔村的原始信仰机构组织与行为规范的实践价值

杨包庙理事会的组织和行为规范是勤劳智慧的霞新村人长期生产生活创造的结晶，是内外多种因素共同作用的结果。杨包庙理事会组织和行为规范的运行能够在很大程度上为渔民提供安全期待、维护渔村团结、发展渔村经济、促进渔家文化传承、愉悦渔民心灵，有着重要价值和意义。具体而言，杨包庙理事会的组织与行为规范的实践价值主要包括如下几个方面：

第一，提供安全期待。杨包信仰及杨包庙理事会规范兴起的根本原因在于早期自然环境恶劣，渔民装备简陋，出海谋生常有生命危险，深感自己的命运难以把握。处于不确定风险中的渔民为祈得

---

[1]　苏海帝访谈录，2023 年 2 月 17 日。

[2]　此外需要提及的是，各房族的活动费用由其自负。例如五房族长提到，该房为苏氏最大的房，该房每年庙会活动的支出为 6 万元以上。主要支出包括祭品采购、族人聚餐、订制龙与狮等。参见李进添访谈录，2023 年 5 月 16 日。

海不扬波、出海平安,将生计与信仰相连,希望超自然力量的神灵能解决现实困难。杨包真人在这样的情况下成了人们的精神依靠并由此形成了杨包庙会以及与之相随的杨包庙理事会规范。诚如马林诺夫斯基所言:"宗教并非产生于玄想,更非产生于幻觉或妄解,而是出自人类计划与现实的冲突,以及个人与社会的混淆。"[1]图生存、求平安是庙会的现实功利主义面向。无论是图腾崇拜、自然崇拜、祖先崇拜、生殖崇拜、灵物崇拜、鬼神崇拜等原始信仰崇拜抑还是其他原始信仰崇拜,其心理基础均不外乎万物有灵论和灵魂不灭论,思想内核均在于对超自然力量的崇拜。通过崇神祈灵,渔民们得以缓解心理上的恐惧与害怕,在心灵港湾里获得安全感和归属感。在此背景下,作为杨包信仰活动主导者的杨包庙理事会登上了历史舞台并在实践中基于经验发展出了一套组织和行为规范。通过将杨包庙理事会的组织和行为规范付诸实施,杨包庙会、日常祭拜等杨包信仰活动的帷幕得以徐徐展开,渔民的心理安全期待得到了有效满足,集体心理安全防线得以顺利建构。

第二,维护渔村团结。在熟人社会和半熟人社会中,真正将社会凝聚起来的是罗伯特·芮德菲尔德意义上的小传统,而不是"由为数很少的一些善于思考的人们创造出的一种大传统"。[2]作为一种将社会凝聚起来的小传统,杨包庙理事会的组织和行为规范规定着哪些主体能参加庙会、各类主体在庙会中分别应扮演的角色与肩负的任务。这些规范能够通过增进社会互动、促进民众交往、提供社交平台来建立共同的情感和价值观,促进个体与个体、个体与群体、群体与群体的联结互动,将逐渐原子化的个体凝聚为整体,促进社会资本交换、推动社会团结,从而形成区域治理共同体。具体而言,杨包庙理事会的组织和行为规范从促进村内团结、强化村际联结和促进外部团结三个方面推动了渔村社会团结。一是强化内部团结,助益区域内聚力的形成。按照杨包庙理事会之规范,全村村

〔1〕 [英]马林诺夫斯基:《文化论》,费孝通等译,中国民间文艺出版社1987年版,第75~76页。

〔2〕 [美]罗伯特·芮德菲尔德:《农民社会与文化:人类学对文明的一种诠释》,王莹译,中国社会科学出版社2013年版,第95页。

民均应参加庙会，庙会期间应家家参与、人人出力，形成了"以村为单位的非自愿性组织"[1]。杨包庙理事会规范的施行能够维系并强化邻里血脉亲情和乡情，促进内部整合，使村庄成为具有共同价值目标的庙会共同体。二是强化村际联结。大亚湾区沿海疍民聚居的霞涌街道霞新村、澳头街道金门塘村等均信奉杨包真人。但由于杨包庙在霞新村并且金门塘并不举办杨包庙会，因而每年杨包庙会期间，附近的金门塘村、新村村照例也会组织队伍前来朝贺、送来表演，由此村际之间的联结得以维持和强化。[2]三是促进香港和内地团结。每逢霞新村杨包庙会，来自香港与内地的宗亲齐聚一堂，共同参加盛大庆典。例如，每逢杨包庙会，定居香港的苏来观都会返回霞新村，到杨包庙还愿。而且，苏来观还会让子女返乡帮忙，帮助解决舞龙舞狮人手不足的问题。[3]作为一种情感联络机制，杨包庙理事会的组织和行为规范能够维系并强化血脉亲情，拉近人与人之间的空间距离，催生信仰共同体，形成良善的区域公共文化，促进民族认同和国家认同，这也是杨包庙会之所以能够长盛不衰的重要动力所在。

第三，发展渔村经济。杨包庙理事会的组织和行为规范的施行在结果上从村民个体和村集体两个层面促进了渔村经济的发展。一是在村民个体层面增加了渔民的收入。一年一度的杨包庙会不仅是霞新渔民的盛大活动，更是已经成为霞涌街道的一张旅游名片，吸引着无数游客慕名前来观看。在庙会举行的 7 天时间内，大量的人流带来了大量的祭祀仪轨消费、餐饮娱乐消费、交通住宿消费等相关消费，游客数量远超渔民数量，形成了一个以庙会为中心辐射周边的经济圈。在此背景下，霞新村部分村民充分利用了杨包庙会等海洋文化、渔家文化资源和人流增加的机遇，建立了途居民宿、近

---

〔1〕［美］杜赞奇：《文化、权力与国家：1900-1942 年的华北农村》，王福明译，江苏人民出版社 2008 年版，第 90 页。

〔2〕由于 2023 年杨包庙会未大规模举办，本年度金门塘村、新村村未派人来朝贺。参见苏容访谈录，2023 年 5 月 16 日。

〔3〕《大亚湾霞涌霞新村杨包庙会盛况 快来感受下吧!》，载 https://mp.weixin.qq.com/s/xxU1pE4VWOMLZfOj7LYRlg，访问日期：2023 年 5 月 12 日。

海阁民宿、海悦客栈、星河洲酒店等渔家特色民宿与特色客栈，增加了村内就业、提升了村民收入。二是在村集体层面增加了霞新村集体经济收入。2018 年霞新村村民委员会充分发掘和利用以杨包庙会为代表的渔家文化的积极作用，成立了霞新村迅驰文化传播有限公司，将文化资源转化为经济资源。该公司通过挖掘推广特色渔家旅游产品及特色渔村文化，对外承接广告宣传、活动策划、海产品销售、船舶管理等业务，在 2018 年取得经营利润 4 万元，改变了霞新村集体经济"零"收入的历史。2019 年，该公司为村集体增收 20 万元以上，有效增加了村集体经济收入。[1]

第四，促进渔家文化传承。历史是昨天的现实，杨包庙理事会的组织和行为规范是传统海洋民俗文化的制度化形态，是霞新村置民们特有的文化、心理、意识的制度化呈现，是制度文化与行为文化的精华，是传统文化的规范化表达。根据《归善县志》《惠州府志》等历史文献的记载，杨包庙会源于当地传统的"朝拜会"。年复一年地执行被模式化了的理事会规范本身就是在反复实践传统文化、不断延续制度化的传统文化。通过机制化、规范化地举办庙会，传统文化得以实现其濡化功能，浸染人心并世代相传。例如，在杨包庙理事会原会长李永强老人的教导下，其弟子苏海成参与理事会工作已逾 20 年并接替李永强继续组织操持筹备庙会活动。[2]这种师徒式的新老交替保证了杨包庙理事会规范的有效传承，实现了原生态文化事象的代际传衍，完成了文化人类学意义上的"文化濡化"（enculturation）。而且，杨包庙理事会规范分别规定各类特定主体穿戴特定服饰、开展特定行为、言说特定祭辞，执行这些规定实则在传承与之相关的传统文化：杨包庙理事会规范要求祭拜人员穿着渔家服饰实则是在传承传统服饰文化、杨包庙理事会规范要求演职人员唱学佬戏实则是在传承传统曲艺文化、杨包庙理事会规范要求主

---

〔1〕 参见《惠州大亚湾区霞新村在主题教育中"强四心、提四力"力促软弱涣散有效转化》，霞新村村民委员会提供，2022 年 7 月 20 日。

〔2〕 张晨、温尉、曾丽娟：《霞涌街道霞新村举行百年民俗杨包庙会》，载 http://www.dayawan.gov.cn/zfxxgkml/hzsdyw/qt/dywxxgzjb/content/post_2195082.html，访问日期：2023 年 5 月 12 日。

祭人员按固定话术言说祭辞实则是在传递传统词赋文化。这些与庙会活动相关的传统服饰文化、传统曲艺文化、传统词赋文化随着杨包庙理事会规范的反复执行得到了固化、传承和发扬。

第五，愉悦渔民心灵。杨包庙理事会的规范以敬神为出发点，而落脚点则在于娱人。按照杨包庙理事会的娱人规范，每年农历三月廿七霞新村家家户户都会根据约定俗成的习惯规范张灯结彩、身着盛装，迎接杨包庙会的到来。[1]三月廿七早上，霞新村各个房族先后在大街小巷开展浩浩荡荡的巡游。按照仪规，旗号手走在巡游队伍最前方，负责引领队伍向杨包庙会前行。其后几十名统一着装的青壮男性手举彩龙进行舞龙舞狮表演，年轻女性进行骑纸马表演，小女孩挑花篮进行转圈表演，小男孩举着纸鱼纸虾穿插其中，中年妇女头戴七彩斗笠有节奏地表演划龙船，壮劳力负责担抬祭品，锣鼓队负责卖力打鼓营造气氛，生动演绎了大亚湾疍民原生态的海滨生活。[2]在舞龙表演中，渔民与游客会踊跃地穿过龙身，寓意自己此后能够行好运。周边看热闹的群众则在喜庆欢腾的气氛中自觉吆喝起来。"民俗终岁勤苦，间以庙会为乐。"对多数参与者来说，庙会的真正意义是尽兴玩乐，满足追求快乐的本我需求。杨包庙理事会的规范能够帮助人们祛除生活中的烦闷，是村民们调剂枯燥生活、单调节奏、辛苦劳作的调节器，使得人们能够得到暂时的休息、放松。而且，近年来随着时代的变迁，渔民朝拜文化亦逐渐转变着角色，朝拜歌舞实际上成了当地村民的娱乐节目。在狂欢式的精神洗礼之后人们得以焕发出新的精神状态去迎接世俗生活。

总体而言，杨包庙理事会组织和行为规范的施行能够在结果上为渔民提供安全期待、维护渔村团结、发展渔村经济、促进渔家文化传承、愉悦渔民心灵，有着诸多积极价值和作用。为了进一步改善村民自治效果，提升基层治理质效，可对类似于杨包庙理事会的

---

〔1〕　国人"好热闹"，习惯于追求"热闹"的效果，重要的集体活动和人生礼仪若办的"热热闹闹"则脸上有光，反之"冷冷清清"则有失面子。

〔2〕　《大亚湾霞涌霞新村杨包庙会盛况 快来感受下吧!》，载 https://mp.weixin.qq.com/s/xxU1pE4VW0MLZf0j7LYRlg，访问日期：2022 年 3 月 15 日。

组织和行为规范的各类原始信仰机构的组织和行为规范给予更多重视和关注。

结　语

杨包庙理事会的组织和行为规范是一种结合型自治规范、传统延续型自治规范和以信仰为纽带的自治规范。以信仰为纽带，霞新村杨包庙理事会的组织和行为规范不仅有效联结起了村民与房族、房族与理事会、理事会与村民自治组织、霞新村与兄弟村，而且还联结起了内地与香港，促进了多种主体的互动与结合，在基层社会自治中发挥着重要的积极作用。

我们应当重视杨包庙理事会的组织和行为规范在基层社会自治中的积极作用。作为自然演进的产物，原始信仰机构的组织和行为规范诞生于、成长于、生存于特定的自然和社会环境，有着特定的社会基础。在规范赖以存在的社会基础没有发生根本改变的情况下，原始信仰机构的组织和行为规范必将长期存在。以杨包庙理事会的组织和行为规范为例，自 1875 年杨包祭拜活动开启以来，杨包庙会年复一年地举办。"文革"期间，作为"封建迷信糟粕"的杨包庙被捣毁，庙会活动被禁止，原始信仰机构的规范亦被尘封。改革开放后，在疍民们的自发组织下，杨包庙于 1986 年得到重建，庙会活动随之回归，杨包庙理事会的组织和行为规范亦再次登上历史舞台。[1]重视杨包庙理事会的组织和行为规范不仅是其不可消灭并将长期存在的现实使然，更是其在基层自治中所具有的积极作用和独特优势使然。由于杨包庙理事会的组织和行为规范在乡村社会必将长期存在并发挥着十分重要的作用，我们应当对之予以重视并加以妥善利用。

当然，需要注意的是，杨包庙会本身以及杨包庙理事会的组织和行为规范的存续和发展也面临着一定的风险和问题：

第一，杨包庙会本身过于依赖霞新村在香港的同胞，未来发展

---

〔1〕　参见《杨包真人与螺岛——史记传说中的杨包真人》，霞新村杨包庙内墙上张贴，2023 年 2 月 17 日。

可能会受限。目前，杨包庙会的存续和发展在很大程度上依赖于霞新村在香港的同胞。香港同胞和香港杨包庙理事会的经费和人力支持对杨包庙会的开展发挥着举足轻重的作用。例如，在 2018 年杨包庙会前，霞新村杨包庙龙船队共得到 1.78 万元人民币捐款、3.55 万元港币捐款，香港同胞的经济支持发挥了主要作用。霞新村党支部书记李文亮提道："庙会的主要困难是经济困难。搞一次庙会要花很多钱的，但是有的房族不用出人头费，因为本房族在香港做工赚到钱的那几个人直接把钱包了。当初重建杨包庙也主要是靠香港人，那时候他们找点钱比较容易。"[1]杨包庙理事会副会长苏天雄提及："这个庙会主要靠香港人，没有香港人支持我们也搞不起。刚才也说了，我们生活比较困难。"[2]未来，杨包庙会能否继续办下去、能否进一步扩大其影响力以及杨包庙会的组织规范能否继续发挥作用，在很大程度上依赖于香港同胞和香港杨包庙理事会的人力支持和经济支持。为了应对这些问题，在杨包庙理事会积极探索可持续发展模式的基础上，未来霞新村村"两委"以及基层政府有关部门应加强对庙会的引导与支持，助力庙会的长远发展。

第二，杨包庙理事会的组织和行为规范的实施效果可进一步提升。目前，杨包庙理事会规范的形态主要是约定俗成的不成文规范，其实施在很大程度上依赖于理事会骨干的人格魅力与权威。例如，在李永强担任会长期间，杨包庙理事会能够较为高效地运转，但在其退任之后，理事会的运行则遭遇了一定的困难。2017 年 12 月 19 日的霞新村党群议事扩大会议记录写道："自李永强退任杨包理事会会长，理事会机构一直比较混乱。昨天理事会会议选举苏海成为会长，苏海帝、苏天雄任副会长。"[3]而且，霞新的很多新一代村民不再靠捕鱼为生，杨包真人保佑出海平安、满足安全需求、提供安全期待的作用正在降低，杨包庙理事会的组织和行为规范的传承可能会面临主体动力减弱的问题。目前，年轻一代较少愿意根据习惯

---

〔1〕 李文亮访谈录，2022 年 7 月 20 日。

〔2〕 苏天雄访谈录，2022 年 7 月 20 日。

〔3〕 《党群议事扩大会议》，霞新村村委村（社区）党群联席会议记录本，2022 年 7 月 20 日。

规范参与理事会的工作，"年轻人没什么参与"，〔1〕"以前有一帮忠实的粉丝，他们有的老的老，走不动的走不动。年轻的人总是看手机，热心的骨干人士在变少"。〔2〕

为了推动杨包庙理事会组织和行为规范的有效实施，基层政府机构、村"两委"、杨包庙理事会等主体可以采取措施推动规范的施行过程走向成文化、制度化和成熟化，为理事会规范的完善与运行以及庙会活动的有效传承奠定主体基础和组织基础。具体而言，可以采取以下两种措施引导、规范、保障和促进杨包庙理事会组织和行为规范在村民自治中发挥更大的积极作用：一方面，通过整建制双重制度化总结提炼理事会规范，形成为文化的单行性村规民约。申言之，村民自治组织可以在有关部门的指导下观照历史传统经验，对既有的理事会规范进行调查挖掘与系统总结，形成专门适用于庙会活动的单行性村规民约，以文字化形式重述和呈现理事会规范，使之能够更为清楚、准确、完整地被后人所查看了解、重复实施。通过实现习惯的双重制度化，能够促使行之有效的行为模式不仅发生在习惯制度中，而且发生在成文制度中，"以便社会能够在井然有序的维护规则的基础上，继续履行职责……促使法律制度实现其职能"，〔3〕使其能够被模式化地长期传承下去。另一方面，通过嵌入式双重制度化的方式吸收借鉴有益的杨包庙理事会规范，将其"嵌入"政府文件以及综合性村民自治章程和村规民约。具言之，渔村治理共同体不仅要通过整建制双重制度化的方式将成熟的杨包庙理事会规范单独固定下来形成单行性村规民约，还应当通过嵌入式双重制度化的方式汲取杨包庙理事会规范的有益价值，总结提炼那些不成文、不成体系、不成套的个别规范、重点规范和特殊规范，将其嵌入地方政策文件、制度方案以及村民自治章程和村规民约。通过将上述两种手段付诸实施，治理主体能够为理事会规范更好地在村民自治中发挥积极作用提供政策环境和制度保障，推动理事会规

---

〔1〕 苏天雄访谈录，2023年2月17日。

〔2〕 李文亮访谈录，2023年2月17日。

〔3〕 ［美］保罗·博汉南：《法律和法律制度》，载［英］马林诺夫斯基：《原始社会的犯罪与习俗》，原江译，云南人民出版社2002年版，第130~131页。

范成为大亚湾区的重要社会自治规范之一，进一步推进大亚湾区的良法善治。此外，霞涌街道办、大亚湾区管委会等政府机构还可对杨包庙理事会及霞新村村"两委"加强引导，结合乡村振兴战略，鼓励发展文化遗产特色旅游，从而改善渔村经济，助力乡村全面振兴。

第五篇　非正式组织自治规范

● ● ●

第三十一章

传统延续型自治规范：村民日常生活中的
民事习惯规范

——以塘尾村海隆村民小组为对象

引　言

　　婚姻习惯规范、丧葬习惯规范、起屋习惯规范、互助习惯规范等民事习惯规范是民众日常生活经验的结晶，为传统延续型自治规范，在当今的民众日常生活中发挥着重要的作用。国家法律法规政策等正式规范为作为非正式规范的民事习惯规范发挥作用提供了重要依据。《宪法》第 4 条第 4 款规定，各民族"都有保持或者改革自己的风俗习惯的自由"。中央农村工作领导小组办公室等 11 部门于 2019 年 9 月印发的《关于进一步推进移风易俗 建设文明乡风的指导意见》提出，推进乡风文明建设应"坚持因地制宜。与当地经济社会发展水平和文化传统相适应，尊重不同民族和区域风俗习惯"。中共中央办公厅、国务院办公厅于 2019 年 6 月印发的《关于加强和改进乡村治理的指导意见》提出："弘扬崇德向善、扶危济困、扶弱助残等传统美德，培育淳朴民风。"中共中央于 2020 年 12 月印发的《法治社会建设实施纲要（2020—2025 年）》提出："促进社会规范建设。充分发挥社会规范在协调社会关系、约束社会行为、维护社会秩序等方面的积极作用。加强居民公约、村规民约、行业规章、社会组织章程等社会规范建设，推动社会成员自我约束、自我管理、自我规范。"

　　大亚湾区西区街道塘尾村海隆村民小组在塘尾村有着较高的美誉度，塘尾村村"两委"干部和塘尾村其他村民小组的村民普遍认为海隆村民小组的传统风俗保存完整，村内互助氛围浓厚，村民较为团结。海隆村民小组之所以在当地颇有名气，在很大程度上是因为该村注重遵循长期积淀形成的婚姻习惯规范、丧葬习惯规范、起屋习惯规范、互助习惯规范等民事习惯规范，形成了通过民事习惯规范自我治理的模式，有效实现了对优秀传统的传承接续，维持和强化了村民团结，满足了村民需求，改善了村民的精神面貌。海隆村民小组村民所遵守的民事习惯规范包括婚姻习惯规范、起屋习惯规范、丧葬习惯规范、互助习惯规范等。这些民事习惯规范是一种民间自发的社会规范，为传统延续型自治规范，是历史经验的传承与民众生活累积的结果。

塘尾村海隆村民小组位于大亚湾区西区街道塘尾村西部，与塘尾村沿湖村民小组、珠古石村民小组、茶壶耳村民小组、松山下村民小组等村民小组毗邻，是塘尾村下辖的 13 个村民小组之一。海隆村民小组辖区总面积约为 5.8 万平方米。截至 2022 年 12 月，海隆村民小组共有常住人口 92 人，总户数 23 户。海隆村民小组的村民以朱姓为主，为朱熹后人。海隆村民小组现有银行存款两百余万元，主要为征地余留款项。[1]

海隆村民小组的村民日常生活中的民事习惯规范为大亚湾区自治规范的组成部分，是民众日常生活中自觉遵循的行为规则。对海隆村民小组的民事习惯规范这种相沿成习的自治规范进行调查和总结，对于我们充分认识民事习惯规范在基层治理中的积极价值、传承和弘扬优秀传统习惯规范、不断推进乡村善治具有重要的价值。

为了准确把握海隆村民小组民事习惯规范的具体运行状况和实际发挥的作用，我们先后于 2022 年 7 月 7 日~8 日、7 月 10 日、7 月 14 日，2023 年 2 月 10 日、2 月 15 日、2 月 18 日~19 日到海隆村民小组和塘尾村村民委员会就海隆村民小组的民事习惯规范及其运行状况进行调查。我们参观考察了海隆村民小组，访问了海隆村民小

---

〔1〕 按照学术惯例，本章的一些人名进行了化名处理，特此说明。参见《惠州市大亚湾区塘尾村基层治理调研报告》，塘尾村村民委员会提供，2023 年 2 月 15 日；朱焙安访谈录，2022 年 7 月 10 日；《西区街道各村社区居民底数表（统计口径现有常住人口）》，老畲村村民委员会提供，2023 年 2 月 17 日。

组的干部、村民以及塘尾村村"两委"干部等，收集了与海隆村民小组民事习惯规范有关的资料，对民事习惯规范及其在村民自治中的作用有了一定的了解和感悟。

一、村民日常生活中的婚姻习惯规范

婚事活动是海隆村民小组具有鲜明特色的民事生活之一，在海隆村民小组村民的生活中具有极为重要的意义。在历史积淀形成的思维习惯和行为习惯的作用下，海隆村民小组的村民注重按照婚姻规范的要求行事、做事，在婚姻规范的指引和要求下举行婚事活动，进行自我治理。海隆村民小组的村民所遵循的婚姻习惯规范包括相亲规范、订婚规范、结婚规范、离婚规范等，其中结婚规范的特点较为鲜明、内容较为全面、作用较为突出。

根据海隆村民小组结婚习惯规范的要求，村民结婚的程序主要包括赏花宴、拜祖宗、接新娘、敬茶奉茶、婚宴、搞新娘、回门等。由于海隆村民小组结婚规范的内容和作用均有其独特性，因而下文将主要从结婚习惯规范的角度对婚姻习惯规范进行分析。

海隆村民小组的婚姻习惯规范以自主原则、必要原则、协商原则等为主要原则。所谓自主原则也即男女双方结婚以自由恋爱为主，以媒人介绍为辅，男女双方的自主意识起决定作用。必要原则指的是婚姻缔结必须经过特定的程序方能在习惯法上产生效力。协商原则是指在订婚、结婚等程序中双方就彩礼的多少等细节问题进行协商。在自主原则、必要原则、协商原则等实体性原则的基础上，海隆村民小组婚姻习惯规范的实施过程主要包括相亲、订婚、赏花宴、拜祖宗、接新娘、敬茶奉茶、婚宴、搞新娘、三朝（早）回门、离婚等环节。

（一）相亲与订婚

海隆村民小组的年轻村民找结婚对象以自由恋爱为主、媒人介绍为辅。例如，2022 年 3 月 28 日结婚的朱海军、王美仙夫妇为大学同学，二人在读书时认识，后发展为恋人并结为夫妇。无论是自由恋爱还是媒人介绍，媒婆在其中均发挥着重要的作用。海隆村民小组朱洲老人介绍说："虽然是自己找对象，自由恋爱，但是男方还是要请媒婆，老太太，还是要走一下那个程序，找一个媒婆。媒婆一般都是女的。"[1]媒婆在海隆村民小组村民的婚事活动中发挥着不可或缺的作用。根据海隆村民小组村民所遵守的相亲规范，男方应当给媒婆封一个红包或赠送礼物。朱洲介绍了海隆村民小组村民长期遵循的给媒婆送红包和礼物的规范：

> 红包封多少很难说。家里条件好的，有一千几百的，也有 660 元、960 元、360 元的，哪样都有，很难说，要看情况。也会送礼物，给媒婆说，"媒婆行不行，烧酒两三瓶"。意思是别管你行不行，烧酒先两三瓶。这是旧社会传下来的。[2]

根据婚姻习惯规范，海隆村民小组的村民须在结婚之前完成过礼（订婚）程序。过礼之前男方家须先到海隆附近的惠阳区淡水街道找地理先生选定日期，确定过礼、结婚的具体时间，在地理先生帮助下选定良辰吉日。选定日期后，男方家按习惯会送给地理先生金额为 360 元或 660 元等带有吉祥寓意的红包。

根据过礼规范，男方在过礼时须按习惯给女方送彩礼，女方须进行回礼。朱洲介绍了过礼的基本内容：

> 过礼一般过（送）鱼、鸡、酒、喜炮、现金。现金多少很难说，现在有些是 3 万元。家庭好的 10 万元、8 万元，加小车的也有。女方有回礼，回点儿米水（水酒）。[3]

随着经济与社会发展，海隆村民小组的彩礼金额也发生了较大的变化。例如，58 年前朱洲结婚时的彩礼金额为 36 元，约 33 年前朱洲大儿子结婚时彩礼金额为 1000 元，约 30 年前朱洲二儿子结婚时彩礼金额为 1000 元左右，朱洲三儿子结婚时的彩礼也为 1000 元左右，2019 年左右朱洲的孙子结婚时彩礼金额为 3 万元。[4]

---

〔1〕 朱洲访谈录，2022 年 7 月 10 日。
〔2〕 朱洲访谈录，2022 年 7 月 10 日。
〔3〕 朱洲访谈录，2022 年 7 月 10 日。
〔4〕 朱洲访谈录，2022 年 7 月 10 日。

（二）结婚

海隆村民小组的村民举办婚礼须遵循结婚顺序规范。根据结婚顺序规范，年轻者在年长者结婚之后方能成婚。当然，若年长者尚未找到结婚对象，则年轻者可先行结婚。虽然这一结婚顺序规范今天已无多少实际约束力，朱洲甚至直言"现在没有这个习惯"，[1]但这一规范至迟在三十余年前仍具有较强的约束力。朱洲以案例的形式介绍了结婚顺序规范：

大的没结婚，小的不能结婚。我的大小孩（大儿子）、我小弟（弟弟），正好都要结婚。但是我给大小孩说，叫你叔叔先结，你叔叔结了婚，你才能结。有先有后。如果（大的）还没找到对象，那就先不结婚。如果找到了就不同了，那就要等他结婚之后小的才能结婚。[2]

根据现行的结婚习惯规范，海隆村民小组村民的结婚流程主要包括赏花宴、拜祖宗、接新娘、敬茶奉茶、婚宴、搞新娘、回门等。以下为各流程的基本情况：

其一，赏花宴。在结婚的前一天晚上，男方家应按照结婚规范在家中举行赏花宴。赏花宴的主要内容为聚餐吃饭，没有特别的节目。根据结婚习惯规范，赏花宴的主要参加人员为海隆村民小组的村民、男方亲戚。女方不参加赏花宴。赏花宴的规模通常为二十多围（当地称一桌为一"围"或一"围台"）。

其二，拜祖宗。根据长期传承的结婚习惯规范，男方家须在赏花宴当天到位于海隆7号的海隆老屋祭拜祖宗。海隆老屋为海隆村民小组朱氏村民的宗祠。例如，2022年3月27日（农历二月廿六）结婚的朱海军曾在结婚前一天前往海隆老屋进行了祭拜并于赏花宴晚上在海隆老屋过门梁上张贴了"朱王联姻"等对联。海隆村朱学炜曾提及："朱海军，今年农历二月二十六结婚的……朱王联姻，在

---

〔1〕 朱洲访谈录，2022年7月10日。
〔2〕 朱洲访谈录，2022年7月10日。

祠堂里拜祖宗。"[1]除了到祠堂祭拜祖先，男方家还须在赏花宴当天祭拜山头伯公、井头伯公等大小土地公。朱洲介绍了海隆村民小组结婚规范中有关祭祖、拜伯公的流程：

> 结婚会拜本村的伯公和祖宗。赏花宴的那天晚上拜阿公。最先在宗祠拜本村阿公，然后到老屋（祠堂）拜祖先，在路上拜伯公，最后到自己家中拜。[2]

其三，接新娘。在结婚当天，新郎应当与其兄弟等男性亲戚们一起前往女方家接新娘。接新娘的队伍规模不一，少则须使用五六部轿车，多则须使用十多部轿车。曾多次参与接新娘活动的朱洲老人介绍了其参加过的接新娘队伍规模情况："有的是十多部小车，有的是五六部小车。旧社会是用轿子。后来是踩单车。我都踩单车陪新娘陪了十几、二十个了。"[3]

新娘被接到男方家门口后，由负责牵新娘的妇女将新娘牵入男方家中。牵新娘的过程较为讲究，男方家须提前准备好雨伞或米筛等设备，在新娘下车后使用。朱洲介绍了牵新娘的基本规矩：

> 新娘下车以后，打把雨伞，牵进来。有些用米筛，把它供在（新娘）头上，写个囍字贴上去，端着牵进来。有大眼的和小眼的，大眼的叫米筛，小眼的叫糠筛。[4]

负责牵新娘的妇女由男方家提前安排好。负责牵新娘的妇女通常为村内人品好且家中人丁旺、子孙多的妇女。之所以要找家中人丁旺、子孙多的妇女牵新娘，是因为男方家希望新人能在牵新娘妇女的牵引、带动下兴旺发达。

在新娘随接亲队伍前往男方家的过程中，陪嫁妹（伴娘）会一同前往。陪嫁妹的人数通常为2人~4人。在到达男方家后，新娘先

---

〔1〕 朱学炜访谈录，2022年7月14日。
〔2〕 朱洲访谈录，2022年7月10日。
〔3〕 朱洲访谈录，2022年7月10日。
〔4〕 朱洲访谈录，2022年7月10日。

进门。新娘进门后，男方家将门头上的红布拉下来，之后陪嫁妹进入屋内。之所以要先将红布拉下来，是因为若不拉下红布则意味着陪嫁妹也一起嫁入了男方家。朱洲介绍了海隆村民所遵循的有关陪嫁妹的习惯规范：

> 伴娘我们叫做陪嫁妹。陪嫁妹有两个的，有三四个的。接回来之后，门上盖着红布，新娘进门之后，门上的红布拉下来。如果不拉下来，陪嫁妹就不进来。因为陪嫁妹是陪你结婚，不拉下来就意味着陪嫁妹也一起嫁进来了。[1]

其四，敬茶奉茶。新娘进入男方家后，新郎新娘须在吃饭之前一起给男方父母等亲属敬茶。被敬茶的男方父母、亲属循习惯会给新人送金戒指、项链、手镯、红包（粤语为"利是"）等。根据海隆村民小组的长期实践，敬茶奉茶的基本规范是：

> 新娘接回来后他们两个人（新郎新娘）端茶，端给新郎的父母、亲戚。亲戚一般是姑、姨、叔叔、伯伯、长辈，每个人都给端茶。奉茶接茶时，每个人都会给他们个"利是"（红包）。如果被奉茶的人是两个人，再加一个"利是"，给两个"利是"。"利是"一百、两百、三百、四百，多少都有。叔伯给得少一点，姑姨给得多一点。[2]

需要提及的是，除了给男方父母亲属敬茶奉茶，女方须在拜别自己父母的时候给父母端茶，以答谢父母的养育之恩。

其五，婚宴。在新婚夫妇敬茶奉茶之后，男方家应当举行婚宴，宴请亲朋好友。在十多年前，海隆村民小组的村民通常会在家举办婚宴。但近年来，随着村民收入水平的提升、生活方式的改变以及村民观念的变化，男方家更多地选择到酒店举行婚宴。朱洲提道："以往我们这里结婚都是在本村办，现在有钱了都到酒店里去办了。

---

〔1〕　朱洲访谈录，2022 年 7 月 10 日。
〔2〕　朱洲访谈录，2022 年 7 月 10 日。

到酒店办十多年了。到酒店办有排场，更高档。"[1] 例如，2022 年 3 月 28 日结婚的朱海军家在惠阳区淡水街道长富酒楼举办了婚宴。本次婚宴共摆了约二十桌。其中酒店大堂不超过十桌，各包间十余桌。在吃饭前，主婚人会对新郎新娘的认识过程等进行介绍并邀请双方父母上台讲话。酒店内的婚宴仪式主要为西式仪程，海隆特色并不明显。

根据结婚规范，受邀参加婚宴者应当为新人准备一个红包。红包金额现通常为 500 元，多则上千元。男方家通常会在嘉宾提名册上登记前来参加宴会的宾客姓名。朱洲介绍了海隆村民举行婚宴的通常情况：

> 本村的一般是 500 元，也有上千的。一般都是 500 元比较多。在酒店吃饭前的仪式，就是按照新式的仪式。吃饭前有做介绍，介绍新郎新娘怎么相识，叫双方父母上去讲话。以前在家里办的时候，没有西式的这些。以前在家里面摆酒，现在在外面摆，形式不一样了。[2]

其六，搞新娘。婚宴结束后为"搞新娘"活动。所谓"搞新娘"也即闹洞房，主要内容包括请新郎新娘唱歌、让新郎新娘咬苹果、让小孩子抢床上果子等。朱洲介绍了"搞新娘"这一环节的主要内容：

> 本村结婚的那天晚上，吃饱饭后，叫他们双方唱歌，叫作"搞新娘"。"搞新娘"是让他们熟悉一下，大家欢喜一点，新郎新娘给他们两公婆唱歌、跳舞。让新郎新娘咬苹果。那天晚上，在新人的床上放果子，叫小孩子抢果子。一般放枣子、桂圆、糖果，什么都有。小孩抢干净，热闹。现在也有搞新娘，但是少一点了。[3]

其七，三朝（早）回门。在新人结婚后的第三天，新郎新娘通

---

〔1〕 朱洲访谈录，2022 年 7 月 10 日。
〔2〕 朱洲访谈录，2022 年 7 月 10 日。
〔3〕 朱洲访谈录，2022 年 7 月 10 日。

常会一同回到新娘家，探望新娘父母家人。三朝回门在当地被称为"三早回门"。探亲结束后，新人从新娘的娘家离开时，新娘父母会送给新人一对小鸡，叫做"乖乖"，寓意新婚夫妻以后能乖乖地和睦相处，不吵架。

此外，在举行婚礼的过程中，新郎家除了会请媒婆、请牵新娘的妇女参与婚事活动，还会请一位主婚人参与婚事筹办工作。主婚人通常为村民小组组长等村民小组干部以及其他热心村民。主婚人主要负责帮忙打理婚事，为男方家服务。[1]在结婚后，新人通常会在男方家居住，但若男方家无房且女方家房屋较多，也可能会在女方家居住。[2]

（三）离婚

海隆村民小组村民离婚的情况不多。海隆村民小组村民所遵循的离婚规范与世俗社会的普通离婚规范区别不大，特色不像订婚规范和结婚规范那么鲜明。根据海隆村民小组的离婚规范，村民离婚的原因一般为家庭不和，离婚时须处理好孩子抚养等问题。夫妻离婚主要是基于自主意识。对于夫妻离婚的问题，海隆村民小组老人的态度为"管不了"。[3]通过下面的事例一，我们能够对海隆村民小组的离婚规范有一个初步的直观认识：

事例一

在七八年前（2014年、2015年左右），一对夫妻离婚。男方是我们本村的，女的是淡水的。男的外面搞的有人，家庭不和离婚了。男的现在52岁了，离婚的时候四十多岁。两个人一人带一个小孩。男孩归男的，女孩归女的。男的离婚后又重新结婚了，生了个男孩，可能有五六岁了。（男方）再婚的女的是惠阳良乡的。[4]

总体而言，海隆村民小组的婚姻习惯规范是海隆村民小组的村

---

〔1〕　朱洲访谈录，2022年7月10日。
〔2〕　朱娃葭访谈录，2023年2月18日。
〔3〕　朱洲访谈录，2022年7月10日。
〔4〕　朱洲访谈录，2022年7月10日。

民在长期实践中积累形成的民间自治规范，寄托了村民们谋幸福、求兴旺、保平安、促发展的美好心愿，在海隆村民小组的日常生活中发挥着极为重要的作用。通过按照婚姻习惯规范行事做事，海隆村民小组的村民能够增强生活的仪式感与神圣感。特别是，通过按照订婚规范与结婚规范行事做事，海隆村民小组的村民能够"使新人获得体面、家庭收获情面、社会拥有场面，从而维系乡村共同体中有脸面的生活"。[1]近年来，受商品经济的影响，海隆村民小组的婚姻规范发生了一定的变迁，传统婚姻习惯规范的内容有所简化、调整对象有所变化、实际效力有所下降，婚姻习惯规范的施行过程具有了更多现代因素与商业因素。

二、村民日常生活中的丧葬习惯规范

海隆村民小组的村民在举行丧事活动的过程中注重自觉遵循丧葬习惯规范，按照丧葬习惯规范的要求举行进宗祠、报丧、祭奠、安葬、宴客等丧事活动。按照丧葬习惯规范，海隆村民小组通过举行丧事活动来表达对逝者的孝敬和尊敬之情，宣布社会关系的重组。

根据丧葬活动的开展顺序与基本流程，海隆村民小组的丧葬习惯规范的实施过程主要包括进宗祠、报丧、祭奠、安葬等环节和内容。

其一，进宗祠。在海隆村民小组，老人过世在当地被称为"辞世"。根据海隆村民小组共认、共享、共守的丧葬习惯规范，老人辞世前可以被放入海隆村民小组的祠堂"海隆老屋"，若已辞世则不能进入祠堂。辞世老人在"海隆老屋"点香停放时长一般为1天。[2]此外，若辞世者年龄未到60岁则不能进宗族。"要60岁的才能进祠堂，没有就进不了祠堂了。"[3]进宗祠后，亲属可在中堂（厅）为逝者举行打斋仪式。海隆村民小组原组长朱洲介绍了该村民小组老人辞世进祠堂的规范：

〔1〕 高其才：《维系中国人有脸面生活的习惯法——以浙东蒋村婚姻成立习惯法为考察对象》，载《法治现代化研究》2021年第3期，第76页。

〔2〕 朱娃葭访谈录，2023年2月18日。

〔3〕 朱达队访谈录，2023年2月19日。

辞世前可以放到宗祠，我们叫作"堂下"。还没有辞世可以进去，断气了就不行了。差不多快断气了，把他送进宗祠。有些在医院的，打点滴、打氧气回来，进到宗祠。[1]

海隆村民小组的朱学炜老人更为详细地介绍了海隆村民小组老人辞世进祠堂的规范：

我们这里很讲究的，在医院差不多要断气了，就把他搞回来，搞到宗祠。我们那个宗祠很干净的，不摆死人。每个村里面都有一个地方。海隆的在老房子那里。我们叫作"堂下"，摆在那里。如果你在外面断了气，就不能进。断气之前，可以进去。放在那里，家里人在那里看。[2]

海隆村民小组的老人辞世进宗祠规范具有较强的约束力。为了确保辞世老人能够按照丧葬习惯规范顺利进入海隆老屋，即将过世的老人的亲属会提前将老人送入祠堂等着老人断气。但也有部分老人被送入祠堂后长时间未断气又被送回医院。例如，2019年四五月份发生了一起老人进入宗祠时间较长未辞世又被重新送回医院、最终未能顺利进入祠堂的事件。以下事例二为本次事件的基本情况：

事例二

有放时间长的（一两天），因为怕进不了祠堂。以前还有没有断气了，又搬回医院了。我们老书记的母亲，91岁了。2019年四五月份，从医院搞回来（到海隆老屋），回来以后，过了一天晚上，那个女的又清醒了，又马上送回医院去了。又送回医院抢救了三天、三天后在医院断气了，直接从医院走了，没有回祠堂了。从那边走，在惠阳沙田那里的火葬场打了一天晚上的斋。只有没死的才能在祠堂这里办。[3]

---

〔1〕　朱洲访谈录，2022年7月10日。
〔2〕　朱学炜访谈录，2022年7月14日。
〔3〕　林梓嫚访谈录，2022年7月14日。

其二，报丧。在老人辞世后，老人的亲属按习惯会通过打电话的方式报丧。海隆村民小组村民现在通行的报丧规范与实践不同于以往的报丧规范与实践。在当地电话普及率不高的年代，海隆村民小组的村民主要是由亲属亲自前往各家各户报丧。后随着当地电话的普及，报丧形式也由亲属线下通知改为了线上电话通知。根据传统的报丧规范，得到报丧人通知的家庭应当为报丧人包一个红包（帛金），以示对其辛苦跑腿的感谢。朱洲介绍了以往的和现行的报丧规范：

> 过世的时候，以前是亲属亲自去报丧。现在是打电话通知报丧。以前，报丧被通知的人要准备一个红包（帛金）给替报丧的人，算是辛苦费，意思一下。以前是骑自行车去报丧。报丧之后他们就来祭奠了，来登记。[1]

其三，祭奠。根据海隆村民小组老人辞世的祭奠规范，丧家会请理事人代为处理丧事。理事人通常为本村村民，在丧葬活动中相当于总管、主持人。担任理事人的村民应当符合四项条件：一是有文化，二是懂礼规，三是思路清晰懂得计数，四是人品好。理事人的工作职责包括采购丧葬活动用品、记账、登记礼金、找"八仙"打斋等。丧家之所以会请理事人代为处理丧事，是因为"太伤心，没有自己搞的，都是让别人搞"。[2]作为酬谢，丧家按惯例会送给理事人一个金额为两三百左右的红包（帛金）。

在理事人的主持下，丧家举行打斋等祭奠活动。所谓打斋也即由专门负责处理丧葬的团队"八仙"举行打斋仪式。打斋的主要内容为陪夜（守夜），时长为一夜。"如果老人今天走了，就叫他们打斋。打一天，明天就送走了。"[3]"八仙"团队的人员规模通常为两三人。打斋的同时，逝者亲属以及其他关系要好的人会一同陪夜，彰显尽忠之意。打斋结束后，丧家须为"八仙"团队支付报酬。朱

---

〔1〕 朱洲访谈录，2022 年 7 月 10 日。

〔2〕 朱洲访谈录，2022 年 7 月 10 日。

〔3〕 朱达队访谈录，2023 年 2 月 19 日。

洲介绍了"八仙"打斋、亲属陪夜的规范与通常实践：

> 打斋时长一晚上，正点打一次，到出丧。打斋相当于陪夜。陪夜时关系要好的人上半夜坐一下，自己的亲属要陪一整夜。打斋的人我们当地叫作"八仙"，八个人抬。八仙的价格很难说。现在"八仙"没这么多人了，现在只有两三个了，没这么多了。以前自然村自己都有"八仙"的。"八仙"帮忙穿衣服。给穿衣服的人，每个人三两百左右，不多的。现在是殡仪馆帮忙穿衣服。[1]

根据祭奠规范，海隆村民、逝者亲朋好友等会按照习惯前来吊唁慰问。其中，与逝者没有亲属关系的普通村民通常会购买香、宝（纸）、烛到丧家吊唁慰问。香、宝、烛价格为20元左右。与逝者有着较近亲属关系的应当送帛金。帛金的金额不定，少则一两千元，多则一两万元。例如，在2016年、2017年前后，朱洲95岁的父亲去世时，朱洲的两个妹妹分别送了1万元的帛金。

其四，安葬及延客。海隆村民小组的村民通常会将逝者送往惠东县或惠阳区沙田镇等附近的殡仪馆进行火化。其中，送往惠东县火化的较多。根据朱洲介绍，之所以送往惠东县的较多，是"因为我们这里打斋的师傅全部都是惠东的。他们都是电话联系的。有这事儿的他们和丧葬的电话联系，给打斋的有回扣的"。[2]火化后，逝者会被安放到大亚湾区石化工业区附近的墓园。在将逝者安葬后，丧家会组织参加丧礼会的人到酒店吃饭。只要是送过香、宝、烛的村民，均为吃饭活动的受邀人。

此外，脱孝也是通过丧葬习惯规范的村民小组治理的重要内容。根据脱孝规范，"原来衣服得脱下来，给脱孝的人一条新毛巾，一双红色的鞋子，红色的绳子系在手上"。[3]通过完成脱孝仪式，丧家得以借此表达对逝者的哀思与孝敬，宣布社会关系的重组。

值得注意的是，近年来，海隆村民小组的丧葬活动随着经济社

---

[1] 朱洲访谈录，2022年7月10日。
[2] 朱洲访谈录，2022年7月10日。
[3] 朱洲访谈录，2022年7月10日。

会的发展发生了一定的变化，丧葬规范、丧葬活动、丧葬仪式比以往更为简化。正如海隆村民小组朱焕安所说，而今的丧葬活动"简化很多。老人走了基本上没什么仪式"。[1]

总体而言，丧葬习惯规范的实施过程调整着海隆村民小组的今人与亡人、家属与理事人、家属与亲朋、丧家与村民的关系，发挥着彰显孝顺、表达哀思、抚慰心灵、宣布社会关系重组等作用。海隆村民小组按照丧葬习惯规范举行丧事活动有利于促进孝亲敬老理念成为村民的内在观念，促进尊老爱幼、长幼有序和社会教化。

三、村民日常生活中的起屋习惯规范

海隆村民小组的村民在起屋建房的过程中注重按照起屋习惯规范建设新居、入住新居，使得自身行为能够契合起屋习惯规范的要求。海隆村民小组的村民所遵循的起屋习惯规范主要包括兴工规范、进宅规范等。海隆村民小组的起屋习惯规范在海隆村民的生活中发挥着较为重要的作用，指引和约束着海隆村民小组村民的建房行为、入住行为。

其一，兴工。对于农村村民而言，起屋建房耗资巨大，是关涉家庭发展的大事，因而村民们对建房十分谨慎重视，注重遵循起屋习惯规范，确保起屋建房工作的顺利开展。根据传统的兴工规范，海隆村民小组的村民会在动土兴工之前到附近的惠州市惠阳区淡水街道等地请风水先生帮忙选地、选新房的朝向、选择开工日期、明确生肖禁忌等。海隆村民小组组长朱焕安介绍了该村的兴工规范：

> 兴工要请先生看日子。请先生看位置朝向、坐东向南、坐东向西，看位置朝向。看方位问题，需要把一家人合起来看出生年月日，今年日子不好就明年。风水先生主要在淡水，除了淡水哪个地方都有，相信哪个就叫哪个。我们家的新房子请的是陆河的姓朱的风水先生来看的。[2]

---

[1] 朱焕安访谈录，2022年7月10日。
[2] 朱焕安访谈录，2022年7月10日。

根据兴工规范，风水先生须在确定新房朝向、开工日期、生肖禁忌之后，告知主家新房朝向、开工日期、生肖禁忌等内容。海隆村民小组原组长朱洲家曾在 1983 年、1992 年、2017 年、2019 年先后四次起屋建成新房，其中第四次起屋建房的兴工日期为 2018 年 11 月 11 日。

根据兴工规范，在风水先生应主家要求完成确定建房日期、确定位置朝向、测算生肖禁忌等工作后，主家需要给风水先生一个红包以表酬谢。其中，在 2018 年起屋建房看风水时，朱洲家为风水先生包了 666 元的红包。

其二，进新居。在新房建成"入伙"新居时，海隆村民小组的村民按习惯会举行进新居仪式。根据进新居规范，主家会"赶个日子、赶个时辰，搞个拜神。拜神去外面去请人，叫拜神婆来拜神，会给个红包"。[1]在拜神仪式中，主家会拿着油、米、菜、鸡等进屋，祈愿以后家里风风火火、衣食无忧。此外，有些村民会举行门神公开门仪式。2019 年 12 月 30 日迁入新居的村民朱学炜介绍，在进新居（也即"入伙"）时，主家会请一个人（门神公）先进到房子里面，主家一家人在老人、家长的带领下排队在屋外守候。[2]屋内的门神公与屋外的主家须共同完成如下对话：

外：门神公，开门！

内：你是谁？

外：进财。

内：你拿什么东西来？你带什么东西来？

外：我带有米啊，油啊，腐竹啊，腊肠啊。

内：为什么来？

外：我们来这里定居。[3]

在完成上述对话后，门神公打开房门，屋外的一家人顺势进入

〔1〕　林梓姮访谈录，2022 年 7 月 14 日。

〔2〕　朱学炜访谈录，2022 年 7 月 14 日。

〔3〕　林梓姮访谈录，2022 年 7 月 14 日。

屋内。进屋之后，主人家会放鞭炮、撒硬币，寓意风风火火、平平安安、财源广进。海隆村民小组林梓婳老人补充介绍了这一仪式：

> 虽然不让放鞭炮了，但还是会打一下，没有那么隆重了。还要搞一些硬币，一进门之后到处撒硬币。现在都是想要住进来一路平安。[1]

通过按照起屋习惯规范开展兴工仪式、进新居仪式等活动，按照长久以来形成的起屋习惯规范进行自我治理，海隆村民小组的村民能够将家庭幸福、平安兴旺等美好愿望转化为起屋习惯规范约束下的具体实践，增强村民们的仪式感、幸福感、获得感，实现自我的心理满足。

四、村民日常生活中的互助习惯规范

海隆村民小组最为显著的特征之一是该村村民较为团结，村内有着互帮互助的浓厚氛围和悠久传统。在村民结婚、孩子满月、丧葬活动、起屋盖房、农事劳作等日常生活中，海隆村民小组的村民注重自觉按照长久以来形成的互助规范互帮互助，形成了村民间互帮互助的传统和习惯。海隆村民小组的互助习惯规范主要为结婚互助规范、孩子满月酒互助规范、丧葬互助规范、起屋互助规范、农活互助规范、其他生活互助规范。具体而言：

其一，结婚互助规范。在结婚活动中互帮互助不仅是海隆村民小组结婚习惯规范的内容，而且是海隆村民小组互助习惯规范的内容。在结婚活动中，"本村的妇女一起来搞，帮助做饭这样的。男的帮着接新娘，活儿少一些"。[2]海隆村民小组退休多年的村民林梓婳介绍说："以前我们住在淡水的时候，回来看他们家里面做好事的时候，大家都是互相帮忙。今年朱海军他们结婚的时候，我们也去帮忙。"[3]除普通村民外，海隆村村民小组组长等村民小组干部以

---

[1] 林梓婳访谈录，2022 年 7 月 14 日。
[2] 朱洲访谈录，2022 年 7 月 10 日。
[3] 林梓婳访谈录，2022 年 7 月 14 日。

及热心村民会积极担任主婚人，帮忙打理结婚活动的各项事务。

其二，孩子满月酒互助规范。在海隆村民小组，新生儿家庭会在孩子满月之时摆满月酒。根据互助习惯规范，村内的热心妇女会在满月酒活动中积极主动地帮助筹办满月酒、送红包，为新生儿家庭提供人力、资金以及心理上的帮助。据海隆村民小组组长朱焙安介绍，满月酒的参加者主要为新生儿父母的近亲属和村内妇女。村内的其他男性一般不得参加。朱焙安介绍说："摆满月酒吃饭，自己亲属不论男女都可以参加。本村的妇女可以参加，本村的男的不能参加。现在比较简单，包个几十块钱的红包。"[1]在参加满月酒活动的过程中，热心妇女等参加者会通过帮忙洗碗做饭、送红包等形式提供互助。

其三，丧葬互助规范。根据海隆村民小组组长期形成的丧事传统，每家每户都应为丧葬活动出力。朱洲老人基于经验介绍了海隆村民小组丧葬活动中的传统和规范："以前自己的小组自己抬辞世的人，轮到每家，每家就要出力，没空的就请人去抬。给穿衣服的人，每个人三两百左右。"[2]通过在丧葬活动中互相帮助，海隆村民小组的村民能够更好地为失去亲属的家庭提供心理帮助和情感支持，使其尽快走出悲伤，回归正常生活。

其四，起屋互助规范。在20世纪70、80年代，海隆村民小组内有着浓厚的互相帮助起屋盖房的氛围与传承，村民们会主动帮助起屋之家挑沙、挑砖，提供劳力支持。朱焙安介绍说："以前七八十年代，大家互相帮忙。"[3]而今，由于起屋盖房的技术门槛提高、经济水平发展、村民工作压力增加，海隆村民小组的起屋互助传统日渐消逝。朱洲回忆道："以前家里面劳动力少，你要去挑沙、挑砖，就互相帮助。没有什么报酬，有困难大家互相帮助。现在都不同了。现在商品化了，帮忙少了。现在建房子有些包出去了……现在小工都四五百。"[4]当然，目前在海隆村民小组村民不将房屋承

---

[1]　朱焙安访谈录，2022年7月10日。
[2]　朱洲访谈录，2022年7月10日。
[3]　朱焙安访谈录，2022年7月10日。
[4]　朱洲访谈录，2022年7月10日。

包出去而自建房屋的现象仍然存在，这一起屋互助的传统尚未完全消逝在历史的潮流中。

其五，农活互助规范。根据朱洲老人的回忆，海隆村民小组内曾有着农活互助的传统，海隆村民小组的村民会在插秧、收割等农事活动中互相帮助，协力完成农事劳作。20 世纪 90 年代后，农活互助的规范效力弱化，村民开始更多地请外地工人帮忙完成插秧、收割等农活。请外地工人的价格约为每人每天四五百元。[1]

其六，其他生活互助规范。除了在结婚、孩子满月、丧葬、起屋、农活等活动中互帮互助，海隆村民小组内还存在着其他类型的互帮互助传统。例如，按照互助习惯规范，"每一家做好事的时候，大家都去互相帮忙"。[2]

通过在日常生活中互帮互助，海隆村民小组提升了村民日常生活的热闹程度与团结程度，满足了受助人对物质、精神、人力的需求，提升了村民自治的效果，收获了广泛好评。例如，塘尾村党总支部书记、村民委员会主任朱伟奇评价说：

> 我们村这地方不像其他农村，没事的大家串门非常少。村民各忙各的，人际关系疏远一些了。因为大家白天上班，晚上回到家把门一锁，出门就很少，走家串户很少。只有一个村小组还有这种习俗，就是海隆。红白喜事、平时一些什么节日的，他们那个村小组的村民都会聚在一起，吃个饭，每家每户都会有人去的，一起聚一下。我们这里其他村小组就不一样。海隆他挨得紧密，经常走家串户。[3]他们那个团结的习俗做得比较好，传承下来了，其他村小组已经没有这些习俗了。他们那个村小组凝聚力也比较好。[4]

此外，有公益心和奉献精神的海隆村人不仅会在村民小组范围内互帮互助，而且会积极参与塘尾村组织的活动，在更大的范围和

---

〔1〕 朱洲访谈录，2022 年 7 月 10 日。

〔2〕 林梓姗访谈录，2022 年 7 月 14 日。

〔3〕 朱伟奇访谈录，2022 年 7 月 7 日。

〔4〕 朱伟奇访谈录，2022 年 7 月 7 日。

层面上互相帮助。例如，在 2023 年 2 月 18 日塘尾朱氏宗族祭祖活动前的后勤准备工作中，海隆村民小组共 5 人主动到现场帮忙"打下手"，负责打扫卫生、清洗厨具、采购物资以及协调指挥等工作。在塘尾村的各个村民小组中，海隆村民小组的帮忙人员最多。其他村民小组一般为 1 人~2 人（妇女为主）参加帮忙。再如，塘尾村村"两委"干部、村妇联主席刘凰玥介绍说：

平时我搞村里的活动，有什么要帮忙的，都是他们那边人多一些。我看到的就是这样。我经常很感叹说，你们好好哦，你们是那么团结热心，发自内心地去表扬他们。如果我搞什么活动叫他们，他们觉得应该自然参加。[1]

海隆村民小组之所以能够成为远近闻名的团结村，是多种因素共同作用的结果。海隆村民小组村民朱学炜老人提到了血缘关系的因素：

为什么海隆这么团结，可能是因为我们一个村里面是一祖的（源自同一祖先）。我们每年中秋祭祖的时候，队长（村民小组组长）他的父亲就去买东西。东西买回来，家家户户都要来帮忙，谁做什么都有分工。可能就是这样搞起来的。[2]

海隆村民小组组长朱焴安从历史传统的角度提及了海隆村民小组团结的原因：

我们村比较团结。因为祖传都是这样的，传统就一直很团结的。村委会也认同我们，村委会办活动、祠堂拜祖，我们村小组的妇女都会去帮忙。我们村大家互相帮忙，每家每户团结在一起。[3]

塘尾村治安联防队副队长朱常卫从血缘关系的角度进一步解释

---

[1] 刘凰玥访谈录，2022 年 7 月 10 日。
[2] 朱学炜访谈录，2022 年 7 月 14 日。
[3] 朱焴安访谈录，2022 年 7 月 10 日。

了海隆村民小组更为团结的原因：

> 我们海隆等于是一家人，不像是别的村小组那么多人。我们海隆村就是共一个老太爷出来，然后分几家人，一直分到现在。不像是别的村小组，几个祖宗加在一起、混在一起。（比喻）就像是我生的小孩一直分下去，等于是一家人，一个门出来的。我们村里面最老的那个叫做始公（音译）。[1]

与婚姻习惯规范、丧葬习惯规范、起屋习惯规范等民事习惯规范一样，近年来互助习惯规范也变得更为简略。根据现行的互助习惯规范，海隆村民小组内的集体活动、互助活动有所减少。林梓嫚、朱学炜夫妇介绍了这一变化的基本情况：

> 现在互助变少了，大家年纪大了，年轻的互相帮忙少一些，互相不太熟悉。他们年轻的那一代都去做工，我都不认识了。白天进厂做工，晚上才回来，门一关，都不认识了。以前在生产队，集体劳动，互相认识。[2]

> 以前开会啊，事情多。大家待在一起互相认识。现在也没开会了。我们都会问，那个是谁啊。[3]

总体而言，海隆村民小组的互助习惯规范既是一种生活礼仪规范，也是一种人情往来规范，这种规范调整着人与人、家与家的关系。互助规范的存在和运行提升了海隆村民小组的互助效果，在海隆村民小组的自治实践中发挥着积极的价值和作用。

五、村民日常生活中的民事习惯规范的实践价值

海隆村民小组村民日常生活中的民事习惯规范是海隆村民生活智慧的集中体现，是海隆村民小组的村民开展自治实践的重要制度支撑。海隆村民小组的村民在日常生活中实施民事习惯规范的过程

---

〔1〕 朱常卫访谈录，2022 年 7 月 7 日。
〔2〕 朱学炜访谈录，2022 年 7 月 14 日。
〔3〕 林梓嫚访谈录，2022 年 7 月 14 日。

是一个自我管理、自我服务的自组织过程。就实践价值而言，海隆村民小组民事习惯规范在实践中有着维护村民小组日常生活秩序、满足村民需要、调整人际关系、增进社会交往、促进村民团结、满足村民精神需求、培育崇德向善氛围等诸多价值。具体而言，民事习惯规范的实践价值主要包括以下几个方面：

其一，维护民事活动秩序。海隆村民小组的婚姻习惯规范、起屋习惯规范、丧葬习惯规范、互助习惯规范是海隆村民小组村民在日常生活中所接触到的基础性生活规范，为海隆村民小组婚事活动、起屋进宅活动、丧葬活动、互助活动的组织者、参与者提供了符合历史传统、契合大众认知、合乎群众期待的行为规范与行动指南，为村民小组的正常运转提供了稳定的秩序基础与制度保障，使得村民们能够清楚地知道自己在何时何地应分别完成何种动作、言说何种话语。通过自觉执行和实施这些日常生活规范，海隆村民小组的村民得以确保婚事活动、起屋进宅活动、丧葬活动、互助活动按照既定流程有序展开，使得婚事、起屋、丧事、互助等活动的价值和作用能够稳定地发挥出来，使得活动参与者与组织者的预期目标和价值理想得以顺利地从理念转化为现实。

其二，满足村民生活需要。民事习惯规范在实践中具有解决困难、满足需要、提供支持等功能，能够帮助村民解决资金、劳力不足等问题，为村民提供人力、物质与心理支持，满足村民生活的物质需要、人力需要与精神需要。在海隆村民小组，互助理念贯穿于民事习惯规范的全部内容，"一家有事全村帮忙"的观念广泛存在于村民的日常生活，村民互帮互助的现象十分普遍。通过互帮互助，海隆村民小组的村民解决了家庭重大活动中单个家庭人手不足的问题，为主事家庭提供了人力支持、精神支持与心理支持，使得婚事活动、起屋进宅活动、丧葬活动以及孩子满月酒活动、农活劳作得以顺利开展。而且，在婚丧嫁娶、起屋进宅、孩子满月等红白喜事中，海隆村民小组的村民们循例会向主家赠送红包、帛金、礼物等金钱或礼物，这在一定程度上能够缓解主家的经济压力，解决困难家庭的资金与物质困难，满足主家的经济需求与物质需求，改善主家的生活状况。

其三，促进村民交往与团结。民事习惯规范的实施过程是一个村民互动、社会交往的过程。为了在婚事、起屋、丧事、互助、农事活动中扮演好民事习惯规范所规定的角色，完成规定动作，获得心理上的满足，取得族人们的肯定性评价以及在熟人社区中保持良好的形象，海隆村民小组的村民们会根据共知、共认、共享的民事习惯规范所提供的行为模式、言说范式参与各类民事活动，在活动中与朱氏宗亲们交流、互动、互助。这一过程有利于凝聚人心、促进群体认同，强化人与人之间的情感，调整人与人之间的关系。塘尾村治安联防队副队长、海隆村民小组村民朱常卫提道："大家坐在一起可以培养族里兄弟情谊、家庭感情之类的。大家可以认识一下。就是说，有一些出去工作，不认识，老人不认识小的，像我们小一辈的有一些以前去香港的都不认识。回来的话，介绍介绍，起码知道哪一个是哪一个。"[1]

其四，满足村民精神需求。民事习惯规范的实施过程具有神圣性、仪式性、程序性、表演性等外在特征，与人的精神需求具有一定的内在契合性。具体而言，根据传统习惯规范开展的婚事活动、起屋活动、丧事活动、互助活动、农事活动等民事活动颇具仪式感，能够使得当事主家、当事个人走向人生的高光时刻，成为村人、族人关注的主角与焦点，获得有脸面的生活，得到心理上的满足。而且，村民们根据民事习惯规范完成规定动作既是在告别旧生活、迎来新生活，也是在释放生活压力、收获新的希望，能够在心理上实现负面情绪的溶解与积极情绪的培育，改善心境状态，满足精神需求。

其五，培育崇德向善氛围。海隆村民小组的民事习惯规范是传统生活经验的结晶，这些生活经验蕴含着崇德向善的良善因子。村民们将民事习惯规范付诸为民事生活实践有利于在村内涵养淳朴民风，培育崇德向善的氛围，促进社会和谐。例如，海隆村民小组的丧葬习惯规范以表孝为价值追求，村民们将丧葬习惯规范从制度化为实践有利于在村内促进社会教化，醇厚敬老孝老的乡风民风，引

---

[1] 朱常卫访谈录，2022年7月7日。

导年轻一辈懂得尊敬老人、孝敬长辈，营造孝老爱亲的氛围，减少孝道式微和老无所养等社会治理问题。再如，海隆村民小组的互助习惯规范以邻里互助为价值内核，海隆村民小组的村民以实际行动将互助习惯规范化为互助实践有利于在村内树立向上向善的氛围，促进团结友善、文明友好等传统美德的有效传承。

既有研究表明："历史上形成的固有习惯法在现代法治建设过程中是有其特殊价值的，并不一定会随着时代的变迁而被遗弃。"[1]对海隆村民小组而言，历史上形成的民事习惯规范之所以能够传承至今，关键在于其能够维持海隆村民的民事活动秩序、满足海隆村民生活需要、促进海隆村民交往与团结、满足海隆村民精神需求、培育崇德向善氛围，有着独特的价值和作用。这些价值和作用是海隆村民小组的民事习惯规范得以存续的核心基础。只要这些基础还在，海隆村民小组的民事习惯规范就永远不会消失并保持旺盛的生命力。

结　语

海隆村民小组的民事习惯规范是一种传统延续型自治规范、社会自生型自治规范、互助式自治规范。所谓的传统型自治规范也即历史上形成而延续至今的规范。海隆村民小组的自治规范因相沿成习而成，体现了海隆村民小组的数百年互帮互助的历史传统和地方特色，可被认为是一种传统型自治规范。虽然海隆村民小组民事生活实践中的现代因素有所增加，但海隆村民小组的民事活动仍然较为依赖作为历史经验结晶的传统规范，海隆民事生活习惯规范的实施在很大程度上是对朱氏先人生活模式的重复和对历史传统的承继，历史性因素仍占主导地位。所谓社会自生型自治规范也即民间自发形成的社会自治规范。相对于国家党政机构等外部力量作用下形成的规范，民间自发形成规范更贴近基层群众的日常生活，需要社会个体自觉遵守、自发实施。海隆村民小组按照作为民间自发规范的

---

〔1〕　高其才：《当代中国习惯法的承继和变迁——以浙东蒋村为对象》，中国政法大学出版社 2022 年版，第 249 页。

婚姻习惯规范、起屋习惯规范、丧葬习惯规范、互助习惯规范进行互帮互助主要依靠内生性动力而非外部力量。所谓互助式自治规范也即以互助为底色的自治规范。互帮互助是海隆村民小组的集体记忆与集体意识。在互助传统的强烈熏陶、感染和教育下，海隆村民小组的村民会自觉地将互助理念、互助规范、互助传统贯穿于婚事活动、孩子满月、建房起屋、丧事活动、农事活动等各类民事活动中，将互助理念转化为互助的具体实践，形成了浓厚的互助氛围，使得团结互助成了海隆村民小组的重要标签。

近年来，随着经济因素的改变、工作场景的变迁、生活方式的变化以及村民观念的转变，相沿成习的海隆村民小组的民事习惯规范也发生了潜移默化的变化。在新的形势下，海隆村民小组民事习惯规范的调整对象有所减少、规范内容有所简化、规范效力有所下降，婚事新办、丧事简办成为一种重要趋势。当然，在社会基础没有发生根本改变的情况下，海隆村民小组的民事习惯规范仍将继续存在，民事习惯规范的治理仍将会继续发挥作用。为了更好地发挥民事习惯规范的积极作用，政府有关部门和塘尾村村"两委"应当对通过民事习惯规范的治理给予必要的重视，为民事习惯规范更好地发挥作用提供政策支持与指导。

在执行和适用国家法律法规的过程中，基层政府与司法机关应尊重自发形成的固有生活方式，重视民事习惯规范的客观存在，发挥民事习惯规范的积极价值，实现村民"自组织"与"他组织"的有效衔接和良性互动，提升村民自治的效果。其中，在婚姻和丧葬方面，中央农村工作领导小组办公室 2019 年 9 月印发的《关于进一步推进移风易俗 建设文明乡风的指导意见》具有重要的启发价值和意义。该意见提出："在推选农村基层群众组织负责人时，要邀请婚事丧事操办人、敬老爱老机构人员和敬老爱老模范等人员参与。"基于该意见，基层政府、村"两委"在推选负责人时，可邀请婚事主婚人、丧事理事人参与并尊重其意见建议，促进国家法律与民事习惯法的有效融合、产生实效。以此为出发基点，基层政府与司法机关在执行和适用国家法律法规的过程中可积极作为，为更多的民事习惯规范发挥更大作用提供更为宽松、有利的外部环境，在制度层面促进社会自治规范与国家创制规范的良性互动和全面融合。

更好地发挥民事习惯法规范的积极作用，能够为实现乡村社会治理有效、乡风文明、充满活力、和谐有序等善治目标提供更为可靠的规范保障和规则指引，塑就更有韧性、更具弹性的村民自治规范体系，进一步改善村民自治质效。

第三十二章

当代渔村传承的传统婚姻成立规范

——以东升村为对象

引　言

民间的婚姻成立规范是一种重要的社会自治规范，在中国人的民事生活中发挥着极为重要的作用。国家较为重视婚姻成立规范等社会自治规范的积极价值和作用，为婚姻成立规范在基层社会自治中展现其积极效能提供了一定的政策依据。中共中央于 2020 年 12 月印发的《法治社会建设实施纲要（2020-2025 年）》提出，完善多层次、多领域社会规范，充分发挥社会规范在协调社会关系、约束社会行为、维护社会秩序等方面的积极作用，到 2025 年形成符合国情、体现时代特征、人民群众满意的法治社会建设生动局面。民政部于 2020 年 5 月印发的《关于开展婚俗改革试点工作的指导意见》提出，积极倡导和推广体现优秀中华文化的传统婚礼，传承发展中华优秀传统婚俗文化蕴含的人文精神、道德规范，为增强文化自信提供优质载体。民政部、全国妇联于 2020 年 9 月联合印发的《关于加强新时代婚姻家庭辅导教育工作的指导意见》（民发〔2020〕99 号）提出，要推广体现优秀中华文化的传统婚礼，宣传弘扬中华优秀传统婚姻家庭文化，充分发挥其蕴含的人文精神、道德规范和社会教化功能。

渔家婚嫁活动是大亚湾区澳头街道东升村的一项颇具特色的民间活动。在两百余年的历史中，东升村民始终较为注重按照传统的婚姻成立规范的要求行事做事，根据婚姻成立规范开展渔家婚嫁活动。〔1〕虽然当代渔村的生活场景已经发生较大变化，但作为历史生活经验结晶的传统婚姻成立规范仍传承至今并继续发挥着作用。东升村的渔家传统婚姻成立规范包括相亲规范、订婚规范、结婚规范、回门规范等内容，这些规范是东升村渔民组织和参与婚嫁活动的行动指南与行为准则。通过自觉遵守婚姻成立规范，东升村的渔民们保障了婚嫁活动的顺利开展，规范了男婚女嫁秩序和家庭组成，促进了人口繁衍，推动了渔家文化传承，丰富了渔民生活，满足了渔民的精神文化需求，改善了渔村社会自治效果。在习惯法的视阈下，东升村的婚姻成立规范是一种非国家法意义上的习惯法。对传承至今的东升渔村的传统婚姻成立规范进行分析和调查对于我们充分认识渔村的自治规范和自治规律具有重要的价值与意义。

东升村位于大亚湾区澳头街道西南端，是一个四面环海的海岛渔村。全村辖区总面积为 0.54 平方公里，由大洲头、挖仔洲、庙洲、刀石洲、圆洲五个岛组成。全村总人口 1172 人，其中户籍人口 1119 人，外来常住人口约 53 人，全部居住在大洲头岛。东升村村民 70%以捕捞为生，30%以经营渔家乐、休闲渔船、在外务工以及售卖特产为生（以下统称为"渔民"）。东升村村"两委"班子有成员 5人，实现书记、主任一肩挑和"两委"班子 100%交叉任职，同时配备法制副主任 1 名、公共服务平台工作人员 1 名及计生专干 1 名。〔2〕东升村渔家婚嫁活动特色鲜明，渔家婚嫁曾于 2013 年 7 月被确定为大亚湾区非物质文化遗产名录项目，2015 年 2 月被确定为惠州市非物质文化遗产名录项目，2015 年 11 月被确定为广东省非物质文化遗产代表性项目，为大亚湾区唯一的省级非遗项目。〔3〕

东升村的传统婚姻成立规范是一种重要的社会自治规范，是大亚湾区社会自治规范体系的重要组成部分。对传承至今的东升村的传统婚姻成立规范及其实施情况展开调查和分析，对于我们充分认

〔1〕 按照学术惯例，本章的一些人名进行了化名处理，特此说明。《农村集体经济情况统计表》，澳头街道妈庙村村民委员会提供，2023 年 2 月 14 日。
〔2〕《东升村基本情况（2022.3.6）》，东升村村民委员会提供，2022 年 7 月 8 日。
〔3〕《大亚湾区渔家婚嫁非遗项目》，东升村村民委员会提供，2022 年 8 月 4 日。

识传统婚姻成立规范在当代渔村自治中的积极价值、传承和弘扬优秀传统习惯规范、不断推进基层治理体系和治理能力现代化、全面提升基层治理质效具有重要的价值和意义。

为了准确把握当代渔村传承的传统婚姻成立规范的实际运行状况和实际发挥的作用,我们曾于 2021 年 10 月 16 日、2022 年 7 月 8 日—9 日到东升村就当地特有的渔家婚嫁进行实地调查,并于 2023 年 11 月 15 日获得了当地村民提供的部分电子资料。调研期间,我们访问了渔家婚嫁非遗项目传承人、村干部和村民等相关人士,查阅了有关渔家婚嫁的文书和视频资料,对东升村渔家婚姻成立规范及其在渔村治理中的作用有了初步的理解和感受。此外,2023 年 5 月 18 日早上 7 点-9 点,我们在大亚湾区西区街道栖喜智能酒店观察了新联社区女性与塘尾村男性的现代婚礼,将之作为传统婚嫁的对照,从横向比较的角度对传统婚嫁规范有了更为全面的了解和认识。

一、当代渔村传承的传统婚姻成立规范的来源

当代东升村传承的传统婚姻成立规范是一种传统社会自生而延续至今的传统延续型规范。作为古人生活经验的结晶,传统延续型规范经过历史的直接投射而进入了当代社会,增添了现代社会自治规范的类型。当然,在外部环境变迁的时代背景下,东升村的传统婚姻成立规范也发生了一定的变化,有了一定的时代特征。

(一) 固有规范的传承

作为传统婚嫁规范的代表,东升疍民的传统婚姻成立规范主要来源于历史上固有的婚姻成立规范。东升岛自两百余年前开始有疍民聚居。自此,在疍民的长期婚嫁实践中,婚姻成立规范逐渐成形并上升为共知、共认的习惯规范。这类规范是东升村两百年来历史经验的传承与民众生活的结晶,是两百年来东升疍民长期婚嫁习惯的制度化呈现。多年来,东升村的渔家传统婚姻成立规范很少变化,东升村村民苏远洋甚至认为,“从清朝到现在基本没有变过。古代是上花轿,我们这里是划旱船”。[1]

---

[1] 苏远洋访谈录,2022 年 7 月 9 日。

疍民传统婚嫁习惯规范是一种活的习惯法规范。既有研究表明：
"习惯法是中国文化之中重要的一部分，是无数代中国人以其生活实
践、生命心血所形成的，其精神生命是活的，其表现形式是活的，
其现实效力是活的。"[1]具体到东升村，民间自生自发积淀形成的
东升村传统渔家婚嫁规范是东升疍民先人生活实践的结晶，其精神
生命、表现形式、现实效力都是活的，是两百年来东升疍民自觉遵
循的制度体系。其不仅是历史上的固有规范，更是当代疍民生活中
活的规范，在当代东升疍民的婚嫁活动中发挥着实际作用。

作为传统延续型规范，东升村的婚姻成立规范是历史演进的产
物，其诞生于、成长于、生存于特定的自然和社会环境，具有特定
的社会基础。在社会巨变的情况下，其之所以能够跨越历史的栈桥
并叩开当代社会的大门，并不在于其具有魅惑性而是在于其具有社
会契合性和实际功效。下文分析将会表明，作为传统延续型规范的
东升村传统婚姻成立规范能够规范渔村家庭组成、保障渔村人口繁
衍、维护渔家婚嫁秩序、满足渔民精神需要、丰富渔民生活，在当
代渔村社会中扮演着不可或缺的角色。这也是其能够传承至今且保
存较为完整的关键原因。

（二）外部变迁的影响

近年来，随着外部客观环境的变迁，东升村的传统婚姻成立规
范也发生了一定的变化。特别是改革开放以来，由于经济的发展、
交往方式的丰富、交通方式的改变、技术的迭代升级、观念意识的
变革以及生活水平的提高，东升村的传统渔家婚姻成立规范在具体
内容上也有所变化，新人的结识方式、礼节仪式的细节、活动的资
金投入、划龙船的方式、彩礼的金额、婚宴的地点、播放的背景音
乐、哭嫁歌的演唱要求等均有了更多现代因素。在一定程度上可以
认为，在外部环境的影响下，东升村的传统婚嫁规范与前文所述的
现代婚礼规范有了更多的相似性。

例如，在半个多世纪里，东升村的结识规范、通婚对象规范发

---

〔1〕　高其才：《习惯法的当代传承与弘扬——来自广西金秀的田野考察报告》，载
《法商研究》2017 年第 5 期，第 13 页。

生了较大变化，结识方式从找人介绍、找童养媳为主转变为自由恋爱为主，通婚对象的范围从金门塘村、前进村、东升村三个村的渔民扩大为了三个渔村之外的其他人。1952 年出生的苏天送老人介绍了这一变化：

> 以前，一个男孩 5 岁啊，8 岁啊，要找一个小女孩，叫作童养媳。五六十年代有童养媳，七八十年代就没有了。50 年代我妈妈要给我找一个童养媳，我说"不要不要我不要，我还小啊"。现在没有童养媳了。现在找对象哪里都可以，不一定要找渔民，也不管是不是同姓。现在是自己来，以前叫人介绍。现在结婚自由恋爱也要有媒人。[1]

根据东升村的婚姻成立规范，虽然如今男女双方结识方式主要是自由恋爱，媒人介绍认识的情况较少，但"托媒的习俗还是保留了下来"。[2]多年来，在东升村渔民的婚嫁活动中，媒婆始终发挥着不可或缺的作用。

东升村的传统婚姻成立规范的自适应变化使其能够在外部客观环境发生改变的情况下，继续发挥实效，为东升渔村的婚嫁实践提供规范指引。下文将会在述及东升村传统婚姻成立规范内容及实施时，对规范的变迁情况进行描绘和分析。

总体而言，当代东升村传承的传统婚姻成立规范是历史规范传承和外部环境变迁双重因素作用下产生的疍民自治规范。该类规范源于东升疍民两百余年生活经验的结晶，成长于东升渔民的自觉遵守和主观改造，并随着外部客观环境的变迁而不断产生自适应微调。

二、当代渔村传承的传统婚姻成立规范的内容

东升村至今传承的传统婚姻成立规范以自愿原则、必要原则、

---

[1] 苏天送访谈录，2022 年 7 月 8 日。
[2]《大亚湾渔家婚嫁习俗吃高楼对渔歌 拜大王爷赏花》，东升村村民委员会提供，2022 年 7 月 8 日。

互助原则为基本遵循。这些原则贯穿于相识相亲、订婚、结婚等婚姻成立的全过程，是东升村渔民开展婚嫁活动所应遵守的综合性的、本原性的宏观价值准则。其中，根据自愿原则，东升村渔民从相识相亲到订婚、结婚均以男女双方的自主、真实意愿为基础，渔民们具有自主缔结婚姻的自由，任何人不得强制或干涉；根据必要原则，东升村渔民缔结婚姻必须遵守相识（亲）规范、订婚规范、结婚规范、回门规范等婚姻成立规范，如此方能取得习惯法上的效力，获得村民集体的认可；根据互助原则，亲戚们应当互帮互助，在婚嫁活动中帮助主家组织婚嫁活动，在煮饭做菜、刷碗洗菜、渔歌对唱、划旱船表演、节目编排等方面提供义务劳动。主家无需给前来帮忙的人员发红包。

在具体规范方面，东升村渔民在婚嫁活动中遵守的婚姻成立规范包括相识（亲）规范、订婚规范、结婚规范、回门规范等，婚嫁仪式极为隆重。根据东升村婚姻成立规范，在订婚日，男方家须组织"吃高楼"活动；在赏花日，男方须完成剪发、赏花、拜大王爷三项仪式；在结婚日，迎亲队伍须按时迎接新娘到来，举行跨火盆、喂汤圆、摆宴席、端茶敬茶、渔歌演唱等仪式。具体而言：

（一）相识（亲）规范

相识（亲）规范是东升村婚姻成立规范的前端规范，是东升村结识潜在对象、选择通婚对象、组织参与相亲活动的行动依据与行为指南。相识（亲）规范包括结识规范、通婚对象规范等。其中，根据结识规范，东升村渔民与通婚对象的相识方式包括读书认识、工作认识、社交认识、媒人介绍等方式；根据东升村的相识（亲）规范，东升村的通婚对象既可以为东升村的渔民，也可以为澳头街道金门塘村、澳头街道前进村等渔村的村民，还可以为附近地区居民以及香港居民等，通婚对象较为广泛。

根据相识规范，无论男女双方是自主相识抑或是介绍相识，婚姻在习惯法上成立和有效均须符合"有媒婆参与"这一构成要件。媒婆通常由女方家指定，主要负责传递女方婚嫁的意愿与要求，在两家之间传话协调。据苏天送介绍，担任媒婆的主要条件"最重要的是要有男有女，儿女双全；不能够老公死了，就剩一个人也不行"。[1]也即儿女双全，老公健在。

（二）订婚规范

订婚规范是东升村婚姻成立规范的主要组成部分之一。根据订婚环节，东升村渔民在结婚之前应当举行订婚仪式。在举行订婚仪式之前，男方家须找仙婆选定订婚的黄道吉日。据渔家婚嫁非遗项目传承人徐妹介绍："霞涌有一个仙婆，我们一般是去那里挑日子。那个仙婆是一个男人，七十多岁了。他会算的，算你们两个人这个年头什么月份、什么时候订婚结婚。"[2]仙婆选定黄道吉日之后，男方家应当给仙婆一个红包。红包金额由男方家自主确定，少则一两百元，多则一两千元，其中多数情况下为一两百元。

在订婚日当天，男方家需要在澳头岸上的酒店或村内举行订婚宴，也即"吃高楼"活动。在"吃高楼"活动中，男方家会在餐桌上摆上芒果、火龙果、陈皮、茶饼、糖、蛋挞等几十种水果、点心、茶点，一层叠着一层，形成大楼状。也正是由于食物的摆设形似高楼，订婚宴在当地被称为"吃高楼"活动。根据订婚规范，"吃高楼"活动的参加人员为男方的亲属以及女方的女性亲属。女方本人不能参加"吃高楼"活动。2018年10月结婚的谭晓弁介绍说，准新娘之所以不能参加"吃高楼"活动，是因为"女方去了不吉利。结婚的前三天也不能见面，就跟旧社会老风俗差不多"。[3]"吃高楼"活动的规模为，"我们（男方）自己人起码有两围台，女方有三围台差不多"。[4]在"吃高楼"活动中，活动参加人员先吃茶点，再吃酒宴。其间，男女双方的亲朋好友会对唱渔歌助兴。

订婚时，双方家庭将会根据仙婆给出的结婚建议日期，商定结婚的具体日期并告知参加订婚仪式的众亲友。告知亲友的方式为口头告知，一般不发请柬。东升村村"两委"干部苏远洋介绍了东升村的订婚规范：

---

〔1〕 苏天送访谈录，2022年7月8日。
〔2〕 徐妹访谈录，2022年7月8日。
〔3〕 谭晓弁访谈录，2022年7月8日。
〔4〕 苏天送访谈录，2022年7月8日。

订婚那天在我们当地叫作挑日子，挑个结婚的日子。男方请亲戚到澳头岸上的酒店去吃饭，女方叫自己的亲戚都是妇女的来男方这里吃，新娘子自己不能去。[1]

根据订婚规范与结婚规范，活动的主要参加人员应在订婚日、赏花日、结婚日穿戴渔家服饰。其中，辈分高者应当穿蓝色渔家服饰，辈分低者应当穿粉色或其他颜色艳丽的渔家服饰。参加人员的服饰为纯手工制作，由主家提前定做，每套价格通常为三四百元左右。其中，质量普通的服饰价格为每套三百元左右，质量较高的服饰价格为每套四百元左右。苏远洋介绍了订婚与结婚活动中参加人员的服饰穿戴规范：

辈分不一样，衣服颜色不一样。长辈的一般都是蓝色，辈分晚一点的更加艳一点，年轻人就喜欢粉红色这些颜色。[2]

在订婚仪式结束后，男女双方通常应在一两个月内结婚。根据徐妹介绍："订婚后有十多天后结婚的。订婚后一般一两个月内结婚，最长一般三四个月。订婚后没有不结婚的。"[3]

（三）结婚规范

东升村渔家婚嫁的结婚仪式主要集中在赏花日、结婚日这两天。其中，结婚的前一天为赏花日，主要活动为剪发、赏花、拜大王爷；结婚的当天为结婚日，主要活动为迎新娘、跨火盆、端茶敬茶、唱歌跳舞等。

1. 赏花日

在赏花日，男方须在好命婆以及亲属的陪同下完成剪发、赏花、拜大王爷三项仪式。具体而言，赏花日的主要活动内容为：

其一，剪发。赏花日当天早上，男方的亲朋好友等几十人敲锣打鼓、扒龙船（乘快艇）护送男方到澳头街道的理发店，请理发师

---

[1] 苏远洋访谈录，2022 年 7 月 8 日。
[2] 苏远洋访谈录，2022 年 7 月 8 日。
[3] 徐妹访谈录，2022 年 7 月 8 日。

根据风水先生定好的动第一剪的时辰、吉位为准新郎剪发。

其二，赏花。剪发之后，渔民们回到男方家吃汤圆、吃米煮茶并在吃完后开展赏花仪式。在赏花时，男方身穿西装马甲、嘴含香烟、双手扶扇端坐在自家正门，由新郎的兄弟为其撑着挂有红布的黑伞，寓意新郎身份地位高贵。新郎母亲、好命婆等为新郎戴上大红花、红布条以及插着两对花的黑色毡帽，由好命婆、新郎母亲、新郎姑妈、新郎舅妈、善唱渔歌的女性亲戚等礼仪人员围着新郎集体对唱《富贵囊》等祈福歌曲，[1]供现场亲朋观赏。"渔歌有长有短，短则三五分钟，长则半小时。"[2]赏花仪式中对唱渔歌的总时长通常为 1 小时至 2 小时。剪发、赏花等仪式寓意新郎"临娶始冠"。

其三，拜大王爷。赏花结束后，男方在好命婆、亲属等人的簇拥下乘快艇（扒龙船）到村对岸庙洲岛上的大王爷庙拜大王爷。在去往大王爷庙的路上，男方应手扶折扇、嘴含香烟、头戴毡帽。到人王爷庙之后，先由好命婆摆供品（通常为糖果、水果、鸡、猪头、鱼等）。之后男方亲属燃放鞭炮，男方本人上香祭拜大王爷，祈愿幸福、祈愿早生贵子。大王爷祭拜仪式结束后，众人回村参加酒宴、搓汤圆、唱渔歌。苏远洋介绍了拜大王爷以及拜大王爷之后的活动规范：

> 结婚前一天男方及其亲属要去敲锣打鼓拜大王爷。结婚前一天下午 2 点钟吃饭，吃完饭三四点钟的时候，亲戚围在一起搓汤圆。搓汤圆的时候会唱渔歌。我们那个汤圆是很大个的，正方形的。晚上男方的兄弟们，就在他家里喝酒聊天，还有亲戚都在吃夜宵，热闹。[3]

当然，值得一提的是，虽然由于技术的进步，婚嫁活动中使用

―――――――――――

〔1〕 原生态的渔家咸水歌包括情歌类渔家咸水歌、劳动类渔家咸水歌、叙事类渔家咸水歌、婚庆类渔家咸水歌等，但随着渔民上岸和劳动方式的改变，不少渔家咸水歌失去了生存与传承的原动力，逐渐淡出了人们的视野，目前仅剩下婚庆类渔家咸水歌仍在传唱。

〔2〕 王彪：《半世纪操办百场"渔家婚嫁"》，载《南方日报》2017 年 5 月 22 日。

〔3〕 苏远洋访谈录，2022 年 7 月 8 日。

的龙船已升级为机械动力，不必手动划船，但为了增强仪式感，参加仪式的人员仍然会做出虚拟划船的姿势和动作，进行"扒龙船"表演。短诗"渔妇两排舷上划，头束红绸发插钗"是对这一现象的文学素描，[1]而渔家诗歌"熏风丽日泛微波，碧水载舟舟载歌。狮舞旌旗千度觅，凤翔浩瀚百年合。迎亲健儿力划桨，出嫁新娘羞媚娥。舫舸华灯巧戏月，鸳鸯归卧醉涛阁"则更为生动地描述了这一现象。[2]

2. 结婚日

根据婚姻成立规范，结婚日的主要仪式为迎新娘、跨火盆、喂汤圆、摆宴席、端茶敬茶、唱歌跳舞等。根据结婚日仪程，各环节应遵循的基本规范如下：

在结婚日当天凌晨，男方的迎亲队伍根据仙婆给出的时间（通常为凌晨3点至5点）出发前往女方家接新娘。到达女方家后，新郎父亲与新娘父亲须首先握手，并在握手时进行如下对话：

新娘父亲：亲家好，我的妹子你好好照顾她。

新郎父亲：你不用怕啦，我会照顾。你的女孩到我们那里去会好好护起来，不要怕。他的妈妈会好好照顾她，不要怕。

新娘父亲：我相信你会好好照顾她，（嫁到你们家）会幸福的，来去去就好了。[3]

新郎父亲：肯定会照顾啦，我们娶媳妇来做家，结婚娶媳妇养妹子是我们的事情。[4]

在男女双方父亲握手、对话之后，根据传统的婚姻成立规范，新娘母亲应当对着即将出嫁的女儿唱哭嫁歌（泣唱），表达对女儿的不舍。近年来，由于不少女方及其母亲不会唱渔家哭嫁歌，"哭嫁"环节在很多时候被省略了。之后，男方的迎亲队需要边唱渔歌边向

〔1〕　陈幼荣主编：《大亚湾风韵》，中国言实出版社2017年版，第1页。
〔2〕　中共惠州市委宣传部等编：《印象惠州》，广东人民出版社2012年版，第7页。
〔3〕　徐妹访谈录，2022年7月8日。
〔4〕　苏天送访谈录，2022年7月8日。

女方"要嫁妆"。嫁妆主要为被子、枕头、箱子、梳子等日用品。每接一份嫁妆，迎亲队都要唱一支渔歌。新娘出门之前要先拜神祈求祖先庇佑，出门时须穿蓝纱黑裙或蓝衣黑裤，头戴黑头帕。新娘的母亲不能随新娘出门，新娘出门由姊妹陪同送嫁，"女的要二三四个伴娘，男的要一个伴郎"。[1]根据婚姻成立规范，新娘出门时，两位好命婆须一人为新娘撑伞，一人端着装有香草、芒草的米筛。需要提及的是，若新娘不是东升村、前进村、金门塘村的渔民，接新娘的仪式则会根据当地的实际发生适应性变化。

新娘到了男方家后，需要先"跨火盆"，寓意"添男孙"以及"跨过火盆消灾火"。跨过火盆进入男方家后，由好命婆给两位新人分别喂两颗汤圆，"意思是永结同心、早生贵子"。[2]在结婚日的下午2点左右，男方家须大摆宴席（在家中或到酒店），宴请参加婚礼的亲朋，"正常的话，要摆四五十桌"，[3]每桌成本在两千元左右（不含烟酒）。此外，在结婚日的前一天，也即在赏花日，女方家循例也会摆宴席宴请亲朋。女方家宴席规模相对较小，规模通常在二三十桌左右。女方家的宴席规模之所以更小，是因为"女儿出嫁，女方爸爸妈妈要哭了，女方家不高兴，摆得少。男方人多了，高兴了，花钱多钱少没问题，高兴就好"。[4]

宴席结束后，新娘循例须给男方父母、姑姨、叔伯等敬茶，请长辈喝茶、洗脸，长辈给其发红包。端茶敬茶之后的晚上，参加婚礼的渔民们会唱歌跳舞，欢度盛典。歌舞类型主要为传统渔家歌舞，但其中也包含现代因素。例如，在村内长大的渔民苏丽莎提道："娶新娘回来晚上跳舞的时候会放 DJ。"[5]徐妹较为详细地介绍了端茶、跳舞的基本规范：

新娘子要端茶给公婆、叔叔等亲属，说："爸爸，请喝茶；妈

---

[1] 苏尚佃访谈录，2022 年 7 月 8 日。
[2] 谭晓弁访谈录，2022 年 7 月 8 日。
[3] 苏仪娓访谈录，2022 年 7 月 8 日。
[4] 苏天送访谈录，2022 年 7 月 8 日。
[5] 苏丽莎访谈录，2022 年 7 月 8 日。

妈，请喝茶。"（男方亲属）会包个红包。有两百的，有一千的，也有一百五十块钱的，多少不一定。喝茶是在吃饭差不多吃饱了之后，差不多五六点。吃饱了就准备喝茶了。喝茶之后就准备跳舞了。吃饭一般是两点，跳舞在七八点。跳舞很隆重的。一般跳到十一点。跳到夜里两点钟、一点钟的也有。大家高兴嘛。[1]

根据长期形成的习惯规范，结婚时男方家须给女方家支付一定数额的彩礼，女方家须适当回礼。苏远洋介绍了东升村婚嫁彩礼及回礼规范：

彩礼一般是三万六，找到香港的就不一样了，娶香港人的多一倍。男东升、女香港的彩礼就贵一倍，男的有钱的给八万八的好意头的也都有。但是，我们这里回礼都是买金器。我们这里嫁女儿的家里是亏本的。彩礼过来之后买项链、买金器送过去。女方的七大姑八大姨会合资三千五千的买项链，当陪嫁。所以我们这里嫁女儿，进去要十多万的。[2]

根据东升村的回礼规范，在通常情况下，男方家支付的彩礼不足以覆盖女方家回礼、陪嫁支出，女方家在一定程度上处于亏损状态。"我们这儿卖（嫁）一个女孩要亏本好多钱的。妈妈爸爸有钱就亏得多，爸爸妈妈没钱的就亏得少。"[3]女方陪嫁、回礼的多少由女方家经济实力与自主意愿决定，陪嫁财物价值在最高时可达百万元。苏远洋认为，之所以会形成女方家亏损的传统，"一个是风俗就是这样，另一个是（女方家）比较大方"。[4]此外，参加婚礼的人员应当准备份子钱。份子钱的金额不定，"有一千、五百这样"。[5]

根据东升村的婚姻成立规范，好命婆与媒婆在疍民婚嫁活动中扮演着不可或缺的角色。在婚嫁活动中，好命婆共两人，分别为男

---

〔1〕　徐妹访谈录，2022 年 7 月 8 日。

〔2〕　苏远洋访谈录，2022 年 7 月 8 日。

〔3〕　苏天送访谈录，2022 年 7 月 8 日。

〔4〕　苏远洋访谈录，2022 年 7 月 8 日。

〔5〕　苏仪娓访谈录，2022 年 7 月 8 日。

方家、女方家所请，媒婆共一人，为女方家所请。若东升村疍民和渔村之外的人结婚则只需聘请一位好命婆，由东升村疍民聘请。担任好命婆与媒婆的基础条件为老公健在、家庭和睦，其中好命婆还应当会唱渔歌。东升村能够当好命婆的总人数不超过十个人。1952年出生的渔家婚嫁第八代传承人徐妹是东升村目前最为知名的好命婆与媒人。其从 20 岁便开始担任好命婆。在多的年份，徐妹曾在一年内当了 7 次好命婆。主家应当给好命婆与媒婆红包。红包金额一般应当为双数，寓意好事成对成双。其中，男方家给的红包金额通常为女方家给的红包金额的 2 倍。徐妹夫妇介绍了主家给好命婆、媒婆红包时应遵守的相关规范：

> 我每年都做几个，每年都做。媒婆两千块钱，好命婆一千两百块钱。今年五月初八那次我做的是男家，好命婆一千二，媒婆两千。女家多少一半，好命婆六百块，媒婆一千块。以前就四块钱，两块钱。[1]

好命婆与媒婆是东升村通过婚姻成立规范进行渔村治理的重要治理主体，是最为了解和掌握东升村渔家婚姻成立规范的人员，是东升村渔家婚姻成立规范遵守与实施的主要推动者、关键引领者，在东升村渔家婚嫁活动中发挥着举足轻重的作用。

（四）回门规范

根据东升村的婚礼成立规范，在结婚后的第三天，男女双方应当共同返回女方家探望女方父母。与全国其他不少地区一样，这一回门仪式在东升村也被称为"三朝回门"。根据苏远洋的介绍，在通常情况下，"新娘回门的时候要媒婆带着去"。[2]徐妹简要介绍了三朝回门的基本情况：

> 新郎新娘两个人三朝回门。女方妈妈煮饭，叫新人去吃两

---

[1] 徐妹访谈录，2022 年 7 月 8 日。
[2] 苏远洋访谈录，2022 年 7 月 8 日。

餐。[1]

在三朝回门后，东升村渔家婚嫁的婚嫁仪式基本结束，新人由此共同开启新的生活。

（五）婚姻解除规范

在婚姻成立后，东升村渔民离婚的情况较少，婚姻解除规范通常处于沉睡状态。苏天送介绍说："我们这里很少离婚。我们这里为什么很少离婚呢。因为我们这里是孤岛，男人天天外出打鱼，一般不会吵架。渔民也不出去打工，天天都在这里，离什么婚。一般下午3点出海，回来时间不一定，白天回来休息。我们这个年纪没有离婚的，年轻的人有离婚的。"[2]根据婚姻解除规范，若男女双方离婚，应根据国家法律法规的规定办理离婚登记手续，处理好子女、财产等基本事宜。

三、当代渔村传承的传统婚姻成立规范的施行

在渔家婚姻成立规范的指引和规范下，东升村渔民有序地进行着结识结婚对象、组织订婚活动、举行结婚仪式、完成回门流程以及解除婚姻关系等自我治理实践，在生活中将婚姻成立规范从不成文规范活化为具体、生动的实践。通过自觉遵循婚姻成立规范，当今东升村的村民们传承和强化了传统婚姻成立规范。

（一）相识规范的施行

以结识规范、通婚对象规范等相识（亲）规范为出发点，东升村渔民到婚嫁年龄时会自主地找对象或由他人介绍对象。从实践情况来看，渔民们结识自己结婚对象的方式较为多元。例如，现年七十多岁的苏天送、徐妹均为东升村土生土长的本土居民，两人于1972年结婚。苏天送回顾了其与徐妹结识、确定关系的方式：

我的姐姐告诉她（徐妹）的阿哥（我还没有对象）。她（知道了）就叫她的阿哥写一个纸条给我，问我有没有找到人，如果没有

---

[1]　徐妹访谈录，2022年7月8日。
[2]　苏天送访谈录，2022年7月8日。

找到人就和我恋爱。她哥哥拿个纸条就给我。纸条上就写问我有没有找到人，没找到人的话她就见我。我打开纸条看了，心想，好啊，也好啊。看了纸条我就心里有数了，不到 2 个月我就去找她了。我觉得有信号了，就去找她了。[1]

苏天送、徐妹的二儿子苏小龙与儿媳苏淑梅也均为东升村本土居民，两人自小便互相认识，系自由恋爱后结婚。在确定关系之前苏小龙没有告知父母、没有和父母商量。在两人确定关系后，苏天送、徐妹通过听说的方式获知了这一信息并表示了同意。徐妹介绍了苏小龙与苏淑梅结识的基本情况：

我赖子（客家话，指儿子）先去找她的。我赖子同意我们也就同意了。他们害羞，自己不敢说。当时这个兄弟姐妹讲给我，我们（才）知道他们已经在活动了。[2]

目前，东升村渔民确定结婚对象的方式主要为自由恋爱，2006 年 4 月结婚的苏远洋、陈莉梅夫妇是"在淡水和朋友玩的时候认识的"。[3]再如，24 岁时结婚的年轻村民苏仪娓提道："我和我对象都是在岛内的，男追女。我们是害羞的。我是 24 岁结婚的。在 22 岁开始谈对象，谈了一年多结婚。"[4]在确定结婚对象之后，男女两家将会共同推动开启热闹盛大的订婚、结婚仪程。

（二）订婚规范的施行

东升村渔民结婚时通常会严格遵循订婚规范，举行定亲过礼仪式。若违反订婚规范，将会面临习惯法上的否定性评价，遭受面子上的损失，承受来自亲人、村民的议论与压力。根据在调查中掌握的情况，东升村唯一一位未举行订婚仪式而直接结婚的人为徐伟斌。2008 年 10 月 1 日，当时作为东升村村委会工作人员（文书）的徐伟斌在未举行订婚仪式的情况下直接举行了结婚仪式。以下事例一

[1] 苏天送访谈录，2022 年 7 月 8 日。
[2] 徐妹访谈录，2022 年 7 月 8 日。
[3] 苏远洋访谈录，2022 年 7 月 8 日。
[4] 苏仪娓访谈录，2022 年 7 月 8 日。

为徐伟斌的自述，展现了当时的基本情况：

事例一

结婚之前有一个订婚，订婚宴很浪费钱的。订婚那一顿是白吃的。订婚过礼那一天要十多万元。可能整个岛就我一个没有订婚的，我说结婚就马上结婚。我是 1981 年出生的。我结婚是 2008 年，但是领结婚证是 2006 年。我老婆是韶关人，大学同学，隔壁班的。我当时没什么钱，另外我给我老婆说我们为什么要订婚呢，好奇怪哦，没必要哦。对我来说就像结了两次婚一样，有什么必要。订婚那一顿真的是白吃的，十几二十几围，很浪费钱。

我父母不是很同意（我不订婚的想法）。他们说，人家个个都这样，就你一个人不一样。人家都没有见过这样的。他们说，人家隔壁叔叔伯伯不知道会不会笑我们自家人。我说我不怕这些。

其他人也多多少少会说。用我们客家话就是说，你怎么那么傻，为什么不庆祝一下，让大家开心一下。我说，我不重视这些，对我来说这些形式太假了。再者，我又没有兄弟，搞这些需要很多人来帮忙的。我们家就只有我姐、我妹，我姐、我妹也都嫁出去了。之后没有人向我学，他们肯定不敢的，老人家会说的。他们爱面子。其实我们这里考虑的就是面子问题。[1]

总体而言，徐伟斌之所以选择跳过订婚仪式而直接举办结婚仪式是其个人能力、想法、性格、决断力、家庭情况等多种因素共同作用的结果，其他渔民难以模仿。正是由于订婚规范具有较强的约束力以及徐伟斌的难以模仿性，在已知的范围内东升村再未出现过跳过订婚环节而直接结婚的情况。徐伟斌提到，订婚规范具有较强的约束，并且"以后短期内不会改变的。因为家家户户都这样，你改变不了啊，连我都得这样（被迫这样）"。[2]

（三）结婚规范的施行

在婚嫁活动中，东升村渔民注重按照婚姻成立规范的要求依次

---

〔1〕　徐伟斌访谈录，2022 年 7 月 8 日。

〔2〕　徐伟斌访谈录，2022 年 7 月 9 日。

开启、推进婚嫁活动中的各个环节，按照婚姻成立规范的要求行事做事，完成婚礼仪式。

在结婚时间方面，东升村渔民通常会在达到国家法律规定的法定结婚年龄之后举行结婚仪式并领取结婚证。若未达到法定婚龄则先不领取结婚证。例如，2021 年四五月份左右一对尚未到法定婚龄的新人简单举行了婚礼。苏远洋介绍了当时的基本情况：

> 男的当时大概二十岁，女的大概十九岁。男方是岛上的，女方是岸上的。大概是 2021 年四五月份结婚的。邀请都发出去了，当时疫情不让摆。就自己的亲戚摆了几围。[1]

在婚姻成立规范的作用下，东升村的疍民们在赏花日和结婚日有序组织和进行着剪发、赏花、拜大王爷、接新娘、送聘礼、跨火盆、喂饭、摆宴席、端茶敬茶、唱歌跳舞等一整套流程，一步一步地将婚姻成立规范从制度化为实践。其中，结婚日当天吃正餐摆宴席活动一般是在澳头岸上的酒店进行。其他几顿宴席一般在新郎家进行，饭菜由新郎的家人、亲戚帮忙煮制。在所有婚宴中，正餐的规模最大。例如，2018 年 10 月 30 日谭晓弁结婚时正餐"加起来摆了五十多桌"。[2]

由于东升村渔家婚嫁活动规模大、程序多，所需费用往往较多。特别是近几年，婚嫁活动支出往往能达数十万元，"现在结婚没个几十万元搞不来"。[3]东升村渔家婚嫁活动中男方的主要支出包括摆宴席支出、彩礼支出等。例如，苏天送、徐妹的大儿子在 2004 年 3 月结婚，儿媳为惠东县人。大儿子、大儿媳结婚时正餐摆了 42 桌。整个活动共支出 5 万元，其中彩礼 8000 元。苏天送、徐妹的二儿子 2011 年 3 月结婚，儿媳为东升村人。二儿子、二儿媳结婚时正餐摆了 42 桌。整个流程共支出 25 万元左右，支出主要为"挑日子在酒

---

[1] 苏远洋访谈录，2022 年 7 月 8 日。
[2] 谭晓弁访谈录，2022 年 7 月 8 日。
[3] 苏远洋访谈录，2022 年 7 月 8 日。

店吃、过彩礼、买礼品、买手镯给儿媳、三天吃饭、正餐"。[1]其中彩礼 3.6 万元，正餐支出约 2 万元。[2]对普通渔民家庭而言，短期内筹集大量资金存在着一定的困难。为了筹集资金，部分家庭会通过向朋友借钱的方式暂时填补资金缺口。在举办婚礼后，主家会用收到的贺礼钱、份子钱偿还大部分借款。苏天送介绍了其二儿子结婚时的支出情况：

> 加上订婚总共 25 万元左右，彩礼花了 3.6 万元。那时候我们没有钱，是向别人借的。向岸上的朋友借了十多万元，不是向亲戚借，不能让亲戚知道自己没有钱。收到礼金之后还给人家。收回来二十多万元，最后亏本三万元多。[3]

东升村的部分家庭在向女方支付彩礼时会遵循平等原则，做到各个儿媳的彩礼金额相同。根据平等原则，兄弟们的彩礼应当相同，也即同一家不同儿子结婚时，原则上彩礼金额应当相同，男方父母应平等地对待各个准儿媳。例如，苏远洋、陈莉梅结婚时，苏远洋家坚持按照兄弟平等原则给付彩礼。[4]以下事例二为陈莉梅自述，这一事例记录了当时的基本情况：

事例二

我结婚比较早，十多年前（2006 年 4 月）嫁到这里来。我大嫂她是惠东的，他嫁给我大哥时候彩礼就是八千。我后起她两三年，彩礼不应该是八千的。但是我老公家这边要给八千。我当时有意见。然后我公公婆婆就说，她做大的，不能偏心，就是八千，全都得和她一样。然后我父母就说，嫁女儿又不是卖女儿，多少无所谓，八千就八千。[5]

---

[1] 苏远洋访谈录，2022 年 7 月 8 日。

[2] 徐妹访谈录，2022 年 7 月 8 日。

[3] 苏天送访谈录，2022 年 7 月 8 日。

[4] 当然，在彩礼给付方面，平等原则的适用范围、适用场域相对有限，只有部分家庭在给付彩礼时遵循平等原则。

[5] 陈莉梅访谈录，2022 年 7 月 8 日。

　　随着渔民收入的增加与经济水平的提高，半个世纪以来东升村的彩礼金额也发生了较大的变化。1972年苏天送、徐妹结婚的彩礼为750元。2018年谭晓弁从陆丰嫁到东升村时的彩礼金额为2.58万元，回礼为400元。谭晓弁介绍了彩礼情况：

　　那时候我老公这边也问过我要多少，他问我说对彩礼有没有要求。我妈说，这不是卖女儿，随便你们给喽。然后我家婆说，那就给两万五千八。我老家对彩礼没有要求，高兴就行。我家婆给我买了凤镯，还有一条项链哦。[1]

　　根据东升村的婚姻成立规范，女方家会在女儿出嫁时为之提供嫁妆等陪嫁财物。陪嫁财物的价值不一，由女方家自主决定，少则几百元，多则上百万元。谭晓弁介绍了近几年陪嫁较多的情况：

　　今年这个六月十九结婚的，陪嫁陪了四十多万元。还有压箱底的钱，压箱底的有十八万元。还有一个，老公是东升岛上的，老婆是金门塘的，陪嫁陪了一百万元，是百万新娘。前两年她老公因为走私进去了，判了5年。女方娘家征收，家里有钱。[2]

　　东升村渔家婚嫁活动周期长、规模大，仅依靠一家之力无法保障婚嫁活动的顺利开展。在长期的婚嫁实践中，东升村的渔民一直秉承互助原则，亲戚间互帮互助。例如，在婚嫁活动餐饮后勤方面，东升村民苏丽莎介绍说，在婚嫁活动中"吃饭是自己煮饭，摆几十桌，请亲戚做。没有给亲戚红包的，以后他们结婚的时候我们也会过去帮忙，礼尚往来"。[3]在婚礼表演方面，徐伟斌提道："我们结婚，比较亲一些的姑啊，都会排节目的。会穿我们那个渔家衣服，排八仙过海啊，小品啊，好像很专业一样。"[4]此外，根据互助原则，主家的亲戚们还会为返岛的男方亲朋免费提供住宿。"结婚时外

〔1〕　谭晓弁访谈录，2022年7月8日。
〔2〕　谭晓弁访谈录，2022年7月8日。
〔3〕　苏丽莎访谈录，2022年7月8日。
〔4〕　徐伟斌访谈录，2022年7月9日。

面回来的人很多，住宿分摊解决，像我们家可以住 5 个人，你们家里住几个人，很热情的。不会说'我们家里不能住的'。我们这里吃三天。亲的人会提前回来，吃三天。大家喝喝酒、聊聊天、玩一玩。"[1]互助原则的存在和有效运行奠定了渔家婚嫁活动顺利开展的组织基础，保障了渔家婚嫁活动的有序开展。

总体而言，在东升村渔民的自觉遵循下，东升村的婚姻成立规范在实践中产生了较为显著的实施效果。虽然按照婚姻成立规范举行婚嫁活动往往会耗费几十万甚至上百万的资金，但东升村的渔民们仍然注重严格按照婚姻成立规范的要求依次开展各项婚嫁活动，形成了独特的渔家婚嫁风景。

（四）回门规范的施行

根据回门规范的要求，新人将会在结婚后的第三天返回娘家，也即"三朝回门"。谭晓弁介绍了其回门情况："三天后回门，就我们两个人。回去吃个饭就回来了。人家当地的规矩，当天回去不能在人家那里逗留的。"[2]此外，根据回门规范，若女方为东升岛人，媒婆通常会陪同回门。

相对于订婚日、赏花日、结婚日的活动，三朝回门这一天的活动并无多少特殊性。

（五）婚姻解除规范的施行

根据苏天送老人的介绍，东升村村民离婚的情况很少见，"我们这么多年就这两个离婚的"。[3]若要解除婚姻关系，男女双方须按照婚姻解除规范处理好孩子、财产等有关事宜。以下事例三为东升村已经发生和正在发生的两起婚姻解除事件：

事例三

今年有两个离婚的，两个人都是 1985 年后的，男的大概 1988年左右，老婆是外来人，惠东那边来的，男的是我们当地村民。结婚七八年了，有两个孩子。因为小孩子读书，女方为了方便照顾孩

---

〔1〕　徐伟斌访谈录，2022 年 7 月 9 日。
〔2〕　谭晓弁访谈录，2022 年 7 月 8 日。
〔3〕　苏天送访谈录，2022 年 7 月 8 日。

子就在澳头那边租了一个房子住，可能是外面有人了，就离婚了。男方是在这里打鱼的，在这里住。他们是协议离婚，没有到法院去。男孩子跟着男方这边，女孩子跟着女方那边。女孩子在上小学，男孩子在幼儿园。[1]

还有一对现在还没有离。那个女的又想回来了。他们差不多三十左右，有一个女孩，七八岁了。女的是陆丰那边的。结婚有八九年了，现在是分居状态。[2]（他们之所以闹矛盾，是）因为家里没有钱。女的她到澳头买东西没有钱，就吵闹了。[3]

总体而言，东升村传承的传统婚姻成立规范相对独立、自成体系，受外界影响相对较小。该传统延续型规范为男女双方、双方家庭、媒婆、好命婆、亲戚朋友、村内渔民等提供了组织和参与婚嫁活动的行为准则与言行标准，得到了渔民的自觉遵守与严格实施，产生了一定的实效。在当代社会，传统延续型规范之所以行之有效，在很大程度上是因为其符合民众的文化心理和思维惯性，汲取了传统文化和传统治理的力量，符合中国人的文化心理，满足了人的规范需求。通过按照传统的婚姻成立规范组织和开展渔家婚嫁活动，东升村的渔民共同演绎了独具特色的渔家婚嫁场景。

四、当代渔村传承的传统婚姻成立规范的实践价值

东升村传承至今的传统婚姻成立规范是东升渔民两百年来实践经验的结晶与制度化呈现。该规范在渔民自治实践中具有规范渔村家庭组成、保障渔村人口繁衍、维护渔村婚嫁秩序、满足渔民精神需要、促进渔家文化传承、丰富渔民日常生活以及淳化民风、凝聚人心等积极作用。

其一，规范渔村家庭组成，保障渔村人口繁衍。东升村传承至今的传统婚姻成立规范的首要价值在于规范和保障渔村家庭组成和男婚女嫁秩序，为渔村适龄青年成家立业、传宗接代提供指引和保

---

〔1〕 苏远洋访谈录，2022 年 7 月 8 日。
〔2〕 苏天送访谈录，2022 年 7 月 8 日。
〔3〕 徐妹访谈录，2022 年 7 月 8 日。

障，促进渔村人口繁衍。对普罗大众特别对东升渔民而言，结婚是一项重要的人生体验，在人生的特定阶段成婚直接关系到人的代际关系与生命历程，婚姻成立规范的运行有利于引导渔村适婚青年在相应的人生阶段完成相应的人生任务，为新的家庭组建和社会关系重组提供习惯法上的保障和支持，使得新人在隆重神圣的仪式中感悟、铭记婚姻蕴含的责任担当，在新的角色身份和新的理念意识下自主地肩负起在家庭关系网中的职责，自觉为对方考虑、为小家尽责。随着一个个小家庭组成、家的秩序的形成，社会的宏观秩序得以建构起来并稳定地运转。数千年来，家庭就一直是一个基本的生育单位。适婚青年组成新的家庭也即意味着新的生育单位的产生，这将会促进渔村社会的家庭延续与族群繁衍，推动人类社会的新陈代谢，保障渔村社会的正常发展。

其二，维护渔家婚嫁秩序。东升村传承至今的传统婚姻成立规范有着较强的秩序维持功能。东升村的渔家婚姻成立规范为相识相亲、定亲过礼、剪发、赏花、拜大王爷、接新娘、跨火盆、喂汤圆、摆宴席、端茶敬茶、渔歌演唱、舞蹈表演等实践活动的开展与推进提供了全面详细的标准，为男女双方、媒婆、好命婆、仙婆、双方父母、亲朋好友、活动参与人等提供了细致的行动指南与行为规仪。东升村的渔家婚姻成立规范是东升村渔民组织、参与以及亲身经历渔家婚嫁活动的制度基础。通过不断观摩、反复学习、全面掌握、自觉遵守、严格执行、严谨适用婚姻成立规范，东升村渔家婚嫁活动的全体组织者、参与者共同保障了渔家婚嫁活动全流程、全过程的有序展开，共同有条不紊地向世人呈现了一场场生动的渔家婚嫁大戏，共同演绎了当代渔民波澜壮阔的生活场景。

其三，满足渔民精神需要。婚姻成立规范具有展现功能、认证功能和宣示功能。婚礼的顺利举办是对夫妻关系的展现、认证和宣示，盛大、庄重而神圣的婚礼能够帮助新人适应身份转变、形成身份认同，增强新人的幸福感、使命感、责任感、归属感，满足渔民的精神需要。通过组织和参与渔家婚嫁活动，渔村青年得以在相应的生命历程中完成相应的人生大事、顺利迈入新的人生阶段，实现其人生意义与社会价值，收获精神上的满足感与心理上的获得感。

而且，充满仪式感的婚姻成立规范的运行"能够使相关当事人满足个人体面、获得家庭情面、拥有社会场面，从而维系相关当事人有脸面的生活"。[1]

其四，促进渔家文化传承。东升村传承至今的传统婚姻成立规范是东升村渔家文化的制度化呈现，渔家婚嫁活动是当地渔家文化传承的主要场景，渔家传统婚姻成立规范的反复实施对于传承古老文明、活化本土文化、弘扬传统美德具有十分重要的作用。通过自觉遵守和反复实施历史上固有的渔家传统婚姻成立规范，东升村疍民们以生活实践的方式保障了渔家文化的有效传承。例如，在赏花仪式、歌舞表演、接新娘途中、送新郎去剪发路上、拜大王爷途中，好命婆以及男方的女性亲属通常会按照一套完整的传唱方式和程序传唱《富贵囊》《淘乖呱》《窥盟呱》《给行呱》《三胶回盟》《提—益丁奥提—益财》《爱娶新娘占时头》等原生态渔家咸水歌。[2]这些渔歌是当地渔家文化的"活化石"。在渔家婚嫁活动中演唱渔家咸水歌的意义不仅在于娱人悦己，更在于以代代传唱的方式记录、传承、传播疍民两百年的历史文化信息，实现文化濡化、文化接续和文化传承。

其五，丰富渔民生活。渔家婚嫁活动在很大程度上是以渔家文化为主题的歌舞剧表演。通过按照婚姻成立规范组织和参与渔家婚嫁活动，东升村渔民丰富了自身的文化生活、愉悦了自身心灵，使得自己的生活变得更加多彩。例如，村民陈莉梅提到，渔家婚嫁活动"整个一条流程下来是一个风景。如果没有结婚的场合，就没有唱歌的机会。为什么我们都起早摸黑地去看结婚的流程，就是去看这一道风景，很热闹"。[3]徐伟斌也提到，虽然按照渔家婚姻成立规范组织渔家婚嫁活动是一个辛苦活，但是渔民们仍然会自觉地按

〔1〕 高其才：《维系中国人有脸面生活的习惯法——以浙东蒋村婚姻成立习惯法为考察对象》，载《法治现代化研究》2021年第3期，第77~78页。

〔2〕 有关渔歌的歌词普通话翻译与现代曲谱可参见林碧炼：《大亚湾东升渔歌音乐文化的考察研究——以东升渔民婚礼仪式歌曲为例》，载《星海音乐学院学报》2012年第2期，第27~33页。

〔3〕 陈莉梅访谈录，2022年7月8日。

照婚姻成立规范开展活动。渔民们之所以会按照这一套来，是因为"他们觉得很开心，参与的人很开心，又有得玩，又有的吃，又开心，他们平时都找不到那么齐的亲戚、姐妹兄弟啊一起，就像我们开同学会一样，很开心，有香港回来的，有外面亲戚回来的，很热闹"。〔1〕渔家婚姻成立规范的有效实施为渔民创造了一个欢聚的机会、场合与平台，使得村民们能够借此欢聚在一起，共同感受生活的律动，为平淡的生活增添些许色彩。

　　总体而言，东升村传承至今的婚姻成立规范有着规范渔村家庭组成、保障渔村人口繁衍、维护渔家婚嫁秩序、满足渔民精神需要、促进渔家文化传承、丰富渔民生活的实践价值，为疍民在婚嫁活动中有效进行自我治理提供了规则基础。东升村的传统婚姻成立规范的有效施行反复表明："习惯法是中国社会活的规范，实际影响着当今中国人的具体行为、调整着现实的社会关系。"〔2〕在加强和改善乡村治理的过程中，相关治理主体应当重视作为习惯法的当代渔村的传统婚姻成立规范，发挥其积极价值，为基层社会自治规范更好地发挥作用提供空间与平台，改善基层社会自治效果。

结　语

　　当代渔村传承至今的传统婚姻成立规范是一种以海洋文化和渔家文化为底色的传统延续型自治规范。传统婚姻成立规范在现代渔村的实施和遵循重现与活化了历史上形成的固有习惯规范，促进了东升村两百年海洋文化、渔家文化的有效传承，产生了积极的价值和效果。就渔村自治现实而言，历史上形成的渔家固有规范、传统文化因其地方性、文化性、规范性特质而在当今的渔村自治中仍发挥着重要的作用，传承好、保护好、利用好渔家固有规范与传统文化对于扩展渔村自治场域、丰富渔村自治手段、改善渔村自治质效具有重要的价值与意义。

---

〔1〕　徐伟斌访谈录，2022年7月9日。
〔2〕　高其才：《习惯法的当代传承与弘扬——来自广西金秀的田野考察报告》，载《法商研究》2017年第5期，第13页。

虽然东升村传承的传统婚姻成立规范在渔村自治实践中能够得到自觉遵循和实施，但是由于与规范实施高度相关的传统渔歌技艺面临失传，这种规范的长久传承也面临着一定的隐忧与挑战。渔歌演唱是东升村渔家婚嫁活动的背景音乐与主旋律，是渔家婚嫁活动不可缺少的组成部分。渔歌技艺的失传将会给传统婚姻成立规范的施行带来消极影响，影响渔家婚姻成立规范的实施效果。东升村社工站的社工陈莉梅提到，东升村村委会与东升村社工站曾尝试带动村内妇女学习渔歌，但效果不理想，"之前我们想带动妇女，但是她们不太愿意"。[1]东升村村委会干部苏远洋认为："现在年轻人学的比较少。我们'80后'这一代没有渔歌传承人。正常的传承应该'80后'跟着上一代'60后'的去学习，但是并没有'80后'跟着'60后'的师傅学习。"[2]年轻渔民们之所以不愿意学习技艺，"一是怕麻烦，二是村民腼腆，三是生活压力大，需要去挣钱"。[3]

当代渔村社会的自治实践不能与历史传统完全割裂开来。为了改善渔村自治效果，应当重视历史上形成的传统婚姻成立规范这一自治规范，处理好传承与扬弃、实践与养成的关系，延续固有法统。为了合理利用渔家优秀传统文化，充分发挥渔家婚姻成立规范的积极价值，进一步改善渔村治理效果，自2016年开始，东升村村委会在东升小学开设了渔歌文化传承班，由渔家婚嫁非遗项目传承人徐妹每周免费为小学生传授渔歌技艺。目前，全村共有二十余位十岁左右的小学生在学唱渔歌。东升村村委会的这些做法具有一定的积极价值。在此基础上，大亚湾管委会有关部门、澳头街道办、东升村村委会、东升村社工站等相关治理主体可在既有工作经验的基础上，不断探索新的工作路径与工作方法，通过筹办渔家婚嫁民俗展览馆、组织渔家婚嫁巡回表演、公益创投、政策扶持等方式激发民众的首创精神，释放传统婚姻成立规范的现代价值，弘扬渔家优秀文化，赋能乡村振兴，使当代中国法治建设有更为坚实的本土基础。

[1] 陈莉梅访谈录，2022年7月8日。
[2] 苏远洋访谈录，2022年7月8日。
[3] 苏远洋访谈录，2022年7月8日。

第三十三章

搬迁村的村庙祭神活动规范

——以坜下社区为对象

引　言

村庙祭神活动是基层社会自治活动的重要类型。虽然现代科学观念日渐普及，但在很多地区，以民俗活动为外观形式的村庙方神祭拜活动仍发挥着重要影响力。国家法律和政策为村庙拜神活动及其背后的习惯规范发挥积极作用提供了一定的法律基础和政策保障。其中，《宪法》第 36 条第 1 款规定："中华人民共和国公民有宗教信仰自由。"《乡村振兴促进法》第 31 条提出，国家"鼓励开展形式多样的农民群众性文化体育、节日民俗等活动"。《非物质文化遗产法》第 3 条规定："国家对非物质文化遗产采取认定、记录、建档等措施予以保存，对体现中华民族优秀传统文化，具有历史、文学、艺术、科学价值的非物质文化遗产采取传承、传播等措施予以保护。"第 30 条提出："支持非物质文化遗产代表性项目的代表性传承人开展传承、传播活动"。国务院新闻办公室于 2018 年 4 月发表的《中国保障宗教信仰自由的政策和实践》指出："国家与社会对各种宗教和多样的民间信仰持开放态度，宗教信仰自由和民间信仰多样性获得尊重。"对以民俗活动为外观形式的村庙拜神活动予以重视和支持符合国家法律法规和政策精神。

在坜下社区这一石化区搬迁村，以"神生"祭拜和常规祭拜为核心的村庙祭神活动有着较大的影响力。多年来，每逢"神生"，坜下社区的村民们均会积极组织和开展祭拜活动。而且，在每月初一、十五等常规时间节点，坜下社区的村民们还会自觉地、个别化地到搬迁安置区左右两侧的神庙内上香拜神。集体化的"神生"祭拜活动及个体化的常规祭拜活动，为坼下社区的主要原始信仰活动。通过组织和参与原始信仰活动，坼下社区的村民得以有效改善自身心境、调适身心状态、调节日常生活、建构善治秩序、保障文化传承、促进道德教化，达至自我治理的良善状态。

大亚湾区西区街道坼下社区为大亚湾区石化工业区第三期搬迁村。[1]2007年5月，因大亚湾区石化工业区三期项目征地需要，原霞涌村坼下、坼下塘村民小组从原霞涌村分离出来，搬迁至大亚湾区西区上杨移民村，组建为西区街道坼下社区。坼下社区总面积约5万平方米，辖坼下、坼下塘、坼下山3个村民小组。其中，坼下小组、坼下山小组由原坼下小组分立而成。坼下社区辖区总人口约3300人。其中，户籍人口163户，共833人，外来流动人口800户，约2500人。社区"两委"班子5人，实现了书记、主任一肩挑和"两委"班子交叉任职。社区配备党群服务中心工作人员2名，社区网格工作人员3名。[2]坼下社区的性质为村改居社区。虽然其名为"社区"，但实质上其与周边的其他搬迁村差别不大。譬如，坼下社区党支部书记、居委会主任周燕贵提道："我们所有的做法，都是和村一样的……目前下面的三个小组都叫做村民小组，不叫居民小组。""但是我们在行政上又是居民委员会。"[3]由于坼下社区原为村，且在搬迁后其与一般意义上的搬迁村并无根本区别，为突出其特质，本章称之为"搬迁村"。

坼下社区村庙祭神活动的组织和开展在根本上依赖于一套长期积淀形成的标准化村庙祭神活动规范。这套规范是村民开展祭拜活动的行动准则和正当性依据，是祭神活动组织者、基层群众性自治组织、信众、村民等共同服膺的秩序框架和规范体系，是埃利希意

---

〔1〕 按照学术惯例，本章中的部分人名进行了化名处理，特此说明 何花玥访谈录，2022年7月19日。

〔2〕《坼下社区基本情况》，坼下社区居委会提供，2023年5月17日提供。

〔3〕 周燕贵访谈录，2022年7月19日。

义上的"不是在法条中确定的法，而是支配生活本身的法"。[1]正是在村庙祭神活动规范的保障下，村庙祭神活动才得以成为一场充满活力的村民自治活动。在加强和改善基层治理质效的过程中，对村庙祭神活动规范展开理论研究，厘清其在基层社会自治中的积极作用，对于科学认识村庙祭神活动规范在当代基层社会自治的积极作用、合理利用原始信仰的现代价值、不断推进基层治理体系治理能力现代化、全面提升基层治理质效具有重要的理论和实践意义。

为了准确把握村庙祭神活动规范的实际运行状况及其作用，我们于2022年7月19日、2023年2月17日、2023年2月19日—21日、2023年5月17日、2023年7月9日，先后多次到坜下社区就当地的村庙祭神活动规范及其运行状况进行调查。我们参加了土地伯公伯婆的"神生"祭拜活动，观瞻了坜下村庙，查阅了坜下社区概况等文书资料，访问了坜下神庙拜神负责人、神庙管理人、坜下社区"两委"干部、村庙祭神活动参加者、普通村民等，对作为自治规范的村庙祭神规范有了一定的了解和认识。

在田野调查的基础上，本章将对搬迁村村庙祭神活动规范的来源、内容、遵行和实践价值做初步探讨，以更全面地认识大亚湾区的自治规范。

一、搬迁村村庙祭神活动规范的来源

坜下社区的村庙祭神活动规范是一种传统延续型自治规范，其主要来源于搬迁前霞涌村的村庙祭神活动经验积累和固化。当然，相较于搬迁前，搬迁后的原始信仰活动规范在时代的影响下也发生了些许适应性变迁，发展出了部分新的内容。具体而言：

一方面，坜下社区的村庙祭神活动规范主要传承自历史上的固有规范。"神生"活动祭拜规范、村民个人常规祭拜规范均为历史上固有而延续至今的习惯规范。这类自治规范产生于坜下先人年复一年开展的原始信仰活动，由模式化的习惯经验经过双重制度化演变

---

〔1〕〔奥〕欧根·埃利希：《法社会学原理》，舒国滢译，中国大百科全书出版社2009年版，第545页。

而成。此类规范为传统延续型习惯法，而非新生习惯法。坜下神庙原管理人、"神生"活动原负责人曾婆妪提道："以前没有搬迁的时候，就有这个习惯（法）了。"[1]多年来，虽然规范赖以存在的外部环境发生了变迁，但祭拜对象规范、祭拜时间规范、祭拜仪程规范等村庙祭神活动规范的基础内容和核心内容几无变化，与历史上的固有规范相比并无显著差异。

另一方面，在2007年5月征地搬迁后，原始信仰规范内容产生了细微的适应性变迁。搬迁后，坜下原始信仰活动信众的生活场景发生了重大变化，信众经济收入得到增加，村庙祭神活动规范也随之发生了细微变化。具体而言，规范变化情况为：在祭拜地点规范方面，祭拜地点由传统农村变为了城市化社区；在祭拜活动组织规范方面，"神生"活动组织人员由1人增加为3人；在祭拜活动参与规范方面，参与信众的范围略有扩大，居住于坜下的外来人口亦可参加祭拜活动；在祭拜活动经费方面，每月初一、十五个人的油香钱捐赠标准从1元升为2元，且八大"神生"活动捐款数额标准也大幅增加。曾婆妪介绍了经费规范的变化情况："以前钱少一些，人也少一点，现在钱多些，人也多些。现在神生粮钱都有三千块。以前没做神庙，油香钱就是一块钱每人。以前初一、十五总共就五十到七十，现在一两百块都有。"[2]当然，这种变化主要是一种潜移默化的细微变化，并未从根本上改变村庙祭神活动规范的内容。

总体而言，坜下社区的村庙祭神活动规范是一种传统延续型自治规范，其主要来源于历史上的固有规范。当然，在时代浪潮的冲刷下，坜下社区的村庙祭神活动规范也发生了适应性变迁，在活动组织规范、活动参与规范、活动经费规范方面有了细微变化。

二、搬迁村村庙祭神活动规范的内容

坜下社区的村庙祭神活动规范就八大"神生"祭拜活动及每月初一、十五的常规祭拜活动作出了规定。根据调整事项的不同，可

---

[1] 曾婆妪访谈录，2023年2月20日。
[2] 曾婆妪访谈录，2023年2月20日。

将坽下社区的村庙祭神活动规范的内容分为祭拜对象规范、祭拜时间规范、祭拜地点规范、活动组织规范、活动参与规范、祭拜经费规范、祭拜仪程规范等不同模块。

（一）祭拜对象规范

根据长期形成的祭拜对象规范，坽下社区的原始信仰活动的祭拜对象为坽下社区两个神庙内供奉的方神以及未在庙内专门供奉的其他重要神灵。在庙内供奉的方神共6组，分别为：其一，关公；其二，井伯公、伯婆、伯公、禾坪伯公、叶伯公；其三，大王爷；其四，北帝；其五，妈娘；其六，水仙爷爷。未在庙内专门供奉，但同样需要祭拜的神灵为观音、玉皇公。

各祭拜对象的基本情况为：其一，关公，其神像位于协天宫中间，神像左右对联为"志在春秋功在汉，心同日月义同天"。"协天"指的是协天大帝，也即关公。与关公一同接受祭拜的还有其神像左右两侧的小神周仓、关平。其二，井伯公、伯婆、伯公、禾坪伯公、叶伯公，其牌位位于协天宫关公神像右侧，牌位左右对联为"婆婆一片婆心，公公十分公道"。其三，大王爷，其牌位位于协天宫关公神像左侧，牌位左右对联为"大德巍峨千古仰，王恩普照万民安"。其四，北帝，其神像位于坽下神庙玄天上帝（以下简称"玄天上帝庙"）的中间位置。北帝也即玄天上帝。与北帝一同接受祭拜的还有其左右侍神周公、桃花女。玄天上帝神像的左右对联为"身为普照赦南天，帝德常高照北关"。其五，妈娘。与前述其他方神相同，妈娘也为方神。但值得注意的是，这里的妈娘"是地方神，不是妈祖。那些渔民信的是妈祖"[1]。妈娘神像位于北帝左侧，妈娘神像左右的对联为"德配昊天，慈保赤子"。其六，水仙爷爷。水仙爷爷牌位位于北帝神像右侧，其牌位左右对联为"仙雨普照万民安，水雾蚌蠓千户乐"。

除协天宫、玄天上帝庙内供奉的前述6组（位）地方性方神，坽下社区村民的信仰对象还包括灵力范围更广、法力更强大的观音、玉皇公。其中，观音也即民间观世音菩萨，玉皇公也即玉皇大帝，

---

[1]　周燕贵访谈录，2022年7月19日。

二者为众神领袖，灵力范围和管辖范围更广。相比于地方性方神，后者在一定程度上为全国性神明。其中，6组地方性方神主要为广东客家地区或惠州客家地区共同信仰的神灵，全国性神明为传统中国多数地区共同信仰的神明。

作为信仰对象的八位神灵的共同作用是"保佑子民百姓、家家户户要身体健康、事事顺利、财源广进、人口平安，男女老少那些都要保佑身体健康"。[1]通过烧香祭拜，坜下社区的居民得以求得心安，满足自身信仰需求。

（二）祭拜时间规范

根据祭拜时间规范，坜下社区的村庙祭神活动时间可分为两类：其一为集体祭拜时间；其二为各家各户常规祭拜时间。其中，集体祭拜时间也即各神灵的生日，当地称之为"神生"，各家各户常规祭拜时间为每月初一、十五等时间。具体而言：

其一，集体祭拜时间：八大"神生"。根据长期形成的祭拜时间规范，在祭拜对象的生日到来之时，坜下神庙的管理人、拜神负责人等拜神团队须组织村民参加集体祭拜活动。以时间先后为序，八大"神生"分别为：农历一月初九，玉皇公生日；农历二月初二，伯公伯婆生日；农历二月初五，大王爷生日；农历二月二十三，妈娘生日；农历二月十九，观音生日；农历三月初三，北帝生日；农历五月十三，关公生日；农历九月初三，水仙爷爷生日。[2]根据祭拜时间规范，若两个"神生"日期相近，可将祭拜活动合并举行。例如，由于仅相差3天，2023年的大王爷生日祭拜活动并未单独举办，而是和伯公伯婆生日祭拜活动一同举行。协天宫管理人李観琪介绍了这一情况："大王爷本来是要初五的，但是明天和土地打算一起做。因为都是住在同一个庙，为了方便，就一起庆祝。"[3]此外，在农历六月十九观世音菩萨成道日、九月十九观世音菩萨出家日，拜神团队也可组织祭拜活动。

---

〔1〕曾婆妪访谈录，2023年2月20日。

〔2〕李観琪访谈录，2023年2月20日；坜下社区李観琪访谈录，2023年7月9日。

〔3〕李観琪访谈录，2023年2月20日

根据李觏珙介绍，在前述"神生"中，若日期为单数，则表明神灵成仙成道前为世俗社会中的真人，而非虚构的人。单数日期为"阳历神生"，所谓"阳历"指的是传统的"农历"，"双是阴，单是阳"[1]。

其二，村民常规祭拜时间：每月初一、十五等。根据祭拜时间规范，除集体共同祭拜的"神生"，每月初一、十五以及春节等传统节日，村民须自行前往协天宫和玄天上帝庙上香祭拜。相比于"神生"祭拜，常规祭拜的特点主要表现为个人化、零散化、非集体化。在"神生"祭拜活动中，村内的各家各户（信众）须在拜神团队的组织下，于"神生"当天早上特定时间（通常为8点）参加统一的集体祭拜，而在常规祭拜活动中，村民则可根据个人时间，在当天早上自行前往神庙内祭拜。

（三）祭拜地点规范

根据祭拜地点规范，圳下社区村庙祭神活动地点为圳下社区（也即搬迁安置区）左右两侧的协天宫、玄天上帝庙。其中，协天宫位于圳下社区左侧（东侧），玄天上帝庙位于圳下社区右侧（西侧）。两座神庙均为单间单层建筑，面积为二三十平方左右，庙前均有被铁栅栏围起来的小院子。

作为公共祭拜场所的协天宫、玄天上帝庙重建于2020年11月。在2007年5月征地搬迁前，原霞涌村圳下、圳下塘村民小组内已有神庙。玄天上帝庙管理人周花焱提道："本来老家建的没有这么大，老家的很小，就是一个小屋子的。"[2]征地搬迁后，村内不少村民提出，希望圳下社区居委会能把安置地的两边留出来，用于重建神庙。圳下社区居委会满足了村民要求，经协调将安置地块左右两侧的空地清空，由热心村民利用政府的二十余万元庙宇拆迁安置补贴及自筹费用进行重建。[3]在2020年11月之前，两座庙宇狭窄矮小，较为简陋，而且随着岁月的风蚀日渐老化，砖墙出现裂缝。为了改

---

[1]　李觏珙访谈录，2023年7月9日。

[2]　周花焱访谈录，2023年2月20日。

[3]　参见《拆迁户资金结算表C》（2008年8月19日），圳下社区居委会提供，2022年7月19日。

变这一情况，在坜下神庙管理人曾婆姬等人的建议下，坜下社区对庙宇进行了重建，形成了今日之样貌。两座神庙重建共花费一百一十余万元，经费来源于村民捐款。[1]坜下神庙重建工作主要负责人周燕贵介绍了重建情况：

> 这两个庙很早就修了。但是修好之后呢，墙做得不怎么好，做得简简单单的，矮矮的，人都进不去的。那些老的群众就提出来说："我们这么老了，时不时少一个，时不时少一些的。现在你们大家要资助一点钱，来把它搞好。这是我们历代祖先留下的历史古迹。搬迁之后我们什么都没有了，但是这两个东西一定要留下来，起码后人才知道我们是从哪里来的，原来我们有什么。"[2]

> 做神庙这个东西，谁都不愿意牵头去做。虽然这是做好事，但是大家有些怕（被贴上迷信标签）。有裂缝以后，他们（神庙管理人及热心村民）就提出来怕倒塌，就要重新搞。重新搞要怎么搞呢？建设要经费啊。我不带头不行啊，我要激发他们嘛。建设的时候，有几个老家伙，就资助一点钱给他们。由他们叫一个施工队。看看要多少钱做，做多少就资助多少，不是统一一下子拿钱的，是慢慢筹的钱，给村民说"你出点钱嘛，不要让他倒塌，到时候别有什么危险"。[3]

相比于重建前，2020年11月重建后的神庙不仅空间更大，而且相关设施也更为完善。具体而言：一是重建后庙内增加了神像。重建前的神庙内仅有牌位，并无神像。重建时庙宇管理人请人根据主流神像样貌将牌位置换为神像，"原来这只有牌位，后来我们请人做了神像"[4]。二是神庙重建后，庙宇管理人通过筹集捐款的方式陆续为神庙修建了铁门，搭建了烧纸铁棚。其中，搭建铁棚主要为了防范火灾、保护环境。"因为要环保，不然烧纸风吹得到处都是。今

---

〔1〕《两座庙宇重建建成收支情况公布如下》，坜下社区玄天上帝庙内墙，2022年7月19日。

〔2〕周燕贵访谈录，2022年7月19日。

〔3〕周燕贵访谈录，2023年2月20日。

〔4〕李观琪访谈录，2023年7月9日。

年三月二十的时候弄的。铁棚是活动的，可以弄走的，这边的这个庙烧纸就放在这边，那边那个庙烧纸就放在那边。一千多块钱做的。也是用的捐款。"[1]修建庙宇不锈钢铁门的主要目的是防止儿童进入庙内玩火，防止乞讨人员进入庙内睡觉以及防止猫狗进入。李観珙提道："修铁门也是我提出，我提了三次，我都提了三年了，书记终于说'好'，就要给修小门了，终于可以搞了。"[2]铁门修建后，庙宇的完全性得到了进一步提高。重建后的坽下神庙用料考究，雕梁画栋，彰显了对神灵的敬仰和尊重。

协天宫（2023 年 2 月 17 日摄）　　玄天上帝庙（2023 年 5 月 17 日摄）

此外，根据祭拜地点规范，祭拜地点可设置功德箱，但不能张贴收款码。协天宫管理人介绍了这一规范的来源："好多人找我们弄个收款码，捐款方便。但是社区书记不让弄，说是好像要弄钱似的。"[3]

总体而言，祭拜地点规范是村庙祭神活动规范的基础内容，其为村民到规定的物理空间参加活动提供了行为准则，为祭拜地点的建设和管理提供了规范指南。

〔1〕　李観珙访谈录，2023 年 7 月 9 日。
〔2〕　李観珙访谈录，2023 年 2 月 20 日。
〔3〕　李観珙访谈录，2023 年 7 月 9 日。

（四）活动组织规范

祭拜活动组织规范就如何组织开展八大"神生"活动、如何组织开展日常祭拜活动进行了专门规定。根据适用活动类型的不同，坽下社区的村庙祭神活动组织规范可分为"神生"活动组织规范和日常祭拜活动组织规范两种类型。

1. 八大"神生"活动组织规范

坽下神庙没有专门的理事会负责管理。坽下社区"两委"储备干部杨亣昰提道："我们两个村（村民小组）就是小规模的，而且是村民自发的，这种组织基本是很松散的。不像清泉寺、妈祖庙那种有专人去管的，他们有整个团队，有整套资料。所以，这种没有专门的整套资料，这种就是靠热心的村民自己去弄。"〔1〕由于没有成立专门的理事会，坽下社区的村庙祭神活动主要由三位热心妇女负责。三位妇女也即祭神负责人雷姬诗、协天宫管理人李覩琪、玄天上帝庙管理人周花焱。由于当地称祭神活动组织者为理事人，为方便表述，本文将之合称为"理事人"。

根据八大"神生"活动组织规范，作为祭神工作负责人的三位妇女具体负责筹备、采购、组织捐款、告知村民活动地点、主持集体祭拜、组织聚餐等工作。具体而言，八大"神生"活动组织规范主要包括以下三方面的内容：

其一，事前筹备规范。根据"神生"活动的事前筹备规范，拜神负责人雷姬诗须在热心村民的协助下完成筹备工作。若"神生"活动在协天宫，则雷姬诗须在协天宫管理人李覩琪及其他热心村民的帮助下完成筹备活动。若"神生"活动在玄天上帝庙，则雷姬诗须在玄天上帝庙管理人周花焱及热心村民的协助下完成筹备活动。所谓筹备活动也即提前采购祭品、制作金山银山、搬运祭品（从雷姬诗家中搬至庙内）、通知村民捐款、制作捐款芳名榜、在账本中记录捐款情况等。其中，热心村民能帮忙的环节主要为制作金山银山等祭品、制作红纸芳名榜、搬运祭品，其他工作只需雷姬诗一人即可完成。在 2023 年的伯公伯婆生日祭拜活动中，88 岁的男性热心村

---

〔1〕 杨亣昰访谈录，2023 年 2 月 20 日。

民帮忙用红纸书写了捐款芳名榜。李观珙提道："这个是我家公写的，他天天看报纸，他的字写得很漂亮。"〔1〕

其二，现场集体祭拜规范。根据"神生"活动的集体祭拜规范，拜神负责人须在村庙内主持集体祭拜仪式，完成祭拜工作。其须在祭神活动当天早上完成布置场地、摆放祭品、言说祭辞、请神、投掷筊杯、组织跪拜、"拂"华盖神袍、倒茶敬酒、烧纸送神等仪式。在此过程中，神庙管理人及热心村民须协助完成场地布置、上香、添茶、倒酒、燃放鞭炮等程式。

值得注意的是，根据"神生"活动集体祭拜规范，担任祭拜仪式主持人（也即拜神负责人）的前提是得到神明认可。所谓得到神明认可也即顺利通过投掷筊杯仪式。雷姬诗自神庙重修后开始担任拜神负责人。在神庙重修前，神庙拜神负责人为七十多岁的曾婆妪。由于年事已高，行动不便，曾婆妪工作存在一定困难。例如，热心人士李观珙提道："之前有前面的人在管，但是她们太老了，搞不动了，搞卫生拖地都拖不了。看到她们都做不了，我就想来帮一把。"〔2〕神庙重修后，为了选定新的拜神负责人，曾婆妪组织有意向担任拜神负责人的热心村民到庙内参加投掷筊杯选定仪式。曾婆妪提道："要跪下去进行，让阿公来决定。用那个筊杯。看看是圣杯（中）、宝杯（差）还是笑杯（好）。看什么杯，来决定谁来接班。"〔3〕根据投掷筊杯结果，神灵"选定"了雷姬诗担任拜神负责人。由此，雷姬诗接任曾婆妪成为新的拜神负责人。雷姬诗介绍了这一情况：

现在一年拜八个神，都是我拜。现在我接了两年多了。以前拜神是我家婆搞的。我很忙的。那个人，我叔婆（李观珙），她不会拜，要抢着拜。但是阿公没有挑到她，挑选五六个（投掷筊杯五六次）都没挑到，最后挑到我，点到了我。拜神要阿公挑你才行，要

〔1〕 李观珙访谈录，2023 年 2 月 20 日。
〔2〕 李观珙访谈录，2023 年 5 月 17 日。
〔3〕 曾婆妪访谈录，2023 年 2 月 20 日。

心肠好才行。[1]

虽然李观琪未被神灵选定为拜神负责人，但由于其较为热心，在曾婆姬退休后其仍承担了曾婆姬的部分工作，担任了协天宫管理人，负责庙宇的日常管理工作。

其三，"神生"活动结束后的聚餐规范。根据"神生"活动结束后的聚餐规范，集体祭拜仪式结束后，60岁以上的信众及帮忙人员可在午饭时到雷姬诗家中或社区公屋吃饭。饭菜由拜神负责人等准备，饭菜用料主要为拜神时所用的鸡、猪肉、鱼虾等，以及新采购的青菜、主食、油豆腐等。聚餐规模通常为2桌。聚餐结束后，"神生"活动最终宣告结束。

2. 日常祭拜活动组织规范

根据日常祭拜活动规范，神庙管理人须每天早上到神庙内上香、敬茶、倒酒、清理神庙卫生，为村民祭拜提供方便。

神庙日常管理规范是日常祭拜活动组织规范的重要内容。根据神庙日常管理规范，坽下神庙共3位管理人。其中，左侧的协天宫由李观琪负责管理，右侧的玄天上帝庙由周花焱与拜神负责人雷姬诗共同管理。管理人均为坽下社区妇女，年龄为六十岁左右。管理人的主要职责为开门关门（早上5点开门，晚上9点锁门）、卫生清洁、管理油香钱、为神泡茶倒茶、为油灯添油、上香、采购祭品等。在具体分工方面，李观琪独立管理协天宫，负责前述工作；周花焱与雷姬诗有一定分工，其中周花焱主要负责卫生清洁、添油、上香等基础工作，雷姬诗负责管理油香钱及采购祭品等。现年60岁的李观琪介绍了其庙宇日常管理工作的主要内容："买檀香、买中香、买小香、买檀香粉，买那些点灯的油，买那些贡品。那些茶杯不干净的，要赶紧去换，去清洁。"[2]在庙宇管理人中，雷姬诗、李观琪管庙时间相对较短，其二人自神庙重修后开始担任管庙人。周花焱管庙时间较长，其在搬迁前就已经开始负责庙宇清洁等管理工作了。其提道："我管庙好几十年了，以前在霞涌老家那里，还没搬过来，

[1] 雷姬诗访谈录，2023年2月20日。
[2] 李观琪访谈录，2023年2月20日。

我二十多岁的时候就开始管庙了。我现在五十多岁了。我是自愿来管庙的，不是村里请的。"〔1〕

总体而言，三位庙宇管理人保持了神庙的干净整洁，维持了神庙秩序，为村民每月初一、十五的常规祭拜提供了场所和环境，保障了常规祭拜活动的顺利展开，坚持并发展了常规祭拜活动组织规范。

（五）活动参与规范

神庙祭神活动的参与规范就祭神活动的参与主体、参与人员权利义务、参与人员行为准则等进行了规定。具体而言：

根据参与主体规范，神庙祭神活动的参与人员通常应为居住在坽下社区内的居民，主要为中老年女性。其他人员亦可参与到活动中来，但在规范实际执行过程中，主动参与活动的男性极少。例如，在 2023 年 2 月 20 日（农历二月初一）6：34—7：40，共十余位村民陆续到现场祭拜，其中男性仅有 2 人。在 2 月 21 日的伯公伯婆生日祭拜活动中，全体参与人员均为女性。

根据参与人员的权利义务规范，信众应尽量参加"神生"集体祭拜，参加集体祭拜者通常应以家（户）为单位捐款 20 元~50 元，具体数额可根据自身意愿及财力自行决定。"有人五十，有人三十，有人二十，一百也可以，金额都是随心意的。"〔2〕集体祭拜活动结束后，参与人员可领"粮"回家，所谓领"粮"也即带少量米、水果等贡品回家。根据参与人员的权利义务规范，在每月初一、十五早上的常规祭拜中，村民可以使用庙里的香，也可以用自己带的香。"公家放在这里的，如果我们用的话，就放两块钱放在这里。如果是自己带的香，就不用公家的香了。"〔3〕雷姬诗介绍了参与人员的捐款义务。其提道：

我们做这个很少钱的，每人三五十块钱，做一个神生。每户都领（捐）三五十块钱。每个神生捐款后我们都有登记的，每个神生

---

〔1〕　周花焱访谈录，2023 年 2 月 20 日。
〔2〕　雷姬诗访谈录，2023 年 2 月 20 日。
〔3〕　周珂葭访谈录，2022 年 2 月 20 日。

领了多少钱都登记起来。我们每次神生都有 110 户人家来，有些最高的有 130 户人家。就把户主的名字统计上来。[1]

根据参与人员行为准则，在"神生"等集体祭拜活动中，信众须根据拜神负责人的统一指挥进行跪拜，彰显对神灵之尊重。在每月初一、十五的常规祭拜活动中，信众须自行准备祭品，于当天早上前往庙内祭拜，以求得神灵庇佑。

（六）祭拜经费规范

祭拜经费规范是坳下社区村庙祭神活动规范的基础性规范，规定了村庙祭神活动的经费来源、经费管理、经费支出等相关事宜。具体而言，祭拜经费规范主要如下：

其一，根据祭拜经费来源规范，活动费用主要来源于村民捐赠。一方面，八大"神生"活动的经费来源主要为"神生"前的村民捐赠，每次"神生"活动总收入为 3000 元左右。自神庙重修以来，每次"神生"活动均有百余户村民捐赠，每户捐赠 30 元左右。村民捐款方式主要为微信转账，"所有人都是这样，发个微信转账，我们就拿出来现金，写个名，写在那里"。[2]另一方面，常规祭拜活动规范主要来源于村民捐赠的油香钱。每月初一、十五油香钱总额通常为 100 元~200 元，其他日期基本没有捐款。

此外，根据祭拜经费来源规范，拜神负责人、寺庙管理人可在必要时以缴库等形式筹集捐款，补充庙宇运行资金。所谓缴库也即由村民捐款，举行大规模祭神仪式，迎请神明在庙内安住。周燕贵介绍了缴库的含义："缴库不是一年搞一次。就是说，原来搬进去的时候，我们没有做。她们那些女同志说，现在庙建好了，要烧烧香，拜拜神，请神进来住。以前神明在霞涌那边，历代祖先建的庙在霞涌那里，后来由于因为政府的需要就拆了，迁出来后现在新的庙建好了，要请神明到这里来住。不是庙建好了烧香就行了，而是要请神的。"[3]李观珙提道："缴库要很久才缴一次。我们搬到这里十几

---

〔1〕 雷姬诗访谈录，2023 年 2 月 20 日。
〔2〕 李观珙访谈录，2023 年 2 月 20 日。
〔3〕 周燕贵访谈录，2023 年 5 月 17 日。

年了，才搞这一次。捐的钱用来维护庙。这次缴库捐了几万块钱，煽动好长时间才这么多人捐钱。都是有些小生意的才捐，没工作的人就不怎么捐款。"[1]通过开展缴库活动，祭神负责人及神庙管理人能够补充资金来源，保障寺庙日常运行。

其二，根据经费管理规范，神庙经费管理工作主要由祭神负责人雷姬诗负责，协天宫管理人李观珙予以协助。根据长期形成的习惯规范，祭神负责人雷姬诗负责管理"神生"费用、玄天上帝庙油香钱等多数经费，协天宫管理人李观珙负责管理协天宫的日常油香钱。两位管理人员根据长期形成的管理惯例分别制作了账本，具体记录收入及支出。值得注意的是，根据经费管理规范，祭神负责人、神庙管理人须将"神生"活动收入等重要收入写在红纸上，张榜公布，接受村民监督。

其三，根据经费支出规范，神庙收入应主要用于保障"神生"活动及庙宇日常运行。一方面，"神生"活动收入应主要用于八大"神生"活动。根据李观珙的介绍，若"神生"活动经费不足，拜神负责人可从其管理的建庙剩余费用（共 6.8 万元）及缴库捐款费用中提取部分资金，用于筹办"神生"活动。[2]另一方面，油香钱主要用于维持庙宇日常运行。目前，坜下神庙的日常油香钱主要用于支付电费、水费以及日常祭品采购费用。日常采购祭品主要为香、茶叶、灯用酥油以及用于供奉的时令水果等。李观珙提道："油香钱有时是不够的，现在还可以。以前点灯不用那些酥油，是用火水（煤油）。现在我这边 6 盏灯，三天差不多就要二十块钱的油。"[3]"初一、十五都是要一百多来买那些东西，光水果都要五十多了，要五种水果，寓意五福临门。五种水果没有特别讲究，时令水果就行，香蕉、苹果、橘子这些都行。三种也可以。"[4]此外，建庙剩余资金、缴库资金、"神生"活动剩余资金可根据实际情况用于"神生"活动、庙宇日常运行活动或庙宇维修等。

---

[1]　李观珙访谈录，2023 年 5 月 17 日。
[2]　李观珙访谈录，2023 年 5 月 17 日。
[3]　李观珙访谈录，2023 年 2 月 20 日。
[4]　李观珙访谈录，2023 年 7 月 9 日。

值得注意的是，根据经费支出规范，祭神负责人可用"神生"活动收入为其自身及神庙管理人分别发一个红包，红包金额通常为 60 元或 66 元，寓意六六大顺。其他帮忙做花篮、帮忙折叠纸金银宝及帮忙搬运祭品的村民为自愿劳动，无红包。[1]

（七）祭拜仪程规范

祭拜仪程规范主要对八大"神生"活动的具体仪式进行了规定。根据祭拜仪程规范，在"神生"当天，神庙管理人、热心村民及拜神负责人须提前到现场摆放贡品、布置场地。现场布置妥当后，由拜神负责人主持全体人员进行祭拜。"神生"不同则祭拜时长、程序等略有不同，但通常为一小时左右。主要程序为：其一，由拜神负责人言说祭词，请神降临。其二，投掷笅杯，问神凶吉。其三，进行跪拜，为神明添茶敬酒。其四，用神袍、华盖为信众"拂"去灾厄，带来好运。其五，放炮、烧纸、上香，送神离开。其六，为信众发放贡品（"粮"），信众离开神庙。其七，60 岁以上信众及热心人员聚餐。"神生"仪式规范是祭神负责人、神庙管理人及信众共知、共享、共认、共守的行为基本共识和行为准则，保障了祭拜活动的有序展开。

此外，祭拜仪程就常规祭拜的具体仪式也进行了规定。一方面，对普通信众而言，其须对两个神庙内的神像都进行祭拜，不能只祭拜其中一个神庙的神像。两个神庙的祭拜顺序由信众自主决定。另一方面，对神庙管理人而言，其须按时供茶、供香、供奉水果。根据祭拜仪程规范，神庙管理人应当在卫生清洁的基础上，每天早上到庙内供茶、供香。其中，庙内的香炉应当点檀香或檀香塔，庙门前的香炉中应当点签香或高香。在日常供茶、供香的基础上，庙宇管理人还须于每月初一、十五供奉水果。为了避免引来昆虫，水果供奉 1 天至 2 天后须及时撤下，由庙宇管理人食用或送给村内老人食用。

总体而言，坜下社区的村庙祭神活动规范简约而不简陋，其对祭拜对象、祭拜时间、祭拜地点、祭拜活动组织、信众参与、祭拜

---

[1] 李观琪访谈录，2023 年 2 月 20 日。

经费收支等祭神活动的各方面均进行了规定，为祭神活动的展开提供了稳定的规范基础，使得祭神活动能够在外在环境发生巨变的情况下仍能有条不紊地展开，满足村民的精神需求。

三、搬迁村村庙祭神活动规范的遵行

在八大"神生"祭拜活动及日常祭拜活动中，坜下社区的村庙祭神活动规范总体上能够得到祭神负责人、神庙管理人、信众等有关主体的自觉遵循，在实践中具有较强的约束力。

2023年2月20日、2月21日，我们调研团队一行先后观察了一次常规祭拜活动和一次"神生"（伯公伯婆生日）祭拜活动，对祭拜对象规范、祭拜时间规范、祭拜地点规范、活动组织规范、活动参与规范、祭拜经费规范、祭拜仪程规范有了一定的了解和认识。

在2023年2月20日（农历二月初一）的常规祭拜活动中，我们观察了部分村民的祭拜活动。6：34，我们到达玄天上帝庙，庙内有一位妇女根据祭拜对象规范、祭拜时间规范、祭拜地点规范、活动参与规范及祭拜仪程规范为北帝神像上香，进行祭拜。

6：40，玄天上帝庙、协天宫内分别有3位村民在祭拜。祭拜程序耗时一般为10分钟左右。主要流程通常为：到达庙内后将香、宝纸、酥油从篮子或袋子中拿出，放在贡桌上，然后上香。若使用庙内的香则应捐2元油香钱，不使用庙内的香亦可捐款。上香顺序是，先给室外的香炉上香，然后给寺内的神像（牌位）奉香。上香后，为供桌上的油灯添酥油。若带有纸钱（冥币），还须将其在庙门前的宝炉中焚烧。在一个神庙内完成祭拜程序后，还须在另一个神庙内进行祭拜。

多数村民的祭拜顺序是：先到搬迁安置区左侧的协天宫进行祭拜，其后到搬迁安置区右侧的玄天上帝庙进行祭拜。部分村民祭拜时还带了贡品、茶杯。贡品主要为杨桃、青枣、饼干、橘子、香蕉、苹果、葡萄、柿饼。带贡品者须在祭拜时将贡品摆放至供桌上，为神明倒茶。例如，在7：20左右来祭拜的4位村民中，有2位带了贡品。此外，个别信众还自带筊杯，进行占卜。7：40左右，来祭拜的

农历二月初一村民在协天宫祭拜（2023 年 2 月 20 日摄）

人员逐渐较少，我们也离开了现场。

2023 年 2 月 20 日当天协天宫共收到油香钱 280 元左右。其中 100 元为我们调研团队所捐。李觐琪介绍说，最近几个月初一、十五的收入一般为 170 元~180 元。[1]

2023 年 2 月 21 日早上，我们到现场观看了伯公伯婆"神生"祭拜活动。当天 7：09，我们到达协天宫，神庙管理人李觐琪及 5 位热心村民正在将祭拜用品从雷姬诗家里搬到协天宫。搬运的祭拜用品主要为金山、银山、三牲等。搬运到现场后，李觐琪为神像倒茶、为供灯添油。

7：23，拜神负责人雷姬诗挑着祭品抵达协天宫。抵达现场后，其随即加入现场布置工作，指挥现场人员摆放祭品、布置场地。7：36，抵达现场的人数达到 17 位。到达现场后，多数人员主动为神像上香并加入祭品摆放、现场清理工作。其中，供桌摆放较为讲究。两张供桌的摆放原则为"上堂素菜，下堂荤菜"。之所以要分为荤素两桌，是因为部分神仙不吃荤菜，例如观音只吃素。所谓"素"也即粉丝、粉条、木耳、金针菇、腐竹。所谓"荤"也即鸡、虾、海鱼干、鱿鱼片、猪肉等五种。荤桌上放着伯公袍，面向信众悬挂捐款名单《祝贺伯公伯婆圣诞名单》。在荤桌旁边另有一个与之齐平的小桌，除荤菜外，荤桌及小桌上摆放的贡品为膨化饼干、大米、片糖、硬糖、苹果、橘子、火龙果、大青枣、油桃、花生、面包、烟、

---

[1] 李觐琪访谈录，2023 年 2 月 21 日。

茶、酒（先茶后酒）、喜粄、红枣。

村民在摆放祭品、布置场地（2023 年 2 月 21 日摄）

7：59，共有 30 位村民到达现场，祭拜活动正式开始。在雷姬诗的主持下，全体人员在庙门前先后向东、西、南、北四个方位进行了跪拜。

村民在跪拜（2023 年 2 月 21 日摄）

8：03，处于祭拜队伍第一排中间位置的雷姬诗开始用客家话言说祭辞，请神从天上下来，祈求神佑。其言说时长为 14 分钟。祭辞的核心内容是："请阿公过来保佑我们家家户户平安太平。"[1]"把

---

〔1〕　雷姬诗访谈录，2023 年 2 月 21 日。

天上的神仙都请过来，请东南西北天上的神仙阿公，下来同吃同饮。"[1]其中的部分关键词为"阿公保佑平安太平""照顾人发财""心想事成""身体健康""家家顺利，人人安康"。雷姬诗言说期间，寺庙管理人李觏珙绕着供桌，在地上倒了一圈茶、一圈米酒。

8：17，雷姬诗投掷笅杯，投笅结果三次均为圣杯。然后李觏珙起身到供桌前为神明敬茶。

8：19，雷姬诗将放置在供桌上的伯公袍取下并展开，用伯公袍为每位村民在头顶上"拂"一下，寓意"躲灾躲难，保佑身体健康"[2]。8：22，雷姬诗将拴在门前矮墙上的华盖取下，在每一位参加者头上"拂"了一下。

用伯公袍、华盖为村民"拂"（2023 年 2 月 21 日摄）

8：24，现场人数达到最多，为 31 人。现场人员均为中老年妇女，无男性。

8：26，雷姬诗将庙前空地上的金银宝等祭品点燃。焚烧对象为事先购买的纸马、纸轿以及拜神负责人及村民手工制作的花篮、步步高塔、金山、银山等。一同焚烧的还有捐款名单、伯公袍、华盖

---

〔1〕 李秀娥访谈录，2023 年 2 月 21 日。
〔2〕 曾婆姬访谈录，2023 年 2 月 21 日。

等。焚烧基本结束时，雷姬诗为神明添茶倒酒，送神离开。

烧金银宝（2023 年 2 月 21 日摄）

8：45，村民纷纷开始上香。上香主要是为神送行。上香后，全体村民集体面向供桌跪拜。8：51，热心妇女燃放鞭炮。燃放鞭炮后，在雷姬诗的带领下集体向庙内的神像跪拜。8：56，在祭拜活动即将结束时，雷姬诗再次投筊杯。三次投掷结果为两次圣杯，一次笑杯。[1]

8：57，根据人神共乐原则，村民开始拿着米、糖果、水果等祭品（"粮"）离开。用于中午做饭的鸡、猪肉、鱼、虾等祭品未由村民带走。除做饭用的祭品外，捐款者均可根据需要适量带走其他祭品。带走祭品之前，可将之装在小袋子里，在香炉上"过一下香火"，寓意添香添火。

---

〔1〕 筊杯投掷结果共有三种，分别为圣杯、笑杯、宝杯。其中，一正一反为圣杯。两个正面为笑杯。笑，也即开心。两个背面为宝杯，也即两个筊杯均向下，结果为不吉利。

村民领"粮"回家（2023 年 2 月 21 日摄）

8∶59，本次"神生"祭拜活动基本结束。信众陆续离场，我们亦离开了现场。

12∶00，60 岁以上的老人、帮忙人员到社区公屋吃饭。做饭用料主要为贡品鸡、猪肉、鱼、虾以及采购的青菜、油豆腐等。中午聚餐规模不大，仅 2 桌。聚餐结束后本次活动完全结束。雷姬诗介绍了历次"神生"活动的吃饭情况：

拜完之后，那里不是有三牲之位嘛，我们就要做饭。那些老的，60 岁以上的就不用做饭了，就来吃饭。我们就自己买菜，买些凉菜，来煮着吃。就 2 桌。以前在我家里吃，现在我就说都让我来搞，太忙了，所以我就说去公屋那里吃。那个锅挺大的，去那边煮。我们和老人家吃个饭，阿公（神明）的饭，大家来品尝一下。[1]

2 月 21 日伯公伯婆"神生"活动的捐款总收入为 3290 元。本次祭神活动的收入与支出大致相同。主要支出为祭品采购、红包发

---

〔1〕 雷姬诗访谈录，2023 年 2 月 20 日。

放等。其中，采购"金银寿金"花费 128 元，采购"宝福银金"花费 102 元，采购"莲花金银神金"花费 60 元，采购"金山银山花篮"花费 160 元，采购"步步高才金"花费 120 元，采购"龙虎商凤"花费 80 元，采购贡品花费 830 元。红包 3 个，66 元、60 元、160 元，分别发放给拜神负责人、协天宫管理人、玄天上帝庙管理人，车费 100 元。[1]

此外，为了补充庙宇维修运行资金，给"神生"活动及日常祭拜活动提供更多保障，坵下社区拜神负责人、神庙管理人根据祭拜经费规范，于 2023 年 4 月共同组织了一次大规模的缴库活动，组织村民进行捐款，举行了一次祭神活动，恭请神明在庙内长期安住。周燕贵介绍了本次的筹款情况："神庙的这些东西，我也不懂这些，但是他们老是到我这里反映，我也没办法，所以我就捐点款，带个头。既然老家伙提出建议，那我就满足他们，不然他们心里面有件事在那里，不开心。所以我就捐钱点，把事情搞好，带动村民。"[2]截至 2023 年 4 月 26 日，本次缴库共取得捐款收入 135 680 元。[3]缴库活动的顺利举办为坵下神庙的日后维修养护及祭神活动的长期稳定开展提供了稳定的资金支持。

总体而言，在"神生"活动负责人、神庙管理人的引领和具体负责下，坵下社区的村庙祭神活动规范在实践中得到了村民的自觉遵循，产生了实际效力。村庙祭神活动规范的有效实施保障了"神生"祭拜活动和常规祭拜活动的有序开展，在结果上促进了自我管理、自我服务、自我满足氛围的营造，改善了基层社会的自治状况。

四、搬迁村村庙祭神活动规范的实践价值

搬迁村的村庙祭神活动规范在实践中有着维护村庙信仰活动秩序、满足搬迁村民精神需要、维护搬迁村团结、促进搬迁村道德教化、促进搬迁村历史文化传承等多重积极价值和作用。为进一步提

---

〔1〕《账本——2月初2日》，坵下社区雷姬诗提供，2023 年 2 月 20 日。

〔2〕周燕贵访谈录，2023 年 5 月 17 日。

〔3〕《坵下社区神庙缴库人员名单》，坵下社区玄天上帝神庙外墙红纸，2023 年 7 月 9 日。

升基层社会自治质效，可观照历史传统和现实经验，进一步推动村庙祭神习惯的双重制度化，促进村庙祭神活动规范的自我进化。

其一，保障了原始信仰活动的秩序。坊下社区村庙祭神规范的基础价值在于维护八大"神生"活动秩序、保障日常祭拜活动的有序开展，提供基础性的秩序价值。坊下社区的村庙祭神规范为祭神活动组织者和参与者等信仰共同体提供了共知、共认的行为准则和操作规程，使得祭神活动组织者能够按部就班地组织、开展信仰活动，让信众能够根据长期形成的思维习惯和行为习惯有序参与其中，防范无序、混乱状况的发生。在村庙祭神规范的指引下，各类主体能够在集体化的"神生"活动中及零散化的常规祭拜活动中，根据既定的、符合预期的规程一步一步地完成规定动作，一遍遍地在历史舞台上演绎祭神大戏，实现自我治理的有序化。

其二，满足了搬迁村民的精神需求。作为自然演进的产物，村庙祭神活动规范之所以会兴起，根本原因在于早期自然环境恶劣，人们深感自己的命运难以把握。处于不确定风险中的人们为祈得富贵安康，将生计与信仰相连，希望拥有超自然力量的神灵能解决现实困难。民间原始信仰在这样的情况下成了人们的精神依靠并由此形成了祭神习惯法。虽然搬迁后村民的生活条件大为改善，但是面对生活场景的巨大转变和社会的急速变迁，村民不可避免地会产生忧患、焦虑和苦闷等心理，不可避免地会面临不顺心之事。不少村民希望通过虔诚祭拜驱灾消难、求得功德福祉，解决时运不济、健康不佳、事业不成、姻缘不顺、家庭不安等世俗问题。敬神拜神则能在心理上帮助村民宣泄心中郁结、释放真实情感、缓解精神压力、获得心理满足、满足精神需要。李观琪结合自身感受提道："我们不用去庙里拜观世音菩萨，在这里就可以拜了，不用去庙里也可以供奉。你不觉得我们这里的人很团结吗？拜神的人心态好。你不拜神，心态都不一样。对你们年轻人来说没什么，但是我们五十多岁以上的更有信仰问题，拜神可以让我们的心态得到改变。"[1]正是由于祭神活动以及与之相随的祭神规范能够调适人的心理、调节人的生

---

〔1〕 李观琪访谈录，2023 年 2 月 20 日。

活、满足人的精神需要，其才能在科学昌明的现代社会不灭其生存之基。

其三，维护了搬迁村民的团结。相较于其他石化区的搬迁村，坝下社区的整体意识和团结意识似乎更为强烈。这种状况之所以会出现，一方面是因为坝下社区修建了围墙，保障了村民的集体安全，在物理空间上使得坝下社区成了一个整体；另一方面是因为坝下村庙祭神活动在精神上凝聚了村民，促进了社会整合，维护了村民团结。坝下社区内居住的不仅有原霞涌村的土著村民，还有外插户、外来流动人口等其他各类人员。通过共同参加统一的原始信仰活动，坝下社区内的各类人员得以相互熟识、增进了解，得以在精神上、思想上和信仰上形成"我们"的观念，增进集体观念和团结意识。概言之，坝下村庙的祭神活动及其规范在一定程度上是一种精神黏合剂，其在实践中使得村民团结在一起、凝聚为一团，维护了搬迁村民的团结。

其四，促进了搬迁村的道德教化。坝下社区信奉的八大神灵均有着无私、厚爱、仁慈等高尚品质，根据村庙祭神活动规范组织拜神祭神活动实际上就是在向信众宣扬这种高尚品质，为信众树立道德榜样，潜移默化地促进信众的道德教化。而且，举头三尺有神明，为了求得神灵庇佑，信众往往会注重自觉学习神灵的高尚品德，在日常生活中提醒自身多行善、不偷盗、不作恶，从而让神灵看得见虔诚，以心诚换得神灵庇佑。李观珙提到，参加村庙祭神活动能更好地教育村民，"让我们更加相信做人的道德和心态，而且可以教育下一代人也这么做"。[1]在激变的现代社会，村民"进城"后会不可避免地面对更为多元、更为复杂的现象与思潮，而传统的祭神活动则能够激励村民坚守善良、质朴的本心，实现道德教化。

其五，促进了传统文化的传承。相比于现代社会自生的自治规范，坝下社区的村庙祭神活动规范是一种传统延续型自治规范，这种规范本身是一种制度文化，规范内容、规范导向均以历史上固有的民俗文化、传统礼节为基础。以祭神活动规范为基础的祭神活动

---

[1]　李观珙访谈录，2023年2月20日。

本身是一种活化传统文化的实践，在当代社会实施这种规范既是在传承村庙祭神活动规范这种传统制度文化，也是在将其内含的传统文化因子释放出来，促进文化的传统。周燕贵提道："我们要遵从我们历代祖先留下的传统文化。"[1]李观琪认为："人嘛，就是要有这个传统的，我们不可能忘恩负义的。这对下一辈人也好，没有一点传统文化是不行的。"[2]征地搬迁对村庄的传统文化影响巨大，为了让优秀传统文化能够在新的场景下继续存在，基层治理主体可对村庙祭神活动规范等传统民俗规范予以重视和推介，从而更好地活化优良传统、传递历史文脉、复归优秀文化。

总体而言，坛下社区的村庙祭神活动规范的遵守、执行、适用在实践中发挥了保障原始信仰活动秩序、满足搬迁村民精神需求、促进搬迁村民团结、实现村民道德教化、促进传统文化传承等诸多积极价值和作用。在加强和改善基层治理的过程中，可对村庙祭神活动规范予以更多的重视和支持，促进其在基层社会自治实践中产生更大的效能。

结　语

坛下社区的村庙祭神活动规范是一种以精神信仰为内核的传统延续型自治规范。这种规范产生于村民的信仰需求、形成于村民的信仰实践、传承于村庙的搬迁复建、发展于"村庙进高楼"的时代潮流。这种草根规范富有乡土气息，其源于传统而传承于当代，是历史上固有的民俗规范的当代形态。作为传统的本土法治资源，坛下社区的村庙祭神活动规范在很多场合下比移植而来的制定法更具影响力。在传统的乡土社会以及搬迁后的半乡土社会，村民自觉遵循国家制定法的心理因素主要是对法律制裁心存敬畏，而村民自觉遵循村庙祭神规范这一传统习惯法的心理因素则主要是发自内心的信仰认同。

基于传统民间信仰及其规范实际存在并发挥积极作用的现实情

---

[1]　周燕贵访谈录，2023 年 5 月 17 日。
[2]　李观琪访谈录，2023 年 5 月 17 日。

况，有关部门应对其予以重视并加以妥善利用，对村庙祭神活动规范的自我进化进行合理引导，为其在林立的高楼中寻找寄身之处提供良好的政策环境，增强基层社会自治的弹性、韧性和自主性。具体而言：一方面，大亚湾区各级党政机关可进一步增强对村庙祭神活动的重视，秉承兼容并包的理念，对村庙祭神活动规范的发展进行合理引导。例如，大亚湾区及西区街道办事处的文旅部门可出台相关政策文件，进一步鼓励传统民俗文化的发展，以设立非物质文化遗产保护项目和文旅项目等形式为神庙祭神活动提供更好的政策环境，增强基层社会治理的韧性，形成基层治理特色。另一方面，坜下社区"两委"可积极组织申报非物质文化遗产项目，顺势打造文旅项目，为村庙民俗活动提供人力、秩序及经费方面的鼓励与支持。例如，坜下社区"两委"可主动对坜下村庙的相关活动进行调研、分析，形成书面化的申报材料，积极申请区级、市级乃至更高级别的非物质文化遗产项目，引导原始信仰活动朝着健康的方向发展。而今，处在高楼中间的坜下村庙显得非常醒目，有关外部治理主体及内部自治主体可因势作为，以物理场所为基础，利用好传统的村庙祭神活动规范，推动基层社区自治模式的创新发展，提升基层社区的文化软实力。

总体而言，坜下社区的村庙祭神活动规范内容较为全面，详细规定了坜下村庙"神生"活动及常规祭拜活动的筹备、开展等相关工作，为神庙内原始信仰活动的开展提供了规范支撑，在实践中产生了多元化的积极价值和作用。未来，有关主体可对村庙祭神活动规范予以重视并采取措施促进此类自治规范的健全完善，推动其发挥更大作用，进一步改善基层社会自治效果，形成更有韧性、更为多元的基层社会自我治理模式，打造基层治理的地方特色。

第三十四章

内生式自治规范：日常生活中老人
互聊共食茶叙的规范

——以娘婶姊妹汇聚为对象

引 言

近年来，中国人口老龄化程度日渐加深，养老问题日渐成为一个重要的社会问题。除了居家养老、社会养老、政府养老等，国家还支持和鼓励老年人开展互助互动活动。《老年人权益保障法》第 38 条提出"倡导老年人互助服务"。中共中央、国务院《关于加强新时代老龄工作的意见》（2021 年 11 月 18 日）提出"及时总结推广老龄工作先进典型经验"；"注重发挥家庭养老、个人自我养老的作用，形成多元主体责任共担、老龄化风险梯次应对、老龄事业人人参与的新局面"。中共中央、国务院《关于加强基层治理体系和治理能力现代化建设的意见》（2021 年 4 月 28 日）提出："大力开展邻里互助服务和互动交流活动，更好满足群众需求。"

在大亚湾区西区街道的塘尾村和上田村，[1] 日常生活中存在着一种名为"娘婶姊妹汇聚"的老人互聊共食茶叙活动。所谓"娘婶

---

〔1〕 按照学术惯例，本章中的部分人名进行了化名处理，特此说明。塘尾村位于大亚湾区西面，毗邻惠阳区淡水街道，辖区总面积 4.5 平方公里，下辖聚合、墩顶、新屋、横跨、石一、石二、老围、茶壶耳、松山下、沿湖、海隆、珠古石、富口等 13 个村民小组。全村户籍人口 2815 人，常住人口 4647 人。塘尾村村"两委"班子 7 人，其中支委班子 7 人，村委班子 5 人，实现书记、主任一肩挑。参见《塘尾村基本情况》，塘尾村村民委员会提供，2023 年 2 月 15 日。上田村位于西区街道西面，北临惠阳，辖区总面积 9 平方公里，下辖上田、生茂、下屋、大岭、大平岭、新厂、水口、良建、石禾町 9 个村民小组。全村总人口约 7347 人，其中户籍人口 2984 人，外来人口约 4363 人。上田村村"两委"班子 7 人，其中支委班子 7 人，村委班子 5 人，实现书记、主任一肩挑。参见《上田村基本情况》，大亚湾区民政局提供，2022 年 7 月 11 日。

姊妹汇聚"活动也即塘尾村和上田村的 17 位 70 岁以上老人按照约定俗成的老人互聊共食茶叙规范，定期到酒楼参加互聊共食茶叙活动。在老人互聊共食茶叙规范的指引和保障下，老人们在数十年里始终稳定、有序地开展着娘婶姊妹汇聚活动，进行自我娱乐、自我服务、自我管理、自我满足。

老人互聊共食茶叙规范为大亚湾区自治规范的组成部分，为一种内生式自治规范，是一种重要的老人自我服务、自我治理的社会规范。对老人互聊共食茶叙规范进行田野调查和归纳分析，对于我们充分认识互聊共食茶叙规范在社会自治中的积极价值、全面理解基层社会的内生规范、不断健全社会治理规范体系具有重要价值。

为全面了解作为大亚湾区自治规范组成部分的互聊共食茶叙规范的内容、准确把握互聊共食茶叙规范的实施状况和特点，我们先后于 2022 年 7 月 10 日-11 日、7 月 14 日，2023 年 2 月 15 日、18 日-19 日到大亚湾区西区街道塘尾村、惠阳区淡水街道裕华金鼎酒楼进行了实地调查。在调查期间，我们访问了娘婶姊妹汇聚活动的参与人员与知情村民，观察了娘婶姊妹汇聚活动的饮茶环节，对互聊共食茶叙规范及其在老人生活自治中的作用有了初步的了解和感受。

一、老人互聊共食茶叙的基本原则

老人互聊共食茶叙活动是一种情谊型休闲活动。这种活动以自愿、开心、小规模等为活动原则。具体而言：

其一，自愿原则。是否加入互聊共食茶叙组织、加入组织后是否参加某次互聊共食茶叙活动、参加互聊共食茶叙活动的哪些环节或不参加哪些环节均由老人根据自身意志自主决定，互聊共食茶叙组织中的其他人均不能强迫、干预。例如，根据互聊共食茶叙活动参加者朱洲老人提供的 2020 年 12 月 13 日 11：30 拍摄的互聊共食茶叙活动视频，该次互聊共食茶叙活动午餐环节的参加人数为 15 人，有 1 人缺席。[1]在自愿原则下，互聊共食茶叙活动的缺席者通常不会面临处罚或其他严重的消极后果。

其二，开心原则。让每一位参加者感到心情快乐舒畅是老人互聊共食茶叙活动的基本原则，是老人互聊共食茶叙活动的根本价值追求。在互聊共食茶叙活动中，舒适的酒楼环境、轻松的饮茶氛围、要好的亲朋好友是开心原则的组成要素与表现形式。自 2020 年下半年开始参加互聊共食茶叙活动的朱洲提道："老头子天天在家也没什么事，聚一聚大家开开心心过一天。大家相见一次，开开心，聚一聚，聊一聊。"[2]

其三，小规模原则。由于人太多会影响互聊共食茶叙活动效果，且一张餐桌（当地称为"一围"）仅能容纳十余人，老人们在开展互聊共食茶叙活动的过程中一直遵循着小规模的原则，不轻易扩大互聊共食茶叙活动的规模。小规模原则主要表现为两方面：其一为不轻易邀请其他人加入娘婶姊妹汇聚活动；其二为对于主动申请加入者保持谨慎态度，把好入口关。

总体而言，自愿原则、开心原则、小规模原则是娘婶姊妹汇聚组织这一社会自生的老人组织在开展互聊共食茶叙活动中自觉遵循的指导原则，是保证老人互聊共食茶叙活动稳定开展的框架性、原则性制度基石。

二、老人互聊共食茶叙规范的内容

在基本原则之下，老人互聊共食茶叙规范的具体内容是娘婶姊妹汇聚组织的老人们开展活动的行为指南和行动标准。老人互聊共食茶叙规范的具体内容包括互聊共食茶叙名称规范、互聊共食茶叙召集规范、互聊共食茶叙人员规范、互聊共食茶叙时间规范、互聊共食茶叙地点规范、互聊共食茶叙经费规范、互聊共食茶叙活动流

---

[1] 参见视频文件《video_ 20201213_ 113024》，朱洲提供，2022 年 7 月 10 日。另外需要说明的是，在 2022 年上半年，娘婶姊妹汇聚组织的总人数为 16 人，在 2022 年下半年，已离开娘婶姊妹汇聚组织约十年的朱梅香正式回归，娘婶姊妹汇聚组织的总人数达到了 17 人。

[2] 朱洲访谈录，2022 年 7 月 10 日。

程规范等活动组织规范与行为规范。具体而言：

1. 互聊共食茶叙名称规范

互聊共食茶叙活动之所以被称为"娘婶姊妹汇聚"，是因为互聊共食茶叙汇聚活动的参加者以塘尾村本村的女性以及从外村嫁入本村女性为主，"娘婶姊妹"是对她们的合称。具体而言，"姊妹"指的是在互聊共食茶叙活动中塘尾村的朱姓女性，"娘婶"指的是互聊共食茶叙活动中由外村嫁到塘尾村的女性。2022年7月11日互聊共食茶叙活动参加者朱莲花在现场向我们介绍了名称的由来：

这个组织姓朱的比较多一些，姓朱的我们叫作"姊妹"。有些不是姓朱的，嫁到我们塘尾，叫作"娘婶"。[1]

当然，互聊共食茶叙名称虽然为"娘婶姊妹汇聚"，但根据互聊共食茶叙规范，活动参加者并不限于女性。女性参加者的老伴、受邀加入的男性等也可参加互聊共食茶叙活动。例如，在2022年7月11日早上的互聊共食茶叙活动中，参加人员包括8位女性，3位男性。

2. 互聊共食茶叙召集规范

娘婶姊妹汇聚活动最早由塘尾村的朱梅香召集和组织。朱梅香为当地企业家朱稳武的母亲，经济基础相对较好。十年前，由于朱梅香的老伴生病在家，朱梅香需要照顾老伴而无法继续参加活动。为了使互聊共食茶叙活动能够继续办下去，朱梅香委托其亲家朱银宝负责活动的召集和组织工作。在此后的十年时间里，互聊共食茶叙活动一直由朱银宝组织和召集。从2020年下半年开始参加娘婶姊妹汇聚活动的朱洲向我们介绍了互聊共食茶叙活动的缘起和活动召集人的基本情况：

这个会有十年以上了。最早是朱银宝他们两公婆组织的。当时他们本身经常饮茶，说起来弄一个固定一点的茶会。当时他们有二十来个人。参加入会的人包括整个塘尾、上田村的，我是这两年参

---

[1] 朱莲花访谈录，2022年7月11日。

加的。[1]

老人互聊共食茶叙活动的资深参加者朱学炜更为细致地介绍了娘婶姊妹汇聚活动的缘起以及活动召集人的基本情况：

> 有个头儿，朱银宝，每次都是她张罗着来。她84岁了。90岁那个是她的老公。刚开始没那么多人。听说，当时我们这个有个老板朱稳武他母亲带起来的。他母亲朱梅香有钱，经常请她们，慢慢搞起来的。我以前听说是她拉起来的一帮人。后来她就没参加了，叫她的亲家朱银宝带起来。因为她老公病了，需要照顾老公，差不多十年没参加。老公走了之后，她又回来参加。组织主要是靠他们两个人。朱梅香今年80岁了，朱银宝今年84岁。[2]

3. 互聊共食茶叙人员规范

自2022年下半年以来，参加娘婶姊妹汇聚活动的人员总数为17人。在17位参加人员中，3位为上田村人、13位为塘尾村人，1位为在深圳宝安常住的塘尾村人。在17位参加人员中，有3对夫妇（6人），其他11人因老伴已离世等原因而独自来参加活动。以下为17人的基本情况：

> 朱银宝夫妇：朱银宝，女，84岁，塘尾村人；朱佚名，男，90岁，塘尾村人
>
> 朱金妹夫妇：朱金妹，女，80多岁，上田村人；朱璋90多岁，男，当地学校退休校长
>
> 林桂花：70多岁，女，塘尾村人
>
> 朱莲花：70多岁，女，塘尾村人，朱洲的舅娘
>
> 朱容荻：80多岁，女，塘尾村人，老伴已离世
>
> 林梓婳夫妇：林梓婳，女，76岁，塘尾村人；朱学炜，男，与妻同岁，塘尾村人

---

[1] 朱洲访谈录，2022年7月10日。
[2] 朱学炜访谈录，2022年7月14日。

邹枚妩：70 多岁，女，塘尾村人，她老伴已退休但未加入互聊共食茶叙

朱洲：80 多岁，男，塘尾村人，老伴已离世

朱仕娣：70 多岁，女，上田村人，老伴已离世

朱雨婷：70 多岁，女，塘尾村人

朱荷梅：90 多岁，女，塘尾村人

朱全威：80 多岁，男，上田村人，读过大学，退休前在霞口当政府干部

朱盛山：70 多岁，男，塘尾村人，老伴已离世，常住深圳宝安，偶尔参加活动

朱梅香：80 岁，女，塘尾村人，老伴已离世[1]

由娘婶姊妹汇聚活动全体参加人员组成的组织是一个以老人自组织形式形成的情谊型联盟。本书称之为"娘婶姊妹汇聚组织"。作为一个在长期实践中逐渐稳定下来的互聊共食茶叙组织，娘婶姊妹汇聚组织的组织形态相对稳定，人员变动规范较为严格。按照人员变动规范，在人员加入方面，该组织较少邀请新人加入，而且该组织会对主动申请加入者的人品、为人处世情况等基本进行考察并决定是否接受其加入申请。两年来唯一一位新加入娘婶姊妹汇聚组织的人员朱洲提到，该组织"基本就这样了，不扩大了"。[2]在人员退出方面，娘婶姊妹汇聚组织的成员通常不会主动退出。成员退出的原因通常为年龄过大无法继续参加活动。

根据长期实践形成的参加人员规范，娘婶姊妹汇聚组织的成员主要包括创始人员与邀请参加人员两类。前者也即朱梅香、朱银宝等互聊共食茶叙活动的首批成员，后者也即朱洲等受邀请参加者。娘婶姊妹汇聚组织的组成人员主要为同村及邻村的熟人。除夫妇关系外，成员间的其他亲属关系较少。朱洲提道："大家没有什么亲戚

---

[1]　朱洲访谈录，2022 年 7 月 10 日。需要说明的是，为了更加准确地确定上述人员的年龄，我们参考了塘尾村村委会于 2022 年 7 月 21 日提供的《大亚湾西区塘尾村 2018 年 60 岁以上老年人户籍人口统计表》《农村党员名单（71 名）》等材料。

[2]　朱洲访谈录，2022 年 7 月 10 日。

关系，基本上从小一块长大的。"〔1〕在20世纪90年代娘婶姊妹汇聚组织创立初期加入组织的林梓姵回忆了自己以及其他主要参加人员的加入情况：

> 那时候我还要做工，大家都熟悉，都是自己的老乡。我是退休后参加的，现在已经退休26年了，50岁退休，现在76岁了。
>
> 我们大家有些是同村的，有些是隔壁村的，有些是外边嫁过来的，大多数都是认识的、谈得来的或者在一个村共同劳动的。〔2〕

按照人员规范，互聊共食茶叙活动的主要参加人员为17位老人，但老人的女儿、儿孙等有时也可参加互聊共食茶叙活动。例如，根据朱洲提供的2021年1月16日12：25拍摄的互聊共食茶叙视频，在1月16日的互聊共食茶叙活动中，参加者除了娘婶姊妹汇聚组织的14位老人，还有1位10岁左右的男孩，2位40岁左右的中年女性。〔3〕根据互聊共食茶叙规范，老人的女儿、儿孙参加活动的资格条件为其负责支付当天互聊共食茶叙费用。在1月16日的互聊共食茶叙中，朱银宝的女儿代付了互聊共食茶叙费用。

值得注意的是，所谓老人的女儿特指老人夫妇的女儿，而非单个参与者的女儿。根据人员规范，老人夫妇的女儿可携家属参加互聊共食茶叙活动，单个老人的女儿通常不参加互聊共食茶叙活动。例如，在人员规范的作用下，朱洲的女儿朱娃葭未曾参加过聚会。〔4〕在"夫妇的女儿可参加、单个参与者的女儿不参加"这一习惯规范之下，一对夫妇通常应负责2次活动的付款，其中1次费用可由其女儿代付。由于单个参与者仅需负责1次活动付款，不涉及付款2次的问题，其女儿付款机会较少。若其女儿直接参加而不付款，将会增加付款老人的负担。因而，单个参与者的女儿通常不会参加互聊共食茶叙活动。

---

〔1〕 朱洲访谈录，2022年7月10日。

〔2〕 林梓姵访谈录，2022年7月14日。

〔3〕 视频文件《video_20210116_122539》，朱洲提供，2022年7月10日。

〔4〕 朱娃葭访谈录，2023年2月18日。

4. 互聊共食茶叙时间规范

互聊共食茶叙时间规范主要包括互聊共食茶叙活动举办周期规范、举办日期规范、活动时长规范等三个方面的内容。

在举办周期方面，互聊共食茶叙活动的举办周期在正常情况下为二十余天一次。例如，2021 年共开展 16 次汇聚活动，平均每 23 天举办一次。2021 年互聊共食茶叙活动的举办日期分别为 2021 年 1 月 16 日、3 月 7 日、3 月 28 日、4 月 18 日、5 月 30 日、6 月 19 日、7 月 11 日、8 月 1 日、8 月 22 日、9 月 12 日、10 月 3 日、10 月 24 日、11 月 14 日、12 月 5 日、12 月 16 日。因疫情原因，2022 年上半年未开展活动，第一场活动在下半年的 6 月 28 日举办。2022 年下半年拟举办活动的次数为 13 次，平均周期为 14 天。2022 年拟举办互聊共食茶叙活动的次数之所以比 2021 年少 3 次，是因为 2021 年将夫妇分为 2 人计算，朱银宝夫妇、林梓婳夫妇、朱金妹夫妇 3 对夫妇共负责 6 次活动，而在 2022 年的互聊共食茶叙活动的排期表上将夫妇均算作一人，3 对夫妇共负责 3 次活动。根据习惯规范，3 对夫妇可能会在原有排期表活动的基础上分别再组织一次活动。但由于疫情防控等原因，2022 年的茶叙活动开展受限，即便是排期表内的活动多数也未能顺利举办。

在举办日期方面，互聊共食茶叙活动举办日期在早些年通常为周末，现通常为工作日。举办时间规范之所以会从周末改到工作日，主要原因是在工作日举办活动能得到酒楼一定的优惠。活动参加者朱洲介绍说：

以前他们一上来就定星期天。但是星期天饮茶没有优惠，所以现在没有选星期天了。我们现在选星期一到星期五，吃了 100 块钱就有 30 块钱优惠给你。早上饮茶有优惠，中午吃饭没有优惠。[1]

在活动时长方面，根据活动参加者朱璋介绍，互聊共食茶叙活动一般为早上 8 点多开始，中午 1 点左右结束，持续时间为半天。

〔1〕 朱洲访谈录，2022 年 7 月 10 日。

活动参加者朱璋提道："一般是 8 点多人到齐，开始吃饭。"[1]考虑到互聊共食茶叙地点与家有一定的距离，参会者通常 7 点多从家中出发。2022 年 7 月 10 日下午朱洲就告诉我们："明天早上 7 点半我就去的。叫滴滴去。"[2]

5. 互聊共食茶叙地点规范

互聊共食茶叙活动地点的选择遵循相对固定原则，通常为相对固定的酒楼食肆。目前已知的互聊共食茶叙活动举办地点为惠阳区淡水街道的裕华金鼎酒楼（酒店）。朱洲说道，活动地点是"固定的，在淡水金鼎酒楼，一般都是去那里"。[3]裕华金鼎酒楼为一家经营早茶的粤菜餐馆，位于淡水镇体育路 5 号，是一家在惠阳地区颇有名气的酒楼。裕华金鼎酒楼于 2020 年 9 月被惠阳区委宣传部、惠阳区文化广电旅游体育局、惠阳区市场监督管理局认定为"惠阳老字号"。

为了确保活动的顺利开展，住在互聊共食茶叙地点附近的老人会按照惯例提前到酒楼占座，"她们住在这附近的，提前来占个座位"。[4]

6. 互聊共食茶叙经费规范

在早期的互聊共食茶叙活动中，互聊共食茶叙费用由企业家朱稳武的母亲朱梅香支付。虽然朱梅香有一定的经济基础，能够负担得起互聊共食茶叙费用，但互聊共食茶叙活动的其他参加者认为互聊共食茶叙活动次数较多，"大家老是叫她请也不好意思"，[5]于是其他参加者也积极轮流支付互聊共食茶叙费用。由此，互聊共食茶叙活动的互聊共食茶叙经费来源模式从"组织者支付"逐渐变成了"参与者轮流"。随着互聊共食茶叙活动的长期稳定开展，活动参加者轮流支付互聊共食茶叙费用的传统逐渐固化为一种习惯规范。

根据现行的互聊共食茶叙经费规范，娘婶姊妹汇聚组织的成员

---

[1] 朱璋访谈录，2022 年 7 月 11 日。
[2] 朱洲访谈录，2022 年 7 月 10 日。
[3] 朱洲访谈录，2022 年 7 月 10 日。
[4] 朱璋访谈录，2022 年 7 月 11 日。
[5] 朱学炜访谈录，2022 年 7 月 14 日。

须按照互聊共食茶叙活动排期表确定的顺序轮流负责支付互聊共食茶叙活动费用。活动参加者朱学炜提道："他们 AA 制（每个人都轮流请一次），今天轮到你请，下次她（他）出钱，钱多少无所谓。"[1]互聊共食茶叙活动排期表的支付顺序基本不变，一轮结束后重复开始下一轮。"每一年都是这一张表，今年接着上一年的轮着。"[2]从最近两年的情况来看，互聊共食茶叙活动费用通常为千余元，其中"早上饮茶在四百块左右，中午吃饭在一千二左右，都是一个人买单。轮到你就你买单，轮到她（他）就她（他）买单。每次轮流请客"。[3]若当天应支付费用的人员因事未到，则其应支付下次活动的费用。

根据现行的互聊共食茶叙经费规范，若参加者为夫妇两人，则夫妇两人通常应分别负责支付两次互聊共食茶叙活动的费用。夫妇两人中，妻通常以个人名义支付，而夫则可能以女儿的名义支付。女儿可为夫妇两人代付餐费。朱学炜提道："有一次女儿以自己的名义请大家，还有一次是以她（妻，林梓媚）的名义请大家。我就不出名了。"[4]此外，2021 年 1 月 16 日、12 月 5 日、12 月 16 日这 3 次互聊共食茶叙活动分别由朱银宝夫妇、林梓媚夫妇、朱金妱夫妇的女儿支付了当天的互聊共食茶叙活动费用。[5]

7. 互聊共食茶叙流程规范

根据互聊共食茶叙流程规范，互聊共食茶叙活动主要分为饮早茶和吃午饭两个阶段。在整个互聊共食茶叙活动中，活动参加者一方面会安心喝茶、享受美食，另一方面会聊天互动，拉近心与心的距离。活动参加者朱洲等人提及了活动流程："早上 7 点半开始，饮茶饮到 12 点左右再吃中午饭。饮茶在一楼，吃饭到三楼。吃完中午饭，1 点钟左右开始走了、回家。"[6]在饮茶吃饭的过程中，"大家

---

〔1〕　朱学炜访谈录，2022 年 7 月 14 日。

〔2〕　林梓媚访谈录，2022 年 7 月 14 日。

〔3〕　朱洲访谈录，2022 年 7 月 10 日。

〔4〕　朱学炜访谈录，2022 年 7 月 14 日。

〔5〕　《21 年食饭时间安排表》，朱洲提供，2022 年 7 月 10 日。

〔6〕　朱洲访谈录，2022 年 7 月 10 日。

谈天说地、讲笑话比较多”。[1]

在互聊共食茶叙名称规范、互聊共食茶叙召集规范、互聊共食茶叙人员规范、互聊共食茶叙时间规范、互聊共食茶叙地点规范、互聊共食茶叙经费规范、互聊共食茶叙流程规范等互聊共食茶叙规范的指引和保障下，娘婶姊妹汇聚活动得以数十年如一日地有序举办并逐渐成为老人们生活中的一部分，成为一种生活方式。

三、老人互聊共食茶叙规范的施行

在长期开展娘婶姊妹汇聚活动的过程中，老人们始终较为注重按照共知、共认、共享的互聊共食茶叙规范积极参加互聊共食茶叙活动、自觉履行付款义务，将互聊共食茶叙规范从自治规范转化为自治实践。老人互聊共食茶叙规范的施行主要包括活动排期、活动通知、活动开展、人员变动等环节和内容。

（一）活动排期

为了使互聊共食茶叙活动的参加者能提前安排好自身生活、留出参加互聊共食茶叙活动的时间、更好地记住互聊共食茶叙活动举办日期，提升互聊共食茶叙活动效果，互聊共食茶叙活动的召集人每年都会根据上一轮互聊共食茶叙活动的请客顺序，确定新一轮活动的具体日期。

以下为互聊共食茶叙活动召集人朱银宝制作的 2022 年娘婶姊妹汇聚排期表。该排期表由朱银宝的老伴朱佚名执笔手写完成。纸质版排期表每人一份。

2022 年娘婶姊妹汇聚排期表[2]

时间	姓名	电话	备注
6 月 28 日	朱银宝	134××××8423	
7 月 11 日	朱金妹	136××××1818	

[1] 朱璋访谈录，2022 年 7 月 11 日。

[2]《2022 年娘婶姊妹汇聚排期表》，朱洲提供，2022 年 7 月 10 日。

续表

时间	姓名	电话	备注
7 月 25 日	林桂花	136××××6093	
8 月 8 日	朱莲花	134××××6018	
8 月 22 日	朱容萩	135××××0733	
9 月 5 日	林梓婳	158××××9331	
9 月 19 日	邹枚妹	189××××9715	
10 月 3 日	朱　洲	136××××6113	
10 月 17 日	朱仕娣	157××××8481	
10 月 31 日	朱雨嫥	157××××3429	
11 月 7 日	朱荷梅	159××××2033	
11 月 21 日	朱全威	136××××0782	
12 月 5 日	朱盛山	135××××3063	

根据互聊共食茶叙活动规范制作排期表，老人们能够更好地根据互聊共食茶叙时间安排好自身生活，在约定的时间到约定的地点参加互聊共食茶叙活动。

（二）活动通知

为了确保活动效果、强化成员联系，活动的召集人、热心人会根据互聊共食茶叙活动规范的内容，通过打电话、发微信等方式提醒、通知娘婶姊妹汇聚组织的老人们，按照活动排期表前往互聊共食茶叙地点参加互聊共食茶叙活动。例如，为了方便通知、交流以及日常问候，参加娘婶姊妹汇聚活动的部分老人建立了一个名为“美好乡亲群”的微信群。群内共有 9 人，群主为朱全威。其他 8 位老人因不使用微信等原因未入群。该群的主要功能为通知和交流。例如，2022 年 7 月 10 日朱洲在群内发布了两条通知消息：“我们明天早上饮茶啰!”“明天早上饮茶相互通知。”[1]2022 年 6 月 29 日，在本年度首次互聊共食茶叙活动顺利举办的次日，朱盛山在群内发

〔1〕“美好相亲群”微信群消息，朱洲提供，2022 年 7 月 10 日。

布了一条问候消息："少时友情比花美，老年好友比金贵，每天问候当聚会，日子自然增品味，祝天天平安喜乐。"[1]

（三）活动开展

2022年7月11日早上，我们在裕华金鼎酒楼一楼观察了互聊共食茶叙活动的早茶环节。为更好地观察互聊共食茶叙活动，我们于当天7：07打车到达裕华金鼎酒楼。7：11，在酒楼门前广场简单观察后，我们进入了酒楼内部，进一步了解酒楼情况、等待参加互聊共食茶叙活动的老人们到来以及在活动正式开始前与老人们进行短谈。裕华金鼎酒楼一楼有如意厅、金鼎厅两个大厅，两个大厅分别有37张餐桌。除个别方形小桌外，其他均为圆桌。

当天早上7点多已有参加互聊共食茶叙活动的老人到现场占座。8：10，到达现场的老人有7位，8：30参加饮早茶环节的11人到齐。8：34，在如意厅15号桌，老人们共同举杯饮茶，活动正式开始。

在费用支出方面，根据朱洲的事后回忆，2022年7月11日早上饮茶的茶钱为三百多元，中午餐费为九百多元。[2]

在开展互聊共食茶叙活动的过程中，老人们有时会根据实际情况，机动灵活地执行互聊共食茶叙经费规范、日期规范等互聊共食茶叙规范。例如，在2022年6月28日的互聊共食茶叙活动中原本应由朱银宝付款，但朱梅香在本次活动中主动支付了互聊共食茶叙活动费用。朱洲回忆了当时的情况：

> 原来是朱梅香提出来组织的。80岁了，上次6月28号和这次是她付钱的。朱银宝没付。朱梅香说她先付钱就先付钱了。这是我听说的。明天（7月11日）不知道是谁付钱。[3]

在参加人数方面，7月11号互聊共食茶叙活动的早茶环节有11人参加，中午的吃饭环节有12人参加，增加了朱学炜一人。朱学炜

---

[1]　"美好相亲群"微信群消息，朱洲提供，2022年7月10日。
[2]　朱洲线上访谈录，2022年7月11日。
[3]　朱洲访谈录，2022年7月10日。

之所以未参加早茶环节是因为其没有喝早茶的习惯。"早上喝茶我不去，中午吃饭的时候我去。早上不去是因为我不喜欢喝茶。"[1]在娘婶姊妹汇聚组织的 17 人中，其他 5 人因为身体不好、在深圳因疫情无法到现场等原因未参加本次互聊共食茶叙活动。

互聊共食茶叙活动通常会按照既定日期有序开展，但也可能会由于不可抗力而暂停举办。例如，据朱洲介绍，在 2022 年 7 月活动之后，由于当地疫情防控形势严峻，互聊共食茶叙活动暂停了数月。截至 2023 年 2 月 18 日，互聊共食茶叙活动尚未恢复。[2]

（四）人员变动

在长期开展互聊共食茶叙活动的过程中，参加互聊共食茶叙活动的人员有时会发生一定的变动。其中，在人员加入方面，娘婶姊妹汇聚组织的成员们会根据互聊共食茶叙人员规范主动邀请亲朋好友加入。朱洲的加入即为一例。2022 年下半年，因为老人们比较喜欢朱洲，于是在舅娘朱莲花的邀请下，朱洲开始参加互聊共食茶叙活动。根据朱洲介绍，其加入情况为：

我是 2020 年下半年开始参加的。朱莲花她见到我时告诉我来参加，大家一起开心开心。我说可以可以。[3]

对于申请加入者，娘婶姊妹汇聚组织的成员们会对其进行考察并决定是否吸收其加入活动。若老人们不喜欢申请加入者，则以餐桌坐不下等原因拒绝其加入。以下为拒绝申请者加入的例子：

有新的想来参加，但是我们大家好像不喜欢他（她）。不是你想进去就进去，还要大家同意。那看到他（她）的那个品德，不想让他进来。找个理由说，我们这里坐不下了，你们另找几个人聚。[4]

在人员退出方面，截至目前尚未有老人主动申请永久退出互聊

---

[1]　朱学炜访谈录，2022 年 7 月 14 日。
[2]　朱洲访谈录，2023 年 2 月 18 日。
[3]　朱洲访谈录，2022 年 7 月 10 日。
[4]　林梓姮访谈录，2022 年 7 月 14 日。

共食茶叙组织。但部分成员可能会由于家中有事、无法抽身等原因在一段时间内不参加互聊共食茶叙活动。例如，娘婶姊妹汇聚活动的创始人朱梅香曾因为老伴生病需要照顾而缺席了十年的互聊共食茶叙活动。朱洲提道：

> 就是刚才说的那个朱梅香。后期她的老公生病偏瘫在家，她在家照顾老公，几年没有参加。后来，她老公今年上半年走了，90岁，她就又参加了。[1]

总体而言，娘婶姊妹汇聚组织的老人们在长期积淀形成的互聊共食茶叙规范的指引下，有序、稳定、和谐地开展了一系列互聊共食茶叙活动，通过开展互聊共食茶叙活动实现了有效的自我治理，形成了自组织之治的典范。

四、老人互聊共食茶叙规范的特征和施行效果

老人互聊共食茶叙规范是一种以社会自生为规范起源、以情谊联络为价值基础、以自我实施为生效方式、以长期稳定为发展逻辑、以不成文习惯为外观形式、以女性主导为动力基础的自治规范。按照老人互聊共食茶叙规范组织和开展娘婶姊妹汇聚活动是老年群体进行自我治理的具体实践。根据互聊共食茶叙规范进行自我治理是老人们进行交流、互助和联谊的一种形式。

老人互聊共食茶叙规范的稳定遵守和执行在实践中产生了较为显著的积极效果，在精神方面愉悦了老人心灵，满足了老年人的精神需求；在物质方面帮助解决了老年人吃饭问题，减少了家庭负担；在社交方面增进了老人的交流互动，促进老人养成了互相提携照应的共识，推动了集体心理安全机制的形成，提升了老年人的获得感、幸福感、安全感；在政府和社会方面，减轻了政府和社会的养老负担与压力。

（一）老人互聊共食茶叙规范的特征

老人互聊共食茶叙规范是一种社会内生型规范、自我执行式规

---

[1] 朱洲访谈录，2022年7月10日。

范、长期稳定型规范、不成文习惯规范、情谊联络型规范和女性主导式规范。老人互聊共食茶叙规范的这些特质构成了其不同于其他自治规范的显著标志，在制度维度形塑了娘婶姊妹汇聚这一独树一帜的基层社会自治模式。具体而言，老人互聊共食茶叙规范的特征如下：

其一，社会自生性。就规范源起而言，老人互聊共食茶叙规范是一种以社会自生为起源方式的社会自生型规范。这种规范的形成既不在于社会外部政府力量的推动，也不在于社会外部市场环境的引导，而是在于社会自生自发因素的崛起和进化。数十年前，娘婶姊妹汇聚组织的发起者朱梅香自主地开启了首次互聊共食茶叙活动。之后，在朱银宝等老人的主动推动下，娘婶姊妹汇聚活动年复一年地开展并逐渐形成了固定的活动规范。作为一种社会自生型规范，互聊共食茶叙规范的形成是一个自组织过程而非他组织过程，遵循的主要是进化主义逻辑而非建构主义逻辑。而且，在规范基本成型之后，互聊共食茶叙规范的完善也主要是依靠社会内生性力量的自我优化、自我调节。

其二，情谊联络性。就规范价值而言，老人互聊共食茶叙规范是一种以情谊联络为价值基础的情谊联络型规范。海隆村民小组的娘婶姊妹们之所以会主动开启老人互聊共食茶叙活动以及有意无意地塑造、维护老人互聊共食茶叙规范，主要是为了促进老人间的交流，为相熟的老人提供一个联络情感、打发时间、社交娱乐、饮茶吃饭的机会和平台。而且，在规范产生以后，老人互聊共食茶叙规范之所以能够得到老人们的长期自觉遵循，是在于其能够满足老人的情谊联络等现实需要。概言之，老人互聊共食茶叙规范彰显着情谊联络性，是一种以情谊联络为价值基础的情谊联络型规范。

其三，自我实施性。就规范施行而言，老人互聊共食茶叙规范是一种以自我实施为生效方式的自我执行式规范。通过对老人互聊共食茶叙规范的施行现状进行观察可以发现，老人互聊共食茶叙规范的施行主要是一种基于内生性力量的自组织过程，而非依靠外部力量的他组织过程。在规范产生实效的过程中，来自娘婶姊妹汇聚组织内部的力量居于主导性地位。从活动排期，到活动通知，再到现场聚餐，最后到互聊共食茶叙费用结算，整个活动完全依靠作为娘婶姊妹汇聚组织内部成员的 17 位老人。基于此，可以认为老人互聊共食茶叙规范是一种以自我实施为生效方式的自治规范。

其四，长期稳定性。就规范发展变迁而言，老人互聊共食茶叙规范是一种以长期稳定为发展逻辑的长期稳定型规范。多年来，在作为社会自生秩序的老人互聊共食茶叙规范的引领下，娘婶姊妹汇聚活动年复一年地轮回开展。虽然具体互聊共食茶叙时间规范、互聊共食茶叙实际参加人员规范等略有变化，但从总体上来看，今天的互聊共食茶叙活动规范与原初的互聊共食茶叙活动规范并不存在根本区别。由于老人互聊共食茶叙规范并未随着时空的移转而发生重大变化，有着较强的稳定性，因而我们可以认为，老人互聊共食茶叙规范主要是一种长期稳定型规范。

其五，不成文性。就规范形式而言，老人互聊共食茶叙规范是一种以不成文习惯为外观形式的自治规范。虽然老人互聊共食茶叙规范的具体内容较为明确，所涉权利义务关系较为清晰，其确定性不亚于成文规范的确定性，但是这种规范仍然是一种不成文的习惯规范，并未成为书面化的成文规范。老人互聊共食茶叙规范之所以并未发展成为成文规范，主要原因在于老人们已熟知习惯规范的内容，无需创制成文规范。而且由于文化水平有限、视力下降等原因，阅读成文规范存在诸多不便，不成文规范更加符合现实所需。

其六，女性主导。就主导力量而言，老人互聊共食茶叙规范是一种以女性主导为动力基础的女性主导式规范。老人互聊共食茶叙规范在诸多方面彰显了女性主导原则。例如，在规范源起方面，首次互聊共食茶叙活动由女性牵头开启，在此基础上习惯规范才逐渐形成。在规范内容方面，老人夫妇的女儿可参加活动，儿子一般不能参加。在规范实施方面，老人互聊共食茶叙规范主要由朱银宝等女性实施。在娘婶姊妹汇聚组织的 17 位成员中，11 位为女性，6 位为男性，女性在人员规模方面居于主导地位。甚至在名称方面，以老人互聊共食茶叙规范为基础的互聊共食茶叙活动名称为"娘婶姊妹汇聚"活动，而非"叔伯兄弟汇聚"活动。

总体而言，老人互聊共食茶叙规范是一种特色鲜明、自成体系的自治规范。这种自治规范在规范源起方面彰显了社会自生性，在规范价值方面彰显了情谊联络性，在规范施行方面有着明显的自我实施性，在规范变迁方面彰显了长期稳定性，在规范形式方面凸显了不成文性，在主导力量方面彰显了女性主导的特征。

（二）老人互聊共食茶叙规范的施行效果

作为一种社会自生秩序，老人互聊共食茶叙规范的核心价值和作用在于满足老人自身的需求。在实践中，老人互聊共食茶叙规范的实施产生了愉悦老人心灵、解决老人吃饭问题、促进老人娱乐社交等诸多积极效果。而且，老人互聊共食茶叙规范的施行还减轻了政府和社会的养老负担，实践效益显著。具体而言，老人互聊共食茶叙规范的主要实施效果是：

其一，在精神方面愉悦了老人心灵，满足了老年人的精神需求。塘尾和上田村的17位老年人参加互聊共食茶叙活动的意义不仅在于到酒楼享受美味佳肴，更重要的是以互聊共食茶叙活动为契机愉悦自我，满足自身精神需求。在互聊共食茶叙活动中，老人们能够与自己具有类似价值观念、生活经历、认知水平的亲朋好友开怀畅谈、相互关心、分享日常生活，得到心灵的休憩与精神的满足。通过参加餐叙活动，老人们缓解了日常生活的单调，增加了生活的乐趣。经常参加互聊共食茶叙活动的朱学炜提到，参加互聊共食茶叙活动能够在精神上愉悦老年人的心灵，"现在人老了，以前他们大家都互相熟悉、处得好、谈得来"。[1]虽然塘尾村建有老年人活动中心，但是平时到老年人活动中心参加活动的老年人却很少，老年人活动中心似乎并无多少吸引力。林梓姵直言："我不喜欢的，我也不知道为什么不喜欢去。"[2]对于林梓姵等不少老人而言，互聊共食茶叙活动更能满足自身的实际需求、更具吸引力。

其二，在物质方面帮助解决了老人吃饭问题，满足了老人生活需要，减轻了家庭负担。茶楼为老人吃饭提供了物理场所。在互聊共食茶叙活动的过程中，酒楼服务人员能够根据老人的实际需要，

[1]　朱学炜访谈录，2022年7月14日。
[2]　林梓姵访谈录，2022年7月14日。

提供热情、专业、周到的服务，满足老人的生活需要、解决老人们的餐饮需求。通过参加互聊共食茶叙活动，老人们能够在一定程度上解决自身的吃饭问题，能够减少家庭的养老负担。也正是因为参加互聊共食茶叙活动能满足老人生活需要、减少家庭负担，老人们的家人和子女也较为支持老人到酒楼参加互聊共食茶叙活动。例如，朱洲的儿子朱煜安说："我们也放心。他本身身体没问题，只要精神上没问题就可以。"[1]通过多参加互聊共食茶叙活动，老人们能够更好地实现老有所养、老有所乐，安享幸福晚年。

其三，在社交方面推动形成了一个相对固定的社会交际圈，促进老人们养成了互相提携照应的共识，推动了集体心理安全机制的形成，提升了老年人的获得感、幸福感、安全感。作为一种关系纽带，互聊共食茶叙规范将散落于塘尾、上田两村的老人凝聚在了同一社会网络中，拉近了人与人之间的距离，形成了一个相对固定的社会交际圈，促进了老人间的感情联络，使得老人群体能够形成心理安全网络，提升自身的获得感、幸福感，安全感。例如，2022年上半年，朱梅香的老伴去世，朱洲在朱古石村购买了香火烛送给朱梅香。这种互帮互惠活动是在互聊共食茶叙活动中形成的心理安全网络和提携照应共识发挥作用的结果，能够为成员提供一定的心理支持。

此外，林梓姗提到，娘婶姊妹汇聚组织的成员除参加互聊共食茶叙活动外，还会一同外出旅游、参加成员迁新居仪式等活动，进一步促进了老年人间的交流与活动：

> 以前大家都是去旅游的。大约至少五六年前我们去过广州。除了广州还去过深圳以及附近的澳头，包一辆车。2019年11月30日进新居的时候，我也请过他们一起在我家吃饭。[2]

其四，在政府和社会方面，减轻了政府和社会的养老负担。通过按照互聊共食茶叙规范自主地开展娘婶姊妹汇聚活动，老人们能

---

[1] 朱煜安访谈录，2022年7月10日。
[2] 林梓姗访谈录，2022年7月14日。

更好地实现自我管理、自我服务、自我满足，以互帮互助的形式解决好养老中的日常问题，使社会更加有序、更有活力，从而间接地减轻社会和政府的养老负担与压力。

总体而言，老人互聊共食茶叙规范的有效施行能够在结果上满足老年人的精神需求、实现老年人生活需要、促进老人间的交流互动，帮助老年人实现老有所养、老有所乐，提升老年人的获得感、幸福感、安全感。而且，老人互聊共食茶叙规范的有效施行有益于减轻家庭、社会和政府的养老负担，在社会治理中具有积极的价值和作用。

结　语

由 17 位老人组成的娘婶姊妹汇聚组织是一个以老人自组织形式形成的情谊型联盟，是一种自发的、熟人的、组织化的、固定化的、交流性的较松散的民间团体。从历史传承的角度来看，虽然娘婶姊妹汇聚组织的组成人员多次提到当地并无类似组织，例如朱洲提到，"其他地方我没有听说类似的组织，只有我们"，[1]但是在历史上，也曾存在过与之名称类似的组织。例如，费孝通在《乡土中国》"男女有别"一章曾提及"华南的姊妹组织"。[2]由于目前有关华南姊妹组织的文献太少，无法准确判断出历史上的华南姊妹组织究竟是何种组织。本章中的娘婶姊妹汇聚组织与华南姊妹组织之间具体存在着哪些异同，仍是一个值得深入研究的问题。

除娘婶姊妹汇聚组织外，塘尾村还存在着其他类似组织。例如，在塘尾村海隆村民小组，十余位 40 岁至 50 岁左右的意气相投的男性村民会定期买菜到朱利彬弟弟家"打斗肆（打斗四）"。所谓打斗肆，也即做饭聚餐。聚餐实行 AA 制，周期为每 1 个月至 2 个月。[3]

作为一种互聊共食茶叙活动，娘婶姊妹汇聚活动之所以能够存在和发展，是多种因素共同作用的结果。一方面，娘婶姊妹汇聚是

---

〔1〕　朱洲访谈录，2022 年 7 月 10 日。
〔2〕　参见费孝通：《乡土中国》，人民出版社 2020 年版，第 69 页。
〔3〕　朱利彬访谈录，2023 年 2 月 15 日。

对广东"饮早茶"传统的传承和发展。广东地区的饮早茶传统构成了娘婶姊妹汇聚活动的文化背景与社会基础。另一方面，互聊共食茶叙参加人员的经济基础相对较好也是娘婶姊妹汇聚活动能够存在和发展的重要原因。有学者对粤式早茶的发展现状进行研究后发现，由于外来餐饮的双重夹击、机械化的过量使用以及技术型人才短缺等原因，粤式早茶市场活力不比当年、出现了萎缩现象。[1]在这样的大背景下，娘婶姊妹汇聚活动之所以能够逆势兴起，在很大程度上依赖于活动组织者和参与者的较强财力。例如，朱洲的儿子朱焜安介绍说，朱洲在银行曾有200万元存款。朱氏兄弟盖房子时，朱洲老人拿出来约150万元。平时朱洲家族饮茶，也都是朱洲付钱，每次为2000多元。对于是否有经济负担的问题，朱洲也回应说："经济上没问题，好玩。"[2]活动参加者朱学炜也提到，平均每人"一年才一次（出一次钱），拿一千来块钱，大家都够吃的了"。[3]

对于娘婶姊妹汇聚活动这种活动以及老人互聊共食茶叙规范这类内生式自治规范，政府相关部门应当给予更多的关注、鼓励和支持。目前，积极应对人口老龄化是国家的一项长期战略任务。中共中央、国务院《关于加强新时代老龄工作的意见》提出，有效应对我国人口老龄化，事关国家发展全局，事关亿万百姓福祉，事关社会和谐稳定，对于全面建设社会主义现代化国家具有重要意义。因此，为了实施好积极应对人口老龄化国家战略，发挥好老人互助养老的积极价值，加强新时代老龄工作，国家和地方有关部门可以结合老年人的特点，在法律和政策层面多支持、鼓励、宣传、扶持互助式养老，及时总结、推广类似于互聊共食茶叙规范的社会自治规范，加强对类似于娘婶姊妹汇聚活动的互助式养老活动的政策支持和财政投入，促使地缘优势、亲缘优势转化为养老优势，促进基层有效进行自我管理、自我服务，提升社会治理效能。

---

〔1〕 陈水科：《关于粤式早茶发展的探讨》，载《现代食品》2018年第19期，第35~38页。

〔2〕 朱洲访谈录，2022年7月10日。

〔3〕 朱学炜访谈录，2022年7月14日。

第三十五章

互助型自治规范：自发形成的无偿拼车规范

——以微信社群拼车群为对象

引 言

随着城市化进程的加快，汽车保有量不断增加，交通拥堵问题也日益严重。拼车作为一种节约资源、减少交通压力的方式，受到了越来越多人的青睐。《关于促进绿色消费的指导意见》（2016 年 2 月 17 日）明确提出："支持发展共享经济，鼓励个人闲置资源有效利用，有序发展网络预约拼车、自有车辆租赁、民宿出租、旧物交换利用等，创新监管方式，完善信用体系。"[1]《绿色出行行动计划（2019—2022 年）》（2019 年 5 月 20 日）提出：推进实施差别化交通需求管理，降低小汽车使用强度。努力建设绿色出行友好环境、增加绿色出行方式吸引力、增强公众绿色出行意识，进一步提高城市绿色出行水平。[2]

拼车是指私家车主捎带与自己行程相同或相近的乘客出行的行为，也被称为顺风车或搭便车。这种行为通常具有顺路、互助和非营利性的特征。根据是否要求乘客分摊交通成本，可以将其区分为有偿拼车和无偿拼车两类。有偿拼车的典型代表为通过网约车平台预约的顺风车。无偿拼车则是典型的情谊行为，由一定的群体自发形成，不要求乘车人支付一定的费用，也不受网约车平台的管理和

---

〔1〕《国家发展改革委、中宣部、科技部等印发关于促进绿色消费的指导意见的通知》（发改环资〔2016〕353 号）。

〔2〕《交通运输部等十二部门和单位关于印发绿色出行行动计划（2019-2022 年）的通知》（交运发〔2019〕70 号）。

束缚。

2022 年 5 月 18 日，我们在大亚湾区环境水务集团调研时，风控审计部的胡海伟经理介绍了一种他们正在实践的无偿拼车形式和规范。[1]

大亚湾区环境水务集团地处大亚湾区，离惠州市主城区惠城区有约 35 公里，集团没有提供班车。大亚湾区环境水务集团的不少员工家住惠城区，每天往返惠城区与大亚湾区的家与工作单位之间。于是家庭住址相近的大亚湾区环境水务集团员工就逐渐自发形成了工作日 5 人一车的拼车群。

拼车行为在微信社群中发起，逐渐自发形成了无偿拼车规范这一互助型自治规范。参与拼车的人员自愿加入微信社群，根据个人上班地点等情况自由组合，参与者们轮流驾驶自己的车，形成固定的周期，乘车人无需支付任何费用，并且享有完全自愿加入和退出的自主权。此种拼车模式下，每位参与者既是驾驶人也是乘车人，既享有权利，也承担义务。拼车过程中不存在支付费用的情况，且风险由参与者自己承担。

此种无偿拼车模式为参与者提供了共同分享交通资源、节约车辆使用成本和方便上班出行等诸多好处，体现了自发形成的自治规范在交通出行领域发挥的重要作用。对于这一规范的梳理和研究，一方面可以为上班出行拼车提供新的参考模式，另一方面也可为进一步完善无偿拼车规范模式提供一定的建议。

在访问调查胡海伟的基础上，本章将对无偿拼车规范的基本原则、内容、特征和作用作一初步的总结，对作为自治规范的无偿拼车规范进行思考并提出建议，文后另附上下班无偿拼车协议的参考范本。

一、无偿拼车规范的基本原则

无偿拼车最主要的目的是在便利出行的前提下，尽可能节约成本，最大限度地利用资源。在运行过程中，无偿拼车以微信社群为

---

[1] 胡海伟访谈录，2023 年 5 月 18 日。

主要沟通场域，参与者本着友好互助的精神，自愿加入和退出，根据大家约定的规范尽义务和享有权利，并且自己承担在拼车过程中所出现的各种风险。

其一，自愿原则。是否加入拼车群和加入之后的退出均以自愿为基本原则，拼车群中的其他成员无权进行任何形式的干预。"我们是自愿加入，自愿退出。"[1]由于参与者都出于同样的目的且均自愿加入，这也在一定程度上增加了拼车群的稳定性。而自愿退出的原则也使得退出者无需受到一定的处罚或其他严重的后果，在较大程度上保障了拼车参与者的自由。

其二，互助原则。无偿拼车在微信社群中发起，由于参与者轮流开车，每个人既是驾驶人又是乘车人，因此约定无需支付费用，不具有营利性质，体现了互助的原则。拼车能够顺利进行的关键因素之一是参与者都可以从中受益。"公共交通不方便，一个人每天都开车又很累，大家一起拼车上班就可以解决这个问题。"[2]拼车上班既能帮助到别人，也可以帮助到自己。

其三，友情原则。无偿拼车的友情原则体现在两方面。一方面，从拼车的参与者来说，多为相互之间有一定了解的朋友或者同在一个单位上班的同事，基于对彼此之间的了解和信任，选择加入拼车。另一方面，无偿拼车在实践过程中，很少签订书面协议，多为口头的约定和群里的讨论。胡海伟介绍："没有书面的协议，大家都是同事，也都知道这个规则，不需要书面的东西，也没产生过什么矛盾。"[3]

其四，风险自担原则。在拼车过程中会存在以下几方面的风险：一是安全风险。在车辆维护不当或者驾驶员经验欠缺的情况下，容易发生交通意外，造成一定的人员伤亡。二是交通违规风险。乘车人和司机会产生超载、超速等交通违法行为。三是法律纠纷风险。无偿拼车涉及的法律规定并不明确，一旦发生交通意外等情况，将

---

〔1〕　胡海伟访谈录，2023 年 5 月 18 日。
〔2〕　胡海伟访谈录，2023 年 5 月 18 日。
〔3〕　胡海伟访谈录（微信访谈），2023 年 6 月 2 日。

不清楚谁应该承担责任，最终可能面临损失赔偿方面的纠纷。拼车过程中产生的风险由参与者自己承担，在选择是否参与拼车时，参与者需要对其所作出的决策所带来的后果和责任有充分的认识和思考。在胡海伟看来，拼车的"风险都是自己承担，但是没产生过什么纠纷"。[1]

总的来看，无偿拼车体现了公平观念，每位参加者尽 1 天开车接送的义务并享受 4 天无偿坐车的权利。

二、无偿拼车规范的内容

在基本原则之下，无偿拼车规范的具体内容是拼车得以成功进行的重要指南。无偿拼车规范涉及拼车参与者的权利义务和相应的后果，具体内容包括拼车人员规范、拼车时间规范、拼车费用规范、拼车突发情况处理规范和拼车退出规范。

（一）拼车人员规范

拼车人员的组成是在明确基本原则的情况下，参与者自愿加入。在人员的选择上最重要的要求是有五人座汽车，目标就是要方便出行，没有具体的特别要求。在具体实施过程中，在交通规则和车辆条件允许的情况下，会尽量降低每个人开车的次数，进一步减少个人开车的疲惫感。胡海伟认为："在微信群中自由结合，目标是方便拼车同事的出行，降低每个人的开车次数。对人员没有要求。"[2]由于共同目标的一致性，在成员的组成上也相对固定。胡海伟补充道："多为一起上班的同事，或者工作单位相近。"[3]

（二）拼车时间规范

拼车时间规范指的是参与者开车的次序和周期。拼车时间规范较为灵活，由参与者协商确定，每位参与者可以以一天或者多天为一个周期轮流开车。"每个月会有安排开车次序。我们这辆车是每人开一天，轮着开。有些车是一个人连开三天，轮着开。"[4]开车的

---

〔1〕 胡海伟访谈录（微信访谈），2023 年 6 月 2 日。
〔2〕 胡海伟访谈录（微信访谈），2023 年 6 月 2 日。
〔3〕 胡海伟访谈录（微信访谈），2023 年 6 月 2 日。
〔4〕 胡海伟访谈录（微信访谈），2023 年 6 月 2 日。

次序每月月初进行安排、商定，每个月按照月初所排次序确定每天的驾驶人和乘车人。开车次序会根据实际情况进行调整，调整的情况会及时在微信群里通知。

（三）拼车费用规范

汽油费或者电费、高速路费用等行驶过程中产生的费用和汽车维修、保养费用等由每位拼车群成员各自承担。

无偿拼车并不是不出费用，而是承担自己开车那天的相关费用，但不承担其他 4 天由其他成员开车所产生的费用。即 1 天出费用 4 天无偿坐。

（四）拼车接送规范

拼车中的接送路线、先后次序等由拼车群成员根据各自的居住地点等因素约定，以方便、快捷为核心。遇有特殊情况，大家在微信群商量确定。

（五）拼车替换规范

在拼车过程中，由于生病、临时出差、休假等情况，拼车群某位参与者可能无法在当天按照约定次序开车接送其他成员，这就需要其事先提出或者及时提出，由其商定一位成员替其在这一天开车，待其方便时替回帮其开车的成员一天，以此来确保周期的完成性和固定性。胡海伟说："提前讲，别的同事会替开。"[1]或者依次递补开车，待其回来后补开空缺的若干天开车。在胡海伟看来，"在实施过程中不存在什么困难"。[2]

（六）拼车退出规范

在拼车过程中，退出机制和准入机制一致，也遵循自愿的原则。退出机制以口头表达为准，在选择退出时在微信群里提前通知其他参与者，要明确退出的具体时间，不影响其他参与者拼车的继续进行。胡海伟认为"口头约定退出自由，没有流程和规定"。[3]

---

〔1〕　胡海伟访谈录（微信访谈），2023 年 6 月 2 日。
〔2〕　胡海伟访谈录（微信访谈），2023 年 6 月 9 日。
〔3〕　胡海伟访谈录（微信访谈），2023 年 6 月 2 日。

三、无偿拼车规范的特征和作用

（一）无偿拼车规范的特征

无偿拼车规范作为一种自治规范，具有自发性、无偿性、合意性和不成文性四个特征。在其运行过程中，既便利了参与者的上班出行，降低了出行成本，同时也有利于对环境的保护和资源的利用。

其一，自发性。从规范的产生来看，拼车规范是参与者自发形成的规范。其形成的驱动力既不是政府力量的推动，也不是外部市场环境的经济因素，而是拼车参与者出于共同的目的，认可共同的规则而形成的。拼车群的发起和拼车的组织完全由参与者自发组织，是一个自组织和自运行的过程。在拼车规范运行过程中，逐渐发展出了相对固定的规范，也吸引了更多人的加入。在基本规范形成后，其后续规范的完善也主要是由参与者进行不断优化和调节。

其二，无偿性。从规范的实施来看，拼车的参与者以互助性和分享性为参与前提，参与者之间不存在任何谋取私利的目的，也无需支付特别的费用。无偿性是拼车规范得以运行的重要保障之一。这一拼车模式下，每位参与者都开自己的车，自己是驾驶人的同时也是乘车人，不涉及交通费用支付的问题，这在一定程度上避免了拼车过程中由费用引发的纠纷。

其三，合意性。从规范的形成来看，拼车过程中的开车次序、开车周期、人员替换等规范的确定，都是拼车参与者形成合意的结果，不受其他任何人的干预和影响。合意性保障了每一位拼车参与者都能充分表达自己的观点，也保障了规范在形成过程中集中体现参与者的共同意志，有利于拼车规范长期稳定地运行。合意性不仅在规范形成过程中发挥了重要的作用，在矛盾和纠纷出现后，参与者之间形成的合意也决定了解决的方式和最终的结果。

其四，不成文性。从规范的形式来看，拼车参与者之间关于拼车规范的约定多为口头，并无书面协议等文本上的约定。这一方面是由于拼车参与者多为关系较为熟悉的朋友或同事，认为签订协议有伤感情，另一方面是由于风险意识的缺乏。拼车参与者未能全面准确预估拼车所潜在的风险，对于可能出现的纠纷无预见性。不成文的规范提高了拼车规范运行的效率，但是增加了纠纷出现时参与者的风险。

（二）无偿拼车规范的作用

无偿拼车规范对于拼车参与者来说，降低了出行的成本，减轻了上班的疲惫感，同时也增加了参与者之间的社交互动性。这一自治规范的施行，也是对绿色出行原则的贯彻，对于减少环境污染、充分利用资源具有重要意义。

降低出行成本。拼车让多个参与者可以共享同一辆车，避免了单独驾车的高昂油费和停车费用，从而降低了每个人的出行成本。参与者们以一定的时间为周期轮流开车，避免了每人每天长时间开车去上班，减轻了开车上班的疲惫感。

增加社交互动。拼车让参与者有更多接触和沟通的机会，增加了相互了解和交流的时间。胡海伟说，他们"会在车上聊天，说一下最近的一些事情。也有不是很熟的同事慢慢熟悉了"。[1]不同于日常工作中的相处，拼车过程中的交流处于一种更为轻松的氛围和环境中，固定的人员和固定的时间为交流提供了便利的条件，有利于增强参与者之间的情感连接。

节约社会资源。拼车让多人共用同一辆车，充分利用资源，减少环境污染，也有利于保护生态环境。不仅可以减少对有限资源的浪费，也能够带动更多人采取低碳、环保的生活方式，为改善地球环境做出实实在在的贡献。胡海伟认为，无偿拼车"对环境当然有好处，也是政府在鼓励的出行方式吧"。[2]

四、对无偿拼车规范构建的思考和建议

无偿拼车规范是一种典型的民间自治规范，其既是时代环境的产物，也是民间自治智慧的体现。无偿拼车规范在实践过程中自发形成并逐渐完善、平稳有序地运行，既需要拼车参与者对于自治规范的遵循，也需要相关部门的支持和引导。在无偿拼车规范构建的

〔1〕　胡海伟访谈录（微信访谈），2023 年 6 月 9 日。
〔2〕　胡海伟访谈录（微信访谈），2023 年 6 月 9 日。

过程中，除了最大限度地尊重参与者的合意之外，也需要在法律层面作出明确的引导和规定。

对于交通部门来说，需要给予无偿拼车更多的支持和引导。一方面，交通部门应对无偿拼车模式给予肯定和鼓励。无偿拼车模式的出现为人们提供了一种全新的经济共享方式，积极响应了国家提倡绿色出行、低碳生活的号召。同时，这种形式还能有效降低每位参与者的出行成本，分担驾驶人的压力和开销，起到了节省交通资源、缓解交通拥堵等多重作用。因此，交通部门应该给予其更多的肯定和鼓励，进一步探索无偿拼车的规范化发展，提供无偿拼车协议供拼车人参考采用、制定行业标准和规章制度，从而更好地发挥其社会效益和经济价值。另一方面，交通部门要对无偿拼车模式给予引导。例如，要引导拼车参与者谨慎选择车主，应当对驾驶人的驾龄、驾驶能力等情况提前进行了解。并且，要认真检查车辆现况，对车辆年检及保养的情况有所了解，确保出行的车辆安全。同时，要明确驾驶人的责任。好意搭乘行为中，搭乘者的人身、财产安全处于驾驶人的控制范围内，驾驶人必须尽心尽责，要有适当的注意义务，采取合理措施保护搭乘者。

对于政府管理部门来说，由于在拼车过程中有上述风险的存在，交通、司法行政部门等相关部门可建议在拼车前提前签订拼车协议，约定清楚双方的权利义务，协议中可以包含拼车参与者的姓名、车辆信息、起点和终点、路线、拼车时间和地点、费用等条款内容，以及事故赔偿、违规违约的处罚和责任承担等相关条款。拼车协议的签署一方面可以避免日后发生纠纷导致的不必要麻烦和损失；另一方面，在运管部门查处非法营运时，书面协议也可以作为证据，帮助各参与者维护自己的权益。政府的相关部门也可以提供书面拼车协议的范本，方便参与者们根据实际情况进行修改和使用。签订拼车协议可以更好地保障参与者的安全和权益，也有利于无偿拼车模式的有序、规范发展。

对于法院处理拼车纠纷来说，无偿拼车属于好意搭乘行为。《民法典》第 1217 条规定了好意搭乘的责任承担："非营运机动车发生交通事故造成无偿搭乘人损害，属于该机动车一方责任的，应当减轻其赔偿责任，但是机动车使用人有故意或者重大过失的除外。"我国首次通过立法方式明确了好意搭乘情况下造成搭乘人损害的赔偿规则。《民法典》对好意搭乘采用过错责任的归责原则。搭乘者与有偿的乘客享有同等的权利，施惠者应当承担一定的注意义务，应当减轻施惠者的赔偿责任。过错责任是侵权责任适用的一般原则。《民法典》第 1165 条第 1 款规定："行为人因过错侵害他人民事权益造成损害的，应当承担侵权责任。"过错责任的适用原则一方面有助于减少好心办坏事现象的发生，另一方面能够将好意行为引导到健康的轨道，形成良好风尚。法院在拼车纠纷的处理中，应当以保护善意、弘扬正气、鼓励拼车为目标，对于拼车驾驶人是否具有故意或者重大过失进行判断，从而确定能否以好意搭乘作为理由减轻行为人的责任。

结　语

自发形成并不断完善的无偿拼车规范为社会提供了更方便、更经济的出行方式，不仅可以减少道路通行压力和交通拥堵，而且可以减少环境污染，提升资源利用效率和节能减排程度。同时，无偿拼车规范也是一个相互尊重和信任的社交行为。高效、稳定的拼车群体可以促进人们之间的交流和友谊，促进社会的高效有序和和谐发展，带来了积极的社会影响和效益。随着科技进步和社会发展，应该进一步完善无偿拼车规范，创造更好的出行模式，减少可避免的风险。无偿拼车群成员应有法律意识和契约观念，诚信为本。对于驾驶人而言，应当尽到安全驾驶的注意义务。驾驶人在搭载同事、好友的过程中，应当严格遵守交通法规，保证车辆驾驶的安全性。对于乘车人而言，也要做好安全措施，做好自身安全防护的第一责任人，同时也要提醒驾驶人安全驾驶、谨慎驾驶，在遇有突发情况时提前预警，及时提醒。

同时，对于此类无偿拼车规范，政府应当给予更多的尊重、关注、鼓励和引导。一方面，可以通过政策扶持、宣传推介、技术支持、经费补贴等多种方式，鼓励公民积极参与无偿拼车，营造良好的拼车氛围，让拼车成为一种绿色、低碳、安全、便捷、有益的出行方式和社交活动。另一方面，可制定相应的管理办法，倡导拼车协议的签订，提供协议的规范性文本，明确参与者的权利和义务，保障拼车活动的安全和合法性。有关部门可及时总结和推广不同的拼车模式，让此类互助型自治规范在交通出行领域发挥重要的作用，促进交通出行领域进行有效的自我管理和自我服务，不断提高社会治理水平和治理能力。

附录：

上下班无偿拼车协议（参考范本）

甲方：_____

身份证号码：_____

乙方：_____

身份证号码：_____

丙方：_____

身份证号码：_____

丁方：_____

身份证号码：_____

戊方：_____

身份证号码：_____

甲、乙、丙、丁、戊五方本着平等自愿、共同受益的原则，经过友好协商，根据《中华人民共和国民法典》的有关规定，就拼车上下班事宜，在互助互惠互利的基础上达成以下协议，并承诺共同遵守。

一、拼车路程

往返地点：_____、_____、_____、_____、_____与_____。

二、拼车时间

1. 本协议有效期_____年，自_____年_____月_____日起至_____年_____月_____日。

2. 搭车时间为每周_____至周_____，每天上午与下午往返各一次。

三、费用支付

1. 搭车费用：本拼车形式不涉及费用支付。

2. 甲、乙、丙、丁、戊五方既是驾驶人也是乘车人，需共同遵循协议所规定的权利及义务，驾驶人驾车过程中汽油费等费用自担。

四、双方的权利及义务

1. 甲、乙、丙、丁、戊五方有一位每周一天驾驶自己车辆须按时接上其他四方并送达指定地点。

2. 驾驶方须保证车辆和驾驶过程的安全。

3. 各方需遵循协商确定的开车次序和开车周期。如一方由于自身原因需要调换开车次序，需要提前商定替换方并通知其他方。所缺方可根据实际情况和双方的协商情况补足开车次数。

4. 如某方某段时间不能搭乘车，须提前通知各方。如该方未能及时通知各方，造成的损失由该方承担。

5. 若某方在行车过程中，发生交通事故造成无偿搭乘人损害，属于该机动车一方责任的，应当减轻其赔偿责任。

6. 因其他方的故意或者重大过失造成某方的车辆受到损坏或事故，该方应承担赔偿责任。

7. 在拼车期内，如有一方有特殊情况需解除协议的，须提前_____天通知各方，协商后解除本协议。

五、违约责任

当事人一方如不履行本协议义务或履行本协议义务不符合约定而给其他各方造成损失的，应对损失进行赔偿（包括各种因之产生的费用、开支、额外责任，以及协议履行后所可以获得的直接利益）；但遭受损失方必须提供相关损失的证明，且不得超过违约方订立协议时预见到或应当预见到的因违约行为所可能造成的损失。

六、不可抗力

在本协议履行过程中，如因不可抗力导致活动终止或带来损失，各方各自承担自己损失，互不承担违约责任。

七、变更与补充

1. 本协议中如有未尽事宜，由各方当事人协商一致，签订书面补充协议，书面补充协议与本协议具有同等法律效力。

2. 除法律本身有明确规定外，后继立法（本协议生效后的立法）或法律变更对本协议不应构成影响。各方应根据后继立法或法律变更，经协商一致对本协议进行修改或补充，但应采取书面形式。

八、争议的解决

本协议各方当事人对本协议有关条款的解释或履行发生争议时，应通过友好协商的方式予以解决。如果经协商未达成书面协议，双方同意选择下列任一方式解决：将争议提交当地仲裁委员会仲裁或依法向有管辖权的人民法院提起诉讼。

九、协议生效

本协议自双方签字之日起生效。

十、其他

甲、乙、丙、丁、戊五方建一微信群以方便联系。

签署时间：　　　　　年　　　月　　　日
甲方：（签字）　　　　　　　　　乙方：（签字）
丙方：（签字）　　　　　　　　　丁方：（签字）
戊方：（签字）

第三十六章

结　语

　　大亚湾区的自治规范是一种多元化、多维化、多种化、多样化的规范，村民委员会、居民委员会、人民团体、企业和学校等社会组织、民众等多元主体根据国家法律法规和规范性文件发挥主观能动性，积极运用自治规范进行自主治理，充分发挥自治规范在法治建设和社会治理中的积极作用，呈现出鲜明的特点，产生了积极的效果，丰富了大亚湾区和美之治的内涵，形成了通过自治规范进行基层治理的大亚湾实践、大亚湾风格、大亚湾样板、大亚湾模式。

一、大亚湾区自治规范的特点

　　在法治建设进程和基层治理实践中，大亚湾区的自治规范呈现出规范创制自主、规范类型多样、规范内容丰富、规范自我施行等特点。

　　（1）规范创制自主。除了部分自治规范系按照政府有关部门的要求制订、修改外，就规范创制而言，大亚湾区自治规范主要是一种以社会自生为创制方式的社会内生型规范，重在自我管理、自我服务、自我运行，具有自主性。村民委员会、村民小组、居民委员会、妇女联合会、法学会、行业协会、企业、学校、社会工作服务机构、宗族等根据国家法律法规和规范性文件，按照章程或本社会组织的特点，通过全体成员大会、代表大会等形式，自主制订规范，调整相应的社会关系。在自治规范的创制过程中，政府有关部门可能有一定的指导，提供一定的建议，但是总体上为成员意志的自我表达和自我确认。如西区街道新联社区创制和完善集体经济组织成员资格规范的活动是一个民主协商、民主决策、民主管理、民主监督的自治过程，集体经济组织成员资格规范的诞生是民主自治的结果。新联社区的集体经济组织成员资格规范之所以以类型化为中心，是各方意见碰撞、妥协、融合的结果，体现了全过程人民民主的理念和精神。作为一种社会内生型规范，大亚湾区自治规范的形成是一个自组织过程而非他组织过程，遵循的主要是进化主义逻辑而非建构主义逻辑。大亚湾区自治规范的创制，既通过各类社会主体的内部约定，有意识、有目的、能动地创制规范，也通过审核成员的长期自然形成，即"俗成"，年复一年地逐渐形成了为成员所遵循的规范。同时，在规范基本成型之后，自治规范的修订、完善也主要是依靠社会组织、社会团体或者民众等社会内生性力量的自我优化、自我调节。

（2）规范类型多样。就规范样态而言，大亚湾区自治规范包括基层群众性自治组织规范、社会团体规范、行业自治规范、社会组织自治规范、非正式组织自治规范等五类，分为公约、章程、行业规范、工作制度、习惯等，类型多种多样。这些自治规范中，有村民自治章程、村规民约、居民公约、经济联合社章程、"美丽家园"积分制、居务监督委员会工作职责，有妇女联合会的工作议事制度、法学会的制度，有房地产协会章程、物业管理行业协会《自律公约》、个体私营企业协会工作制度、石化工业区业主委员会规范，有国有企业内部管理制度、企业合规体系、合规管理"三张清单"制度、企业员工招聘调配管理制度、民营企业的门岗管理制度、社会工作服务机构的章程、业主大会和业主委员会规范、宗族的组织和行为规范、宗族祭祖规范、庙理事会的组织与行为规范，有民事习惯规范、渔村传承的传统婚姻成立规范、村庙祭神活动规范、老人互聊共食茶叙规范、无偿拼车规范。大亚湾区自治规范有综合性的规范，也有专门性的规范；有成文的规范，也有不成文的规范；有相对正式的规范，也有相对不正式的规范。大亚湾区自治规范与复杂、多彩的社会形态相适应，呈现出丰富性。

（3）规范内容全面。就规范内容而言，大亚湾区自治规范内容全面，涉及调整社会关系、约束社会行为、满足民众需要、维护社会秩序、解决社会矛盾、促进社会发展、传承良善文化、推进社会治理等方面。这些自治规范既包括组织规范、人员规范、行为规范、钱物规范等实体规范，也包括流程规范等程序规范；既包括国家法律法规和政策的具体细化和施行规范，也包括社会团体和社会组织满足自我需要、自我发展的规范；既有民众生活中的规范，也有企业生产、组织运行中的规范；既有权利义务规定得系统、明确、具体的规范，也有权利义务规定得零散、简单、概略的规范。从总体上看，大亚湾区自治规范涉及社会生活、民间生活的各个领域，具有全面性。

（4）规范自我施行。就规范施行而言，大亚湾区自治规范是一种以自我实施为生效方式的自我执行式规范。从总体上看，自治规范通常并不随着时空的移转而发生重大变化，有着较强的连续性、稳定性。自治规范的施行主要是一种基于内生性力量的自组织过程，依赖于社会团体、社会组织的权威和社会贤人的人格魅力，而非依靠外部力量的他组织过程。从某种角度认识，由于自治规范与民众利益密切相关，社会组织成员对自治规范具有某种内在接受性和遵从性。在规范产生实效的过程中，来自村民委员会、居民委员会、人民团体、行业协会、企业、学校、宗族等社会团体、社会组织内部的力量和民间权威居于主导性地位。大亚湾区自治规范具有严格的约束性。

二、大亚湾区自治规范的作用

大亚湾区自治规范在实践中产生了调整社会关系、促进经济发展、约束社会行为、满足民众需要、保障民众权益、维护社会秩序、解决社会矛盾、促进社会发展、传承良善传统、推进社会治理等积极作用，进一步推进了大亚湾区的和美之治。

（1）促进经济发展。大亚湾区通过自治规范的基层治理实践改善了本地基层治理质效，奠定了发展区域经济、打造改革开放新高地的治理基础，直接或间接地推动了大亚湾区域的经济发展。大亚湾区的村民委员会、居民委员会等主体在国家法律法规的框架下充分发挥自身的积极性，开展了依据自治规范的自治探索，吸引了资金和人员的流入，促进了村居经济的发展。企业的合规管理既是防范法律风险的重要手段，也是公司治理的有效方式；企业合规管理既是推动经济高质量发展的必要步骤，也是企业内部治理的重要内容；能够有效地防范风险、保护企业利益，顺利进行生产经营活动，促进企业发展。大亚湾区积极发挥自治规范作用，改善了大亚湾区的基层治理环境、社会治理状况、社会治理基础，为大亚湾区顺利完成"十四五"发展主要任务以及有效实现 2035 年的远景目标奠定了坚实基础、提供了有力保障，间接促进了大亚湾区的地方经济发展。

（2）保障民众权益。大亚湾区自治规范以自我管理、自我教育、自我服务为目的，面向民众、依靠民众、服务民众，通过民主选举、民主决策、民主管理、民主监督，以有效保障民众的权益为重要出发点，规范施行过程由民众参与、规范成果由民众共享、规范效果由民众评价，在实践中产生了有效保障民众的生存权益、发展权益、服务享受权益、治理参与权益等积极效果。如澳头街道妈庙村的村民小组基于古村征收获得收益的实际情况，通过召开村民小组会议、村民小组扩大会议的方式将传统习惯上升为村规民约并因时因地完善村规民约的做法促进了传统习惯的双重制度化，为妈庙村各村民小组有序分配征收款、厂房租赁收益、回拨地转让收益等福利收益提供了制度支撑与分配依据。通过自觉遵守和严格适用福利分配规范，妈庙村各村民小组保障了福利分配活动的公开、公正进行，促进了个体福利分配工作的有序进行，保障了村民的合法权益。自治规范在保障被搬迁人的生存权益、保障村民居民享受良好居住环境的权益、保障民众参与基层治理机会的权益、保障村民福利分配的权益、保障民众享受心理服务的权益、保障民众享受志愿服务的权益、保障村民得到援助的权益、保障信众信仰需求的权益、保障村居和企业等后续发展的权益等方面具有积极作用。

（3）维护社会秩序。大亚湾区自治规范为村民委员会、居民委员会、人民团体、行业协会、企业、学校、宗族等社会团体、社会组织提供了行为准则与行动指南，维护了社会秩序，保障了基层社会的稳定和安宁。如西区街道塘尾村海隆村民小组通过民事习惯规范的基层治理为海隆村民小组婚事活动、起屋进宅活动、丧葬活动、互助活动的组织者、参与者提供了符合历史传统、契合大众认知、合乎群众期待的行为规范与行动指南，确保了婚事活动、起屋进宅活动、丧葬活动、互助活动按照既定流程有序展开，为村民小组的正常运转提供了稳定的秩序基础与制度保障。如西区街道坺下社区的村庙祭神规范为祭神活动组织者和参与者等信仰共同体提供了共知共认的行为准则和操作规程，使得祭神活动组织者能够按部就班地组织、开展信仰活动，让信众能够根据长期形成的思维习惯和行为习惯有序参与其中，防范无序、混乱状况的发生。自治规范的施行体现了民众的主人翁地位，把"法治大亚湾""平安大亚湾"的地方计划从理念转化为了现实，提升了大亚湾区社会的活力，巩固了大亚湾区安全发展的基础，构建了共建、共治、共享新格局，保障了大亚湾区社会的安定和谐，促进了民众思想道德、文明素养的提高，提升了大亚湾区社会治理的社会化、法治化、精细化、智慧化、专业化水平，确保了大亚湾区人民安居乐业、大亚湾区社会安定有序。

（4）传承良善传统。大亚湾区不少自治规范特别是民间自生规范、习惯规范是大亚湾区特有的文化、心理、意识的制度化呈现，在基层治理中广泛施行自治规范在很大程度上就是在推进优秀传统的传承，保障优秀文化的接续和弘扬。大亚湾区的民间婚姻规范、丧葬规范、起屋规范、茶叙规范、原始信仰规范等自生习惯规范是传统文化的制度化体现，根据这些民间自生的规范进行社会治理本身就是在传承良善传统。如西区街道塘尾村村委会、朱氏宗族、村民个人根据宗族规范开展传家训、建祠堂、修族谱、拜祖先、创协会等治理实践既是在满足今人的文化需求，也是在传承、活化传统先人的精神文化遗产。自治规范的施行使得大亚湾区的村居民众得以在生活场景发生巨变的情况下仍然能延续乡愁根脉、留住乡土情结，传承数百年的优秀传统。

三、大亚湾区自治规范的完善

在实践中，大亚湾区的自治规范存在规范创制的透明度不高、规范内容空洞化、规范实施的保障性不强等问题，有的自治规范条款甚至还存在违反国家法律法规的现象。相关主体需要在提高认识的基础上解决大亚湾区自治规范的问题，进一步完善自治规范，以更好地发挥自治规范在基层治理和法治建设中的作用，进一步推进大亚湾区的和美之治建设。

（1）提高认识。大亚湾区的各级党政机构、领导干部等需要在思想上提高对自治规范在基层治理和法治建设中的积极作用和重要意义的认识，需要本着尊重内生、尊重自治、尊重创新的理念，实事求是，从实际出发，眼睛向下，对基层治理中的内生资源、自治实践、规范创新现象给予充分的重视和尊重。尊重基层治理中自治规范的客观存在，尊重民众的创新精神，积极传承和弘扬优秀的固有治理经验，不断提升基层治理活力和质效。村民委员会、居民委员会、人民团体、行业协会、企业、学校、宗族等社会团体、社会组织的存在具有客观性和合理性，社会团体和社会组织壮大了基层治理力量、自治规范奠定了基层治理基础、自治实践拓展了基层治理范围。在法治国家、法治社会建设中，需要有效地推动政府治理同社会调节、居民自治良性互动，促进基层民众自治更加充满活力和生机。

（2）理清思路。大亚湾区自治规范的完善坚持以法律为依据、以生活为本位、以问题为导向、以发展为核心、以实效为目标的思路。必须坚持依法自治理念，在创制、修订自治规范时严格根据法律的规定，并妥善处理与法律有矛盾的内容。在开展自治的过程中自觉遵循立足民众生活实际、面向民众生活所求、遵循民众生活逻辑、解决民众生活困难、服务民众生活需要、提高民众生活水平、保障民众生活秩序的原则。要坚持以实际问题为导向的原则，着力解决自治过程中的突出问题、突出矛盾，针对问题与矛盾补短板、强弱项。要将发展作为自治的第一要务，运用新发展理念推动自治规范不断完善、自治治理实践不断创新，在自治实践中坚持走科学发展、可持续发展、城乡融合发展之路。自治需要避免务虚而不务实，避免追求有显示度的表面效果、短期效果而不追求实际效果，实现良法善治的实际治理效果。

（3）制定规范。大亚湾区政府及其相关部门、大亚湾区各街道办事处等可根据实际情况适时制定《大亚湾经济技术开发区自治促进办法》《大亚湾经济技术开发区村规民约、居民公约指导方案》《大亚湾经济技术开发区发挥自治规范的基层治理作用若干规定》《大亚湾社工机构参与社会治理促进办法》等规范性文件，为自治奠定制度基础。

（4）制度保障。大亚湾区自治规范的进一步完善需要通过交流制度、沟通制度、指导制度、备案制度等予以保障。村民委员会、居民委员会、人民团体、行业协会、企业、学校、宗族等社会团体、社会组织需要进一步加强与大亚湾区政府及其相关部门、街道等的交流、沟通，就自治规范的制订和修改、施行等表达态度和意见，大亚湾区政府有关方面应及时予以回应，逐步达成自治的界限、方式等方面的共识。大亚湾区政府及其相关部门要依法加强对自治规范制订和修改的指导，在尊重自治的基础上有针对性地进行督促，并通过现场研讨交流、自治经验发掘、广泛征集优秀自治规范、遴选和发布典型案例等方式进行具体指导。大亚湾区政府有关方面要建立健全备案审查制度，通过事前审查和事后审查等方式对自治规范的合法性、合规性进行全面衡量。

（5）物质支持。为了保障自治规范能够充分发挥作用，走稳、走好良法善治之路，大亚湾区、街道等可在既有经验的基础上，加强社会团体、社会组织进行自治的条件保障，出台切实可行的政策，投入更多的财政资金，提供更为充足的物力支持，通过各种方式提供人力资源，大力支持自治活动。

自治的本然、实然与应然

——当代中国自治规范研究综述

引　言

新中国成立以来，法治建设经历了曲折的发展历程，取得了令人瞩目的成就。中共十八届三中全会提出，建设法治中国必须坚持法治国家、法治政府、法治社会一体建设。不过，当代中国法治建设进程中仍然存在法律规范体系、法律实施机制建设与法治精神培育之间的不平衡以及法治国家、法治政府的建设与法治社会建设间的不平衡问题。当代中国的法治建设在强调国家法主导地位的同时，也不能忽视作为非国家法的习惯法的巨大影响，应从中国传统的法制资源中发掘具有生命力的自治规范。[1]

1978 年改革开放以来，我国社会主义市场经济建设使具有一定自主权的"公民社会"加快形成。公民社会是国家和个人之间的一个中间性社会领域，由经济、宗教、文化、知识、政治活动及其他公共领域中的自主性社团和机构所组成。[2]这些社会团体、社会组织通过自治规范在不同的社会领域中发挥了扩大公众参与、提供社会服务、推动民主协商、化解社会矛盾、传承地方良善文化、参与基层社会治理等作用，保障或增进了社会成员的利益或价值。不断完善的自治规范为法治社会建设、法治精神培育发挥了重要的作用。中共中央于 2020 年 12 月印发的《法治社会建设实施纲要（2020—2025

---

〔1〕　参见高其才：《当代中国法治建设的两难境地》，载《法制现代化研究》1998年第 0 期。

〔2〕　参见高其才：《法社会学》，北京师范大学出版社 2013 年版，第 85 页。

年）》提出："加强居民公约、村规民约、行业规章、社会组织章程等社会规范建设，推动社会成员自我约束、自我管理、自我规范。"

　　基于此，我国学术界开始越来越多地关注自治规范，涉及自治规范研究的作品数量越来越多，研究范围不断扩大。对当代中国自治规范的已有研究进行回顾、归纳和总结，一方面可以厘清学界在自治规范领域的关注热点、焦点，梳理学界关于自治规范所关切的问题、研究的方向、提出的理论以及形成的共识，从而推动自治规范研究的深化，提升自治规范研究学术水准；另一方面，通过对自治规范现实和理论问题的关切与探讨，探索自治规范如何能够更好地满足人的需要、保障人的权利、推进社会的发展，揭示自治规范所具有的生机与活力，从而为自治规范在推进法治社会和法治国家建设、进行国家治理和基层治理中更具有实践价值而做出努力。

　　本文以自治规范研究文献为对象，对期刊论文、学位论文、会议论文等主要使用中国知网的 CNKI 数据库进行检索，对图书资料主要使用国家图书馆联机公共目录查询系统（OPAC）、国家图书馆文津搜索引擎、清华大学图书馆水木搜索引擎、当当网商城搜索工具进行检索。[1]根据 2023 年 5 月 13 日对中国知网的 CNKI 中文库检索，篇名包含"自治规范"或"自治规则"的文章共有 59 篇，主题包含"自治规范"或"自治规则"的文章共有 388 篇，发表时间分布在 1998 年到 2023 年。其中，《涉外合同意思自治规则的解释与完善——以罗马条例Ⅰ为参照》（焦燕，《南京大学法律评论》2013年第 2 期）等 7 篇文章因主要研究内容为意思自治而不属于本文研究对象。[2]关键词中有"自治规范"或"自治规则"的文章共有 62

---

〔1〕　如无特别声明，本文中"自治规范"与"自治规则"通用，"村规民约"与"乡规民约"通用。

〔2〕　这 7 份文献分别为：刘婷、王振晔：《国际商事仲裁快速程序：规则优先与意思自治的背离》，载《现代商贸工业》2022 年第 13 期；钟言：《意思自治视角下的企业内部劳动规则适法性研究》，载《中国工运》2019 年第 6 期；汪洋：《共同担保中的推定规则与意思自治空间》，载《环球法律评论》2018 年第 5 期；肖永平、张弛：《论一般侵权法律适用规则中意思自治的限制》，载《苏州大学学报（法学版）》2014 年第 1 期；焦燕：《涉外合同意思自治规则的解释与完善——以罗马条例Ⅰ为参照》，载《南京大学法律评论》2013 年第 2 期；邵慧慧：《论我国涉外民商事合同法律适用中意思自治原则——魁北

篇，其中新检索到 2 篇有效文献。在此 383 篇有效文献中，篇名中包含有"自治规范"或"自治规则"的期刊论文有 36 篇，博士学位论文为 0 篇，硕士学位论文有 9 篇；主题包含"自治规范"或"自治规则"的期刊论文有 214 篇，博士学位论文有 20 篇，硕士学位论文为 104 篇；关键词中有"自治规范"或"自治规则"的期刊论文有 40 篇，博士学位论文有 2 篇，硕士学位论文为 14 篇。以正题名包含"自治规范"或"自治规则"的条件进行检索，共检索到中文图书 6 本，出版时间分布在 1985 年到 2021 年。[1]

　　除此 383 篇有效文献之外，在检索中可发现学界围绕"公司章程""公司自治""村规民约""村民自治""业主自治""管理规约""平台治理""行业协会""大学治理""党内法规"这些主题的专门性自治规范研究较多。但是，这些专门性自治规范研究主题广泛，其中包含"自治"主题的文献对本文较有裨益，且关于"社会组织规范""社会团体规范"和"团体法"的研究也与自治规范具有强相关性。于是，为使文献基础更加充实，本文对"社会组织规范""社会团体规范""团体法""自治+公司章程""自治+村规民约""自治+业主公约""自治+行业规范""自治+大学章程""自治+党内法规""自治+平台规则"等主题词进行了补充检索，共录得有效文章 2448 篇，[2] 有效图书 38 本，[3] 发表或出版时间分布在1984 年到 2023 年间。

（接上页）克合同法律适用规则比较研究》，载《现代商贸工业》2009 年第 22 期；戴小冬：《国际私法上意思自治原则新探》，载《吉首大学学报（社会科学版）》2005 年第 2 期。

　　〔1〕　其中，《全国供用电规则广西壮族自治区实施细则》（广西壮族自治区电力工业局，广西人民出版社 1985 年版）因主题与自治规范无关而被排除。

　　〔2〕　其中，"社会组织规范"检索录得有效文献 2 篇，"社会团体规范"录得 0 篇，"团体法"录得 106 篇，"自治+公司章程"录得 391 篇，"自治+村规民约"录得 949 篇，"自治+业主公约"录得 476 篇，"自治+行业规范"录得 11 篇，"自治+大学章程"录得 406 篇，"自治+党内法规"录得 63 篇，"自治+平台规则"录得 44 篇。

　　〔3〕　其中，"社会组织规范"检索录得有效图书 3 本，"社会团体规范"录得 1 本，"团体法"录得 13 本，"自治+公司章程"录得 4 本，"自治+村规民约"录得 15 本，"自治+业主公约"录得 9 本，"自治+行业规范"录得 4 本，"自治+大学章程"录得 2 本，"自治+党内法规"录得 0 本，"自治+平台规则"录得 0 本。

在以"自治规范"或"自治规则"为研究主题的文章中，引用率最高的 3 篇文章为崔智友的《中国村民自治的法学思考》（《中国社会科学》2001 年第 3 期，被引 479 次）、黎军的《基于法治的自治——行业自治规范的实证研究》（《法商研究》2006 年第 4 期，被引 117 次）、屠世超的《行业自治规范的法律效力及其效力审查机制》（《政治与法律》2009 年第 3 期，被引 37 次）。被引率最高的 3 位作者是广西人民检察院的崔智友（1 篇文章，被引率 12.4%）、扬州大学的钱玉林（2 篇文章，被引率 9.47%）、深圳大学法学院的黎军（1 篇文章，被引率 3.03%）。在主要主题为"社会组织规范"的文章中，引用率最高的是王名的《非营利组织的社会功能及其分类》（《学术月刊》2006 年第 9 期，被引 545 次）；在主要主题为"社会团体规范"的文章中，引用率最高的是雷兴虎、陈虹的《社会团体的法律规制研究》（《法商研究（中南政法学院学报）》2002 年第 2 期，被引 232 次）；在主要主题为"团体法"的文章中，引用率最高的是叶林的《私法权利的转型——一个团体法视角的观察》（《法学家》2010 年第 4 期，被引 246 次）。

在各种类型自治规范的专门性研究中，都存在高被引率的具有代表性的论文。在主要主题为"公司章程＋自治"的文章中，引用率最高的是朱慈蕴的《公司章程两分法论——公司章程自治与他治理念的融合》（《当代法学》2006 年第 5 期，被引 328 次）；在主要主题为"村规民约＋自治"的文章中，引用率最高的是陈寒非、高其才的《乡规民约在乡村治理中的积极作用实证研究》（《清华法学》2018 年第 1 期，被引 358 次）；在主要主题为"业主公约＋自治"的文章中，引用率最高的是涂振的《业主自治是物业管理的基础》（《合肥工业大学学报（社会科学版）》2004 年第 4 期，被引 23 次）；在主要主题为"行业规范＋自治"的文章中，引用率最高的是黎军的《基于法治的自治——行业自治规范的实证研究》（《法商研究》2006 年第 4 期，被引 23 次）；在主要主题为"大学章程＋自治"的文章中，引用率最高的是米俊魁的《大学章程法律性质探析》（《现代大学教育》2006 年第 1 期，被引 110 次）；在主要主题为"党内法规＋自治"的文章中，引用率最高的是张晓瑜、秦前红的《"法多元主义"视角下党内法规规范属性探析》(《河南社会科学》2020年第11期,被引27次);在主要主题为"党内法规+自治"的文章中,引用率最高的是姚辉、阙梓冰的《电商平台中的自治与法治——兼议平台治理中的司法态度》(《求是学刊》2020年第4期,被引38次)。

本文围绕何为自治规范的"本然"、自治规范在中国的"实然"以及自治规范应为何的"应然",分别从自治规范的内涵研究、种类研究、发展变迁研究、效力研究、作用与价值研究、实施研究、与国家法的关系研究等方面较为全面地展现我国自治规范学术研究的状况,介绍当前研究的焦点和热点,并对研究的整体特点和深入进行展开初步思考。需要指出的是,基于各种条件限制,本文可能没有穷尽所有相关文献资料。

一、自治规范的内涵研究

开展关于自治规范的学术研究,应当首先对研究对象有清楚的认识。从哲学的视角看,概念是人思维的基本单位,概念是一种抽象的、普遍的观念,概念可以指明实体、事件、类别或关系等。概念研究通常包括对内涵和外延两个方面的研究,关于自治规范外延的研究主要在于类型化方面,将在后文加以阐述,而关于自治规范内涵的研究,主要可从自治规范的定义、特征和性质三方面来概括。通过对这三方面研究的总结,能够探知学界在"何为自治规范"这一问题上产生了哪些共识以及有哪些还可以进行探讨。

(一)自治规范的定义

任何关于自治规范的研究,都需要对自治规范的定义进行理解和阐释。不少学者从词义出发理解,如戴剑波认为"自治规范即自我形成并可自我实施的规范",[1]这是相对于由外在的机构或人员制定并主要依靠外在力量保证实施的"他治规范"定义来界定的。也有学者认为,自治规范即"自治章程、自治协议、自制约定",是

---

[1] 参见戴剑波:《当代中国新商人法研究》,法律出版社2016年版,第63页。

自治组织或自治团体就自治事项由全体成员一致通过的协议或章程。[1]

　　基于自治规范在制定主体上与其他规范的区别，更多的学者主张以此界定何为自治规范，普遍认为由"社会自治组织"作为制定和实施主体的规范即是自治规范。如朱最新认为："自治规范也称自治规则，是指社会自治组织行使社会公权力制定或认可的，调整自治事项的规范的总和。"[2]薛刚凌、王文英从社会自治组织的职能出发，认为自治规则是"社会自治组织行使社会公权力、规定自治事项、规范其组织成员行为的载体和集中体现"，并认为"社会自治规则是就自治事项所作的规定以及为其成员设定的行为规范"。[3]但也有学者认为，社会自治组织制定的规范只能算作狭义上的自治规范，提出对自治规范的理解应分为狭义和广义层面，狭义上的自治规范是社会团体的内部规章，这些规章属于社会法规范体系中民间自治规范的一部分；而广义上的自治规范则是包含整个社会存在的人类群体作为社会团体的内部规范，也就是人类社会成员所自发遵守的传统观念、风俗习惯等都对全体成员具有约束力，不遵守者将被整个社会以不同于法律的自治方式予以惩罚，所以这些内容就是广义上的自治规范。[4]

　　此外，还有学者从自治规范的产生和确立出发，对自治规范有类似习惯法的定义。张镭认为，自治规则是指基层社会主体在长期的生产生活中自发形成的，具有一定稳定性和规制力，对基层社会整体利益具有重要意义，能够被基层主体普遍认同并自愿尊崇的行为规则。[5]这一定义主要强调了自治规范是"基层社会主体"经过

---

〔1〕　参见王圣诵：《中国自治法研究》，中国法制出版社 2003 年版，第 15 页。

〔2〕　参见朱最新：《法律多元与府际合作治理双重视角下的自治规范研究——兼论自治规范与国家法的关系》，载《法治社会》2017 年第 1 期。

〔3〕　参见薛刚凌、王文英：《社会自治规则探讨——兼论社会自治规则与国家法律的关系》，载《行政法学研究》2006 年第 1 期。

〔4〕　参见朱斌：《社会法规范体系的构成研究——从社会法概念角度考察》，载《山西师大学报（社会科学版）》2009 年第 S1 期。

〔5〕　参见张镭：《论基层自治规则的主导作用及其法律保障》，载《法学》2018 年第 9 期。

长期实践逐渐自发形成的,而不是被外部强制力所认可和保证的,即主要将自治规范在非国家法意义上进行定义。

总的来说,从既有研究来看,虽然界定自治规范内涵的视角不同,但学界对自治规范的定义已经基本形成共识,即自治规范是一种由社会自治组织就自治事项由全体成员一致通过的、具有一定强制力的调整自治事项的规范的总和。

(二) 自治规范的特征

学界关于自治规范特征的探讨多集中于一般性研究。朱最新认为,自治规范具有规范性、普遍性、权义利导性、公开性和强制性的特征。具体来说,自治规范因其主要由规范或规则构成而具有规范性;自治规范因其调整对象是社会自治组织内一般的而非具体的人和事,且能够反复适用没有例外而具有普遍性;自治规范因其主要以权利和义务为内容分配利益、调整社会关系而具有权义利导性;自治规范因其会以公众普遍知悉的途径和方式公之于众而具有公开性;自治规范因其由社会自治组织负责强制执行而具有强制性。[1]薛刚凌、王文英认为,相对于国家法律的国家性、普遍性、强制性来说,社会自治规则具有地域性、专业性和契约性。[2]魏静认为,商会自治规范具有专业性和针对性,因为其制定主体相对于国家立法机关来说更具有信息上的优势和成员的专业背景,同时其还具有效率性,因为自治规范没有繁复、严格的制定和修改程序,且搜寻制定或修改自治规范所需信息的成本也较低,所以自治规范具有效率性。[3]刘孝光也从和国家法的比较出发,认为自治规范从制定主体来说具有民间性,而不像国家法的制定主体具有正式性;从权力来源来说具有多元性,因为自治规范制定权既可以来自社团成员的契约意志,也可以来自国家法的授权;从效力指向来说具有内部性,

---

〔1〕 参见朱最新:《法律多元与府际合作治理双重视角下的自治规范研究——兼论自治规范与国家法的关系》,载《法治社会》2017 年第 1 期。

〔2〕 参见薛刚凌、王文英:《社会自治规则探讨——兼论社会自治规则与国家法律的关系》,载《行政法学研究》2006 年第 1 期。

〔3〕 参见魏静:《商会自治的基石:商会自治规范研究》,载《西南农业大学学报(社会科学版)》2009 年第 4 期。

自治规范调整范围是单一且狭窄的社团内部事务。[1]

对自治规范特征的探讨焦点在于，自治规范的特征在包含内部性的同时是否还包含外部性？大部分学者认为，内部性是自治规范的重要特征，而内部性应从自治规范从自治组织内部产生和效力限于自治组织内部两个维度来理解，前者也可被认识为"内源性"。崔智友指出，自治规范只能由内部产生，而不能由外部产生，更不能由政府强行规定。[2]关于自治规范效力的内部性与外部性研究，后文将有进一步梳理，此处不再赘述。但也有学者未从效力角度而是从经济学中描述溢出效应的"外部性"来理解制度的外部性，并据此认为自治规范具有外部性。如马辉认为，自治规则在对内部成员进行约束的同时，其对于联合体之外的社会成员同样会具有或正或负的外部性。例如，行业协会成员对于产量或价格的联合协议可能会损害消费者的合法权益，从而对社会公众产生负外部性。[3]自治规范的特征应是自治规范区别于其他社会规范的象征和标志，是在与其他社会规范的比较中表现出来的。所以，虽然有研究提到自治规范具有外部性，但从对社会团体的外界产生正向或负向影响来说，任何社会规范都具有外部性，尚未见到有研究指出外部性是自治规范区别于其他社会规范的特征。当然，也尚未见到研究着眼于自治规范的外部性是否需要以及如何能够被"内部化"，即自治规范所溢出的社会收益或社会成本是否需要以及怎么转化为内部的制度收益或成本的问题。

（三）自治规范的性质

学界在自治规范性质讨论上的分歧主要集中于其是否属于法的范畴以及属于何种法的范畴这两个问题上。我国学界有不少关于自治规范是否属于法的范畴的探讨。刘宇认为，自治规范与国家法都

〔1〕 参见刘孝光：《社团自治规范的法源属性研究》，吉林大学 2013 年硕士学位论文，第 12~13 页。

〔2〕 参见崔智友：《中国村民自治的法学思考》，载《中国社会科学》2001 年第 3期。

〔3〕 参见马辉：《自治规则在民事司法裁判中的作用——基于对最高院公报侵权案例的梳理》，载《法制与社会发展》2012 年第 5 期。

是旨在通过实体与程序的规则来指引和规范人们行为并解决纠纷的，所以应当是法律体系的一个组成部分。[1] 王圣诵认为，国家法律是"大法"，自治组织或自治团体的自治章程和自治约定则应是一种"小法"，并提出其具有集体意志性、规范性和强制性。[2] 但也有相反看法。龚隽认为，"法"的概念如果泛化到能够包括各行各业的规章制度，就是一种"泛法治化"的表现，会在一定程度上威胁到国家法律的构建和权威。[3] 伍坚认为："在一国法律体系中并不存在自治法规这一层次。"[4] 董玉明、孙磊认为，自治规范虽不属于国家法律，但可以将其看作是法律规范的延伸和补充。[5] 薛刚凌、王文英则认为，应当将自治规范分为授权性规则和自主性规则来分别探讨其属性，其中授权性规则是法律的延伸，这类规则虽然不是由国家直接制定，但为国家认可并由国家强制力保障实施，因而具有法的属性；而自主性规则则更接近公法契约，不属于法的范畴。[6] 总的来说，学界对自治规范是否属于法的范畴仍未达成一致，但主流观点认为其具有法的属性。

在属于何种法规范的问题上，学界从不同视角出发有许多不同的看法。一部分学者将其定义为"社会法"。如方洁认为，自治规范是典型的"内在制度"，即"群体内随经验而演化的规则"，并认为其不同于法律法规等被定义为"外在地设计出来并靠政治行动由上面强加于社会的规则"的"外在制度"。[7] 这种以"内在制度"为形式的"社会法"的特性在于，其对社会团体成员的管辖较为快捷，因为规范的制定者需要从试错中得到信息，而在社会自治组织内部

---

〔1〕 参见刘宇：《浅析行规行约的法律效力》，载《经济师》2004年第5期。

〔2〕 参见王圣诵：《中国自治法研究》，中国法制出版社2003年版，第6页。

〔3〕 参见龚隽：《高等院校规章的法律效力分析——兼谈大学章程的价值》，载《政治与法律》2004年第6期。

〔4〕 参见伍坚：《章程排除公司法适用：理论与制度分析》，华东政法大学2007年博士学位论文，第15页。

〔5〕 参见董玉明、孙磊：《试论我国行业管理法的地位与体系》，载《法商研究》2004年第1期。

〔6〕 参见薛刚凌、王文英：《社会自治规则探讨——兼论社会自治规则与国家法律的关系》，载《行政法学研究》2006年第1期。

〔7〕 参见方洁：《社团罚则的设定与边界》，载《法学》2005年第1期。

对自治规范的试错成本相对于国家法律来说小很多。

以"团体法"为视角进行研究的学者则认为自治规范属于"团体法"这一私法范畴，是社会成员结成私人团体后所遵循的特别私法，主要调整团体内部关系，只在团体内部发生效力。[1]认为其属于私法范畴并区别于个人法，提出团体法是从对主体的约束出发，规范有组织的全体成员的法律，带有自治法的属性，是自治规范和组织法。[2]但也有研究认为，"团体法"不等同于"自治规范"，虽然团体是个体自愿结成的，但是团体法主要强调内部性而不强调自主性，团体法可以由团体自主制定，也可以由国家制定。如吴高臣也指出，以公司法、合伙企业法为代表的商事主体法也是典型的团体法。[3]从团体法相关研究中可看出，"团体法"的概念不仅包含自治规范，也可以包含国家法，因而只有"团体自治法"与"自治规范"的概念是近似的。李志刚则指出，从理论指导实践的角度来看，团体法还是一种理论分析和法律适用的方法。[4]

另一部分学者则从习惯法、民间法的范畴来认识自治规范的性质。如钱锦宇将自治规范界定为"民间法"，这一观点主要从制定和执行保障出发，认为自治规范是"通过集体行动而获得的一种权威无涉型的规则秩序"，即人们在自愿基础上通过"博弈－合作"的过程而形成的一种自生规则和自发秩序，且自治规范的实施保障并不依靠权威强制，所以是"权威无涉型的规则秩序"，是一种"民间法"。[5]而张镭则指出，自治规则的概念与学术界提出的习惯法、民间法等概念有联系，但也有所区别，主要在于习惯法、民间法的概念包含了调整个体行为和整体秩序、利益的规则，而自治规则主

---

〔1〕　参见叶林：《私法权利的转型——一个团体法视角的观察》，载《法学家》2010年第4期。

〔2〕　参见叶林：《私法权利的转型——一个团体法视角的观察》，载《法学家》2010年第4期。

〔3〕　参见吴高臣：《团体法的基本原则研究》，载《法学杂志》2017年第1期。

〔4〕　参见李志刚：《公司股东大会决议问题研究——团体法的视角》，中国法制出版社2012年版，第43~44页。

〔5〕　参见钱锦宇、赵海怡：《集体行动与民间集体自治规则——诺贝尔经济学奖得主奥斯特罗姆理论对民间法研究的可能贡献》，载《民间法》2010年第1期。

要重点在于调整特定基层社会的整体秩序和利益。[1]这一观点将自治规范排除在习惯法和民间法的范畴之外。而习惯法研究者高其才对习惯法的定义较为宽泛，他认为习惯法是独立于国家制定法之外，依据某种社会权威和社会组织，具有一定强制性的行为规范的总和。[2]从这个层面上看，自治规范应是落入习惯法之集合中的。

二、自治规范的种类研究

自治规范的种类繁多，类型多样，学界对其进行分类的方式也是多样的。大部分学者从制定规范的自治组织进行分类，如刘亚萍认为，自治规范可分为行业组织规范、基层群众自治组织规范、社会团体规范、学校等其他社会组织规范四个类型。[3]这种分类方式是罗列式的，会面临容易遗漏的问题，且面对一些新兴的社会自治组织时，对其制定的自治规范就无法进行分类。王圣诵同样以自治组织为分类标准，但他认为基层社会民主自治法与社团组织自治法是自治法的两个不同的种类，其中社团组织自治法又分为政治团体自治法、社会团体自治法和民间组织自治法。[4]这种分类方式较前种更宽泛，防止遗漏的同时，也可以有效应对新兴的社会自治组织所制定自治规范的分类难题。

此外，还有从不同的自治领域、表现形式或效力差异的不同等作为区分标准进行分类的。如薛刚凌、王文英从不同的社会自治领域出发，认为存在基层社会管理、行业或职业管理、高校管理和利益团体管理等四个领域的自治规范。[5]刘孝光从自治规范的内容、表现形式和效力差异三个标准，分别将自治规范分为转接规范和自

---

〔1〕 参见张镭：《论基层自治规则的主导作用及其法律保障》，载《法学》2018年第9期。

〔2〕 习惯法的概念参见高其才：《中国习惯法论》（修订版），中国法制出版社2008年版，第3~4页。

〔3〕 参见刘亚萍：《关于社会自治规范与国家法规范衔接的思考》，中南财经政法大学2018年硕士学位论文，第15~17页。

〔4〕 参见王圣诵：《中国自治法研究》，中国法制出版社2003年版，第227页。

〔5〕 参见薛刚凌、王文英：《社会自治规则探讨——兼论社会自治规则与国家法律的关系》，载《行政法学研究》2006年第1期。

主规范、基本规范和普通规范、强行规范和指导规范、管理规范和惩戒规范四组类型。〔1〕董淳锷则就商事自治规范进行了分类研究，他认为按性质和效力的不同，商事自治规范可被分为"契约型自治规范""惯例型自治规范""行规型自治规范"。其中，契约型商业自治规范包括公司章程、合伙协议等，其适用于特定的商事主体之间（如股东或合伙人）；惯例型商业自治规范即交易习惯，常适用于不特定主体之间；行规型自治规范包括商业行业规范、行业公约、行业标准、行业规则等，主要适用于商会、行业协会的成员。〔2〕

　　当然，还有一部分学者对习惯法、社会规范的分类研究，也为自治规范的类型化提供了具有参考价值的分类标准。如高其才根据所依据的社会权威和社会组织的不同，将中国习惯法分为宗族习惯法、村落习惯法、行会习惯法、行业习惯法、宗教寺院习惯法、秘密社会习惯法和少数民族习惯法七种。〔3〕这种分类标准较为全面，完全可以应用于自治规范的分类中，除了能够包含常见的依据"社会组织"的自治规范，还可以囊括不常见的依据"社会权威"的自治规范，如依据神的权威形成的宗教自治规范等。张镭则提出了基层社会规则的五种类型化方式，即可以按照规则产生和发展的历史进程，将自治规则分为传统民间规则、现代民间规则；按照规则作用的主体类型，分为市民公约、乡规民约、行业习惯、宗教规则等；按照规则调整主体活动的不同领域，可以分为生产规则、交易规则和生活性规则；按照规则与民族之间的关联程度，可以分为少数民族习惯规则和汉族地区民间规则；从规则与基层秩序相关程度的不同，可以分为个体规则、自治规则和法律规则。〔4〕这五种方式虽然

---

〔1〕　参见刘孝光：《社团自治规范的法源属性研究》，吉林大学 2013 年硕士学位论文，第 10~11 页。

〔2〕　参见董淳锷：《商事自治规范司法适用的类型研究》，载《中山大学学报（社会科学版）》2011 年第 6 期。

〔3〕　参见高其才：《中国习惯法论》（第 3 版），社会科学文献出版社 2018 年版，第 11~14 页。

〔4〕　参见张镭：《论基层自治规则的主导作用及其法律保障》，载《法学》2018 年第 9 期。

不是针对自治规范的种类划分，但前四种分类方式都对自治规范的分类具有参考意义。

三、自治规范的发展变迁研究

自治规范在中国具有悠久的历史，许多固有的自治规范在社会历史进程中经历了发展和变迁，一些学者关注该过程中自治规范所产生的变化及其原因。大多数学者认为，自治规范的实施在变迁中逐渐减弱。如高其才、张华认为，具有内源性特质的乡土法秩序并不是田园牧歌式的"无需法律的秩序"，其在现代化进程中的影响力正在不断减弱。数千年的乡村自治实践已然清楚地表明纯靠自我衍生、自我复制、自我传承、自我改良的自然演进主义无法适应剧烈变革的社会并走向现代化，甚至会因为缺少自我批判、自我反思而变得自我封闭、阻碍自身发展甚至走向窒息，难以实现自我超越、培养现代公民意识。若不引入他组织与建构主义逻辑的变量，自组织与自我演进式的乡土法的实施效果将会越来越孱弱。[1]周铁涛认为，在乡政村治体制下，传统村规民约得以复苏并开始现代转型，部分村规民约被改造后失去了原初的价值和功能，形同虚设。部分村规民约转型为法律、政策的地方化版本，重获新生。[2]

也有学者认为固有自治规范在当代得到了传承，如谈萧着眼于商会自治规范的变迁，认为近代以来中国商会在会员规则、会董规则、监督规则等自治表达上的变迁，以及在选举规则、议事规则、公断规则等自治实践上的变迁，虽然有过断裂，但一经承续就又开始形成一定的以秩序为依归的制度，为转型中国社会治理提供了可利用的制度资源。[3]在他看来，商会自治规范虽然变迁较大，但仍以承续固有自治规范为主，且具有转型特色的自治秩序正在形成。高其才则在田野考察报告中系统地展现了包含自治规范的广西金秀

---

[1] 参见高其才、张华：《乡村法治建设的两元进路及其融合》，载《清华法学》2022年第6期。

[2] 参见周铁涛：《村规民约的历史嬗变与现代转型》，载《求实》2017年第5期。

[3] 参见谈萧：《制度变迁中的自治秩序——以近代以来中国商会自治规则为例》，载《山东大学学报（哲学社会科学版）》2009年第6期。

瑶族地区习惯法的现代传承、弘扬和吸纳，有些是沿袭传统，有些是延续至今，有些则在市场经济条件下有所改良，但是总体上仍然保持了大多数传统的规范内容，并仍发挥着积极的功能。

需要指出的是，关于自治规范发展变迁的研究更多是事实描述类型，展现的是固有自治规范在当代得到传承发展或发生变迁的事实，辅以背景和原因方面的分析，但较少见到进一步阐述自治规范如何能够得到更好的传承与发展，以及如何发掘固有自治规范的现代价值之思考，这一方向同样具有研究价值。

四、自治规范的效力研究

作为一种社会规范，自治规范具有约束力和强制力，即自治规范对什么人、在什么时间和什么地方适用，包括对人的效力、时间效力和空间效力。自治规范是相对于国家法律的，因而其效力范围也可能与国家法律是相对的，国家法律效力范围具有国家性、普遍性和强制性，而自治规范的效力范围则可能具有内部性、专门性和契约性，学界主要围绕自治规范效力的这几方面展开探讨。

自治规范效力的内部性通常指自治规范效力仅限于自治组织内部，"协会应该称之为一种达成一致的团体，它按照章程规定的制度，只能对个人加入的参加者适用"。[1]自治规范的内部性表现为其主要约束自治组织内部成员。如王爱军认为，公司章程不仅约束章程的设立者或者发起人，而且当然约束公司机关及新加入的公司组织者，[2]而二者同属公司内部成员。此外，自治规范的内部性还表现为其主要调整自治组织内部性事务。有学者对何为内部性事务进行了细化。薛刚凌、王文英认为，社会自治规则主要调整技术规程等专业类事务、社区管理等利益类事务和竞争规则、行业标准等行业类事务。同时认为"社会自治规则必须遵循法律保留原则，不得进入必须由法律调整的领域，也不得与宪法和法律相抵触"，这些

---

〔1〕　参见［德］马克斯·韦伯:《经济与社会》（上卷），［德］约翰内斯·温克尔曼整理，林荣远译，商务印书馆1997年版，第80页。

〔2〕　参见王爱军:《论公司章程的法律性质》，载《山东社会科学》2007年第7期。

事务分别是"宪法保障事项""法律保留事项"和"法规规章保留事项"。[1]在自治规范是否具有强制力上,苏西刚认为,自治规范实施的理想渠道是非强制的、自愿的自治。[2]黎军认为,经批准或备案的自治规范,其效力不仅来源于社会团体成员的认可,还来自国家的认可,甚至认为经国家机关批准的自治规范的效力与国家制定法区别不大,因而具有"法律和契约的双重功效"。[3]

学者们还针对自治规范的效力是否具有"外部性"进行了探讨,有学者指出自治规范并不能突破"自治","自治规范应当仅对加入社团而自愿服从这些规则的人有效",[4]而不对未加入者产生效力。薛刚凌、王文英也认为,社会自治规则的效力主要体现在对社会自治组织成员的约束上。[5]魏静也有相同看法,她认为:"自治的核心含义在于自治的治理者和被治理者应该是同一的,当它们发生分离,即被治理者出现治理者以外的主体时,这种治理就转化成了他治。"[6]但也有观点相反者,朱最新认为:"自治不仅仅是人的自治,更是领域(区域)自治","自治规范对自治范围内的事项具有普遍的法律效力,其调整对象主要是其成员,但不仅仅针对其成员"。[7]也就是说,自治规范对这一领域内的所有人都具有约束力,不论其是不是自治团体的成员。朱慈蕴则将企业自治规范的内容分为两种类型,他认为,公司章程可以分为调整公司外部事务的部分和调整内部事务的部分,调整内部事务的部分可以包括公司内部机

---

〔1〕 参见薛刚凌、王文英:《社会自治规则探讨——兼论社会自治规则与国家法律的关系》,载《行政法学研究》2006 年第 1 期。

〔2〕 参见苏西刚:《社团自治及其法律界限的基本原理》,载《行政法论丛》2005 年第 1 期。

〔3〕 参见黎军:《基于法治的自治——行业自治规范的实证研究》,载《法商研究》2006 年第 4 期。

〔4〕 参见吴志攀:《单位规则:我国社会存在的"第三种规则"》,载《中国社会科学文摘》2004 年第 4 期。

〔5〕 参见薛刚凌、王文英:《社会自治规则探讨——兼论社会自治规则与国家法律的关系》,载《行政法学研究》2006 年第 1 期。

〔6〕 参见魏静:《商会自治的基石:商会自治规范研究》,载《西南农业大学学报(社会科学版)》2009 年第 4 期。

〔7〕 参见朱最新:《法律多元与府际合作治理双重视角下的自治规范研究——兼论自治规范与国家法的关系》,载《法治社会》2017 年第 1 期。

关的权力配置、决策权的形式、利润分配等，调整外部事务的部分包含公司名称住址条款、目的条款、资本条款、责任条款等。[1]马辉也有同样的视角，且他进一步对内部性和外部性规范的内涵和外延做了界定，即纯粹为了维持特定内部秩序的自治规范因不可能转换为注意义务而不具有外部性，如校规校纪中对于上放学的时间规定。而如果自治规范的保护对象既包括受约束的成员，也包括受约束主体从事交易行为的相对人，乃至包括与受约束主体无直接关系的第三人，且"以保护他人为目的"，那么其遵守与否便会影响到他人的利益，因而就具有外部性。[2]此类具有外部性的自治规范如淘宝网《用户行为管理规则》中"禁止用户发布侵犯他人知识产权的商品信息"的规定等。

关于这一问题的探讨在行业自治规范的相关研究中尤其多见，争议主要集中于行业自治规范的效力范围是否只限于行业自治组织成员以及行业内部自治事务。通常认为，行业自治规范的效力范围仅限于行业自治组织成员，原因是行业协会章程等行业自治规范的制定和执行都是基于行业自治组织内部成员的权利让渡，其内容也是行会自治规则。[3]谈萧将其归纳为自治表达和自治实践两方面，自治表达包括会员规则、会董规则、监督规则等内容，自治实践包括选举规则、议事规则、公断规则等方面的内容。[4]谭九生认为，自治规则还应当包含保障成员申诉、控告等基本的诉讼权、申辩权等内容。[5]基于行业自治规范的内容主要是行业自治组织成员共同拟定的开展生产经营活动需要遵守的行为准则，以及违反执业纪律、职业道德的惩戒规则等，很多论者认为行业自治规范具有鲜明的内部性，并不具有外部性。如江国华、符迪认为，出于契

〔1〕 参见朱慈蕴：《公司章程两分法论——公司章程自治与他治理念的融合》，载《当代法学》2006 年第 5 期。

〔2〕 参见马辉：《自治规则在民事司法裁判中的作用——基于对最高院公报侵权案例的梳理》，载《法制与社会发展》2012 年第 5 期。

〔3〕 参见谭九生：《职业协会惩戒权边界之界定》，载《法学评论》2011 年第 4 期。

〔4〕 参见谈萧：《制度变迁中的自治秩序——以近代以来中国商会自治规则为例》，载《山东大学学报（哲学社会科学版）》2009 年第 6 期。

〔5〕 参见谭九生：《职业协会惩戒权边界之界定》，载《法学评论》2011 年第 4 期。

约的相对性与行业自由之准则，自治规则一般仅适用于调整内部成员，对于非协会商会成员的行为不应有所约束。[1]但也有学者认为，由于行业自治组织承接了一部分政府行业管理职能，所以其自治规范包含很多程序方面的规范，其中就有程序的监督和制约内容以及包含行业标准的行规行约，而这部分内容显然具有外部性。因此，有论者提出，在某些情况下自治规范的效力范围可以有所扩张。如屠世超认为，如果非协会商会成员以明示方式表示愿意接受自治规则之约束或者适用自治规则对其更为有益，可以将自治规则的效力范围外扩。[2]周林彬则提出，在我国自由贸易区的贸易监管中，可以从主要适用行政管理规范扩大到主要适用行业自治规范，自贸区商事纠纷案件也可扩大到适用行业自治规范的调解和仲裁。[3]

自治规范既有研究中产生是否具有外部性这一分歧的原因在于，对自治规范效力的来源认识不同。认为自治规范效力具有"外部性"者认为自治规范的约束力是来源于社会团体的强制力，而认为其"外部性"者认为社会自治规则带有契约的色彩，其因契约性而具有约束力。对自治规范是否具有外部性的研究可以在弄清其产生效力的基础上，论证其是不是基于社会团体成员的"自愿"，因这些成员通过让渡自身权利而换取所需利益而产生效力，由此就可以进一步论证自治规范对那些未自愿加入社会团体或未自愿认同并遵守自治规范的人，能否产生约束力。

五、自治规范的作用与价值研究

自治规范的作用是指自治规范对人们的行为、社会生活和社会关系所产生的影响，而价值则是自治规范的作用能否与主体的需要

---

〔1〕 参见江国华、符迪：《行业协会商会自治规则的性质、效力及其合法性规制》，载《南海法学》2018 年第 2 期。

〔2〕 参见屠世超：《行业自治规范的法律效力及其效力审查机制》，载《政治与法律》2009 年第 3 期。

〔3〕 参见周林彬、陈晶：《行业自治规范在我国自贸区的扩大适用初探》，载《法治论坛》2018 年第 1 期。

相一致的关系，是其作为客体的"事实属性"对于"主体需要"的效用性。[1]既有研究从不同方面讨论了自治规范的作用与价值，主要是自治规范对于社会自治、基层治理、民主建设和法治建设的作用和价值。

学界普遍十分重视自治规范在社会自治方面的作用与价值，并认为自治规范对于维系社会自治具有关键作用。汪世荣认为，基于村规民约、社区公约等自治规范为主体的社会规范，建立在广泛参与、民主协商和充分沟通的基础上，并依循公开程序，贯穿了直接民主形式的治理方式是一种"契约化治理"，此处的"契约"指特定地域、行业等范围内公众群体的合意。这种契约化治理中的社会规范是公共意志的体现，强调了治理中的多元主体充分参与、平等协商和相互尊重，强调了基层群众自我管理、自我教育、自我服务，对推动基层群众自治制度的实施意义深远。[2]崔超认为，居民公约的出发点和归宿点都是居民自身利益和意思表达，充分体现"以居民为中心"的社区理念。让社区纠纷的主体自行设计公约、自愿认同公约、主动履行义务、积极承担责任，更能节约社会资源和各种成本，更能发挥社区居民内心的意思自治，更能促进纠纷主体乐于主动解决问题，更能满足有效化解社区纠纷的现实需要。[3]

学者们大多认为自治规范在基层治理中有独立发挥作用的空间，特别是基层群众性自治组织规范在基层治理中的作用十分重要。有学者认为，作为自治规范的村规民约在乡村治理中的积极作用在政治、经济、文化、社会及生态等各领域都有所体现，是对乡村社会关系较为全面的调整，能够促进乡村经济社会发展，提高农民生活水平，并认为其具体作用主要涉及保障基层民主、管理公共事务、分配保护资产、保护利用资源、保护环境卫生、促进团结互助、推

---

〔1〕 马克思指出，"价值便是客体的事实属性对于主体需要的效用性"。参见《马克思恩格斯全集》，人民出版社 1972 年版，第 326 页。

〔2〕 参见汪世荣：《"枫桥经验"视野下的基层社会治理制度供给研究》，载《中国法学》2018 年第 6 期。

〔3〕 参见崔超：《论居民公约化解社区纠纷的可实行性与构建路径》，载《贵州警官职业学院学报》2017 年第 6 期。

进移风易俗、传承良善文化、维护乡村治安以及解决民间纠纷等方面。[1]有学者从治安维护和纠纷化解的作用出发，专门论证了自治规范的秩序价值，高其才以魁胆村为例，指出通过重视治安村规制定、完善治安村规保障制度及严格治安村规执行机制，能够实现社会治安的有序和谐。[2]有论者提出，作为自治规范的村规民约在经济生产方面的价值主要在于平等、自由、公正和效率，而在社会生活方面则主要在于自由、安全、秩序和正义。[3]还有学者提出，自治规范可以促进基层治理中的耦合协同，如赖先进认为这一作用的主要体现是促进多元主体之间的耦合协同、促进多种治理机制之间的耦合协同和促进多种制度工具之间的耦合协同。[4]

也有学者对自治规范作用的认识更偏向于内部视角，从其对自治组织内部的作用来加以解读。如王海平认为，企业自治规范的主要作用在于平衡股东权益，公司股东通过公司章程对内产生效力的平衡机制来对其遭受损害的权利加以补偿。[5]常健认为，作为自治规范的公司章程，其功能包含保障公司参与人权益和预期安全的"安全阀"功能、促进公司内部人员以及国家与公司的衔接的"连通器"功能、保障公司组织与公司法律的和谐并促进公司创新的"润滑剂"功能。[6]崔超认为，作为自治规范的居民公约是从社区纠纷主体——社区居民的主观意愿和利益诉求的角度考量问题是一种追根溯源寻求解决社区纠纷的长久之计。[7]

[1] 参见陈寒非、高其才：《乡规民约在乡村治理中的积极作用实证研究》，载《清华法学》2018年第1期。

[2] 参加高其才：《规范、制度、机制：村规民约与社会治安维护》，载《学术交流》2017年第5期。

[3] 参见冯爽：《村规民约的制度逻辑与价值取向研究》，西南政法大学2021年硕士学位论文。

[4] 参见赖先进：《发挥村规民约在社会治理中的耦合协同效应和作用》，载《科学社会主义》2017年第2期。

[5] 参见王海平：《公司章程性质与股东权益保护的法理分析》，载《当代法学》2002年第3期。

[6] 参见常健：《论公司章程的功能及其发展趋势》，载《法学家》2011年第2期。

[7] 参见崔超：《论居民公约化解社区纠纷的可实行性与构建路径》，载《贵州警官职业学院学报》2017年第6期。

关于自治规范对于我国法治建设的作用，学界主要在自治与法治的关系中进行探讨。黎军认为，自治是基于法治的自治，但是在推行法治现代化的过程中，人们应将目光重新投向自治规范，自治规范应当从法治大潮逼迫下的"狭小的胡同"之中走出来，自治制度的建设能帮助人们建立理性的法治观念，防止"法治万能主义倾向"。[1] 薛刚凌、王文英认为，法治与社会自治相辅相成，没有成熟的市民社会，就难以真正实现法治，因为自主自律的社会自治规则及运行构成了民主与法治的内在根据和重要推动力量。[2]

这些研究充分肯定了自治规范在社会自治、基层治理、民主建设和法治建设中的积极作用与重要价值，但较少见到对自治规范能否正常发挥积极作用以及能否实现价值的探讨。高其才、张华将基层群众性自治组织规范难以发挥作用的原因归结为主体虚化、内容泛化、实施弱化、效果散化等，其中既有其自身局限的原因，也有国家力量过度介入的原因，并进一步提出了两元主体恪守互相尊重的原则，国家法应当保持必要的谦抑与包容的思考。[3]

事实上，关于国家法应当怎样为自治规范留出发挥作用的空间的研究是极有价值的，因为对自治规范的作用和价值的研究重点不仅应聚焦于应然层面，更应关注实然层面，对自治规范难以发挥作用和实现价值的现象进行考察，剖析其中原因，并对如何"找回"自治规范的作用和价值提出见解，这类研究相较于对自治规范进行作用与价值的分析更具有深远的意义。

六、自治规范的实施研究

自治规范的实施也是学界的关注点之一，学界普遍关注到了自治规范的实施困境，但对此问题的分析路径却不同，有人认为应从

〔1〕　参见黎军：《基于法治的自治——行业自治规范的实证研究》，载《法商研究》2006 年第 4 期。

〔2〕　参见薛刚凌、王文英：《社会自治规则探讨——兼论社会自治规则与国家法律的关系》，载《行政法学研究》2006 年第 1 期。

〔3〕　参见高其才、张华：《乡村法治建设的两元进路及其融合》，载《清华法学》2022 年第 6 期。

实施方式进行分析，有人则认为问题在于其权威性的来源。对于自治规范的实施困境，贺雪峰指出："虽然村民自治制度提供了乡村治理的基本架构，在大多数中国乡村，其却没有真正成为乡村治理状况的决定性力量。""在某些乡村，以及一些乡村的某些时候，村民自治制度不过是浮在乡村治理水面上的一层油，看似热热闹闹，实则作用甚微。"[1]对该问题，从实施方式对这一困境进行分析的论者，其争论点在于自治规范的罚则中是否可以包含强制性惩罚措施。有支持者认为其较之道德的软约束力更能起到维持秩序、保护社会结构完整的作用。[2]而相反的声音如崔智友则提出，村民自治章程和村规民约等自治规范的实施主要靠自治组织自身的力量，并且以公共舆论和说服教育为主要手段，因此对村民自治章程和村规民约中的有关惩罚性措施就必须做出原则性限定。[3]对于该问题，还应有进一步研究阐明，如果自治规范包含强制性惩罚措施，那么这种原则性限定具体是怎样的，规定超出原则性限定时有何救济。

但还有论者提出，自治规范实施困境的症结在于，当前自治规范的权威性并非来源于民众间的契约。如于建嵘认为，造成基层群众性自治组织规范无法体现民众真实合意、国家在进行制度安排时的民主承诺无法兑现的原因是中国社会普遍缺乏契约精神。[4]方洁也认为，自治规范的实施过程应含有极大的契约自由成分，其公法性特征也不言而喻。[5]这些论述主要认为，当前我国的自治规范，其权威性不是来自民众为公共秩序的需要进行的权利让渡，而是以国家法制权威为直接依托，是国家权力的一种延伸，这是造成自治规范实施困境的根本原因。

循此逻辑就可发现学界所关注的第二个关键问题是自治规范的

---

[1] 参见贺雪峰：《什么农村，什么问题》，法律出版社 2008 年版，第 241 页。

[2] 参见刘建刚：《法律多元视野下的村规民约实证研究——以贵州省雷山县西江千户苗寨为例》，中央民族大学 2013 年博士学位论文。

[3] 参见崔智友：《中国村民自治的法学思考》，载《中国社会科学》2001 年第 3 期。

[4] 参见于建嵘：《失范的契约——对一示范性村民自治章程的解读》，载《中国农村观察》2001 年第 1 期。

[5] 参见方洁：《社团罚则的设定与边界》，载《法学杂志》2005 年第 1 期。

实施在某些情况下是否可以有国家强制力作为保证。大部分学者认为，自治规范应当由自治主体实施，主要是基于社会强制力的保证。如崔智友认为，国家法律的实施以国家所拥有的合法强力为后盾，而自治规范的实施则主要是由自治体的成员和自治机关自我实施，并且是以说服教育为主的方式予以实施。[1]汪世荣认为，作为自治规范的村规民约主要依靠基层群众自治组织监督实施，采取以舆论、信誉尤其是信任为基础的社会性的救济措施和途径，辅之以官府的后盾，其实施调动了村民参与社会事务的积极性，满足了村民能力发展和个性发展的需要，改善了村民思维方式和行为方式。[2]在这种实施方式下，有可能带来自治规范实施弱化的问题。高其才、张华指出，以自治规范为主的乡土法存在实施弱化与效果散化的不足，如部分村庄在实践中存在着班子软、产业弱、村庄乱、民心散的问题，影响了村组层面的乡土法实施效果；部分村庄的"三务"（党务、村务、财务）公开避重就轻、村务监督流于形式；不少自治规范的执行方式不断软化，强制性措施渐少、劝导性口号渐多。[3]

另一方面，也有学者认为，行政机关和法院都可以在一定情况下援引自治规范。在胡若滪所做的基于裁判文书的实证研究中，行政机关在优先援引国家法的同时援引自治规范的情况时有出现，并将自治规范作为补充国家法的"相关规定"进行援引。而法院对自治规范的援引则体现在从"合法性判断到适用"的两步法中，且曾有法院在行政诉讼中判定行政机关参照自治规范的行为属于"适用地方性法规正确"。[4]马辉则聚焦于违反自治规范对社会公众造成损害的能否通过国家强制力获得救济的问题。他认为，应将自治规范引申为作为成员的行为人的注意义务，因此受自治规范约束的成

---

〔1〕　参见崔智友：《中国村民自治的法学思考》，载《中国社会科学》2001 年第 3 期。

〔2〕　参见汪世荣：《"枫桥经验"视野下的基层社会治理制度供给研究》，载《中国法学》2018 年第 6 期。

〔3〕　参见高其才、张华：《乡村法治建设的两元进路及其融合》，载《清华法学》2022 年第 6 期。

〔4〕　参见胡若滪：《国家法与村民自治规范的冲突与调适——基于 83 份援引村民自治规范的裁判文书的实证分析》，载《社会主义研究》2018 年第 3 期。

员，即使在不违反国家法的情况下，因不遵守自治规范造成的损害也应得到救济，法院可以在自治规范与注意义务之间建立关联，适用自治规则作为行为人过错判断的标准而作出侵权裁判。[1]

既有研究关注了自治规范被行政执法机关和司法机关实际施行的情况，但较少看到对自治规范的实施是否应当以国家强制力为保障进行学理分析，也很难见到类似马辉所提出的自治规范"适用标准"。因此，对自治规范的实施研究还应在为什么可以或不可以由国家强制力保证实施，以及在何种情况下可以由何种国家强制力以怎样的方式保障实施等方面进一步深入研究。

七、自治规范与国家法的关系研究

对于自治规范与国家法的关系，学界较为关注的是国家法对自治规范的调整、规范、干预问题。学界已经关注到自治规范在很大程度上并不是民众的真实合意，而是在事实上成了国家主导下的制度性范本。这一问题在起到"小宪法"作用的村民自治章程、居民自治章程的实施中表现得尤为严重。如张明新认为，村民自治章程几乎都不是产生于村庄的内部，而是国家政权机关（主要是基层民政部门）在村民自治示范活动中统一制定，自上而下引入的。[2]有学者指出，在国家主义的权威导向下，村民自治章程中的村民委员会是一种符合基层政府意志的"自治组织"，村委会的设置和权力及村党支部的领导地位等方面并不存在实际意义的约定和更改，基层政府和村级组织实际上就是国家的代表者或代理人，这些问题反映了目前的村民自治存在一种制度性缺陷。[3]因此，有学者主张国家法对自治规范的干预应是一种间接的引导。如高其才指出，在村民自治与法治关系的研究上，主要有"有限自治说""法律介入说"

---

〔1〕 参见马辉：《自治规则在民事司法裁判中的作用——基于对最高院公报侵权案例的梳理》，载《法制与社会发展》2012 年第 5 期。

〔2〕 参见张明新：《从乡规民约到村民自治章程——乡规民约的嬗变》，载《江苏社会科学》2006 年第 4 期。

〔3〕 参见于建嵘：《失范的契约——对一示范性村民自治章程的解读》，载《中国农村观察》2001 年第 1 期。

和"协调与互动关系说"等观点，而国家运用法律，通过间接的方式，从外部引导调整村组内部的自我治理，同时通过道德规范等非正式规则，在内部协助实现其自我治理，是达成乡村社会善治的途径。[1]常健则呼吁国家法减少对自治规范的直接干预。他指出："当公司力图通过各种手段摆脱国家规定的强制性章程条款的束缚，并且公司章程的强制性记载事项作用虚化已成为不争事实的条件下，国家理应以务实的态度减少或简化公司立法中有关公司章程的强制记载事项。"[2]

关于自治规范与国家法的调整边界问题，学界有一致性认识的是，自治规范与国家法的调整范围应当是有边界的。但对于边界在何处，学界有不同看法。薛刚凌从国家-社会的二元结构视角出发，认为自治规范的调整范围主要是基层社区管理、行业或职业管理、高校管理和利益团体管理，即自治规范调整对象主要集中在专业类事务、行业类事务和利益类事项三类。[3]而朱最新则从"府际合作治理"的场景下认识，认为政府与社会自治组织合作治理的广泛领域，也可以被纳入自治规范的调整范畴。[4]崔智友则认为，国家法中授权性规范、任意性规范和强制性规范与自治规范的边界是不同的，所谓自治规范不得与国家法律相抵触应有两方面，即国家法律所确定的强制性规范不得由自治规范予以变更；凡国家法律授予或赋予个人的权利，不得由自治规范予以剥夺。[5]刘亚萍则区分了国家法规范调整的领域、自治规范与国家法共同调整的领域以及自治规范独自调整的领域，如国家法不禁止的领域或是对国家法调整领域的细化，以及"与社会的有序化发展密切相关的公共生活领域及

---

〔1〕　参见高其才：《走向乡村善治——健全党组织领导的自治、法治、德治相结合的乡村治理体系研究》，载《山东大学学报（哲学社会科学版）》2021年第5期。

〔2〕　参见常健：《论公司章程的功能及其发展趋势》，载《法学家》2011年第2期。

〔3〕　参见薛刚凌、王文英：《社会自治规则探讨——兼论社会自治规则与国家法律的关系》，载《行政法学研究》2006年第1期。

〔4〕　参见朱最新：《法律多元与府际合作治理双重视角下的自治规范研究——兼论自治规范与国家法的关系》，载《法治社会》2017年第1期。

〔5〕　参见崔智友：《中国村民自治的法学思考》，载《中国社会科学》2001年第3期。

私人生活领域"就是共同调整的领域,而涵盖人们的思想、信仰或某些私生活中不宜由国家法调整的领域就是由自治规范单独调整的。[1]郭奕提出,对界限的划分应当分情况讨论,比如作为自治规范的公司章程中内部事项自治程度大于外部事项,普通事项自治程度大于基本事项,公司章程订立的自由大于修改的自由。[2]这些边界划分的研究,要么是基于实然情况进行描述,要么是基于应然层面的宏观论述,却鲜少有从需求层面进行分析的,没有指出哪些方面应当被自治规范调整却还未被调整,或是国家法在哪些方面未给自治规范留出空间。

自治规范与国家法关系的另一研究重点则是自治规范对国家法的补充与合作。对此,学界几乎达成一致的是,在很多国家法难以发挥作用的领域,自治规范起着对国家法拾遗补阙的作用。不少论者认为,在自治规范对国家法的补充与合作中,国家法占主导地位,国家法不仅影响自治规范的制定,还为自治规范提供支持与保障。薛刚凌、王文英认为,在社会自治领域由国家法律设计总体框架,具体的内容要靠社会自治规则填充。[3]时建中认为,作为自治规范的公司章程与作为国家法的公司法规范,其关系有补充型、细化型和替代型(或排除适用)三种。[4]高其才、张华从乡村法治建设的两元进路进一步提出了多元规范的互纳,即国家应当制定完善涉农法律法规,国家法应重视对乡土法的认可、吸收、转化、整合,同时国家法也应当保持必要的谦抑和包容,为社会规范在乡村的生存、生长、生效留下足够的弹性空间。[5]

此外,学界已经关注到了当前自治规范存在的可能与宪法、法

---

〔1〕 参见刘亚萍:《关于社会自治规范与国家法规范衔接的思考》,中南财经政法大学 2018 年硕士学位论文,第 22 页。

〔2〕 参见郭奕:《论公司章程自治的界限》,载《浙江社会科学》2008 年第 4 期。

〔3〕 参见薛刚凌、王文英:《社会自治规则探讨——兼论社会自治规则与国家法律的关系》,载《行政法学研究》2006 年第 1 期。

〔4〕 参见时建中:《公司法与公司章程在公司治理中的协调》,载《中国发展观察》2006 年第 2 期。

〔5〕 参见高其才、张华:《乡村法治建设的两元进路及其融合》,载《清华法学》2022 年第 6 期。

律、法规和国家的政策相抵触、相冲突的情况，或者其制定和修改可能会被基层政府或自治组织中的少数人控制，从而可能侵犯个人的人身权利、民主权利和合法财产权利的问题。对此，有的学者提出自治规范需要经过有权机关的效力认定，有的学者提出应当设置自治规范的监督机制。屠世超提出，国家应建立对自治规范的效力审查和认定机制，第一是在审查认定上应当有明确的标准，如行业自治规范不得不合理地限制竞争；第二是应当有完善的效力审查机制，这就包括行政备案机制和包含公益诉讼、自治规范无效之诉两个途径的司法审查机制。[1]张镭认为，应以国家法律规则作为自治规范的权威性保障，这种保障主要体现在具有合法性的自治规则上，在立法上和司法上可以对其效力予以充分确认，尤其是对处理结果予以认定。[2]薛刚凌、王文英则提出，应当从立法、行政和司法三个方面对自治规范进行"有效监控"，即首先为社会自治规则的制定设定底线，其次由社会自治组织的管理部门对自治规范实施行政监控，最后通过司法审查程序来进行救济。崔智友也提出，对于自治规范的合法性应当由依法享有立法权的地方政权机构进行监督，同时自治规范也可以被诉，如村民应当有权就村民自治章程和村规民约侵犯村民合法权益的事项向人民法院提起侵权诉讼。[3]孟刚、阮啸提出了审查的范围和方法，即以自治为界进行审查，通过行政诉讼和民事诉讼进行个案审查，以及司法机关可行使司法建议权。[4]不过，学界对此的讨论并不深入，在对自治规范进行效力确认的理论依据、确认标准以及确认程序方面，都还有值得深入之处。

---

〔1〕　参见屠世超：《行业自治规范的法律效力及其效力审查机制》，载《政治与法律》2009 年第 3 期。

〔2〕　参见张镭：《论基层自治规则的主导作用及其法律保障》，载《法学》2018 年第 9 期。

〔3〕　参见崔智友：《中国村民自治的法学思考》，载《中国社会科学》2001 年第 3 期。

〔4〕　参见孟刚、阮啸：《村规民约的司法审查研究》，载《国家行政学院学报》2011 年第 3 期。

八、自治规范研究的思考

我国学界对自治规范的研究总体来看是较为全面的，既有对自治规范概念的系统性研究，也有对自治规范内容的分类呈现，不仅有对自治规范文本进行的静态规范分析，也有对其效力、作用、实施所进行的动态分析；除了对法理基础的理论分析，还有基于事实材料的实证考量。总体来说，现有研究虽有一定分歧，但都怀着对中国问题的现实关怀和找回自治的立场自觉，回答了何为自治规范、有哪些自治规范，以及自治规范在什么范围内有效的问题。同时，自治规范研究需要反思研究视角和研究立场，也存在可以继续开展深入研究的议题，以推动自治规范研究更加深入。

（一）中国问题的现实关怀

学者对自治规范的研究，大都具有一种对中国问题的现实关怀。有的学者出于对自治规范运行景况的真实呈现，开展有深度和广度的田野调查来收集和考证资料，将调查中发现存在且传承较好的自治规范较详细地记录和保留下来。有的学者着眼于国家法与自治规范的冲突问题，在开展实证分析的基础上寻求对两者关系的"法治化调适"。还有的学者则担心自治规范在法治大潮下被逼入"狭小的胡同"，或是出于对他人"自治已死"之论断的忧虑而展开研究，探索自治规范的内在价值和自治的有效实现形式。可见，学者们的研究都饱含着对中国问题的现实关切，围绕着当前法治与自治的关系之命题，旨在通过自治规范的相关研究展现出社会中实际发挥着作用的多元规范，分析自治规范是如何规范人们行为、引导社会组织发展，从而满足人们需求和实现人权保障，推进中国的社会治理和法治建设的。

（二）自治的立场自觉与独立的学术品性

虽然自治规范广泛存在于我国各地的各行各业，但多数自治规范中见不到"自治"二字，对于自治规范的研究更鲜于提出"自治"应是自治规范的应然价值追求。自治规范应是一道边界之墙，隔离来自外界的无权干预、越权干预，自治精神则应是根植于自治规范的追求。但在当代中国语境下，自治团体的独立自主总是"求之而不得",关于自治规范的研究对于自治之精神也是"欲说还休",这与我国历史传统及对自治的固有理解分不开。

我国历史上对"自治"的理解则主要是从社会治理的主体上来区分的,认为治理可分为自治和他治。"自治"顾名思义即"自己治理自己",是个人或群体对于自身事务的处理并对其行为负责的一种制度和行为。《现代汉语词典》对"自治"的释义为:"民族、团体、地区等除了受所隶属的国家、政府或上级单位领导外,对自己的事务行使一定的权力。"[1]《三国志·魏志·毛玠传》写道:"太祖叹曰:用人如此,使天下人自治,吾复何为哉。"《上道君太上皇帝》也提道:"杜牧所谓上策莫如自治,而以浪战为最下策者,诚为知言。"正如孙中山先生所言:"官治之者,政治之权,付之官僚……民治则不然,政治主权在于人民,或直接行使之,或间接以行使之,……是以人民为主体,人民为自治者。"中国长期"官本位"思想造成对"自治"的理解近似于"民治",是和"官治"相对的概念。

这种固有理解影响了我国自治规范研究的立场遵循,在某种程度上更是窒息了"自治"作为一项制度和一种精神的生长环境。关于自治规范的研究通常是在国家法治建设或国家政权建设视角下,认为在中国的现代国家建构中,首先是建立起高度集权、上下统一的纵向治理体制,这就依托于政权、政党和国家法的纵向延伸。基于这一视角,大多数研究都围绕"法治下的自治"这一观点进行论述,其内核是将"自治"视为"官治"之下的"民治",讨论自治在人类治理活动中对国家力量的补充作用,而没有以"国家-社会"的二元范式展开,明确自治作为依靠社会内生力量进行自我治理的独立于国家治理的价值。

事实上,对于自治规范的研究应当建立在自治是在人类治理活动中起到基础性作用的治理方式的认识上,更应意识到现代国家奉行的民主和法治都需要依托自治加以有效实现。"自治"的古英语词

---

〔1〕 参见中国社会科学院语言研究所词典编辑室编:《现代汉语词典》(第7版),商务印书馆2016年版,第1741页。

汇 "Autonomy" 的释意为自治、自治权、自主权，包含个人自主或独立之意，〔1〕自主是自治的题中之义，自治应是个体在思想和行为上的自治，是 "自己为自己作主"。马克斯·韦伯有过陈述："自治意味着不像他治那样，由外人制定团体的章程，而是由团体的成员按其本质制定章程。"〔2〕对自治规范的研究应当意识到自治内含着民主的要素，自治也是民主的根基。明末清初启蒙思想家黄宗羲主张以代表民众意志的 "天下之法" 代替反映君主意志的 "一家之法"，并指出 "天下之法" 的优越性在于 "法愈疏而乱愈不作，所谓无法之法也"。〔3〕黄宗羲的见解阐述了以 "天下之法" 取代 "一家之法" 是结束封建君主专制从而走向民主的有效措施，"天下之法" 也被他称为 "天下之公器"，是反映百姓要求且百姓自愿遵守的法，具有一定的自治规范属性，这正说明了民主应当是建立在自治基础上的。自治是人类追寻民主的必经阶段，也是实现民主的一种制度形式，自治规范正是社会自治的主要制度依据。只有在通过凝聚了公民意志的自治规范进行治理的社会中才能实现有效的民主，缺少自治的民主，就如同建立在流沙上而不能稳固。

所以，在 "自治失落" 的当下，学者们研究自治规范，应当站在独立的自治规范本身的立场上，讨论自治自主的本然和实现民主的应然，通过对自治规范的呈现和研讨来 "找回自治"，而不是站在国家力量的立场上，依附于政权、政党或受制于现实桎梏，去解释自治不自主的实然。研究应认识到即便是在基于国家强制力的他治占据相当重要地位的当下，自治仍然是不可或缺的，自治规范仍然

---

〔1〕《韦伯词典》对该词解释为 "self-directing freedom and especially moral independence"，即自主的自由，尤指道德上的独立；《剑桥词典》对该词解释为 "the ability to make your own decisions without being controlled by anyone else" 或 "the right of an organization, country, or region to be independent and govern itself"，即 "个人在不受任何人控制的情况下自己做决定" 或 "一个组织、国家或地区独立和自我管理的权利"。其中既包含个人的自主权利，也包含在公共领域进行自行治理的权利。

〔2〕参见［德］马克斯·韦伯：《经济与社会》（上卷），［德］约翰内斯·温克尔曼整理，林荣远译，商务印书馆1997年版，第78页。

〔3〕参见陈淑珍：《"天下之法" 与 "一家之法"——黄宗羲法律思想评述》，载《法学》1986年第9期。

是真实发挥着作用的。正是自治特殊的价值和力量让学者们孜孜不倦地在特定的历史条件下寻求自治的实现方式，自觉地站在找回自治、发扬自治的立场上，而不是消灭自治、削弱自治的立场上开展研究，这样的研究将有助于有生机和活力的自治之回归和复兴。

（三）关注自律性与关注自主性

当下我国正处于快速的现代化进程中，特殊的历史时期和强大的制度惯性使得治理领域的国家力量远大于社会力量，且越来越深入地渗透到市民社会的每个角落。自治规范基于"依据国家法的管制"和"实现自治自主的途径"两种定位而呈现出"自律性"和"自主性"两种性质。既有研究常常着眼于自治规范的"自律性"，建立在自治规范是对国家法规范体系的填补的认识上，强调自治规范需要服从并服务于国家法，强调自治规范起到为国家法"拾遗补阙"的作用，或是强调自治规范反映特定社会历史传统、风俗习惯从而矫正国家法可能存在的偏颇等，常把自治规范看作是一种辅助国家法调整内部性事务的工具。

在当前，虽然自治规范在国家法的主导下服务于国家法是广泛存在的客观事实，自治规范在国家法难以企及的"硬法的缝隙"中形成了对国家法的漏洞补充和价值补充，但这不是自治规范最重要的价值所在。对自治规范的研究不应只着眼于"规范性"，而应当更多关注其"自主性"，应当更多关注"以规范实现自治和自主"，而不是只关注"用以自治的规范"。应当走出"硬法的缝隙"来研究自治规范，显示出自治规范作为一种内生性规范的生机与活力，发掘出自治规范对于实现自治和自主所具有的强大内在价值。自治规范不仅是一种对行为作出指引的自我规范和自我约束，更是一种在权利义务、管理和发展方面的自我控制、自我做主、自我实现。质言之，自治规范对于实现自治的重要价值不在于自律，而在于自主。事实上，自治规范本身就是一种民主秩序，它昭示着一个社会的民主化进步程度。所以，聚焦于自治规范的"自主性"，对于自治规范如何实现自主之价值的研究，是对维持社会秩序基础性内在力量的探寻，这是"找回"自治以及实现法治之下的自治都需要做的重要研究。

（四）关注固有自治规范的传承与发展

中国古代是一个有着高度信任的社会，在"皇权不下乡"的传统中国社会中，自治规范通常以舆论、信誉等作为实施保障，是中国传统社会信任机制的基础之一。自治规范是与习惯粘在一起的，习惯是自治规范的基因所在，是人们普遍认同的行为模式，自治规范能够最大限度地体现地方或组织传统，弥补了国家法在基层治理和社会组织中的无力。蕴含了专门性和地方性智识的自治规范是一种局部范围的共识，在这种共识下，它长久以来在潜移默化中规范和引导着人们的社会行为，且能够在没有支持的情况下自我运行、发挥作用，所以中国固有的自治规范对于相应的自治团体及其成员具有根深蒂固的影响力。历史上固有的自治规范在构建良好的人际关系、族群关系、社群关系乃至社会风尚中都发挥着重要的作用，对传统的、良善的自治规范的承续和发展能够有助于减少国家法的立法、执法、司法成本，能够提高化解矛盾和维护社会秩序的效率。

但是，由于市场经济的发展、国家法治建设的推进和民众观念的变化，加上固有自治规范本身存在一些对社会治理产生消极效应的条款，或是难以适应时代的局限和不足，导致现阶段我国存在对传统自治规范的承续和发展不足的问题。特别是在时代精神和法治浪潮的"驱赶"下，固有自治规范甚至被作为"清理"的对象。既有研究对我国历史上固有自治规范的传承所遇到的挑战性有所认识，但少有强调应当传承固有自治规范的研究，难以见到对固有自治规范符合现代社会需要进行论证或是提出固有自治规范应如何随着时代发展而发展的研究。因此，在未来的自治规范研究中，应当就如何承续固有自治规范中的良善内容、秩序价值，如何扬弃固有自治规范中落后、丑陋的部分，如何处理好传承与发展的关系、矫正与升华的关系等问题开展更多研究。

（五）政府与市场、国家与社会的视角

党的十八届三中全会指出，市场在资源配置中发挥决定性作用。自改革开放以来，我国涌现出了许许多多经济性自治组织，这些自治组织通过制定自治规范，在一定领域内进行自我服务、自我管理、自我监督，在我国经济市场化的进程中发挥了重要作用。这些自治组织之所以能够实际发挥重要作用，是因为政府对市场的调控是有限度的，政府调控经济的触手不能伸得过长，不能越位和错位。良好运行的市场经济体制必然应当正确处理政府与市场的关系，即市场自我调节机制有发挥作用的充分空间，政府的干预则是有边界和有限度的。在自治的运行过程中，必然会出现自治团体内部因素与国家对自治制度化的取向不一致或相背离的情况，也一定会出现国家力量扭曲自治规范、违背自治精神的情况。从政府与市场的视角来看，纵然政府"有型的手"之力量十分强大，但它并不是万能的，市场经济一定需要有自治，没有自治的市场经济一定是不牢固的。

现代国家的理想治理体制是纵向统一和横向多元的有机结合，以便既保障主权国家的一致性，又促使社会充满活力。自治的强大力量让人们从未间断地在追寻自治，并总是在特定的历史时期寻求特定的自治形式。关于自治规范的研究应当在政府与市场、国家与社会的视角下进行，探寻自治规范与国家法的边界，其实就是探寻政府与市场、国家与社会、公权力与私权利的边界。自治规范的研究应关注社会自治是如何与市场经济相适应和相推进的，关注改革开放以来自治组织的发育、自治规范的完善如何推动了市场经济的发展，而市场经济的发展又怎样要求自治组织和自治规范的相应发展。由此揭示出自治作为一种依靠社会内在力量的治理，是如何发挥着对国家治理强大的补充作用，乃至在市场经济中发挥着基础性治理作用的。

（六）自治规范的有效实施

现有研究十分关注自治规范的内容、作用，也较关注自治规范的效力范围和司法适用情况，但对如何保障其有效实施的探讨则较少。有很多研究都关注到了自治规范虽然具有很大价值，但因为缺少有效的实现形式而只能被"悬空"的问题。对于自治规范的司法适用，现有研究多从自治规范的合法性确认角度来探讨，包括对自治规范进行司法审查的监督机制建构等，主要探讨在何种情况下应对自治规范的效力进行限缩。但是，鲜有研究讨论自治规范怎样才能得到更加有效的实施。围绕这一问题，应有研究讨论如何培育使自治规范能够有效实施的"社会土壤"，如何提升文化认同、自愿程度、自治能力等，以及自治规范的实施是否具有灵活性，何种类型、样式的自治规范更易于实施等问题。当然，关键的是国家法应在何处为自治规范留出空间？司法实践中直接适用上位法而不触及自治规范的情况是否需要探讨？自治规范的"司法适用标准"是什么？这些问题都还需要进一步的调查研究。

结　语

从总体上看，我国的研究较集中在自治规范的"本然"方面，在自治规范"实然"方面也有较多关注，而对自治规范应为何的"应然"探讨较为薄弱，有待进一步强化。

学者应解放思想、实事求是，脚踏实地，从我国社会的问题出发，秉持独立研究的品性，通过持续努力，进一步拓展自治规范研究的领域，提升自治规范研究的水准，为完善社会组织的内部治理、加强社会基层治理和实现国家治理体系和治理能力的现代化、推进我国法治社会和法治国家建设提供意见和建议。

后　记

　　本书是在我们承担的中共惠州大亚湾经济技术开发区委政法委员会、大亚湾区法学会委托项目《大亚湾自治规范调查》结项报告的基础上修改而成的。

　　这一项目旨在通过田野调查全面了解基层群众性自治组织自治规范、社会团体自治规范、行业自治规范、社会组织自治规范、非正式组织自治规范等大亚湾地区自治规范的全貌，总结民众依据自治规范进行自我管理、自我教育、自我服务、打造共建共治共享社会治理格局的实际状态，呈现以大亚湾地区为代表的当今中国社会自治规范及其治理秩序的客观事实。

　　为承担课题做准备，2023 年 1 月 2 日—6 日，我们到大亚湾区司法局、大亚湾区办公室法制科、大亚湾区人民法院、西区街道塘尾村墩顶村民小组、龙山小学等处进行了初步调查。在 2023 年 1 月签订项目协议后，我们课题组就开始查找资料、阅读相关文献、讨论和确定田野调查方案，为课题调查进行了具体准备。2023 年 2 月 8 日—21 日、5 月 15 日—20 日、7 月 8 日—18 日，我们课题组三次到大亚湾区进行调查。我们到惠州大亚湾区政法委（大亚湾区工委政法信访办公室）、大亚湾区人民法院、大亚湾区人民检察院、大亚湾区司法局、大亚湾区妇联、大亚湾区法学会、西区街道办事处、澳头街道办事处、霞涌街道办事处、霞涌街道综治中心、大亚湾区房地产协会、大亚湾区物业管理协会、大亚湾区个体私营企业协会、惠州天然气发电有限公司、惠州深能港务有限公司、大亚湾区环境水务集团有限公司、敏华家具制造（惠州）有限公司、三菱化学化工原料（惠州）有限公司、龙山小学、惠州大亚湾区外语实验学校、惠州市大亚湾区公民伙伴社会发展服务中心、广东宝晟（大亚湾）律师事务所、澳头街道妈庙村、澳头街道南边灶村、澳头街道南边灶村岩背村民小组、澳头街道岩前村、澳头街道沙田社区、西区街道老畲村、霞涌街道霞新村、澳头街道东升村、霞涌街道新村村、霞涌街道晓联村、霞涌街道晓联村径东村民小组、西区街道樟浦村、西区街道永盛社区、西区街道新寮村、西区街道塘尾村、西区街道老畲村、西区街道老畲村三大屋村民小组、西区街道东联社区、西区街道新联社区、西区街道德惠社区、西区街道坫下社区、西区街道塘尾村海隆村民小组、塘尾永祜公益协会、星河半岛业主委员会、杨包庙理事会等单位进行调查。我们旁听了 2022 年度老畲村党组织绩效考核民主评议会议、塘尾村村民代表大会、龙山小学 2022—2023 学年度第二学期科组工作研讨会。我们实地观察了塘尾朱氏的祭祖和拜山、坫下协天宫农历二月初二伯公（土地爷）诞辰祭祀、杨包庙会、敏华家具制造（惠州）有限公司 315 芝华士头等舱品质升舱节，观看了迎亲和送嫁仪式。我们在大亚湾区民政局召开了行业协会和行业自治规范座谈会，参加了大亚湾区司法局召开的大亚湾区村（居）委法制副主任座谈会、区政法信访办召开的"大亚湾村规民约调研和试点"工作座谈会、区政法信访办公室召开的自治规范修订完善工作座谈会。我们就自治规范访问了各方面人士，查阅了相关档案，观察了有关过程，对大亚湾区的自治规范有了较全面的了解。

田野调查回来以后，我们讨论并拟定了初稿写作的基本要求和主要框架，抓紧时间全力进行调查资料的整理和初稿撰写。经过多次讨论和修改，我们于 2023 年 10 月 8 日完成了课题报告并提交给惠州大亚湾区区委政法委信访办、大亚湾区法学会，得到肯定。

在课题报告的基础上，我们进行了进一步修改，最终撰写成了本书。本书是我们课题组通力合作的结果，由我担任主编、确定主要思路和基本框架，张华、池建华担任副主编，做了大量的具体工作。

初稿的具体撰写如下（按章先后排序）：

后 记

　　高其才：第一章、第二十三章（与李明道合作）、第二十六章（与李明道合作）、第三十六章；

　　王牧：第二章、附录；

　　李明道：第三章、第二十三章（与高其才合作）、第二十六章（与高其才合作）；

　　张华：第四章、第十二章、第十三章、第二十八章、第二十九章、第三十章、第三十一章、第三十二章、第三十三章、第三十四章；

　　岳东冉：第五章、第十五章、第二十一章、第二十二章、第三十五章；

　　马立晔：第六章、第八章；

　　唐瑶：第七章、第十九章、第二十七章；

　　池建华：第九章、第十章、第十一章、第十四章、第十六章、第十七章、第十八章；

　　张雪林：第二十章、第二十四章、第二十五章。

　　我对全书初稿进行了最后的阅改，对全书的质量和学术水准负责。

　　需要说明的是，本书中的部分人名、地名按照学术惯例进行了化名处理。本书中的照片为我们所拍。

　　本课题的承担、完成和本书的写作，首先需要感谢惠州大亚湾区区委政法委（大亚湾区工委政法信访办公室）、大亚湾区法学会领导和有关工作人员的信任和支持。中共大亚湾区委书记、区管委会主任郭武飘十分关心课题的进展；大亚湾区委副书记兼政法委书记李箫提出了课题总体思路，全程关心课题进展情况，并专门与我们课题组成员进行交流，他的思考令我们印象深刻；区委政法委杨建莉常务副书记大力支持课题调查并向课题组成员谈了自己的观点和体会；区委政法委罗汉强副书记专门接受我们的访问；区法学会严伟标副会长兼秘书长全面安排调查行程、具体联系相关单位，保障了调查的顺利进行；区法学会巫瑞琦陪同调查。他们的全力支持和配合为课题的进行和本书的完成奠定了坚实的基础。

　　我们感谢大亚湾区人民法院、大亚湾区人民检察院、大亚湾区司法局、大亚湾区妇联、大亚湾区法学会、西区街道办事处、澳头街道办事处、霞涌街道办事处、霞涌街道综治中心、大亚湾区房地产协会、大亚湾区物业管理协会、大亚湾区个体私营企业协会、惠州天然气发电有限公司、惠州深能港务有限公司、大亚湾区环境水务集团有限公司、敏华家具制造（惠州）有限公司、三菱化学化工原料（惠州）有限公司、龙山小学、惠州大亚湾区外语实验学校、惠州市大亚湾公民伙伴社会发展服务中心、广东宝晟（大亚湾）律师事务所、澳头街道妈庙村、澳头街道南边灶村、澳头街道南边灶村岩背村民小组、澳头街道岩前村、澳头街道沙田社区、西区街道老畲村、霞涌街道霞新村、澳头街道东升村、霞涌街道新村村、霞涌街道晓联村、霞涌街道晓联村径东村民小组、西区街道樟浦村、西区街道永盛社区、西区街道新寮村、西区街道塘尾村、西区街道老畲村、西区街道德惠社区、西区街道坽下社区、西区街道新联社区、西区街道东联社区、西区街道老畲村三大屋村民小组、西区街道塘尾村海隆村民小组、塘尾永祐公益协会、星河半岛业主委员会、杨包庙理事会等对课题调查的配合和支持。

　　在田野调查和资料搜集时，许多人士积极协助调查、介绍情况、接受访谈、提供资料。特别是王磊、周勇、王伟聪、庄伟栋、黄敏、邱远崇、张改新、袁晓红、赵丽航、钟英红、沈叶明、冯斌、周燕贵、吴春晓、黄文通、李雪山、罗振兴、李伟忠、李文亮、周文花、叶文军、朱全、朱利彬、朱伟奇、徐伟斌、钟小辉、王玉、曾韵冰、温晓文、吴海桥、释昌平、释昌明、苏观松、苏光冲等，助力尤多，我们向他们表示诚挚的谢意。

　　本书为清华大学法学院习惯法研究中心学术成果之一。清华大学法学院为本书的出版提供了资助，特此致谢。

　　大亚湾区的自治规范内容丰富，我们的了解和理解并不全面和深入。本书主要以个案方式呈现大亚湾区的自治规范，并不一定具有代表性和普遍性。受时间等因素影响，本书对大亚湾区自治规范的总结仅是初步的，理论分析较为薄弱。由于我们的水平和能力所限，本书可能存在不足和局限，敬请批评指正。

　　完稿之时，正值北京的金秋时节，窗外秋高气爽，而我却莫名地涌上悲愁情绪。不知何人所作的汉乐府诗歌《古歌》甚合我的心思，特录于此，与诸位读者共咏。

秋风萧萧愁杀人，出亦愁，入亦愁。
座中何人，谁不怀忧，令我白头。
胡地多飚风，树木何修修。
离家日趋远，衣带日趋缓。
心思不能言，肠中车轮转。

高其才
2023 年 10 月 12 日于椇然斋